中國古典學

書經之成立

趙培 著

北京大學出版社
PEKING UNIVERSITY PRESS

圖書在版編目（CIP）數據

《書經》之成立 / 趙培著. —— 北京：北京大學出版社，2024.6. ——ISBN 978-7-301-35180-2

Ⅰ.K221.04

中國國家版本館CIP數據核字第2024JT5441號

書　　　名	《書經》之成立
	《SHUJING》ZHI CHENGLI
著作責任者	趙　培著
責任編輯	武　芳
標準書號	ISBN 978-7-301-35180-2
出版發行	北京大學出版社
地　　　址	北京市海淀區成府路205號　100871
網　　　址	http://www.pup.cn　新浪微博：@北京大學出版社
電子郵箱	編輯部 dj@pup.cn　總編室 zpup@pup.cn
電　　　話	郵購部 010-62752015　發行部 010-62750672
	編輯部 010-62756694
印　刷　者	三河市北燕印裝有限公司
經　銷　者	新華書店
	650毫米×980毫米　16開本　34.25印張　485千字
	2024年6月第1版　2024年6月第1次印刷
定　　　價	148.00元

未經許可，不得以任何方式複製或抄襲本書之部分或全部內容。
版權所有，侵權必究
舉報電話：010-62752024　電子郵箱：fd@pup.cn
圖書如有印裝質量問題，請與出版部聯繫，電話：010-62756370

本書爲國家社科基金一般項目"《尚書》經典化研究"(編號:18BZW035)成果。

目　録

序 …………………………………………………… 劉玉才　1

上編　理論、方法與綜述

緒論：早期典籍經典化理論的初步構建 …………………… 3
　第一節　選題緣起與術語釋義 ………………………………… 3
　第二節　研究方法：早期文本經典化研究路徑的思考 ……… 34
　第三節　學術史回顧 …………………………………………… 70

下編　從早期《書》學到《書經》成立

第一部分：先王之政典：《書》類文獻的早期形態

第一章　口傳社會、書契之生與口耳、竹帛並行立言論説 ………… 100
　第一節　成文記載以及口傳與書寫並行時代的出現 ………… 100
　第二節　口傳文化之興衰與口耳竹帛並行立言略説 ………… 105

第二章　西周以前之《書》類文獻及其流傳追索 …………… 139
　第一節　《書》類文獻之權輿 ………………………………… 139
　第二節　關於夏商時期《書》類文獻的記載與記憶 ………… 144

第三章　西周的《書》類文獻與《書》學 …… 190

- 第一節　訓典與政典:傳世典籍所見西周《書》類文獻形態 …… 190
- 第二節　國子教本與王者鑒戒之《書》與《書》學 …… 204
- 第三節　西周銅器銘文與《書》類文獻之關係 …… 211

第四章　三代王官學之嬗變及西周《書》教之核心 …… 226

- 第一節　《書》學的"三代損益":《堯典》"觀象授時"部分的知識傳承 …… 226
- 第二節　燹公盨及相關《書》篇所見宗周《書》教之核心 …… 268

第二部分:波動的"成立"

第五章　道裂與學墜:春秋王官《書》學的承與變 …… 303

- 第一節　東周王官《書》學的傳承 …… 303
- 第二節　道裂:王官《書》學的新變 …… 337
- 第三節　天子失官:"道術將爲天下裂" …… 350

第六章　舊典與新經:"《書》亡而後《春秋》作" …… 356

- 第一節　經定:孔子之於《書》學 …… 356
- 第二節　學分:"儒分爲八"及其《書》學 …… 376
- 第三節　孔門經典教本之《書》的成立 …… 388

第七章　經殘與學立:新王官學中的《尚書》 …… 402

- 第一節　秦之焚《書》及王官學與諸子學之爭 …… 402
- 第二節　錯位的"成立":西漢儒學的經、子層次 …… 405
- 第三節　立而未成:儒學獨尊和漢代《尚書》中的王官、諸子張力 …… 425

第八章　波動的"成立":經典與道統 …… 440

- 第一節　《書經》:波動的"成立" …… 440
- 第二節　經學之於後儒的遺產:希聖與尊經 …… 443

附錄一:本書部分章節涉及銅器器形圖、銘文拓本及隸定釋文 …… 453

附録二:本書涉及典籍引《書》問題相關統計表 ……………… 462
參考文獻 ………………………………………………………… 504
後　記 …………………………………………………………… 531

序

　　《尚書》是中國淵源最古的典籍之一。《漢書·藝文志》有云："古之王者,世有史官,君舉必書,所以慎言行,昭法式也。左史記言,右史記事,事爲《春秋》,言爲《尚書》,帝王靡不同之。"所謂"左史""右史"之分,不盡可信,但早期王朝和諸侯之政事記録多出自史官之手或由其保管,應該不成問題。今本《尚書》的主體内容,當即取資於此類官方檔案文獻素材,經過選編、改寫,層累而成。同類性質文本,先秦通稱作《書》,相傳凡三千餘篇,數量可觀。早期典籍《左傳》《國語》《墨子》《孟子》《荀子》《禮記》等屢屢引《書》,但是多有不見於今本的篇章,反映出尚未達至成書定本形態。今傳《逸周書》文本性質相近,清華大學藏戰國竹簡亦有類似篇章,都可説明先秦《書》類文獻之流傳形態。

　　先秦學在王官時代,《書》類文獻或因其内容的鑒戒、教化功能,而被選編作爲王公貴族子弟的教本。"樂正崇四術,立四教,順先王《詩》、《書》、禮、樂以造士。春秋教以禮樂,冬夏教以《詩》《書》。"(《禮記·王制》)待至天子失官,學在四夷,源出官書舊典的《書》類文獻成爲諸子施教的公共素材。孔子當是在此背景之下,編纂輔助教學的文獻選編,並予以闡釋發揮,逐步形成具有儒家教育特色的孔門六藝,其中《書》應是今本《尚書》之源。孔門六藝涉及君子的天人觀念、歷史觀念和道德修養、文史修養,顯然是經過選擇設計和文獻加工的結果。相較而論,其他家派也會有類似的教學設計和文獻編選，只是歷史選擇了儒家，並經由官學化的途徑，塑造爲經典，成就了影響深遠的專門之學。

《尚書》依照朝代次序分爲《虞書》《夏書》《商書》《周書》四部分，大致以記言篇章爲主，也有部分記事或記言兼記事的篇章。其中《虞書》《夏書》記載堯、舜、禹、皋陶、啓等遠古帝王的言行，應該不是源於直接的歷史記錄，而是戰國時期"案往舊造説"的作品。《商書》《周書》的主體部分當是源自王室檔案文獻，具有重要的原始資料價值。在世界幾大古老文明之中，早期文獻多爲神話故事和荒誕無稽的內容，相比較之下，《尚書》保存有公元前九世紀以前的檔案文獻內容，其重要地位不言而喻。

《尚書》文本佶屈聱牙，向稱難讀，而在流傳過程中，又歷經秦焚書、漢今古文聚訟、東晉僞古文淆亂、唐天寶改字等項厄難，以至原本面貌隱晦，成書過程亦不得其詳。清華簡《書》類文獻的發現，爲《尚書》研究帶來了新的契機，學界圍繞簡本與傳世本的對讀，《書》類文獻的成篇、纂集與流傳等問題，發表了許多研究成果。但是，在《書》類文獻的文本層次釐析、經典化的過程等方面，仍缺乏深入的研究揭示。

趙培的博士論文以《書》類文獻的早期形態及《書經》的成立作爲研究對象，而且試圖跳出傳統經學研究的窠臼，選題具有創新性和挑戰性。論文立意於古典學重建與先秦兩漢文獻經典化研究的切入視角，契合因出土文獻陸續發現而展開的學術新局，可稱爲別開生面的預流之作。本書是以博士論文爲基礎，經過全面修訂與補充完善而成。其路徑約略有三：一是基於文本細讀和出土材料佐證，展開文本層次分析，提出"共時文本"與"歷時文本"的概念，力求揭示《書》類文獻的複雜構成與演進過程；二是考察文字形態的歷時性變化，總結字迹、字形、用字等項特徵在文本衍生及流佈過程中發揮的作用；三是通過經解賦義的角度，梳理《書》類文獻從王官之學到諸子之學，以至漢代新王官學的經典化歷程。作者具有較爲強烈的理論方法自覺意識，在論證過程中,既能體認中國古典文獻學的理念,又能借鑒西方古典學、新語文學的文本校勘分析方法,從理論、方法到結論,形成較爲嚴密的邏輯鏈條,堪稱提出問題、解決問題的良好範例。書中諸如考察《尚書》用字的演變,釐析《堯典》的文本層次,蠡測《書》類文獻的早期樣貌,以至對於《尚書》經典化的演繹,均不乏内容詳實的論證,創獲甚夥。此外,作者不僅能夠熟練運用傳世文獻,還能夠吸收利用甲骨、金文以及出土文獻,特別是最新發佈的清華簡等項材料,顯示出較爲扎實的文獻功底和古文字釋讀能力。

《書》類文獻雖然擁有傳世文本與出土文本,材料較爲豐富,但是相對於其成篇、結集、經典化的複雜性而言,仍然存在突出的"文獻不足徵"問題。本書嘗試利用有限的材料,勾勒《書》類文獻的早期文本面貌與經典化過程,但難免捉襟見肘,存在擬測的環節。如《書》類文獻早期流傳經歷純粹口傳、口耳與竹帛並行、成文記載諸節點的判定,三代王官之學的嬗變等問題,易於引發學界的爭議。但是,學術囿於定見,就會裹足不前,我們應當鼓勵不同向度的探索。作者有段自注,頗見爲文旨趣,姑迻於下,以示共鳴:

> 古史辨派學者喜歡尋找文本當中最晚的信息,我們則傾向於探尋文本當中最早的信息。事實上,正如同最晚的信息不能證明其篇章就晚一樣,最早的信息也不能證明其成篇就早,因爲期間還有一個漫長而複雜的流傳過程。所以,與執著於討論篇章形成時間不同,我們更傾向於討論文本信息跨越時空的傳遞及由此所形成的信息層。這些信息層的沉澱同文本形態的不斷變化直接相關,很多時候並非後者簡單的資料來源。當我們意識到"甯可疑而過,不可信而過"(胡適語)的"鐵血考證"是有其邊界和邏輯局限的時候,我們才能展示出對經典文本應有的温度和尊重。用温度和尊重替代現代所謂"科學考證"的傲慢,我想這才是科學的。

以上是閱覽該書的粗略體會，不足以推介全貌，聊應趙培博士之請，置諸書前，充作導引之用。

劉玉才
癸卯年夏書於北京大學燕歸廬

上編

理論、方法與綜述

緒　論
早期典籍經典化理論的初步構建

第一節　選題緣起與術語釋義

一、選題緣起：古典學重建與先秦兩漢文獻經典化研究

20 世紀 70 年代以來，隨着出土典籍類文獻的增多，學界關於先秦兩漢典籍形態及其流傳過程的認識更加深入，同時以"古史辨"派爲代表的關於早期典籍的辨僞研究也暴露出自身的很多局限，當此之際，越來越多的學者開始呼籲重建中國古典學。裘錫圭先生曾兩次撰文，探討出土文獻與古典學的重建。① 新近一篇，條析其文義，"古典學"的研究對象爲"上古的典籍"，②所涉內容如下：

---

① 按：裘錫圭先生首次談古典學的重建，是 2000 年 3 月 25 日在東京召開的"文明與古典"公開研討會上，其報告題目爲《中國古典學重建中應該注意的問題》（原載《郭店楚簡の思想史的研究》第四卷，東京：東京大學文學部中國思想文化學研究室 2000 年；又載《北京大學中國古文獻研究中心集刊》第二輯，北京：燕山出版社 2001 年；收入《裘錫圭學術文集第二卷》，上海：復旦大學出版社 2012 年，第 334—344 頁）。裘先生新近又撰文補充，詳參裘錫圭《出土文獻與古典學重建》，清華大學出土文獻研究與保護中心編《出土文獻》第四輯，上海：中西書局 2013 年，第 1—18 頁。
② 按：所謂"上古的典籍"具體指先秦典籍（包括部分與先秦典籍關係密切的漢代的書，如《史記》先秦部分、《淮南子》《説苑》《新序》《黃帝内經》《九章算術》等）。裘錫圭《出土文獻與古典學重建》，《出土文獻》第四輯，第 1 頁。

1.材料搜集

2.古書復原:對在流傳過程中有殘缺的或本身已經亡佚、只在其他古書中有引文的書以及新發現的散亂的書儘量加以復原

3.古書著錄

4.古書校勘

5.古書的注釋解讀

6.古書的真僞

7.古書的年代

8.古書的作者

9.古書的編者

10.古書的產生區域

11.古書的資料來源及價值

12.古書的體例

13.古書的源流

 a.單篇的流傳、演變

 b.整部書的形成過程

 c.整部書的流傳、演變

此 13 點(15 類問題),基本上涵蓋了現行學術視野下,關於早期古書整理和研究的各個方面。如何做好諸類問題的研究,裘先生認爲,優秀的古典研究者不但要有文獻學和文字、音韻、訓詁等語言文字方面的良好基礎,還要對那些跟所整理、研究的典籍的實質性內容有關的學科有較深的了解。①

簡言之,古典學的重建已不是僅依靠傳統的古典文獻學,②或其他

---

① 裘錫圭《出土文獻與古典學重建》,《出土文獻》第四輯,第 1—2 頁。
② 按:"古典文獻學"的知識架構分爲核心層面、一般層面和專題層面知識,以及背景知識。具體論說詳參劉玉才《古典文獻學的定義、知識結構與價值體現》,《文獻》2010 年第 3 期,第 41—46 頁。

相關的單一學科門類就能够完成的,必須綜合掌握多學科的知識和方法。

除了這種綜合性的要求外,古典文獻學的一些習用概念,不僅不能很好地服務於有關早期文獻的研究的實際,有時還會引起一些理解上的混淆。例如"抄本"和"寫本"。兩漢以降,所謂"抄本""寫本",多與書之撰者、定本之全編相關涉。① 而早期古書則多不題撰人,②且多依類編收,選本各異,并不指向某一定本。③ 從出土《老子》諸本的實際研究來看,我們提及"郭店甲本""馬王堆乙本",除了指某一特定存在形態的文本外,更多的是在談其所代表的一個文本系列,這點和後世談版本頗不相同。再如"異文"這一概念,傳統校勘學已經給這個詞提供了太多的實例,使其詞義基本固化成文本之間的字、詞、篇、章諸方面的差别。當我們用它來研究早期文獻時,因爲這種習慣性理解,便很容易忽略掉早期文本異文的共時和歷時層面的層次性。④ 諸如此類已被放入了某種既定指涉性内涵的概念,在被用來描述早期文獻的實際存在情況時,容易造成直觀理解上的隔閡。

---

① 按:即便爲摘抄或者書稿半成之寫本,其背後已暗指一全本、定本,此時之著作權意識,更無可疑。
② 余嘉錫《古書通例》,北京:中華書局 2007 年,第 200—210 頁。類似意見,可參 Mark Lewis, *Writing and Authority in Early China* (Albany: State University of New York Press 1999), 55-58。陸威儀將戰國時代"作者概念的極其薄弱或缺失"與早期書寫文本的"流動性和開放性"相關聯,認爲這些文本的確定性并不來自最初的創作,而是在其傳播過程中逐漸建立的。其結論跟余先生相近,可相互補充。
③ 按:以清華簡類文獻爲例,裘錫圭即認爲,清華簡的編者并未受到儒家《詩》《書》選本的影響,因爲他所搜集的《詩》篇、《書》篇,絶大部分不見於儒家選本;即使見於儒家選本,其篇名也不相同,其文本也全都有異(參裘錫圭《出土文獻與古典學重建》,《出土文獻》第四輯,第 14 頁)。此種情況下,我們若依舊用"寫本"或"抄本"的概念,就容易使人産生誤解,而見不出清華簡的獨特性。戰國文本多類此。
④ 詳細論説,請參趙培《先秦兩漢典籍異文及其和共時與歷時文本之間關係析論——以〈老子〉文本的層次性爲例》,張顯成、胡波主編《簡帛語言文字研究》第九輯,成都:巴蜀書社 2017 年,第 215—251 頁。

再如裘先生提到的"古書的真僞",它直接涉及後面的"古書的作者""古書的年代""古書的編者"和"古書的體例"諸方面。實際上,古書的"作者""年代"和"編者"都是流動性的存在,①若仍以後世固定的眼光來觀察和分析,則只能重蹈古史辨派的"覆轍",②無益於古典學的重建。

鑒於此,我們選用"形態"一詞來描述早期文獻的實際存在,力圖避免概念層面的干擾和混淆。

出土文獻越來越豐富,爲"古典學重建"提供了較以往更爲堅實的基礎。然而古典學的重建不能只局限在古書物質形態和流傳過程的研究,還應關注古書的形成和流傳背後深層次的動力因素。古書形成過程所對應的社會背景及其傳播所帶來的思想文化意義亦當屬於我們的討論範圍。古書形態的演化、流傳渠道和方式的轉變、經典的誕生,不是簡牘篇章的機械拼合,而是跟時局之轉、文化之變以及新的思維模式和社會群體的出現等因素直接相關。

分析古書演變的諸多現象,探析這些現象所關涉的傳統變革、文化轉向、政治形態、學派意圖,關注傳統中國典籍經典化歷程的獨特性等更深層問題,是目前經典化研究的主要任務。經典化研究應該被放在古典學重建的核心位置,此一認識當可作爲裘先生從出土文獻出發所提出的"古典學重建"内容之有益補充。

《尚書》在中國傳統文化中的重要地位,以及清華簡及相關出土資料内容的不斷公布,則是我們選擇早期《書》類文獻來進行探討的直接原因。

---

① 按:所謂的"流動性"表現在"作者"和"編者"的群體性、代際性和學派性特徵,"年代"的跨越性和層類性特徵。具體論述參余嘉錫《古書通例》;李零《簡帛古書的體例與分類》,《簡帛古書與學術源流》(修訂本),北京:生活・讀書・新知三聯書店 2008 年,第 209—242 頁。
② 按:其實非獨古史辨派的研究,目前所見關於早期典籍衆多研究中,首先確定書名、篇題、作者的整體思路,都是"以今例古"的邏輯所致。先明古書之體例,遵循早期文獻自有之特點,則無需過多的關於此類問題的長篇辨析。

二、經典化視野下的《書》類文獻及相關概念

(一) 經典與經典化①

"經典"兩字連用,《漢書·孫寶傳》已見。平帝初立,"越巂郡上黃龍游江中",太師、大司徒等皆認爲此祥瑞暗應王莽之德,求告祀宗廟。孫寶不滿於此,云:"周公上聖,召公大賢。尚猶有不相說,著於**經典**,兩不相損。今風雨未時,百姓不足,每有一事,群臣同聲,得無非其美者。"②依顏師古注,此處的"經典"指的是經書,具體指《尚書》。孫寶所言周、召之事,即《君奭序》所云:"召公爲保,周公爲師,相成王爲左右,召公不說,周公作《君奭》。"③孫寶已當西漢之末,儒術獨尊久矣,故其言之經典,當指儒家的五經:《易》《書》《詩》《禮》《春秋》。

五書被稱爲經,傳世文獻中最早見記於《莊子·天運》,此篇記孔子嘗謂老聃言:"丘治《詩》《書》《禮》《樂》《易》《春秋》六經,自以爲久矣,孰知其故矣;以奸者七十二君,論先王之道而明周召之迹,一君無所鉤用。甚矣夫!人之難說也,道之難明邪?"老子曰:"幸矣子之不遇治世之君也!夫六經,先王之陳迹也,豈其所以迹哉!"④此處明確以孔子之言講出其治六經之事。

五書因何特稱作"經",古人有官書稱經和聖人制作爲經二說,近代

---

① 儒家典籍經典化標準問題,詳參趙培《儒家經典之確立及其特徵論析》,《周易研究》2017年第4期。
② 《漢書》卷七七《孫寶傳》,北京:中華書局1962年,第3262—3263頁。
③ 同上書,第3263頁。
④ 郭慶藩撰,王孝魚點校《莊子集釋》卷五下,北京:中華書局2004年,第531—532頁。按:漢初,《樂經》先亡,故後稱五經。關於《樂經》存亡涉及其自身形態問題,討論甚繁,茲不枝蔓。又,關於《莊子》此處所載"丘治六經"之說,古史辨派學者以及受之影響的日本經學史家如本田成之等多有懷疑,但出土典籍則提醒我們"丘治六經"之說當屬事實。詳參常森《由新見儒典看〈莊子〉"丘治六經"之說》,《武漢大學第三屆中國古代文學研究新材料與新視野高端論壇論文集》,2021年印製,第28—42頁。

章炳麟先生認爲"經"以絲編綴竹簡,本爲書籍的普泛之稱。① 後多從之。細察三説,實及經典形成的三個方面,官書言其來源,聖人制作言其編撰者,竹簡編綴言其載體形態。我們討論的"經典",至少當具備此三要素,而三要素之間如何作用,則屬於經典化的考察範圍。

  1.經典之確立,當在學派内部或某一領域具有相當的權威性。儒家謂五經爲聖人經綸制作,②故其權威性不言而明。

  2.聖人所本爲萬世不變之常道,故手定之經典具有恒久且不可替代的現實指導作用。《文心雕龍·宗經》言"經也者,恒久之至道,不刊之鴻教也",③正是此意。古人亦多論六經之用,臚陳數説如次:

  《詩》以道志,《書》以道事,《禮》以道行,《樂》以道和,《易》以道陰陽,《春秋》以道名分。④

  六藝於治一也。《禮》以節人,《樂》以發和,《書》以道事,《詩》以達意,《易》以神化,《春秋》以義。⑤

  《易》著天地陰陽四時五行,故長於變;《禮》經紀人倫,故長於行;《書》記先王之事,故長於政;《詩》記山川谿谷禽獸草木、牝牡、雌雄,故長於風;《樂》樂所以立,故長於和;《春秋》辯是非,故長於治人。是故《禮》以節人,《樂》以發和,《書》以道事,《詩》以達義,《易》以道化,《春秋》以道義。⑥

---

① 蔣伯潛、蔣祖怡《經與經學》,北京:九州出版社 2011 年,第 3—15 頁。馬宗霍、馬巨《經學通論》,北京:中華書局 2011 年,第 3—14 頁。
② 按:儒家經學之創製,一説周公,一説孔子。周公之説,章學誠力主之,徐復觀申之。參章學誠著、葉瑛校注《文史通義校注·原道上》,北京:中華書局 1985 年,第 121—123 頁;徐復觀《中國經學史的基礎》,北京:九州出版社 2014 年,第 7—8 頁。
③ 劉勰撰、范文瀾注《文心雕龍注》卷一〈宗經〉,北京:人民文學出版社 1958 年,第 21 頁。
④ 郭慶藩撰、王孝魚點校《莊子集釋》卷十下,第 1067 頁。
⑤《史記》卷一二六《滑稽列傳》,點校本二十四史修訂本,北京:中華書局 2014 年,第 3885 頁。
⑥《史記》卷一三〇《太史公自序》,第 4003 頁。

六藝之文:《樂》以和神,仁之表也;《詩》以正言,義之用也;《禮》以明體,明者著見,故無訓也;《書》以廣聽,知之術也;《春秋》以斷事,信之符也。五者,蓋五常之道,相須而備,而《易》爲之原。①

以《書》爲例,《天下》篇言"《書》以道事",《滑稽列傳》同之,《書》可道事之由,《太史公自序》云"《書》記先王之事,故長於政"。《漢志》則以五常配六藝,而以《易》爲諸經之原。其以《書》對應"知",故言"《書》以廣聽,知之術也"。《書》之用借《書》之教而成,《書》教之效果,《禮記·經解》記孔子之論曰:"入其國,其教可知也。其爲人也……疏通知遠,《書》教也……《書》之失,誣……疏通知遠而不誣,則深於《書》者也。"②通達時政,遠知古事,而又能避免言過於實,則可謂深於《書》教。

3.經典文本又具有典範意義,其篇章格局、文辭體勢,爲後世文章取材之淵藪,制作之模範。這一特點可從後世擬經現象觀之。

擬經,即模擬儒家經典。一般認爲擬儒家經典肇端自揚雄,其擬《周易》以成《太玄》,仿《論語》而撰《法言》。實際上,《孟子題辭》載:"孔子自衛反魯,然後樂正,《雅》《頌》各得其所,乃删《詩》定《書》,繫《周易》,作《春秋》。孟子退自齊、梁,述堯、舜之道而著作焉,此大賢擬聖而作者也。"又言:"七十子之疇,會集夫子所言,以爲《論語》。《論語》者,《五經》之錧鎋,《六藝》之喉衿也。《孟子》之書,則而象之。"③可知在趙岐看來,《孟子》爲孟子希孔子之作,其書則擬《論語》而成。另外,依照汪中《荀卿子通論》所言:"《史記》載孟子受業於子思之門人,於荀卿則未詳焉。今考其書,始於《勸學》,終於《堯問》,篇次實仿《論語》。"④則

---

① 《漢書》卷三〇《藝文志》,第1723頁。
② 《禮記》卷一五《經解》,《十三經古注》據相臺岳氏家塾本校刊,北京:中華書局2014年,第1063頁上。
③ 趙岐《孟子題辭》,焦循撰、沈文倬點校《孟子正義》,北京:中華書局1987年,第13—14頁。
④ 汪中《荀卿子通論》,李金松校注《述學補遺》,北京:中華書局2014年,第453頁。

《荀子》仿《論語》以序次其書,亦開模經擬聖的先河。此外,孔子制作《春秋》,司馬遷便依其精神撰作《史記》,其言:

> 先人有言:"自周公卒五百歲而有孔子。孔子卒後至於今五百歲,有能紹明世,正《易傳》,繼《春秋》,本《詩》《書》《禮》《樂》之際?"意在斯乎!意在斯乎!小子何敢讓焉!①

司馬遷時,儒者皆已傾向於認爲孔子制作《春秋》,故壺遂言其"垂空文以斷禮義,當一王之法"②,如此則司馬遷《史記》之撰作,亦可謂"擬經"之先導。

歷代關於擬經問題的分析,薈萃於朱彝尊,其所撰《經義考》中列"擬經"爲一專目,但包含了續經、補經之作,混三者爲一類,未作區分③。朱彝尊之前,鄭樵《通志》、王應麟《玉海·藝文》和祁承㸁《澹生堂藏書目》中經部"易學"類後均附有"擬易"子目④,但是收書均不多,《通志》收書29部,共231卷;《玉海》編題5種⑤;《澹生堂藏書目》收書8部,共25卷。相較而言,《經義考》不但設立"擬經"爲30類目之一,而且占13卷的篇幅,收書352部⑥,其中擬《易》類138部,擬《書》類20部,擬《詩》類14部,擬《禮》類22部,擬《樂》類5部,擬《春秋》類81部,擬《論

---

① 《史記》卷一三〇《太史公自序》,第4002頁。
② 同上書,第4005頁。
③ 朱彝尊撰,林慶彰、蔣秋華等主編《經義考新校》,上海:上海古籍出版社2010年,第4804—5071頁。
④ 鄭樵撰、王樹民點校《通志二十略》,北京:中華書局1995年,第1457頁;王應麟撰,武秀成、趙庶洋校證《玉海藝文校證》,南京:鳳凰出版社2013年,第104—116頁;祁承㸁撰,鄭誠整理、吳格審定《澹生堂藏書目》,上海:上海古籍出版社2015年,第258頁。
⑤ 按,《玉海·藝文》所採用的是"編題著錄"的方法,詳細分析可參王重民《王應麟的〈玉海·藝文〉》(《學術月刊》1964年第1期,收入王重民《中國目錄學史論叢》,北京:中華書局1984年,第152—159頁)和武秀成《玉海藝文校證前言》(王應麟撰,武秀成、趙庶洋校證《玉海藝文校證》,第16—36頁)。
⑥ 朱彝尊撰,林慶彰、蔣秋華等主編《經義考新校》,第4804—5071頁。

語》類31部,擬《孝經》類16部,擬《孟子》類1部,擬《爾雅》類20部,擬(續)"六經"類2部,擬"四書"類2部,可以說朱彝尊是第一位系統全面搜羅"擬經"類著作者。朱彝尊有感於宋人開啓質疑經傳風氣以來"譚經之徒各掃先儒之說,而經學不可問矣",所以他"窮搜討之力,出家所藏書八萬餘卷,輯其說之可據者,署其經名而分繫其下,有存佚而無是非,使窮經之士一覽而知所考焉"。① 其中擬經之作,既反映出經典的影響力,兼具輔翼經書的作用,自然受到他的注意。當然朱書仍有不少遺漏,如失收柳開的《補亡篇》等。但僅就其所錄而言,已經相當豐富。我們知道擬經之作對於經書自身權威性既有"支持"又有"削弱"的雙重特性。朱彝尊對於二者關係中的這種張力並未特別留意,反倒是毛奇齡在序中講得比較清楚:"擬經十三卷,此則不惟自爲義並自爲經者,然而見似可瞿也,其與經合邪?則象人而用之也,否則罔也。"② 毛奇齡用《禮記·雜記》所載"見似目瞿,聞名心瞿"之說,認爲所擬之經同經典本身的關係正如(除喪之後,走在路上)見到面貌和死去親人相似的,睜目驚視;聽到名字和親人相同的,心中驚愕。這裏是說所擬經典有輔翼經典和傳播其聲威的作用,但毛奇齡更強調其只能"象人而用之",要清楚其並不能等同於經,否則就遭欺騙。在擬經之作的實際接受過程中,諸經的情況雖各有差異,但很多擬作又成爲後代仿擬的對象,從而形成擬經鏈。如揚雄仿《周易》而成《太玄》,司馬光又擬《太玄》而作《潛虛》等。擬經鏈的存在提醒我們,除了所擬經典外,擬經者擬經的邏輯依據對討論古人——尤其是儒者群體的經典觀非常重要,應該作爲經典化研究的重要問題之一。

依照上述三條,則經典之範圍,不獨儒門,可至百家。經典之種類,也因時而有不同。儒家經書由五經而廣至九經、十二經、十三經等即爲

---

① 毛奇齡《經義考序》,《經義考新校》,第6頁。
② 同上書,第7頁。

明證。① 百家經典,李零先生按照"六藝""史書""諸子""詩賦""兵書""數術""方技""技術"等分類,逐一論及,所論雖泛,實已導乎先路。② 李零先生關於中國古書經典化的觀點,爲我們研究的基礎,特撮其要旨,條陳如下:

> 第一,中國的經典化,各類古書,參差不齊。我們的經典,主要是形成於漢代,大格局是漢代定下來的。然後經過魏晉,經過隋唐,最後到宋代,很多經典被固定下來,這點很重要。書的種類和文本的面貌,大體穩定下來。但是,經典化是一種結構性的變化,不能够完全盯着一本書來談。它能留下來的東西,有個背景,是要把別的東西去掉,或貶低到附庸的地位。如漢武帝"罷黜百家,獨尊儒術",他要把儒家突出出來,就一定要罷黜百家。……經典裏面,一定有這樣的結構和次序。儒家六藝,是經典中的經典,別的都是陪襯。這是基本結構。
>
> 第二,中國的經典化,六藝、諸子最突出,其中篇幅很短的經典,影響特別大,比如《易經》,比如《論語》《孟子》,它們配合着經典,地位很突出。比它低一點,是領着道教大軍的《老子》,也是一股很大的勢力。和這類古書相比,其他經典,經典化的程度要低一些。技術書,只有兵書和醫書,經典化比較強。數術的特點,是没有經典化。
>
> 第三,中國的經典化,對維持中國文化的連續性很重要。比如,中國的讀書人,兩千多年,一直是以六藝之書和《論語》《孟子》爲取仕之道,擁有最大的讀者群。它的閱讀有連續性。中國的軍人,兩千年後還是讀兩千年前的兵書。醫書和房中也是如此。雖然數術没有經典,但它的基礎理論,也是兩千多年,一脈相承。

---

①關於"廣經"問題的詳細分析,請參程蘇東《從六藝到十三經——以經目演變爲中心》,北京:北京大學出版社 2018 年;趙培《波動的權威　遊移的道統——經典化視域下儒家創經、擬經、廣經、續經與補經現象》,《學術月刊》2021 年第 2 期。
②李零《從簡帛古書看古書的經典化》,收入氏著《簡帛古書與學術源流》(修訂本),北京:生活・讀書・新知三聯書店 2008 年,第 468—487 頁。

第四，中國的經典，今天已經發生很大變化。首先是五四運動，從根本上改變了我們對經典的看法。《論語》是典型的"中國意識形態"。五四運動把《論語》從聖人之書、聖人之言的地位上拉下來，引起的是整個文化結構的變化。儒經和儒書，現在和其他子書是平起平坐。①

前文所論三條，試圖從地位、作用及影響等角度來描述何爲經典。就我們從其講演稿中提取出來的四點來看，李零先生是從中國經典存在和變化的實際情況出發來談經典化，主要提及經典內部因其地位不同而出現的差序格局、古書經典化程度上的差異、經典化和中國文化的連續性、經典在當下的存在狀態四個方面。我們可以認爲，這四個方面是古書存在（將出土古書考慮在內）的基本事實，李零先生的論說是一個現象層面的分析。可能限於演講需要，他並沒有分析這些現象背後的動力因素。

經典之間存在的差序格局涉及經典性質的差異。經典化程度的問題實際上反映的不僅僅是表面上經典文本的累積現象，更關係到經典之功用。文化的連續性和經典的關係則牽扯更深，文字形成、經典誕生和傳統的形成、變化、延續、重塑的關係問題都應該屬於這一討論範圍。正是經典從"聖人之書，聖人之言"到古文化載體的地位變化，使我們可以客觀地再審視經典化的過程。

中國傳統經典的一般性和特殊性，僅僅靠簡單的材料梳理，很難自彰。我們需要在其他古文化的對照下，才能充分地探知自身的文化特徵。

經典化（Canonization）這一概念，來自西方。西學所謂的"經典"（Canon）可分兩類，分別爲宗教型（或言神聖型）的經典（Sacred）和傳統型的經典（Classic），前者以以色列人的《申命記》（*Deuteronomy*）爲代表，

---

① 李零《簡帛古書與學術源流》（修訂本），第 485—487 頁。按：因原文整理自演講稿，故引文略有調整，其中"第四"條是整合原稿第十小節而成。

後者以希臘人的《伊利亞特》(*Iliad*)爲代表(參圖0.1.1)。①

圖0.1.1:②西方"經典"分類簡圖(中英文對照)

兩類經典的差別,揚·阿斯曼(Jan Assmann)教授言之已詳,陳其意見如下:

> (傳統型經典和神聖型經典的區別)主要在傳統型的經典之外的其他書籍,仍然受到重視,沒有被貼上劣等(bad)、粗鄙(inferior)和"異端"(heretical)的標籤。(傳統型經典)的判斷標準,主要在於其權威性(authority)、仿效的價值(connectability)和指導意義(decisiveness)。尤爲重要的是,古典時期被奉作經典的作品,並不具備絕對的約束力。不同時代,不同學派所選擇的作品各不相同。古典時期以及古典主義期間産生的經典並非一成不變。每個時期擁有屬於自己的經典。(原注:E. A. Schmidt, "Historische Typologie", see chapt. 2, n. 54. draws attention to this point.)③

---

① Jan Assmann, *Cultural Memory and Early Civilization: Writing, Remembrance, and Political Imagination* (New York: Cambridge University, 2011), p.102.中譯本揚·阿斯曼著,金壽福、黃曉晨譯《文化記憶:早期高級文化中的文字、回憶和政治身份》,北京:北京大學出版社2015年,第122頁。按:對所舉實例的詳細分析,請參是書"Case Studies"(個案研究)部分。
② 圖表號0.1.1分別對應章號(緒論爲0)、節號與圖表順序號,此0.1.1意指"緒論第一節第1圖",下文依此類推。
③ Jan Assmann, 2011, pp. 102-103;揚·阿斯曼《文化記憶:早期高級文化中的文字、回憶和政治身份》,第122—123頁。按:李零先生用英文的Classicize來對應漢語中的經典化,當已領略到此處所論的區別。參《從簡帛古書看古書的經典化》,收入氏著《簡帛古書與學術源流》(修訂本),第468—487頁。但是,考慮到後代對經典文本的態度中確實存在準宗教性質的因素,我們選擇用Canonization一詞來對應經典化一詞。

阿斯曼教授的研究,讓我們看到了東西方經典的幾多共性。前文所論儒家經典,更近乎"圖0.1.1"所示的西方傳統類經典,即古希臘《荷馬史詩》一類,它們在某一領域內的權威性、仿效價值和指導意義都是顯而易見的。與之同時存在的其他古籍也並沒有被貼上"異端"的名稱,並且經典團體的構成具有很強的時代性(從五經到十三經)。如此以來,中國經典似乎可以直接歸入西方傳統經典(Classic)類中。然而,中國經典却又同時具有西方宗教類經典(Sacred)的某些特徵。

　　經典有其時代性,儒家的五經却從確立以來一直地位穩定。如李零先生所言,漢武帝獨尊儒術之後,儒家經典的地位遠超別家,可謂經典中的經典。五經在儒家經典中的地位,又可謂經典中的經典。五經的重要性,不僅表現在外在現象上的穩定地位,更在於其準宗教化文獻的性質,①是傳統文化賴以展開的基本支點。歐陽修云:"六經之道,簡嚴易

---

① 按:儒家經典的準宗教性特徵,跟儒家傳統中的宗教性問題密切相關。關於儒家思想傳統是否爲宗教的問題,20世紀中外學者多有論述。在"五四"以來"科學""民主"和追求理性的思潮影響下,胡適、徐復觀等學者特別強調儒家的理性、人文主義和道德教化,在他們的詮釋系統中,"宗教"和"人文"別爲兩極;與之不同,韋伯(Max Weber)從宗教(聖)和人文(凡)之間的緊張性方面來探討儒學;池田末利認爲儒家思想傳統具有很強宗教意識,"天道"或"天命"的概念是從早期主宰的人格意義的天,轉化爲理性的、哲學性的存在;劉述先認爲儒學對現世精神之注重未必一定違反宗教超越之傾向,孔子雖然不信西方式的上帝,並不表示孔子一定缺少深刻的宗教情懷;加地伸行強調儒家重視生死問題,特重葬禮,可視爲一種"宗教";黃俊傑認爲儒學有強烈的"宗教性"(religiosity),也有強烈的"宗教感"(sense of religiosity),但不是西方傳統定義下的"宗教"(religion)。詳參胡適《中國古代哲學史》,臺北:遠流出版社1986年,第61頁;徐復觀《中國人性論史·先秦篇》,臺北:商務印書館1969年,第80頁;Max Weber, *The Religion of China: Confucianism and Taoism*(New York: The Free Press, 1951);池田末利《中國古代宗教史研究》,東京:東海大學出版會1981年,第956—957頁;劉述先《由當代西方宗教思想如何面對現代化問題的角度論儒學傳統的宗教意涵》,收入劉述先主編《當代儒學論集:傳統與創新》,臺北:"中央研究院"文哲研究所1995年,第1—32頁;加地伸行《儒教とは何か》,東京:中央公論社1990年;黃俊傑《試論儒學的宗教內涵》,收入氏著《東亞儒學史的新視野》,上海:華東師範大學出版社2008年,第80—94頁。

直而天人備,故其愈久而益明。"①五種經典,可備天人之道,則其雖然未給其他典籍貼上"劣等"和"粗鄙"的標籤,却已有了性質上的雲泥之判。有了此種差別,在儒家文化主導下的傳統中國,五經的地位絶不同於古希臘《荷馬史詩》類的專門經典,亦不能等同於以色列人放入自己民族傳統和記憶的《申命記》(Deuteronomy)等不可更動的經典文本。

此處略及佛教經典,有助於我們對此問題的認識。佛教經、律、論諸部經典中常稱其他學説爲"外道",對應典籍爲"外道典籍"。如《妙法蓮華經》云:"如人至心,求佛舍利,如是求經,得已頂受,其人不復,志求餘經,亦未曾念,外道典籍,如是之人,乃可爲説。"②此論顯示出了經典本身的排他性。但我們却不能將衆多的佛教文獻視作和《舊約》一樣性質的經典文本。除此之外,在佛教文化的關照下,我們更易理解經典的相對性。從佛教角度來看,儒門五經也只能列在"外道典籍"之中。

關注經典,首先要注意其時代性和相對性(或言學派性)。③不同時代有不同時代的經典群,不同學派有不同學派的經典概念。就某一經典文本而言,它的經典性主要表現在三個方面:一、所在領域的權威性;二、具有高度的指導或規範作用;三、爲其領域人員普遍尊重,并以其文本或内容爲效仿對象。中國的經典具有相對的排他性,但更多地是表現出包容性和對他派典籍相當的容忍度。

另外,經典之形成,同傳注詮釋關係密切。傳注之生,一則緣自經典重要;二則因經典内容豐富、涵蘊極深,不闡難明;三則因時代習俗之別,方言通言之異。經典之形成,傳注本身亦發揮着重要作用。傳統經典

---

①《新唐書》卷五七《藝文志》,北京:中華書局1975年,第1422頁。
②《妙法蓮華經》卷二,《大正新修大藏經》本,第九册。
③按:除此之外,不同民族、不同國家,所謂的"經典"是不同的,那麽經典又具有區域性和民族性特徵,但此兩點非本文討論的重點,不展開論述,姑且以"相對性"囊括之。

"經傳一體,以傳存經"之特點,我們曾有專文詳論,①此處簡及之。《國語·周語下》載叔向用《詩》,涉及《周頌·昊天有成命》和《大雅·既醉》篇:

> 且其語説《昊天有成命》,頌之盛德也。其詩曰:"昊天有成命,二后受之,成王不敢康。夙夜基命宥密,於,緝熙!亶厥心肆其靖之。"是道成王之德也。成王能明文昭,能定武烈者也。夫道成命者,而稱昊天,翼其上也。二后受之,讓於德也。成王不敢康,敬百姓也。夙夜,恭也。基,始也。命,信也。宥,寬也。密,寧也。緝,明也。熙,廣也。亶,厚也。肆,固也。靖,龢也。其始也,翼上德讓,而敬百姓。其中也,恭儉信寬,帥歸於寧;其終也,廣厚其心,以固龢之。始於德讓,中於信寬,終於固和,故曰成。②

> 《詩》曰:"其類維何?室家之壼。君子萬年,永錫祚胤。"類也者,不忝前哲之謂也。壼也者,廣裕民人之謂也。萬年也者,令聞不忘之謂也。胤也者,子孫蕃育之謂也。③

叔向略早於孔子,以其解《詩》之辭,校以《毛傳》,訓釋無差,而叔向之解更爲詳盡。所別者,叔向此處强調《昊天有成命》是道成王之德,而《小序》但言"郊祀天地也",④可以見出儒門經典成編過程中,對王官和貴族《詩》學的繼承和損益。朱熹《詩集傳》據叔向説,定《昊天有成命》爲祭祀成王之詩,⑤蓋已混官私之學爲一,忽略此間演進之道矣。由儒

---

① 趙培《儒家經典之確立及其特徵論析》,《周易研究》2017 年第 4 期。
② 上海師範大學古籍整理研究所點校《國語》卷三《周語下》,上海:上海古籍出版社 1998 年,第 116 頁。
③ 同上書,第 117—118 頁。
④ 毛亨傳、鄭玄箋、孔穎達疏、陸德明釋文《附釋音毛詩注疏》卷一九《昊天有成命》,日本足利學校遺蹟圖書館藏宋建安劉叔剛刻本,足利學校遺跡圖書館後援會影印,東京:汲古書院 1974 年,第 2169 頁。**本書下文所引《毛詩》經文、毛傳、鄭箋、詩譜、大小序及正義内容據此本**,不再一一出注。
⑤ 《毛詩》卷一九,漢文大系本,臺北:藝文印書館 1978 年影印,第 5—6 頁。

家《詩經》對官學和貴族《詩》學之文本和訓釋的吸收損益,已見出文本傳解在經典形成過程中的重要性。

再以《尚書》孔壁多出的十六篇爲例。此十六篇,前漢無人注解,後漢馬融、鄭玄,晉杜預皆謂之"逸書"。① 其中《武成》一篇,孔穎達正義引鄭玄説,言其亡於建武之際。②《經典釋文·序錄》云:"漢始立歐陽尚書,宣帝復立大小夏侯博士,平帝立古文。永嘉喪亂,衆家之書并亡。"③則《武成》之外的十五篇,又亡於永嘉之亂。然《隋書·經籍志》云:"又有《尚書》逸篇,出於齊梁之間。考其篇目,似孔壁中書之殘缺者。"④《新唐書·藝文志》有徐邈注《逸書》三卷,⑤則孔壁之逸篇,至唐依舊殘存。此後不見於記載,則其全部亡佚,約在唐宋之際。與之相較,東晉梅賾所獻僞古文本,經唐孔穎達作正義,而定於一尊。一亡一存,則經典化過程中,傳注與政治之助力,由此可見一斑。

最後,經典形成過程中的選擇視角亦不能忽略。《史記·儒林列傳》太史公云:"夫周室衰而《關雎》作,幽厲微而禮樂壞,諸侯恣行,政由彊國。故孔子閔王路廢而邪道興,於是論次《詩》《書》,修起禮樂。"⑥此處所言論次《詩》《書》的方式,《孔子世家》詳述之:"古者《詩》三千餘篇,及至孔子,去其重,取可施於禮義,上采契、后稷,中述殷周之盛,至幽

---

① 按:馬端臨《文獻通考》云:"蓋安國所得孔壁之書,雖爲之傳,而未得立於學官,東京而後,雖名儒亦未嘗傳習,至隋唐間方顯。往往人猶以僻書奧傳視之,繕寫傳授者少,故存者皆古物。"爲此情況之寫照。
② 孔安國傳、孔穎達正義《宋本尚書正義》,國家圖書館藏宋兩浙東路茶鹽司刻本(4523號,卷七、八、一九、二〇配日本影抄本),第四册,北京:國家圖書館出版社2017年影印,第54頁。**本書下文所引《尚書》經文、孔傳、書大小序及正義內容據此本,不再一一出注。**
③ 陸德明撰、黄焯彙校《經典釋文彙校》卷一《序錄》,北京:中華書局2006年,第14頁上。
④《隋書》卷三二《經籍志》,北京:中華書局1973年,第913頁。
⑤《新唐書》卷五七《藝文志》,第1427頁。
⑥《史記》卷一二一《儒林列傳》,第3785頁。

厲之缺,始於衽席。"①此即爲孔子刪《詩》之說。經典形成過程中的這種選擇行爲,亦可參照亞歷山大時期希臘人的做法:

> 亞歷山大的希臘人對待傳統的形式是以前所未有的精細的手法和職業化的方式對文本進行校勘(Textkritik)、解釋和傳授。這些學者收集文本,對其進行編目(pinakes),然後再進行對比;他們編制詞目、編寫說明,後來由此衍生出評注。他們研究作家們以及各個時代所使用的詞彙,以便在此基礎上進行勘正并確定文本的歸屬。因爲需要整理的文獻太多,這些學者們不得不進行**選擇**。他們對所有的文獻進行評估,對所有被審評過的文本進行排序,以便決定哪些文本被選,哪些文本被放棄。經過了持續幾百年的選拔過程,"**經典作品**"(canon of classics)便宣告誕生。②

希臘經典屬於前述傳統型經典(CLASSIC)一類,非一種經典獨尊,而是眾多經典齊出。這一點和我們的經典生成相類,但其完全理性化的篩選方式,却和孔子刪《詩》、序《書》不同。據史遷所言,孔子選編經典,最直接的兩個取向,一爲通過正典來糾改"幽厲微而禮樂壞,諸侯恣行,政由彊國"的現狀;一爲和"修起禮樂"配合,以"重塑"郁郁乎文哉之周制。此種熱情和"意願"合於前文所論五經的準宗教化特點,而不同於亞歷山大時期的希臘人順從理性,制定標準來選擇文本,藉以承繼或"恢復"傳統。另外,希臘人遭遇文獻繁亂、傳統難尋的情況,所採取的理性處理方法,非一位學者所能完成。這啓發我們,所謂的孔子定六藝文本的傳統說法,實際上是儒門尊孔的歸美之言。或總體定經原則確出孔子,而孔門後學遵此原則,不墜編整,秦漢人所見已非夫子原定之經,而多經儒門後學損益補苴。

---

① 《史記》卷四七《孔子世家》,第 2345 頁。
② Jan Assmann,2011, pp. 253-254;揚·阿斯曼《文化記憶:早期高級文化中的文字、回憶和政治身份》,第 301—302 頁。

經典化的研究基於對自身經典特點的認定，所以我們首先要確定討論的時代、所論經典的使用範圍，以及經典和傳注箋疏之間的互動。以此爲始，來討論經典的出現、形成和影響，及其在文化傳統的形成、轉變、重塑等方面所發揮的作用。在這個大的框架之内，我們會儘可能地關注經典出現的社會歷史背景、經典制作者的意圖、經典文本的形成和傳遞過程等相關方面。

(二)《書》類文獻

1.《書》之來源與《書》、"書"之别

《文心雕龍·宗經》云："詔策章奏，則《書》發其源。"①《史通》云："《書》之所主，本於號令，所以宣王道之正義，發話言於臣下，故其所載，皆典、謨、訓、誥、誓、命之文。"②均言《書》出於故檔，所指爲《尚書》。

戰國古書，如《詩》《書》《易》，李零先生認爲直接選自古代的記府、樂府，來源是文書檔案。但早期古書，又絶非文書檔案的照搬，而是經過删選、改編，其標準爲選取多談話、議論，有一定思想性和可讀性的篇章。古書雖然烙着文書檔案的痕迹，實際上有着更大的獨立性和超越性。③《書》類文獻，因其在選編者主觀干預下形成，它的每一次存在，其實都是包含一篇或者多篇的一個選本，當然這些選本的内容和篇章構成或頗有差異。如此，本文討論之《書》類文獻，即整編自文書檔案之教育、教化、鑒戒類篇章。

余嘉錫先生論古書單篇别行云：

> 秦、漢諸子，惟《吕氏春秋》、《淮南子》之類爲有統系條理，乃一時所成，且并自定篇目，其他則多是散篇雜著，其初原無一定之本也。

---

①劉勰撰、范文瀾注《文心雕龍注》卷一《宗經》，第22頁。
②劉知幾撰、浦起龍通釋、王煦華整理《史通通釋》卷一，上海：上海古籍出版社2009年，第2頁。
③李零《簡帛古書與學術源流》(修訂本)，第53—55頁。

夫既本是單篇,故分合原無一定。有抄集數篇,即爲一種者,有以一二篇單行者。其以數篇爲一種者,已詳於"書名研究篇"中。①

論官書命名之義例云:

一曰:官書命名之義例

章學誠曰:"六經皆史也。古人不著書,古人未嘗離事而言理,六經皆先王之政典也。"(原注:《文史通義·易教上》)其説樹義甚精。《漢志》謂"諸子出於王官,皆起於王道既微,諸侯力政,時君世主,好惡殊方,是以九家之説,蠭出並作",是則春秋以前,并無私人著作,其傳於後世者,皆當時之官書也。其書不作於一時,不成於一手,非一家一人所得而私,不可題之以姓氏,故舉著書之意以爲之名。如"《連山》似山出内雲氣(原注:原作出内氣變,據阮元《校勘記》改);《歸藏》者,萬物莫不歸而藏於其中"(原注:《周禮·春官·太卜》注),"生生之謂易"(原注:《繫辭傳》),"《乘》者興於田賦乘馬之事,因以爲名,《檮杌》者,嚚凶之類,興於記惡之戒,因以爲名"(原注:《孟子》趙歧注),"《春秋》者,魯史記之名也,《記事》者,以事繫日,以日繫月,以月繫時,以時繫年,年有四時,故錯舉以爲所記之名也"(原注:杜預《春秋序》),此其命名皆有意義。至於《詩》、《書》、《禮》、《周官》之類,尤爲顯而易見。②

官書之編纂形式,雖以單篇爲單元,但其存在却是"數篇爲一種者",以類命名,故總謂之《書》。儘管李零先生言,"詩""書""禮""樂""易""春秋"原本不是書名,而是類名。③ 但所謂的"類",實際上是選編之《書》的類,而非文書檔案原本,故以"《書》類文獻"稱之,更符合研究對象的實際存在情況。早期之《書》類聚而半開放,其構成不全然固定,但

---

① 余嘉錫《古書通例》,第265—266頁。
② 同上書,第210—211頁。
③ 李零《簡帛古書與學術源流》(修訂本),第217頁。

亦並非全然無統,竊以爲類似一個可以不斷補充或更換的活頁本。《國語‧楚語上》申叔時建議楚太子上的"春秋""世""詩""禮""樂""令""語""故志""訓典"等九門課中,①"故志"和"訓典"落實到課堂之上,即爲兩種不同的《書》類文獻選編本。清華簡中的多篇"書"類文獻,但從整體上去看,即爲這樣的一種《書》類文獻整編本。②

另外,關於用《書》還是用"書"的問題,既然標爲"某類文獻",實則此"某"當爲定型之書。綜上所論,我們選擇用"《書》類文獻"。

2.《書》類文獻的王官學與諸子學歸屬

《書》類文獻的整編和使用,以及《書》學的傳承跟春秋戰國以來的公私教育關係密切。③ 所謂的官學,或言王學,又因其多掌於史官之手,又稱爲史官之學。"天子失官,學在四夷"之後,出現了諸子學。所謂的諸子學,不同時代的形態有異。我們將從王官學和諸子學兩個角度來分析目前可探得之《書》類文獻,及其所對應的《書》學系統在早期的存在情況。出土文獻中所見引《書》、用《書》及《書》類文獻,因其特殊性,暫時別出單獨分析。

(1)王官及貴族之學系統中的《書》類文獻

《書》類文獻源自官藏檔案文書,初期以禮儀所用典册和貴族書教選本的面貌存在。此一系統,在私學興起之後,漸趨衰微,時而藉助於私學,至秦皇一統,再次復興。官學系統中,禮儀所用典册,今未得見,但可

---

①《國語》卷一七《楚語上》,第528頁。
②按:強調一點,典籍本身雖然是一種物質的存在,但其存在本身却是人爲作用的結果。教典性質或其他用途的《書》類文獻整編本中所包含的一篇或多篇文獻,它們雖然來自文書檔案,本質上却已不同於前者。這首先是考慮到整編過程中的整改加工。即便這些文獻没有經過整編,其内容無甚變化,其性質已經不同。因爲當被選擇的檔案文書本身在歷史中重新展現自己所承載的文化信息,被整改和再詮釋的時候,没被選擇的材料正在被遺忘掉。文書檔案中有意或無意間被保留下來的部分,爲屢次的文本經典化提供了材料基礎,經典正是在這種選擇和遺忘的過程當中形成的。
③論説詳參正文。

從相關青銅銘文記載來考察;貴族教育中的《書》學選本,也已不存,僅可由《左傳》《國語》等典籍所載貴族引《書》、用《書》、論《書》之事探之。①

(2)諸子學系統中的《書》類文獻

禮樂崩壞,私學興起,旁落之官學文獻,作爲諸家可共享的文化資源,各派裁度選編,藉古以治亂世、定學派、證己説。考其本源,諸家《書》學及其文獻之所出,皆爲官學。因宗尚不同,損益其説,刪編其册,成一派之學。又其所承本同,故重篇複句,亦不鮮見。孔子以《詩》《書》教人,則《書》類文獻,必有教本。除儒家外,傳世系統中,諸子之《書》類編本,全不得見,僅可從宗派典籍用《書》中略考其學。② 孔子所編之《書》類文獻,已不得見其原貌。今可知儒門之《書》類文獻,除開《論語》《孟子》《荀子》等引及、用及者外,以孔壁所出百篇書序對應的《書》爲最早,③爲儒家百篇本。④ 然而,秦至漢初,儒門私學以及其他諸子"家言"又被官學所收編。詳細討論見正文部分。

(3)不易區分者

《漢書·藝文志》著録《周書》71篇。顏師古注云:"劉向云'周時誥

---

①按:《左傳》和《國語》的存古,及其所涉《書》學的官學特徵,詳參正文討論。今本《逸周書》中或保留了官學系統的《書》學篇章。《左傳》和《國語》兩書的性質及成書時間等相關問題的分析詳見正文。

②按:今本《逸周書》中或保留了儒門之外,其他諸子的《書》學篇章。

③按:百篇書序出於孔壁,程元敏先生證之已詳,茲不贅述。程先生定《書序》之著稱時間在秦王政十九年至秦二世二年成撰。詳參程元敏《書序通考》,臺北:臺灣學生書局1999年,第17—25、587頁。

④按屈萬里言:百篇《尚書》雖定於先秦,然非孔子教學之原本。此百篇之書,乃魯國所傳之本(當然是儒家之傳本。參屈萬里《尚書集釋》,《屈萬里全集》2,臺北:聯經出版事業公司1983年,第26頁)。屈先生言之簡略,其弟子程元敏詳考之,認爲"朱子所言《書序》爲孔家人自作,誠是。孔家人作此,爲書經參考教材,用課生徒,輔助口義,隨本經藏壁,出而傳至今日耳"(參程元敏《書序通考》,第588頁)。

誓號令也，蓋孔子所論百篇之餘也'。今存者四十五篇矣。"①此《周書》或爲古文。宋王應麟《困學紀聞》載"《召誥》正義引《周書·月令》云'三日粵朏'。《漢·律曆志》引古文《月采》篇曰'三日曰朏'。顏注謂說月之光采。愚以《書》正義考之，'采'字疑當作'令'"，②據此可知《周書·月令》爲古文。

新莽一朝，推崇古學，影響至遠。許慎撰《説文解字》，多引《周書》内容，稱《逸周書》。餘波所及，漢末孔晁，注古文《周書》71篇。據顏師古注，唐代《周書》，其所見已僅存45篇。今傳《逸周書》70篇本，③南宋方成編，據張懷通先生考定，其來源有四：孔晁注本、白文古文、單篇《周書》、汲冢遺册。④今本《逸周書》中保留的篇章，先秦文獻中有徵引，如上海博物館藏戰國竹簡和郭店楚墓竹簡《緇衣》篇均引《祭公之顧命》（見《逸周書·祭公》），《左傳》文公二年引《周志》、文公十八年引《誓命》（均見《逸周書·大匡》）等，《韓非子·難勢》引《周書》（見《逸周書·寤儆》）等。新出清華簡中，《皇門》《祭公》和《金縢》（竹簡自名《周武王有疾周公所自以代王之志》）及《説命》三篇，《赤鵠之集湯之屋》《尹至》《尹告》三篇皆同編，可知《逸周書》或爲儒家之外，官家或諸子論學之篇章，劉向關於《周書》71篇爲"孔子所論百篇之餘"的推測，實據儒者立場言，仍有討論的餘地（《金縢》在儒門百篇《書》中）。

《漢志》所載71篇《周書》，或爲儒門以外，官學和諸子《書》學文獻的遺留。諸子爭勝之時，已不及儒家，逮至漢代，儒學獨尊，則這些篇章

————————
①《漢書》卷三〇《藝文志》，第1706頁。
②王應麟撰，翁元圻等注，欒保群、田松青等點校《困學紀聞》卷二《書》，上海：上海古籍出版社2008年，第240頁。
③按：70篇不含《周書序》，已有11篇闕，即《程寤》《秦陰》《九政》《九開》《劉法》《文開》《保開》《八繁》《箕子》《耆德》《月令》。
④張懷通《今本〈逸周書〉的來源及其編輯》，《〈逸周書〉新研》，北京：中華書局2013年，第85—89頁。

就更趨邊緣。然其中的早期篇章,實可助我們考察儒家對《書》類文獻的去取原則,及諸子如何藉文本以張揚己説。另外,其中篇章,諸派整合擇取方式有異,其中或可見出更多古《書》(王官之《書》)的信息。涉及此類問題者,以《墨子》引《書》、用《書》最可爲代表,詳細討論見正文。

晉太康年間,發魏襄王冢,得竹書75篇,其雜書19篇中見《周書》一類,戰國之《書》,再出一類。① 汲冢《周書》今已不存,其性質亦難判定,略及於此。

(4) 出土文獻引《書》、用《書》及清華簡《書》類文獻

1987年,湖南省文物考古研究所和慈利縣文物管理處對湖南省慈利縣城關石板村戰國楚墓進行聯合發掘,其中M36出土了一批竹簡,竹簡放置在頭箱北側,壓在漆樽與陶壺之間,有些疊壓在一起的竹簡字體方向相反,可能不是一種文書。據統計,殘簡數量達4371枚,整理後竹簡1000多枚,字數2.1萬多字。這些竹簡原來放置在竹笥當中,保存最長者36釐米,短者不足1釐米,估計整簡長45釐米,竹簡均較薄,一般厚1—2釐米,寬4—7釐米。經辨認,共發現簡頭817個,簡頭、簡尾難辨者27枚,由於破損過於嚴重,已經無法觀察契口及編聯情況。② 整理者認爲慈利楚簡的書寫特徵和長沙子彈庫帛書、包山楚簡的風格一致,不同竹書之間,文字書寫風格不同,估計不是出自一人之手。慈利簡屬於記事性典籍,所記內容以吴、越爲主,並附有議論,其內容大致可以分爲兩類:一類是有傳世文獻可資對勘的,如《國語·吴語》和《逸周書·大武》等,但殘損嚴重;另一類是《管子》《寧越子》等書的佚文。簡本《逸周書·大武》有兩種寫本:一種字體方正,類似楷書;一種則結構隨意,略顯潦草。簡本和今本《大武》略有差異,如《四部備要》本《逸周書·大武》開篇作"武有

---

① 程平山《汲冢竹書的發現與整理》,《竹書紀年與出土文獻研究之一:竹書紀年考》,北京:中華書局2013年,第1、94—97頁。
② 湖南省文物考古研究所、慈利縣文物保護管理研究所《湖南慈利縣石板村戰國墓》,《考古學報》1995年第2期。

六制:政、攻、侵、伐、搏、戰",《北堂書鈔》引《大武》則是"武有七制:一曰征、二曰攻、三曰侵、四曰伐、五曰陣、六曰戰、七曰鬥",而簡本作"武有七制:征、攻、侵、伐、搏、戰、鬥",與《北堂書鈔》引文接近而稍異。今傳本《大武》:"四攻:一攻天時,二攻地宜,三攻人德,四攻行利。"而簡本作"四攻兵利",文從字順,可以訂正今傳本之訛誤。① 此批楚簡尚未公布。

郭店楚簡於1993年冬出土於湖北省荊門市郭店一號楚墓,雖數經盜擾,仍幸存800餘枚。其中有一部分無字簡;有字簡據整理後的字數統計,共存730枚,大部完整,未拼合的小碎片數量不多。郭店一號楚墓位於紀南楚墓群中。歷年的考古資料證明,此處爲東周時期楚國的貴族墓地,其南面約9公里便是東周時期楚國的都城——紀南城。郭店楚簡的形制不盡一致。就長度而論,可以分作三類:一類長度在32.5釐米左右,另一類長26.5—30.6釐米,第三類長15.0—17.5釐米。竹簡的形制也有兩類。一類竹簡的兩頭平齊,另一類的兩頭修削成梯形。竹簡上都有用以容納編綫的契口。前兩類長度的竹簡每簡有兩個契口,上下各一個。最短的一類竹簡則有三個契口,上、中、下各一個。抄寫同一篇古書所用竹簡的長度和形狀是一致的,而且上下契口的間距也是相同的。② 郭店楚墓竹書中引《書》的材料主要有《緇衣》《成之聞之》,涉及《書》類文獻篇名的有《唐虞之道》(存疑),綜論六藝之《書》有《六德》《性自命出》和《語叢一》諸篇。

1994年,上海博物館購入一批戰國竹簡,殘合計1200餘支,同年又獲贈相同性質的殘合簡479支,③學者定竹簡的時間爲戰國晚期。④ 竹

---

①詳參張春龍《慈利楚簡概述》,《新出簡帛研究》,北京:文物出版社2004年,第4—11頁。
②荊門市博物館《郭店楚墓竹簡》"前言",北京:文物出版社1998年,第1頁。
③馬承源《前言:戰國楚竹書的發現、保護和整理》,《上海博物館藏戰國楚竹書(一)》,上海:上海古籍出版社2001年,第1—2頁。
④陳燮君《上海博物館藏戰國楚竹書·序》,第1—2頁。

簡內容雜涉子史和逸詩,以儒家文獻爲多,道家次之,亦見有墨家佚文,如《鬼神之明》。其中《紂衣》篇多有引《書》類文獻,涉及《尹吉》《君陳》《君牙》《康誥》《呂刑》《君奭》《祭公之顧命》;《性情論》一篇中以《箸(書)》爲"四述"之一;《容成氏》篇中所涉九州之名,可與《禹貢》篇相比較。

2008年,清華大學通過校友捐贈,入藏了一批戰國簡。從各方面信息觀察,亦當出自湖北楚墓,專家鑒定其時代爲戰國中晚期,AMS碳14年代測定爲公元前305±30年。這批竹簡內涵豐富,初步觀察以古籍爲主,其中有對探索中國歷史和傳統文化極爲重要的經史類文獻,大多在已發現的先秦竹簡中從未見過。其中有多篇《書》類文獻,所載事跡可列爲《夏書》《商書》《周書》的皆有。① 涉及的主要篇目有《尹至》《尹誥》《程寤》《保訓》《耆夜》《金縢》《皇門》《祭公》《說命》《厚父》《封許之命》《命訓》《攝命》《赤鵠之集湯之屋》。②

2019年5月6日,在國家文物局召開的"考古中國"重大項目進展工作會上,龍會河北岸墓地 M324 新出楚簡發布。M324 戰國楚墓所出簡保存較差,現已完成揭取工作,共計324枚簡。根據形制和部分可見文字,初步判斷竹簡內容可分兩類:第一類簡較長,約44釐米,寬0.5—0.6釐米,字體爲典型楚文字,載有東周時期十餘位楚王、楚國高級官員,以及西周武王、周公旦的相關事跡,爲佐證西周重大史實,研究東周時期楚國歷史和政治、軍事思想史等提供了重要資料;第二類簡稍短,約41釐米,寬約0.5—0.6釐米,字體較規整,內容多有"王若曰"等語句,簡文類似《尚書·周書》《逸周書》行文句式,疑與西周初年"周公輔政"

---

① 清華大學出土文獻研究與保護中心《清華大學藏戰國竹簡(壹)》前言,上海:中西書局 2010 年,第 2—3 頁。
② 按:湖北 2015 年度田野考古交流匯報會上,田勇先生公布了新獲簡牘信息。他所帶領的項目組在荊州郢城遺址南郊的戰國楚墓中清理出400餘枚竹簡,其中有《詩經·邶風》《尚書·呂刑》和《日書》等。此《呂刑》爲科學考古首次發現的《書》類文獻篇章。具體消息參 2016 年 1 月 29 日《湖北日報》。

相關，爲研究《書》類文獻的傳承提供了新的資料。

出土漢代材料中，涉及《書》學的主要有二。一爲 1972 年到 1974 年發掘的長沙馬王堆漢墓三座，均位於漢初軑侯利蒼的家庭墓地。三號墓出土漆書盒中出土大量帛書，其中《要》篇，屬於《易傳》類（包括《要》《衷》《繆和》《昭力》），記載了子贛（貢）質問孔子好《易》之由，孔子的回答，其中除了《詩》《書》《禮》《樂》並稱外，提到了《尚書》，言"《尚書》多仒矣，《周易》未失也，且又（有）古之遺言焉"。①

其二，1973 年，河北定縣東漢中山懷王劉脩墓中出土大批竹書，其中有《儒家者言》。《儒家者言》共整理出 27 章，第 12 章記聞（簡）子欲殺陽貨，孔子之勸言"……《詩》、《書》不習，禮樂不修則是丘之罪"。②

引《書》或用《書》，提及《書》時，已指向某種或某類《書》類文獻。由此，先秦兩漢《書》類文獻，實際存在和推而可得者，前文已網羅殆盡。

（三）"早期形態"義釋

"《書》類文獻"的稱呼本身，已透露出其早期形態的一個方面，即爲故府所藏文書檔案的不同選編、整理本。具體到《書》類文獻自身，所謂的"早期形態"可分爲三大方面：載體形態、文本形態與"經傳"形態。

載體形態，我們的討論對象基本限定在竹、木、帛、紙等書寫材料，《書》類文獻的載體規制，及青銅器銘文和《書》類文獻的關係等方面。

文本形態，爲了顯明其獨特性，我們將文字形態從文本內容中分離出來。

---

① 裘錫圭主編，湖南省博物館、復旦大學出土文獻與古文字研究中心編纂《長沙馬王堆漢墓簡帛集成》，第三冊《釋文注釋》，北京：中華書局 2014 年，第 116 頁；第一冊《圖版》22-24。按：廖名春先生據此認爲，《尚書》之稱名當不晚於戰國時期，此說值得注意。參廖名春《〈尚書〉始稱新徵》，《文獻》1996 年第 4 期，第 155 頁。
② 國家文物局古文獻研究室、河北省博物館、河北省文物研究所、定縣漢墓竹簡整理組〈〈儒家者言〉釋文〉，《文物》1981 年第 8 期，第 16 頁。按：《儒家者言》一類文獻的出土不少，亦見阜陽雙古堆簡、上博簡、安徽大學藏簡、海昏侯簡（《論語》）、肩水金關遺址的《論語》殘簡等。

就《書》類文獻的文本內容而言,除了描述篇章數量、定名及分合、章句異文外,我們將重點討論這些內容所反映出的歷時性文本的層次性特徵,及其跟文本流傳之間的關係。

文字形態,涉及字迹、用字分析(字詞系統研究)和字形形態的歷時性變化,及諸類特徵在文本衍生及流布過程中所發揮的作用等方面研究。

"經傳"形態,所謂經傳,實則是經典成立之後的講法,所以此處用"經傳"爲取其義之廣。前文在討論經典化問題時所舉《昊天有成命》的傳解問題,從叔向、毛傳到朱熹對此篇的傳解上即可見出"經解"形態之變遷,而這種變遷又同經典的文本形態直接相關,故而我們整體上以"經傳"形態稱之。

下文就早期《書》類文獻的文本形態和"經傳"形態展開研究,重點考察文本層次、"經傳"演進、字形形態、用字習慣和文本異同等內容,略及與之相關的載體規制等問題(圖0.1.2)。在此基礎上,分析早期《書》類文獻的經典化過程及其影響。

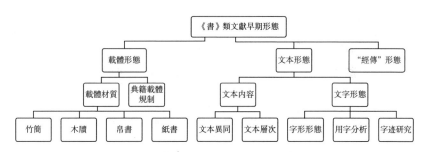

圖0.1.2:《書》類文獻早期形態研究內容圖

簡牘制度問題,學界鑽研已繁,程鵬萬、賈連翔等已有綜述,兹不贅論。① 《儀禮・聘禮》賈疏引鄭玄《論語序》云:"《易》《詩》《書》《禮》

---

① 程鵬萬《簡牘帛書格式研究》"緒論",吉林大學博士學位論文2006年,第4—8頁。賈連翔《簡牘制度研究百年舉要》,《戰國竹書形制及相關問題研究——以清華大學藏戰國竹簡爲中心》,上海:中西書局2015年,第41—46頁。按:賈書後出,在程書基礎上略有補充。

《樂》《春秋》,策皆二尺四寸,《孝經》謙半之,《論語》八寸策者,三分居其一,又謙焉。"①鄭玄所論,反映的爲漢人關於"六藝"類典籍簡牘規制的認識,所謂的《孝經》謙半之,當爲一尺二寸,《論語》三分居其一,則爲八寸。因其較《孝經》爲更少,故云"又謙",其所言尺寸當爲漢制。據丘光明教授測證,西漢和新莽時,每尺平均長度爲 23.2 和 23.09 釐米,從數據一貫性角度考慮,她釐定漢尺爲 23.1 釐米。東漢尺實測略長,出於尊重數據,而定東漢尺單位量值爲 23.5 釐米。② 依此爲據,驗之"六藝"類簡牘帛書的實際存在情況,我們可以對經類典籍的載體形制和簡帛制度問題有一個直觀認識。迄今爲止,先秦兩漢出土"六藝"類簡牘帛書的形制,可列表如下(表 0.1.1):

表 0.1.1:出土先秦兩漢"六藝"類簡牘帛書形制表

類名	篇名	來源	數量	載體長度			載體寬度(釐米)
				實測值(釐米)	戰國尺寸(尺)	漢代尺寸(尺)	
易	《周易》	上博簡	58	43.5	1.88	—	0.5
	《筮法》	清華簡	63	35	1.52	—	0.6
	《別卦》		7	16	0.69	—	1.1
	《周易》	港中大藏簡	1	殘簡			
	《歸藏》	王家臺秦簡	394	45	1.95(秦)		0.7-1

---

① 《儀禮注疏》卷二四,嘉慶二十年南昌府學本《十三經注疏》,第 4 册,臺北:藝文印書館 2001 年影印,第 283 頁上。按:南昌府學本原作"皆尺二寸",此句校記云:按《春秋序》疏云:"鄭元(玄)注《論語序》,以《鉤命決》云'《春秋》,二尺四寸書之,《孝經》一尺二寸書之',故知六經之策,皆稱長二尺四寸,然則此云'尺二寸',乃傳寫之誤,當作'二尺四寸'。"參《儀禮注疏卷二十四校勘記》"皆尺二寸",第 292 頁上。
② 丘光明《漢代的尺度》,《中國歷代度量衡考》,北京:科學出版社 1992 年,第 55 頁。按:戰國尺度,丘光明教授依商鞅量尺和東周銅尺爲依據,定爲 23.1 釐米(同書,第 11 頁)。本書從之。

續表

類名	篇名	來源	數量	載體長度			載體寬度（釐米）
				實測值（釐米）	戰國尺寸（尺）	漢代尺寸（尺）	
易	《周易》	阜陽漢簡	800①	26②	—	1.12	1.0
	《周易》	馬王堆帛書			—		
	《二三子問》						
	《繫辭》	馬王堆帛書	同一帛書		—		
	《易之義》						
	《要》						
	《繆合》						
	《昭力》						
書	《尹至》	清華簡③	5	45	1.95	—	0.6
	《尹誥》		4	45	1.95	—	0.6
	《程寤》		9	45	1.95	—	0.7
	《保訓》		11	28.5	1.23	—	0.5
	《耆夜》		14	45	1.95	—	0.6
	《金縢》		14	45	1.95	—	0.6
	《皇門》		13	44.4	1.92	—	0.5
	《祭公》		21	44.4	1.92	—	0.6
	《說命》上		7	45	1.95	—	0.6
	《說命》中		7	45	1.95	—	0.6
	《說命》下		9	45	1.95	—	0.6

① 韓自強《阜陽漢簡〈周易〉研究》，上海：上海古籍出版社2004年，第3—44頁。
② 胡平生《阜陽漢簡周易概述》推測值，見李學勤、謝桂華主編《簡帛研究》第三輯，南寧：廣西教育出版社1998年，第255—265頁。
③ 《清華簡》（拾）有《四告》（四篇），或以爲當屬《書》類文獻，未及細研，謹識於此。

續表

類名	篇名	來源	數量	載體長度			載體寬度（釐米）
				實測值（釐米）	戰國尺寸（尺）	漢代尺寸（尺）	
書	《厚父》		13	44	1.90	—	0.6
	《封許之命》		7	44	1.90	—	0.6
	《命訓》		15	49	2.12	—	0.5
	《攝命》		32	45	1.95	—	0.5
	《赤鵠之集湯之屋》		15	45	1.95	—	0.6
	《武成》①	慈利楚簡	尚未公布全文				
	《吕刑》	夏家臺	尚未公布具體信息				
	新見《書》類②	龍會河北岸M324	324	44	1.90		0.5
詩	逸《詩》	上博簡	6	45.5③	1.97	—	—
	《詩經·邶風》	夏家臺	《邶風》十四篇尚未公布具體信息				
	《詩經》	阜陽漢簡	143④	殘損嚴重			
	《詩經》	安大簡	93	48.5	2.10	—	0.6
	《詩經》	海昏侯墓漢簡	1200	皆爲殘簡			
禮	《禮記·緇衣》	郭店竹書	47	32.5	1.41	—	—
	《禮記·緇衣》	上博簡	24	54.3	2.35	—	0.7
	《禮記·緇衣》	港中大藏簡	1	殘簡			

---

① 殘簡文字可於《逸周書·武成》篇對勘,詳參張春龍《慈利楚簡概述》,《新出簡帛研究》,北京:文物出版社 2004 年,第 4—11 頁。
② 按:具體情況,前文已述及。2019 年 5 月 6 日,在國家文物局召開的"考古中國"重大項目進展工作會上,龍會河北岸墓地 M324 新出楚簡發布。
③ 此處用馮勝君推測值,參氏著《郭店簡與上博簡比較研究》,北京:綫裝書局 2007 年,第 31 頁。
④ 阜陽漢簡整理組《阜陽漢簡〈詩經〉》,《文物》1984 年第 1 期,第 1—6 頁。此處 143 爲殘簡片數。

續表

類名	篇名	來源	數量	載體長度			載體寬度（釐米）
				實測值（釐米）	戰國尺寸（尺）	漢代尺寸（尺）	
禮	《大戴禮記》《内禮》	上博簡	10	44.2	1.91	—	
	《大戴禮記》《昔者君老》	上博簡	4	44.2	1.91	—	
	《禮記》類	海昏侯墓漢簡	300	多爲殘簡			
	《儀禮》甲木簡	武威漢簡	398	55.5—56	—	2.42	0.75
	乙本《服傳》木簡	武威漢簡	37	50.5	—	2.18	0.5
	丙本《喪服》①	武威漢簡	34	56.5	—	2.44	0.9
春秋	《春秋》類	海昏侯墓漢簡	200	損毀嚴重，無一枚完簡			
論語	《論語》	海昏侯墓漢簡	500	殘簡			
	《論語》②	定州八角廊	620	16.2	—	0.70	0.7
孝經	《孝經》	海昏侯墓漢簡	600	殘損嚴重			
	《孝經》	肩水金關漢簡					
小學	《蒼頡篇》	阜陽漢簡	125③	25④	—	1.08	—
	《蒼頡篇》	北大漢簡	82	30.3	—	1.31	0.9—1

---

① 按：丙本竹簡，殘壞折斷，且多捲曲，無一完整，所列數據爲根據《喪服》第 31 簡的綴合摹本測得。參甘肅省博物館、中國社會科學院考古研究所編《武威漢簡》"緒論"，北京：中華書局 2005 年，第 56 頁。
② 數據依據河北省文物研究所定州漢墓竹簡整理小組《定州漢墓竹簡〈論語〉》，北京：文物出版社 1977 年。
③ 阜陽漢簡整理組《阜陽漢簡〈蒼頡篇〉》，《文物》1983 年第 2 期，第 24—28 頁。此處 125 爲殘簡片數。
④ 同上，第 24 頁。

续表

類名	篇名	來源	數量	載體長度			載體寬度（釐米）
				實測值（釐米）	戰國尺寸（尺）	漢代尺寸（尺）	
小學	《蒼頡篇》	敦煌漢簡①	1	22.9	—	1.00	1.0
	《蒼頡篇》			斷簡三			
	《急就篇》	敦煌漢木牘		木觚②			

  據表0.1.1，只有武威漢簡丙本竹簡《喪服》的尺寸，近於漢人所謂"二尺四寸"的規制。戰國竹簡多爲兩尺左右，漢代略長之，且已見出經傳用簡之差別。然而，將竹簡、木簡、帛書和木觚放在一起製表，已見出材料的有限，且所用材料的時代性（戰國、秦、兩漢）、區域性等特點本應當區分處理。另外，清華簡類材料，雖然統計數據上顯示出了一致性（《命訓》和《保訓》不同），但這種一致性或僅可反映其來源的單一性，不足以據之而論一個時代的"簡牘制度"問題。③

第二節　研究方法：早期文本經典化研究路徑的思考

  我們的經典化研究，基於文本分析。文本研究，近於傳統的文獻研

---

① 羅振玉、王國維編著《流沙墜簡》言："全簡一，斷簡三，存字四十有一，第二簡第一字僅辨偏旁，其完全可識者，計得四十字，再三審諦，只是《蒼頡篇》。"參《流沙墜簡》，北京：中華書局1993年，第76頁。
② 《流沙墜簡》載："木觚出敦十五，甲長三百六十米里邁，當後面廣二十九米里邁，當斜削前面上端交角處上書第一兩字，兩字中間有穿。"參《流沙墜簡》，第78頁。
③ 按：關於這一問題的嘗試性研究，有程鵬萬《簡牘帛書格式研究》第一章第四節"古書類簡牘長度"，第43—57頁；賈連翔《論戰國竹書尺寸的基本制度》，《戰國竹書形制及相關問題研究——以清華大學藏戰國竹簡爲中心》，第111—122頁。程書早出，未及見清華簡中《書》類文獻。賈書則主要討論戰國時期的竹書用簡規制。因爲材料有限，兩書基本上沒有就材料性質、來源範圍等諸多信息層次來對研究對象進行分類。我們在此基礎上補充了最近幾年公布及新發現的相關資料信息。

究,屬於舊領域内的問題,傳統版本、目録、校勘、音韻、文字、訓詁的方法,依然適用,下面所談的前兩點即是關於文本研究方面的一些新思考。經典化是一個走出經學時代之後才産生的問題,屬於新問題,對應的是新視角和新方法。

一、文本層次分析

相對於傳統文獻研究將文本視作一個整體,從生成到抄傳基本穩定的認識,文本層次研究更重視文本生成和流傳兩個過程本身的過程性對文本形態所産生的影響。就一本典籍而言,其文本層次不僅表現在經典各篇之間的層次性,亦表現在每篇當中的層次性。

西方很多漢學家利用Composite Texts(合成文)這一概念,來描述早期中國典籍。如鮑則岳(William G. Boltz)認爲古代文獻是由Building Blocks(組建模塊)構成Composite Texts,前者是較小的文本單元,被編入不同的語境①。他們認爲大多數傳世早期中國文本,非一人撰作,亦非單一時代著成,文本中有很多層次,各個文本層次對應的是不同的創作時代和不同的撰者的信息。以諸子著作如《莊子》爲例,文本層次豐富,信息量大,不可能僅由一人寫成。西方漢學家不太重視"作者"這一概念,尤其是在中國早期文本的討論中,他們認爲"作者"這個概念是無效和無用的,且會製造很多麻煩。對於諸子文獻及《尚書》《禮記》《詩經》來説,用"作者"這一概念來分析就過於簡單化了,因爲這些文本當中的每篇文章可能是各自獨立的。

例如,柯馬丁教授即用Composite Texts這一概念分析了《小雅·楚茨》《大雅·江漢》和《大雅·緜》等篇,認爲《大雅》中有各種各樣的合成文,有時是補充一個評論;有時是補充一句回應;有的是把金文和《大

---

① Boltz, "The Composite Nature of Early Chinese Texts", Martin Kern (ed.), *Text and Ritual in Early China*, Seattle: University of Washington Press, 2005, pp.50—78.

雅》原文整合牽連起來;有的如《楚茨》,描寫的是一個祭祀的場面,但内有散文的解釋,用散文作爲上下文的框架,内放祭祀原來的内容。總之,我們現在看到的不是一首詩的原貌,而是其經過流傳接受,發生變化後的形態。"合成文"實際上反映出原文本在接受過程中發生變異後的面貌。①

除了這樣單綫演進所造成的文本層次外,我們還當注意流傳過程中並行古本的問題。就目前學界的研究來看,此一問題又可從傳世文獻背後之古本研究和傳注箋疏中涵藴的古本分析兩個方面來進行研究。

(一)傳世文獻背後之潛在古本研究

《尚書》作爲傳統六經之一,就其内容自指而言,是五帝至春秋,帝王賢臣的典、謨、訓、誥等政史原典,經編整而成的教本。《尚書》之學,既爲歷代王朝治世所本,亦爲傳統士大夫修身之依。傳世《尚書》文本,肇源自東晉梅賾所獻僞古文,經過長期發展演變而成。

《尚書》文本播遷既久,傳世本《尚書》,實已非梅本《尚書》之舊觀。除開僞古文,存於梅本當中的今文《尚書》,亦非伏生所傳之原貌,而傳世本中之今文29篇文本,實已融進了更多的時間層次,故閻若璩言其"不今不古,非伏非孔"②。

《尚書》文本的性質,以及歷時變化造成的文本之多層次性,使得其書讀之不易,治其學者苦其難。然而,文本的層次性,恰爲研治《書》學之可鑿空處,順藤回溯,剥離層次,還其舊貌,則不唯漢魏之《尚書》文本,甚或周秦三代時《書》類文獻之存在形態,亦可追索。《書》類文獻之經典化過程也可究而探之。

---

① 按:柯馬丁教授的論説詳見《〈詩經·大雅〉中的合成文》(Composite Texts in the Shijing Daya),北京大學國際漢學家研修基地國際漢學系列講座2017年1月9日第八十三講。
② 閻若璩撰,黄懷信、吕翊欣點校《尚書古文疏證》,上海:上海古籍出版社2010年,第146頁。

六藝經典文本在流傳過程中始終存在着變異與還原的張力。變異是文本流傳的自然屬性之一,同時又受到人爲因素的作用。經典的特質及其對穩定性的要求,使得歷代學者對經典還原的努力隨着文本的變異而一直存在。

早期出土經典類文獻的發現,使得經典還原的時代大爲提前。學者們已不滿足於對漢魏隋唐諸儒所用書底本之考察,"古典重建"才成爲了一個新的學術議題。就《尚書》而言,清儒對孔鄭所本已多有輯佚考辨。① 民國以後,亦見探析周秦《書》類文獻者。前賢所據多爲先秦兩漢典籍之引《書》,零字散句,鮮有完篇。清華簡中《書》類文獻諸篇公布後,我們方對《尚書》系統所對應的早期《書》類文獻篇章形態有了直觀的了解,也更加清楚文本層次不明而妄談版本差異的局限性。

五代雕版印書以來,校勘古籍,主要是釐析出因流傳和再刊刻過程中出現的文本變異,究其終極,也只能趨近宋元版之舊觀。欲求諸魏晉以前典籍之原貌,則非校諸出土材料、遺世鼎彝不可。否則,須別求他法,如清儒通過輯佚以追迹漢魏之學。今地不愛寶,戰國古書頻出,已可拓展校勘學之視域。段玉裁若復生,其"以賈還賈,以孔還孔,以陸還陸,以杜還杜,以鄭還鄭,各得其底本,而後判其義理之是非"的追索,②或當前推千載。

對"《尚書》古本"的探討,宋代學者已肇其端,如王柏《書疑》摘《論語》與《孟子》所錄以補《堯典》。其在《堯典》"舜讓於德,弗嗣"後次以"帝曰:咨爾舜,天之曆數在爾躬,允執厥中,四海困窮,天禄永終"。又於"敬敷五教在寬"後次以"勞之、來之、匡之、直之、輔之、翼之,使自得之,又從而振德之"。這樣處理的緣由,王柏曰:"昔堯之試舜也,如此之

---

① 按:如段玉裁《古文尚書撰異》,陳壽祺《尚書大傳輯校》,陳喬樅《尚書歐陽夏侯遺説考》,以及馬國翰《玉函山房輯佚書》和王仁俊(民國)《玉函山房輯佚書補遺》、《玉函山房輯佚書續編三種》中的《尚書》類等。詳參"研究綜述"中的"輯佚"部分。
② 段玉裁撰、鍾敬華點校《與諸同志論校書之難》,《經韻樓集》卷一二,上海:上海古籍出版社 2008 年,第 336 頁。

詳，而遜位之際，止一二語而已。此非小事也，以天下與人，而略無叮嚀告誡之意，何也？愚讀《論語》終篇，乃見'堯曰：咨爾舜，天之曆數在爾躬，允執厥中，四海困窮，天祿永終'。《書》中脱此二十有四字。而命契之下又有十二字，此所謂錯簡也。愚不揣僭，欲合二典之舊章，補以孔孟之逸語，黜錯簡、削僞妄，以全聖人之書。"①又曰："舜之命契也，曰'敬敷五教，在寬'，語意未盡，疑有缺文。幸《孟子》亦嘗舉此章，又有數語曰'勞之、來之、匡之、直之、輔之、翼之，使自得之，又從而振德之'。《孟子》既曰命契之詞，朱子《集註》亦曰命契之詞。乃於《尚書》命契之下舉《孟子》之言而繫之曰，亦此意也。"②傳統經典，尤其是《尚書》，自身篇闕簡殘，爲後世補經論與錯簡説創造了條件。補經論與錯簡説本身就是一種古本追尋行爲。清代輯佚與經注之學當中業已有清楚的認識，只是相對零碎。如朱彝尊《經義考》"逸經"按語：

　　《今文尚書》祇有《堯典》而無《舜典》，古文自"帝曰欽哉"下，析而爲二，後於"慎徽五典"之上，取姚方興大航頭所得奏上十二字，又"濬哲文明"等十六字冠於篇首。予友蕭山毛奇齡持論，宜自"四海遏密八音"以上斷爲《堯典》，"月正元日"以下斷爲《舜典》，其言是也。嘗讀《宋書·禮志》，魏明帝即位，思改正朔，朝議多異同，侍中高堂隆建議引《尚書》文首九字，與方興文同。方興二十八字，上於南齊時，不若隆一十五字近古，鄙意謂宜刪去方興之文。自"月正元日，舜格於文祖"上斷爲《堯典》，冠高堂隆所引一十五字於前，至篇終爲《舜典》，則辭既相屬，義亦明暢。蓋百篇之《序》原有《舜典》，不必定復今文之舊也。③

―――――

① 王柏《書疑》，《續修四庫全書》第42册，影印通志堂經解本，上海：上海古籍出版社1994年，第383頁。
② 同上書，第382頁。
③ 朱彝尊撰，林慶彰、蔣秋華等主編《經義考新校》，第4677—4678頁。按：原句讀作"鄙意謂宜刪去。方興之文"，今正之。

關於《堯典》《舜典》古文之樣態，朱彝尊認同毛奇齡之説，認爲當自"四海遏密八音"以上斷爲《堯典》，"月正元日"以下斷爲《舜典》，並據《宋書·禮志》所載高堂隆議禮所引《尚書》中有篇首九字，較姚方興之二十八字爲古，加之《書序》確有《舜典》之序，故而認爲宜刪去方興之文，自"月正元日，舜格於文祖"上斷爲《堯典》，冠高堂隆所引一十五字於前，至篇終爲《舜典》。

此外，清人對於注疏合刻本的認識亦體現出"古本"意識。如陳鱣《宋本禮記注疏跋》言："咸平二年三月己巳祭酒邢昺上新印《禮記疏》七十卷，是爲正義原書。南宋初與經注合併，尚從《正義》原分之卷。厥後附釋音本又改爲六十三卷，而原定卷次遂亂。"①再如，錢大昕言："唐人五經正義，本與注别行，後儒欲省兩讀，並而爲一，雖便於初學，而卷弟多失其舊，不復見古書真面。"②可見，無論就其義理，還是就其版本而言，古人對傳世文獻背後之潛在古本的認識與研究早已有之。

近年來比較系統關注此問題的中外學者亦不少，如德國漢學家瓦格納教授的《王弼〈老子注〉研究》中對王弼注解所用本形態之討論，徐建委先生關於《史記》和《左傳》古本的討論，等等。③另外，從古文字學角度討論典籍"字用"問題者皆屬此類。凡此種種，皆爲"古本"問

---

① 陳鱣《經籍跋文》，《宋元版書目題跋輯刊》第三册，北京：北京圖書館出版社2003年影印，第193頁。
② 錢大昕撰、吕友仁校點《潛研堂文集》，上海：上海古籍出版社1989年，第463頁。
③ 瓦格納著、楊立華譯《王弼〈老子注〉研究》，南京：江蘇人民出版社2008年。徐建委通過《史記·十二諸侯年表》來討論司馬遷所據之《左傳》同劉歆所校本之異同（詳參徐建委《〈史記·十二諸侯年表〉與古本〈左傳〉考論》，北京大學國學研究院中國傳統文化研究中心編《國學研究》第三十六卷，北京：北京大學出版社2015年）；又通過釋證《春秋》"閽弑吴子餘祭"條來討論司馬遷所據之古本，不同於劉歆、尹咸所校之今本（詳參徐建委《〈春秋〉"閽弑吴子餘祭"條釋證——續論〈左傳〉的古本與今本》，《北京師範大學學報（社會科學版）》2015年第5期）。兩篇文章後收入徐建委《文獻考古——關於〈左傳〉〈史記〉關係的研究》，北京：商務印書館2021年，第111—147頁、156—166頁。

題之有益探索。

(二)傳注箋疏中涵蘊的古本信息

前節所及,宋人已注意到了注解所據本與其今本經文形態不同,如王柏對《堯典》"古本"形態的推定等。實則,經典流傳既久,由傳注到箋疏,其各自所據之本多已發生了更換,故傳注箋疏亦可反映出其對應古本之不同。傳注箋疏背後指向的古本形態問題,關涉亦頗繁,茲舉《毛詩·鳲鳩》首節爲例,通過探析毛傳鄭箋所本《詩經》文本的差異以明之。

《鳲鳩》在《毛詩》中屬《曹風》,四章,章六句。其首章爲:①

鳲鳩在桑,其子七兮。
淑人君子,其儀一兮。
其儀一兮,心如結兮。

此章中"其儀一兮",毛傳:"言執義一則用心周。"鄭箋:"儀,義也。善人君子,其執義當如一也。"毛傳、鄭箋皆以"義"釋"儀",依毛傳之體,當有"儀,義也",似不需鄭箋贅筆。此處,毛傳本"儀"本爲"義",而鄭箋所據本已作"儀"。郭店楚墓竹書《緇衣》篇第39簡引此句作"其義弌也",②《五行》第16簡引作"其義罷也"。③ 上海博物館藏戰國楚竹書《孔子詩論》第22簡作"丌義一氏",④《紂衣》第20簡作"丌義一也"。⑤ 可知戰國楚地簡書中未見作"儀"者,而多作"義"。王四年相邦張儀

---

① 關於《鳲鳩》全詩毛傳鄭箋所見文本的差異分析,請參趙培《毛傳鄭箋所本之〈詩經〉面貌管窺——以〈曹風·鳲鳩〉爲例》,《中山大學學報(社會科學版)》2018年第2期。
② 《郭店楚墓竹簡》,圖版第20頁,釋文第131頁。
③ 同上書,圖版第32頁,釋文第149頁。
④ 《上海博物館藏戰國楚竹書(一)》,圖版第34頁,釋文第151頁。
⑤ 同上書,圖版第64頁,釋文第195頁。

戈、十三年相邦儀戈"儀"作"義"。① 則秦系文字用"義"表"儀"。此外，"儀"的儀表之義，在先秦文字中對應的字形還有"䢃""憖""䜇""宜"等。② 出土先秦材料中並未見"儀"字，此字形至東漢簡牘材料中始見。③ 也即東漢時與"儀表、儀式"義相對應的字形才穩定成字形"儀"，而傳世先秦典籍中"儀"字實則是東漢人或其後文本整齊後的結果。前文所引《史記·孔子世家》述孔子刪《詩》"去其重，取可施於禮義"即用"義"表"儀"，亦可爲證。④ 如此之類尚多，茲不繁舉。要之，毛傳所據本當爲"義"，故無須訓解，而鄭箋所見已爲"儀"字，才又增釋"儀，義也"。

"其儀一兮"中的"兮"字，毛傳和鄭箋無注解，三家詩有異文"也"。⑤ 上博簡《孔子詩論》作"氏"。"兮"字和"乎"同源，形音義均有關聯，故《説文》云："(乎)从兮，象聲上越揚之形也"，言"兮，語所稽也，从丂、八，象氣越亏也"，但殷商甲骨卜辭中已經分化。⑥ "兮"字出現較"也"字早，就辭例來看，戰國時期，二字都可作句中或句尾的語氣詞。漢代依舊如此，我們不能確斷孰是毛傳時所據之本。"氏"爲定母支部字，"也"爲以紐歌部字，可通。故"氏"當屬於"也"字系列，屬於文本流傳過程中出現的異文。而"兮"和"也"亦當爲口傳過程中的義近互用。

此句中的"其"字，戰國秦漢出土材料中多見寫作"亓(丌)"。侯馬

---

① 四年相邦張儀戈，1983年8月出土於廣州市越秀區象崗山南越王墓東耳室，收入鍾柏生、陳昭容等主編《新收殷周青銅器銘文暨器影彙編》編號1412，臺北：藝文印書館2006年。十三年相邦儀戈，收入中國社會科學院考古研究所編《殷周金文集成》（修訂增補本），北京：中華書局2007年，編號11394。按：下文出現的銅器編號，均據《殷周金文集成》，不再一一注明出處，《集成》未收者，則出注説明。
② 王輝《古文字通假字典》，北京：中華書局2008年，第545—548頁。
③ 臧克和主編《漢魏六朝隋唐五代字形表》，廣州：南方日報出版社2011年，第119頁。
④ 《史記》卷四七《孔子世家》，第2345頁。
⑤ 王先謙撰、吳格點校《詩三家義集疏》，北京：中華書局1987年，第500—501頁。
⑥ 李學勤主編《字源》，天津：天津古籍出版社2012年，第421—422頁。

盟書(49∶2)載：" 丌明亟䚷之。"①阜陽漢簡《詩經》041 號："雨雪亓方（雱）。"②段玉裁注《説文》"丌"字云："字亦作亓，古多用爲今渠之切之其，《墨子》書其字多作亓。"③故毛傳所本之此句當爲"亓（其）義一兮（也）"。

我們首先討論了可明確判斷毛傳和鄭箋所據本的區別的"其儀一兮"一句的早期形態，首章的其他部分，雖難以斷定毛鄭所據一定有別，但其文本原貌亦需考辨。

"鳲鳩在桑"，馬王堆漢墓帛書作"屍𠭤在桑"，漢石經作"屍□□□"。"鳲鳩"，上海博物館藏戰國楚竹書《孔子詩論》第 21 簡作"㠯鵀"。④"鳲"字不見於先秦兩漢出土文字資料，大約産生於漢代，《方言》云："鳩，梁宋間謂之鷦。"⑤鳲又作鳪。"鳩"字始見於春秋晚期的越王勾踐劍(11621)，爲鳥蟲書，字形隸定作"鴴"。稍後戰國包山楚簡 183 號簡文亦見，就其字形言之，其本義當爲鳩類禽鳥。馬王堆帛書的字形當亦屬於此字形序列，故早期"鳩"字當含"口"部。

"淑人君子"中的"淑"郭店竹書《緇衣》第 39 簡作"矞"，馬王堆帛書作"叔"。"淑"字形不見於先秦和西漢出土文字材料，東漢張遷碑見用此字表示"美好之品行"。其詞義早期所對應的字形有"盨"（井人妄鐘 00109、史盨父鼎 02196、大克鼎 02836、卯簋 04327、令狐君嗣子壺 09719），"叟"（郭店《五行》簡 16），"忞"（王孫遺者鐘 00261、沇兒鐘 00203），"臸"（上博簡《平王問鄭壽》簡 7），"弔"（上博簡《用曰》簡 16）。

---

①山西省文物工作委員會編《侯馬盟書》，北京：文物出版社 1976 年，第 50 頁。
②胡平生、韓自强編著《阜陽漢簡詩經研究》，上海：上海古籍出版社 1988 年，圖版三。
③許慎撰、段玉裁注《説文解字注》，經韻樓本，上海：上海古籍出版社 1981 年影印，第 199 頁下。
④程燕《詩經異文輯考》，合肥：安徽大學出版社 2010 年，第 189 頁。
⑤錢繹撰集《方言箋疏》，上海圖書館藏紅蝠山房本，上海：上海古籍出版社 1984 年影印，第 474—475 頁。

據周波先生研究,早期秦文字用"盅"來表示淑善之義(秦公鎛00270作盅和□),馬王堆帛書《五行》中的"叔",亦可能反映的是秦代文字的特點。結合出土材料的區域性,其將"淑"義對應的早期字形視作區域性用字習慣的不同(表0.2.1):①

表0.2.1:"淑"所對應字形的戰國分區特徵表

秦系		楚系					三晉		齊系
盅	叔	思	宔	諯	謨	弔	盅	尗	思

就"淑"字而言,秦系文字本身從"盅"到"叔"的變化(春秋早期到戰國),後又在戰國文字到秦漢文字的變化中反映了出來。東方諸國從"弔"的字形逐漸被整合掉了。毛傳所見本或已爲"叔"。②

"心如結兮",上博《孔子詩論》第22簡,"如"作"女"。"女"屬泥母魚部,"如"屬日母魚部,二字聲韻俱可通,《釋名》云"女,如也",即爲聲訓。③ "女""如"相通,就"如"義而言,東方諸國,像楚、齊、三晉、燕基本上兩字形混用,而秦系文字已穩定的用"如"字(石鼓文、睡虎地秦簡等材料所示)。④ 毛傳所本當如秦系。

毛傳和鄭箋所本《詩經》文本中的差異,提醒我們經典文本的傳注箋疏所反映出的不僅是漢魏唐宋諸儒對經文理解上的差異,亦包含有很多文本層面的信息,而且文本的差異會直接導致解經的不同。由於傳統

---

① 周波《戰國時代各系文字間的用字差異現象研究》,北京:綫裝書局2012年,第219頁。按:表中"秦系"部分,原單列"叔"字形,蓋認爲春秋早期秦公鎛的字形到戰國時期已作"叔"。我們認爲不宜如此斷言,故兼存兩字形。
② 按:戰國文字中"叔"亦具有區域性區別字"弔",爲戰國文字隸變的過程中,用"叔"代"弔"提供了條件。從水的"淑"字形,則是"叔"字形穩定作其假借義"伯叔"之後,另造的區別字。另外,這種整合的痕迹,更能從先秦典籍對"弔"字形的保留上得到證明,如《左傳》哀公十二年"旻天不弔",《周禮·春官·大祝》注弔作淑。
③ 程燕《詩經異文輯考》,第45頁。
④ 周波《戰國時代各系文字間的用字差異現象研究》,第186頁。

傳解遵循"疏不破注"的原則，所以我們可以見到很多因不知文本已變而曲爲之説來維護舊注的現象。

目前學術界通用的《尚書》，實際上承繼了唐開成石經的文本格局，雖時有改移，但大貌未變。有清諸儒的校勘訓釋，使得我們對宋代經書之面貌已比較清楚。隨着先秦兩漢出土材料的越來越多，我們發現，唐儒(顔師古、孔穎達等)正定文字經義，宋代損益上板，最終刻定下來的經書面貌跟早期經書存在的實際情況差別頗大，則後代經書較之鄭箋時，又增入了更多的歷時和共時層面的信息。這就要求我們一方面要對傳世經學文本展開這種信息層的剥離分析工作，同時追問早期經典的實際存在狀態。

漢語中一直存在着一些穩定演進的字詞對應關係，亦即某一詞義在一個長的歷史時期(有的甚至從古至今如此)，在某一政治穩定的區域，總是對應着穩定的字形。口傳的過程，使得很多音近或音同的字形出現了互用現象，但同時我們又能發現明顯的字形使用(字用)傾向。漢語的這種特徵，使得我們可以嘗試從漢語史，尤其是文字學的角度來重新考察文本，從細節出發，儘可能地逐一剥離能夠反映文本層次的信息，最終弄清楚早期文本的實際存在狀態。

毛傳鄭箋所本之《詩經》在字形和用字方面的差異，説明從傳注箋疏中來考察文本信息的方法是正確和可行的。藉僞古文《尚書》本而傳世的今文 28 篇(《舜典》合於《堯典》)中的文本層次則更爲複雜，亟待詳考。

二、異文層次分析："共時文本"和"歷時文本"概念的提出

通過分析各本異文情形來判定早期文獻的存在面貌和流播過程是目前文獻研究的主要手段之一。論者在研究見諸於傳世文獻的出土材料時，便更加倚重異文比勘法。然而此類研究始終缺少了對"前提"的論證，即從邏輯上系統分析文本的存在形態及傳播過程，進而討論這些

過程和異文的出現之間的關係。① 鑒於此,我們提出"共時文本"和"歷時文本"的概念,以求立體式地呈現對象文本在整個文本網路中所處的位置。文本間的異文分析需要以此爲基礎。

(一) 共時文本

所謂共時文本,即某一時期存在的同一文本的多種形態。此類文本或屬於同一系統,或屬於不同系統,不包括當時流傳或出土的更早期文本。所謂的"共時"文本需要具備如下特點:其正處在從產生到下一代文本出現的過程之中。新一代文本出現後,就會出現新一代的"共時文本"。考慮到文本生成過程的緩急有別,則必然會有交叉重合的可能。如圖0.2.1所示,甲、乙、丙原爲共時文本,而當乙的新一代文本戊出現

---

① 按:系統性地對異文進行分類研究,清代學者已做了不少。王念孫《讀〈淮南子〉雜志書後》一文中臚列62種古書異文出現的情況,參見王念孫撰《讀書雜志》,道光十二年刻本,南京:江蘇古籍出版社2000年影印,第962—976頁。清代學者的異文分類以傳世文獻爲根據,已基本上囊括了異文的種類。十餘年前,Martin Kern(柯馬丁)教授在其"Methodological Reflections on the Analysis of Textual Variants and the Modes of Manuscript Production in Early China"(《方法論反思:早期中國文本異文之分析和寫本文獻之產生模式》)一文中,結合出土材料,將異文分爲9個類型,*Journal of East Asian Archaeology*(《東亞考古學報》)4.1—4(2002),第155—156頁。同篇文章中,Kern教授通過異文分析,提出了他關於中國早期文本是經過不斷的口傳抄寫輪替複合生成的觀點。針對此觀點,夏含夷教授在《先秦時代"書"之傳授——以清華簡〈祭公之顧命〉爲例》一文中有討論,文中通過比對清華簡《祭公之顧命》和《逸周書·祭公》一篇,列舉出十餘個抄寫錯誤類的字,認爲"無論如何,我們現在有確切的證據說明中國古代書籍的傳授過程包括從底本到鈔本的書面上的抄寫。這不是説在古代知識社會上口述技能沒有起傳授作用。但是,書面的抄寫好像是古書的主要的傳授方法"。此文收入氏著《興與象:中國古代文化史論集》,上海:上海古籍出版社2012年,第178頁。趙培《簡帛〈老子〉編述與傳布問題宏微觀——兼談對於出土文獻文本研究的幾點認識》一文第四部分"略談關於出土文獻文本研究的幾點認識"對兩位教授的説法有所補充,認爲異文所反映出的問題不僅關涉文本傳播過程,同時亦和不同地區的用字習慣有關係,見謝維揚、趙爭主編《新出土文獻與古書成書問題研究》,上海:中西書局2015年,第255—261頁。

時,甲的新一代文本尚未出現,那麼甲、戊就是共時文本,而此時仍然存在的乙文本,已不屬於新的共時文本序列。丙文本的情況亦然。

圖0.2.1:"共時文本"邏輯示意簡圖

如上所論,圖中共有三組"共時文本",分別爲:"甲乙丙""甲戊己"和"丁戊庚"。至於在"甲戊己"共時時依然存在的乙本和丙本,則不屬於這個共時序列,在"丁戊庚"共時中依舊存在的甲、乙、丙本也不屬於此時的序列,而只屬於前一個共時序列。

(二)歷時文本

歷時文本,即同一個流傳系統的文本所呈現出來的各自及整體的面貌。歷時文本,關鍵不在於文本內容上區別的大小。首先,它們必須屬於同一個流傳系統。如圖0.2.1中的"甲丁""乙戊"和"丙己庚",就分別是三個不同的歷時文本系統。值得注意的是,即便"甲"和"丙"比"丙"和"庚"的文本內容更爲接近,"甲"和"丙"仍非同一個歷時文本系統。

所謂"歷時",亦沒有一個具體時間上的限制,凡屬於同一個系統,即屬於此系統中的歷時文本。如此,則歷時文本系統中就必然存在頗多一源多支的情況,需要我們在主系統外,再分出次系統和再下一級的系統。圖示如下(圖0.2.2):

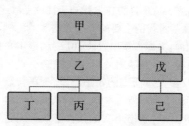

圖0.2.2:"歷時文本"邏輯示意簡圖

圖 0.2.2 中所示,"甲乙丙""甲乙丁""甲戊己"屬於同一個歷時文本系統,而"乙戊""丙丁"則分別組成了一個共時文本系統。

共時文本系統往往屬於多個歷時文本發展過程中的某個截面狀態,若仔細考察共時文本系統中各個文本自身的歷時系統,它們基本上同出一源。

(三) 共時、歷時文本和文本異文之間的關係

傳統的文獻研究,傾向於首先確定文本的起源(或來源)及其作者(或編者)。近來,有學者認爲,傳統關於很多文獻之起源和作者問題的假設是值得懷疑的。以《詩經》爲例,柯馬丁教授認爲"從一開始我們接觸詩歌,接觸的就已經是詩歌的接受、闡釋和重構。兩千多年來,從來就没有什麽'原本'(original text)的'本義'(original meaning)供人尋繹,新發現的出土文獻也没能讓我們回到本源(ad fontes)"。① 這種説法是有其口傳文化研究理論依據的。② 如簡·范西納(Jan Vansina)即認爲:"但是若考慮到一個合成文本曾經有過一個口傳階段,當其被流傳一代人之後,當前的信息可能仍然具有原始消息的要旨,但在大多數情況下,最終的故事已經融合了多個敘述,並形成了穩定的形式。情節和故事在這之後才開始逐漸改變。然而,即使在事件發生後不久也不可能發現這些口頭傳説的原始信息是什麽。所以,我們不需要重建任何原始的版本,甚至不需要假設有原始版本。"③

我們認爲開放性的形成過程,④跟中國學者一直以來追問的原本問

---

① 柯馬丁《詩經的形成》,傅剛主編《中國古典文獻的閲讀與理解——中美學者"覺門對話"集》,北京:北京大學出版社 2017 年,第 45 頁。
② 這種認識及其對應方法背後系統的理論依據請參下文關於新語文學(New Philology)方法的論述。
③ 簡·范西納(Jan Vansina)著,鄭曉霞、楊敬、王恪彦、李慧、張依華譯,張忠祥、鄭曉霞校譯《作爲歷史的口頭傳説》,上海:上海三聯書店 2020 年,第 12—13 頁。
④ 按:關於"開放性的文本形成過程"的具體論證,請參柯馬丁教授《詩經的形成》一文。

題或許並不衝突。因爲最早生成的那個文本,或即我們所謂的原篇或原本。在"歷時文本"和"共時文本"理論的框架裏,《詩經》諸篇的形成是一個開放性的過程,還是本來已有一個確定的原本,皆可收入此分析系統中。

若確實存在一個已確定的原本,則其演進過程中的所有文本就可以構成一個分支頗多的《詩經》篇章的"歷時文本"系統。若《詩經》諸篇的形成是一個開放性的過程,則它的相關文本從一開始就在一個"共時文本"的框架內。此處非言《詩經》諸篇皆有絕對的同時性,而是説其文本的存在形態可用"共時文本"的系統去考察。

(四)共時文本和異文的關係

"共時文本"系統中非同一個"歷時文本"系統的文本之間,造成文本異文的因素主要是文本系統本身的差異,如圖0.2.1中的"甲""乙"和"丙"。屬於同一個"共時文本",又屬於同一個"歷時文本"者,它們之間文本異文的出現,其實屬於"歷時文本"問題,主要涉及整理者(傳承者)的思想傾向、語言本身的變化(如從西周到春秋戰國,用字條件的變化導致不同區域書寫方式上的差異等)、文本傳播途徑等方面的問題,如圖0.2.2中的"丙"和"丁"。

文本的形成方式,以及與之相關的原本和作者等問題,與我們對共時文本的分析直接相關。從流傳的角度來看,共時文本又可分爲"源共時文本"和"流共時文本"。以《詩經》諸篇爲例,若其形成是一個開放性的過程,那麽,就存在一個"源共時文本",它們之間的文本差異源自文本成形過程中對材料之選取和組合方面的不同。若下圖0.2.3中的"甲庚辛"爲三個最早文本,那麽它們就是一個"源共時文本組"。①當然,此種情況,亦可能被認作根本不同的文本(雖爲同題作文,但實屬

---

① 按:有着開放性形成過程的"源共時文本組",從其形成的時候開始,可能已受到語言系統的區域性差別的影響。

不同的文章)。① 若先秦文獻是一元多流式的,那麼所謂"源共時文本"就只是一個原本。此類系統,整體上爲一"歷時文本"系統,其中的"共時文本"只能是"流共時文本"。這種情況下,"甲庚辛"就是一個"流共時文本"組,而它們之前還必然有一個原本。

(五) 歷時文本和異文的關係

"歷時文本"因文本的歷時遞傳造成,故"歷時文本"群内諸文本之間的異文出現主要跟語言系統的時代性或區域性變化,以及文本的傳播途徑等因素相關。如漢語從商周到春秋戰國,再到秦漢的歷時性變化,文本的口傳和抄寫等。詳言之,它們涉及歷代官方的文化政策、文獻整理者個人的學術素養(比如説對古文字的辨識水準等)、各個學派的文獻創作和編纂實踐,以及文本的物質載體等因素。

(六) 共時文本、歷時文本和異文分析

前文從邏輯層面將文本分作"共時文本"和"歷時文本"兩類,目的在於強調異文分析必須以釐清這兩個方面的情況爲前提。實際上,面對先秦兩漢文本時,我們要處理的問題更複雜。每一個文本,皆存在於"共時文本"和"歷時文本"交織而成的文本網絡中,必須予以全面考察,儘可能準確定位。

前人研究,鮮見詳細考慮文本的共時性和歷時性問題,其主要原因是可做分析的文本有限。若只有一種可以和傳世文獻對讀的文本,則根本無法判定該文本在文本系統中的位置,遑論共時和歷時文本群的研究了。再者,直接的對比異文,也的確能夠説明一些問題,尤其是涉及一些傳布系統比較簡單明了的文本時。例如,因文獻整理者的古文字釋讀水

---

① 李峰教授《清華簡〈耆夜〉初讀及其相關問題》一文,認爲清華簡《蟋蟀》和毛詩《蟋蟀》不是一首詩歌,而是同名而異題的兩首詩歌。但他仍將兩詩放入一個單綫流傳系統中,並未就"同名而異題"展開討論。原文請詳參臺北"中央研究院"第四屆國際漢學會議論文集《出土材料與新視野》,第 461—491 頁。

準不够,而將"命"認作"令",將"悳"認作"直",將"肯"認作"屑"等,還有諸如對被整理文本中的類似重文、重句符號的判斷有誤,而使傳世文本中的文句不通順等,此類問題一經比勘便可確定,無須多論。但是涉及有着複雜傳布系統的文本時,簡單直接的比勘,往往將立體的問題平面化,使我們忽略掉很多信息,甚或作出錯誤的判斷。

現試以單綫狀態的"共時文本"和"歷時文本"爲例,來分析這一問題。所謂"單綫",就是暫時忽略掉枝節的次生系統。圖示參圖0.2.3。

如圖0.2.3所示,同一橫向的A、B、C、D、E行文本爲"共時文本",同一縱向的1、2、3、4、5列文本爲"歷時文本"。如上所及,此圖只呈現單綫系統的情況,忽略掉了"共時"和"歷時"文本中的枝節系統。圖中"甲丁"和"丙己乙"分別爲兩組歷時文本,"丁己"和"乙戊"分別爲兩組共時文本。假定我們目前只發現了"甲"和"乙"兩種本子,經過比較,文本存在異文。此種情況下,先前的研究往往直接認定這些異文均屬於兩個文本系統之間的區別特徵。這樣處理,就將所有的異文放在了同一個平面上來看,忽略了異文的層次性。

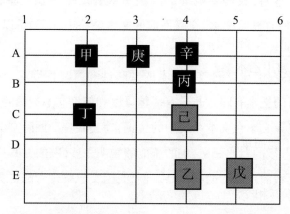

圖0.2.3:單綫狀態的"歷時文本"與"共時文本"簡圖

圖0.2.3中,如果把"甲"本換作"丁"本,將"乙"本換作"己"本,據前文分析,共時文本"丁"和"己"之間出現的異文,可以反映出當時兩個

文本系統之間的區別。但是"甲"和"乙"比較,能否得到同樣的結論就很難說了。因爲"甲"到"丁"、"己"到"乙"還存在着歷時性的變化。我們很容易想到,文本之間的部分異文,或許發生在文本的歷時性演變過程中,則此類異文就包括了更多層面的信息。異文的這種多層次性,我們稱之爲"異文層次"。只有儘可能地弄清楚異文的層次,我們才能通過異文來考察早期文本存在的真實面貌及其傳播方式,以及它們所涉及的更多古代文化層面的問題。

如果我們手中的兩個本子是"丙"和"乙",那麼關注點就可以主要放在跟語言的歷史性變化和文本傳布過程相關的因素上。尚需注意的是,即便是單綫歷時演變的文本,其異文也存在着層次性,因爲文本是在不斷地被傳播、再傳播,流傳過程的時間因素必然直接給異文注入了"時間層次"的特質,此類因素皆需剥離分析。

(七)實例舉析:王弼本《老子》第 64 章異文層次分析

《老子》爲目前可校出土文本最多的典籍,我們以之爲例來説明此問題。

關於簡帛《老子》四種及傳世諸本的異文對比,目前以《北京大學藏西漢竹書(貳)》書中所附韓巍先生整理的《〈老子〉主要版本全文對照表》最爲全面。① 經過對諸本異文的分析,韓先生指出,北大簡《老子》跟郭店本、帛書甲乙本、嚴遵本、傳世王弼及河上公本、傅奕古本、想爾注本均互有異同,且又有自身的獨特之處。他認爲北大簡本的文本形態介於帛書甲乙及傳世本之間,而更接近於帛書本。雖然韓巍先生清楚地認識到,"我們不能簡單將漢簡本視爲任何一種傳世文本的直接前身","漢簡本中的很多實例,有力地證明古書文本演變不是一條簡單的直綫,而是多條綫索互相交錯形成的複雜網路,一種古書在同一個時代存在多個版本系統乃是常態,其中只有少數版本得以流傳至今或見於文獻記

---

① 北京大學出土文獻研究所編《北京大學藏西漢竹書(貳)》,上海:上海古籍出版社 2012 年,第 173—205 頁。

載","古書文本的演變,既有同一個版本系統的傳承、延續,也有不同系統之間的交互影響",①但其文中並没有就諸文本異文的層次性進行更爲深入的探討。

王弼本《老子》第64章,前一部分對應郭店甲本簡25到26和北大漢簡本的第27章,後一部分對應郭店甲本簡10到13及郭店丙本簡11到14和北大漢簡本的第28章。② 其後一部分,是郭店本中唯一可見的甲本和丙本有重出内容的單元。現以王弼本第64章爲例,就其所反映出的異文層次展開討論。

漢語不同於其他字母文字,其音形義之間有着複雜的對應系統。從"字"和"詞"對應的角度來講,一個歷時文本系統,可能跨越了幾個不同的字詞對應系統。③ 所以,我們所找到的文本"異文"中,有一部分其實屬於語言書寫系統本身的差異,這種差異能够在兩個系統中的多數重出文獻中反映出來,不宜按照一般的認識將其認定爲文本本身的異文。從文本層面言之,我們認爲這類異文近乎"假異文"(或言"廣義的異文")。此類所謂的"假異文",我們將其放在異文層次的第一層,稱之爲"漢語系統性變化所導致的異文"。

1.第一層異文:漢語系統性變化在異文上的體現

以《老子》諸本爲例,郭店本所反映的是戰國文本的一種(或幾種)存在形態,馬王堆、北大漢簡本所反映的是漢代文本的兩種存在形態。西周比較統一的漢字系統,到了春秋戰國,已出現了比較明顯的區域性

---

① 韓巍《西漢竹書〈老子〉的文本特徵和學術價值》,《北京大學藏西漢竹書(貳)》,第224—225頁。
② 按:此處所謂的"前一部分"指從"其安易持"到"始於足下",後一部分指從"爲者敗之"到"而不敢爲"。
③ 按:就這一系統來講,還要强調一點,那就是漢字中始終有一部分字是極其穩定的,這種穩定除了字形外,還指其字詞對應關係基本上是穩定的。這種穩定性,從某種程度上始終和音義關係造成的假借現象之間存在着一種張力,對後者有着一種天然的約束。

特徵。戰國時期的語言表達和書寫系統到秦漢又有了很大的變化。其中最明顯的文字形態層面上,已經過了戰國文字、秦代隸書(篆書)和漢隸。我們既要考察戰國時期共時層面的差異,亦需關注此共時層面的差異如何延續到下一個階段,也即秦漢或者更晚時期。

第一個層面的異文中蘊藏了很多共時和歷時層面的信息。比較郭店甲本和馬王堆甲本《老子》時,我們需要清楚地意識到,它們不在一個共時文本系統中。首先,應該找到一個跟馬王堆帛書本有聯繫,又跟郭店甲本進行共時比較的載體,此載體即漢代文本所傳自的戰國文本(圖0.2.4中的A)。

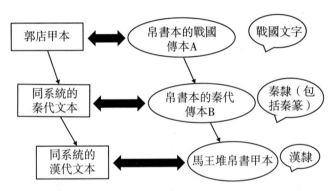

圖0.2.4:郭店甲本和馬王堆甲本共時與歷時關係及文字形態示意圖

當然,我們並未能見到帛書本的戰國傳本A(或許根本沒機會見到),但是我們可以尋繹出它的很多特徵。作為漢代文本的帛書《老子》,其漢隸的書寫系統上承秦隸、篆,反映的基本上是戰國時候秦系文字的特徵。如圖0.2.4所示,我們假定中的A文本,其用字當屬於秦系文字。春秋戰國或更早期,秦系文字自身的特點,則可以通過秦系的青銅器銘、陶璽文、簡牘文字等材料來分析,為我們從共時層面進行文本比較和異文分析提供相對堅實的基礎。

(1)共時層面的區域性用字形體差異在戰國文本上的反映

如上所析,我們試圖從共時層面來比較戰國文本之間的異文。比較的一方是郭店本，另一方則是帛書、漢簡、傳世諸本的戰國傳本。這些假定的戰國傳本的文字特徵，是通過其他材料得出來的。以王弼本《老子》第64章爲例，此類字至少包括13組：①

第一句："朱""持"

戰國文字中的"持"，秦、楚、齊三地習慣寫法上有別：②

秦系	楚系	齊系
寺	㫳	寺
[字形]	[字形]	[字形]
石鼓文·獵碣·田車	畬章鎛 00085	陳喜壺 09700

第二句和第五句："無""无""亡"

秦系			東方諸國			
毋	无	無	亡			
			楚	三晉	齊	吳越
[字形]	[字形]	[字形]	[字形]	[字形]	[字形]	[字形]
睡虎地·雜18	睡虎地·爲42	秦公鐘 00263	新蔡楚簡 3·117、120	中山王大鼎 02840	璽彙 3666	亡(無)疾 越王鐘 00171

---

①按：此處所舉十數例，所及字形對應的詞義均合於《老子》第64章用義。表中只列字形和對應的簡號或器物名稱，省去辭例。金文編號，悉本《殷周金文集成》(修訂增補本)。其他參考文獻有：滕壬生《楚系簡帛文字編》(增訂本，武漢：湖北教育出版社 2008 年)，王輝、楊宗兵等編《秦文字編》(北京：中華書局 2015 年)，孫剛編《齊文字編》(福州：福建人民出版社 2010 年)，湯志彪編《三晉文字編》(北京：作家出版社 2013 年)，施謝捷《吳越文字彙編》(南京：江蘇教育出版社 1998 年)。字形表中不再一一注明出處。

②按：齊系及秦早期文字中，"持"字皆寫作"寺"。從諸本對校來看，馬王堆帛書甲本已直接用"持"字形來表示持義，說明秦後期持義所對應的字形已寫作"持"。楚系文字則習慣用"㫳"來表示持義。

緒論:早期典籍經典化理論的初步構建 55

第五句:"古""故"

秦系	楚系		齊	三晉
故	古		古	旂
兩詔銅橢量	放馬灘地圖	包山 2·82	望山 1·49	古文孝經	中山王方壺 09735

第五句:"失""遊"

秦系		楚系	
失		遊	
睡虎地 115	龍崗 136	上博·從(甲)·8	包山 2·80

第六、七句:"慎""訫"

秦系	楚系		三晉	齊系
慎	訫		叴	志
睡虎地·爲 35	上博·從 4	上博·紂 16	邾公華鐘 00245	璽彙 4325

第六、七句:"女""如"

秦系	楚系	三晉	齊	燕
如	女	如	女	如	女
睡虎地·效 54	上博·容 16	信陽 1·04	妼盗壺 09734	璽彙 3924	璽彙 0565

第六、七句:"始""忖""訂"

"始"的諧聲字"治"的區域分布特徵:①

秦系	楚系	
治	司	紿
龍崗秦簡251	新蔡乙4·110、117	上博·容43

第六、七句"矣""壴"②

秦系	楚系			齊系		三晉
矣	矣	惎	壴	㠯	弞	矣
睡虎地·封84	郭·魯2	郭·成5	郭·性49	郭·語二	郭·語三	中山王鼎

第八句:"貨""膮"

比較區域性的"化"系列差異:"化""夃""蟎"③

秦系	楚系			
化	夃	諡	毇	過
泰山刻石	郭·語一68	郭·唐21	郭·老子甲32	郭·語三52

---

① 按:此組所列字形,就其對應字義而言,龍崗和上博簡對應的爲"治",而新蔡簡對應的則爲"始"。因"治"字所對應字形的區域性習慣比較明顯,而"始"和"治"又屬於同一個諧聲系列,故而"治""始"相較。"始"字形的對應情況可借"治"字觀之。
② 秦文字用"矣"表示語氣詞"矣"。上博《緇衣》、郭店《語叢二》《語叢三》等用㠯、弞表示"矣",屬於齊系文字特徵。詳參張富海《說"矣"》一文,《古文字研究》第二十六輯,北京:中華書局2006年,第502—504頁。
③ 按:"化"系列和"貨"系列字的關係同"治"和"始"一樣,故借"化"來觀"貨"。

第八句:"過""迡"

秦系	楚系	
過	迡	怸
(字形)	(字形)	(字形)
睡虎地·秦115	包山2·105	上博·性32

第九句:"輔""尃""𡩺"

秦系	楚系	齊系	三晉
輔	尃	尃	輔
(字形)	(字形)	(字形)	(字形)
關沮秦簡332·14	郭·太1	叔夷鎛00285	中山方壺09735

第九句:"然""肰"

秦系	楚系		齊系				三晉
然	肰		虘				然
(字形)	(字形)	(字形)	(字形)	(字形)	(字形)	(字形)	(字形)
睡虎地·效92	上·容21	信1·01	《說文》古文	古孝經	郭·語一		中山王鼎02840

第九句:"勿""物"

秦系	楚系	三晉
物	勿	勿
(字形)	(字形)	(字形)
睡虎地69	上博·性自命出6	中山王鼎02840

如上所論,13組字試圖呈現的是郭店甲丙本和我們假定的帛書、漢

簡、傳世諸本的戰國傳本，兩個共時文本之間的文字異文。就共時層面來講，郭店甲、丙本《老子》有着明顯的楚系文本特徵。但楚地出土的文本並非全然屬於楚系，如第六、七句所示的郭店《語叢二》和《語叢三》中的"矣"和"匙"，屬於齊系文本特徵，①反映出戰國時候知識的傳布範圍已非常廣泛。

另外，以"寺"（持）字爲例，秦系和楚系早期應該都是以"寺"來表示持義。如果秦系文字自身没有發生歷時性的變化，那麼我們現在見到的漢代文本，應該寫作"寺"，而實際情況並非如此。由此可以看出文字系統歷時性的變化在文本異文中的反映。

諸如"故""無""失""慎""矣""過""輔""然""物"等，秦楚兩系戰國時候所用字形已有差異，我們在之後的秦漢文本當中依然能夠發現這種差異的存在。説明早期文本的歷時傳播有着一定的穩定性。

還有一點，共時性的文本比較更使我們看到，早期文本系統的複雜和流傳過程中文獻散佚的嚴重。以"故"字爲例，三晉"故"義的表達所用的字形爲"旃"，不同於秦楚的"故"和"古"，但這種區分，我們已難在後世異文中尋得。齊系所用的"虡"字亦是如此。

（2）漢語用字形體的時代性變化：構成古今字關係的本字和後起字

漢語作爲一個語言系統，自有其穩定和變動的内涵，而對漢字字形的選擇和使用具有歷時特徵。戰國文字區域性差異中，從整體上言之，是因爲西周文字在各個諸侯國的不同使用過程，或言經歷了不同的再標準化過程之後所出現的現象。上文中我們強調的是區域性用字的差異，這一部分則歸總出另一類文字，儘管這些文字的字形發生了變化，但屬於語言自身使用過程中出現的問題，並不具有明顯的區域性差别。如王弼本《老子》第64章第六、七句中的"冬"，即是當時"終"字字形的寫法。

---

①郭店及上博簡竹書中相關篇章的齊系文字特徵，見馮勝君《論郭店簡〈唐虞之道〉、〈忠信之道〉、〈語叢〉一～三以及上博〈緇衣〉爲具有齊系文字特點的抄本》，北京大學博士後研究工作報告，2004年。

"冬""終"的不同,亦屬於語言系統自身的調適變化,而非文本性異文。這類異文也應該屬於異文的第一個層面。第46章中,這類異文還有:第一句的"亓"和"其";第三句的"臺"和"台";第六、七句的"亙"和"恒"、"冬"和"終";第八句的"穀"和"浴"、"尋"和"得"、"孚"和"學"等。

2.第二層異文:傳布方式致異及戰國文本的抄寫和口傳複合性特點

《老子》文本基本上是以不同的獨立小單元組合而成,我們所見到的本子屬於不斷的口傳和抄寫複合過程中的一種形態,其中蘊藏了文本演進過程中的各種可能性,那些組成整體的獨立小單元亦是如此。就王弼本64章首句而言,其對應的郭店本隸定後内容爲"亓安也,易柒也;亓未莁也,易悔也;亓霝也,易畔也;亓幾也,易倿也"。這裏的八個"也"字,顯示出了極其濃厚的口傳色彩。

這種口傳痕跡,在帛書本和漢簡本中,尚不同程度地有所保留,而傳世諸本,因其書面語言意識更強,已見不出此類痕跡。有着明顯的口傳特徵的"異文",不屬於文本自身的異文範疇,應該看作傳播過程中,非文本因素混入了文本當中。屬於歷時文本系統的問題,我們將其劃分爲異文的第二個層次。

除了上舉第一句之外,類似的異文還能在其他句中發現。第二句,傅奕本"爲之乎其未有,治之乎其未亂"中的"乎";第四句,郭店甲、丙和帛書乙本中的"之";第六、七句,郭店甲、帛書乙、漢簡本和傅奕本句尾的"矣";第八句,帛書甲、乙和漢簡本句中的"而"以及傅奕本句中的"以";第九句,傅奕本句尾的"也"等。

另外,文本的口傳方式直接導致了所謂的"通假字"和"異體字"的使用,①記誦的達意性特徵又導致了詞義相近的詞相互替換現象的出

---

① 按:此處所謂的通假字和異體字,是就共時性的通假和異體而言,而非習慣的以今例古所云之"通假字"與"異體字"。另外,亦有學者將此類異文的出現歸結爲抄寫者的有意而爲,我們認爲首先抄寫者本人的態度無從考辨,再者從很多符合用字習慣的字形被改寫成音近通假字,我們看不出抄手爲何畫蛇添足。

現。這樣的現象,在 64 章的異文中亦有不少,我們將其放在一起舉出,不再細分。

第一句中的"兆"和"萖"、"悔"和"謀"、"毚"和"脆(脃)"、"幾"和"微"、"散"和"後",以及"畔""泮""破"和"判";第三句中的"合"和"會"以及"層""成"和"重";第三句中的"抱"和"褱"以及"乍""作""生"和"起";第三句中的"累""羸""絫""壘"和"虆";第四句中的"遠"和"遊";第五句中的"故"和"則";第八句中的"返"和"複";第九句中的"能"和"敢"、"萬"和"墑"。

3.第三層異文:關涉文本系統的核心異文

剥離掉上面兩個層次的異文,我們終於走到了真正的系統性異文面前。就《老子》第 64 章這樣一個小的單元而言,第三個層次的異文數量不多。50 多處異文,經過我們上面的分析,屬於這個層面的異文只有兩處。

第一處在第三句:王弼本、河上公本、傅奕本的"千里之行",帛書甲本、漢簡本、嚴遵本作"百仞之高",帛書乙本作"百千之高"(圖 0.2.5)。

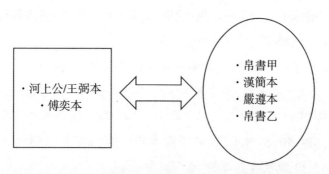

圖 0.2.5:第三句異文區別出的《老子》文本組示意圖

第二處在第六、七句:王弼本的"民之從事,常於幾成而敗之。慎終如始,則無敗事"兩句,帛書甲乙本、漢簡本、河上公本、嚴遵本、傅奕本基本同之;郭店丙本近似之,作"斲冬若訂,則無敗事壴。人之敗也,亙於亓叔成也敗之";郭店甲本則自成系統,只有一句"臨事之紀,斲冬女忄,此亡敗事矣"。

第一處異文,將我們目前可見的文本群劃分爲涇渭分明的兩組,爲我們更進一步討論諸本内部之間親疏遠近提供了一個非常有效的標準。

第二處異文,則啓發我們思考《老子》文本在傳播過程中的重纂、輯選、編述等多種可能導致核心異文出現的情況。除了考慮文本的傳播過程外,這樣極具區别性特徵的異文還讓我們不得不重新思考《老子》文本的形成過程。

(八)異文層次分析的啓發

漢語自身獨特的歷時發展過程,及其音形義之間錯綜複雜的關係,構成了文本異文的第一個層面。這一層面的異文是可以獨立於單一文本之外而存在的(存在於同等條件下的衆多其他漢語文本中)。

文本的流布過程,主要包括口耳授受和當面傳抄。前者造成了文本中假借字的普遍存在,又因爲記誦的原因,同義或近義字詞句的替換現象也時有發生;後者因爲抄手個人的性格、抄寫態度、知識水準、用字習慣等因素,造成了異體字、形近誤字、字句脱落或重複等問題。這些現象一起構成了異文的第二個層次。

剥離出前兩個層次的異文後,真正的系統性異文,也即第三個層次的異文也就清楚了。這類異文的存在,使得抄寫和口傳基本上失去了説服力。

關於異文問題的研究之所以一直如此平面化,是因爲出土文本太少的緣故。此處用《老子》文本爲例來討論這一問題,最根本的原因是《老子》是目前可校出土文本最多的文獻。但《老子》實際上是一個非常獨特的文獻:篇章短小、韻律較嚴,且其每一章基本獨立。很明顯,這樣的文獻不足以支撐我們對先秦兩漢整體文本現象的討論。但是,《老子》諸本異文所呈現出的層次性,應該引起早期文本研究者的關注。以《老子》文本的異文層次爲基礎,我們可以慢慢地梳理出先秦兩漢時期各類文獻的異文層次,以及其中藴含的語言文化諸方面的信息。

三、經典與傳統:古典學重建視野下《書》類文獻的經典化研究

古典學的提法較新,但具體工作,商周史官或已肇其端,孔子及儒門

後學承其緒，漢儒對經書及諸子之學的整理研究亦當之，前漢末哀平間，向歆父子等全面整理前代典籍自然也在此範圍内。

從方法層面來看，經典化其實是在"承繼傳統，匯合諸法"的綜合性要求外，確定了一個更有利於明晰古書及古代學術特點、立體地突顯經典生成過程中諸多因素互動的思考和研究維度。此一維度，實際上是在對傳統和近代兩種主要研究路徑的反思基礎上確立的。

經學時代，即儒學與政治結合時代，在古典學研究中占據統治地位長達2000年。辛亥革命和五四運動結束了此局面。經學的神聖地位不復存在，以經書爲依託的"孔家店"在五四運動中成爲被打倒的對象。之後，對包括先秦典籍在内的傳統文化，知識界有不少人持否定態度。他們認爲這種文化對新文化的建設有害無益。當時及其後學術界對古書的認識的情況，如裘錫圭先生所言：

> 幾乎與五四運動同時，在西方學術思想的影響下，我國學術界興起了懷疑古史和古書的思潮。……在經書被還原爲一般典籍的同時，孔子跟經書的關係也被極力淡化。疑古派對古書真僞、年代等問題的很多看法，是從前代學者那裏承襲下來的，或是前人已引其緒的。不過那些看法有很大一部分在過去的學術界不占主流地位，由於疑古思潮的影響才變得深入人心。疑古派的古典學對傳統的古典學的衝擊是巨大的。疑古派有不少值得肯定的地方，但是他們的疑古顯然走過了頭。①

---

① 這種疑古思潮到20世紀二三十年代發展到了頂峰。疑古派（或稱"古史辨派"）成爲商代之前古史研究和古典學研究的主力。在將傳統的上古史大大縮短的同時，他們在懷疑古書方面，以前代學者的辨僞工作爲基礎，大大擴展了懷疑的範圍。包括經書在内的很多先秦古書的年代被推遲（這裏説的"書"包括成部的書中的單篇，下同。有時，懷疑的對象還可以是一篇中的段落或文句），很多一般認爲屬於先秦的古書被認爲是秦漢以後的僞作。參見裘錫圭《出土文獻與古典學重建》，《出土文獻》第四輯，第3頁。

戰國、西漢典籍的出土,使我們意識到經學時代對古籍信從和古史辨派對典籍懷疑均存在問題。經學時代對典籍和古史的信從是一種文化演進的自然過程,具有歷時性特點,是一個民族對待傳統態度的反映,實際上有其內在必然性和必要性;古史辨派的古籍辨偽邏輯,以刻本時代的典籍體例來範圍上古之書,論證前提尚不明晰,則其邏輯出現紕漏、結論或有不當就易解了。

認識到兩條路徑的問題,並不意味着超越。因爲就研究方法而言,我們繼承的依然是兩派的遺産。古史辨派的研究恰逢新文化運動,使得他們没有"神聖經典"的太大壓力,可以客觀地分析經典。但這種"客觀"却也造成了某種程度的疏離和與傳統之間的隔閡。究其原因,2000年來"經典"的存在屬性,畢竟不同於一般典籍,其中有太多的文化承載和傳統寄託。經學也絶非史學,以《書》類文獻爲例,孔子以之爲教,戰國晚期已列於六經之一,此後五經、七經、九經、十三經中,皆有是書,歷代皆以之爲經,而不以史書目之。

我們無意,當然也不能回到經學時代的思維中去重新研究經典。但經學文本中的"精華",畢竟不是將其簡單地視作"堅實"的歷史記載而能發掘出來的。除了記史外,古人主要以之神道設教。故而,我們在還原經典文本面貌的同時,亦不能忽略了其承繼文化和維繫傳統的功能。從這個意義上來講,經典化不僅是一個新的研究視角,更是一種研究思路和研究方法。我們不僅關注文本的衍生、流傳,更關注經典與傳解之間的互動以及所對應的傳統之構建。

四、新語文學(New Philology)、早期文明研究理論及文本校勘、分析方法的啓示

儒家經典的産生、演變和確立有其獨特性,但經典化作爲一種文化現象,却有着普遍性。前文討論經典的特點,曾提及經典的區域性和族群性。經典化是一個世界範圍的文化現象,不同文化中,其發生過程既

有獨特性,亦有相同之處,是可以進行類型化研究的。在文明進程模式類型研究和構建方面,着力頗多的當推德國的揚·阿斯曼(Jam Assmann)教授。

阿斯曼教授 1992 年出版了 *Das Kulturelle Gedächtnis: Schrift, Erinnerung und politische Identität in frühen Hochkulturen* 一書,①從文化記憶理論入手,探析了文明演進和生成過程中的一般性與特殊性。其中關於經典在不同文明形成過程中所發揮的不同作用,不同文化通過對經典處理方式的不同而形成了各自獨特的傳統等方面的論述,頗具啓發。此書以 Maurice Halbwachs(哈布瓦赫)的集體記憶理論爲基礎,②闡述了記憶的文化維度。其通過探討記憶、身份認同、文化的連續性三個方面之間的關係來論證己説,記憶即關於過去的知識,身份認同關乎政治想象,文化連續性主要涉及傳統的確立和維繫。文化記憶這一維度,我們在研究儒家文本經典化過程時可資參考。除此之外,該書對於西方哲學、人類學、古典學和古文化研究領域代表學者的經典著作及主要觀點的利用和點評,亦有助於我們深入到更廣闊的西方古典研究及相關領域中去。

西方古典學的本質,是對希臘-羅馬文明的研究,根據 Wilamovitz(維拉莫威兹)的論述,其主要任務和相關方面包括:

> 利用科學的方法來復活那已逝的世界——把詩人的歌詞、哲學家的思想、立法者的觀念、廟宇的神聖、信仰者和非信仰者的情感、市場與港口熱鬧生活、海洋與陸地的面貌,以及工作和休閒中的人們注入的新活力。就像每一門知識所使用的方法一樣——或者可以用希臘的方式,用一種完全的哲學方式説——對現存事物并不理

---

① 按:該書 2011 年出英譯本,爲阿斯曼教授自譯,*Cultural Memory and Early Civilization: Writing, Remembrance, and Political Imagination*;2015 年出中譯本《文化記憶:早期高級文化中的文字、回憶和政治身份》。

② Maurice Halbwachs, *On Collective Memory*, ed. and trans. Lewis A. Coser (Chicago: University of Chicago Press, 1992), p.43.

解的敬畏之感是研究的出發點,目標是對那些我們已經全面理解的真理和美麗事物的純潔的、幸福的沉思。由於我們要努力探詢的生活是渾然一體的,所以我們的科學方法也是渾然一體的。把古典學劃分爲語言學和文學、考古學、古代史、銘文學、錢幣學以及稍後出現的紙草學等等各自獨立的學科,這只能證明是人類對自身能力局限性的一種折中辦法,但無論如何要注意不要讓這種獨立的東西窒息了整體意識,即使專家也要注意這一點。①

維拉莫威茲所言西方古典學的任務,較之前引裘錫圭先生所論,其相似之處在於,兩者都特別強調古典學的綜合性。不同於裘先生所言,除了關注典籍外,西方傳統的古典學亦多關注古典世界的精神文化層面,這似乎暗合了我們對經典化研究的要求,只是他并沒有強調從典籍層面來探討古典世界的精神文化問題。此外,希臘-羅馬系統的古典學研究,肇端自希臘化時代(323 B.C.—30 B.C.),迄今已有兩千多年的歷史,其中必然有很多可以取資的著作和可供參考的研究方法。西方古典學,近年來已頗受關注,新近又有關於西方古典學術史論著的譯作。②

另外,與古典學相關的主要學術門類爲 Philology (語文學)。其在西方,主要是相對於 Linguistics (語言學)而言,是從文獻學和歷史語言學的角度,側重對古典文獻的考證、詮釋和評注,目的是爲了讀懂古代文獻,通過古代文獻來研究古代的書面語,及其所反映出的文化和文明信息。西方現代語言學的發展(尤其是法國的結構主義語言學),即在擺脱舊的語文學在文本上的限制,特別強調口語與書面語的差別,雖然有時也通過文本,但主要研究的對象是口語語言的一般規律。因此在現代語言學中,語文學一度幾乎是被揚棄的陳舊之法。但是,近十年學術研

---

① 維拉莫威茲著、陳恒譯《古典學的歷史》,北京:生活·讀書·新知三聯書店 2008 年,第 1—2 頁。
② 魯道夫·普法伊費爾著,劉軍譯、張强校《古典學術史:自肇端諸源至希臘化時代末》(上、下),北京:北京大學出版社 2015 年。按:下卷由張弢譯。

究的發展,在認清語文學的一些缺陷與短見的同時,藉助現代語言學研究的新成果,在整個世界範圍內,語文學又有重新復活的趨勢。① 新語文學同西方 19 世紀以來傳統語文學(例如制造"精校本"[critical edition]典籍的"Lachmann Method")的差別,是兩種"範式"(paradigm)的不同,來國龍先生析之如下:

> (傳統語文學的校勘方法,)是建立在一個原始文本(original text 或 authorial text)的假設之上的。這個"原始文本"是由原始作者寫下或編者編寫而成;而文本的流傳通過人爲的傳抄。由於人不是機器,容易在傳抄過程中不斷産生訛誤,因此文本流傳就是一個對原來單純的"原始文本"不斷污染、干擾的過程。而版本校勘(或者説生産"精校本")的過程,就是儘量收集在時空上接近"原始文本"的版本,通過對比,去粗取精,去僞存真,濾去雜質,儘量還原文本的"原始"面貌。

---

① 來國龍《通假字、新語文學和出土戰國秦漢簡帛的研究》,賈晉華、陳偉、王小林、來國龍編《新語文學與早期中國研究》,上海:上海人民出版社 2018 年,第 100—101 頁。按:關於新語文學的興起,來國龍先生有這樣的敘述:西方學界對於 Philology 的新興趣,是從比較文學的研究開始的。1982 年解構主義文學理論家 Paul De Man 發表一篇題爲"The Return to Philology"的文章,重新提出語文學的重要性。(引注:Paul De Man, "The Return to Philology", *Times Literary Supplement*, December 10, 1982.)在他的影響下,1988 年在哈佛大學召開了一個叫"What is Phology?"的討論會,會議論文後來發表在 *Comparative Literature Studies* (27.1[1990])雜誌的專輯,同時以 *On Phology* 一書的形式出版(引注:Jan M. Ziolkowski ed. *On Phology*. University Park Pennsylvania State University Press, 1990)(其中有 Stephen Owen 寫的一篇"Philology's Discontents: Response")。1990 年北美中世紀研究的學術雜誌 *Speculum* 出版一期 "The New Philology" 的專輯(edited by Stephen Nichols),之後在西方中世紀研究中引起廣泛的爭論,出版了一系列新著,重新審視語文學在文本(尤其是中世紀俗文學)研究中的方法與作用。(引注:例如 Seth Lerer' *Literary History and the Challenge of Philology*[1996]; William Paden' *The Future of the Middle Age*[1994]; John van Engen' *The Past and Future of Medieval Studies*[1994].)詳參來文,第 160 頁。

而新語文學對傳統語文學的主要批評是在很多情況下(尤其是在早期,如西方的中世紀時期),這個"原始文本"的假設只是現代學者架構的空中樓閣,是一個根本不能成立的假象。純粹的"原始文本"不但在歷史上根本不存在,而且,即使存在過,這樣的文本也可能不可得、不可知。而在過分追求復原"原始文本"的過程中,研究者往往忽略了文本流傳過程中的抄手、讀者、改編者和寫本使用者(他們是所謂"雜質"的制造者)的歷史作用和歷史體驗。受到法國學者保羅·卒姆托(Paul Zumthor)和貝爾納·塞克利尼(Bernard Cerquiglini)的影響,新語文學的倡導者強調中世紀的文本本質上是不穩定的,是和當時的口傳文化緊密聯繫的。保羅·卒姆托在研究法國中世紀詩歌時發現,大量的無名氏作品有很多異文。他用Mouvance(流動)的概念來概括文本的不穩定性。他認爲這些無名氏的作品在當時并不被看作是個人的"知識産權",因而在流傳過程中經常被改編、被重寫,因而產生大量的異文。(原注: Paul Zumthor. *Essai de poétique médiéval*. Paris: Seuil, 1972; English translation: *Toward a Medieval Poetics Minneapolis*: University of Minneapolis Press, 1992.)Bernard Cerquiglini 更在 1989 年的《異文頌》(*Éloge de la variante: History critique du la philologie*) 中提出,異文是中世紀文本的本質特點;現代學者經常把異文當作"雜質"過濾篩掉,其實是沒有很好地利用異文來研究中世紀寫本文化。(原注:Bernard Cerquiglini. *Éloge de la variante: History critique du la philologie*. Paris: Seuil, 1989; English translation: *In Praise of the Variant: A Critical History of Philology*. Baltimore: Johns Hopkins University Press, 1999.)異文應該成爲學者的研究對象,通過這些異文來了解當時的社會文化和寫本文化。

新語文學也被稱爲"物質性的"語文學(Material 或 Artifactual philology)強調了對寫本(manuscript),而不僅僅是抽象的文本

(text)的研究,試圖通過寫本的全面具體的研究來了解當時的寫本文化及其社會歷史背景。①

西方新語文學的興起,其所倡導的方法及所得出的新認識,對我們研究先秦兩漢典籍生成、流傳,以及文本異文所反映出的文本流傳同當時社會、文化之間的互動關係等方面皆有啓發意義。當然,新語文學所得出的相對於傳統語文學的新認識,如將注意力從"原始文本"移到文本流傳過程上來,更多關注抄手、讀者、改編者和寫本使用者的歷史作用和歷史體驗等。這些同樣是我們經典化研究的觀注點。某種意義上講,經典化本身即是文本流傳過程中最爲重要的一個互動環節。

具體到文獻研究方面,我們的目錄、校勘、版本之學亦並非獨有。較之儒家經典的傳注箋疏,西方的解經注經傳統,亦是一個內蘊極豐之領域。以校勘學爲例,前人已言及中西之優劣。民國十二年,胡適先生爲《元典章校補釋例》(陳垣著)撰序,言:

> 西洋印書術起於十五世紀,比中國晚了六七百年,所以西洋古書的古寫本保存的多,有古本可供校勘,是一長。歐洲名著往往譯成各國文字,古譯本也可供校勘,是二長。歐洲很早就有大學和圖書館,古本的保存比較容易,校書的人借用古本也比較容易,所以校勘之學比較普及,只算是治學的人一種不可少的工具,而不成爲一二傑出的人的專門事業,這是三長。在中國則刻印書流行以後,寫本多被拋棄了;四方鄰國偶有古本的流傳,而無古書的古譯本;大學與公家藏書又都不發達,私家學者收藏有限,故工具不够用,所以一千年來,够得上科學的校勘學者,不過兩三人而已。②

---

① 來國龍《通假字、新語文學和出土戰國秦漢簡帛的研究》,賈晉華、陳偉、王小林、來國龍編《新語文學與早期中國研究》,第101—102頁。
② 胡適《校勘學方法論——序陳垣先生的〈元典章校補釋例〉》,歐陽哲生編《胡適文集05》,北京:北京大學出版社2005年,第135頁。

胡適先生的論説就西方實際而言多有誤讀處,但已肇中西校勘學比較之端,然而之後因爲語言和研究對象上的差異,東西方古典學的交流一直不多,相互借鑒更無從談起。近年來,蘇傑先生編譯了6位西方古典學家的8部論著,分別是:A.E.豪斯曼的《〈馬尼利烏斯〉第一卷整理前言》和《用思考校勘》、保羅·馬斯《校勘學》、路德維希·比勒爾《文法學家的藝術:校勘學引論》、W.W.格雷格《底本原理》、G.托馬斯·坦瑟勒《校勘原理》、傑羅姆·卡茨《古典學家也古怪》,彙編成《西方校勘學論著選》,①首次比較用心地呈現了西方校勘學的一角。稍後,其又翻譯了G.托馬斯·坦瑟勒的《分析書志學綱要》一書,②首次系統地引進了西方的"版本學"論著。校勘學實例方面,西方學者校勘中國古文本的有英國學者雷敦蘇編《馬王堆黃帝四經》和《郭店〈老子〉甲、乙、丙組校箋》,③用西方《聖經》諸本校勘方法來處理中國早期多文本文獻之間的校勘。

用西方傳統方法來研究中國古文本較具代表性的爲《王弼〈老子注〉研究》,是書通過對原有《老子》文本的注釋來分析王弼的思想。瓦格納教授通過研究王弼的注釋策略如何同文本互動,最終完成對王弼注中所反映出的哲學和政治意涵的探討。是書中文版的序言中,瓦格納教授發表了其對西方漢學家的意見:

> 在現代的海外中國學研究開始的時候,人們可以期待它們會從歐洲古希臘和羅馬的經典研究的那些給人深刻印象的文本批評或文字學的方法論中汲取方法論的指引。在相鄰的領域——梵語研究中,情況正是如此。然而,西方學者在中國發現了有衆多學者參

---

① 蘇傑編譯《西方校勘學論著選》,上海:上海人民出版社2009年。
② G.托馬斯·坦瑟勒著、蘇傑譯《分析書志學綱要》,杭州:浙江大學出版社2014年。
③ 雷敦蘇編《馬王堆黃帝四經》,臺北:利氏學院1997年。雷敦蘇校《郭店〈老子〉甲、乙、丙組校箋》,譯文收入艾蘭、魏克彬編,邢文譯《郭店老子:東西方學者的對話》,北京:學苑出版社2002年。

與其中的清代考據學傳統,其中的許多領域(如音韻學),達到了極爲精深的水準。這一中國學的傳統迅速吸收了某些西方文本批判的方法,尤其是與辨僞問題相關的那些。其中最爲突出的例子就是顧頡剛等人編輯的七卷本《古史辨》。而其他一些重要的西方文字學的要素,如批判性文本,則沒有成爲中國學學術實踐的部分。除極少數例外,日本或西方的外國學者并沒有進入這一在質、量和歷史等方面都擁有如此優勢的領域的意圖。這一可悲的結果,致使時至今日,甚至那些最爲基本的中國經典文本也沒有值得信賴的批判性版本。連和 Oxford、Teubner 或 Loeb 的西方經典著作系列相匹敵的東西都沒有,就更不用説有關《舊約》、《新約》的研究了。①

瓦格納教授對西方漢學研究者的批評,實際上也暗示了中國學者對西方古典學傳統的忽視。其所言"批判性文本",中國學者并非沒有相關意識,傳統經學的傳注著作中,皆有此類批判性還原的努力,只是相對於西方"批判性文本"那樣大張旗鼓的做法,傳統中國的處理方法則略顯零散。但差別或許正是在處理方法上。系統性的實踐類研究,亦有如段玉裁所撰之《古文尚書撰異》《毛詩故訓傳定本小箋》,②即爲批判性還原《古文尚書》、毛傳及毛傳本《詩經》而作。雖然瓦格納教授的批判比較過激,但我們傳統校勘學中確實有可以取資西學的,前引胡適先生所論已頗清楚。

第三節　學術史回顧③

一、《書》類文獻的早期形態研究

《書》類文獻的早期形態研究對新材料的依賴程度較高,清華簡等

---

① 瓦格納著、楊立華譯《王弼〈老子注〉研究》,第 3 頁。
② 收入《段玉裁遺書》,臺北:大化書局 1986 年影印經韻樓本,第 1—311、313—436 頁。
③ "學術史回顧"部分涉及人名較多,爲行文簡潔,均省去敬稱。

一系列《書》類文獻的公布爲進一步研究此問題提供了契機。傳統的研究，依其方法可分爲三類：一爲輯佚，一爲引《書》研究，一爲金石互證。關於清華簡《書》類文獻的研究亦屬於廣義的"金石互證"範疇。

(一) 輯佚

梁任公論輯佚之因："書籍遞嬗散亡，好學之士，每讀前代著錄，按索不獲，深致慨惜，於是乎有輯佚之業。"①最早從事輯佚事業者，梁氏認爲是王應麟，輯有《三家詩考》《周易鄭氏注》各一卷，附刻《玉海》中。葉德輝辯證之，認爲輯佚之書，當以黃伯思之《相鶴經》爲鼻祖。② 程元敏更立新論，以輯佚之事，當以南朝齊梁間已成書之《尚書逸篇》（一卷）爲最早。③ 清代輯佚，起於漢學家之治經。惠定宇輯成《九經古義》十六卷，其弟子余蕭客輯《古經解鈎沉》三十卷。《尚書》傳注類，清儒所輯唐以前者有：

> 《尚書》注：排斥《僞孔傳》，推崇馬融、鄭玄，漸及於西漢今文，江艮庭之《集注音疏》，王西莊之《後案》，孫淵如之《今古注疏》，其大部分功力皆在輯馬、鄭注也。而淵如於全疏外，復有《尚書馬鄭注》十卷，馬竹吾亦輯《尚書馬氏傳》四卷。今文學方面，則有陳樸園《今文尚書經説考》三十二卷、《歐陽夏侯遺説考》二卷，馬竹吾則輯《尚書》歐陽、大夏侯、小夏侯《章句》各一卷，而《尚書大傳》輯者亦數家。④

梁氏所謂《尚書大傳》輯者數家，據其"校勘"部分所論，爲孫之騄《尚書大傳》輯本三卷、《補遺》一卷，盧見曾《尚書大傳》輯本四卷、附

---

① 梁啓超著，夏曉紅、陸胤校《中國近三百年學術史》（新校本），北京：商務印書館 2011 年，第 313 頁。
② 葉德輝《輯刻古書不始於王應麟》，《書林清話》卷八，上海：上海古籍出版社 2008 年，第 166 頁。
③ 程元敏《尚書學史》（上），第 348 頁。
④ 梁啓超著，夏曉紅、陸胤校《中國近三百年學術史》（新校本），第 317 頁。

《補遺》一卷、《考異》一卷,孔廣林《尚書大傳注》輯本四卷,陳壽祺《尚書大傳輯校》三卷、《辨訛》一卷,皮錫瑞《尚書大傳疏證》七卷。① 就《尚書大傳》而言,梁氏所未及者,尚有袁鈞《尚書大傳》輯本三卷、王謨輯《尚書大傳》二卷、黄奭《尚書大傳》輯本一卷。

清代以來《尚書》輯佚類書,梁任公所及外,尚可補苴數種:《書賈氏義》(賈誼撰,《續玉函山房輯佚書》)、《今文尚書説》(歐陽生撰,《漢魏逸書》本)、《古文尚書訓》(賈逵撰,《續玉函山房輯佚書》)、《古文尚書訓旨》(衛宏撰,《續玉函山房輯佚書》)、《五經異議》(許慎撰,《漢魏遺書鈔》)、《尚書鄭注》(鄭玄撰,《鄭學彙函》)、《今文尚書經説考》(陳喬樅撰,《皇清經解》)、《古文尚書考》(惠棟撰,《皇清經解》)等。

輯佚之事,梁任公譏其爲抄書匠之能事,而其有助於後世之研究則無疑。清儒對早期文本的存在形態和流傳方式的認定不同,其輯佚之原則亦有差異,故所輯之書良莠有別。

(二)引《書》

《尚書》輯佚條目中多有取自他書徵引者,即此處所謂之引《書》。引《書》研究跟輯佚在關注對象上有主次之別。以《史記》引《書》而言,所涉及對象包括今本《尚書》和《逸周書》中的篇目。《尚書》輯佚者關注其中《尚書》部分,而《逸周書》輯佚者則關注其中《逸周書》部分。引《書》研究,通過引《書》欲探討的除了太史公所見《書》的面貌、對《書》類資料的使用,還涉及其對《書》學的認識等。

最早系統研究早期典籍引《書》者,當屬東晉僞古文《尚書》的編撰者。就其實際而言,我們認爲古文篇章"僞",是因爲東晉人擬作之時,"發揮"過甚,其體、其事、其文氣已全然晉人化,並且其所據真材料有限。朱彝尊《經義考》在"古文尚書"條下的按語云:

---

① 梁啓超著,夏曉紅、陸胤校《中國近三百年學術史》(新校本),第288—289頁。按:孔廣林,梁氏誤作孔廣森。

愚闇之見,是書久頒於學官,其言多綴輯逸《書》成文,無大悖理,譬諸汾陰漢鼎,雖非黄帝所鑄,或指以爲九牧之金,則亦聽之。且如小戴氏《禮》《王制》、《月令》、《緇衣》諸篇,明知作者有人參出於漢儒,非《禮》之舊,願士子誦習,守而不改。至於《易》之《序卦傳》,李清臣、朱翌、王申子皆疑焉,要不得而去也。惟是最誤人者,《伊訓》"惟元祀十有二月乙丑"之文是也。《春秋經》書"春,王正月",《左氏傳》益以"周"字,改時改月,其義本明。故自漢迄於汴宋,説者初無異議,乃胡安國忽主夏時冠周月之論,於是衆説紛綸,遂同疑獄。然此不待博稽群籍,即以《春秋》説《春秋》,而其妄立見矣。其猶聚訟不已者,皆由《伊訓》"十有二月"之文亂之,不知《古文尚書》難以過信,斯則學者所當審也。①

朱彝尊認爲《古文尚書》"久頒於學官,其言多綴輯逸《書》成文,無大悖理",且其以《尚書》存"僞"的情況校以他經,認爲既然《周易》中《序卦傳》已有學者證其"僞"而保存之,《尚書》古文諸篇亦不宜去之。又吴澄《尚書敘錄》中先載今文而後系古文,之後又作《書纂言》只注今文28篇,歸有光效仿之,兩人大體上主張否定古文諸篇。王懋竑撰《論〈尚書敘錄〉》指出其論説失當之處,兼爲古文辯護,其言:

而東晉所上之《書》,疑爲王肅、束皙、皇甫謐輩所擬作,其時未經永嘉之亂,古書多在,采摭綴緝,無一字無所本,特其文氣緩弱,又辭義不相連屬,時事不相對值,有以識其非真,而古聖賢之格言大訓,往往在焉,有斷斷不可以廢者。……又考鄭注逸《書》,别有《舜典》《大禹謨》《益稷》等篇,雖得之傳聞,恐爲安國之舊,微言奧義必有一二存者,而散亡磨滅,無一語見於世。韓退之云:"平生千萬篇,金薤垂琳琅。流落人間者,泰山一毫芒。"典謨訓誥之重萬世,

① 朱彝尊撰,林慶彰、蔣秋華等主編《經義考新校》,第1403—1404頁。

非詩篇比也,而百不傳其一二,使後世不得見二帝三王之全,嗚呼,惜哉!①

四庫館臣在《古文尚書冤詞》提要中強調一方面(僞孔本)"確非孔氏之原本,則證驗多端,非一手所能終掩";另一方面,"梅賾之書,行世已久,其文本采綴逸經,排比聯貫,故其旨不悖于聖人,斷無可廢之理"。② 此外,齊召南、焦循父子、莊存與、張眉大、皮錫瑞、陸邦烈、陳寅恪等人亦持古文不可輕廢之見,大體言之,一直有一種聲音,認爲古文諸篇雖爲"重構",但其不悖於格言大訓,頒於官學且行世既久,依然值得重視。

總之,僞古文25篇,雖爲"杜撰",但絕非鑿空,多襲古書之語。屈萬里先生《僞古文尚書襲古簡注》云:

> 僞書作者,多襲古書之語,雜入其杜撰之文中;故易售其欺。學者既知其僞,於是清代諸儒,多有述作,於襲古之語,揭其出處。朱氏《古注便讀》,於僞書襲古處,一一注其出處於句下,最便省覽;然亦間有疎失。爰仿朱氏之例,參以孫喬年《尚書古文證疑》,簡氏《尚書集注述疏》,及吳闓生《尚書大義》等書,益以鄙見,述爲茲編。孫氏《證疑》(卷四),列舉僞古文採摭經傳之辭凡三百六條;本編則得二百七十八條。蓋孫書於僞古文櫽栝故書語意,及但取古語中一二字者,亦俱列入;本編則否。且僞古文襲故書之語,而未爲孫氏所舉者,亦頗多也。僞古文分《堯典》之後半爲《舜典》,復於所謂《舜典》前,僞撰二十八字。其"曰若稽古"四字,乃襲自《堯典》。"濬哲文明"語,則襲自王粲《七釋》。"溫恭允塞"語,亦襲《七釋》"允恭玄塞"爲之,而略有改易。③

---

① 王懋竑《白田草堂存稿》,阮元編《清經解》卷二四三,第二册,上海:上海書店1988年影印,第207頁。
② 永瑢等《四庫全書總目》卷一二,北京:中華書局1965年,第102頁。
③ 屈萬里《尚書集釋》,第307頁。

關於僞古文的襲古問題，朱駿聲《尚書便讀》、孫喬年《尚書古文證疑》、簡朝亮《尚書集注述疏》及吳闓生《尚書大義》等皆有述及。其中孫喬年《尚書古文證疑》卷四，列舉僞古文採摭經傳之辭凡 306 條。屈萬里先生《僞古文尚書襲古簡注》據以刪補爲 278 條。①

此外，傳統經典傳注已多據引書來注解經文或證成己說。顧棟高《春秋大事表》卷四七有《春秋左傳引據詩書易三經表》，②以明《左傳》之引經例。歷代讀書筆記中，也多有提及，如于鬯《香草校書》"惠不惠，懋不懋"條即引《左傳》昭公八年引《周書》此句爲證。③ 但瑣碎繁雜，不及詳舉。民國以來，學者關於引《書》問題多有討論，近出相關研究或見失引。故就民國以來系統研究他書引《書》者，略作評述。

1. 先秦典籍引《書》

先秦典籍引《書》方面，民國十八年，方書林撰《漢以前的〈尚書〉》，④據阮元《詩書古訓》、王紹蘭《周人經說》及簡朝亮《尚書逸文》，益以新輯，依先秦典籍《論語》《墨子》《孟子》《荀子》《禮記》《左傳》《國語》《戰國策》《呂氏春秋》《管子》十書所引《尚書》逸文，旁及《周禮》相關文獻，列《漢以前各書所引之〈尚書〉及〈尚書〉說與今本〈尚書〉比較表》。然將《尚書》逸文與所謂《尚書》說混爲一談，不爲區別，爲其所短。民國二十四年《西北論衡》從十九期開始分五次連載了志鵬翻譯的日人藤川雄一郎所著《從〈韓非子〉中所見之〈書經〉》，⑤從《韓非子》中引《書》用《書》出發對戰國時期《書》體等問題展開討論。同年，吳貫因發表

---

① 屈萬里《尚書集釋》，第 307—328 頁。
② 顧棟高輯，吳樹平、李解民點校《春秋大事表》，北京：中華書局 1993 年，第 2549—2564 頁。
③ 于鬯《香草校書》卷三《書》，北京：中華書局 1984 年，第 139 頁。
④ 方書林《漢以前的〈尚書〉》，《國立中山大學語言歷史學研究所週刊》1929 年六集 69 期，第 1—39 頁。
⑤ 藤川雄一郎撰、志鵬譯《從〈韓非子〉中所見之〈書經〉》，《西北論衡》第 19—23 期，1935 年 5 月—1936 年 1 月。

《今文尚書古文尚書以外尚有尚書》,①所論即逸《書》,所據即爲引《書》。系統就先秦典籍引《尚書》進行研究的,有陳夢家《尚書通論》、蔣善國《尚書綜述》、劉起釪《尚書學史》、程元敏《尚書學史》中相關章節的討論;②專文或專書有許錟輝《先秦典籍引〈尚書〉考》、③朱廷獻《先秦古籍引〈尚書〉二十八篇經文考》等。④ 許錟輝先生的研究非常詳細,只是他受古史辨研究影響太大,在原典籍及引書的時代判定上往往保守,影響了其關於《書》學早期形態的分析。除了新的出土文獻外,先秦典籍引《書》資料基本涉及。此類研究中尤爲值得注意者,是饒龍隼先生的《〈書〉考原》,⑤此文利用先秦典籍引《書》,討論了春秋以前流行的《書》之編纂系統問題,涉及形成年代、資料來源、傳寫形式、名稱由來、原始形態和語體特徵等一系列問題,其中多有創見,是一篇集大成之作。可以說,除了出土文獻誘發的新問題和早期《書》學"經傳"形態問題外,所涉已較爲全面。就其研究而言,正與許錟輝先生相反,可能存在"過信"的問題,如《國語》《左傳》等引《書》,直接就其所述年代展開分析,對原書本身形成過程的考辨不夠。

儒家引《書》方面,高明有《論語中之書教》和《孔子的書教》兩文,⑥

---

①吳貫因《今文尚書古文尚書以外尚有尚書》,《正風半月刊》1935年一卷十六期,第7頁。

②陳夢家《尚書通論》,北京:中華書局2005年;蔣善國《尚書綜述》,上海:上海古籍出版社1988年;劉起釪《尚書學史》,北京:中華書局1989年;程元敏《尚書學史》,上海:華東師範大學出版社2013年。

③許錟輝《先秦典籍引〈尚書〉考》,潘美月、杜潔祥主編《古典文獻研究輯刊》第九編,臺北:花木蘭文化出版社2009年。

④朱廷獻《先秦古籍引〈尚書〉二十八篇經文考》,《孔孟月刊》1983年第4期,第25—32頁。

⑤饒龍隼《〈書〉考原》,王小盾編《揚州大學中國文化研究所集刊》第一輯,江蘇古籍出版社1998年,第57—95頁。此篇在博士論文撰寫過程中未曾讀到,2017年畢業答辯時經馬銀琴教授惠告,謹致謝忱!

⑥高明《〈論語〉中之〈書〉教》,《孔孟月刊》1965年第1期,第1—5頁;高明《孔子的〈書〉教》,《高明文集》(上册),臺北:黎明文化事業公司1978年,第635—644頁。

通過《論語》引《書》及孔子和弟子論政來討論孔子的《書》教。李振興《〈尚書〉與孔子》①亦屬此類。呂思勉《僞古文尚書有本於荀子者》、②吳清淋《荀子與書經》，③討論荀子引《書》用《書》和僞古文的關係。

出土先秦文獻引《書》方面，有程元敏《〈郭店、上博楚簡〉〈緇衣〉引書考》，④討論郭店、上博戰國簡所引《詩》《書》文獻之特徵，指出所討論的出土材料中有益於經學研究之七個方面：經籍著成年代、經板問題、簡本用字、今古文經、勘正今本之誤、辨明今本改經文字處、發現今本所潤飾刪削增益之處。

2. 漢魏典籍引《書》

民國十二年，章太炎撰《太史公古文尚書説》，⑤以《史記》引《書》立論，條理史遷《書》學淵源。後出討論《史記》引《書》者，有張鈞才《史記引尚書文考例》、⑥金德建《史記所引各篇尚書考》、⑦李周龍《司馬遷古文尚書義釋例》、⑧洪安全《司馬遷之尚書學》、⑨古國順《司馬遷尚書學》《史記迻録尚書原文例》《史記述尚書研究序例》《史記述尚書研究》、⑩

---

① 李振興《〈尚書〉與孔子》，《第一屆先秦學術國際研討會論文集》，高雄：高雄師範大學國文系編印本 1992 年，第 297—328 頁。此文後收入李氏《尚書學述（上）》，臺北：東大圖書公司 1994 年，第 85—125 頁。
② 呂思勉《呂思勉讀史札記》，上海：上海古籍出版社 1983 年，第 726—727 頁。
③ 吳清淋《荀子與書經》，《孔孟月刊》1975 年第 9 期，第 17—20 頁。
④ 程元敏《〈郭店、上博楚簡〉〈緇衣〉引書考》，《先秦兩漢學術》（第十一期），臺北：輔仁大學中文系 2009 年，第 119—152 頁。
⑤ 章太炎《太史公古文尚書説》，《章氏叢書》北平刊本 1933 年。
⑥ 張鈞才《史記引尚書文考例》，《金陵學報》1936 年第 2 期。
⑦ 金德建《司馬遷所見書考》，上海：上海人民出版社 1963 年，第 61—80 頁。
⑧ 李周龍《司馬遷古文尚書義釋例》，《孔孟月刊》1971 年第 9 期，第 24—27 頁。
⑨ 洪安全《司馬遷之尚書學》，《"國立"政治大學學報》1976 年第 33 期，第 81—121 頁。
⑩ 古國順《司馬遷尚書學》，中國文化大學中國文學研究所博士論文，自印本，1985 年；《史記迻録尚書原文例》，《孔孟月刊》1985 年第 7 期，第 37—42 頁；《史記述尚書研究序例》，《文史哲雜誌》1985 年第 1 期，第 29—33 頁；《史記述尚書研究》，臺北：文史哲出版社 1985 年。

金德建《司馬遷論堯典述作》《論司馬遷所見尚書中分殷之器物》、①卓秀巖《史記周本紀尚書義考徵》《史記殷本紀尚書義考徵》等，②《史記》引《書》較之今本，文字有同異，其異者或遵一定體例；其所徵引，今古文皆具，而諸家關於今古文的判定或有不同。此類研究中，窮盡式臚陳《史記》引《書》內容，條陳論證其今古文性，着力最深者，當屬古國順氏之《史記述尚書研究》。

林政華《漢人知見尚書篇目考》，③通過他書徵引，討論漢代《尚書》篇目問題。周少豪撰《〈漢書〉引〈尚書〉研究》，④蔡根祥撰《〈後漢書〉引〈尚書〉考辨》，⑤許華峰撰《〈孔叢子〉引〈尚書〉相關材料的分析》，⑥馬宗霍撰《說文解字引經考》，⑦歐慶亨撰《三國志引尚書考述》。⑧《文選》注引《書》類有斯波六郎《文選李善注引尚書考證》、⑨葉程義《文選李善注引尚書考》。⑩ 漢魏典籍引《尚書》的研究，大有裨益於《尚書》學史的研究，對漢代今古文學、鄭王《尚書》學等方面的研究有頗多推動。

將先秦兩漢典籍中引《尚書》的資料彙編成書，甚便相關問題探討

---

①金德建《司馬遷堯典述作》，《社會科學戰綫》1986年第3期，第50頁；《論司馬遷所見尚書中分殷之器物》，《人文雜誌》1986年第5期，第101—103頁。
②卓秀巖《史記周本紀尚書義考徵》，《成功大學學報（人文編）》1986年第21卷，71—97頁；《史記殷本紀尚書義考徵》，《慶祝無錫施之勉先生九秩晉五誕辰論文集》，臺北：文史哲出版社1986年，第105—130頁。
③李政華《漢人知見尚書篇目考》，《孔孟學報》1975年第29期，第139—155頁。
④周少豪《〈漢書〉引〈尚書〉研究》，臺北：花木蘭文化出版社2007年。
⑤蔡根祥《〈後漢書〉引〈尚書〉考辨》，潘美月、杜潔祥主編《古典文獻研究輯刊》第四編，第十三冊，臺北：花木蘭文化出版社2006年。
⑥許華峰《〈孔叢子〉引〈尚書〉相關材料的分析》，《先秦兩漢學術》（第一期），臺北：輔仁大學中文系2004年，第171—197頁。
⑦馬宗霍《說文解字引經考》，臺北：臺灣學生書局1971年。
⑧歐慶亨《三國志引尚書考述》，《國立編譯館刊》卷一七，1988年第2期，第41—66頁。
⑨斯波六郎《文選李善注引尚書考證》，廣島：斯波六郎以謄寫代印刷本1942年。
⑩葉程義編著《文選李善注引尚書考》，臺北：正中書局1975年。

的,有陳雄根、何志華編著《先秦兩漢典籍引〈尚書〉資料彙編》一書,①資料網羅齊全,明引暗引皆收,間及逸《書》。

(三)金石互證

清以前治《尚書》者,主要依靠傳世古書及宋以來的部分出土文獻。近百年來,甲骨文、金文、居延漢簡、雲夢秦簡、馬王堆帛書、慈利楚簡、包山楚簡、郭店楚簡、上博簡、清華簡、北大簡、安大簡、海昏侯簡,以及尚未公布的荆州夏家台和龍會河北岸M324出土楚簡等的出現,爲我們的研究提供了大量的先秦兩漢的文書與典籍。這些出土材料讓後世研究者對更早的古書有了更直接的感受,可藉以補充先前關於古書形成和流傳的認識,歸納總結更多新的一般性理論,《尚書》研究領域也隨之拓開。

金石互證作爲一方法,取其廣義言之,指出土材料和傳世材料的相互印證補充。王國維之前,阮元已倡導用金石資料來證經籍,撰有《積古齋鐘鼎彝器欵識》。② 晚清俞樾承繼之,其以金石互證爲一法,融合段玉裁與王氏父子的研經方法及成果,著《群經平議》三十五卷。③ 隨着金石材料的增多,吳大澂撰《説文古籀補》十四卷,④既訂文字,亦證經史。以金石之法專研《尚書》者,有孫詒讓《尚書駢枝》,⑤對《尚書》文義多有新解。此外,方濬益氏撰《綴遺齋彝器款識考釋》三十卷,⑥劉心源撰《奇觚室吉金文述》二十卷,⑦皆爲清末在金石證經方面有創獲者。晚清諸

---

① 陳雄根、何志華編著《先秦兩漢典籍引〈尚書〉資料彙編》,香港:香港中文大學出版社2003年。
② 阮元《積古齋鐘鼎彝器欵識》,《皇清經解》本。
③ 俞樾《群經平議》,《續修四庫全書》影印光緒二十五年春在堂全書本,上海:上海古籍出版社1994年。
④ 吳大澂《説文古籀補》,光緒九年初刻本,北京:中國書店1990年影印。
⑤ 孫詒讓撰、雪克點校《尚書駢枝》,濟南:齊魯書社1988年。
⑥ 方濬益《綴遺齋彝器款識考釋》,臺北:臺聯國風1976年影印本。
⑦ 劉心源《奇觚室吉金文述》,石印本1902年。

儒，有肇端之功，但初啓山林，泛而不深，亦見一些不當的說法。①

　　清末民初，新材料漸多，王國維總結此前互證之實踐，名曰"二重證據法"。王氏用此法治《尚書》的研究見存於其弟子吴其昌、劉盼遂所記《觀堂授書記》，②另有從其游者楊筠如氏，所撰《尚書覈詁》③多引金文解經。郭沫若《兩周金文辭大系圖録考釋》④多以金文與《尚書》文本互證，既考文字又明經義；其《卜辭通纂》中亦多涉甲骨和《尚書》互證之例。⑤　于省吾《雙劍誃尚書新證》⑥據古文字治《尚書》，較有清諸儒更爲精深，開新時期風氣之先。楊樹達《積微居讀書記》有《尚書説》專篇，⑦《積微居金文説》《積微居金文餘説》中亦多有裨益於《尚書》研究者，如《釋肜日》《甲文中的四方神名與風名》《釋多方》《讀尚書堯典》等。⑧　陳夢家《殷虚卜辭綜述》和《西周銅器斷代》，⑨多涉《尚書》内容。唐蘭《西周青銅器銘文分代史徵》、⑩董作賓《殷曆譜》、⑪屈萬里《尚書集釋》等，皆在互證方面有所創獲。此外，張政烺、徐中舒、商承祚、容庚、胡厚宣、

---

①按：裘錫圭《談談清末學者利用金文校勘〈尚書〉的一個重要發現》一文中指出，吴大澂關於《尚書》"寧王""寧考"等文中的"寧"爲"文"字之誤字的發現意義重大，但其對"文"字致訛過程的解釋也存在不合理之處。吴氏又定"王若曰"之王爲武王，亦不妥。參見氏著《裘錫圭學術文集》第四卷，上海：復旦大學出版社2012年，第412—417頁。原載《古籍整理與研究》第四期，北京：中華書局1989年。
②王國維講述，吴其昌、劉盼遂記《觀堂授書記》，臺北：藝文印書館1975年。
③楊筠如著、黄懷信標校《尚書覈詁》，西安：陝西人民出版社2005年。
④郭沫若《兩周金文辭大系》，《郭沫若全集·考古編》第七、八卷，北京：科學出版社2002年。
⑤郭沫若《卜辭通纂》，北京：科學出版社1982年。
⑥于省吾《雙劍誃尚書新證》，北京：中華書局2005年。
⑦楊樹達《積微居讀書記》，上海：上海古籍出版社2007年。
⑧楊樹達《積微居金文説》，上海：上海古籍出版社2007年。
⑨陳夢家《殷虚卜辭綜述》，北京：中華書局1988年；《西周銅器斷代》，北京：中華書局2004年。
⑩唐蘭《西周青銅器銘文分代史徵》，北京：中華書局1986年。
⑪董作賓《董作賓全集》，臺北：藝文印書館1978年。

朱廷獻、①李學勤、裘錫圭等均有相關論説,隨文注明,兹不一一詳舉。

　　金石考證、古文字研究的每一步發展,都能够和《尚書》學研究相互補充,從《尚書》文本研究的角度來審視古文字學的研究成果,有助益於彼此推進。1977年周原甲骨發現,1991年安陽殷墟花園莊東地發現了一個完整的甲骨坑。這些年戰國墓葬遞有發掘,青銅器物多有出土。2012年,吴鎮烽主編的《商周青銅器銘文暨圖像集成》出版,②收録傳世和新出土的商周有銘青銅器16704件。諸如此類,皆爲進一步研究的新增長點。

　　戰國楚墓竹書亦對《尚書》的研究多有助力。而對早期《書》類文獻研究影響最大的當屬清華簡的出版。清華簡2008年入藏,2010年開始出現相關研究成果,基本圍繞清華簡中《書》類文獻的篇章定名、用辭、文法、跟《書序》關係、先秦時期《書》類文獻的流傳諸方面。比較有代表性的論説有:李學勤《清華簡與〈尚書〉、〈逸周書〉的研究》、③廖名春《清華簡與〈尚書〉研究》、④黄懷信《由清華簡看〈書〉——兼説關於古史資料的可信性問題》、⑤艾蘭《論〈書〉與〈尚書〉的起源》、⑥朱鳳瀚《讀清華簡〈金縢〉兼論相關問題》、⑦李零《西伯戡黎的再認識——讀清華楚簡〈耆夜〉篇》、⑧王子今《丹江通道與早期楚文化——清華簡〈楚居〉札記》、⑨

---

①朱廷獻《地下資料與周書研究》,《書目季刊》十七卷,1984年第4期,第21—29頁。
②吴鎮烽編《商周青銅器銘文暨圖像集成》,上海:上海古籍出版社2012年。
③李學勤《清華簡與〈尚書〉、〈逸周書〉的研究》,《史學史研究》2011年第2期。
④廖名春《清華簡與〈尚書〉研究》,《文史哲》2010年第6期。
⑤黄懷信《由清華簡看〈書〉——兼説關於古史資料的可信性問題》,謝維揚、趙争主編《出土文獻與古書成書問題研究》,第141—146頁。
⑥艾蘭《論〈書〉與〈尚書〉的起源》,《出土文獻與古文字研究》第六輯,上海:上海古籍出版社2015年,第615—623頁。
⑦朱鳳瀚《讀清華簡〈金縢〉兼論相關問題》,陳致主編《簡帛·經典·古史》,上海:上海古籍出版社2013年,第47—58頁。
⑧載同上書,第113—130頁。
⑨載同上書,第151—158頁。

沈建華《試說清華〈繫年〉楚簡與〈春秋左傳〉成書》、①陳慧《保君德訓向"中"求——讀清華簡〈保訓〉》、②虞萬里《由清華簡〈尹誥〉論〈古文尚書·咸有一德〉之性質》、③馮勝君《試論清華簡〈保訓〉篇書法風格與三體石經的關係》、④馮時《清華〈金縢〉書文本性質考述》、⑤劉國忠《從清華簡〈金縢〉看傳世本〈金縢〉的文本問題》等。⑥ 隨着上博簡和清華簡更多篇章的整理公布，此類文章已越來越多地發表在相關刊物上。⑦ 此處僅舉數家，其餘觀點隨文注明。上列研究類文章，多就某一篇章或某一問題立論，尚未見將清華簡《書》類文獻作爲一個整體來分析研究的論作。⑧

《書》類文獻文字異文及出土文獻和傳世文獻的對比研究方面，可參考的有以下數家。

民國十五年（1926），顧頡剛在其《尚書》經義"經文"部分首列"《尚書》的文字"，以之爲治《尚書》經文之首要。⑨ 二十三年（1934），《尚書

---

①載陳致主編《簡帛·經典·古史》，上海：上海古籍出版社 2013 年，第 165—172 頁。
②載同上書，第 209—216 頁。
③原載《史林》2012 年第 2 期，收入《清華簡研究》第一輯，上海：中西書局 2012 年，第 9—30 頁。
④馮勝君《試論清華簡〈保訓〉篇書法風格與三體石經的關係》，《清華簡研究》第一輯，第 92—98 頁。
⑤馮時《清華〈金縢〉書文本性質考述》，《清華簡研究》第一輯，第 152—170 頁。
⑥原載《清華大學學報》2011 年第 4 期，收入清華大學出土文獻研究與保護中心、北京大學出土文獻研究所、荊州文物保護中心編《古代簡牘保護與整理研究》，上海：中西書局 2012 年，第 132—138 頁。
⑦按：此類刊物包括《先秦兩漢學術》《中國上古秦漢學會通訊》《經學研究》《出土文獻》《出土文獻研究》《簡帛研究》《簡帛》《文史》《中華文史論叢》《歷史研究》《考古學報》《考古》《文物》《中國文字研究》《中國文字學報》《清華簡研究》等。
⑧論文修改過程中收到程浩先生賜贈《有爲言之：先秦書類文獻的源與流》（北京：中華書局 2021 年），特識於此，以致謝忱。又見新出馮勝君先生《清華簡〈書〉類文獻箋釋》（上海古籍出版社 2022 年）一書，系統箋釋清華簡《書》類文獻。
⑨顧頡剛《講授〈尚書〉學計劃書》，《顧頡剛先生遺稿三篇》，《中文自學指導》1998 年第 2 期。

文字合編》的"出版預告"中,其又强調了此觀點:

> 經學中之今古文問題,以尚書爲最複雜,加以字體之傳訛者彌多,遂至紛亂而不可董理。本社爲欲解決此項難題,故先事收集材料,施以整統之功,以供研究者之取資。本編工作,着手已歷三年,搜羅舊本業已略備。現在刊刻逾半,年内可望出版。書中編制,概依原有篇次排列;每篇中又依本子之先後排列。所收古書,總凡五種。一曰熹平石經,是爲今日流傳最古之本,雖僅殘片,而猶存東漢學官真相。二曰魏正始石經,以古文,篆書,隸書相次,不但可察字體之流變,而争執紛紜之古文尚書之原形亦惟可於此見之。三曰唐寫卷子,雖作真書,尚留古體,即所謂"隸古定"者,其結搆亦至參差。四曰唐開成石經,爲衛包改字以後刊刻最早之本,亦可爲古本中是完全之一本。五曰宋薛季宣書古文訓本,雖僞訛迭見,而有據者尚多,于魏石經古文及唐卷子隸古中猶可考見其淵源。録此五種,合爲一篇,尚書文字之糾紛問題乃有解決之希望矣。①

《尚書文字合編》的編纂工作開展不久便遭遇抗日戰争,故其出版并没能如顧先生預想的那樣順利。至1982年,顧廷龍才又開始重新整理編纂,新書收入歷代不同字體的《尚書》古本二十餘種,由原定的摹寫改爲照相影印。全書依唐石經分篇,同篇各本按照時代順序排列,依次爲漢石經(隸書)、魏石經(古文、篆書、隸書三體)、唐寫本、日本古寫本、宋薛季宣《書古文訓》(均爲"隸古定"體),并以唐石經(楷體)殿後,其目的在於通過對比發現和解决《尚書》文字問題。②

是書出版之前,已有學者據敦煌本來校勘今本,檢討《尚書》用字。

---

① 顧頡剛《尚書文字合編》"出版預告",《古史辨》(第五册)"附録",第4頁。
② 按:是書1996年方出版。顧頡剛、顧廷龍輯《尚書文字合編》,上海:上海古籍出版社1996年。

王重民《敦煌古籍敘錄》中"尚書"部分有關於文字問題的探討。① 此類研究,還有陳鐵凡《敦煌本尚書述略》《敦煌本尚書校證》,②吳福熙《敦煌殘卷古文尚書校注》等。③

是書出版之後,據此書來研究《尚書》文字的有臧克和《尚書文字校詁》,④臧書刊出不久,劉起釪撰《尚書校釋譯論》,其序言及在整理《尚書》之初,曾以隸古定文字來訂正唐石經中衛包改錯的字,並參考小林信明的《古文尚書の研究》一書。⑤ 後經楊伯峻指明,《尚書》古文字之關鍵在先秦、漢、魏三時期,應重點研究此三時期《尚書》的異文異字,隸古定是東晉僞古文本始有的文字,不必花費太多時間,而隸古定本《尚書》和衛包的關係可以另外討論。劉先生才暫時擱置其原定計劃。⑥ 其後討論隸古定本出現後古文《尚書》文字的有林志強《古本〈尚書〉文字研究》,是書在古本《尚書》研究的同時,更有傳抄古文研究的視角。⑦ 新近有李慶《内野皎亭本〈尚書〉和有關的幾個問題》重點討論内野本的文字問題。⑧

正如楊先生所言,隸古定本出現前後《尚書》文字的異文性質不同,故《尚書文字合編》雖然搜羅甚廣,却容易誤導其後的研究者,將隸古定前後不同性質的文字放在一起比較,執着於異文而不明所以。類似異文彙編類研究還有朱廷獻《尚書異文集證》、⑨屈萬里《尚書異文彙錄》等。⑩

---

① 王重民《敦煌古籍敘錄》,北京:中華書局 2010 年。
② 陳鐵凡《敦煌本尚書述略》,《大陸雜誌》1961 年第 22 卷第 8 期;《敦煌本尚書校證》,臺北:商務印書館 1965 年。
③ 吳福熙《敦煌殘卷古文尚書校注》,蘭州:甘肅人民出版社 1992 年。
④ 臧克和《尚書文字校詁》,上海:上海教育出版社 1999 年。
⑤ 小林信明《古文尚書の研究》,東京都:大修館書店 1959 年。
⑥ 顧頡剛、劉起釪《尚書校釋譯論》,北京:中華書局 2005 年,第 22 頁。
⑦ 按:學界關於傳抄古文的研究情況,請參李春桃《傳抄古文研究》,長春:吉林大學博士學位論文,2012 年,第 1—30 頁。
⑧ 李慶《内野皎亭本〈尚書〉和有關的幾個問題》,劉玉才、潘建國主編《日本古鈔本與五山版漢籍研究論叢》,北京:北京大學出版社 2015 年,第 10—28 頁。
⑨ 朱廷獻《尚書異文集證》,臺北:中華書局 1970 年。
⑩ 屈萬里《尚書異文彙錄》,《屈萬里全集》,臺北:聯經出版事業公司 1985 年。

本文討論的主要是先秦、漢、魏三個時期的文字問題,相關涉的研究對象除清華簡外,還有漢魏石經。歷代石經研究的論著,臺灣有許東方主編《石經叢刊初編》,①大陸有賈貴榮輯《歷代石經研究資料輯刊》。②賈輯本未參考許編本,故兩書所收略有出入,可相互補充。馬衡《漢石經集存》,近有虞萬里重新整理本。③ 魏石經研究,有王小航《增訂三體石經時代辯誤》、④孫海波《魏三字石經集錄》、⑤邱德修《魏石經古文釋形考述》、⑥章太炎《新出三體石經考》、⑦王國維《魏石經考》、⑧張富海《漢人所謂古文之研究》、⑨徐剛《古文源流考》、⑩蘇瑩輝《論孔壁的古文經與〈説文〉所謂古文以及魏石經中的古文一體》等。⑪

出土文獻和傳世文獻的對比研究方面,代表性的研究有林素清《利用出土戰國楚竹書資料檢討〈尚書〉異文及相關問題》、⑫劉嬌《言公與剿説——從出土簡帛古籍看西漢以前古籍中相同或類似內容重複現象》、⑬單育辰《楚地戰國簡帛與傳世文獻對讀之研究》等。⑭ 林文據當

---

①許東方主編《石經叢刊初編》(1-6),臺北:信誼書局1976年。
②賈貴榮輯《歷代石經研究資料輯刊》(1-8),北京:北京圖書館出版社2005年。
③馬衡《漢石經集存》,上海:上海書店出版社2014年。
④王小航《增訂三體石經時代辯誤》,《水東全集》,臺北:藝文印書館1964年。
⑤孫海波《魏三字石經集錄》,臺北:藝文印書館1975年。
⑥邱德修《魏石經古文釋形考述》,臺北:學海出版社1978年。
⑦章太炎《新出三體石經考》,《章太炎全集》(第七冊),上海:上海人民出版社1999年。
⑧王國維《魏石經考》,《觀堂集林》卷二〇,北京:中華書局1959年,第955—975頁。
⑨張富海《漢人所謂古文之研究》,北京:綫裝書局2007年。
⑩徐剛《古文源流考》,北京:北京大學出版社2008年。
⑪蘇瑩輝《論孔壁的古文經與〈説文〉所謂古文以及魏石經中的古文一體》,屈萬里院士紀念論文集編輯委員會編《屈萬里院士紀念論文集》,臺北:臺灣學生書局1985年,第3—8頁。
⑫林素清《利用出土戰國楚竹書資料檢討〈尚書〉異文及相關問題》,《龍宇純先生七秩晉五壽慶論文集》,臺北:臺灣學生書局2002年,第79—100頁。
⑬劉嬌《言公與剿説——從出土簡帛古籍看西漢以前古籍中相同或類似內容重複現象》,北京:綫裝書局2012年。
⑭單育辰《楚地戰國簡帛與傳世文獻對讀之研究》,北京:中華書局2014年。

時所見郭店簡和上博簡中引《書》內容,結合敦煌本、唐石經、熹平石經、三體石經等相關資料進行異文分析,進而校正訛字、了解同音假借、弄清古今字、再析經文句讀、訂正脱衍文句,并認爲《漢簡》引古《尚書》多爲《書古文訓》所本,而與簡本不同。劉書則首次系統地就當時可見的出土西漢以前簡帛古書和傳世古書對比研究,在此基礎上討論先秦秦漢時人的著作權觀念和著作體例等問題。單書除了通過對讀討論古書體例和流傳等問題外,亦討論了對讀之法在古文字考釋中的重要性。

二、《書》類文獻的經典化研究

《書》的經典化過程,經學時代實屬不證自明之問題,聖人定經,門生傳教,官方認可,本爲一體;①五四運動以來却又是學界主流極力"否定"的問題。所謂的"否定",非言當時否認《尚書》曾經爲經典。當時的學術主流認爲傳統中國所尊奉這些經典的行爲方式是錯誤的,故所討論的問題尚走不到經典如何形成這一層面上來。那時學界的主要動力在"去聖""去經典化"。

像 15 世紀以洛倫佐·瓦剌(Lorenzo Valla, 1407-1457)爲代表的西方古典學者,②藉助以語文學(Philology)、歷史學爲基礎的古典考據學,

---

① 按:聖人雖有孔子、周公兩説,北宋慶曆以來,雖遞見疑經之論,但此類現象皆以經學重要爲前提,是基於"求真經,證聖道"的立場而展開的。
② 按:洛倫佐·瓦剌評注《新約聖經》拉丁文的通俗譯本(Vulgate)時,向古代晚期的傑出譯者宣戰。他將聖傑羅姆的拉丁文譯本與古希臘文的原本作了對比,羅列了譯者的錯誤,他異常嚴肅的批評主要是針對教父作家的拉丁文文體。瓦剌的代表作有 *Elegantiae Latini sermonis*(《拉丁語的典雅》)和 *Declamatio de falso credita et ementita Constantini Donatione*(譯作《君士坦丁聖證論》或《君士坦丁贈禮辨僞》)。前書序言中,他給予拉丁語前所未有的讚美;後書中瓦剌駁斥了《贈禮》一書的可靠性,其依據主要是以分析其中的拉丁語爲基礎,文獻中的拉丁語實在過於糟糕,而文本自身的神聖性不攻自破。詳參魯道夫·普法伊費爾著,張弢譯《古典學術史(下卷):1300—1850 年》第三章《洛倫佐·瓦剌》,北京:北京大學出版社 2015 年,第 35—54 頁。

從文本研究上對過去發起全面的進攻一樣,以顧頡剛爲代表的古史辨派學者們,對唐以前的相當一部分典籍進行了真僞推定,確定了一大批"僞書"。孔子和經典的關係被極力地淡化,漢以來的經典生成之說,也如同商代以前的古史一樣被"推翻"了。古史辨派雖然沒正面討論典籍經典化問題,但正是他們的辨僞企圖使得典籍經典化成爲一個新的學術問題。國內學者中,首先就經典化問題進行系統思考的是李零教授,其關於經典化的認識,前文討論"經典和經典化"部分已有評述,茲不贅語。

其實,不同於國內,國外的很多研究者既沒有傳統經學家對典籍的虔敬之心,亦不像古史辨派那樣執着於證僞去聖,反而能客觀地看待經典及其經典化過程。日本學人松本雅明撰《春秋戰國における尚書の展開——歷史意識の發展を中心に》一書,①在中日諸研究者通論或相關研究的基礎上,②將先秦《尚書》之學分爲春秋後期、戰國前期、戰國中期和戰國後期四個時段,藉以討論早期中國歷史意識的展開。松本氏所言的"歷史意識",屬於我們探討《書》類文獻的文本變化,及典籍和傳統之間互動問題的範疇。松本氏認爲《尚書》文本的出現和周初中國先民歷史意識的轉變直接相關。《尚書》中的誥、命、訓、典,能夠反映出當時上層人士的世界觀、地理認識、法律知識、制度構建等。他吸收了前人研究引《書》及諸子學派的方法,將春秋晚期儒家和戰國諸子學派的《尚書》依歷史演進的順序,分專書、分派别來討論,抓住了先秦《書》學的獨特性。除此之外,其以江聲《尚書集注音疏》、簡朝亮《尚書集注述疏》、陳夢家《尚書通論》、張西堂《尚書引論》的研究爲基礎,通過先秦兩漢典

---

① 松本雅明《春秋戰國における尚書の展開——歷史意識の發展を中心に》,東京都:風間書房 1966 年(日本昭和四十一年)。
② 錢玄同、崔適、楊筠如、郭沫若、顧頡剛、陳夢家、張西堂、内藤湖南、小島祐馬、武内義雄、原田淑人、加藤常賢、貝冢茂樹、吉川幸次郎、目加田誠、平岡武夫、白川静、小林信明、户田豐三郎、友枝龍太郎諸君,論著頗豐,隨文注明,茲不一一詳及。

籍引《尚書》(當爲《書》)來討論先秦《書》類文獻的篇章、斷簡、復原等問題。松本氏也進行了像顧頡剛那樣的《尚書》篇章的編年工作，其依據主要是用語、思想、固有名詞，以及《詩》《書》、金文和春秋戰國時期其他古典的比較等。

松本氏研究存在的問題，除了撰著較早，未及見更晚出土的金石簡牘材料外，主要在於其受到古史辨派的影響，將《尚書》諸篇的形成時代放的普遍較晚。例如其在討論戰國中期的《書》學問題時以《國語》《左傳》《墨子》引《書》爲代表，較之前述饒龍隼先生的研究，這樣單純以被引的時間來考慮所引《書》問題的處理方式也過於簡單化了。

除了該書外，松本氏還撰有《尚書洪範篇の成立》，①討論《洪範》中"五行""五事""八政""五紀"的成立年代在戰國中期到秦漢時。此外，松本氏還有一本《原始尚書の成立》，分三編，第一編是"原始尚書成立に關する諸問題"，第二編是"周公成立に關する諸問題"，第三編是《詩經》與古代祭祀相關。② 是書考證相關《書》篇成立，關注其後的歷史背景分析。

相關研究，還有平岡武夫《經書の成立》《経書の伝統》，③野村茂夫《先秦における尚書の流傳についての若干の考察》《洪範の成立》，④劉起釪《洪範成書年代考》，⑤等等。作爲研究《尚書》文本的學者，Michael Nylan 教授的 *The Shifting Center*: *The Original "Great Plan" and Later*

---

① 松本雅明《尚書洪範篇の成立》，《世界史研究》1960 年第 26 期，第 1—9 頁。
② 松本雅明《原始尚書の成立》，松本雅明著作集編集委員會《松本雅明著作集(7)》，東京都：弘生書林 1988 年(昭和六十三年)。
③ 平岡武夫《經書の成立》，京都：日本邪神印刷有限會社 1943 年；《経書の伝統》，東京都：岩波書店 1945 年。
④ 野村茂夫《先秦における尚書の流傳についての若干の考察》，《日本中國學會報》1965 年第 17 期，第 1—18 頁；《洪範の成立》，《東洋學論集 森三樹三博士頌壽記念》，東京 1979 年，第 39—56 頁。
⑤ 劉起釪《洪範成書年代考》，《中國社會科學》1980 年第 3 期，第 155—170 頁。

Readings 一書也值得注意。①

其他研究,不針對《尚書》文本,討論儒家典籍的早期形態或經典化問題的,有鐮田正《左傳の成立と其の展開》,②松本雅明《詩經諸篇の成立に關する研究》,③内野熊一郎《漢初經書の研究》,④劉躍進、程蘇東主編《早期文本的生成與傳播》,⑤等等。

另有一點需要提及的是,臺灣學者近些年對海外漢學家關於中國早期典籍的研究比較關注,⑥繼 2007 年《經典的形成、流傳與詮釋》一書出版後,⑦2013 年又組織人員翻譯了夏含夷(Edward L. Shaughnessy)的 *Before Confucius*: *Studies in the Creation of the Chinese Classics*(《孔子之前:中國經典誕生的研究》)一書。⑧ 夏含夷教授另有 *Rewriting Early Chinese Texts* 一書,⑨近年亦被引進,譯作《重寫中國古代文獻》,⑩書中

---

① Michael Nylan, *The Shifting Center*: *The Original "Great Plan" and Later Readings* (Sankt Augustin: Nettetal Steyler Verlag, 1992).
② 鐮田正《左傳の成立と其の展開》,東京都:大修館書店 1963 年。
③ 松本雅明《詩經諸篇の成立に關する研究》,東京都:開明書院 1980 年。
④ 内野熊一郎《漢初經學の研究》,東京:清水書店 1948 年。
⑤ 劉躍進、程蘇東主編《早期文本的生成與傳播》(第一輯),北京:中華書局 2017 年。是書爲"周秦漢唐讀書會文匯"的第一輯。
⑥ 按:大陸學者對海外漢學關於中國早期典籍的研究關注也比較早,如 Michael Loewe 教授主編的 *Early Chinese Texts*: *A Bibliographical Guide* (Institute of East Asian Studies, 1993)一書,1997 年就已有李學勤、葛兆光等一批學者翻譯作中文。參魯惟一主編、李學勤等譯《中國古代典籍導讀》,瀋陽:遼寧教育出版社 1997 年。
⑦ 林慶彰、蔣秋華主編,張穩蘋編輯《經典的形成、流傳與詮釋》,臺北:臺灣學生書局 2007 年。
⑧ Edward L. Shaughnessy, *Before Confucius*: *Studies in the Creation of the Chinese Classics* (New York: State University of New York Press, 1997);夏含夷著,黃聖松、楊濟襄、周博群等譯,范麗梅、黃冠雲修訂《孔子之前:中國經典誕生的研究》,臺北:萬卷樓圖書股份有限公司 2013 年。
⑨ Edward L. Shaughnessy, *Rewriting Early Chinese Texts*(New York: State University of New York Press, 2006).
⑩ 夏含夷著,周博群等譯《重寫中國古代文獻》,上海:上海古籍出版社 2012 年。

章節包括"出土文獻的編輯及其對傳世文獻研究的啓示""由《緇衣》的重寫看中國經典的形成""汲冢書的發現和編輯""《竹書紀年》的整理和整理本",亦主張由出土材料來重新考察漢儒整理并流傳下來的先秦典籍。夏含夷之外,持續關注和研究中國早期典籍的西方學者,最具代表性的有鮑則岳(William G Boltz)、柯馬丁(Martin Kern)等。① 除了《老子》文本的相關研究外,鮑則岳教授比較有代表性的論著還有 *The Origin and Early Development of the Chinese Writing System*,②和"Reading Early Chinese Manuscripts"。③ 前書爲西方漢學界關於中國文字起源和發展的一部專著,後文是關於中國早期抄本,尤其是漢代馬王堆帛書等的研究。柯馬丁教授 *The Stele Inscriptions of Ch'in Shih-huang*:*Text and Ritual in Early Chinese Imperial Representation* 一書,④近來被譯作《秦始皇刻石:早期中國的文本與儀式》,介紹到國內。是書通過秦刻石文本的禮儀性質,以及秦刻石所反映的秦朝歷史和漢代歷史編撰之間的衝突,探討了傳統思想與禮儀實踐的連續性,以及秦人對傳統經典的修訂等問題。2008 年以來,其又主編或參與主編了一系列分析早期中國典籍文本,以及通過早期文本來探討早期中國政治社會文化諸方面特點的論著,如 *Text and Ritual in Early China*,⑤ *Statecraft and Classical Learning*:*The*

---

① 按:近來已有系統介紹北美中國學研究的著作,詳參張海惠主編《北美中國學:研究概况與文獻資源》,北京:中華書局 2010 年。另外,關於西方漢學出土文獻研究情況,詳參夏含夷著《西觀漢記:西方漢學出土文獻研究概要》,上海:上海古籍出版社 2018 年。

② William G Boltz, *The Origin and Early Development of the Chinese Writing System*(New Haven, Conn: American Oriental Society, 2003).

③ William G Boltz, "Reading Early Chinese Manuscripts", *Journal of Chinese Studies*, 2007, 47.

④ Martin Kern, *The Stele Inscriptions of Ch'in Shih-huang*: *Text and Ritual in Early Chinese Imperial Representation*(American Oriental Society, 2000).

⑤ Martin Kern, *Text and Ritual in Early* China (University of Washington Press, 2008).

Rituals of Zhou in East Asian History,① *The Mozi as an Evolving Text: Different Voices in Early China Thought*,② *The Embodied Text: Establishing Textual Identity in Early Chinese Manuscripts*,③ *Ideology of Power and Power of Ideology in Early China*,④ *Origins of Chinese Political Philology: Studies in the Composition and Thought of the Shangshu（Classic of Documents）*等。⑤其中 *Origins of Chinese Political Philology: Studies in the Composition and Thought of the Shangshu（Classic of Documents）*一書,是專門討論《尚書》諸篇文本的,除了討論《堯典》《顧命》《多士》《多方》《金縢》《無逸》《柴誓》《禹貢》諸篇外,另有數篇討論《尚書》中的"誓"、《尚書》中的不同的聲音、《尚書》和《逸周書》的區別、戰國文獻中的引《書》等問題。文本細讀和文本層次的分析,是我們進一步討論經典化問題的基礎,其意義自不待言。⑥

要之,從國內外研究的歷史和現狀來看,儒家典籍的經典化這一"老問題",雖然涉及的論說繁多,但關於最核心的經典化問題本身,可

---

①Benjamin A. Elman, Martin Kern Editor, *Statecraft and Classical Learning: The Rituals of Zhou in East Asian History*(Boston: BRILL, 2009).
②Carine Defoort and Nicolas Standaert, *The Mozi as an Evolving Text: Different Voices in Early China Thought* (Boston: BRILL, 2013).
③Matthias L. Richter, *The Embodied Text: Establishing Textual Identity in Early Chinese Manuscripts* (Boston: BRILL, 2013).
④Yuri Pines, Paul R. Goldin, Martin Kern, *Ideology of Power and Power of Ideology in Early China* (Boston: BRILL, 2015).
⑤Martin Kern, Dirk Meyer, *Origins of Chinese Political Philology: Studies in the Composition and Thought of the Shangshu*(Classic of Documents) (Boston: BRILL, 2017).
⑥關於此書的評介詳參趙培《關於西方〈尚書〉學研究新動向的思考——由〈中國政治哲學之源:〈尚書〉編纂及其思想研究〉談起》,《銅仁學院學報》2020 年第 1 期。又,麥笛教授的新書《早期中國的文獻與論證:〈尚書〉和書的傳統》2021 年在沃爾特·德·格魯伊特出版社出版。參見 Dirk Meyer, *Documentation and Argument in Early China: The Shangshu* 尚書（*Venerated Documents*）*and The Shu Tradition* (Berlin/Boston: Walter de Gruyter GmbH, 2021)。

討論處尚多。另外,如前引李零先生所言"經典化是一種結構性的變化,不能够只盯着一本書來談"。如此,我們關於《書經》成立的討論,就須要放在經典系統的結構框架及其調整變化中來展開分析。

下編

※

從早期《書》學到《書經》成立

第一部分　先王之政典：《書》類文獻的早期形態

《書大序》開篇言："古者伏犧氏之王天下也，始畫八卦，造書契，以代結繩之政，由是文籍生焉。"孔穎達《正義》云："代結繩者，言前世之政用結繩，今有書契以代之。則伏犧時始有文字以書事，故曰'由是文籍生焉'。"又曰："知時造書契以代結繩之政者，亦以《繫辭》云'上古結繩而治，後世聖人易之以書契，蓋取諸"夬"'，是造書契可以代結繩也。"可見在古人認知當中，《書》類文獻屬於最早的一批"文籍"，其同書契之生正相關聯。所以，《書》類文獻之所興，《隋書·經籍志》"經部·書類序"云："蓋與文字俱起。"①但是古籍所載書契之生多見異説，如《尚書緯》及《孝經讖》皆云三皇無文字；又班固、馬融、鄭玄諸儒皆以爲文籍初自五帝；又《世本》載倉頡造書契，且司馬遷、班固、韋誕、宋忠、傅玄皆云其爲黃帝之史官，等等。對此，孔穎達《正義》一一辨析，維護序説，茲不煩述。

近代以來，隨着出土材料的越來越豐富，以及古文字學的大發展，古籍舊説的局限性顯而易見。就目前可見材料推測，漢字基本上形成完整的文字體系的時代，可能是夏商之際。② 但是，反觀舊説，也非全無是處。《書大序》等文獻中關於從結繩到書契演進過程的分法是有道理的。結繩是口傳社會記憶輔佐的代表性工具之一，屬於物體輔助類：

> 通過給繩子增加繩結，在棍子上打上多個樁子，或在已有的大

---

① 《隋書》卷三二《經籍志》，北京：中華書局1973年，第914頁。
② 裘錫圭《漢字形成問題的初步探索》，《中國語文》1978年第3期，又載《古代文史研究新探》，後收入《裘錫圭學術文集》第4卷，第25—39頁。

堆東西上添加例如枝條或石頭等物品而記住重複性的信息,這是全世界的常見做法。一個極好的例子就是(美國)易洛魁人一根手杖上有象形文字和50個樁子。這是作爲首領名單、議會手册和讚美詩的提示,在討論過程中產生了其他由玉米粒、念珠串和圖畫製成的可交替使用的助記工具。……

還有一個案例是在秘魯使用的結繩記事(quipu)。它由一系列不同顏色和長度的結繩綁在一起作爲頭飾的流蘇或者作爲檔案被保存。繩子的顏色、繩結和長度與它們的次序一樣重要。印加帝國的官員利用這個過程來量化,包括年代順序、數據以及明顯的定性信息。莫魯亞(Morua)神父驚訝於這些打了結的繩子所代表的過去事情的廣度:每個國王統治的時間長度,他是好是壞,是勇敢還是懦弱。總而言之結繩語可以作爲一本書來閱讀。他補充説,一個僧侶可以對一個印第安老人進行確定性實驗。老人對結繩語的理解就像閱讀一本書。①

在口傳社會中,這類記憶輔助物還包括圖像、場地(或建築)、音樂等。古人將書契之生同三皇五帝關聯起來,實際上規避了《書》類文獻曾流傳於口傳社會的問題。依照傳統的歷史序列,結合古文字學的一般認識,則從遠古到夏代屬於口傳時代,而當時的首領及其輔佐之所行、所言亦當屬於廣義的《書》類文獻範疇。在此階段中,《書》類文獻的三種形態(載體、文本、經傳)多與口耳相關聯。換言之,口傳社會當中,口耳決定着知識和記憶的流傳。當時沒有人懷疑記憶是包含了過往人類經驗的總和,並且是解釋"當今社會"現狀和原因的忠實寶庫。這些口傳社會中流動的《書》類文獻,經過歷史的淘洗,最後部分保存在了我們今天所能看到的《尚書》當中:

---

① 簡·范西納《作爲歷史的口頭傳説》,第35—36頁。

口頭傳説一直被當作原始資料使用。這種資料不僅是口傳社會歷史的明確資料或者文字社會中對不懂文字群體的歷史信息,而且也是許多古代著作的源頭,諸如在早期的地中海地區、印度、中國、日本,或者是之後西歐第一個千年之交前的許多來自歐洲中世紀的著作。①

就《書》類文獻而言,聖王、賢臣之誓、命、訓、誥,以及相關事迹等,其中的完整記憶(或片段信息),能够跨越口傳社會,進入文字時代,被記錄下來,傳遞到《尚書》當中去。諸經當中,《尚書》同口耳之關係相對密切,古人多以《尚書》爲記言之書。如《漢書·藝文志》言:"《書》者,古之號令,號令於衆,其言不立具,則聽受施行者弗曉。"②又曰:"古之帝王者世有史官,君舉必書,所以慎言行,昭法式也。左史記言,右史記事,事爲《春秋》,言爲《尚書》,帝王靡不同之。"③孔穎達《尚書正義序》言:"夫《書》者,人君辭誥之典,右史記言之策。"劉知幾《史通》言:"蓋《書》之所主,本於號令,所以宣王道之正義,發話言於臣下,故其所載,皆典、謨、訓、誥、誓、命之文。"依此標準,所以劉知幾認爲《堯典》《舜典》《禹貢》《洪範》《顧命》等篇,爲例不純。④ 實則,劉知幾所點出的例外,正説明《書》體非純爲記言。章學誠《書教上》言:

《記》曰:"左史記言,右史記動。"其職不見於《周官》,其書不傳於後世,殆禮家之愆文歟? 後儒不察,而以《尚書》分屬記言,《春秋》分屬記事,則失之甚也。夫《春秋》不能舍傳而空存其事目,則左氏所記之言,不啻千萬矣。《尚書》典謨之篇,記事而言亦具焉;訓誥之篇,記言而事亦見焉。古人事見於言,言以爲事,未嘗分事言爲二物也。劉知幾以二典、貢、範諸篇之錯出,轉譏《尚書》義例之

---

①簡·范西納《作爲歷史的口頭傳説》"前言",第1頁。
②《漢書》卷三〇《藝文志》,第1706—1707頁。
③同上書,第1715頁。
④劉知幾撰、浦起龍通釋、王煦華整理《史通通釋》卷一《六家》,上海:上海古籍出版社2009年,第2頁。

不純,毋乃因後世之空言,而疑古人之實事乎?《記》曰:"疏通知遠,《書》教也。"豈曰記言之謂哉?①

章學誠從《書》體上否認記言、記事二分法,認爲言與事本爲一體之兩面,但他並未否認《尚書》之多記言篇章。此外,劉起釪先生通過引《書》來分析先秦《書》學時,發現當時所引多易讀之句,難讀者鮮有徵引,故而推測言:

> 其實作爲統治之術的重要寶典,西周初年周公爲鞏固周王朝所做的好幾篇誥詞,是特別重要的周代開國文獻,有好幾篇比只封一國國君的命辭《康誥》顯然更重要,如果真要引用的話,應該多引那些《書》篇。但是那些《書》篇太難讀了,因爲全是周公用西土岐周方言講的,隔了五六百年之後,中原大地上的通用語言已不同於岐周方言了,因此對於春秋戰國的人來說,這些都成了不容易懂的文辭,就只好索性繞開它們,不去提它。②

我們由周初八誥可以反觀口傳社會以及口耳與竹帛並行條件下的《書》類早期篇章的情況。另外,即便是被劉知幾認爲體例不純的《堯典》,也有明確的早期知識痕迹,如其所載鳥、火、虛、昴四中星之觀測年代,可據歲差推之,能田忠亮推算爲約公元前 2000 年,③新城新藏推算爲大約公元前 2500 年,④而竺可楨先生推算爲星昴乃距今 4000 多年前,鳥、火、虛乃距今 3000 年前,折衷而推測"蓋殷末周初之現象也"。⑤ 雖各家之

---

① 章學誠撰、葉瑛校注《文史通義校注》,第 31 頁。
② 劉起釪《尚書學史》(訂補修訂本),北京:中華書局 2017 年,第 62—63 頁。
③ 能田忠亮《東洋天文學史論叢》,東京:恒星社厚生閣 1943 年,第 526—562 頁。
④ 新城新藏《東洋天文學史研究》,東京:弘文堂書坊 1932 年;中譯本有沈璿譯《東亞天文學史研究》,上海:中華學藝社 1933 年,第 265 頁。
⑤ 竺可楨《論以歲差定〈尚書·堯典〉四仲中星之年代》,《科學》11 卷 12 期,1926 年;又載《史學與地學》2 卷 2 期,1927 年;收入《竺可楨全集》第一卷,上海:上海科技教育出版社 2004 年,第 552—560 頁。

說有異,然均定在距今 4000 年前後。古人關於歲差的確切認識晚至晉虞喜。如此《堯典》即便出自周秦人之手,其中亦含遠古實際觀測之天文材料。

　　值得注意的是,文字的出現並不意味着口耳之功能立刻即被替代。首先,記憶和知識的保藏與傳播方式有其慣性;其次,文字社會中不能掌握文字的個人和群體依然依賴口耳獲取知識與信息;復次,師徒授受一類活動自古至今都需要口耳來完成,即便其已非知識與信息的主要承載形式。口傳社會中的口耳有其輔助物,而文字社會中口耳依然發揮着重要作用。如此,我們依照既有材料來判斷成文史記載出現的時間就顯得很重要。要之,考察《書》類文獻在源頭期及其早期流傳形態,簡單判定早期中國純粹口傳、口耳與竹帛並行、成文史記載出現等幾個節點,勾勒其所搭建起的早期歷史框架就顯得非常必要。

第一章
口傳社會、書契之生與口耳、竹帛並行立言論說

第一節　成文記載以及口傳與書寫並行時代的出現

甲骨文祀典中習見"自上甲六示"之貞。"六示"指先公中最後的上甲、報乙、報丙、報丁、示壬、示癸而言。關於"六示"問題，王國維、董作賓等先生立說在先，于省吾先生論之於後，撰《釋自上甲六示的廟號以及我國成文歷史的開始》一文，論討此廟號的出現及其所反映的我國成文歷史之始：

> 王國維謂："疑商人以日爲名號，乃成湯以後之事，其先世諸公生卒之日，至湯有天下後定祀典名號時已不可知，乃即用十日之次序以追名之，故先公之次乃適與十日之次同，否則不應如此巧合也。"（原注：《殷卜辭中所見先公先王續考》）董作賓謂："我疑心這是武丁時代重修祀典時所定。……至于成湯以前先世忌日，似已不甚可考，武丁乃以十干之首尾名此六世。……觀於甲乙丙丁壬癸的命名次第，並列十干首尾，可知如此命名，實有整齊劃一之意，不然，無論此六世先公生日死日，皆不能够如此巧合。"（原注：《甲骨文斷代研究例》）按王、董二氏均謂六世廟號爲後人所追定，自來研契者並無異議。我認爲，其說有得有失。六示中上甲

和三報的廟號,乃後人所追定。至于六示中示壬、示癸的廟號,並非如此。①

于先生認爲上甲和三報確屬追記,但示壬、示癸的信息則當時應有典可據。文中給出五條證據:一,甲骨文祀典中的廟號,二示以前均無可考,而自二示和二示以後的先王和先妣的廟號則尚爲完備,當是有典可據;二,示壬、示癸的廟號相次的原因在於所有的廟號都限於十個日干,則有的重複有的相次是難免的;三,甲骨文周祭的直系先妣,自示壬的配偶妣庚和示癸的配偶妣甲開始,而二氏的日干并不相次,很明顯,她們的廟號是根據典册的記載,絕非後人所追擬;四,商代的世系譜牒是一種簡單的文字紀事,結合武丁時期的世系刻辭(原注:《殷墟卜辭綜述》第四九九頁,圖版貳拾)和商晚期三句兵的銘文,其内容前者爲一貴族十一世先祖的名字,後者爲七個(或六個)祖父兄的忌日,大體上合於商王室自示壬、示癸至武丁爲十三世的格局;五,二示的廟號和三報之間省掉了戊己庚辛四個日干,二示的配偶之廟號并未按照日干的次序,且甲骨文周祭的先妣自二示的配偶開始,此三點亦説明商代先公和先妣的廟號,自二示和二示的配偶才有典可稽。②《史記·殷本紀》載:

  契卒,子昭明立。昭明卒,子相土立。相土卒,子昌若立。昌若卒,子曹圉立。曹圉卒,子冥立。冥卒,子振立。振卒,子微立。微卒,子報丁立。報丁卒,子報乙立。報乙卒,子報丙立。報丙卒,子主壬立。主壬卒,子主癸立。主癸卒,子天乙立,是爲成湯。③

---

① 于省吾《釋自上甲六示的廟號以及我國成文歷史的開始》,《甲骨文字釋林》,北京:商務印書館 2010 年,第 193—194 頁。
② 同上書,第 194—197 頁。
③《史記》卷三《殷本紀》,第 120 頁。

《殷本紀》所記湯以前共十三世,結合于省吾先生所論,則示壬(主壬)以前之先公但記日名者,因屬於傳說時代,當時結繩或以木契來幫助某些事物的記憶,故比較簡略。然"上甲微"以上尚有七位先公,《殷本紀》所列分別爲:契、昭明、相土、昌若、曹圉、冥和振。早期先公并沒據天干名之,似亦有清楚記憶。此或與口傳相關,如《商頌·玄鳥》云:"天命玄鳥,降而生商,宅殷土茫茫。"《長發》云:"有娀方將,帝立子生商。玄王桓撥,受小國是達,受大國是達。"皆述契之出生及其功業。《長發》又云:"相土烈烈,海外有截。"則言契孫相土威武能整齊四海。《商頌》或爲宋人編整追述,然當有所據。

　　根據卜辭,王亥(振)之後當有一王恒,合於《楚辭·天問》"恒秉季德,焉得夫朴牛"之"恒"。《天問》之說,當與《山海經》及《竹書紀年》同出一源,而《天問》就壁畫發問,所記尤詳。① 據此又可判圖畫確屬早期記憶之輔助物之一。《呂氏春秋·先識覽》云:"夏太史令終古出其圖法,執而泣之。夏桀迷惑,暴亂愈甚,太史令終古乃出奔如商。"②夏之太史令終古所攜之"圖法"何指? 圖指圖畫,或特指地圖。《周禮·夏官·職方氏》云:"職方氏掌天下之圖。"③法當爲某種形式的法令。《禮記·曲禮》云:"謹修其法而審行之。"④《左傳·宣公三年》載王孫滿答楚莊王云:"昔夏之方有德也,遠方圖物,貢金九牧,鑄鼎象物,百物而爲之備,使民知神、奸。""遠方圖物",杜預注:"圖畫山川奇異之物而獻之。"

---

① 王國維《殷卜辭中所見先公先王考》,《觀堂集林》卷九,北京:中華書局 1959 年,第 418—422 頁。
② 許維遹集釋、梁運華整理《呂氏春秋集釋》卷第一六《先識覽》,北京:中華書局 2009 年,第 395 頁。
③ 《周禮》卷三三《司馬政官之職》,《十三經古注》據永懷堂本校刊,北京:中華書局 2014 年,第 545 頁。
④ 《禮記》卷一《曲禮》,《十三經古注》據相臺岳氏家塾本校刊,第 892 頁下。

"鑄鼎象物",杜預注:"象所圖物鑄之於鼎。"①《國語·周語下》太子晉之諫言:"若啓先王之遺訓,省其典圖刑法,而觀其廢興者,皆可知也",韋昭注云:"圖,象也。"②則王孫滿的描述中,夏代應有山川奇物之圖,且又將這些圖物鑄於鼎上。結合杜預注,則《先識覽》所記終古負責之"圖法",當即此類圖物和與之相類之王朝法令,而此處之法令,或僅爲以圖示、繩契形式所記之法。但歷時既久,刻寫內容及其載體不易保存,故後世難以睹見。

結合于省吾先生的推論,從上甲微到示壬(主壬)的時代,或爲繩契、圖物和口傳到文字記錄的過渡時期,簡册開始與圖畫、口耳一起,發揮記憶載體作用。《尚書·多士》云:"惟爾知,惟殷先人,有册有典,殷革夏命。"孔傳云:"言汝所親知,殷先世有册書典籍,説殷改夏王命之意。"結合前文所析,此先世當自示壬、示癸始,即大乙(商湯)之前的兩代先王,正當夏商鼎革之前夜。這一時間的劃定亦同於成系統文字的出現時間,如裘錫圭先生即認爲"漢字基本上形成完整的文字體系的時代,可能是夏商之際"。③

或有疑早商雖有文字,然契文皆不長,似很難寫出如《尚書》中所見之早期"雄篇大作"。④ 實則卜辭因爲受功用的限制,故辭句很固定、字數不長。如陳夢家先生所論:

---

① 《春秋經傳集解》卷一〇《宣公上》,《十三經古注》據相臺岳氏家塾本校刊,第1282頁上。
② 《國語》卷三《周語下》,第108—109頁。
③ 裘錫圭《漢字形成問題的初步探索》,《中國語文》1978年3期,又載《古代文史研究新探》,後收入《裘錫圭學術文集》第四卷,第25—39頁。
④ 按:如内藤虎次郎氏之疑《禹貢》,言"……乃就禹奏於天子之文書,史官藏之,而加以潤色焉。此宋儒所倡之説也。此等結論,絶不能令吾人首肯,固不待言。今試問所謂禹者,實在果有其人乎?安知非神話中之英雄乎?即使實有其人,而當時已有文字乎?即使有文字,能有此雄篇大作乎?"參内藤虎次郎《禹貢製作時代考》,收入江俠菴編譯《先秦經籍考》,上海:商務印書館1931年,第97頁。

《菁》3,5"癸丑卜争貞"至"才敦"係正反兩面相接的武丁卜辭，全辭在90字上下；《甲》2416和《卜通》592是有關征伐盂方、人方的乙辛卜辭，皆在50字以上。《劍》212是記戰役的乙辛刻辭，僅存下半截已在50字以上，全辭當在100字以上。晚殷銅器銘文如《集刊》13：199中的一卣和《白鶴》12之卣，都在40—45字之間。凡此都表示當時的銘文已不很短。《尚書·多士》説"惟殷先人，有册有典"，殷人記事記言的典册當長於100字，應是無可置疑的。①

夏代及以前之單純口傳（或輔繩契、圖物以傳）時代，雖未形諸文字，但就其內容而言當已有長篇。到商之先公時代，開始書記於册，其有長篇自不待言。今可見同時期記載，因卜辭自身性質而未能記録下長篇之文。卜辭最長者，如陳氏所言可達100字以上（《湯誓》即將近150字，其規模相當了），商代青銅銘文最長者當屬達到47字的小子𠭰卣（《集成》5417）。但是它們所展示的僅爲卜辭的特點及青銅銘文之發展史，不能據以判斷長篇書寫能力之有無。此間最爲明顯的例子即爲西周甲骨，正如劉起釪先生所言："不能因殷墟文體的簡樸，懷疑商代是否有長篇之作，正如不能因周原甲骨之簡樸，懷疑周初是否能有長篇一樣，周原甲骨自周原甲骨，而有名的周初八誥固自爲長篇結構，因各自的作用不同，卜辭只需要簡短，文誥則需要長篇大作。"②

夏末商初，口耳以傳之典、謨、訓、誥開始書於竹帛，由此開啓了有別於口傳的文獻保存和流傳的另外一種方式。而口傳的方式並未因此而

---

① 陳夢家《甲骨刻辭的内容與其它銘辭》，《殷虚卜辭綜述》，第46頁。按：引文中《菁》指羅振玉《殷虚書契菁華》(1914年)；《甲》指董作賓《殷虚文字甲編》，《小屯》第二本(1948年)；《卜通》指郭沫若《卜辭通纂》(1933年)；《劍》指胡厚宣《雙劍誃所藏甲骨文字》(1946年)；《集刊》指"中央研究院"《歷史語言研究所集刊》；《白鶴》指日本梅原末治編撰《白鶴吉金集》(1934年)。
② 顧頡剛、劉起釪《尚書校釋譯論》第二册，第841頁。

消失,和書寫抄傳一起擔負起載籍流傳的任務。當然,具體來看,夏末商初開啓的口傳和書寫並行的模式似乎僅限於王官系統,且一直持續到西周晚期。禮崩樂壞,王官下移之後,此種並行之流傳模式亦隨之下移至民間。就整體而言,官方因其便利,多抄傳;民間限於條件,多口傳。兩者又形成了各自的抄傳與口傳系統。

第二節　口傳文化之興衰與口耳竹帛並行立言略説

章學誠論古人言以爲公,不矜私名,嘗以漢初經學爲例,其云:

> 漢初經師,抱殘守缺,以其畢生之精力,發明前聖之緒言,師授淵源,等於宗支譜系;觀弟子之術業,而師承之傳授,不啻鳧鵠黑白之不可相淆焉,學者不可不盡其心也。公、穀之於《春秋》,後人以謂假設問答以闡其旨爾。不知古人先有口耳之授,而後著之竹帛焉,非如後人作經義,苟欲名家,必以著述爲功也。商瞿受《易》於夫子,其後五傳而至田何。施、孟、梁丘,皆田何之弟子也。然自田何而上,未嘗有書,則三家之《易》,著於《藝文》,皆悉本於田何以上口耳之學也。是知古人不著書,其言未嘗不傳也。治韓《詩》者,不雜齊、魯,傳伏《書》者,不知孔學;諸學章句訓詁,有專書矣。門人弟子,據引稱述,雜見傳紀章表者,不盡出於所傳之書也,而宗旨卒亦不背乎師説。則諸儒著述成書之外,別有微言緒論,口授其徒,而學者神明其意,推衍變化,著於文辭,不復辨爲師之所詔,與夫徒之所衍也。而人之觀之者,亦以其人而定爲其家之學,不復辨其孰爲師説,孰爲徒説也。蓋取足以通其經而傳其學,而口耳竹帛,未嘗分居立言之功也。①

---

① 章學誠撰、葉瑛校注《文史通義校注》卷二《言公上》,第172頁。

實齋先生意在論説古人立言爲公,故藉口傳以證成己説。其言《公羊》《穀梁》之學,非假設問答之體以言,實則本由口耳相授,後依其内容書於竹帛。其談《易》學之傳,言田何以上爲口耳之學,即從夫子到商瞿子木,商瞿子木到橋庇子庸,橋庇子庸到馯臂子弓,馯臂子弓到周醜子家,周醜子家到孫虞子乘,①五傳皆無竹帛可據,但依口耳。章氏更據《詩》《書》之傳,諸家不相雜厠,則古人雖不專門著書,但其言附學而傳。後世弟子所著之文辭,包含先前歷代師儒所傳,已無從細别。章學誠立意在論古人以言爲公,口傳之説僅爲其推演之據,覈以漢初之實際,當屬確論。口傳作爲早期信息或文獻流傳方式之一,即使到了刻本時代,甚或今日,一直存在。口傳文本確實參與了諸如《國語》《公羊傳》和《穀梁傳》等文本的形成,對其書寫文本的形式亦有頗多影響。然而章氏所論,亦見放大口傳之影響處。如章氏認爲《易》學從夫子到孫虞子乘,五傳皆爲口耳授受,未嘗有書。《孔子世家》云:"孔子晚而喜《易》,序《彖》、《繫》、《象》、《説卦》、《文言》。讀《易》,韋編三絶。"②而馬王堆帛書《要》篇有載夫子論《易》,可見其持書研治之勤。如此,《易》之傳布自有其書,諸家經解亦確屬口授,二者並行不悖,而典籍在二者的交錯影響下代代相傳。

另外,章氏所論,僅爲禮樂崩壞後之民間私學及秦漢私學官學化兩段時間中的口傳現象,實則口耳相傳在此之前尚有更長的歷史。

一、口傳社會的記憶

(一)口耳相傳歷史之分期及純粹口傳時期的相關記載

文字未生之前,如何保證記憶信息在時間與空間的阻隔中傳遞下去,是先民面臨的一大難題。縱觀古今中外衆多民族,人類賴以保藏和

---

① 《漢書》卷八八《儒林傳》,第 3589—3621 頁。
② 《史記》卷四七《孔子世家》,第 2346 頁。

維持記憶的途徑有很多相似之處:通過擊鼓、燃烟、舉火和實物傳遞等方式使得信息可以異地互見;通過結繩、掘穴、編貝、契刻和圖畫等手段,使得信息可以歷時而存。① 其中圖畫、契刻和結繩等記事手段,時至今日,仍爲很多民族所使用。

關於圖畫和記事之間的關係,裘錫圭先生言:"在文字產生之前,人們曾用畫圖畫和作圖解的辦法來記事或傳遞信息。通常把這種圖畫和圖解稱爲文字畫或圖畫文字。"②此類圖畫字的表意功能,或言輔助記憶能力,有時候並不比文字遜色。且與契刻符號和結繩記事相較,圖畫字對記憶者的要求略寬,即不同的人看到同一組圖畫字的理解相差不大,而契刻符號和結繩所記之事則有比較強的對應性與依賴性,必須要求當事之人來解讀。值得留意的是,這種解讀屬於廣義經傳形態的一種類型。

除了藉助相應的符號協助記憶以外,亦當有僅憑口耳相傳者。此種信息傳遞方式,則純粹關係到記憶力的問題。古人爲便記憶,常常將所記之內容配韻以行。阮元曰:"古人以簡策傳事者少,以口舌傳事者多;以目治事者少,以口耳治事者多。故同爲一言,轉相告語,必有愆誤。"③章太炎云:"古者,簡帛重繁,多取記憶,故或用韻文,或用耦語,爲其音節諧適,易於口記,不煩記載也。"④二者所論,皆言文字經籍已生之後,口傳之盛,並未提及口傳實爲更早之信息傳遞方式。口舌之傳可分兩個階段,一爲文字未生之前單純的口舌傳遞時期;一爲文字既生以後,爲方便起見,口耳仍與竹帛並行。兩個階段中口舌之傳多與音樂有着密切關

---

① 傅修延《先秦敘事研究:關於中國敘事傳統的形成》,北京:東方出版社 1999 年,第 16 頁。
② 裘錫圭《文字的形成過程》,《文字學概要》,北京:商務印書館 1988 年,第 1 頁。按:文字畫記事的典型例子是納西族的東巴經書,只是東巴經書已經發展到文字與圖畫混用的階段。
③ 阮元《揅經室三集》卷二《文言説》,《揅經室集》,《國學基本叢書》本,北京:商務印書館 1937 年,第三册,第 73 頁。
④ 章太炎《國故論衡》中卷《文學總略》,上海:上海古籍出版社 2003 年,第 52 頁。

係,用韻文或對偶之文傳播信息,既便記憶,又能減少流傳過程中的訛誤。當然,亦有不便用韻文者,就只能依靠單純記憶了。口耳相傳之歷史可圖示如下(圖1.2.1):

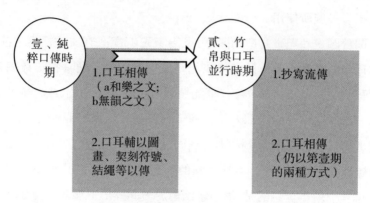

圖 1.2.1:口耳相傳之歷史分期簡示

　　結合前文所析,我們定純粹口傳時期和竹帛與口耳並行時期二者之分界在夏商之際,具體爲商之先公示壬、示癸時期。那麼,我們所謂的早期《書》類文獻中的《虞》《夏書》諸篇皆當屬第一類,包括《堯典》《舜典》《汩作》《九共》《稾飫》《大禹謨》《皋陶謨》《益稷》等(以上爲《虞書》部分);《禹貢》《禹誓》《禹刑》《禹之總德》《甘誓》《武觀》《五子之歌》《夏訓》《胤征》等(以上爲《夏書》)。其中《武子之歌》,以及《皋陶謨》(古文屬《益稷》篇)中有歌曰"股肱喜哉!元首起哉!百工熙哉!"等則屬於合樂以傳類。《孟子·梁惠王下》亦有夏諺云:"吾王不遊,吾何以休?吾王不豫,吾何以助?一遊一豫,爲諸侯度。"①所引夏諺亦當屬此類,只是流傳既久,又憑口傳,已多後代口吻。

　　第一類中輔以圖畫、契刻,或藉結繩以記事的情況,亦多見記載。《世本·作篇》載"沮誦蒼頡作書,並黃帝時史官",宋衷注:"蒼頡、沮誦,黃帝史官。黃帝之世,始立史官,蒼頡、沮誦居其職,至於夏商,乃分置左

---

① 《孟子》卷二《梁惠王下》,《十三經古注》據永懷堂本校刊,第2056頁。

右。"《世本》又載"史皇作圖,史皇蒼頡同階",宋衷注:"史皇,黄帝臣也,圖爲畫物象也。"①據《世本》記載,黄帝時有作圖象物者,其同蒼頡、沮誦等初造書契者皆爲史官。《周易·繫辭》云:"古者庖犧氏之王天下也,仰則觀象於天,俯則觀法於地,觀鳥獸之文與地之宜,近取諸身,遠取諸物,於是始作八卦,以通神明之德,以類萬物之情。"②此言庖犧氏仰觀俯察,遠近取用,以摹畫萬物,萃成八卦,實則勾勒出了圖畫和較爲抽象的契刻符號之間的關係。許慎《説文解字序》中言書契之生來自萬物之形,其云:"黄帝之史蒼頡,見鳥獸蹏迒之迹,知分理之可相別異也,初造書契。百工以乂,萬品以察。"③結繩記事之説,《周易·繫辭》言:"上古結繩而治,後世聖人易之以書契。"④《老子》云:"雖有舟輿,無所乘之;雖有甲兵,無所陳之;使人復結繩而用之。"⑤《莊子·胠篋篇》云:"昔者容成氏、大庭氏、伯皇氏、中央氏、栗陸氏、驪畜氏、軒轅氏、赫胥氏、尊盧氏、祝融氏、伏犧氏、神農氏,當是時也,民結繩而用之。"⑥先秦諸子的記憶中尚存留着對口傳時代之印象。

(二)純粹口傳時期之史官

純粹口傳時期,也即先商以前,文化之記憶主要賴史官以傳。前引《世本·作篇》和《説文序》中都提到黄帝的幾位史官:史皇、沮誦、蒼頡。此外,蒼頡之説亦見於《韓非子·五蠹篇》和《吕氏春秋·君守篇》等,沮

---

① 秦嘉謨輯、宋衷注《世本》卷九《作篇》,《世本八種》,商務印書館 1957 年排印本,北京:中華書局 2008 年影印,第 356—357 頁。
② 《周易》卷八《繫辭下》,《十三經古注》據相臺岳氏家塾本校刊,第 57 頁下。
③ 許慎撰、徐鉉校定《説文解字序》第一五上,同治十二年番禺陳昌治刻本,北京:中華書局 2013 年影印,第 316 頁上。
④ 《周易》卷八《繫辭下》,《十三經古注》據相臺岳氏家塾本校刊,第 58 頁上。
⑤ 《老子》第八十章,樓宇烈《老子道德經注校釋》,北京:中華書局 2008 年,第 190 頁。
⑥ 郭慶藩撰、王孝魚點校《莊子集釋》卷四中《胠篋》,北京:中華書局 2004 年,第 357 頁。

誦又見於《風俗通·姓氏篇》，以其爲沮氏之祖。《莊子·大宗師》載子葵問女偶聞道之途：

> 南伯子葵曰："子獨惡乎聞之？"曰："聞諸副墨之子，副墨之子聞諸洛誦之孫，洛誦之孫聞之瞻明，瞻明聞之聶許，聶許聞之需役，需役聞之於謳，於謳聞之玄冥，玄冥聞之參寥，參寥聞之疑始。"

王先謙集解：成（成玄英）云："副，副貳也。"宣（宣穎）云："文字是翰墨爲之，然文字非道，不過傳道之助，故謂之副墨。又對初作之文字言，則後之文字，皆其孳生者，故曰'副墨之子'。"

成云："羅洛誦之。"（王先謙）案：謂連絡誦之，猶言反復讀之也。洛、絡同音借字。對古先讀書者言，故曰"洛誦之孫"。古書先口授而後著之竹帛，故云然。

（瞻明）見解洞徹。聶許，小語，猶言囁嚅。成云："需，須。役，行也。須勤行無息者。"（於謳）《釋文》："於音烏。王云：'謳，歌謠也。'"宣云："詠歎歌吟，寄趣之深。"（玄冥）宣云："玄冥，寂寞之地。"（參寥）宣云："參悟空虛。"（疑始）宣云："至於無端倪，乃聞道也。疑始者，似有始而未嘗有始。"①

"副墨"條下，陸德明《莊子音義》引崔譔注："此以下皆古人姓名，或禺之耳，無其人。"②意即莊子所言之副墨、洛誦、瞻明、聶許、需役、於謳、玄冥、參寥、疑始，皆爲杜撰，藉以言道之所傳。此六者，當以"疑始"爲道之元初形式，即宣穎所謂"似有始而未嘗有始"之狀態；次之爲"參寥"，參悟空虛而始生之態；次之爲"玄冥"，道之所處在寂寞之地，無人知之；次之爲"於謳"，道化爲聲，藉歌謠以傳；次之爲"需役"，言有人聞之而見

---

① 王先謙撰、沈嘯寰點校《莊子集解》卷二《大宗師》，宣統己酉年思賢書局原刻本，北京：中華書局整理本 2012 年，第 81—82 頁。
② 陸德明撰、黃焯彙校《經典釋文彙校》卷第二六《莊子音義》，第 755 頁。

習之;次之爲"聶許",言人與人耳語相傳,則道在人間矣;次之爲"瞻明",道聖人悟道,見解洞徹;次之爲"洛誦",載道之言,廣爲誦傳;其次爲"副墨",久誦之道,形諸文字,抄撮以傳,所抄之本,謂之副墨。從文本流傳的角度觀之,此處莊子所述女偊對南伯子葵的回答,實際上爲我們勾畫出了口傳時代到文字時代道之載體的變化軌迹。王先謙之按語從"古書先口授而後著之竹帛"的角度來解"洛誦"和"副墨"之間的關係,可謂得之。

"誦"是早期《書》類文獻的重要流傳方式,《國語·周語》云:"師箴,矇誦,百工諫。"《周禮·地官》有"誦訓"。雖然傳世文獻已晚至西周或更後,但所記事實之源頭當頗早。《作篇》所載黄帝之史官"沮誦",或即負責口舌傳事類的官員;"史皇"所職,爲畫象物之圖,則正是以圖畫輔助記憶;"蒼頡"造書契,故其當爲口耳相傳時代到簡帛傳書時代之間的一位史官。三者是否確有其人,並不重要,關於他們的記載,説明先民記憶之中信息之傳播曾經有過三種關鍵的形式。三位史官所作之事近同,故歷時的存在被放在了同一個時代——黄帝時代來描述。無論如何,早期史官在《書》類文獻的流傳中起到了非常重要的作用。史官在早期歷史中地位之重要,正如王國維先生《釋史》一文中所言:"史爲掌書之官,自古爲要職。殷商以前,其官之尊卑雖不可知,然大小官名及職事之名,多由史出,則史之位尊地要可知矣!"①

此外,關於這一階段史官之記載,由前引《吕氏春秋·先識覽》《周禮·夏官·職方氏》《禮記·曲禮》《左傳·宣公三年》載王孫滿答楚莊王之語等例,可以見出,戰國晚期士人關於夏代史官之記憶,正與上文之分析相合。另外,《堯典》中云舜爲"瞽子"。《吕氏春秋·古樂篇》曰:"瞽叟乃拌五弦之瑟,作以爲十五弦之瑟,命之曰《大章》,以祭上帝。舜

---

① 王國維《觀堂集林》卷六《釋史》,第269頁。

立,命延乃拌瞽叟之所爲瑟,益之八弦,以爲二十三弦之瑟。"①則四岳稱舜父的"瞽"和《吕氏春秋》所言之"瞽叟",皆爲官名。②《吕氏春秋》外,關於"瞽"之記載亦見《國語》《左傳》《周禮》《韓非子》等,但所言已爲商周事,屬於竹帛與口耳並行時期了。

最後,我們稱這一時期的知識佔有者爲"史官",實際上是以西周及其後之制度例古。當時的史官依然屬於廣義上的巫者。陳夢家先生曾詳列《國語》《左傳》《論語》《莊子》《周禮》中關於巫者職事的記載,析出五類:

> 巫之職事大略有五:(1)祝史;(2)預卜;(3)醫;(4)占夢;(5)舞雩。卜辭卜史祝三者權分尚混合,而卜史預卜風雨休咎,又爲王占夢,其事皆巫事而皆掌之于卜史。《周禮》將古之巫事分任于若干官:舞師、旄人、籥師、籥章、鞮鞻氏等爲主舞之官;大卜、龜人、占人、筮人爲占卜之官;占夢爲占夢之官;大祝、喪祝、甸祝、詛祝爲祝;司巫、男巫、女巫爲巫;大史、小史爲史;而方相氏爲毆鬼之官:其職于古統掌于巫。③

卜辭中卜、史與祝權分尚混,則口傳時代三者所職,定然混同。我們所言之史、瞽等皆當巫者一類。就文獻所記,瞽者既善音律,又掌諷誦,史字據形言之,爲持貯藏圖像、簡帛等文獻之官,故長於口傳之瞽初時地位當高於史,隨着文字系統之成熟,書以記事越來越重要,則瞽的位置衰落而史的地位日隆。瞽之地位升降與口傳文化息息相關。

---

① 許維遹撰、梁運華整理《吕氏春秋集釋》卷第五《古樂》,第126頁。
② 汪中《述學補遺》有《瞽矇説》一篇,即持此觀點。參見汪中著、李金松校箋《述學校箋》,北京:中華書局2014年,第592—593頁。
③ 陳夢家《巫的職事》,《商代的神話與巫術》,原載《燕京學報》1936年第20期,收入《陳夢家學術論文集》,北京:中華書局2016年,第91頁。

二、耆艾與瞽史：竹帛與口耳並行時期的口傳文化

成文史的出現，意味着文字開始分擔口傳承載記憶的職能，但是口傳作爲早期文化流傳方式之一，依舊發揮着重要作用。先商以降，竹帛與口耳並行的文化傳播時代到來，直到後漢末期，二者分擔着傳播知識的任務。竹帛與口耳並行時期又可以分爲兩段，第一段從先商一直到西周末期，第二段從春秋一直到後漢。前一時期，口傳時代的記憶逐漸書於竹帛，而新的歷史文化從一開始就有成文之文獻形式，掌握早期記憶的"獻"（賢者），和承載着各類信息的簡帛文書，構成當時知識階層文化信息的兩大來源。這一時期的知識流動，尚僅局限於官學内部。第二階段，道術爲天下裂，百家學興起，王官學之外出現了一種新的口傳與竹帛並行模式，這兩種方式的首要目的在於通過講授和重新整編、書寫，試圖"恢復"王官之學的原貌。與此同時，官學並未隨着禮樂崩壞而終結，傳統的授受方式依然發揮着作用。此外，口傳之興盛還有一個原因，與王官因書寫載體不宜攜帶而選擇口傳不同，書寫材料對於民間知識授受者來說，往往沒有王官那麼易得，口耳交流勢在必須。六國文字的分化，使得竹帛作爲載體的文化流傳模式再次受到限制，竹帛文本對信息的表述不得不和教授者捆綁在一起，從而使得傳統的口傳方式依然強勢。秦統一文字，竹帛傳信之知識流傳方式原本可以順勢而張，但是秦二世而亡，且其對舊文化並不友好，焚書與師吏並行，使得《詩》《書》等典籍或藉口舌，或藉偷藏，方得傳世。兩漢收拾殘局，文字雖統一，但載籍不可依，故經傳一體，口耳與竹帛合而行道。抄傳之方式佔據主要地位，口傳逐漸成爲一種補充角色，則是更晚之事了。

（一）學於古訓與乞言於老

商之先民"有册有典"，則商與西周已經進入竹帛記事時期。竹帛記事的興起並不意味着口耳傳事的消失，相反，我們從商周教育

中的尊老及職官安排上瞽史的協調等現象上,依然可見口傳的重要。商代有學校類教習之所,①如下圖表(表 1.2.1,圖 1.2.2)甲骨卜辭所示:

表 1.2.1:甲骨文中學(教)相應卜辭釋文

弜[?]。 🁢叀癸[?]。 于[?][?] 于且丁旦[?] 于宗旦[?]。 于大興[?]。(《屯南》60)②	出學。 (《合》3510)	丁卯卜…… 于又[?]夋。 甲叀今日。(《合》30518)
	乍學于入,若。 (《合》16406)	丁酉卜,今日丁不其興 吉。于來丁迺興。 于又[?]興。 若丙興。(《屯南》662)
	丁巳卜,又學。 (《合》20101)	教[?]。(《甲骨文零拾》99)

① 關於"上古學制"制度與起源研究的困難,陳夢家先生言:"第一,關於記載上古學校的文獻,沒有早於戰國的;第二,就已有的文獻而説,它們對于古代制度往往施以人工的齊化、分化;第三,上古學制又與古代的禮俗制度和宫室制度互相關涉,而我們現在對這兩種知識又太缺乏。這些當前的困難的存在,是無法避免的。我們所用以彌補它的或可有兩件工具:一件,我們可以試用文字學的方法來追尋學制的起源;另一件,我們可以由古器物銘文的記載,來發現一部分學制的史蹟。"參見陳夢家《射與郊》,《清華學報》1941年第13卷第1期,收入《陳夢家學術論文集》,第243頁。
② 按:《屯南》60號卜辭釋文參照姚孝遂、肖丁合著《小屯南地甲骨考釋》,原釋"[?]"字爲"[?]",隸右半"巾",不可從,此處用原字形。參《小屯南地甲骨考釋》,北京:中華書局1985年,第211頁。王貴民先生讀此字爲"薦",見氏著《先秦文化史》,上海:上海人民出版社2013年,第61頁。另外,此卜辭中的"[?]"和"[?]",林宏明謂分别爲"王""甲"兩字缺刻橫畫,讀爲"王叀[?]""于甲[?]",此説爲宋鎮豪先生所從。林説參氏著《小屯南地甲骨研究》,臺北:臺灣政治大學博士學位論文,2002年,第351頁。

第一章　口傳社會、書契之生與口耳、竹帛並行立言論說　115

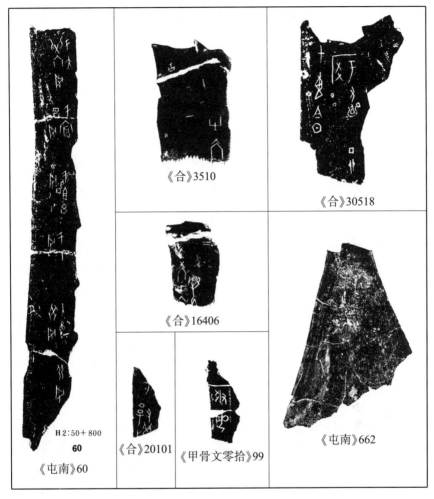

圖 1.2.2：甲骨文中學（教）相應卜辭拓片

《屯南》60 號卜辭中見"大學"，《合》3510 有"㞢學"，《合》20101 寫作"又學"。商代有"大學"和"右學"，傳世文獻已言之。《禮記·王制》云："有虞氏養國老於上庠，養庶老於下庠。夏后氏養國老於東序，養庶老於西序。殷人養國老於右學，養庶老於左學。周人養國老於東膠，養庶老於虞庠。虞庠在國之西郊。"鄭玄注："上庠、右學，大學也，在西郊。

下庠、左學,小學也,在國中王宮之東。"①兩者相較可知《王制》之説絶非空論,實有所據。

宋鎮豪先生認爲甲骨卜辭及傳世文獻所載之"大學"和"右學",爲商代貴族子弟受教育習禮場所,也即後世學宫的雛形,是知商代確有受王朝直接掌管的教學場所"大學"。《屯南》60號卜辭中之"大學"與"祖丁旦""庭旦"對文,而"旦"是宗廟建築的一處祖丁之祭所,"庭旦"在宗廟大庭中。依《考工記》所載"左祖右社"之説,庭旦和祖丁旦位東,建築位置與"殷大學在西郊",正好東西對應。② 另外,《合》30518的"又𤉲爻"、《屯南》662號的"又𤉲與",説明晚商官學之"大學"確實居右,則所謂左學爲小學,居左之説亦當可信。③

《禮記·樂記》云:"食三老五更於大學,天子袒而割牲,執醬而饋,執爵而酳,冕而摠干,所以教諸侯之弟也。"④可知養老於學宫,所教者主要爲貴族子弟。貴族子弟所習内容,據《周禮·地官·保氏》所言:"養國子以道,乃教之六藝:一曰五禮,二曰六樂,三曰五射,四曰五馭,五曰六書,六曰九數。乃教之六儀:一曰祭祀之容,二曰賓客之容,三曰朝廷之容,四曰喪紀之容,五曰軍旅之容,六曰車馬之容。"⑤除此"六藝六儀"外,諸老亦教授貴族子弟"古訓",如梅本《説命》記傅説所言:"王人求多聞,時惟建事,學于古訓,乃有獲。事不師古,以克永世,匪説攸聞。"孔傳云:"王者求多聞以立事,學於古訓乃有所得。事不法古訓而以能長世,非説所聞。言無是道。"傅説之言,王只有學於古訓,方能找到治國

---

① 《禮記》卷四《王制》,《十三經古注》據相臺岳氏家塾本校刊,第930頁。
② 宋鎮豪《商代社會生活與禮俗》,宋鎮豪主編《商代史》卷七,北京:中國社會科學出版社2010年,第459頁。
③ 按:"小學"見於西周金文記載,如《大盂鼎》銘文有"余惟即朕小學",《師𩰤簋》銘文有"在昔先王小學"。
④ 《禮記》卷一一《樂記》,《十三經古注》據相臺岳氏家塾本校刊,第1021頁下至1022頁上。
⑤ 《周禮》卷一四《司徒教官之職》,《十三經古注》據永懷堂本校刊,第426頁上。

定邦的長久之道。對"古訓"之重視,應在三代開始即已形成了官學之傳統,如《國語·楚語》所記申叔時所言教授太子之"訓典",當屬此類。武丁時候的古訓,當是商之先王、先公以及夏以前故事了。前列《書》類文獻中的《帝告(誥)》、《仲虺之誥》、《湯誥》、《尹誥》(即《咸有一德》)、《盤庚之誥》(即《盤庚》)、《微子》、《原命》、《伊訓》、《沃丁》、《太甲》、《洪範》等即屬此類。這些訓誥類篇章多藉事以訓教或言理,通過教訓曉諭公衆,通過言理來告誡貴族子弟治國、治民之所當守。此類"古訓"的傳授形式,據商周教育同實踐聯繫的緊密性,以及養老教學的情況來看,當是耆舊口舌以授。依照諸王及其臣僚的訓誥,擇其事迹,發明其中道理,用以講授,或許正是傳世《書》類文獻從檔案轉變爲教本的一個過程,而這一過程蓋自商代已始。

三代養老之總結,《禮記·內則》言之最詳,其間亦涉五帝三王向耆艾乞言之説:

> 凡養老:有虞氏以燕禮,夏后氏以饗禮,殷人以食禮,周人脩而兼用之。凡五十養於鄉,六十養於國,七十養於學,達於諸侯。八十拜君命,一坐再至,瞽亦如之,九十者使人受。……凡三王養老皆引年,八十者一子不從政,九十者其家不從政;瞽亦如之。凡父母在,子雖老不坐。有虞氏養國老於上庠,養庶老於下庠;夏后氏養國老於東序,養庶老於西序;殷人養國老於右學,養庶老於左學;周人養國老於東膠,養庶老於虞庠,虞庠在國之西郊。……凡養老,五帝憲,三王有乞言。五帝憲,養氣體而不乞言,有善則記之爲惇史。三王亦憲,既養老而后乞言,亦微其禮,皆有惇史。①

同於《王制》,《內則》中亦見關於三代養老於學之記載,内容一致。此外,《王制》亦提到五帝三王所舉行的養老之禮。其言五帝時代僅留心

---

① 《禮記》卷八《內則》,《十三經古注》據相臺岳氏家塾本校刊,第 983 頁至 984 頁。

效法耆艾之德行,三王則於禮中增加了"乞言"的内容。五帝之禮,重在養其體,而不主動乞問,諸老有善言行,則録之以學。三王亦效法耆艾之德行,不僅行敬老之禮,且常向諸老請教修身、治國、治民之道理。耆艾所言,録以爲史,以供參習。實則,乞言之行爲亦不限於學宫,如《洪範》開篇所言:"惟十有三祀,王訪於箕子。王乃言曰:'嗚呼!箕子,惟天陰騭下民,相協厥居,我不知其彝倫攸敘。'"武王之訪箕子,所問即是天所以安定下民之常道與次序。

(二)瞽史起落與口傳文化之興衰

1.古文字材料中的"瞽"

上舉《内則》,其成篇或言在戰國中期,①而成篇以後,又經過了改動。"瞽"字始見於《説文》,爲後造分化字,出土材料未見此字形。其所對應之詞,卜辭中寫作"𤯒",②上博楚竹書《容成氏》簡二有"於是虔(乎)唫(暗)聾埶燭,楣(矇)戉(瞽)鼓瑟(瑟),疰(跛)𨃥(躃)獸(守)門,敄(侏)需(儒)爲矢。"③郭店楚簡《唐虞之道》云:"古者吴(虞)舜管(篤)事宓(瞽)𡨴(瞍),乃弋(式)其孝。"同篇又云:"古(故)其爲宓(瞽)𡨴(瞍)也,甚孝。"④可知"瞽"字形所對應之詞,早期用"𤯒"、"戉"和"宓"等形表示,今所見《内則》用字爲漢人所改。《禮記·明堂位》云:

　　米廪,有虞氏之庠也。序,夏后氏之序也。瞽宗,殷學也。頖宫,周學也。⑤

此處所言之"瞽宗",就其用字而言,亦當爲漢以後所改。作爲商代學宫

---

① 王鍔《〈禮記〉成書考》,北京:中華書局 2007 年,第 194—198 頁。
② 陳邦懷《甲骨文零拾》(附考釋),天津:天津人民出版社 1959 年影印,第 30 頁。
③ 按:李零先生讀"戉"爲"瞽",何琳儀先生隸"戉"作"攻",言攻、瞽雙聲通轉。
④ 按:"宓(瞽)"字從李零先生釋,參氏著《郭店楚簡校讀記》(增訂本),北京:中國人民大學出版社 2007 年,第 123—129 頁。
⑤《禮記》卷九《明堂位》,《十三經古注》據相臺岳氏家塾本校刊,第 999 頁上。

第一章　口傳社會、書契之生與口耳、竹帛並行立言論説　119

之瞽宗,其用字當爲"🔲",《甲骨文零拾》99號之"🔲🔲",陳邦懷先生考釋曰:

> 🔲,爲教之古文。散氏盤教作"🔲",從爻與此同。"🔲"當爲瞽之象形字,亦即"𥄂"之初文。《説文解字》云:"𥄂,廱蔽也,從人,像左右皆蔽形,讀若瞽。""教瞽"者,謂教瞽矇也,《周禮·春官·小師》云:"小師掌教鼓鼗柷敔塤簫管弦歌。"鄭注云:"教,教瞽矇也。"《禮記·明堂位》篇云:"瞽宗,殷學也。"鄭注云:"瞽宗,樂師,瞽矇之所宗也,古者有道德者使教焉。"此辭"教瞽",乃記瞽矇受教於殷學也。①

陳氏以此片卜辭所記爲在殷學中教授瞽矇之事,其以"🔲"爲"瞽"字之説可從,此字象有目無瞳仁盲人之示意。《周禮·春官·宗伯》序官部分"瞽矇"下,鄭注引鄭司農云:"無目眹謂之瞽,有目眹而無見謂之矇,有目無眸子謂之瞍。"②陳文所引鄭玄之説,以瞽宗爲樂官,爲瞽矇之宗。依文例來看,《明堂位》之"瞽宗"實爲殷學之别稱,所謂"教瞽",或即在學官行教,而所授受者皆爲瞽矇。古之瞽者,既爲史官中之記誦者,稱"瞽史"或"瞽師官";又爲樂官,精於樂技祀禮。

2.《國語》中的"瞽史""工史"

《國語·周語下》載單襄公對魯侯之言:

> 魯侯曰:"寡人懼不免於晉,今君曰'將有亂',敢問天道乎,抑人故也?"對曰:"吾非瞽、史,焉知天道?吾見晉君之容,而聽三郤之語矣,殆必禍者也。"③

《魯語上》云:

---

①陳邦懷《甲骨文零拾》(附考釋),第三〇頁。
②《周禮》卷二三《宗伯禮官之職》,《十三經古注》據永懷堂本校刊,第448頁下。
③《國語》卷三《周語下》,第90—91頁。

故工史書世,宗祝書昭穆,猶恐其踰也。

韋昭注:

工,瞽師官也。史,太史也。世,世次先後也。工誦其德,史書其言也。①

《晉語四》記載,齊姜勸重耳速行之語:

吾聞晉之始封也,歲在大火,閼伯之星也,實紀商人。商之饗國三十一王。瞽史之紀曰:"唐叔之世,將如商數。"今未半也。②

後董因迎重耳於河,再述此事云:

君之行也,歲在大火,閼伯之星也,是謂大辰。辰以成善,后稷是相,唐叔以封。瞽史記曰:"嗣續其祖,如穀之滋,必有晉國。"③

《楚語上》載左史倚相言衛武公之重箴戒:

在輿有旅賁之規,位宁有官師之典,倚几有誦訓之諫,居寢有褻御之箴,臨事有瞽史之導,宴居有工師之誦。史不失書,矇不失誦,以訓御之,於是乎作《懿》戒以自儆也。④

前陳《國語》中數條關於"瞽史"的記載,其中《周語》下單襄公所言,瞽史知天之道,當據瞽史出自巫者而言。《魯語上》言工與史記錄世系,韋昭注言"工"即爲"瞽師官",其同"史"一起負責記錄貴族之世系,正是後世史官之職。《晉語四》中提到的"瞽史之紀"與"瞽史記",實際上是一則讖語,或言預言,反映出史自巫者中出,其根本上具有"推往知來"的本領。《楚語上》左史倚相所言"臨事有瞽史之導",正是史官這種"推

---

①《國語》卷四《魯語上》,第174—175頁。
②同上書,第342頁。
③同上書,第365頁。
④同上書,第551頁。

往知來"本領的運用,當然後世史官越來越能夠摒棄自身早期的巫者氣息,多據故事以爲新事尋找依據,而不再"預測未來",此一能力後來爲術士所分享。另外,瞽、史雖常連稱,實却異名,這就意味着二者雖職事相近,但亦有區别。

3.瞽爲樂官

瞽又爲樂官,如前引上博簡之《容成氏》"於是虖(乎)唅(喑)聾執燭,楯(矇)戈(瞽)鼓惡(瑟),坒(跛)皇(躃)獸(守)門,敓(侏)需(儒)爲矢。"此處所舉皆因身有殘疾而使得其他方面能力得到强化者。矇瞽鼓瑟,當因其聽覺敏鋭的緣故。《大雅·靈臺》"鼉鼓逢逢,矇瞍奏公"句,朱熹《集傳》云:"古之樂詩,皆以瞽者爲之,以其善聽而有審於音也。"①瞽爲樂官亦多見載於其他文獻。

《左傳·昭公十七年》載《夏書》曰:

> 辰不集于房,瞽奏鼓,嗇夫馳,庶人走。②

《國語·周語上》記厲王用"衛巫"以監"謗者",邵穆公之諫言:

> 天子聽政,使公卿至於列士獻詩,瞽獻曲,史獻書,師箴,瞍賦,矇誦,百工諫,庶人傳語,近臣盡規,親戚補察,瞽、史教誨,耆、艾修之,而後王斟酌焉,是以事行而不悖。

韋昭注:

> 無目曰瞽。瞽,樂師。曲,樂曲也。
>
> 瞽,樂太師;史,太史也。掌陰陽、天時、禮法之書,以相教誨者。
>
> 單襄公曰:"吾非瞽、史,焉知天道?"③

---

① 《詩集傳》卷一六《大雅·靈臺》,漢文大系本,第二五頁。
② 《春秋經傳集解》卷第二三《昭公十七年》,《十三經古注》據相臺岳氏家塾本校刊,第1468頁下。
③ 《國語》卷一《周語上》,第9—11頁。

《國語·周語下》載周景王將要鑄無射問律於伶州鳩,伶州鳩云:

> 律所以立均出度也。古之神瞽考中聲而量之以制,度律均鍾,百官軌儀,紀之以三,平之以六,成於十二,天之道也。

韋昭注:

> 神瞽,古樂正,知天道者也,死以爲樂祖,祭於瞽宗,謂之神瞽。考,合也。謂合中和之聲而量度之,以制樂者。①

《國語·晉語四》載胥臣與晉文公論太子之教,言及"八疾"之所處:

> 官師之所材也。戚施直鏄,蘧蒢蒙璆,侏儒扶盧,矇瞍修聲,聾聵司火。童昏、嚚瘖、僬僥,官師之所不材也,以實裔土。

韋昭注:

> (矇瞍)無目,於音聲審,故使修之。②

《周禮·春官·宗伯》樂官類多涉及瞽的職能:

> 大司樂:掌成均之灋,以治建國之學政,而合國之子弟焉。凡有道者、有德者,使教焉;死則以爲樂祖,祭於瞽宗。以樂德教國子:中、和、祇、庸、孝、友。以樂語教國子:興、道、諷、誦、言、語。以樂舞教國子:舞《雲門》《大卷》《大咸》《大磬》《大夏》《大濩》《大武》。以六律、六同、五聲、八音、六舞大合樂,以致鬼神示,以和邦國,以諧萬民,以安賓客,以說遠人,以作動物。

鄭玄注:

> 道,多才藝者;德,能躬行者。若舜命夔典樂教胄子是也。死則以爲樂之祖,神而祭之。鄭司農云:"瞽,樂人。樂人所共宗也。或

---

① 《國語》卷三《周語下》,第132—133頁。
② 同上書,第387—390頁。

曰：'祭於瞽宗，祭於廟中。'《明堂位》曰：'瞽宗，殷學也。泮宮，周學也。'以此觀之，祭於學宮中。"①

樂師：

凡樂成，則告備。詔來瞽皋舞；詔及徹，帥學士而歌徹。

鄭玄注云：

鄭司農云："瞽當爲鼓。皋當爲告。呼擊鼓者，又告當舞者，持鼓與舞俱來也。鼓字或作瞽。詔來瞽。或曰：來，勑也。勑爾瞽，率爾衆工，奏爾悲誦，肅肅雍雍，毋怠毋凶。"玄謂詔來瞽，詔視瞭、扶瞽者來入也。皋之言號，告國子當舞者舞。②

大師：

大祭祀，帥瞽登歌，令奏擊拊；下管，播樂器，令奏鼓朄。大饗亦如之。大射，帥瞽而歌射節。大師，執同律以聽軍聲，而詔吉凶。大喪，**帥瞽**而廞作匶謚。凡國之瞽矇，正焉。

鄭玄注：

擊拊，瞽乃歌也。故書"拊"爲"付"。鄭司農云："登歌，歌者在堂也。付字當爲拊。《書》亦或爲拊。"③

瞽矇，上瞽四十人，中瞽百人，下瞽百有六十人。④

瞽矇：

掌播鼗、柷、敔、塤、簫、管、弦、歌。諷誦詩，世奠繫，鼓琴瑟。掌《九德》、六詩之歌，以役大師。

---

①《周禮》卷二二《大司樂》，《十三經古注》據永懷堂本校刊，第476—477頁。
②同上書，第481頁下。
③同上書，第484頁。
④同上書，第448頁。

鄭玄注：

諷誦詩，謂闇讀之，不依詠也。故書"奠"或爲"帝"。鄭司農云："諷誦詩，主誦詩以刺君過，故《國語》曰：'瞍賦矇誦謂詩也。'杜子春曰：'帝讀爲定，其字爲奠。'書亦或爲奠。世奠繫，謂帝繫諸侯、卿大夫，《世本》之屬是也。小史，主次序先王之世，昭穆之繫，述其德行。瞽矇，主誦詩，并誦世繫，以戒勸人君也。故《國語》曰：'教之《世》，爲之昭明德而廢幽昏焉，以休懼其動。'"玄謂諷誦詩，主謂廞作柩謚時也，諷誦王治功之詩以爲謚。世之而定其繫，謂書於《世本》也。雖不歌，猶鼓琴瑟以播其音，美之。①

眡瞭：

掌凡樂事，播鼗，擊頌磬、笙磬。掌大師之縣。凡樂事，相瞽。②

大祝：

隋釁，逆牲逆尸，令鐘鼓；右亦如之。來瞽，令臯舞。③

《周禮·秋官·司寇》云：

王之所以撫邦國諸侯者，歲徧存，三歲徧覜，五歲徧省；七歲，屬象胥、諭言語、協辭命；九歲，屬瞽史、諭書名、聽聲音；十有一歲，達瑞節、同度量、成牢禮、同數器、修灋則；十有二歲，王巡守殷國。

鄭玄注云：

屬，猶聚也。……九歲省而召其瞽史皆聚於天子之宮，教習之

---

① 《周禮》卷二三《宗伯禮官之職》，《十三經古注》據永懷堂本校刊，第 484 至 485 頁。
② 同上書，第 485 頁上。
③ 同上書，第 495 頁下—496 頁上。

也。……瞽,樂師也。史,太史、小史也。書名,書文字也,古曰名。①

據《周禮》記載,瞽矇之官役使于大師,數量達 120 人,而其自身亦有佐官,如眡瞭。此外,除"瞽"之外,《周禮》所記樂官矇、瞍等皆爲盲人。

瞽之爲樂官,就其職能而言,《左傳·昭公十七年》言其"奏鼓"。《周語上》言其"獻曲"。《周語下》曰:"古之神瞽考中聲而量之以制,度律均鍾,百官軌儀,紀之以三,平之以六,成於十二,天之道也",言其定律吕,明天道。《宗伯·樂師》言其"皋舞"(《宗伯·大祝》同)。《宗伯·大師》言其"登歌"。《秋官·司寇》言其"聽聲音"。《宗伯·瞽矇》言其"掌播鼗、柷、敔、塤、簫、管、弦、歌。諷誦詩,世奠繫,鼓琴瑟。掌《九德》、六詩之歌,以役大師"。則瞽在掌握多種樂器之外,亦能"諷誦詩,世奠繫"。最後兩項,實當史官之職,鄭玄言:"瞽瞍,主誦詩并誦世繫以戒勸人君也。"則瞽者亦有勸戒之責,更近同於史官。

瞽與瞽史或同見於一人之論,如《國語·周語上》邵穆公之諫言,先言"瞽獻曲",後言"瞽史教誨",明顯見出二者職責之别。韋昭注爲作區分,一曰"瞽,樂師";一曰"瞽,樂太師"。"樂太師"之稱,似韋昭以"瞽瞍"役使於"太師"而杜撰之説,先秦文獻未見。韋昭已發現二者的差異,但並未認識到"瞽史"即史之一種,藉記憶口傳史事故訓,故能"相教誨"。

如前所言,瞽與史皆出於巫者,屬於廣義的巫。西周以前,混而未别。西周以來,職守漸分。音樂在古代屬於一種巫術行爲,許兆昌先生云:

> 樂在遠古是一種巫術,它可以致群神、和神人。《尚書·堯典》

---

① 《周禮》卷三七《秋官·司寇》,《十三經古注》據永懷堂本校刊,第 577 頁下到 578 頁上。

云:"八音克諧,無相奪倫,神人以和。"《國語·周語下》云:"三曰姑洗,所以修潔百物,考神納賓也。四曰蕤賓,所以安靖神人,獻酬交酢也。"《周禮·大司樂》記載了古代以樂合致群神的整個過程:

> 凡六樂者,一變而致羽物及川澤之示,再變而致贏物及山林之示,三變而致鱗物及丘陵之示,四變而致毛物及墳衍之示,五變而致介物及土示,六變而致象物及天神。

由於樂可合致群神,知樂的瞽矇遂在祭祀、祝禱等宗教活動中扮演了重要角色。《詩·有瞽》云:"有瞽有瞽,在周之庭……喤喤厥聲,肅雝和鳴,先祖是聽。"《周禮·大師》云:"大祭祀,帥瞽登歌。"《大祝》云:"凡大禋祀、肆享、祭示……來瞽,令皋舞。"①

《禮記·樂記》云:"大樂與天地同和,大禮與天地同節。和,故百物不失;節,故祀天祭地。明則有禮樂,幽則有鬼神。如此則四海之内合敬同愛矣。禮者,殊事合敬者也;樂者,異文合愛者也。禮樂之情同,故明王以相沿也。故事與時並,名與功偕。"②華夏自古以禮樂爲名,重樂尊禮,淵源甚早。瞽之能調音知律,故與禮樂同尊,後禮崩樂壞而勢衰。王樹民先生言,瞽者的聽力和記憶力較一般人爲強,最宜作音樂與演述故事者。歷史事件的很多具體情節,文字未生之時,皆賴瞽者之特長以傳。③

4."史不失書,矇不失誦"

純粹口傳時代,史實之流傳,全賴瞽者一類記憶力很強的巫者。待到口舌與竹帛同傳之時代,瞽、史常相協以記錄史事,而這種方式,對後世典籍的影響至巨。徐中舒先生嘗議《〈左傳〉的作者及其成書年代》,其論説可資補正本文所論,録之如次:

---

① 許兆昌《論先秦時期瞽矇的社會功能及歷史地位》,《史學集刊》1996年第2期,第17頁。
② 《禮記》卷一一《樂記》,《十三經古注》據相臺岳氏家塾本校刊,第1015頁下。
③ 王樹民《瞽史》,《中國史學史綱要》附録,北京:中華書局1997年,第211—214頁。

《春秋》起自魯隱公元年(公元前722年),訖於魯哀公十四年(公元前481年)或十六年(公元前479年),前後二百四十餘年,都是戰國時代的人所見所聞的近現代史。當時所存的重要史料,除了《春秋經》以外,還有大量珍貴的口頭文獻流傳於樂官中,由瞽矇以傳誦的方式保存下來。孔子弟子當魯國禮壞樂崩典籍散亡之時,與太史、樂官同時去國,他們從太史接受《春秋》,也從樂官接受這些珍貴的口頭文獻,這就爲《左傳》編寫準備了必要的條件。①

徐先生認爲直到戰國時期,載之於竹帛之《春秋經》和掌於瞽矇之口傳記憶依舊並傳於世,且口傳文獻遠較綱領性的《春秋經》要詳細。兩個方面的知識皆爲孔門諸子所習得,爲《左傳》之成書準備了必要的條件。後一個方面的問題,又不僅涉及口舌與竹帛共傳,而且與禮樂崩壞,百家學興起頗有關係了。官學中瞽、史相互配合以傳的模式,在王官下移之後難以維繫,再加上文字記錄具有超時空的優點,口傳文獻開始被大量書於竹帛。對於這一問題,徐先生亦有論説:

我們知道人類歷史最初皆以口語傳誦爲主,而以結繩刻木幫助記憶。春秋時代我國學術文化雖有高度發展,但有關歷史的傳習也還未能脱離這樣原始方式。當時有兩種史官,即太史與瞽矇,他們所傳述的歷史,原以瞽矇傳誦爲主,而以太史的記錄幫助記誦,因而就稱爲瞽史。所謂"史不失書,矇不失誦",即史官所記錄的簡短的歷史,如《春秋》之類還要通過瞽瞍以口語傳誦的方式,逐漸補充豐富起來。所不同於卡瓦族者,僅以專職的瞽矇作爲長老的分工而以簡短的記錄代替木刻。這在人類歷史上,已經是很大的進步了。瞽矇傳誦的歷史再經後人記錄下來就稱爲《語》,如《周語》、《魯語》之類;《國語》就是記錄各國瞽矇傳誦的總集。《語》從此成爲一種新

---

① 徐中舒《〈左傳〉的作者及其成書年代》,《歷史教學》1962年11月,第33頁;收入《徐中舒歷史論文選輯》,北京:中華書局1998年,第1145—1146頁。

興的書體。因此,記錄孔子遺言的就稱爲《論語》,記錄古代傳説就稱爲《説苑》,後來禪宗和理學有語録,小説有話本,皆以記録"語""話"得名。《楚語》申叔時論傅太子之法有"教之《春秋》"及"教之《語》"之説,《春秋》和《語》就是當時各國普遍存在的歷史文獻。①

《左傳》之形成反映出春秋戰國時期"史不失書,矇不失誦"的官學傳統依然在發揮作用,且此種文獻流傳方式又決定了其後見諸竹帛之文本多與口傳相關,有頗多體式上的相似之處。徐先生論説頗爲精到,然尚有兩個問題需要申明。一,不宜依《春秋》的形成時間來論定所有文獻皆形成於此一時期,口傳與文字書寫並重之時代當自商周已然。如保利藝術博物館 2002 年入藏之燹公盨,時代當爲西周中期,其銘文從大禹治水講起,主要講"德",敘事方式略近於《尚書·洪範》。② 或可言瞽史相輔以傳之文獻至晚自西周中期已開始鑄於金石了。二,春秋戰國大量瞽史相輔以傳的文獻,開始被以文字形態寫定,實際上是禮崩樂壞、王官下移的直接結果。文字本身可以超越時間和空間局限傳播信息的獨立性,早已被注意到,且已對口傳文獻造成過衝擊,大量商周(尤其是西周)青銅銘文即是最好的證據。春秋時期,王官系統中,瞽史之地位已頗見衰落,如《禮記·樂記》載子貢問樂於師乙,師乙對言:"乙,賤工也,何足以問所宜? 請誦其所聞,而吾子自執焉。"隨後師乙詳言諸樂之特點及其宜歌者。《魯語上》云:"故工史書世,宗祝書昭穆,猶恐其踰也。"韋昭注:"工,瞽師官也。"③可見瞽矇的地位至春秋時已頗不顯赫,淪爲一般樂人矣。

回到《禮記·内則》,此篇中有兩處強調"瞽亦如之",注者多解其爲"盲人",似過於簡單。若僅僅因其殘而舉之,爲何不及喑、聾、矇、跛、

---

①徐中舒〈《左傳》的作者及其成書年代〉,《歷史教學》1962 年 11 月,第 34 頁;收入《徐中舒歷史論文選輯》,第 1147 頁。
②李零〈論燹公盨發現的意義〉,《中國歷史文物》2002 年第 6 期,第 40 頁、43 頁。
③《國語》卷四《魯語上》,第 174—175 頁。

躃、侏儒等殘者。我們認爲特舉"瞽者",正是因爲瞽者在學宫耆艾中之比重非小,基於"學於古訓與乞言於老"之需,故特言之。

從古文字使用的角度來看,瞽之詞義最早由"󰎣"來表示,爲巫者中擅樂之群體,因職事之故,復以"󰎣""󰎤"①音近,故亦用"󰎤"來表示。"󰎤"爲象形字,初文像上插羽飾、下有腳座之圓鼓。殷商卜辭與周金文中其與本義爲擊鼓之動詞"󰎥"②通用。故"󰎣"之職能,亦見用"󰎥(鼓)"字表示者,如《大戴禮記·保傅》云"鼓夜誦詩",③《漢書·古今人表》中用"鼓叟"表示舜父"瞽叟"。④ 後起"瞽"始見於《説文》小篆,爲"󰎥(鼓)"的字詞對應系列上新造的分化字。從這些變化中可以看出,瞽者由巫者而樂官的變化脈絡。

(三)東周秦漢口傳文化的存在形態簡説——兼談口傳文化造成的經傳關係之張力

夏商之際,文獻流傳方式從純粹口傳過渡到口舌與簡帛相輔以傳時代。由巫者發展出的瞽史,既爲史事的記憶人,又將其轉化爲知識在學宫中進行傳授,雖然二者的方式有別。《周禮》所記瞽矇之官,任職者達百餘人。甲骨文中的"教瞽",當爲瞽者相教以傳之證。但這一時期,竹帛載記已然興起,成系統文字的出現,改變了僅靠契刻符號和圖像輔助記憶的舊格局,殷之先民"有册有典",商中晚期之甲骨刻辭及銅器銘文,限於文獻性質而字數皆不甚多,然已顯示出頗高的敘事水平。瞽與史同出於巫,一者善樂亦善記,故既歌且誦,口傳史事;一者掌握文字,書以載事。這樣的瞽史相輔以傳的方式,貫穿整個西周。幽厲之後,王道

---

①《甲骨文編》卷五,第218頁。
②同上書,第220頁。
③王聘珍撰、王文錦點校《大戴禮記解詁》卷三《保傅》,北京:中華書局1983年,第53頁。
④《漢書》卷二〇《古今人表》第八,第878頁。

缺,禮樂衰,王官散落而諸子繼起。其中孔子"脩舊起廢,論《詩》《書》,作《春秋》,則學者至今則之"。①

春秋以來,百家學興起,其始倡人孔子所繼承的是前代口傳和著於竹帛兩種形態之知識資源。《論語·八佾》載孔子言:"夏禮吾能言之,杞不足徵也;殷禮吾能言之,宋不足徵也。文獻不足故也,足則吾能徵之矣。"朱子章句云:"文,典籍也。獻,賢也。言二代之禮,我能言之,而二國不足取以爲證,以其文獻不足故也。文獻若足,則我能取之,以證君言矣。"②孔子之時,文化的載乘者爲書寫之"文籍"與掌握知識之"賢人",正對應文獻傳播之二途。《漢書·藝文志》述之更詳,其文曰:

　　古之王者世有史官,君舉必書,所以慎言行,昭法式也。左史記言,右史記事,事爲《春秋》,言爲《尚書》,帝王靡不同之。周室既微,載籍殘缺,仲尼思存前聖之業,乃稱曰:"夏禮吾能言之,杞不足徵也;殷禮吾能言之,宋不足徵也。文獻不足故也,足則吾能徵之矣。"以魯周公之國,禮文備物,史官有法,故與左丘明觀其史記,據行事,仍人道,因興以立功,就敗以成罰,假日月以定曆數,藉朝聘以正禮樂。有所褒諱貶損,不可書見,口授弟子,弟子退而異言。丘明恐弟子各安其意,以失其真,故論本事而作傳,明夫子不以空言説經也。《春秋》所貶損大人當世君臣,有威權勢力,其事實皆形於傳,是以隱其書而不宣,所以免時難也。及末世口説流行,故有《公羊》、《穀梁》、《鄒》、《夾》之傳。四家之中,《公羊》、《穀梁》立於學官,鄒氏無師,夾氏未有書。③

班固雖已難明早期口傳之詳情,其言自"左史記言,右史記事"始,故曰"事爲《春秋》,言爲《尚書》"。《尚書》中之早期篇章,就原初形態

---
①《史記》卷一三〇《太史公自序》,第4001頁。
②朱熹《論語集注》卷二《八佾》,北京:中華書局1983年,第63頁。
③《漢書》卷三〇《藝文志》,第1715頁。

而言,確實口傳以行。然而"言"與"事"並舉,是從"口傳"與"書寫"並行發展而來,也即從書寫口傳內容開始,始有記言與記事之並行。傳統對此句的解釋,因沒考慮口傳時代同口舌與簡帛並行時代,以及口傳之內容開始被書寫三者之間的關係,僅從文體角度來看《尚書》與《春秋》,故僅得班固之見,未能得其背後所據之史影。

孔子在周公之邦,承西周舊學,感慨文籍殘缺、賢人不存。然"衰微之學,興廢在人",①孔子亦言"人能弘道,非道弘人",故其欲藉教育來"修起禮樂"。孔子對教育方式的看法,《論語·述而》云:"述而不作,信而好古,竊比於我老彭。"朱子章句:"述,傳舊而已。作,則創始也。故作非聖人不能,而述則賢者可及。竊比,尊之之辭。我,親之之辭。老彭,商賢大夫,見《大戴禮》,舊信古而傳述者也。孔子刪《詩》《書》,定《禮》《樂》,贊《周易》,修《春秋》,皆傳先王之舊,而未嘗有所作也,故其自言如此。蓋不惟不敢當作者之聖,而亦不敢顯然自附於古之賢人;蓋其德愈盛而心愈下,不自知其辭之謙也。然當是時,作者略備,夫子蓋集群聖之大成而折衷之,其事雖述,而功則倍於作矣,此又不可不知也。"②後世儒者惜夫子之不作,然而又要迴護其功,多有溢美。實則孔子之不同於諸子處,正在於此。"述而不作"是古代王官中教者傳統,不管是口傳以行之古書,還是書以記事之史官,均屬這一傳統。而孔子承繼此一傳統,故其自比以"老彭"。據《大戴禮·虞戴德》載孔子述如何教育他人之事,言:"昔商老彭及仲傀,政之教大夫,官之教士,技之教庶人。"③知老彭即商之從教者。此外,亦有傳老彭爲顓頊之師者,王符《潛夫論·讚學》引《故志》云:"顓頊師老彭"。④ 孔子以老彭自比,顯然是在

---

① 《漢書》卷二二《禮樂志》第二,第 1072 頁。
② 朱熹《論語集注》卷四《述而》,第 93 頁。
③ 王聘珍撰、王文錦點校《大戴禮記解詁》卷九《虞戴德》,第 178 頁。
④ 王符撰、汪繼培箋、彭鐸校正《潛夫論校正》卷一《讚學》第一,北京:中華書局 1985 年,第 1 頁。

沿續一種古學脉絡。

　　孔子述而不作,口傳身教,故班固言其"有所褒諱貶損,不可書見,口授弟子,弟子退而異言",則孔子觀魯國之史,既修以書簡,又口傳以教。因其口授,弟子所傳異言,故"丘明恐弟子各安其意,以失其真,故論本事而作傳,明夫子不以空言説經也"。班固此處所指,即左丘明之《左傳》。然而,事實上《公羊傳》《穀梁傳》立於學官,而《左傳》後起,故班固又釋之曰:"《春秋》所貶損大人當世君臣,有威權勢力,其事實皆形於傳,是以隱其書而不宣,所以免時難也。"據班氏所論,可知口傳授受所造成的經典傳解之生異,亦反映出經典文本對詮釋者的依賴。故劉歆《讓太常博士書》云"與其過而廢之,寧過而立之",爲保留聖人説經之真,寧皆立官學而存其説,足見漢廷立經求道心情之切。《春秋》以外,諸經之傳亦如此。《風俗通義序》云:

　　　　昔仲尼没而微言闋,七十子喪而大義乖。重遭戰國,約從連橫,好惡殊心,真僞紛争:故《春秋》分爲五;《詩》分爲四;《易》有數家之傳;並以諸子百家之言,紛然殽亂,莫知所從。漢興,儒者競復比誼會意,爲之章句,家有五六,皆析文便辭,彌以馳遠;綴文之士,雜襲龍鱗,訓註説難,轉相陵高,積如丘山,可謂繁富者矣。而至於俗間行語,衆所共傳,積非習貫,莫能原察。①

應劭所言,亦可見經書與傳者之相依存,而正是這種依存關係導致了後學人異其言,而"《春秋》分爲五,《詩》分爲四,《易》有數家之傳",則經典與傳者之相依,又是學派分立之原因。究其源頭,實同孔子"述而不作",删《詩》《書》,定禮樂,贊《周易》,修《春秋》,傳先王之舊的經典處理方式有關。述而不作但整理貴族舊典以教,實則孔子的口授内容成了這些經典詮釋的原點,漢儒對於七十子之學的執著,正是對孔子口授所

---

① 應劭撰、王利器校注《風俗通義校注》,北京:中華書局 2010 年,第 1—4 頁。

蘊含的"微言大義"之追求。

　　此外,典籍文本自身跳出聖人詮釋的内在動力一直存在,所以不僅儒者内部"《春秋》分爲五,《詩》分爲四,《易》有數家之傳",當時"諸子百家之言,紛然殽亂,莫知所從"。逮至漢世,則如應劭所言:"儒者競復比誼會意,爲之章句,家有五六,皆析文便辭,彌以馳遠。綴文之士,雜襲龍鱗,訓註説難,轉相陵高,積如丘山,可謂繁富者矣。而至於俗間行語,衆所共傳,積非習貫,莫能原察。"此種現象之出現,亦同口授傳解對詮釋者的依賴有關係,傳至弟子,則異説竟起。如《尚書》之學,同爲今文之夏侯建與夏侯勝,相互攻訐,夏侯勝言"建所謂章句小儒,破碎大道";"建亦非勝爲學疏略,難以應敵"。① 夏侯建的章句之學以《尚書》諸篇爲據,而夏侯勝所謂"大道",則以孔子授《書》之旨爲宗。孔子之義與典籍文本自身所蘊含之信息之間有着固有的張力,更可見出"述而不作"却已規定了經書的詮釋範圍。但後世載籍散落而又復得,其面貌已非孔子所修整者,則聖人不在,其徒亦鮮,經籍又遭變亂,故異説紛呈,自屬正常。後漢鄭玄遍注群經,折中諸家之説,聖人制作之本或可循鄭學而求之,實則聖人之大義及經義之原本則又淆於鄭學矣。

　　春秋以降,王官下移,侯國之教育實則日隆。這一時期,爲勵精圖治,諸國競士,選官亦擇私學所出。此時之王官與侯國之教育變化,陳槃先生云:

　　　　周自東遷以後,侯伯(霸)主盟,禮樂征伐不自天子出,王室寖衰,朝廷一切規模典章,想完全恢復到西周時代的盛況,限于人力、物力,殆是不可能的了。大學教育的制度,自然也不會例外。所以侯國之亦有高等教育,是勢所必然的。前引《晉語》,説悼公"育門子、選賢良";《管子·大匡》説"君謂國子……出與師俱",像這一類的教育,當然不會止限于小學教育,必定亦會兼備高等教育,是可以

---

① 《漢書》卷七五《睢兩夏侯京翼李傳》,第3159頁。

信得過的。①

　春秋之時,貴族教育之科目,見載於《禮記·內則》《漢書·食貨志》《周禮》《尚書大傳》《書傳略說》《大戴禮·保傅》《禮記·曲禮》《禮記·文王世子》《禮記·王制》及賈誼《新書·容經》、《春秋公羊傳》何休注、《白虎通》等。孫詒讓言"衆說乖異,未能肊定",陳槃先生將其歸爲兩類,②就其根基而言則託於經籍。《詩》《書》《禮》《樂》等典籍的本質是道藝,而同時又是德行準則的根據所在。當時貴族典籍的傳授情況,再以《國語·楚語上》所載申叔時所言爲例:"教之《春秋》,而爲之聳善而抑惡焉,以戒勸其心;教之《世》,而爲之昭明德而廢幽昏焉,以休懼其動;教之《詩》,而爲之導廣顯德,以耀明其志;教之《禮》,使知上下之則;教之《樂》,以疏其穢而鎮其浮;教之《令》,使訪物官;教之《語》,使明其德,而知先王之務用明德於民也;教之《故志》,使知廢興者而戒懼焉;教之《訓典》,使知族類,行比義焉。"楚莊王太子所習之科目當有《春秋》

---

① 陳槃《春秋列國的教育》,《舊學舊史說叢》(上),上海:上海古籍出版社2010年,第258—259頁。
② 陳槃先生認爲:"他們的課目,概括起來,不外乎:(一)德行;(二)道藝兩類。小學課目,像《內則》的所謂讓;《食貨志》的室家長幼之節;《大司徒》的十二教:以祀禮教敬,以陽禮教讓,以陰禮教親,以樂禮教和,以儀辨等,以俗教安,以刑教中,以誓教恤,以度教節,以世事教能,以賢制爵,以庸(功)制禄;六德:知(智)、仁、聖、義、忠、和;六行:孝、友、睦、嫻、任、恤;《王制》的七教:父子、兄弟、夫婦、君臣、長幼、朋友、賓客;《師氏》的三德:至德、敏德、孝德;三行:孝行、友行、順行。大學課目,像《大司樂》的樂德:中、和、祗、庸、孝、友。這是第一類——德行。小學課目,像《內則》的數、方名、數日、諒、簡、《樂》、《詩》、舞勺;朝廷君臣之禮;《食貨志》的六甲、五方、書、計;《保氏》的六藝:《禮》、《樂》、射、御、書、數;六儀:祭祀之容、賓客之容、朝廷之容、喪紀之容、軍旅之容、車馬之容;《樂師》的小舞;《王制》的六禮:冠、昏、喪、祭、鄉、相見。大學,像《內則》的舞象、射、御;《食貨志》的《樂》;《辟雍》的經籍;《大司樂》的樂語:興、道(導)、諷、誦、言、語;《籥師》的舞羽、歙(吹)籥;《大師》的六《詩》:風、賦、比、興、《雅》、《頌》;《王制》的《禮》、《樂》、《詩》、《書》;《文王世子》的干、戈、羽、籥、誦、弦、《禮》、《書》。這是第二類——道藝。"參見陳槃《春秋列國的教育》,《舊學舊史說叢》(上),第301—302頁。

《世》《詩》《禮》《樂》《令》《語》《故志》《訓典》等。這些典籍中，頗多必須經過言傳身教才可習得，如《禮》《樂》。其中之《語》和《訓典》，似已有成文之本，則瞽史所傳已書於簡帛。當然，亦不排除耆艾尚在，當此類文獻的口傳形態尚存於世。

春秋以來，口傳文獻書於簡帛已成趨勢，蓋因王官之下落，職事不穩，口傳文獻的有序流播難以保證。諸國貴族啓用私學人才側面反映出官學人才之日趨凋零。《史記·儒林列傳》云："自孔子卒後，七十子之徒散游諸侯，大者爲師傅卿相，小者友教士大夫，或隱而不見。"① 另外，春秋諸公，頗能破格選拔人才，本國以外，亦多取於鄰國，此例甚多。② 隨着各類文籍見書於竹帛，口傳已經完成了其文獻承載作用，之後其發揮的就是教育與經典詮釋的功能了。但是祖龍焚書，使得既書之文籍難以傳世，而漢王朝不得不再次倚重口舌傳經、解經。當然，這種倚重，同文字使用系統的歷時變化亦有密切關係。當時對口傳文籍的賢人與耆艾之重視可從司馬遷《五帝本紀》贊語中見出：

> 太史公曰：學者多稱五帝，尚矣。然《尚書》獨載堯以來；而百家言黄帝，其文不雅馴，薦紳先生難言之。孔子所傳《宰予問五帝德》及《帝繋姓》，儒者或不傳。余嘗西至空桐，北過涿鹿，東漸於海，南浮江淮矣，至長老皆各往往稱黄帝、堯、舜之處，風教固殊焉，總之不離古文者近是。予觀《春秋》、《國語》，其發明《五帝德》、《帝繋姓》章矣，顧弟弗深考，其所表見皆不虚。《書》缺有閒矣，其軼乃時時見於他説。非好學深思，心知其意，固難爲淺見寡聞道也。余并論次，擇其言尤雅者，故著爲本紀書首。③

太史公爲知曉堯舜以前帝王故事，而"西至空桐，北過涿鹿，東漸於海，

---

① 《史記》卷一二一《儒林列傳》，第3786頁。
② 可參陳槃《春秋列國的教育》，《舊學舊史説叢》(上)，第249—250頁。
③ 《史記》卷一《五帝本紀》，第54—55頁。

南浮江淮矣,至長老皆各往往稱黃帝、堯、舜之處,風教固殊焉,總之不離古文者近是"。依其言,太史公遊歷大江南北各地的依據是長老所言。

(四)口舌與竹帛並行立言說與早期《書》類文獻研究

《書》類文獻淵源最古,其形態幾經轉換,如虞夏時代諸篇,①當藉助瞽史以傳,口傳文獻的特點是音詞對應而無字形之約束,其流傳過程中時有傳授者的變動調整,如損益補苴等,不及文字書寫穩定。此類文獻的形成與其寫成之間有一個時間差,故而其所用字詞及文法特徵已屬寫成時期語言現象的反映。再加上寫成文獻與原來的口傳文獻並非直接替代關係,兩者或並傳,更會出現不斷的反復,同一種口傳文獻可能在不同的時期被分別寫下,則又會出現不同的書寫本。

另外,在材料載體不便的情況下,寫成之文獻又會以口傳的形式被傳播出去。可以說早期文獻是在口傳與寫定、寫定與再口傳的反復交替中形成的。當然,不同類型的文獻,其生成與流傳方式上亦有差別。

《書》類篇章中常見的"若曰"形式,就給人一種現場感覺,如佛典中的"如是我聞",顯示出這是口耳傳遞的記錄,或後來的追模②。再如"緒論"中提到的口傳對典籍文本異文有着明顯的關聯。例如宣公十二年《左傳》、襄公十四年《左傳》、《呂氏春秋·驕恣》皆徵引《仲虺之誥》,稱"仲虺有言";《左傳·襄公三十年》徵引則稱"仲虺之志";《荀子·堯曰》引之,稱《中蘬之言》;《墨子·非命》上、中、下皆引之,而稱《仲虺之告》。並且《墨子·非命》上篇引作"我聞于夏人,矯天命,布命于下,帝伐之惡,龔喪厥師。"③《非命》中篇引作"我聞有夏人矯天命,布命于下,帝式是惡,用闕師。"④宣公十二年以前已多見引《書》篇和稱《書》者,則典籍引《仲虺之誥》篇名的不統一或同口耳以談有關。另外,《墨子·

---

①按:此所謂虞夏時代諸篇,言其當時實有之篇,非論梅本之虞夏書諸篇。
②張懷通《"王若曰"新釋》,《歷史研究》2008年第2期。
③孫詒讓撰、孫啓治點校《墨子閒詁》,北京:中華書局2001年,第272頁。
④同上書,第276頁。

非命》同篇當中引文相異,則有可能是同篇文字,弟子所記互異,亦説明其傳授方式爲口耳。經典文本多非聖人手書,而是弟子後學所記,其傳授又多爲口授,師傅"有所褒諱貶損,不可書見,口授弟子,弟子退而異言",①《墨子》篇中異文即由此而生。前論早期知識通過"文"與"獻(賢)"相輔以傳,亦是此意。

當然,我們强調口耳與竹帛並行立言,口傳知識的方式同寫成文獻的存在並不矛盾。寫成文獻的存在,以及故府等早期官方檔案收藏機構的存在等條件,爲早期文獻穩定流傳提供了一種可能。這最早的"寫成文獻",或即當時之書,其載體當爲竹簡,張政烺先生有《中國古代的書籍》講義一篇,首先論説甲骨文不是書,隨後據古文字中典册等字形,以及《多士》所云"惟殷先人,有册有典",認爲這些皆反映殷商簡書的史實。張氏認爲:"如果從文獻資料來看,連夏代似乎也有典册,這有待於將來地下考古的發現。"接着批評了根據《多士》的"惟"字,論證只有殷代有典册,夏代没有,這一考證方法的不當。② 據前文所析,雖然以"惟"字立論之方法的確不科學,但是簡書之生却實當夏商之際。前引陳夢家先生所論,通過卜辭和商金文用字的實際情况,進而推斷"殷人記事記言的典册當長於 100 字,應是無可置疑的"。③ 實則《高宗肜日》82 字,《西伯戡黎》124 字,《微子》237 字,由商中晚期不同性質的文獻所呈現出的敘事能力來看,這些《書》類文獻在當時已有"藍本",並不令人意外,故王國維先生認爲以上諸篇皆爲當時所作。④ 三篇的對話體形式,無論是記言,還是由口傳文獻寫定,都説明當時已有以簡書形式存在的《書》類文獻了。此類"藍本"的存在,保證了一定時期内單篇文獻形態

---

① 《漢書》卷三〇《藝文志》,第 1715 頁。
② 張政烺《中國古代的書籍》,《張政烺文集·古史講義》,北京:中華書局 2012 年,第 404—405 頁。
③ 陳夢家《甲骨刻辭的内容與其他銘辭》,《殷虚卜辭綜述》,第 46 頁。
④ 王國維《古史新證》,北京:清華大學出版社 1994 年,第 3 頁。

的穩定。較之口傳文獻,文本的字形形態也開始穩定以傳。

　　口舌與竹帛並行立言説,放在不同時期,有不同的内涵,這種復合的流傳方式,直接影響着文獻流傳過程中的穩定與變異,因此,早期《書》類文獻研究不能不重視這一背景。

第二章
西周以前之《書》類文獻及其流傳追索

第一節 《書》類文獻之權輿

《書》類文獻之所興,前引《隋書·經籍志》"經部·書類序"云:"蓋與文字俱起。"①古人或以"三皇五帝之書""《三墳》《五典》《八索》《九丘》"當之。② 文籍之所生,以及《三墳》《五典》《八索》《九丘》之所指,《書大序》言之曰:

> 古者伏羲氏之王天下也,始畫八卦,造書契,以代結繩之政,由是文籍生焉。伏羲、神農、黄帝之書,謂之《三墳》,言大道也。少昊、顓頊、高辛、唐、虞之書,謂之《五典》,言常道也。至于夏、商、周之《書》,雖設教不倫,雅誥奥義,其歸一揆。是故歷代寶之,以爲大訓。八卦之説,謂之《八索》,求其義也。九州之志,謂之《九丘》。丘,聚也。言九州所有,土地所生,風氣所宜,皆聚此書也。

《隋志》之説本自《書大序》,則古人以《書》類文獻出現時間同書契

---

① 《隋書》卷三二《經籍志》,北京:中華書局1973年,第914頁。
② 《周禮·春官》云:"外史掌書外令,掌三皇五帝之書,章達書名于四方;若以書使于四方,則書其令。"鄭玄注:"楚靈王所謂《三墳》《五典》。"《左傳·昭公十二年》載:"(左史倚相)能讀《三墳》《五典》《八索》《九丘》。"《左傳正義》引賈逵曰:"《三墳》,三王之書;《五典》,五帝之典。"

之發明相仿佛。最早之形態爲《三墳》《五典》,即伏羲、神農、黃帝、少昊、顓頊、高辛、唐、虞之《書》。次之爲《八索》《九丘》,即八卦之説和九州之志。則《書》類文獻遠較史遷所言孔子序《書》"上紀唐虞之際"爲早。

《書大序》外,關於《墳》《丘》類典籍之所指,朱鶴齡《尚書埤傳》附錄《古文尚書逸篇》引述孔傳、朱熹、劉敞之論以疏解《書序》"《序》帝釐下土,方設居方,別生分類,作《汨作》。《九共》九篇。《槀飫》。"其言:

> 孔傳:言舜理天下諸侯,四方各設其官,居其方。生,姓也。別其姓族,分其類,使相從。汨,治。作,興也。言治民之功興。槀,勞。飫,易也。凡十一篇,皆亡。朱子曰:劉侍讀以"共"爲"丘",言《九丘》也。劉原父云:古文"丠""共"相近,誤爲"共"。槀,音義與犒同,《周禮》有"槀人",注云:讀如犒師之犒。孔疏:《汨作》等十一篇同此序,其文皆亡,而序與百篇之序同編,故存。①

據朱熹引述,則宋人多有以《九共》爲"九丘"之訛者。是説實牽強其辭。伏生《尚書大傳》認爲:"《九共》以諸侯來朝,各述其土物所生美惡、人民好惡,爲之貢賦、政教。"②則《九共》實同《禹貢》九州相配。在前人論説基礎上,章太炎更立新説,詳定墳典丘索曰:

> 昔桓公欲封禪,管仲對曰:"古者封泰山禪梁父者七十二家,而夷吾所記十有二焉。"後百餘年,孔子論述六藝傳略,言易姓而王,封泰山禪乎梁父者,七十餘王矣。(《封禪書》)莊周亦云:"封禪七十二代,有形兆垠鄂勒石,凡千八百餘處。"(《續漢書·祭祀志》注

---

① 朱鶴齡《尚書埤傳》附錄《古文尚書逸篇》,影印文淵閣《四庫全書》本,第66冊,臺北:臺灣商務印書館1986年,第964頁上。按:《書序》斷句依照朱鶴齡按斷,原文"帝釐下土"後有"句"字。另外,朱彝尊《經義考》卷二六〇"逸經""書類"首條亦有條析,第4656—4657頁。
② 皮錫瑞撰、吳仰湘點校《尚書大傳疏證》卷二,北京:中華書局2022年,第37頁。

引《莊子》)楚靈王所謂"三墳五典八索九丘"者,墳丘十二,宜即夷吾所記泰山刻石十有二家也。五典者,五帝之册。八索者,以繩索爲編。外史所謂三皇五帝之書,典備王蹟,而索有謨訓諸文,是以爲二。兹皆載之竹帛,與墳丘刻石殊條。(舊説三墳五典八索九丘皆未允)三墳九丘不遞次者,十二家有禹湯成王,在五帝後也。孔子以齊聖廣淵之才,定著《尚書》,所以不録墳丘,刻石記功,雖上世弗能薦信,爲是删其矯誣,去其仿辭,歸於實録。後之爲史取於碑銘者,可以知法禁矣。①

太炎先生實際上將《墳》《典》之篇數所指具化,認爲三墳、九丘合而爲十二,即管仲所記泰山之十二篇刻石銘文。五典,正合於五帝之書,當爲五帝之册。八索,則指以繩索爲編的訓謨諸篇。章先生解三墳、九丘不相聯屬之因,謂十二家有五帝後之禹、湯、成王,依時而列。

作爲《書》類文獻權輿之《墳》《典》類文獻,其存亡情況,章學誠述之云:

> 《周官》外史,掌三皇五帝之書。今存虞、夏、商、周之策而已,五帝僅有二,而三皇無聞焉。左氏所謂《三墳》《五典》,今不可知,未知即是其書否也? 以三王之誓、誥、貢、範諸篇,推測三皇諸帝之義例,則上古簡質,結繩未遠,文字肇興,書取足以達微隱通形名而已矣。因事命篇,本無成法,不得如後史之方圓求備,拘於一定之名義者也。夫子敘而述之,取其疏通知遠,足以垂教矣。②

今日雖有戰國時期《書》類文獻出土,但並未能補充章實齋所論。現所存依然爲虞、夏、商、周之策,且古史辨派證僞之後,虞、夏書已被指爲晚出述古之作。《三墳》《五典》《八索》《九丘》,雖見聞於《左傳》,實

---

① 章太炎講、諸祖耿整理《太炎先生尚書説·尚書故言》,北京:中華書局2013年,第1—2頁。
② 章學誠撰,葉瑛校注《文史通義校注·書教上》,第30頁。

難定其所指,章太炎先生之説多近臆説,聊添趣爾。

《書》類文獻既"與文字俱起",文字之形成,或認爲源自考古所見之史前遺址出土陶器或陶片上的刻畫符號。這些遺址的年代從仰韶文化早期(不晚於公元前 5000 年)持續到歷史時期前夕(年代因地域不同),遍布中國各地,從整個黃河流域到南部、東部沿海。① 如河南舞陽賈湖遺址裴李崗文化龜甲上,見有契刻符號,似甲骨文中的"目""户"字。② 仰韶文化半坡遺址與姜寨遺址出土陶符,數量豐富,半坡符號有一百多種。③ 青海樂都柳灣的馬家窑文化馬廠類型中,陶符多刻在陶壺或陶甕的下腹部。④ 章丘城子崖龍山文化遺址亦見有陶符。⑤ 大汶口文化陶器符號爲文字起源提供了重要信息,其中尤以晚期莒縣陵陽河遺址陶尊符爲代表,李學勤先生嘗釋其中四種符號爲"斤""戌""炅""炅山"。⑥ 陶

---

① 據張光直先生統計,遺址名稱有:仰韶文化(前 5000—前 3000):陝西西安半坡遺址、陝西西安秦渡鎮五樓遺址、陝西臨潼姜寨遺址、陝西合陽縣莘野村遺址、青海樂都柳灣遺址。大汶口文化(前 4500—前 2500):山東莒縣陵陽河遺址、山東諸城前寨遺址。龍山文化(前 3000—前 2200):山東濟南龍山鎮城子崖遺址。東南沿海文化(前 5000—前 2500):上海崧澤遺址、上海馬橋遺址、浙江杭縣良渚遺址、臺灣高雄鳳鼻頭遺址、廣東豐莜圍和寶樓遺址、香港南丫島大灣遺址、香港大嶼島石壁遺址。參見張光直著,劉靜、烏魯木加甫譯《藝術、神話與祭祀》,北京:北京出版集團公司 2017 年,第 85—87 頁。另外,據李孝定先生 1979 年的統計,史前遺址一共發現了 88 個符號。參見李孝定《再論史前陶文和中國文字起源問題》,《歷史語言研究所集刊》第 50 期第三分册,1979 年,第 478—483 頁,收入李孝定《漢字的起源與演變論叢》,新北:聯經出版事業公司 2019 年,第 185—227 頁。
② 河南省文物考古研究所《舞陽賈湖》,北京:科學出版社 1999 年。
③ 半坡博物館、陝西省考古研究所、臨潼縣博物館《姜寨》,北京:文物出版社 1988 年。
④ 段小强編著《馬家窑文化》,北京:文物出版社 2011 年。
⑤ 傅斯年、李濟、董作賓、梁思永、吴金鼎等《城子崖(山東歷城縣龍山鎮之黑陶文化遺址)》,臺北:歷史語言研究所 1992 年。
⑥ 李學勤《論新出大汶口文化陶器符號》,《文物》1987 年第 12 期。

文以外,亦見玉器刻符,現已發現良渚文化中的玉器刻符 11 種,①近同於大汶口文化之陶符。關於此類早期刻符同漢字之間的關係,裘錫圭先生認爲:"漢字大概是以我國原始社會晚期出現的象形符號爲基礎,并吸收改造了原始社會晚期流行的一些記號而發展起來的。在漢字形成完整的文字體系以前,大概經歷過一個既使用表意字、假借字、形聲字,又仍然夾用圖畫式表意手法的原始文字階段。漢字基本上形成完整的文字體系的時代,可能是夏商之際。"②顯然,裘先生認爲夏代晚期始有成體系的"文字"。而零星的表意符號,二里頭文化已見,且這些符號跟半坡彩畫、大汶口和龍山文化中的相關符號有一致性,此類刻畫符號多載大口尊和卷沿盆的口沿上,學者推測此二十多種符號分別表示數字、植物、器物以及自然景象等,可稱之爲"文字"。③ 要之,夏代應該已有準"文字"的表意符號,而成系統的文字至夏商之際始形成。

夏以前之《書》類文獻,若確實存在,則其流傳方式應該爲口傳(或輔以圖畫流傳)。儘管如此,虞舜時代之史影,尚有隻麟半爪之早期痕迹存留於傳世本《尚書》當中。前述《堯典》四中星之觀測即是如此,相關觀測分析知識通過口傳或其他記憶手段留存,後被《堯典》之編整者知見并採納,《虞書》中之信息層則確見有名實相符處。

---

① 良渚博物院編著、張炳火主編《良渚文化刻畫符號》,上海:上海人民出版社 2015 年。
② 裘錫圭《漢字形成問題的初步探索》,《中國語文》1978 年第 3 期,又載《古代文史研究新探》,後收入《裘錫圭學術文集》第四卷,第 25—39 頁。關於陶文圖片及"圖畫文字"的詳細研究,亦可參看饒宗頤《符號·初文與字母——漢字樹》,上海:上海書店出版社 2000 年。按:關於文字起源時期問題,學界多有異說(如唐蘭、董作賓、前引李孝定等),考慮到文字的系統性特徵,兹取相對保守的夏商之際説。
③ 中國社會科學院考古研究所《中國考古學·夏商卷》,北京:中國社會科學出版社 2003 年,第 124 頁。

第二節　關於夏商時期《書》類文獻的記載與記憶

一、關於夏代《書》類文獻的記載及"夏《書》""夏事"之流傳①

子曰:"夏禮吾能言之,杞不足徵也;殷禮吾能言之,宋不足徵也。文獻不足故也,足則吾能徵之矣。"《論語·八佾》此段常見取引,以推明"文獻"之義。孔子之時,雖有杞、宋,爲夏、商之後,然記載早期史事之文籍、能言傳舊禮之賢達,在世已鮮。據此可知文籍之散亡、記憶之失落由來已久。夏之典籍形態,前引《吕氏春秋·先識覽》《周禮·夏官·職方氏》《禮記·曲禮》以及《左傳·宣公三年》載王孫滿答楚莊王等材料已言及,此處不贅。

據前文所論,夏代雖已可見"準文字"形態的表意符號,但仍屬文獻之口傳時代。傳世文獻中多有關於夏代文獻之記載,其稱名有《禹貢》《甘誓》《禹之總德》《五子之歌》《胤征》《夏書》《夏禮》《夏時》等。② 考以先秦文獻引《夏書》,《左傳》15 次、③《國語》3 次、④《吕氏春秋》1 次。新見清華簡有《厚父》篇,亦當屬《夏書》。據此則晚至西周時期,口傳之夏代《書》類文獻或已開始被整編且書寫在册,進而流布開來。

---

① 按:關於"夏"與"夏文化"在考古學上的討論,詳參劉緒《夏商周考古》,太原:山西出版集團、山西人民出版社 2021 年,第 2—38 頁。
② 按:《禹之總德》《夏書》《夏禮》《夏時》見於典籍引《書》,但非必篇名。
③ 按:《左傳》引《夏書》15 次分別見於《莊公八年》《僖公二十四年》《僖公二十七年》《文公七年》《成公十六年》《襄公四年》《襄公五年》《襄公十四年》《襄公二十一年》《襄公二十三年》《襄公二十六年》《昭公十四年》《昭公十七年》《哀公六年》《哀公十八年》。
④ 按:《國語》引《夏書》3 次分別爲:《國語·周語上》《國語·周語下》和《國語·晉語九》。

(一)《禹貢》篇的形成流傳與其文本層次試析①

《舜典》載帝曰:"俞,咨,禹,汝平水土,惟時懋哉!"《孟子·滕文公上》曰:"夏后氏五十而貢。"《尚書大傳·略説》引孔子語,言"《禹貢》可以觀事"。②《史記·夏本紀》載大禹治水事甚詳,並轉録《禹貢》全文。《鹽鐵論·未通》第十五載:"禹平水土,定九州,四方各以土地所生貢獻,足以充宫室,供人主之欲,膏壤萬里,山川之利,足以富百姓,不待蠻、貊之地、遠方之物而用足。"③可見,大禹抑洪水而天下平,萬世稱頌,其人其事當無疑問,而《禹貢》爲禹所制的九州貢法。《尚書》自《堯典》以下,至《禹貢》以前,稱《虞夏書》。《尚書大傳》亦以《大禹謨》《皋陶謨》爲《虞書》,以《禹貢》爲《夏書》。依照《舜典》所記,則《禹貢》同於二《謨》,所成亦當虞舜時,只是由此開闢出了夏之功業,故而以此篇啓《夏書》。

歷代就《禹貢》篇的討論,充棟汗牛,限於篇幅,不一一評述。④ 此處只略及近代以來數家有代表性的觀點,簡析其流傳與文本之層次。王國維先生言:"《虞夏書》中如《堯典》《皋陶謨》《禹貢》《甘誓》,商書中如《湯誓》,文字稍平易簡潔,或係後世重編,然至少亦必爲周初人所作。"⑤《詩·小雅·沔水》有"沔彼流水,朝宗於海",或爲化用《禹貢》"江漢朝

---

① 按:限於篇幅,此處不對《禹貢》形成年代問題的研究史作系統述評,只是就文本層次問題擇要勾勒。
② 皮錫瑞撰,吳仰湘點校《尚書大傳疏證》卷七,第342頁。
③ 王利器校注《鹽鐵論校注》,北京:中華書局2015年,第210頁。
④ 《禹貢》之成書時間,約略有七説:周初人所作(王國維);春秋之世晉人作(屈萬里);春秋戰國時代(梁啓超、吳其昌、郭沫若、傅斯年);戰國時代(顧頡剛、張西堂、内藤湖南、丁文江、韋聚賢等);秦統一前(高重源等);漢代(翁文灝等);非一人一時之作(吕宗賓、張維華等)。關於《禹貢》研究的詳細情況,可以參看李勇先主編《中國歷史地理文獻輯刊·尚書禹貢篇集成》(全七册),上海:上海交通大學出版社2009年。
⑤ 王國維《古史新證》,第3頁。

宗於海"句而來。《詩序》以《沔水》爲規宣王之詩，如此《禹貢》之作當在之前。又，《國語·周語》祭公謀父諫周穆王云："夫先王之制，邦内甸服，邦外侯服，侯衛賓服，蠻夷要服，戎狄荒服。"此亦當據《禹貢》爲説，則《禹貢》成書自不晚於穆王時。這是王國維先生周初説之有力論證。辛樹幟先生從 13 個方面，就"《禹貢》製作時代"問題進行了討論，觀點同王先生相近，他推測："《禹貢》成書時代，應在西周的文、武、周公、成、康全盛時代，下至穆王爲止。它是當時太史所録；決不是'周遊列國'足跡不到秦的孔子，也不是戰國時'百家爭鳴'時的學者所著。"①邵望平先生認爲："《禹貢》作者以冀州爲九州之首，條條貢道通冀州，冀州無貢品，其土壤爲第五等而賦爲頭、二等。這些内容使人不能斷然否定九州地理概念源自夏代的可能，但考古學尚不能證其爲夏書。商王朝所及，已達於《禹貢》所述之九州，而九州之分野又大體與黄河、長江流域由來已久的人文地理區系相合，故不能排除《禹貢》九州藍本出自商朝史官之手，或是商朝史官對夏史口碑追記的可能。另一種可能是周初史官對夏、商史迹的追記。再從九州所記的自然條件和物産屬於一個較今日温暖的氣候期來看，筆者認爲《禹貢》中之九州部分的藍本當出於公元前 1000 年以前。其後必經多次加工、修訂才成現今所讀到的這個樣子。《禹貢》中的'九州'與'五服'這兩部分内容不相呼應，且大相逕庭，倒像是春秋時期被補綴、拼湊而成的。但九州内容之古老、真實，絶不是後人但憑想象可以杜撰出來的。"②

王、辛、邵三家皆主《禹貢》成篇於西周時期。然細究三家之論，王先生因文字之稍顯平易，而疑其爲後世"重編"，且重編時間不晚於周

---

① 辛樹幟《禹貢新解》，北京：農業出版社 1964 年，第 9 頁。按：13 個方面分别是：疆域和周初分封歷史、政治與九州關係、導九山（以及導九水）、五服、四至、任土作貢、貢道、治水、九州得名、九等定田定賦、土壤分類、文字結構、大一統思想的發生時代。
② 邵望平《禹貢九州的考古學研究》，《九州學刊》1987 年 9 月總第 5 期。

初。換言之,王氏認爲《禹貢》篇自當有其更早形態,只是今傳爲西周重新編整之本。結合王氏所説,就文本層次來看,《禹貢》篇至少包括原本形態和周以前人編整痕迹兩個層次。

辛樹幟先生言"成書年代",實則視《禹貢》文本爲一個整體,即西周時期寫成并穩定流傳至今,無增益減損。放大來看,《禹貢》之文本結構和用字形態形成於西周,而之後基本穩定。結合前文所論,即便文本一直穩定,文字形態却幾經改換,再加上焚書與再編,傳抄與口傳,學分古今等諸原因,異文實繁。故無論其結論確否,歷時流傳在文本中留下的時間和文化痕迹,即文本層次,在我們分析文本相關時間之時,皆需要考慮進來。邵望平先生的分析即考慮到了這一方面。據邵氏的分析,我們可以將《尚書》文本分作至少三個信息層:一,九州和貢物等夏文化史實;二,《禹貢》之藍本(成於商代史官之手或周代史官對夏、商故事之追記);三,"五服"部分内容爲春秋時補入。當然,除了此三個大的信息層外,邵氏結合考古所得之人文地理區系特徵,强調《禹貢》九州部分的藍本當出於公元前 1000 年以前,其後必經多次加工、修訂才成今傳本面貌。

《禹貢》這樣的一篇從口傳(輔以圖傳)到初步成篇,再到增益補苴之文獻,其文本當中自然已包含了多個信息層。至於邵氏所言之"藍本"究成於商代史官,還是西周史官對夏、商故事之追記,李零先生認爲《禹貢》之主體當爲西周時期所成,①並列"九州對照表"爲證,②爲便説明,兹轉録於下(表 2.2.1,表 2.2.2):③

---

① 按:商代史官撰成藍本的可能一直存在,今本合於西周封建地理,或可能爲西周史官據此本重編而成。
② 按:此處相關涉者爲李零先生所繪之"九州"對照表二,而表一同下文所論《禹貢》篇之戰國形態亦有關聯,故此兩表同時轉録。
③ 李零《九州對照表》一、二,《禹蹟考——〈禹貢〉講授提綱》,《中國文化》總 39 期,2014 年春季號,收入《茫茫禹蹟——中國的兩次大一統》,北京:生活·讀書·新知三聯書店 2016 年,第 204—205 頁。兹據後者轉録。

表 2.2.1：九州對照表一（號碼是原書順序，劃綫處是不同州名）

《禹貢》	《周禮·夏官·職方氏》	《呂氏春秋·有始覽》	《爾雅·釋地》
1.【兩河惟】冀州	8.河内曰冀州	2.兩河之間爲冀州,晉也	1.兩河間曰冀州
2.濟、河惟兖州	5.河東曰兖州	3.河、濟之間爲兖州,衛也	6.濟、河間曰兖州
3.海、岱惟青州	4.正東曰青州	4.東方爲青州,齊也	9.齊曰營州
4.海、岱及淮惟徐州	9.正北曰并州	5.泗上爲徐州,齊也	7.濟東曰徐州
5.淮、海惟揚州	1.東南曰揚州	6.東南爲揚州,越也	5.江南曰揚州
6.荆及衡陽惟荆州	2.正南曰荆州	7.南方爲荆州,楚也	4.漢南曰荆州
7.荆、河惟豫州	3.河南曰豫州	1.河、漢之間爲豫州,周也	2.河南曰豫州
8.華陽、黑水惟梁州	7.東北曰幽州	9.北爲幽州,燕也	8.燕曰幽州
9.黑水、西河惟雍州	6.正西曰雍州	8.西方爲雍州,秦也	3.河西曰雍州

表 2.2.2：九州對照表二

九州	周十六國	秦郡	今省或自治區
冀州	晉、燕	雁郡、代郡、太原、河東、上黨；廣陽、巨鹿、恒山、邯鄲、河内；上谷、漁陽、右北平、遼西、遼東	山西、河北、内蒙古、遼寧
兖州	衛	東郡	河北、河南、山東
青州	齊	濟北、齊郡、膠東、琅琊	山東
徐州	魯	薛郡、泗水、東海	山東、江蘇、安徽
揚州	吳、越	會稽、九江、閩中	江蘇、浙江、安徽、江西
荆州	楚	南郡、衡山、長沙、黔中、南海、桂林、象郡	湖北、湖南、廣東、廣西、貴州
豫州	周、鄭、陳、宋、曹	碭郡、陳郡、潁川、三川、南陽	河南
梁州	巴、蜀	漢中、巴郡、蜀郡	陝西、四川
雍州	周、秦	内史、隴西、上郡、北地、雲中、九原	陝西、甘肅、寧夏、内蒙古、青海

由表 2.2.2 可見,西周之區基本與西周封建之範圍一致,結合王、辛、邵諸位先生的意見,則今傳本《禹貢》主體寫成於西周當無問題,而其敍述之框架或言口傳形態之文獻文本則當早至夏商時候。如《禹貢》這樣成篇較早之篇章,其文本之多層次性跟流傳過程關係緊密。

保利博物館 2002 年入藏之燹公盨,時代當爲西周中期,其銘文首句云:"天命禹敷土,隨山濬川,廼拜(別)方設征。"銘文之文體近於《禹貢》開篇,亦可側面支持《禹貢》之成篇當在西周中期以前。至於《禹貢》篇中雜糅之後代特徵,則爲流傳過程中再編整所致。

20 世紀二三十年代古史辨派的疑古運動,曾懷疑大禹存在之真實性。顧頡剛先生認爲《詩·商頌·長發》是最早提到"禹"的文獻,并據王國維說,以《長發》爲西周中期宋人所製。他認爲,東周以來,所有關於禹的傳說,都是從《詩經》推演;《尚書》中所言禹事之《禹貢》等篇,都是戰國時期所成。燹公盨發現以後,李零先生嘗撰文述其銘文之意義。文中以古史辨的討論爲基礎,兼肯定其精神,但辯其立論之非,列早期文獻有記載禹事者如次:

> 《詩》有《小雅》的《信南山》,《大雅》的《文王有聲》和《韓奕》,《魯頌》的《閟宮》,《商頌》的《長發》和《殷武》;《書》有《大禹謨》、《皋陶謨》、《益稷》、《禹貢》、《五子之歌》、《仲虺之誥》、《洪範》、《立政》、《呂刑》和《書序》;《逸周書》有《大聚》、《世俘》、《商誓》、《嘗麥》和《太子晉》;《左傳》有莊公十一年、僖公三十三年、文公二年、宣公十六年、襄公四年、二十一年和二十九年、昭公元年、哀公元年和七年;《國語》有《周語下》、《魯語上》、《魯語下》、《晉語五》、《鄭語》和《吳語》,至於《禮記》、《論語》、《孟子》,以及其他先秦諸子(除了《老子》),也是盛言禹功(特別是《墨子》)。這些文獻,它們講"禹",最熱鬧的傳說,都是圍繞他平治水土、劃分九州,即《禹貢》所說的故事。這類故事,不僅是中國古代帝王傳說的重要組成

部分,也是中國地理學和製圖學一向推崇的基本觀念,以至《山海經》也好,《水經注》也好,凡古今之言輿地者,無不推崇於此(原注:參看劉歆《上山海經表》、酈道元《水經注》序)。而其代表性詞彙,就是《左傳》襄公四年引《虞人之箴》所説的"禹迹"。(原注:"禹迹"又見《史記·越王勾踐世家》。《文王有聲》"維禹之績",《殷武》"設都于殷之績",兩"績"字亦應讀爲"蹟"。)①

另外,王國維先生《古史新證》即據秦公簋(王氏作"秦公敦")和叔弓鎛(王氏作"齊侯鎛鐘")爲例來討論禹事非虚。前者銘文有"鼏宅禹責(蹟)",後者銘文中有"虩虩成唐(湯),處禹之堵"。春秋時期秦、齊東西兩國所出銅器銘文,皆言自己生活在"禹蹟"之內,可見大禹之傳説相當古老。而新出西周中期之燹公盨,不僅早於王國維先生所舉二器,且其銘文語句同《禹貢》相類。故李零先生推論云:"此器不僅對研究'大禹'傳説流行的年代很重要,也對研究《尚書》中《禹貢》等篇的年代很重要。至少把《禹貢》式的傳説,從戰國向前推了一大步。現在,我們必須承認,西周中期,這類説法已經流行開來。"②此外,《尚書·立政》當中,周公號召周人言:"其克詰爾戎兵,以陟禹之迹,方行天下。"可見,周人非但有關於夏禹之記憶,並且以之爲效法的榜樣。

(二)夏虚誦古:以《甘誓》與《厚父》中之夏事論口傳文獻之流播

關於禹都夏虚之所在,皇甫謐《帝王世紀》載:

> 禹受封爲夏伯,在《禹貢》豫州外方南,角亢氏之分,壽星之次,於秦漢屬穎川,本韓地,今河南陽翟是也。受禪都平陽,或在安邑,或在晉陽。於漢,平陽、安邑皆屬河東,晉陽屬太原。太原在冀州太行、恒山之西。太原,太嶽之野,參代(伐)之分,實沈之次,於周爲

---

① 李零《論燹公盨發現的意義》,《中國歷史文物》2002年第6期,第41頁。
② 同上,第42頁。

晉,今司隸幷州之域也。**相徙商邱**,於周爲衛。成公夢康叔曰"相
奪予享"是也。**少康中興,復還舊都**。故《春秋傳》曰"復禹之迹,不
失舊物"是也。《世本》又言夏后居**陽城**,本在大梁之南。於戰國,
大梁,魏都,今陳留浚儀是也。按:經傳曰,夏與堯舜同在河北冀州
之域,不在河南也。故《五子之歌》曰:"惟彼陶唐,有此冀方,今失
厥道,亂其紀綱,乃底滅亡。"言自禹至太康,與唐虞不移都域也。
然則居**陽城**者,自謂禹避商均時,非都也。故《戰國策》稱桀之居,
左天門之險,右天谿之陽,成皋在其北,伊洛出其南。吳起對魏武侯
亦言:"桀之居,左河濟,右太華,伊闕在其南,羊腸在其北。"案:《地
理志》上黨商(高)都有天井關,即天門也;有羊腸坂,在太原;晉陽
西北九十里爲通西上郡關,即吳起之所云也。洛皆在陽城,非都
審矣!①

依照《太平御覽》所引《帝王世紀》内容來看,禹爲夏伯時封地在河南陽
翟;受禪爲帝後,都城有三說,爲平陽、安邑、晉陽。② 到了相時,遷都至
商丘,而其子少康又復還舊都。《世本》言夏后居陽城,皇甫謐認爲是大
禹避商均時所居,非夏都。皇甫謐避居在陽城的講法被金鶚承繼,其
《求古錄禮說》卷四《禹都考》認爲:"禹都有二,蓋其始都於陽城,即所避
之處以爲都;而其後遷都於晉陽,乃從堯舜所居之方也。"③至於其他幾
處爲何不是夏虛,金鶚云:

> 《漢書·地理志》潁川郡陽翟夏禹國,應劭曰:"夏禹都也。"臣
> 瓚曰:"《世本》言禹都陽城,汲郡古文亦云居之,不居陽翟也。"師古

---

① 徐宗元輯《帝王世紀輯存》,北京:中華書局 1964 年,第 48—49 頁。此段爲《太平
御覽》卷一五五所引,正文"參代之分"當爲"參伐","上黨商都"當爲"高都","洛
皆在陽城"句當有脫文。
② 按:顧祖禹即主安邑說,詳參顧祖禹撰,賀次君、施和金點校《讀史方輿紀要》卷
一,北京:中華書局 2005 年,第 2 頁。
③ 金鶚《禹都考》,《求古錄禮說》卷四,清道光庚戌年(1850)刻本,葉 3a。

曰:"陽翟本禹所受封耳。應、瓚之説皆非。"諸説不同。洪氏頤煊謂陽城亦屬潁川郡,與陽翟之地相近,或當日禹所都陽城本在陽翟,故《漢志》云云。鶚考《史記·夏本紀》,禹避舜子于陽城,諸侯皆去商均朝禹,于是即天子位。知其遂都陽城,蓋即所避之處以爲都也。趙岐《孟子注》:"陽城在嵩山下。"《括地志》:"嵩山在陽城縣西北二十三里。"則陽城在嵩山之南,今河南府登封縣是也。若陽翟,今在開封府禹州,其地各異。《漢書·地理志》於偃師曰殷湯所都,於朝歌曰紂所都,於故侯國皆曰國。今陽翟不曰夏禹所都而曰夏禹國,可知禹不都陽翟矣。陽翟爲禹所封之國,而陽城則爲禹之都,此確解也。然《左傳》定公四年祝佗謂唐叔封於夏虚,啓以夏政。例以上文,康叔封於殷虚,啓以商政,則禹之都即唐國也。唐國在晉陽。《漢書·地理志》:"太原郡晉陽,故《詩》唐國,周成王滅唐,封弟叔虞。"杜預注《左傳》云:"夏虚,大夏,今太原晉陽是也。"本於《漢志》,其説自確。《水經》云:"晉水出晉陽縣西縣甕山。"酈道元注:"縣,故唐國也。"亦本《漢志》。乃臣瓚以唐爲河東永安,張守節以爲在平陽,不知唐國有晉水,故燮父改唐曰晉。若永安,去晉四百里;平陽,去晉七百里,何以改唐曰晉乎?唐定在晉陽,今山西太原府是也。①

除了金鶚所舉之例外,《左傳·昭公元年》杜預注:"大夏,今晉陽縣。"《詩經·唐風》朱熹集傳云:"唐,國名。本帝堯之舊都,在禹貢冀州之域、太行恒山之西、太原太岳之野。周成王以封弟叔虞爲唐侯。唐叔所封,在今太原府。"②但是,這種傳統的晉陽(即太原)説,並未得到現代考古實踐的支持。首先,太原地區所在的晉中地區,夏時期的考古遺存顯非夏文化。其次,20世紀90年代初天馬-曲村遺址中心部位偏北的晉侯

---

①金鶚《禹都考》,《求古録禮説》卷四,清道光庚戌年(1850)刻本,葉1a—2a。
②朱熹《詩集傳》卷六《唐風》,上海:上海古籍出版社1958年,第68頁。

墓地的發現,無可辯駁地證明了李泰《括地志》中唐地翼城説的正確。①如此,唐叔虞就封之地爲故唐堯和禹夏之虛,其地在晉南之翼城。②

先秦典籍所引《夏書》中,亦見實例可旁證此夏唐重都説。《左傳·僖公二十七年》記載趙衰薦將之事,其引《夏書》曰:"賦納以言,明試以功,車服以庸。"此句,今傳《舜典》作"敷奏以言,明試以功,車服以庸";《益稷》中亦有此句,出自大禹之口,言"敷納以言,明庶以功,車服以庸"。《舜典》和《益稷》今傳本均歸入《虞書》,實則《舜典》爲割裂《堯典》而成,當屬《唐書》。據此亦可知,趙衰或因唐和夏皆曾都晉地,而混言晉地所流傳之《書》篇,以《夏書》言《唐書》。夏虛所在同《夏書》諸篇之間的關聯,還可從《甘誓》和《厚父》等篇章見出。

1.作爲夏虛口傳篇章的《甘誓》

《書序》言:"啓與有扈戰於甘之野,作《甘誓》。"據此,則《甘誓》爲啓與有扈氏作戰之際的誓師辭。因此事對夏王朝而言頗爲重要,自啓開始,世代相傳。其流傳形態,劉起釪先生認爲"(《甘誓》)作爲一種史料,流傳到商代,其較穩定地寫成文字,大概就在商代"。③此處論説依據在於"威侮五行,怠棄三正",即責備敵對方上不敬天象,下不重商代大臣的説法,是商後期才出現的。劉先生認爲是篇寫成於商代,是因爲商中後期之甲骨以及西周大盂鼎銘文中有"正",④而出土材料只能説明"三

---

① 參李伯謙《晉國始封地考略》,《中國文物報》1993年12月12日;收入李伯謙《晉侯晉都晉文化》,太原:三晉出版社2022年,第6—12頁。
② 關於夏文化是由伊洛、嵩山地區再到晉南,還是其源頭即在晉南而後擴散至豫西地區,劉起釪先生《由夏族原居地縱論夏文化始於晉南》一文,從"夏是冀州之人""冀州的原始地境在晉南""晉南——夏人之故虛""夏人西起晉南然後東進豫境""晉南陶寺、東下馮等地的夏文化遺存所提供的證據"等五個方面進行了討論。參見劉起釪《由夏族原居地縱論夏文化始於晉南》,《古史續辨》,北京:中國社會科學出版社1991年,第132—166頁。
③ 顧頡剛、劉起釪《尚書校釋譯論》(第二册),第873頁。
④ 劉起釪《釋〈尚書·甘誓〉的"五行"與"三正"》,《古史續辨》,第192—213頁。按:"五行"與"三正"新舊説之考辨,劉先生言之已詳,文中不贅論。

正"之説晚至商晚期已經出現,並不能否認夏代已有。夏代口傳之篇,其當用於子弟教育,傳至商周,是否有所承繼,書以行教,不得而知。即便此口傳之篇商代已有寫成之本,而此本是否即幾種傳世本之"藍本",亦未可知。此類口傳文獻,據現有材料可以證析者,僅爲其最晚寫成之時代,以及寫成後於流傳過程中的穩定與變異程度。

《甘誓》有 3 個傳本,見於梅本《甘誓》、《史記·夏本紀》及《墨子·明鬼下》,三本內容如下表所示(表 2.2.3):

表 2.2.3:傳世《甘誓》內容對比表

來源	文本内容
梅本《甘誓》	大戰於甘,乃召六卿。王曰:"嗟!六事之人,予誓告汝:有扈氏威侮五行,怠棄三正,天用勦絕其命,今予惟恭行天之罰。左不攻于左,汝不恭命;右不攻于右,汝不恭命;御非其馬之正,汝不恭命。用命,賞于祖;弗用命,戮于社,予則孥戮汝。"
《史記·夏本紀》	有扈氏不服,啓伐之,大戰於甘。將戰,作《甘誓》,乃召六卿申之。啓曰:"嗟!六事之人,予誓告女:有扈氏威侮五行,怠棄三正,天用勦絕其命。今予維共行天之罰。左不攻于左,右不攻于右,女不共命。御非其馬之政,女不共命。用命,賞于祖;不用命,僇于社,予則帑僇女。"
《墨子·明鬼下》	《禹誓》曰:大戰于甘,王乃命左右六人,下聽誓于中軍,曰:"有扈氏威侮五行,怠棄三正,天用勦絕其命。"有曰:"日中。今予與有扈氏爭一日之命,且爾卿大夫庶人,予非爾田野葆士之欲也,予共行天之罰也。左不共于左,右不共于右,若不共命,御非爾馬之政,若不共命。是以賞于祖而僇于社。"

《史記·夏本紀》所本汉代《尚书·甘誓》,司馬遷有轉寫。"作《甘誓》"之前當爲《書序》內容。"乃召六卿"下"申之"二字,梅本無。"左不攻于左"後梅本有"汝不恭命"。"女",梅本作"汝"。"維"梅本作"惟"。"共"梅本作"恭"。"政"梅本作"正"。"僇"梅本作"戮"。"帑僇女"梅本作"孥戮汝"。用字異文,對應的戰國文字並沒有典型的區域分布特點,可知梅本同《史記》所據本關係比較密切,但因司馬遷引用時以訓詁代原文,故而生異。

《墨子·明鬼下》所引,首先篇名爲《禹誓》,即認爲此誓爲大禹伐有扈氏所作,不同於《書序》和《史記》所言啓伐有扈之説。"有曰:日中。今予與有扈氏爭一日之命,且爾卿大夫庶人,予非爾田野葆士之欲也。"引號部分共32字,陳夢家先生認爲:"大率三十餘字一簡,'有曰'即'又曰',當在最後,因錯簡誤植于中。"①其説可從。另外,陳氏亦指出,《明鬼下》中"爾"爲領格多數第二人稱,"若"爲主格多數第二人稱。《史記》《孔傳》用"其""女",此或方言之故。② 此所透露出的區域差異,更可助證口傳之説。

考此篇寫成時間之關鍵在於"六卿"和"六事之人",陳夢家考釋"乃召六卿":

> 《孔傳》曰"天子六軍,其將皆命卿"。《詩·棫樸》正義及《禮·曲禮》正義引鄭玄曰"六卿者六軍之將,《周禮》六軍皆命卿,則三代同矣",孔乃用鄭義。先秦本作"乃命左右六人"。案卜辭有卿士,西周初令彝、西周末番生殷、毛公鼎有卿事寮,《詩》(《長發》、《假樂》、《十月之交》)《書》(《洪範》)有卿士,《左傳》隱元鄭莊公、虢公忌父爲周王左右卿士,《左傳》楚有二卿(《成九》、《成十六》),晉、鄭有三卿(晉:《成六》、《成十七》,鄭:《昭六》),晉有五卿(《昭五》),宋、晉、鄭有六卿(宋:《文七》、《文十六》、《昭廿五》、《哀廿六》,晉:《文十三》、《襄十四》、《襄十九》、《昭十六》,鄭:《襄九》、《昭十六》),晉有八卿(《襄八》)。六卿之名大約爲春秋以後所有。③

其後又考釋"六事之人"云:"今本因改'六人'爲'六卿',故改複出此六事之人以呼六卿。《吕覽·先己》曰:'夏后相與有扈戰于甘澤而不勝,

---

① 陳夢家《尚書通論》,第178頁。
② 同上書,第178頁。
③ 同上書,第179頁。

六卿請復之',是《吕覽》作'六卿',可證先秦本《甘誓》已如此。"①陳氏由此推定《甘誓》爲戰國時晉人所作。陳氏考釋文字謹嚴,然並不能依此得到其結論。因爲"六卿""六事"之例,極有可能是後世改移,不能據此定其篇章所起,只能説明此篇在夏地一直有流傳。劉起釪先生認爲成篇時代或當殷代,西周寫成基本定型的本子,春秋戰國的流傳過程中經過損益改换。②郭沫若先生在其《〈詩〉〈書〉時代的社會變革與其思想上之反映》一文中即認爲"《商書》和《周書》都應該經過殷周的太史及後世儒者的粉飾",③合於劉説。當然,除了殷商之時已寫定篇章,流傳至春秋時之晉國而被改移修飾外;亦有可能今傳之《甘誓》爲夏虚一直口傳之篇章,至戰國時始形諸文字。因爲口傳方式的不穩定性,使得傳承者自動將其"六人"改爲"六卿",《甘誓》篇遂成今日面貌。相比較而言,在改换之處上,《明鬼下》所引之篇明顯具有更多商周寫定文本的痕迹。

2.《厚父》篇的歸屬及其流傳路徑蠡測

(1)《厚父》當屬《夏書》

《厚父》篇收入《清華大學藏戰國竹簡》(伍),《厚父》爲自名。④《厚父》爲《書》類文獻逸篇,文中部分内容與《孟子》所引《書》相似。《孟子·梁惠王下》曰:"《書》曰:'天降下民,作之君,作之師。惟曰其助上帝,寵之四方。有罪無罪,惟我在,天下曷敢有越厥志?'一人衡行於天下,武王恥之。此武王之勇也。而武王亦一怒而安天下之民。今王亦一怒而安天下之民,民惟恐王之不好勇也。"趙岐注:"《書》,《尚書》逸篇

---

①陳夢家《尚書通論》,第179頁。
②顧頡剛、劉起釪《尚書校釋譯論》(第二册),第875頁。
③郭沫若《〈詩〉〈書〉時代的社會變革與其思想上之反映》,《中國古代社會研究》,收入《郭沫若全集·歷史編》(第一卷),北京:人民出版社1982年,第96頁。
④清華大學出土文獻研究與保護中心編《清華大學藏戰國竹簡》(伍),上海:中西書局2015年,圖版第3頁,釋文第109—116頁。按:下文介紹部分多取整理説明,所引釋文亦據整理本,不再逐一注明。

也。"從引文結合本篇結構、文辭特點等綜合考慮,整理者定《厚父》爲《尚書》逸篇(參表2.2.4)。

表2.2.4:《厚父》《成人》《孟子》引《書》及梅本《泰誓》互見内容對比表

來源	文本内容
《厚父》	古天降下民,埶(設)萬邦,复(作)之君,复(作)之帀(師),隹(惟)曰其勛(助)上帝䦧(亂)下民之匿(慝)。①
《成人》	古天砥(氏)降下民,俊(作)寺句(后)王、君公,正之以四楠(輔):祝、宗、史、帀(師),乃又(有)司正、典獄,隹(惟)曰董(助)上帝䦧(亂)綯(治)四方之又(有)皋(罪)無皋(罪),隹(惟)民統(綱)絽(紀),以羕(永)譌(化)天晶(明)。②
《孟子》引《書》	天降下民,作之君,作之師。惟曰其助上帝,寵之四方。有罪無罪,惟我在,天下曷敢有越厥志?
梅本《泰誓上》	天佑下民,作之君,作之師,惟其克相上帝,寵綏四方。有罪無罪,予曷敢有越厥志?

《厚父》共31支簡。簡長約44釐米,寬約0.6釐米。第一支上下兩端殘缺,其他各支皆爲完簡。簡背標有序號,依次爲"一"至"十三",今缺序號"一"。最後一支簡背面有"厚父"二字,係篇題。

《厚父》通篇爲"王"和"厚父"的對話。"王"首先通過追溯夏代歷史,指出勤政、用人、敬畏天命、謹慎祭祀對於"永保夏邑(或邦)"的重要性,厚父則從反面闡明君弗用典刑、顛覆其德、沉湎於非彝,臣弗慎其德、不"用敘在服"的嚴重後果。接下來,"王"介紹了自己當下的作爲,厚父在回應中闡述了自己的認識和理念,重點是要畏天命、知民心、處理好司民和民的關係以及戒酒等。

關於《厚父》篇的歸屬,主要有兩種意見:一種以李學勤、趙平安、馬楠、程浩等先生爲代表,認爲當屬《周書》,其中李學勤、馬楠、程浩認爲

---

① 此句整理者在"下民"後絶句,"之匿"下讀,今不從,改爲連讀。
② 清華大學出土文獻研究與保護中心編《清華大學藏戰國竹簡》(玖),上海:中西書局2019年,圖版第12頁,釋文第154頁。

所記爲周武王與夏遺老之間的問對,①趙平安認爲"厚父"是夏代後裔;②另外一種以郭永秉先生爲代表,認爲當屬《夏書》。③

前一種意見的主要依據是《孟子》用《書》部分所討論的是文王、武王之事,分析文王時引《大雅·皇矣》,分析武王時所引《書》當對應作載周武王事之《周書》;另外,《厚父》一篇的文句、用詞同《周書·酒誥》《康誥》《召誥》《牧誓》以及《大克鼎》銘文等相類,且此篇當中所體現出的治國理念是周初文獻所反復強調的。④

郭永秉先生認爲,"王"當爲孔甲後三王中的某一王,《厚父》當爲《夏書》中的一篇。郭文的論證第一部分討論"三后""前文人"和"有神",第二部分分析"後王""永敘在服""用敘在服",第三部分集中討論"王廼遏佚其命"一句,最後討論了作爲《夏書》的《厚父》同《左傳》引《夏書》之呼應以及依據《孟子》引《書》而認定《厚父》作於周武王時說法的問題:

> 至於李學勤、程浩等先生以《孟子·梁惠王下》引"天降下民"等幾句爲論武王之勇,所以認爲《孟子》引的應該是《周書》,而且一定是以武王爲主人公的《書》,我認爲這個推論從邏輯上完全站不住腳。"天降下民"這幾句,講的分明不是武王而是禹的事跡,即使

---

① 李學勤《清華簡〈厚父〉與〈孟子〉引〈書〉》,《深圳大學學報(人文社會科學版)》2015年第3期。程浩《清華簡〈厚父〉"周書"説》,清華大學出土文獻研究與保護中心編、李學勤主編《出土文獻》第五輯,上海:中西書局2014年,第145—147頁。李先生文末按語中言及馬楠、程浩的觀點。後續又見多篇申論文章,基本上未出前説的基本框架,兹不一一列出。
② 趙平安《〈厚父〉的性質及其蘊含的夏代歷史文化》,《文物》2014年第12期。
③ 郭永秉《論清華簡〈厚父〉應爲〈夏書〉之一篇》,《出土文獻》第七輯,上海:中西書局2015年,第118—132頁。
④ 李學勤《清華簡〈厚父〉與〈孟子〉引〈書〉》,《深圳大學學報(人文社會科學版)》2015年第3期。程浩《清華簡〈厚父〉"周書"説》,第145—147頁。又程浩《有爲言之:先秦書類文獻的源與流》一書中有系統論析,北京:中華書局2021年,第190—199頁。

是要説武王之"勇",何必引它?《孟子》引這兩句,恰是用《厚父》的本來意思,與論武王之"勇"毫無關係,文義大致是説:《尚書》裏説"天爲下民作君作師,是要天子整治四方罪惡的",武王見不得獨夫橫行,就一舉滅商安定天下了,所以下民唯恐武王不好勇力,這才是大勇。這哪裏能説明此段引《書》必須出於《周書》呢?闡説正義者誅滅罪惡符合天命的道理,就一定要引周武王爲主人公的《周書》嗎?①

此外,關於《厚父》篇所體現出的治國理念同周初比較一致的問題,郭文亦有分析:

> 《墨子·非樂上》引"《武觀》曰:'啓乃淫溢康樂,野于飲食,將將銘,莧磬以力,湛濁于酒,渝食于野,萬舞翼翼,章聞于大(惠棟説"大"當作"天"),天用弗式。'"惠棟以爲這是敘武觀之事的佚《書》,與《夏書·五子之歌》有關。啓之無德、湛酒,與《厚父》"啓之經德少"及下文厚父的"酒誥"之間的密切關聯,是極易看出的。
>
> 《厚父》一篇十分强調德教,前後多見"明德"、"經德"、"慎德"、"秉德"、"敬德"等表述。《墨子·非命下》記"禹之《總德》有之:'允不著(孫詒讓疑"著"是"若"之誤),惟天民不而葆,既防凶心,天加之咎,不慎厥德,天命焉葆?'"從所引的文字看,既稱爲"禹之《總德》",估計應該屬於《夏書》的佚篇。《總德》强調慎德與葆天命的關係,與《厚父》的主旨契合,這可能正是《夏書》中不少篇目一個重要的共同主題。②

關於夏人"湛濁于酒",除了郭氏所舉《武觀》之例外,《大戴禮記·少閒》載:"禹崩,十有七世乃有末孫桀即位。桀不率先王之明德,乃荒耽于

---

① 郭永秉《論清華簡〈厚父〉應爲〈夏書〉之一篇》,《出土文獻》第七輯,第131頁。
② 同上書,第130頁。

酒,淫洪于樂,德昏政亂,作宮室高臺,汙池土察,以民爲虐,粒食之民,惛焉幾亡。"①又《尚書大傳》伏生傳《湯誓》云:"夏人飲酒,醉者持不醉者,不醉者持醉者,相和而歌曰:'盍歸於亳,盍歸於亳,亳亦大矣。'"②夏末之世,夏人湛酒,伊尹據其酒後之言來判斷革夏之時機是否成熟。可見《夏書》有酒誥之訓,並不突兀。如此,主張《厚父》爲《周書》的兩類主要證據所存在的問題已揭橥清楚。再據《厚父》所載厚父與王對話之口吻來看,此篇屬於《夏書》比較允當。既然屬於《夏書》,則此篇亦可見出夏代口傳文獻之代代相傳;其文體特徵近同周初文獻,則提醒我們此篇之寫定時間或在周初,亦或經過周初之轉寫。《厚父》中所談之夏后孔甲的形象,同《國語》《世本》《左傳》所載頗不相同,③爲我們提供了新的視角,側面反映出夏代口傳文獻流傳中後代接受者的多種取捨與改移軌迹。

(2)《厚父》篇的字用特徵及其流傳軌迹蠡測

就《厚父》簡文的字用情況來看,趙平安先生指出:"《厚父》是抄寫者非常重視的一篇珍貴文獻,它成書很早且有古本流傳;現在見到的本子是在晉系文字基礎上用楚文字轉抄而來的;抄寫者具有很高的權威性和很強的自主性,非一般泛泛抄手可比,很可能是主人自抄的作品。"④至於《厚父》篇字用所體現出的楚系外的特徵,趙平安先生將其分爲兩種情況:一類是非楚系,但難以歸入某一具體區域者,如禹、事、后、皇、湛;⑤一類是可以明確歸入三晉系統者,如夏、慎、敬、夕、嚴、盤、邦、友、高、工等。由於《厚父》篇有明確的晉系文字元素,那些非楚系,既見於

---

①王聘珍撰、王文錦點校《大戴禮記解詁》卷一一《少閒》,第217—218頁。
②皮錫瑞撰、吳仰湘點校《尚書大傳疏證》卷三,第117頁。
③趙平安《〈厚父〉的性質及其蘊含的夏代歷史文化》,《文物》2014年第12期。
④趙平安《談談戰國文字中值得注意的一些現象——以清華簡〈厚父〉爲例》,復旦大學出土文獻與古文字研究中心編《出土文獻與古文字研究》第六輯,上海:上海古籍出版社2015年,第297頁。
⑤此類所舉字例可同三晉文字相對應,只是亦有其他可能。

晉系又見於他系的文字很可能也應當視爲晉系文字,是受晉系文字影響所致。①

趙先生就字形和用字得出的結論可以從信,《厚父》一篇成書與流傳皆很早,且有古本流傳;我們現在看到的本子是在晉系文字基礎上用楚文字轉抄而來。如此則此楚地出土篇章傳自晉地。結合上文關於三晉之地與夏虛問題的引述與分析,夏虛之居者誦夏書,述夏事,代有人在。陳夢家先生云:"關於夏、商、周三代之書的保存與擬作,應該分別爲晉、宋、魯三國所爲。周書多是魯國太史所藏,而夏、商之書多爲晉、宋兩國之人所擬作。這些擬作,也自然有所本,因之也保存了許多史料。"②陳先生已經意識到《書》類文獻流傳之區域性問題,只是其泥於古史辨以來的晚出説,而認爲早期《書》篇多擬作。然就《厚父》篇來看,《書》篇淵源所自,當非常早,且其流傳同夏虛所在關係密切。同時,《書》類文獻的區域性對應,提醒我們早期可能存在一種《夏書》《商書》《周書》分編的文本形態。

二、商代之《書》類文獻及其性質述議

(一) 傳世典籍中的商代《書》類文獻

傳世典籍中系統的商代講述當自《史記·殷本紀》始,司馬遷撰作此篇所據文獻有《尚書》(包括《書序》)《詩經》《國語》《左傳》《世本》《大戴禮記》(主要是《帝系》和《五帝德》)等。③ 司馬遷所據之《書序》同今傳本對商代《書》類文獻篇名之記載略見差異(參表2.2.5),今傳《書序》中從《帝告》至《微子》,共40篇,屬於《商書》:

---

① 趙平安《談談戰國文字中值得注意的一些現象——以清華簡〈厚父〉爲例》,《出土文獻與古文字研究》第六輯,第303—305頁。
② 陳夢家《尚書通論》,第108頁。
③ 金德建《司馬遷所見書考》,上海:上海人民出版社1963年,第1—30頁。

自契至于成湯八遷,湯始居亳,從先王居,作《帝告》。《釐沃》。湯征諸侯,葛伯不祀,湯始征之,作《湯征》。伊尹去亳適夏,既醜有夏,復歸于亳,入自北門,乃遇汝鳩、汝方,作《汝鳩》《汝方》。伊尹相湯伐桀,升自陑,遂與桀戰于鳴條之野,作《湯誓》。湯既勝夏,欲遷其社,不可,作《夏社》。《疑至》。《臣扈》。夏師敗績,湯遂從之,遂伐三朡,俘厥寶玉,誼伯、仲伯作《典寶》。湯歸自夏,至于大坰,仲虺作《誥》。湯既黜夏命,復歸于亳,作《湯誥》。咎單作《明居》。成湯既沒,太甲元年,伊尹作《伊訓》《肆命》《徂后》。太甲既立,不明,伊尹放諸桐。三年,復歸于亳,思庸,伊尹作《太甲》三篇。伊尹作《咸有一德》。沃丁既葬伊尹于亳,咎單遂訓伊尹事,作《沃丁》。伊陟相太戊,亳有祥,桑、榖共生于朝,伊陟贊于巫咸,作《咸乂》四篇。太戊贊于伊陟,作《伊陟》。《原命》。仲丁遷于囂,作《仲丁》。河亶甲居相,作《河亶甲》。祖乙圯于耿,作《祖乙》。盤庚五遷,將治亳殷,民咨胥怨,作《盤庚》三篇。高宗夢得說,使百工營求諸野,得諸傅巖,作《說命》三篇。高宗祭成湯,有飛雉升鼎耳而雊,祖己訓諸王,作《高宗肜日》《高宗之訓》。殷商始咎周,周人乘黎,祖伊恐,奔告于受,作《西伯戡黎》。殷既錯天命,微子作誥父師少師。

表 2.2.5：傳世典籍與清華簡中的《商書》篇目

來源	《商書》篇目
《書序》中《商書》篇目	《帝告》《釐沃》《湯征》《汝鳩》《汝方》《湯誓》《夏社》《疑至》《臣扈》《典寶》《仲虺之誥》《湯誥》《明居》《伊訓》《肆命》《徂后》、《太甲》(三篇)、《咸有一德》《沃丁》、《咸乂》(四篇)、《伊陟》《原命》《仲丁》《河亶甲》《祖乙》、《盤庚》(三篇)、《說命》(三篇)、《高宗肜日》《高宗之訓》《西伯戡黎》《微子》
《殷本紀》明確提到《書序》篇目者	《帝誥》《湯征》《女鳩》《女房》《湯誓》《夏社》《典寶》《中壘之誥》《湯誥》《明居》《伊訓》《肆命》《徂后》、《太甲訓》(三篇)、《咸有一德》《沃丁》《咸艾》《太戊》《原命》、《盤庚》(三篇)、《高宗肜日》《高宗之訓》

續表

來源	《商書》篇目
伏生《尚書大傳》中的《商書》①	《帝告》《湯誓》《盤庚》《高宗肜日》《西伯戡黎》《微子》
梅本《尚書》中的《商書》篇章	《湯誓》《仲虺之誥》《湯誥》《伊訓》、《太甲》(三篇)、《咸有一德》、《盤庚》(三篇)、《説命》(三篇)、《高宗肜日》《西伯戡黎》《微子》
清華簡	《尹至》《尹誥》《説命》《赤鵠之集湯之屋》

此外,除了《書序》與清華簡《商書》外,先秦兩漢典籍直接引《商書》者,有15次(其中引作《湯書》1次);引《商書》篇名者,如引《仲虺之誥》9次,引《湯誓》3次,引《湯説》2次,引《太甲》6次等;又有引《湯刑》《商箴》、武丁作書、湯之盤銘等。

傳世《商書》類文獻,所及人物有契、湯、葛伯、伊尹、汝鳩(女鳩)、汝方(女房)、桀、臣扈、誼伯(義伯)、仲伯、仲虺(中䖒、中薨)、咎單、太甲、沃丁、伊陟、原、太戊、仲丁、河亶甲、祖乙、盤庚、武丁、傅巖(傅説)、祖己、祖伊、受(紂)、微子。其中包括了從契到武丁一共10位商王(契、湯、太甲、沃丁、太戊、仲丁、河亶甲、祖乙、盤庚、武丁),而同湯相關者有13篇,在衆王中最多;其次是武丁,有5篇。② 賢臣當中以伊尹相關的篇目最多,有11篇,其次是伊陟,有6篇。清華簡中,《尹至》《尹誥》《赤鵠之集湯之屋》3篇,亦爲講述湯與伊尹言行之《商書》。

從這些《商書》的歷史背景及其主題來看,關涉"殷革夏命"者居多,有《湯征》《汝鳩》《汝方》《湯誓》《夏社》《疑至》《臣扈》《典寶》《仲虺之誥》《湯誥》《沃丁》,③清華簡《尹至》《尹誥》《赤鵠之集湯之屋》亦屬此

---

① 據皮錫瑞《尚書大傳疏證》,參見皮錫瑞撰、吳仰湘點校《尚書大傳疏證》,北京:中華書局2022年。
② 按:清華簡《説命下》亦及武丁,此處不計入。
③ 按:《沃丁》載咎單訓伊尹事,當述及伊尹輔湯伐桀以代夏之功業。

類,共得14篇。① 《周書·多士》言殷商先人有記載"殷革夏命"之典册,或即指以上所揭篇目而言。

其次爲訓教類,有《伊訓》《肆命》《徂后》、《太甲》(3篇)、《沃丁》、《咸乂》(4篇)、《伊陟》《原命》《高宗肜日》《高宗之訓》,共15篇;其中,《咸乂》(4篇)、《高宗肜日》涉及出現異象後有針對性的訓戒。復次是遷居一類,有《帝告》《釐沃》《明居》《仲丁》《河亶甲》《祖乙》《盤庚》(3篇),共9篇。此外,《説命》(3篇)涉及選賢任能。《西伯戡黎》和《微子》兩篇則涉及"殷周鼎革"的前奏,如同湯伐不祀之葛伯來捍衛天命,西伯以勝黎國來顯示天命始轉,殷人"元龜"失靈,天命錯亂。

商代《書》類文獻見存於傳世《書序》,其篇章内容,除了新見清華簡數篇外,其餘主要依賴梅本《尚書》或先秦兩漢典籍徵引。關於這些篇章是否爲商《書》之原貌,歷來争議不斷。或認爲至周後由宋人擬定,或認爲晚至戰國始出。結合《國語》與《左傳》所載,春秋時期《商書》已多見徵引,則《商書》類部分篇章的主體部分當在西周時期已經有其藍本,而其中更多晚出的痕迹則因流傳改移。

(二) 商代《書》類文獻的存古與改移:以《湯説》和《高宗肜日》爲例

1.《湯説》所見商代巫風及其流布

《國語·周語上》云:"在《湯誓》曰:余一人有罪,無以萬夫,萬夫有罪,在余一人。"所引不見於今本《湯誓》,《墨子·兼愛下》引作《湯説》,《論語·堯曰》《吕氏春秋·順民》《尸子·綽子》《荀子·大略》《論衡·感虚》《帝王世紀》均引其文,爲禱雨之辭。其中《兼愛下》《順民》和《帝王世紀》述之較詳,條陳其引文如次:

《墨子·兼愛下》云:

---

① 按:朱曉海先生認爲《尹至》很有可能就是百篇《尚書》中的《疑至》,或至少爲同一傳説的不同述古之作。詳參朱曉海《〈尹至〉可能是百篇〈尚書〉中前所未見的一篇》,復旦網 http://www.fdgwz.org.cn/web/show/1187,2010年6月17日。

且不唯《禹誓》爲然,雖《湯説》即亦猶是也。湯曰:"惟予小子履,敢用玄牡,告於上天后曰:'今天大旱,即當朕身履,未知得罪于上下,有善不敢蔽,有罪不敢赦,簡在帝心。萬方有罪,即當朕身,朕身有罪,無及萬方。'即此言湯貴爲天子,富有天下,然且不憚以身爲犧牲,以祠説于上帝鬼神。"即此湯兼也。雖子墨子之所謂兼者,於湯取法焉。①

《吕氏春秋·季秋紀·順民》載:

昔者湯克夏而正天下,天大旱,五年不收,湯乃以身禱於桑林,曰:"余一人有罪,無及萬夫。萬夫有罪,在余一人。無以一人之不敏,使上帝鬼神傷民之命。"於是翦其髮,䥣其手,以身爲犧牲,用祈福於上帝,民乃甚説,雨乃大至。則湯達乎鬼神之化,人事之傳也。②

《帝王世紀》曰:

湯自伐桀後,大旱七年,洛川竭。使人持三足鼎祝於山川,曰:"慾不節耶?使民疾耶?苞苴行耶?讒夫昌耶?宫室營耶?女謁行耶?何不雨之極也!"殷史卜曰:"當以人禱。"湯曰:"吾所爲請雨者,民也。若必以人禱,吾請自當。"遂齋戒,剪髮斷爪,以己爲牲,禱於桑林之社,曰:"唯余小子履,敢用玄牲,告於上天后土曰:'萬方有罪,罪在朕躬;朕躬有罪,無及萬方。無以一人之不敏,使上帝鬼神傷民之命。'"言未已而大雨至,方數千里。③

典籍所引此禱文,當屬於祈誥類,《兼愛》言其出自《湯説》似較《周語》以之爲《湯誓》更爲合適。湯克夏而天下大旱,其以自身爲犧牲,祀

---

① 孫詒讓撰、孫啓治點校《墨子閒詁》卷四《兼愛下》,第122—123頁。
② 許維遹撰、梁運華整理《吕氏春秋集釋》卷第九《順民》,第200—201頁。
③ 徐宗元輯《帝王世紀輯存》,第64頁。

詰上帝鬼神。這種行爲,屬於典型的巫術。但是又有重民務本等理性政治行爲涵蘊其中。墨家取以言兼相愛,又取其巫鬼上帝以申"明鬼"之説,言墨子取於湯履。由此可見,墨家主張中頗可見商代巫祀文化的影子。《周書·金縢》中亦可見周公類似商湯,爲治療武王之病而以自身爲犧牲的做法。另外,《左傳》哀公六年載楚昭王死於城父之前,曾有雲如紅鳥夾太陽飛翔三天的異象,周太史言此異象恐怕應在楚王身上,不過如果禳祭,可以轉移到令尹、司馬身上。所謂禳祭,即屬於轉移災害一類巫術。《吕氏春秋》以商湯禱雨之巫事闡明"順民"之説,云"湯達乎鬼神之化,人事之傳",則巫事已非其關注之要,其對人事之作用才是重點,説明商代巫祀文化的本體逐漸被淡化,而其中涵蘊的理性成分越來越被彰明。《湯説》篇也正是在這樣的態度下逐漸被忽略,隨着墨家的衰落而僅存留於典籍徵引當中了。

2.《高宗肜日》的存古及其所受周文化影響

《高宗肜日》云:"高宗肜日,越有雊雉。"高宗肜日之祭舉行之時,有野雞鳴叫。此事定然對肜日之祭者也即商王造成了影響,故而祖己先云"惟先格王,正厥事",進而對王進行訓誥。此處所謂高宗是祭者還是被祭者,衆説紛紜。《書序》《尚書大傳》《史記·殷本紀》等認爲此篇爲"高宗祭成湯"。金履祥《尚書表注》、鄒季友《書經音釋》謂此篇乃於高宗之廟進行肜祭,金氏更認爲"似是祖庚繹于高宗之廟"。王國維先生依照《堯典》《伊訓》《泰誓》所記"祭祀"文例;並依據卜辭文例,"肜日"上之人名皆爲所祭之人,認爲此篇不得爲高宗祭成湯,又認爲祖己爲武丁之子、祖庚之兄孝己,故"因雉之變而陳正事之諫"。此外,又據馬融訓"典祀無豐於昵"之昵爲"禰廟"之所,進一步認定此篇非高宗祭成湯之作。① 上博簡《競建内之》載鮑叔牙與隰朋曰:"昔高宗祭,又(有)敓

---

① 王國維《高宗肜日説》,《觀堂集林》,第 27—30 頁。上述諸説據王先生此篇,不再一一注明。

(雉)包(雛)於**㘴**前,嘼(譔)祖己而昏(問)安曰,是可(何)也？祖己會(答)曰：'昔先君祭,既祭安(焉),命行先王之灋(法),發(廢)古簋(虘),行古迮(作),發(廢)迮(作)者死,弗行者死。'"①據《競建內之》所載,鮑叔牙已認爲此篇中高宗爲行祭之人。然而關於商人之祭祀方式及卜辭之文例,如劉起釪先生所言,至遲在東周時期已不能確解。②

(1)《高宗肜日》的存古

金履祥、鄒季友、王國維等人關於《高宗肜日》的認識,有別於《書序》及《尚書》今古文家的傳統講法,然所論可見證於後出之卜辭。在周世已若存若亡之殷商史事,能夠得證於千年後地下出土的材料,根本原因在於此篇形成之後,雖經改移,但亦多存古。"祖己"之說得證於甲骨,王氏所據已詳,茲不贅論。下面我們就"雊雉"與"遠方來朝"兩個問題來申說此篇之存古處。

雊雉問題。總覽《書》篇,獨此篇神異"雊雉"之事,無怪乎胡厚宣先生考證言："《說文》,'雉有十四種。'《急就篇》,'鳳爵鴻鵠雁鶩雉',顏師古注,'雉有十四種,其文采皆異焉。'《韓詩外傳》說,'君不見大澤中雉乎？羽毛悅澤,光照於日月。'是雉爲一種美麗的鳥名。……意者武丁必以雉爲神鳥。"③此後,又舉王亥日名字形常寫作從亥從鳥形(甲骨八片,卜辭十條),來申證其論。④ 如此,雉既爲鳳屬,則卜辭中祭祀鳳的記載又可以被關聯起來。另外,《殷本紀》中司馬遷言,武丁死後,祖己嘉武丁之以祥雉爲德,立其廟爲高宗。⑤ 由此再來看祖己之言"惟先格王,正厥事。乃訓於王曰……"中的"惟先格王"實則是"先王至"或"先

---

① 《競建內之》簡二,《上海博物館藏戰國竹書》(五),圖版第 3 頁,釋文第 169 頁。
② 劉起釪《〈高宗肜日〉所反映的歷史事實》,《古史續辨》,第 247 頁。
③ 胡厚宣《甲骨文所見商族鳥圖騰的遺跡》,中國社會科學院歷史研究所編《歷史論叢》(第一輯),北京：中華書局 1964 年,第 154 頁。
④ 胡厚宣《甲骨文所見商族鳥圖騰的新證據》,《文物》1977 年第 2 期。
⑤ 《史記》卷三《殷本紀》,第 134 頁。

王來到王身邊"之義。"雊雉"代表先王降陟,其目的是爲了"正厥事",接下來則是祖己"代言",或揣摩出的祖先的訓教之言。這樣,《殷本紀》中的"武丁懼",實則所害怕的非異象而是祖靈之臨。這樣理解當符合巫風濃厚的商文化之實際,同時亦可疏通《殷本紀》中"武丁懼"與"祥雉"之說的矛盾。

《高宗肜日》經文、《書序》,以及伏生《大傳》皆未言"武丁懼",則此說又爲司馬遷所受《尚書》學系統發揮而來,究其邏輯,當同西周以來的天命祥瑞説有關。總覽此篇的古今傳解,能够發現包含巫文化認知的祖靈降臨,完全被"瑞應異象"之説所替代了。目前可見,百篇《書序》已信從"瑞應異象"之論,並據以討論《書》篇之所起。可見經雖有"存古"處,若不驗證以後世地下出土材料,則我們只能通過"周文化化"(下文簡稱"周化")的傳解系統來理解夏商及更早時期的《書》篇。

"遠方來朝"問題。《高宗肜日》中的"雊雉",即便是在"瑞應異象"説系統當中,亦見分歧。但就經文、《書序》及《殷本紀》所述來看,此篇當中並無祖己分析"雊雉"寓意言論的記載。《殷本紀》也只言"武丁修政行德,天下咸驩,殷道復興",無"遠方來朝"之論。而《尚書大傳》中祖己分析"雊雉"云:"雉者,野鳥也,不當升鼎。今升鼎者,欲爲用也。遠方將有來朝者乎?"①可見,伏生已信從"遠方來朝"之説。就《大傳》所述,伏生所見本或有異文,多出祖己論析之語。到了《漢書·五行志》,出現了兩説,其一認爲雉爲野鳥,而以野鳥象徵庶子,繼嗣將易;其二以野鳥代指小人兩説:

> 劉向以爲雉雊鳴者雄也,以赤色爲主。於《易》,《離》爲雉,雉,南方,近赤祥也。劉歆以爲羽蟲之孽。《易》有《鼎卦》,鼎,宗廟之器,主器奉宗廟者長子也。野鳥自外來,入爲宗廟器主,是繼嗣將易也。一曰,鼎三足,三公象,而以耳行。野鳥居鼎耳,小人將居公位,

---

① 皮錫瑞撰、吳仰湘點校《尚書大傳疏證》卷三,第126頁。

敗宗廟之祀。野木生朝，野鳥入廟，敗亡之異也。武丁恐駭，謀於忠賢，修德而正事，內舉傅説，授以國政，外伐鬼方，以安諸夏，故能攘木鳥之妖，致百年之壽，所謂"六沴作見，若是共御，五福乃降，用章于下"者也。一曰，金沴木曰木不曲直。①

《五行志》此處結合《伊陟》和《高宗肜日》兩篇的《書序》內容一起討論，將桑穀共生稱作"木妖"之異，而將雊雉稱作"鳥妖"，故而言"野木生朝，野鳥入廟，敗亡之異也"。《五行志》雖然同時接受了《尚書大傳》的"遠方來朝"説和《殷本紀》系統的"武丁懼"，但其説的理論依據已經調整爲《周易》，並全然忽略了司馬遷的"祥雉"説。

王充的《論衡》從《大傳》之説，認爲"祖乙（己）見雉有似君子之行，今從外來，則曰'遠方君子將有至者'矣"。②《異虛》篇又言：

　　殷高宗之時，桑穀俱生於朝，七日而大拱。……高宗祭成湯之廟，有蜚雉升鼎[耳]而雊。祖己以爲遠人將有來者，説《尚書》家謂雉凶，議駁不同。且從祖己之言，雉來吉也。雉伏於野草之中，草覆野鳥之形，若民人處草廬之中，可謂其人吉而廬凶乎？……周時天下太平，越嘗獻雉於周公，高宗得之而吉。雉亦野草之物，何以爲吉？如以雉所（耿）分（介）有似於士，則麢亦仍有似君子，公孫術（述）得白鹿，占何以凶？然則雉之吉凶未可知，則夫桑穀之善惡未可驗也。桑穀或善物，象遠方之士，將皆立於高宗之廟（朝），故高宗獲吉福，享長久也。③

王充認爲"雊雉"當從《大傳》爲吉兆，其所舉"越嘗獻雉於周公"的例子，亦可補充我們先前的分析。只是王充的認識已然全在瑞應説的範圍內，而不能進一步論及"雉"對於商人是特殊意義，以及祖己言語之實指。

---

① 《漢書》卷二七《五行志》，第1411頁。
② 王充撰、黃暉校釋《論衡校釋》卷一七《指瑞》，北京：中華書局1990年，第748頁。
③ 同上書，第213—220頁。

抛開"議駁不同"的《尚書》諸家"誤説",那麽"遠方來朝"的傳解究竟緣何而出呢?若《競建内之》篇中鮑叔牙所言依據爲商《書》,則可補證前言,即《商書》至遲到西周時當已有藍本。此篇的"誤讀"起源甚早,春秋時已經認爲是武丁祭成湯之作,鮑叔牙所從一系的講法似對孔子也產生了影響,如《尚書大傳》載:

　　武丁祭成湯,有飛雉升鼎耳而雊。武丁問諸祖己,祖己曰:"雉者,野鳥也,不當升鼎。今升鼎者,欲爲用也。遠方將有來朝者乎?"故武丁内反諸己,以思先王之道。三年,編髮重譯來朝者六國。孔子曰:"吾於《高宗肜日》,見德之有報之疾也。"①

伏生之經説淵源何自,已不得其確實,來自儒家系統當無疑問。就伏生所引孔子之語來看,春秋時人釋《高宗肜日》似已有伏生《大傳》的規模。此説是否有更早的來源,我們試着結合古文字材料來做進一步考察,"雉"的甲骨字形及辭例或能提供一些啓發。"雉"字可用爲鳥名,其在甲骨中初文作"🐦",爲獨體象形字,但更多見的是或從矢,或從至,或從夷的繁化字形,如🐦、🐦、🐦、🐦、🐦、🐦、🐦、🐦、🐦、🐦、🐦等。除了用爲鳥名外,多見"雉衆"的記載,其辭例中"雉"字形,陳夢家《殷虛卜辭綜述》言:

　　武丁作"至",廩辛作"夷",康丁從矢,或增土。康丁所從之至即至字,皆象矢至於地。凡此諸形,意當相同。《方言》六"雉,理也";《爾雅·釋詁》"矢,雉……旅,陳也",郝疏云:"旅者師旅也,人衆須有部別,與陳義近"。雉可能是部別、編理人衆。②

就甲骨辭例中表示部別、編理義的🐦字形來看,"至"曾被用作"雉"字之聲符,時間正當我們所討論的武丁到康丁時期,之後,似乎因爲同屬脂部

---

① 皮錫瑞撰、吴仰湘點校《尚書大傳疏證》卷三,第126頁。
② 陳夢家《殷虛卜辭綜述》,第609頁。

的"矢"和"夷"與作部別、陳理義的"雊"音更接近,遂結束了混用局面。所以,《爾雅》僅取"矢""雊"言"陳也",而不及"至",①後世通假亦未見"雊"通質部的"至"或其諧聲之字者。甲骨文外,我們只能從一些同樣有"存古"處的典籍中探得一些痕跡,如《逸周書·王會》有"南人**至眔**皆北嚮",②其中"至眔"同於甲骨文之"雊眔",留存有"至"的陳理義。據此,"至"和"雊"的關聯,我們由甲骨文探知,而《高宗肜日》的傳解系統中由"雊雉"而到"遠方來朝"的解釋,或由這一早期關聯所申發而出,值得玩味。

(2)《高宗肜日》所受周文化影響

結合前文所引《尚書大傳》内容,就其中伏生所引孔子之語來看,春秋時人釋《高宗肜日》似已有伏生《大傳》的規模。孔子以"德報"來點睛此篇,可見其傳解的周化。就經文自身而言,亦多見明顯經過"周化"處理的地方。

《高宗肜日》篇出現的巫文化背景,前文已及。此篇當確信傳自商代,高宗即爲武丁,祖己即爲孝己,而此篇所述之事當發生在武丁之子祖庚祭祀之時。雖然此篇形成於祖庚時期,但今傳本之寫成時間,歷來頗有爭議。

《書序》云:"高宗祭成湯,有飛雉升鼎耳而雊。祖己訓諸王,作《高宗肜日》《高宗之訓》。"此篇非武丁祭成湯,已辨之於前。《書序》之説不可信從。且其言此篇爲祖己所作,孔傳無異議,蓋從之。蔡沈《書集傳》云:"高宗肜祭,有雊雉之異。祖己訓王,史氏以爲篇。亦爲訓體也,不言訓者,以既有《高宗之訓》,故只以篇首四字爲題,今、古文皆有。"③則

---

①《爾雅》卷上《釋詁》,《四部叢刊》所收鐵琴銅劍樓舊藏宋十行本,北京:中華書局2016年影印版,第4頁。
②黃懷信、張懋鎔、田旭東撰,黃懷信修訂,李學勤審定《逸周書彙校集注》,上海:上海古籍出版社2007年,第898頁。
③《書集傳》卷五,漢文大系本,第25頁。

蔡氏以爲祖己所訓,史官所記。《殷本紀》先將祖己之訓語放在帝武丁祭成湯時候,爲了調和"立其廟爲高宗"只能在高宗死後的矛盾,又在敘述武丁死後部分言"帝祖庚立,祖己嘉武丁以祥雉爲德,立其廟爲高宗,遂作《高宗肜日》及《訓》",①將訓話時間和寫成時間分開,一在武丁祭成湯之時,一在武丁逝世後祖庚時候。

上述意見基本上認爲此篇成於商代,分歧之處在於作成此篇者爲史官還是祖己本人。司馬遷更是調和諸説,顧及到其可見的所有材料,分訓話時間與寫成時間爲二。然而訓話者爲祖己,而被訓者爲武丁,以子訓父,於辭爲不順,故王國維先生云:

> 顧經言祖己訓於王,如王斥高宗,則以子訓父,於辭爲不順。若釋爲祖己誡祖庚,則如伊尹訓太甲,於事無嫌。蓋孝己既放,廢不得立。祖庚之世,知其無罪而還之。孝己上不懟其親,下則友其弟,因雊雉之變而陳正事之諫。殷人重之,編之於《書》。然不云兄己父己而云祖己,則其納諫雖在祖庚之世,而其著竹帛必在武乙之後……故《書》之祖己,實非孝己不能有此稱也。至《西伯戡黎》之祖伊,亦疑即紂王之諸父兄弟。果如此,則《商書》之著竹帛,當在宋之初葉矣。②

王國維先生據"祖己"之稱推定《高宗肜日》之寫成時間在武乙之後,再結合《西伯戡黎》中"祖伊"之稱,言《尚書》中《商書》諸篇之寫定當在商亡後微子所封之宋國了。今傳本的寫定時間或確如王先生所言,成於西周時期之宋國。而其從形成到寫定之間的流傳則正合於前文所論之口耳與竹帛並行方式。西周時候寫定的《商書》篇章中確實已用到了同時期的表達,這亦反映出文獻流傳過程中改移的發生。

沈文倬先生嘗言:"載籍成書年代的考定,應該充分注意它所含蘊

---

①《史記》卷三《殷本紀》,第134頁。
②王國維《高宗肜日説》,《觀堂集林》,第29—31頁。

的觀念形態,要把它當做一個重要標誌來對待。"①結合出土商代甲金文,可知商代並無"德"字,亦未見尊德之説。另外,商代甲骨文中有"帝"和祖靈一起發揮保護神的作用,而"天"僅作爲"大"義存在。西周金文及典籍中,"天"作爲至上的支配者大量出現。《高宗肜日》一篇中有"惟天監下民""非天夭民""民有不若德,不聽罪,天既孚命,正厥德,乃曰其如台""罔非天胤"等句,四處有"天",一處言"德"。這些用字的出現,説明此篇在流傳和寫成時受到了周文化的影響。關於此一問題,劉起釪先生云:

> "天"作爲至上神,在西周典籍及金文中大量出現着。例如《周書》諸誥,包括五誥(《大誥》、《康誥》、《酒誥》、《召誥》、《洛誥》)及《梓材》、《君奭》、《多士》、《多方》等篇,共用"天"字112次,但同時也用"帝"字25次;《周易》卜辭用"天"字17次,用"帝"字1次;《詩》中神意之天用106次,帝字用38次。而金文中亦"天"字多於"帝"字……如果本篇真是祖己講話的原文,則篇中"惟天監下"當作"惟帝監下","天既付命"當作"帝既降命"或"帝既授命",等等。但現在本篇不用一"帝"字,却用了四"天"字,可知已放棄殷人自己慣用的字,改用和周人交往後所用的字了。②

結合劉先生的統計,則商亡以後,商周文化激蕩,相互影響,周人"帝""天"兼而用之可謂明證。另外,《商書》諸篇,《湯誓》與《盤庚》中"帝""天"並用,而《西伯戡黎》《微子》《高宗肜日》三篇已全用"天"字,或可認爲前兩篇寫定較後三篇爲早。需要指明,劉起釪先生認爲"帝"爲商人的至上神,"天"爲周人的至上神,兩者之間是一種逐漸替代的關係。實則"帝"不宜視作商人的至上神,此點當注意。

---

① 沈文倬《略論宗周王官之學》,《菿闇文存》(上),北京:商務印書館2006年,第435頁。
② 劉起釪《〈商書·高宗肜日〉的寫定與所受周代影響》,《古史續辨》,第261—262頁。

再説"德"。郭沫若先生《先秦天道觀之進展》中詳細分析了商周之際,周人吸收商亡之教訓,開始懷疑商人崇帝敬神之觀念,提出一個"德"來的過程。《周書》當中多言"敬德",如"天不可信,我道惟文王德延"(《君奭》)、"文王克明德慎罰"(《康誥》)、"丕則敏德,用康乃心,顧乃德"(《康誥》)、"先王既勤用明德"(《梓材》)、"王其德之用祈天永命"(《召誥》)等。郭氏言,這種"敬德"的思想在周初的幾篇文章中就像同一個母題的和奏曲一樣,翻來覆去地重複着,確實爲周人所獨有的思想。傳世文獻外,成王時的班簋銘文和康王時的大盂鼎銘文都言及"德",是繼承了周初思想的表現。《周書》和"周彝"大都是立在帝王的立場上來講"德",故其中不僅包含着正心修身的工夫,還包含着平治天下的作用。就王而言,其應當努力於人事,不使喪亂有隙可乘,天下平泰,天命常保。① 劉起釪先生在此基礎上申論之曰:

> "德"是西周統治者在沿用"天命"這一"神道設教"的同時,所提出的用以作爲欺騙説教的另一種補充作用的思想統治術。不過當時是强調統治者應該"明德"、"敬德"、"秉德"、"敷大德於天下";到後來才發展成爲儒家的"德教"思想,在要求統治者循規蹈矩遵守德教了。但由漢宣帝劉詢所説"奈何純任德教,用周政乎"一語,就知道原要求於統治者所應該履行的"德教",確是"周政",是周代才有的。而本篇(指《高宗肜日》)用了德字,説明它和天字一樣,是受了周人的影響寫入的。②

此篇雖受到周人影響,但"孝己"仍稱作"祖己",而周代文獻中則多稱"孝己",可證王國維先生所言。故此篇當成於周初所封殷裔之宋國,由當時之史官寫定。另外,"天"和"德"的使用,某種意義上透露出書於竹

---

① 郭沫若《先秦天道觀之進展》,《青銅時代》,收入《郭沫若全集·歷史編》(第一卷),第335—337頁。
② 劉起釪《〈商書·高宗肜日〉的寫定與所受周代影響》,《古史續辨》,第264頁。

帛時史官去"巫"化的努力,亦合於貴族子弟"《書》教"之要求,所以能够穩定保留下去。

3.從出土材料看商代《書》類文獻中的巫祀因素及相關問題

完整傳世的7篇《商書》文獻,①雖存其古,但經過周化而流傳下來,其用字、句法以及一些文化觀念均經過調整。這點同甲骨文相較便可明顯見出。另外,其傳解也經過了系統性的"郢書燕説"。如此,根據今傳經傳系統很難探知《書》類文獻早期的性質與功用。所幸甲骨文的發現改變了我們可憑藉的材料狀況。這些商代中晚期的官方記録(主要是占卜方面),使我們有機會近距離研究商代文書(至少是占卜文書)之書寫程式及文字形態。商中晚期可見之記載及典册之性質與内容,實可由其甲骨字形及用例分析探得。

與此同時,我們也要看到僅依靠甲骨卜辭來推測商代《書》類文獻形態的局限性。否則就可能得出前引内藤湖南一樣的看法,認爲商雖有文字,然契文皆不長,似很難寫出如《尚書》中所見之早期"雄篇大作"。其論説實泥於卜辭而以偏概全。我們不能僅據性質單一的卜辭來對商代整體文獻形態下判斷,如同我們不能僅通過《周易》辭簡而推斷周代没有"雄篇大作"一樣,道理顯然。

另外,關於商代文獻的性質的一些既有講法仍有討論的必要。如過常寶先生認爲:"殷商文獻,無論是何種形態,基本都具有宗教性質,它們是人神交往的手段和結果。所以,殷商文獻在脱離宗教儀式後,就不再具有社會交往的功能。"②過先生的講法有一定道理,但未細分其間層次。見存商代契文中有一類不包括"貞""卜"字的記事刻辭,雖同祭祀相涉,但與占卜毫無關聯。李學勤先生曾指出:"不少學者見殷墟卜辭數量繁多,内容瑣細,便主張商代人們,至少商王是每事必卜,這未必合

---

① 傳世《商書》七篇爲《湯誓》、《盤庚》(三篇)、《高宗肜日》、《西伯戡黎》和《微子》。
② 過常寶《制禮作樂與西周文獻的生成》,北京:中國社會科學出版社2015年,第6頁。

于實際。古人認爲卜以決疑,不疑何卜,對那些已有定制的事,只需照章辦理的,就不一定問卜。歲祭、周祭之類卜辭時有時無,可能便是這樣的緣故。"①這種占卜之外的記事刻辭同純粹占卜刻辭之間的性質差異,提醒我們商代文獻或不宜以簡單的"宗教文獻"視之。

(1)巫祀文獻

殷商時期册典的內容與性質可據"典""册"在甲金文中的使用情況一窺。"典""册"在甲骨文中的字形本身就顯示出當時有編册之典籍的存在。"册"在甲骨文中有"再册""册用""册至""册祝""册入""册晋"等用法。② "再册"之"再",于省吾先生認爲和"稱"爲古今字。稱爲述説之義,册爲册命之義。③ 胡厚宣先生亦認爲"再即稱,稱册者稱册受命也"。④《甲骨文字詁林》"册"字條按語云:"卜辭累見'再册',即舉册。國有大事,必有册告。卜辭除常見之'沚馘再册'之外,尚有'己巳卜,爭貞,侯告再册'(《合》7412)、'貞……師般……商再册'(《合》7417)、'貞勿令敵比我再册'(《合》7418)、'王其比望再册光及伐望,王弗每,有𢦏'(《合》28089正),凡此皆與軍事行動有關,當屬盟書之類。至於祭祀,亦必有册告,所謂'祝册''工(貢)典'皆是。"⑤"册"和"用"連用,如"惟萑册用王受祐"(30684)等。"再册"亦偶見寫作"再晋"者,如"貞盾再晋卯"(《合》7427正)。此處當是假"晋"爲"册",因爲"晋"字本非册告之義。卜辭多見"册晋"連用者,如"……沚馘再册晋舌方……王比下

---

① 李學勤《論賓組胛骨的幾種記事刻辭》,《英藏甲骨集·下編》"附論",北京:中華書局1985年,第162頁。
② 姚孝遂主編,肖丁副主編《殷墟甲骨刻辭類纂》(吉林大學古籍研究所叢刊之六),北京:中華書局1989年,第1130—1138頁。
③ 于省吾《釋再册》,《雙劍誃殷契駢枝續編》,北京:中華書局2009年,第166—169頁。
④ 胡厚宣《殷代封建制度考》,《甲骨學商史論叢初集》,成都:齊魯大學國學研究所1944年,第52頁。
⑤ 于省吾主編《甲骨文字詁林》,第2935册字條,北京:中華書局1996年,第2963頁。

上若受我……"(6160),亦可證二字有別。可以這樣説,卜辭中"册"與"晉"有通用之處,但區別明顯,不能視爲同一字。但從册之字,基本上都同祀與戎相關,合於《左傳》成公十三年所謂之"國之大事,在祀與戎"。

但是卜辭中的祭祀又有別於後世之祭禮,以"晉"爲例,甲骨文於祭祀用人牲物牲之言晉者,凡二百餘見。白川静先生認爲:"晉的儀禮都與犧牲的畜養侑薦有關。晉的原義,當是把這種畜養侑薦的犧牲祝告神靈之謂。"①于省吾先生認爲:"晉從册聲,古讀册如刪,與刊音近字通,俗作砍。"②如此則"晉"實際上爲一種殺牲祭祀的方式,所謂"晉牛""晉牢",實即砍殺犧牲以祭祖。至於祭祀過程中如何處理這些犧牲,伊藤道治言:"這個晉字,根據卜辭通例,是祭祀時把人作爲犧牲之禮——不一定殺死。"王玉哲先生在此基礎上分析云:

> 按殷虚卜辭中有"晉千牛、千人"(《合》301),"晉百羊、百牛、百豕"(《金》670)。所晉的數字這麽大,伊藤教授的不一定殺死的説法很有道理。晉牛羊或晉人可能最初確是真正殺祭,并把殺的牛羊數字和人牲的名字刻在典册上用以祭祀,後來發現這實在太浪費了,於是逐漸演化爲對物牲或人牲不真正殺死,而只是把數目字或名字登記在典册上用以祭祀。③

王先生所言或更接近巫風濃厚的商代祭祀實際,只是其認爲以典册記録犧牲數量而不真殺是由於"後來發現這實在太浪費了"似未爲允妥。上言商代之巫風甚濃,此以數字指代真犧牲蓋爲巫文化中之常見現象,不必因浪費始用之。由此便可以見出商代祭祀有着濃厚的巫術背景,不宜

---

① 白川静著、鄭清茂譯《作册考》,《中國文字》(第39册),臺灣大學文學院中國文學系編印1971年,第12頁。
② 于省吾《釋晉》,《甲骨文字釋林》,第174頁。
③ 王玉哲《陝西周原所出甲骨文的來源試探》,《社會科學戰綫》1982年第1期。

等同於後世之祭禮。

典乃册之孳乳字,甲骨文中寫作苗、苗、苗、苗等形。"典"在甲骨辭例中亦見同"册""晋"互用的例子,如《合》7414 和《合》7422 中的"禹苗"、《合》28009 中的"典晋"等。典字辭例以"工典"爲多,于省吾先生有《釋工典》一文,辨析諸家之説,認爲典與册義雖相仿而於辭例中之用法則有區別。"工典"之"工"應讀作貢。貢典猶言獻册、告册也。書祝告之辭於典册祭而獻於神,故云"工典"也。① 可知典在卜辭中的主要義項爲祭祀時書寫祝告之辭的典册,同於《金縢》所言之"史乃册祝"、《洛誥》之"作册逸祝册"等。白川静氏《作册考》詳考"工典"在祖祭中的地位:

> 工叙是一連串祖祭中最初舉行的儀禮,其後逐旬每逢祖王日干,便依世序舉行祭、㝬、肜三祀;一巡之後又行工叙,每旬依世序舉行彡祀;又一巡而行工叙後,再同樣舉行翌祀。要之,工叙是所謂祭祖——祭、㝬、肜、彡、翌——依祀序舉行之前,分別舉行的總括性的祝告之祀,其目的大概是對於全體被祭的祖神,祝告祀典之開始的。②

據白川氏所論,則"工典"是對全體被祭之祖神祝告祀典之始。這就涉及祭告對象問題。除了祖先神以外,此類商人占卜還常以帝、上下等爲祈求庇佑之對象,此類卜辭俯拾即是:"辛亥卜,殼貞,伐舌方,帝受[我又]。貞,帝[不其受我又]"(《合》06270 正);"貞,勿隹王征舌方,下上弗若,不我其受[又]"(《合》06314);"庚申卜,殼貞,王勿征舌方,下上弗若,不我其受又"(《合》06320),等等。《合》06270 正面卜辭是從正反兩個方面問卜征伐舌方會得到帝的保佑。此處的"帝",胡厚宣先生

---

① 于省吾《釋工典》,《雙劍誃殷契駢枝續編》,第 162—166 頁。
② 白川静《作册考(續)》,《中國文字》(第 40 册),臺灣大學文學院中國文學系編印 1971 年,第 31 頁。

認爲是指天神而言,後來成爲上帝,主宰着自然界上天、下土及人世間的萬事萬物。① 陳夢家先生亦有類似認識:"殷人的上帝是自然的主宰,尚未賦以人格化的屬性;而殷之先公先王先祖先妣賓天以後則天神化了,而原屬自然諸神(如山、川、土地諸祇)則在祭祀上人格化了。"②

此外,陳夢家先生認爲"(帝)是惟一令風雨(除了河)和保佑戰爭的主宰",實際上商代還將亦見卜問先公先王者,如:"貞,沚戛再册于大甲"(《合》06134),是否册命沚戛,要告祭大甲。可知再册之禮在宗廟中舉行,而陳先生所論難言全面。陳先生有一種將殷人的上帝看成猶太教式的上帝的傾向,認爲殷人上帝有人格意識,可以呼風喚雨、降禍降福。實際上,兩者或差別顯明。朱鳳瀚先生即認爲:"上帝對於商人來説,既非嚴格意義上的至上神,亦非保護神。在商人多神教的神殿中,上帝是商人所塑造出來的一種特殊的神靈。"又言:"上帝的權威尚未達到無限,尚未深入到能給予所有的社會存在以影響,特別是上帝與商人的祖先神、自然神之間缺乏明確的統屬關係,都表明商人對這種統一世界的力量的宗教性思索,還在繼續發展之中,並未濃縮到一個最高品位的神上,故而上帝雖已在具自然權能的諸天神中具有主宰的地位,但作爲整

---

①胡厚宣《殷卜辭中的上帝和王帝》(上),《歷史研究》1959年第9期。
②陳夢家先生認爲:殷人的上帝或帝,是掌管自然天象的主宰,有一個以日月風雨爲其臣工使者的帝廷。上帝之令風雨、降禍福是以天象示其恩威,而天象中風雨之調順實爲農業生產的條件,所以殷人的上帝雖也保佑戰爭,而其主要的實質是農業生產的神。先公先王可以上賓於天,上帝對於時王可以降禍福、示諾否,但上帝與人王並無血統關係。人王通過先公先王或其他諸神而向上帝求雨祈年,或禱告戰役的勝利(卜辭"告某方于某祖",即此類)。因此,上帝和人世間的先公先王先祖先妣是不同的:(1)不享受生物或奴隸的犧牲(除了方帝與帝臣);(2)不是求雨祈年的對象;(3)是惟一令風雨(除了河)和保佑戰爭的主宰;(4)少有先公之"耂雨""耂年",也沒有先王之"耂王""帝王"。參見陳夢家《殷墟卜辭綜述》,第580頁。

個商人神靈體系中的至上神的形象在卜辭時代似未能建立起來。"①

《合》06314和《合》06320卜問王征舌方是否得不到"下上"的保佑。此處之"下上",胡厚宣先生認爲是指上帝和地祇百神。② 陳夢家先生亦認爲指天神和地祇。③ 結合前文所論,二氏之説不可取。蕭良瓊先生有《"上、下"考辨》一文,認爲上、下和帝是分别被祈求的,所以上、下不可能是指天地神祇,而應該是同卜辭中的上示、下示祖先世系一樣指祖先神而言的。④ 殷人的占卜,雖然也以巫術中的降神、通靈等方式展開,但其卜問的對象,主要是先祖、先王、先公。此種卜問方式似乎是認爲這些先王先公尚在家族當中,只是以靈的形態存在而已。占卜活動,在卜問具體事情的同時,關於先王先公的記憶得到强化。可以説,殷先公先王的權威感保留在幾乎所有占卜活動中。另外,占卜中對於時間和詳細事件的記録,某種意義上留下了新的歷史記憶。更值得注意的是,商代巫術降神中對祖靈的崇拜已可視作宗法血緣體系之先導,屬於萌動階段形態。

要之,卜辭中之上帝非至上神。而其命風令雨的職能,並不同於發號施令的人格神,而更多的是商人對自己命運前途未能確信而做的詢

---

① 朱鳳瀚先生認爲:"就宗教學的意義而言,上帝與有着特定的本原物(無論是自然物還是人、獸)的諸神不同,當起自另一種造神方式。在卜辭時代,商人的宗教已由自然宗教(亦即自發宗教)發展爲人爲宗教,具體而言,其宗教形態尚屬於人爲宗教之第一階段,即民族宗教階段。此時,商王室的祖先神已被奉爲國家神與商民族之神。但是,人類所難以控制的、千變萬化的自然界與紛繁複雜的社會現象促使商人去進一步探尋與追溯那種超出於祖先神與自然神的權能之上的統一整個世界、並給予其秩序的力量。上帝的出現應該與此種宗教觀的發展有關。"詳參朱鳳瀚《商周時期的天神崇拜》,《中國社會科學》1993年第4期。
② 胡厚宣《殷代之天神崇拜》,《甲骨學商史論叢初集》,第292—295頁。
③ 陳夢家《殷墟卜辭綜述》,第567—568頁。
④ 蕭良瓊《"上、下"考辨》,吉林大學古文字研究室編《于省吾教授百年誕辰紀念文集》(吉林大學古籍研究所叢刊之十一),長春:吉林大學出版社1996年,第17—21頁。

問。此種卜問模式,使得上帝不走向真正的一神論宗教的道路,而向另一方向發展——模糊化、含糊化,若有若無,無而若有,向自然與神合一的方向發展。① 商代的祖先崇拜實際上比上帝信仰居於更爲重要的地位,而祖靈同自然神靈之間又似乎可相互轉化,比較趨近於萬物有靈的巫術理論。殷商卜辭的這些特點,意味着我們不能徑直稱當時的典册爲宗教文獻。由此我們對卜辭所反映出的"册""典"性質有一個整體上的把握,即爲商代巫祀儀式的重要組成部分,從使用者的角度看,屬於巫典;而就其職能而言,又屬於祀典。總體上可以稱之爲巫祀文獻。

據卜辭所示之巫祀文獻類典册,實可視爲商代《書》類文獻之來源。傳世商代《書》類文獻雖歷時生變,但對此仍有反映。《盤庚》篇中多及"先王""古我先王""乃祖乃父""我先神后""爾先""古我先后""乃祖乃父""古我先王""上帝將復我高祖之德""弔由靈"等。此類言及先祖之處並非一般之敬稱與懷念,而是指向可以有所作爲的祖靈,如言"汝有戕則在乃心,我先后綏乃祖乃父。乃祖乃父乃斷棄汝,不救乃死",意即若爾等心藏奸惡之念,我的先王就會將意見告訴你們的先祖先父,你們的先祖先父就會拋棄爾等,不再拯救你們於死亡的危險之中。

(2)《書》類文獻與商代甲金文中的記事

商代甲骨刻辭的內容,羅振玉分爲 8 項,王襄作 12 項,董作賓分爲 20 項,胡厚宣分爲 24 項,郭沫若分爲 5 類(干支數字除外),陳夢家以董、胡兩氏之法過於繁瑣,依郭氏之説爲基礎,分爲 6 類:一、祭祀:對祖先與自然神祇的祭祀與求告等;二、天時:風、雨、啓、水及天變等;三、年成:年成與農事等;四、征伐:與方國的戰争、交涉等;五、王事:田獵、遊止、疾病、生子等;六、旬夕:對今夕來旬的卜問。占卜的内容以時王爲中

———————
① 金春峰《先秦思想史論》,北京:東方出版社 2015 年,第 6 頁。

心,從其對某些事類占卜的頻繁,可以反映時王的願望是:國境的安全,年成的豐足,王的逸樂,對於祖先和自然神的崇拜。① 除了占卜類卜辭以外,甲骨刻辭亦有非占卜刻辭,可以分爲四類:一、卜事刻辭(龜骨納藏類記事刻辭);二、祭祀類記事刻辭;三、銘功旌記類記事刻辭;四、表譜刻辭。② 其中第一類,胡厚宣先生有《武丁時五種記事刻辭考》一文專門討論,根據刻辭在甲骨上的位置之不同,此類又可以分作甲橋刻辭、背甲刻辭、甲尾刻辭、骨臼刻辭和骨面刻辭。③ 此類刻辭所記内容如胡先生所論:

> 五種記事刻辭所記者,凡兩事。一爲甲骨之來源。其來源分兩種:曰進貢,只龜甲而然;曰採集,則甲、骨皆然,惟龜甲之由於採集者較少,牛骨則大部分皆由採集而來也。二爲甲骨之祭祀,蓋甲骨在卜用之先,必須經過此種典禮也。④

胡先生所論的五種"記事刻辭",跟占卜活動關係密切,故陳夢家先生稱之爲"卜事刻辭",言其所記爲與占卜相關之事。此類以外,有關於祭祀類刻辭,李學勤先生《論賓組胛骨的幾種記事刻辭》一文中據刻寫位置將其分爲三種,每種又各有數類:第一種刻在胛骨反面有臼角一側外緣靠下位置,此種又別爲五類,一是"屮升歲"類,二是"屮"類,三是翌、肜、劦周祭類,四是"宜"類,五是"自室出"類;第二種是刻於胛骨正面扇部的一角,别爲三類,一是"宜于義京"類,二是"宜于殷京",三是"兹于庚

---

① 陳夢家《甲骨刻辭的内容與其他銘辭》,《殷虚卜辭綜述》,第42—43頁。
② 方稚松《殷墟甲骨文五種記事刻辭研究》,北京:綫裝書局2009年,第20頁。其中的表譜刻辭一類,後來研究者多以之爲習刻(即練習刻辭),似不當屬於單純記事類。參見方稚松《殷墟甲骨文五種外記事刻辭研究》"前言",上海:上海古籍出版社2021年,第1—4頁。
③ 胡厚宣《武丁時五種記事刻辭考》,《甲骨學商史論叢初集》,第467—611頁。
④ 同上書,第602頁。

宗"類；第三種是刻於胛骨正面邊緣，爲"子某徝▨（酓）"類。① 此外，方稚松先生在祭祀類記事刻辭中專門分出"銘功旌記"一種，大體上別爲三類：一是人頭骨與獸頭骨刻辭，內容上同祭祀相關聯，主要是將戰爭或田獵過程中捕獲的地方國首領或野獸獻祭給祖先，帶有銘功性質；二是骨柶等骨器刻辭，部分內容同金文性質類似，是商王將田獵所捕獲的野獸或祭祀時所使用的牲肉賞賜給臣下，受賞人用完所賜牲肉後將獸骨加工成骨器，並在上面刻辭以示榮耀；三即爲"小臣墻"，此刻辭記錄戰爭中所獲戰利品，並祭祀祖先，亦有銘功旌記的性質。②

　　記事刻辭的獨立存在，一方面顯示出文字系統天然的獨立性，可以服務於多個領域、發揮不同的作用；另一方面，記事刻辭，尤其是同占卜無關的刻辭，在向祖先顯示榮耀的同時，也助長了對現實的留意，對功業的關注，開啓了祭祀同巫術分離的過程。《禮記·表記》言："殷人尊神，率民以事神，先鬼而後禮，先罰而後賞，尊而不親。其民之敝，蕩而不靜，勝而無恥。"③如果古人總結的殷代文化之特徵屬實，就這些記事刻辭來看，在"先鬼而後禮"的常態中，禮開始逐漸獨立。據此，商、周文化或許並非兩族的文化，周人實際上吸收和承繼了商文化中開始自覺的不同於巫祀的禮祀文化。這些記事刻辭對《書》類文獻研究的意義，李學勤先生在談"小臣墻骨牘"的價值時有一個重要的推論：

　　　　這件骨牘，我過去稱之爲牛骨簡，不够準確。察其形制尺寸，肯定是模仿那時已經存在的木牘而製成的。我們由商代的"册"字的構成，知道已有竹木簡册，從這件骨牘，又可了解木牘也是早有。由此便可推知，當時人們已能撰作相當長篇的文字，如《尚書》的《商書》、《詩經》的《商頌》，都可能有其本源，這是根據這件骨牘能够得

---

① 李學勤《論賓組胛骨的幾種記事刻辭》，《英藏甲骨集·下編》"附論"，北京：中華書局 1985 年，第 161—166 頁。
② 方稚松《殷墟甲骨文五種外記事刻辭研究》"前言"，第 4 頁。
③ 《禮記》卷一七《表記》，《十三經古注》據相臺岳氏家塾本校刊，第 1085—1086 頁。

出的重要推論。①

此外,商金文中已可見類似記事銘文。關於商代青銅器銘文,嚴志斌先生在張振林、鄭振香、陳志達和岳洪彬等先生研究的基礎上,②根據青銅器類型學的研究及單字形體進行了分期與系統研究。③ 嚴氏通過對商代青銅器銘文的詳細分析,將商代"金文"發展和演進分爲三個時期:金文一期,相當於商代中期與殷墟一期,此乃金文的肇始階段;金文二期,

---

① 李學勤:《小臣牆骨牘的幾點思考》,《甲骨學 110 年:回顧與展望》,北京:中國社會科學出版社 2009 年,第 40 頁;收入《三代文明研究》,北京:商務印書館 2011 年,第 52—53 頁。
② 分別爲:張振林《試論銅器銘文形式上的時代標記》,《古文字研究》(第五輯),北京:中華書局 1981 年,第 55—56 頁;鄭振香、陳志達《殷墟青銅器的分期與年代》,《殷墟青銅器》,北京:文物出版社 1985 年,第 45—46 頁;岳洪彬《殷墟青銅容器分期研究》,《考古學集刊》(第十五集),北京:文物出版社 2004 年,第 58—66 頁。
③ 嚴志斌先生所總結的商代青銅器銘文分期特點:一、商代中期與殷墟一期,相當於武丁以前。此階段銘文中陽文銘多見;字數多爲一字;銘文的象形性强;有同名器物(有字形穩定地被使用);銘文位置或有與商代晚期有些不類,如耳斝銘文在口内與鋬相對處,甘鼎銘在口沿耳下等;有銘文的銅器類比較廣泛,基本涵蓋了銅器的主要類别。二、殷墟二期,相當於武丁、祖庚、祖甲時期,此時期的有銘青銅器共 679 件。此階段銘文字數較少;銘文内容比較簡單;表人體、動物、器用的銘文有較强的象形性,部分體現較抽象意思的銘文更强調該字的造字本義;文字形態多肥筆,體現出較明顯的筆書風格;銘文字數少,銘文布局比較簡單。三、殷墟三期,相當於廩辛、康丁、武乙、文丁時期,這一時期的有銘青銅器共 480 件。此一階段銘文字數仍以一、二、三字多見,這三項約占總數的 94%,字數多者七字,出現兩例;銘文内容比較簡單;銘文象形性、書體風格與銘文布局方面,與二期基本相同。四、殷墟第四期,相當於帝乙、帝辛時期,這一時期的有銘青銅器共有 1249 件(可斷代者)。此一階段銘文字數仍以一、二、三字居多,這三項約占總數的 80%,但長銘文大量出現;字數最多者 48 字,出現 1 例。銘文 10 字以上者共有 47 件,占總數的 3.6%;銘文内容較以前增多;新出現干支記時與記年文辭;銘文中有的字體象形性强,字數少的銘文布局與以前近似,多數長銘文縱向排列整齊,形體大小接近;字體除了保持肥筆的特徵外,也大量出現首末基本等粗的瘦體。詳參嚴志斌編著《商代青銅器銘文分期斷代研究》,北京:社會科學文獻出版社 2014 年,第 77—84 頁。又見氏著《商代青銅器銘文研究》,上海:上海古籍出版社 2013 年,第 128—136 頁。引文爲求簡明,略去嚴氏分析特徵性字體部分。

相當於殷墟二期、三期,此爲金文的發展階段;金文三期,相當於殷墟四期,這是商代金文的轉型階段,西周金文直接承繼了此一時期銘文的風格特徵。① 就嚴氏的分期和統計來看,商代記事銘文數量不多,且基本上集中在商晚期,這同小臣墻刻辭(屬於帝乙、帝辛時期的黄組刻辭)一致。

國家博物館 2003 年徵集到的作册般黿(《新收》1553),爲商代晚期用器,其中甲背上鑄銘文 33 字,敘説丙申之日,王至於洹水,獲得此黿的過程(圖 2.2.1)。其中,王射了一箭,佐助者射了三箭,没有一箭不中目標。

圖 2.2.1:作册般黿(通長 21.4 釐米、通高 10 釐米、最寬處 16 釐米)及銘文圖

---

① 嚴志斌編著《商代青銅器銘文分期斷代研究》,第 84 頁。

王命寢馗將此黿賜給作冊般，命其銘記於庸器，作爲自己的寶物。此商晚期之器物及其銘文之非儀式、非巫術性，説明至遲在商晚期這類純粹記事的文獻已經出現。實際上，結合《尚書·商書》諸篇，這類對歷史、對祖先和氏族活動的記録，當自商初已經存在。

此外，記事刻辭中有骨柶類骨器刻辭，①其性質同西周金文性質相類，如：

壬午王田于麥彔（麓），隻（獲）商（商）戠兕，王昜（賜）宰丰，寑（寢）小狱兄（貺）。才（在）五月。隹王六祀肜日。（《合補》11299）

辛酉，王田于雞彔（麓），隻（獲）大㡿虎，才（在）十月。隹（唯）王三祀，劦日。（《合》37848）

《合補》11299爲宰丰骨刻辭，先述王賞賜宰丰一頭狩獵所獲的雜色（黄灰色）水牛，後面以"某某貺"的形式記載送來牛的官員名字，最後刻時間。這種格式近同於西周金文，如𤔲鼎（《集成》02704）銘文："唯八月初吉，王姜易𤔲田三于待[劦]。師𣄰酷貺，用對王休，子子孫其永寶。"商金文中亦有此類關於賞賜的記事銘文，如商末器銘中字數最多的小子𠭯卣（《集成》05417。圖 2.2.2），其器銘如下：

蓋銘釋文：乙子（巳），子令小子𠭯先㠯（以）人于堇。子光商（賞）𠭯貝二朋，子曰："貝佳丁蔑女曆。"𠭯用乍（作）母辛彝。才（在）十月，月佳子曰令望人方𡆥。

器銘釋文：[𠭯]母辛。

此銘言小子𠭯受賞的原因"先㠯（以）人于堇"，賞賜的物品爲"貝二朋"，時間爲"十月乙巳"，器物是獻給母辛的。從記事的角度視之，已近同於西周賞賜類金文，各種信息是齊備的。前舉作冊般黿的銘文格式亦同

---

① 按：見存骨柶類骨器刻辭大概有 17 例，詳細研究請參看方稚松《殷墟甲骨文五種外記事刻辭研究》，第 112—139 頁。

第二章 西周以前之《書》類文獻及其流傳追索 187

之,其銘文爲:"丙申,王遊於洹,獲。王一射,贊三射,率無廢矢。王命寢馗貺于作册般。"銘文亦爲記事。另外,帚䢅鼎(《集成》02710)銘文亦可歸入此類。

圖 2.2.2:小子𩵦卣器型圖與銘文拓片

相較而言,《合》37848(爲虎骨骨柶刻辭)記載了殷紂王三年十月辛酉日,在雞麓這個地方,獵獲大虎之事,屬於單純的記事刻辭。商末這些記事類刻辭和銘文的出現,至少可以從兩個截然不同的維度來分析:一是數量有限的商末記事刻辭只是商代記事文獻的一小部分,它們的存在提醒我們商代有和巫祀典册平行存在的一類相對純粹的記事文獻;二是基於蘊含着理性因素的巫祀文獻是我們結合出土材料對商代文獻的整體把握,這些記事刻辭和銘文均出現在商末展示了商末理性之光的萌芽,而商代末期巫祀文獻中的理性因素有所凸顯或同殷周變革的時代背景密切相關。

如果是第二種情況,其背後的動力之一大概是文字。文字出現或同巫術活動緊密相關,但其天然獨立性又必然使記事記言的活動脫離巫文化的束縛朝着越來越理性的方向邁進。實際上,除了這些專門的記事文獻外,作爲卜辭中重要組成部分的敘辭、驗辭,對理性思維的發展也起到過重要作用:

> 殷商巫文化中,最具理性因素、亦最能促進理性思維發展的,還是占卜中的刻辭記事的制度。其中,對理性的發展起重大作用的是敘辭和驗辭。驗辭記錄占問的結果是否應驗。"是否應驗"之觀念,包含對求問結果的"懷疑"。雖然此種"懷疑"不一定是對神靈或祖先亡靈之靈驗的懷疑,也可以是對靈龜没有準確顯示神意或占問者對龜兆顯示的神意作了錯誤的理解,但"懷疑"一旦產生,且是一種隨占卜本身而來的思維活動,則預示着占卜者對占卜並不是絕對無保留地信仰的。占卜本身不一定可靠,這種觀念,一方面使對神靈的信仰,爲之大打折扣;另一方面則加重了"謀事在人"的分量與要求,推動着人們尋求事物本身發展的規律,以求避禍趨吉,從而刺激着經驗的積累、知識的發展,而遠離迷信鬼神的老路。①

不靈驗的驗辭數量多了之後,占者群體自然會找出更多的應對之策。《洪範》篇有九疇,其中"七,稽疑"云:

> 擇建立卜筮人,乃命卜筮。曰雨,曰霽,曰蒙,曰驛,曰克,曰貞,曰悔,凡七。卜五,占用二,衍忒。立時人作卜筮,三人占,則從二人之言。汝則有大疑,謀及乃心,謀及卿士,謀及庶人,謀及卜筮。汝則從,龜從,筮從,卿士從,庶民從,是之謂大同。身其康彊,子孫其逢吉,汝則從,龜從,筮從,卿士逆,庶民逆,吉。卿士從,龜從,筮從,

---

① 金春峰《殷人的文化與思想特點》,《先秦思想史論》,第12頁。

汝則逆,庶民逆,吉。庶民從,龜從,筮從,汝則逆,卿士逆,吉。汝則從,龜從,筮逆,卿士逆,庶民逆,作内吉,作外凶。龜、筮共違于人,用静吉,用作凶。

據此,占筮内容已需要分析才能定奪,並需要遵守一些基本原則。遇到疑難大事,"謀及乃心,謀及卿士,謀及庶人,謀及卜筮",卜筮被放在最後一位作爲參考對象了。次之,微子又討論了四者之間出現分歧後當依何種標準行事。可見商末之人已對占卜文化有了清楚的理性認識,雖未能全然否定,但已將其放在"乃心"(個人思考)之後了。此外,《左傳·僖公四年》載:"晉獻公欲以驪姬爲夫人,卜之不吉,筮之吉。公曰,從筮。卜人曰,筮短龜長,不如從長,且其繇曰,專之渝,攘公之羭,一薰一蕕,十年尚猶有臭,必不可。弗聽,立之,生奚齊。"①"筮短龜長"之論,亦説明占驗結果是需要討論的,而討論又需要一些基本的標準和原則。商末青銅器私銘中記事成分的增多,可以和《洪範》中"謀及乃心"的説法結合起來思考,理性思維的凸顯以及對個人功績的重視已體現在獻給先公先妣的器銘之中了。

---

①《春秋經傳集解》卷五《僖公四年》,《十三經古注》據相臺岳氏家塾本校刊,第1215頁下到1216頁上。

第三章
西周的《書》類文獻與《書》學

第一節　訓典與政典：傳世典籍所見
西周《書》類文獻形態

　　討論《書》類文獻的早期形態，困難之處在於傳世《書》篇之形態久經轉換，已非原貌，不能簡單據之立論。但是"古史辨"以來的《尚書》學研究，依據傳世文本因流傳而出現的"晚期特徵"，將寫定或轉錄時間等同於成篇時間，實則將問題過於簡單化了。《書》中早期篇章歷經口傳、寫下、轉錄等過程，文本中蘊含了多個信息層次，每個層次又分別對應着多種"潛在古本"。早期《書》類文獻彙編及《書》學形態的分析，亦不能僅拘泥於今傳樣態。討論西周的《書》類文獻形態及其性質，與更早時期相較，可依賴的同時期材料多了一些。

一、西周的典籍與西周之《書》

　　結合前文所論，商代有典册當無疑問。《多士》篇載周公宣成王之命，有"惟殷先人有册有典，殷革夏命"一句。《多士》爲現代學者公認的周初作品，唐蘭先生解釋此句，意爲你們殷人的祖先，有典籍流傳下來，説殷的代夏而有天下，是革夏的命。這句話見於周初的記載，出自成王之口，是何等強有力的證據！周初書裏常常説到夏、商的史實，當然都是根據這種典册的記載。那麼,商代已有很完備的記載,是無可疑的。①據《多士》中成王所言,商代典册中至少有一類是記載夏商鼎革相關内容的,這在傳世《商書》篇章中亦可得到印證。

關於西周的典籍,《尚書》中也有記載。《金縢》篇載:"史乃册祝……乃卜三龜,一習吉。啓籥見書,乃并是吉。"據此可知,周公祝告的内容寫在册上,由史宣讀。祝告之後,再驗以龜卜,結果全爲吉兆。接下來又"啓籥見書",即用鑰匙打開(書箱)取出占兆書核對,亦並爲吉。又載:"公歸,乃納册于金縢之匱中。"周公事後藏册祝之書於鑲有金絲之書櫃中。又載:"王與大夫盡弁以啓金縢之書,乃得周公所自以爲功代武王之説。"後成王得此所藏請命之書。據此,周初有《占兆書》,有禱祝之册,有藏書之櫃,有掌管之史官,甚明。《占兆書》既然可以用來核驗各種占卜之情況,其體量似已不小;而藏書之櫃的存在則意味著當時具備將同一類文獻規整且存放在一起的條件。與彙編而成之《占兆書》一樣,《尚書》中還有關於《刑書》的記載。《吕刑》載:"明啓刑書胥占,咸庶中正。"《正義》疏此句《孔傳》曰:"五刑之屬三千,皆著在刑書,使斷獄者依案用之。宜令斷獄諸官明開刑書,相與占之,使刑書當其罪,令人之所犯,不必當條,須探測刑書之意,比附以斷其罪,若卜筮之占然,故稱'占'也。"則周公時期已有《占兆書》,而最晚至穆王時期,已有可用於參考以判案之《刑書》。可以補充的是,《國語》卷一七《楚語上》"屈建祭父不薦芰"條載,屈建言其父屈到爲楚國所定的法令"藏在王府,上之可以比先王,下之可以訓後世",並引《祭典》之言以證祭祀不當用菱角。②可見,到了春秋晚期,法令藏之王府亦然如前,且有專門規約祭祀的《祭典》。又《左傳》昭公二十六年,"王子朝及召氏之族、毛伯得、尹氏固、南

---

① 唐蘭《卜辭時代的文學和卜辭文學》,《清華學報》第 11 卷第 3 期,1936 年 7 月,收入《唐蘭全集二·論文集上編二(1935—1948)》,上海:上海古籍出版社 2015 年,第 486 頁。
② 《國語》卷一七《楚語上》,第 532—533 頁。

宮嚚,奉周之典籍以奔楚"。① 王子朝奔楚,攜帶着周之典籍。

此外,還有幾處關於册命文書的記載。《召誥》載"越七日甲子,周公乃朝用書,命庶殷侯、甸、男邦伯。"《正義》曰:"周公乃以此朝旦,用策書命衆殷在侯、甸、男服之内諸國之長,謂命州牧,使告諸國就功作。"《顧命》言:"太史秉書,由賓階隮,御王册命。"孔傳:"太史持册書《顧命》進康王,故同階。"《正義》曰:"太史乃是太宗之屬,而先於太宗者,太史之職掌册書,此禮主以爲册命,太史所掌事重,故先言之。"這些册命文書正與《書》中所擇録的册命類篇章同源。

在《尚書》諸篇的記載中,當時的書除了同職事所在的史官有關外,多涉及周公。周公同書之關聯,戰國時人亦有言及。《墨子·貴義》篇中有兩處言及古代書籍:

> 子墨子曰:"古之聖王,欲傳其道於後世,是故書之竹帛,鏤之金石,傳遺後世子孫,欲後世子孫法之也。今聞先王之遺[道]而不爲,是廢先王之傳也。"

> 子墨子南遊使衛,關中(畢沅注:"關中"猶云扃中。)載書甚多,弦唐子見而怪之,曰:"吾夫子教公尚過曰:'揣曲直而已。'今夫子載書甚多,何有也?"子墨子曰:"昔者周公旦朝讀書百篇,夕見漆[柒、七]十士。故周公旦佐相天子,其脩至於今。翟上無君上之事,下無耕農之難,吾安敢廢此?翟聞之:'同歸之物,信有誤者。'然而民聽不鈞,是以書多也。今若過之心者,數逆於精微,同歸之物,既已知其要矣,是以不教以書也。而子何怪焉?"②

墨子南遊,車扃中載滿了書,這是以周公爲榜樣,因爲周公早上"讀書百篇",晚上又接見賢士,勤於公務,所以能够輔佐天子,成就美名。墨子

---

① 《春秋經傳集解》卷二五《昭公六》,《十三經古注》據相臺岳氏家塾本校刊,第1494頁。
② 孫詒讓撰、孫啓治點校《墨子閒詁》,第444—445頁。

以自己之載書比附周公朝讀之書,則其所言周公所讀之書當爲泛言之,不獨公文之書。墨子又說傳世典籍(即書於竹帛者)爲先王所傳之道,這裏蘊含先王之道的書籍在《墨子》中實可找到具指對象。如《非命中》言"聖王之患此也,故書之竹帛,琢之金石。於先王之書《仲虺之告》曰",則此先王之書、琢而欲傳之道,實即我們所言之《書》類文獻。《尚同中》載:"先王之書《周頌》之道之曰:'載來見彼王,聿求厥章。'"《墨子》所引之《周頌》實即毛詩《周頌·載見》(今傳《毛詩》本作"載見辟王,曰求厥章"),則此先王之書亦包括《詩》類文獻。換言之,先王之書的主要形態是早期《詩》《書》類文獻。除了以"先王之書"的形式引用《呂刑》和《載見》篇外,《墨子》所引之《書》類文獻尚有很多,如"先王之書《呂刑》道之曰"(《尚賢中》),"於先王之書《呂刑》之書然"(《尚賢下》),"是以先王之書《呂刑》之道曰"(《尚同中》),"先王之書《距年》之言"(《尚賢中》),"於先王之書《豎年》之言然"(《尚賢下》),"先王之書《術令》之道曰"(《尚同中》),"是以先王之書《相年》之道曰"(《尚同中》),"於先王之書也《大誓》之言然"(《尚同下》),"又以先王之書《馴天明不解》之道也知之"(《天志中》),"於先王之書《大夏》之道之然"(《天志下》),"先王之書《湯之官刑》有之曰"(《非樂上》),"先王之書《太誓》之言然曰"(《非命中》),"故先王之書《子亦》有之曰"(《公孟》),等等。另外,《墨子》中又稱這些先王之書爲《夏書》《商書》《周書》,如言"然則姑嘗上觀乎《夏書·禹誓》曰"(《明鬼下》),"且《周書》獨鬼,而《商書》不鬼,則未足以爲法也。然則姑嘗上觀乎《商書》"(《明鬼下》),等等。可見所謂"先王之書"和傳"先王之道"者多屬於《書》類文獻。這些書册以類相從,以櫃或肩載之,從周初到戰國,一直如此。

二、宗周政典的名實之轉:從《訓典》到《書》

訓,《説文》言:"説教也。"有説教以戒勸之義。根據《書序》所述及典籍引書所言篇名,傳世《書》類文獻中屬於訓類者,有《夏訓》《伊訓》《肆命》《徂后》《太甲》《咸有一德》《沃丁》《咸乂》《太戊》《伊陟》《高宗肜日》《高宗之訓》《洪範》《無逸》等。另外,誥、命類《書》篇當中有很多具勸誡、説教義,如《盤庚》《康誥》《酒誥》《梓材》等,亦可歸入廣義的"訓"。《吕刑》開篇即載王曰"若古有訓",孔穎達疏:"順古道,有遺餘典訓,記法古人之事。"此處古《訓》所述爲炎帝末蚩尤作亂以及高辛氏之末三苗之國君作亂害民,後帝堯鎮之以威,解救其民之事。這是《書》篇中用《訓》的一個直接例子。據傳世典籍所載,"訓"類《書》篇或早有整編本。

《顧命》載成王臨終之訓言"後守文、武大訓,無敢昏逾"。又載死後之禮,所陳之物"赤刀、大訓、弘璧、琬琰,在西序,大玉、夷玉、天球、河圖在東序"。西序所陳之《大訓》,孔傳:"《虞書》典、謨。"孔疏言:"王肅亦以爲然。鄭云:'大訓,謂禮法,先王德教。'"傳又言:"龍馬出河,遂則其文以畫八卦,謂之《河圖》,及《典》、《謨》,皆歷代傳寶之。"孔疏云:"《八卦》、《典》、《謨》,非金玉之類,嫌其非寶,故云'《河圖》及《典》、《謨》,皆歷代傳寶之。'"王國維認爲"大訓"蓋鐫刻古之謨、訓於玉,河圖則石之自然成文者。① 另外,據前引《書大序》所載:"古者伏羲氏之王天下也,始畫八卦,造書契,以代結繩之政,由是文籍生焉。伏羲、神農、黄帝之書,謂之《三墳》,言大道也。少昊、顓頊、高辛、唐虞之書,謂之《五典》,言常道也。至於夏商周之《書》,雖設教不倫,雅誥奥義,其歸一揆。是故歷代寶之,以爲大訓。"可知歷代以《三墳》《五典》爲"大訓"。抛開其形質特徵,古今傳解基本上認爲《大訓》即典、謨諸篇之彙集。參照《顧命》前後文,此《大訓》或爲文武之訓,當近之。

這一彙集所成之書,據文獻所載,從先周開始即稱《訓典》。《逸周

---

① 王國維《陳寶説》,《觀堂集林》卷一,第68頁。

書·小開武》載王拜曰:"允哉!余聞在昔《訓典》中規,非時罔有恪言,日正余不足。"潘振《周書解義》云:"《訓典》,先王之書。……言信哉,我聞在昔,先王之書,合乎天道,非天時,無有至言矣。"①依照《周書序》,此篇的王爲武王,與之對話者爲周公旦。周武王言"余聞在昔訓典",則《訓典》當在周立國之前已存在。《國語》卷一《周語上》"祭公諫穆王征犬戎"條載祭公謀父述周先公不窋事迹:"我先王不窋用失其官,而自竄于戎、狄之閒,不敢怠業,時序其德,纂修其緒,修其《訓典》,朝夕恪勤,守以敦篤,奉以忠信,奕世載德,不忝前人。"②不窋爲棄之子,太康時失官,所遷之邠地,雖在戎狄之間,但不忘修德。司馬遷從信此説,將此事照録入《史記·周本紀》(除了"纂修"作"尊修",餘皆同)。如此,則周之《訓典》肇源或至其先公先王時期。當然,不窋當夏太康之時,當時尚未有寫下之典籍,此事或因口傳誤置,或不窋所修爲前文字的"結繩"或"圖畫"形態之"訓典"。但結合《小開武》所載武王所言有"在昔之《訓典》",以及《顧命》所載成王喪禮陳寶中之《大訓》,從先周時期開始傳《大訓》,乃至有《訓典》,當屬實然。

還有幾處關於"訓典"的記載。《左傳》文公六年(前621)載秦穆公死後秦國以三良人殉葬,君子對此評價曰:"古之王者,知命之不長,是以竝建聖哲,樹之風聲,分之采物,著之話言,爲之律度,陳之藝極,引之表儀,予之法制,告之訓典,教之防利,委之常秩,道之以禮,則使毋失其土宜,衆隸賴之,而後即命,聖王同之。"君子認爲,古代王者自知將死,會有一系列安排,其中包括"著之話言"和"告之訓典"。"著之話言",杜預注:"爲作善言遺戒。""告之訓典",杜預注:"訓典,先王之書。"③此處君子蓋依宗周和東方之禮俗來繩墨秦國,側面反映出來宗周實有《訓

---

① 黄懷信、張懋鎔、田旭東撰《逸周書彙校集注》(修訂本),第278頁。
② 《國語》卷一《周語上》,第2—3頁。
③ 《春秋經傳集解》卷八《文公上》,《十三經古注》據相臺岳氏家塾本校刊,第1260—1261頁。

典》之傳承。

訓典,結合前文所述,經傳多以"先王之書"解之,則《訓典》實爲《書》類文獻的一種早期彙編類型。通過梳理有限的早期記載,我們能够發現宗周系統代代傳承的《訓典》,就其"實"而言,稱名逐漸被《書》、《書》的具體篇名和類名(《夏書》《商書》《周書》)所替代。换言之,《書》類文獻的彙編形態的名與實發生過一次變化。由《訓典》而成了《書》。這一轉换,同《書》學授受形態由依重口耳向口耳與竹帛並行的過渡當有關係。

考察《國語·周語上》所載從穆王到幽王的十條,我們可以就有限的記載對《訓典》的使用下限做一個推測。"穆仲論魯侯孝順"條中記載宣王想要在姬姓子弟當中尋找一位能以言行訓導諸侯之人,樊穆仲推薦魯侯時言(魯孝公)"賦事行刑,必問於遺訓,而咨於故實"。韋昭注:"遺訓,先王之教也。"①此事當宣王三十二年(前796),穆仲薦人,以"問於遺訓"爲其衡量標準,似當看作以《訓》命名先王之典,而未用《書》之相關名稱。《左傳》僖公二十七年(前633)載趙衰向晉文公舉薦郤縠,言:"臣亟聞其言矣,説禮、樂而敦《詩》、《書》。《詩》、《書》,義之府也;禮、樂,德之則也;德、義,利之本也。《夏書》曰:'賦納以言,明試以功,車服以庸。'君其試之!"②比較這兩次跨越一個半世紀的薦賢,可以發現,對先王之書的稱名上發生過一次以《書》代《訓》,或者更準確地講,《訓典》的一部分内容被挑選出來,與其他内容合併而成了《書》。

《國語》卷一六《鄭語》"史伯爲桓公論興衰"條,史伯引《泰誓》《訓語》來論説西周之必亡,時在鄭桓公爲周司徒時,當幽王八年(前774)。《泰誓》和《訓語》並舉,反映出《書》已經從龐雜的"訓典"系統中獨立出

---

① 《國語》卷一《周語上》,第23—24頁。
② 《春秋經傳集解》卷七《僖公二十七年》,《十三經古注》據相臺岳氏家塾本校刊,第1243頁。

來,並且其中所包含的只是原《訓典》系統中的部分篇章。《左傳》隱公六年(前717),鄭莊公侵陳,獲勝,君子引《商書》(《盤庚》)評論陳侯,由此可見《書》不僅別於《訓典》,且已類分。以《書》篇立論,說明《書》當已具有一定的權威性,考慮到從名稱之確立到權威性之確立非一蹴而就,則從《訓典》中分出(整合相關文獻)而出現的《書》當在厲王以後,最晚至宣幽之際已經存在。

據《左傳》文公六年君子所論"古之王者"將死之時"告之訓典",則《訓典》被《書》替代或因"告之訓典"的過程受阻或中斷所致。結合史實,厲王不聽召公勸誡,防民之口,又專山林藪澤之利,其後非但"諸侯不享",並且發生了國人暴動,最終"王流于彘"。周室危頹之時,共伯和力挽狂瀾,扶之於將傾。《古本竹書紀年》之"共伯和干王政"所載即是此事。① 共和十四年(前828),厲王死於彘,宣王繼位。《周本紀》載:"宣王即位,二相(周、召)輔之,脩政,法文、武、成、康之遺風,諸侯復宗周。"②厲王奔彘,後死於彘,不會遵照舊制來"告之訓典",共和執政以及接下來的宣王時期,"脩政,法文、武、成、康之遺風",正是在這一過程中,新整合出來的《書》替代了《訓典》,開始發揮王者鑒戒與國子教本的職能。

"共和行政"的14年直接導致了王權觀念的變化,自然需要對"政典"之《書》進行調整。共伯和即衛武公,其作為一個藩邦諸侯,雖屬姬姓貴族且入周任職,但其非王之子弟,又未承王命,却執掌王權長達十四

---

① "共和"歷來有歧說,《史記·周本紀》載"召公、周公二相行政,號曰共和"。據此,則"共和"所指為召公和周公,"共和行政"即二公治國。韋昭、杜預、司馬光、崔述等皆承此說。《古本竹書紀年》之說信從者亦復不少,酈道元、蘇轍、羅泌、顧炎武、梁玉繩等從之。後說多可見證於傳世文獻(如元年師兌簋中的"師和父",師晨簋、師俞簋、諫簋中的"司馬共",《周本紀》之《正義》引《魯連子》、《吕氏春秋·開春》等),今從後者。
②《史記》卷四《周本紀》,第182頁。"二相(周、召)輔之"當為共伯和輔之。

年,且享盡殊榮。① 與之相較,流於彘的厲王則實在可憐,且多惡評。②王心"戾虐"的厲王(王子朝語),其行爲方式多違背《書》教,厥喪"周德",而"周德"實關係到天命授受與國祚(詳下章)。如此,厲王時期周王朝遭遇了一次王權危機。從其後還政宣王來看,共伯和並没有"篡位"的企圖,這當然不純粹是其個人修養和道德水準高尚,而是説明當時周王室爲天下共主的觀念尚深入人心。正如朱鳳瀚先生所言:"儘管西周晚期王室衰敗,然西周早中期以來即形成的世官制與封建制度仍然存在,西周貴族中依舊保存着嚴格的等級關係,世族雖與王室有矛盾,並曾導致厲王被逐,然亦只是反對厲王個人,並非反對王權,而且任何世族尚未有取王權而代之的實力與政治威望,故世族之强盛終未能導致强臣篡權之結果,周天子直至被迫東遷,仍是貴族共主。"③雖然共主地位仍在,但王室顯然已開始衰敗。在王室庇護乏力的情況下,各貴族均開始致力於内部團結,鞏固宗法。於是出現了至少兩種現象:一是文、武、成、

---

① "共伯和"即衛國諸侯衛武公,《詩經·淇奥》言其"入相于周"。此説亦可得到銅器銘文的支持:從彝銘記載推測,共伯和入周可能是先擔任師職,繼而又任司馬之職……元年師兑簋載:"惟元年五月初吉甲寅,王在周,各康廟,即位。同仲右師兑入門立中廷。王乎内史册令師兑足師和父左右走馬、五邑走馬"。專家謂此"師和父",即入周任師職的共伯和。他當時已擁有指揮"左右走馬、五邑走馬"的大權。這個時期的師晨鼎、師俞簋、諫簋以及20世紀70年代出土的微氏家族銅器群中的一件簋銘,都有關於司馬共的記載,司馬共當即由師職而升爲司馬的共伯和。彝銘記載表明在周厲王三年到五年這段時間,共伯和已經擔任司馬之職位,在册封典禮中屢任師職人員的儐右,實爲這些師職人員的長官。共伯和的職位應當就是周王朝最高一級的司馬。關於厲王奔彘以後共伯和執政之情況,師獸簋銘文(04311)有"惟王元年正月初吉丁亥,伯龢父若曰",載共伯册命師獸之事。此銘中之"惟王元年",當即共和元年。此銘陳獻和祝嘏之辭部分言"獸拜稽首,敢對揚皇君休,用作朕文考乙仲尊簋,獸其萬年,子子孫孫,永寶用享",作器者師獸稱共伯和爲"皇君",足見其地位之尊崇。詳參晁福林《春秋戰國的社會變遷》,北京:商務印書館2011年,第10—11頁。
② 關於共和行政與王權觀念的變化,詳參晁福林《春秋戰國的社會變遷》,第9—17頁。
③ 朱鳳瀚《商周家族形態研究》,北京:商務印書館2022年,第481頁。

第三章　西周的《書》類文獻與《書》學　199

康、周公等創業先王先公之訓誥被重新彙編，用之凝聚宗族；二是《詩經》中《大雅》《小雅》很多詩篇開始歌頌"兄弟"情誼，提倡保衛家邦。①另外，對文、武、成、康、周公等訓典的彙編，除了强化宗族意識，加强團結外，更是藉大德文、武等故事及其對子孫們的訓誡來撻伐厲王。司馬遷言"夫周室衰而《關雎》作，幽厲微而禮樂壞"，蓋國衰而痛恨時王之"喪德"，追懷先王之"明德"，重編典册以團結宗族，自在情理之中。

當然，其功能雖然被《書》替代，但類似不窋那樣"修其訓典"的活動並未就此消失。《國語》卷一四《晉語八》載訾祏爲范宣子述武子士會事，言其"及爲成師，居太傅，端刑法，緝[輯]訓典"。韋昭注：此"成"字當爲"景"字誤耳，魯宣九年，晉成公卒，至十六年，晉景公請于王，以黼冕命士會將中軍，且爲太傅。② 則士會"緝訓典"當在晉成公七年（前600）以後。據韋昭注，則周定王十六年（前591），即晉景公九年，士會爲太傅之後開始緝訓典。"緝[輯]訓典"之"輯"，韋昭注言"和也"。俞樾云："訓典不可言'和'，韋注非也。輯與集古字通。襄十九年《左傳》：'其天下輯睦。'《釋文》曰：'輯，本作"集"。'《詩·板》篇：'辭之輯矣。'《新序·雜事篇》引作'辭之集矣'。輯訓典，謂集合先代之訓辭及其典禮也。《周語》言隨武子講聚三代之典禮，修執秩以爲晉法，即其

---

① 如："嚶其鳴矣，求其友聲。相彼鳥矣，猶求友聲，矧伊人矣，不求友生？……伐木于阪，釃酒有衍。籩豆有踐，兄弟無遠。"（《小雅·伐木》）"兄及弟矣，式相好矣，無相猶矣。"（《小雅·斯干》）"騂騂角弓，翩其反矣。兄弟昏姻，無胥遠矣。"（《小雅·角弓》）"豈伊異人，兄弟匪他。蔦與女蘿，施于松柏。"（《小雅·頍弁》）"常棣之華，鄂不韡韡。凡今之人，莫如兄弟。死喪之威，兄弟孔懷。原隰裒矣，兄弟求矣。脊令在原，兄弟急難。每有良朋，况也永嘆。"（《小雅·常棣》）"蓼彼蕭斯，零露泥泥。既見君子，孔燕豈弟。宜兄宜弟，令德壽豈。"（《小雅·蓼蕭》）"戚戚兄弟，莫遠具爾。"（《大雅·行葦》）按：宗族自危與《詩經》中歌頌兄弟情誼（宗族情誼）的詩之間的關聯，朱鳳瀚、晁福林兩位先生均提及，詳參朱鳳瀚《商周家族形態研究》，第481—482頁；晁福林《春秋戰國的社會變遷》，第25—26頁。
②《國語》卷一四《晉語八》，第458—459頁。

事矣。"①據此,晉景公時士會仍有"輯訓典"之舉,所謂訓典,如《晉語四》"鄭文公不禮重耳"條中所載叔詹之言"親有天,用前訓"之前訓。至於何爲"前訓",叔詹又言"文侯之功,武公之業,可謂前訓"。② 這樣的《前訓》在宗周亦没停止修輯,《周語》載周靈王二十二年(前550),穀、洛鬭,將毁壞王宫。靈王欲壅之,太子晉之諫言:"咨之前訓,則非正也。觀之詩書,與民之憲言,則皆亡王之爲也。"③《前訓》與《詩》《書》並舉,説明宗周修訓之事亦未廢棄,反映出《書》爲擇取"訓典"補益規整而成之書。

實際上,士會輯訓典之前,晉人已知有《書》,且《書》早已傳至晉國。《戰國策·秦策一》"田莘之爲陳軫説秦王"載荀息引《周書》,④見今傳《逸周書·武稱》。荀息引《周書》之事在晉獻公二十二年(前655)假道伐虢之前。又《左傳》魯公五年(前655),宫之奇諫虞公引《周書》曰:"皇天無親,惟德是輔",又曰:"黍稷非馨,明德惟馨",又曰:"民不易物,惟德繄物"。⑤又《晉語四》"齊姜勸重耳勿懷安"載公子重耳處齊而不願返晉,齊姜勸之,言不當耽於安樂,引西方之《書》云:"懷與安,實疚大事。"韋昭注:"西方謂周。《詩》云'誰將西歸',又曰'西方之人',皆謂周也。安,自安。疚,病也。"⑥則齊姜所引爲《周書》之内容,其所在之篇今已佚。齊姜論説時,以《詩》《書》並稱,且稱《書》爲"西方之《書》",則《書》當已傳至齊國,而其勸説的對象重耳,也即後來的晉文公,當亦熟

---

①徐元誥集解引俞樾語,參徐元誥撰,王樹民、沈長雲點校《國語集解》,北京:中華書局2002年,第425頁。
②《國語》卷一〇《晉語四》,第349—350頁。
③同上書,第112頁。
④劉向集録《戰國策》卷三《秦策一》,上海:上海古籍出版社1998年,第125頁。
⑤《春秋經傳集解》卷五《僖公上》,《十三經古注》據相臺岳氏家塾本校刊,第1217頁。按:宫之奇所引之《周書》均爲逸《書》,梅本分別輯入《蔡仲之命》《君陳》和《旅獒》篇。其中,"民不易物,惟德繄物",梅本《旅獒》作"人不易物,惟德其物"。宫之奇此處强調德者,上同於神,下達於民,正是宗周《書》教核心内容之一,而宫之奇所引或出《周書》之一篇,而梅本割裂入三篇。
⑥《國語》卷一〇《晉語四》,第342頁。

知《書》,時在齊桓公逝世之年(前642)。又《左傳》僖公二十三年(前637)卜偃語晉懷公引《周書》,所引近於今傳《康誥》文。① 如此,士會"輯訓典"之前,晉人早已知《書》,晉國早已有《書》,且其鄰國(虞國)之士人也已引《書》以論政了。

相較而言,關於楚國之《書》的早期記載則反映出其在楚地流傳的滯後性與地域性(國別屬性)。《國語》卷一七《楚語上》"申叔時論傅太子之道",②所記即楚莊王時,申叔時論傅太子之道。申叔時推薦太子所習内容中,有《詩》《禮》和樂,並没有《書》類,而相當於《書》的却有《春秋》《世》《令》《語》《故志》《訓典》。《左傳》成公二年載,宣公十一年(前598)楚莊王討伐陳夏時,申公巫臣諫言中曾引《周書》。③ 如此,《書》之傳入楚地或當在莊王時期。

當然,楚人教授國子不用《書》而用《訓典》,亦同《訓典》的國別屬性有關係。宗周擇先王之訓而命之以《書》,諸侯各國亦有本國之訓,彙編而成《訓典》。如《晉語四》"鄭文公不禮重耳"載叔詹言"親有天,用前訓",後又言"文侯之功,武公之業,可謂前訓"。④ 可知叔詹所言晉國之"前訓"是關於晉文侯與晉武公的。據此判斷,"訓"是關於諸侯國之先公先王的,其或直接記先公先王之訓誡,或記其事迹功業以訓誡子孫。值得注意的是,在周文化影響不強的地區,《訓典》的地位似乎要高於宗周之《書》。如楚靈王時,有左史倚相"是良史也,子善視之!是能讀三墳、五典、八索、九丘"。⑤ 又《楚語上》"左史倚相儆申公子亹"條中左史倚相引《周書》以論理,則其熟知《書》無疑。《楚語下》"王孫圉論國之

---

① 《春秋經傳集解》卷五《僖公中》,《十三經古注》據相臺岳氏家塾本校刊,第1234頁。
② 《國語》卷一七《楚語上》,第527—531頁。
③ 《春秋經傳集解》卷五《成公上》,《十三經古注》據相臺岳氏家塾本校刊,第1305頁。
④ 《國語》卷一八《晉語四》,第349—350頁。
⑤ 《春秋經傳集解》卷二二《昭公三》,《十三經古注》據相臺岳氏家塾本校刊,第1455頁。

寶"條記載王孫圉出使晉國，趙簡子鳴玉問以楚寶。王孫圉言左史倚相"能道**訓典**，以敘百物，以朝夕獻善敗於寡君，使寡君無忘先王之業；又能上下說於鬼神，順道其欲惡，使神無有怨痛於楚國"。① 王孫圉認爲觀射父、左史倚相一類人當爲楚國之寶，其言倚相的才能是"能道訓典"而不是"敦《詩》《書》"，可見在春秋晚期的楚人心中，先王之訓典較宗周之《書》更爲重要。另外，《楚語下》記載昭王問於觀射父《周書》(《堯典》)之所指爲何，似亦可見出《書》非楚王少學之典。② 當然，這涉及王綱解紐之後東周的《書》學樣態，下文詳論。

三、作爲"政典"的宗周之《書》

綜上所論，我們認爲《訓典》是宗周早期《書》類文獻的一種形態，從"共和"執政到宣、幽之際，《書》從《訓典》中分流出來，並開始發揮正典的主要功能，即王者鑒戒與國子教本；而修輯訓典的工作一直繼續。與此同時，各諸侯國也不斷修輯各自的《訓典》，他們對《書》的接受同其受宗周文化影響程度(或言對宗周地位的認可程度)直接相關。我們認爲《書》作爲宗周王學政典與國子教本的核心典籍，作爲西周政治架構的邏輯依據與行事標準，已經可以稱得上是一部"政典"。

首先，宗周的《書》篇具有明顯的選擇性。據先秦兩漢典籍引《書》、用《書》和百篇《書序》、伏生《尚書》、梅本《尚書》中的重合部分，結合我們對宗周之《書》整編時間的判斷，能夠發現《書》篇的彙編本具有明顯的選擇性。此處我們以周書部分爲例討論。就傳世周書諸篇而言，其篇章相關涉者主要集中在文王到成王時期，並且主要集中在文王、武王、周公、成王身上。

關於文王的《書》篇，主要集中在《逸周書》當中，有《度訓》、《程寤》

---

① 《國語》卷一八《楚語下》，第580頁。
② 同上書，第559頁。

（亦見清華簡）、《命訓》（亦見清華簡）、《常訓》《糴匡》《文酌》《武稱》《允文》《大武》《大明武》《小明武》《程典》《劉法》《文開》《保開》《文[八]繁》《酆保》《大開》《小開》《文傳》等。另外，清華簡的《保訓》《程寤》《命訓》等篇亦屬文王之訓，同文王相關。

武王相關《書》篇，有《泰[大]誓》（三篇）、《牧誓》《武成》《洪範》《分器》《柔武》《大開武》《小開武》《典寶》《酆謀》《寤儆》《武順》《武穆》《和寤》《武寤》《克殷》《大聚》《箕子》《耆德》《商誓》《度邑》《五權》等。

周公相關的篇章，有《金縢》《成開》《皇門》《大戒》《冠頌》《君奭》《大誥》《蔡仲之命》《微子之命》《康誥》《酒誥》《梓材》《嘗麥》《將蒲姑》《亳姑》《多方》《周月》《時訓》《月令》《謚法》《明堂》《本典》《官人》《無逸》《周官》《立政》《召誥》《洛誥》《多士》《嘉禾》《歸禾》《君陳》《大開武》《小開武》《五權》《成開》《作洛》等。

成王時期及與成王相關者，有《大誥》《微子之命》《歸禾》《康誥》《酒誥》《梓材》《召誥》《多士》《無逸》《君奭》《成王政》《將蒲姑》《亳姑》《蔡仲之命》《多方》《周官》《賄肅慎之命》《君陳》《顧命》《嘗麥》《王會》《金縢》等。

此外，康王時《書》篇僅有《康王之誥》《畢命》，穆王時僅有《君牙》《囧命》《呂刑》《史記》。而《文侯之命》《費誓》《秦誓》則當爲後續補入。

其次，就春秋時期的引《書》、用《書》來看，其在宗周文化的輻射圈中有明顯的權威性。總覽春秋時期引《書》、用《書》，無論是周王、國君，還是大夫、史官，基本上都處在現在看來的"統治階層"，即社會上層。其中有兩次涉及女性，一次是齊姜《詩》《書》並引勸重耳勿要耽於安樂；另外一次是作爲聽衆的甯嬴之妻，甯嬴回答她提問，引用《商書》（今《洪範》）來評論陽處父。可見，當時引《書》、用《書》之人，均屬社會上層，並未見下層人士言《書》。如此，判斷當時的《書》學知識的流傳以及其所服務的對象僅限於上層應無問題。除此之外，這些用《書》之人，或引以論政，或據以明理，或用以證史，基本上都持信從態度。結合前文所論，

《書》在當時儼然已經成爲一個統治上層皆信從之基準,其已具有相當之權威性。結合引《書》、用《書》的實際情況,例如或《詩》《書》並用,或《書》與《前訓》《諺語》《懿戒》及"史佚之言"等並稱,則《書》當屬於作爲治政之基的"政典群體"中的一種。實際上,是這個"政典群"組合搭建起了西周與春秋時期周王、國君、大夫等領導層治國理政的知識體系。

第二節　國子教本與王者鑒戒之《書》與《書》學

傳世典籍中關於宗周王官之學的分析,以《周禮》最爲詳盡。孫詒讓信從"周公作《周禮》"之傳統講法,認爲"粵昔周公,纘文武之志,光輔成王,宅中作雒,爰述官政,以垂成憲,有周一代之典,炳然大備"。①《周禮》一書的駁雜不亞於《尚書》,既有早期之史影,甚或實録,又見晚出整合之痕迹。然而,細審其關於王官之學的記載,頗多細節不是僅就傳世典籍中用《書》材料的隻言片語所能勾畫出來的,不宜粗暴忽略。非但如此,若能善用且辯證用之,則對我們討論宗周《書》學形態大有助益。②

---

① 孫詒讓撰,王文錦、陳玉霞點校《周禮正義序》,《周禮正義》,北京:中華書局 1987 年,第 1 頁。
② 按:沈文倬先生認爲:"《周官》及《周官》的研究,凡是職官制度的文字記載,不論如《周官經》那樣的述官專書,或者某些禮家有意無意間輯録的多種形式的篇章,都是長期演變、陳陳相因、逐漸定型的總結反映。再加上,它在寫作方法上,爲了便於説明其性質和結構,不要求交代演變過程,往往從後則背前,信近而略遠,把某些發展中的異同、增減統統磨滅掉了。這樣,不同時間的作者對某一制度的各記所聞,本來可從有同有異處尋其脈絡,於今則由於異多同少而很難踪迹的了。於是犯疑古病的學者們,恰恰喜歡從這裹尋找岔子,在'二者矛盾,必有一僞'的機械法則下,毫不費力地誣爲依託、僞造。對於這一頗爲流行的研究方法,需要作全面而恰如其分的評估:運用這種方法,對破除聖經賢傳的迷信具有促進作用,但對辨認古書古史的虛實真僞,未能深入滕理,在事實的契合上未達一間。因此,對《周官經》重作審查,應該從兩周史實着手,分別確認諸官是何時實制。審查分三個步驟:首先作周初始建王官的探索,其次對《周官經》裹周初之官予以確認,再次對某些晚周之官予以確認,以至與秦官作出界定。"參見沈文倬《略論宗周王官之學》,《菿闇文存》(上),北京:商務印書館 2006 年,第 427—428 頁。

一、國子教本

樂官,後世似與教育國子無關,但在西周時期,則職在宗廟而隸屬春官。《周禮》載"大司樂"之職:"掌成均之灋,以治建國之學政,而合國之子弟焉。"鄭玄注引董仲舒説,認爲"成均"爲五帝之學;國子,則指國之子弟,公卿大夫之子弟當學者;又據《文王世子》言周人立此學之宫。①《周禮》載"樂師"之職:"掌國學之政,以教國子小舞。凡舞,有帗舞,有羽舞,有皇舞,有旄舞,有干舞,有人舞。……凡樂,掌其序事,治其樂政。"鄭玄注:"謂以年幼少時教之舞。《内則》曰:'十三舞《勺》,成童舞《象》,二十舞《大夏》。'序事,次序用樂之事。"②

樂官之職事同國子教育之關係,可參照《禮記》來看。《文王世子》載:"凡學世子及學士必時,春夏學干戈,秋冬學羽籥,皆於東序。小樂正學干,大胥贊之。籥師學戈,籥師丞贊之。胥鼓南。春誦夏弦,大師詔之。瞽宗秋學《禮》,執禮者詔之;冬讀《書》,典書者詔之。禮在瞽宗,《書》在上庠。凡祭與養老乞言合語之禮,皆小樂正詔之於東序。大樂正學舞干戚,語説命乞言,皆大樂正授數。"鄭玄注:"戚,斧也。語説,合語之説也。數,篇數。"③《王制》載:"樂正崇四術,立四教。順先王《詩》《書》《禮》《樂》以造士。春、秋教以《禮》《樂》,冬、夏教以《詩》《書》。王大子、王子、羣后之大子,卿、大夫、元士之適子,國之俊選,皆造焉。"又載:"將出學,小胥、大胥、小樂正簡不帥教者,以告于大樂正,大樂正以告于王。王命三公、九卿、大夫、元士皆入學。不變,王親視學。不變,王三日不舉,屏之遠方。西方曰棘,東方曰寄,終身不齒。"又載:"大樂正論造士之秀者,以告于王,而升諸司馬,曰進士。"④如此,若記載可從

---
① 《周禮》卷二二《宗伯禮官之職》,《十三經古注》據永懷堂本校刊,第476頁。
② 同上書,第481頁。
③ 《禮記》卷六《文王世子》,《十三經古注》據相臺岳氏家塾本校刊,第956頁。
④ 同上書,第928—929頁。

信,則西周宗廟之樂官(包括樂正、小胥、大胥、小樂正、大樂正等),爲《詩》《書》之教的執行者,是爲王造士之得力助手。其中小樂正所任爲小學之敎,而大樂正所任爲大學"四術"之敎,其具體對應當如沈文倬先生所析:

> 小學課程有三:從簡書的簡數、篇數的學數,從養老"乞言"中學嘉言善語,從舞中學干戚。大學則有四術:書本的《詩》《書》,儀容的禮,撞擊吹彈的樂。樂正教的"四術",一定要合起來才能成學,而樂則非詩其學不著,二者幾成一體。①

另外,鄭注《周禮》所記宗周大學之名爲"成均",據《文王世子》所載則還有東序、辟雍、瞽宗、上庠。

《周禮》載"大胥"之職守:"掌學士之版,以待致諸子。春入學,舍采,合舞;秋頒學,合聲。以六樂之會正舞位,以序出入舞者,比樂官,展樂器。"②"小胥"之職守:"掌學士之徵令而比之,觵其不敬者。巡舞列而撻其怠慢者。正樂縣之位。"③鄭司農曰:"版,籍也。"如此,則"大胥""小胥"掌"學士"之學籍,學士當屬"國子"中之稍下層,春入秋考,分其才藝高下,然後才能進入大學學習"四術",沈先生言:

> "小胥"、"大胥"別職同官……學士與國子本來無甚差異,但放寬到"卿大夫諸子",羅致來的勢必都是大夫庶子……鄭注"春使之學,秋頒其才藝所爲",賈疏補釋爲"分其才藝高下",使達到"舞必應其節奏始能稱合"的成績,從再一次選擇中獲雋,好去參與《詩》《書》"禮""樂"四術的深造了。④

沈文倬先生認爲樂官十六職之設當在周初。當然,各職之所掌當有一個

---

①沈文倬《略論宗周王官之學》,《菿闇文存》(上),第465頁。
②《周禮》卷二三《宗伯禮官之職》,《十三經古注》據永懷堂本校刊,第482頁。
③同上書,第482—483頁。
④沈文倬《略論宗周王官之學》,《菿闇文存》(上),第466—467頁。

具化過程。職官既設,則周初貴族諸階層之"國子""學子"已需要學《詩》《書》。① 而樂官掌《詩》《書》之教,似已提醒我們早期教育的附樂屬性,《詩》與樂之關係自不必多言,而《書》之誦,或亦有配樂。前引《召誥》云:"周公乃朝用書,命庶殷侯甸男邦伯。"此處的"書",當即王命一類的公文。結合前論,"學子"所習誦之《書》,當即脫胎於此類文書,然已經擇取。前文已及,"學於古訓與乞言於老"夏商已然,則"國子"與"學子"教育當中,《書》類文獻之"教本"或早已有之,只是其或賴口耳,形態有別於後世所謂之典籍。

二、王者鑒戒

《書》類文獻用作教本的一個重要原因是其鑒戒功用。《今本竹書紀年》穆王部分載:"二十四年,王命左史戎作《記》。"王國維先生疏證認爲此《記》即《逸周書·史記》:"維正月,王在成周。昧爽,召三公左史戎夫曰:'今夕朕寤,遂事驚予,乃取遂事之要戒,俾戎夫主之,朔望以聞。'"②孔晁注:"遂,成也。行成事言驚夢宿,欲知之也。"潘振云:"日入爲夕。天未明,猶夕也,故曰今夕。寤有二義,一與寐對,覺寤也。一與悟通,曉寤也。言今夕既寐而覺悟,已往之成事驚駭予也。"③孔、潘二氏皆以"往之成事"解"遂事",失之。《逸周書·史記》篇下文言君臣權利問題,如"信不行,義不立,則哲士凌君政""諂諛日近,方正日遠,則邪人專國政"等。僖公三十年《春秋》云:"公子遂如京師,遂如晉。"《公羊傳》云:"大夫無遂事,此其言遂何?公不得爲政爾。"何休注:"不從公政令也。時見使如京師,而橫生事,矯君命聘晉。故疾其驕蹇

---

① 按:據前所論,則厲王時期及其以前,彙編之《書》當名之爲《訓》,下文泛言之,皆以《書》稱之。
② 王國維《今本竹書紀年疏證》,見附於方詩銘、王修齡《古本竹書紀年輯證》,上海:上海古籍出版社 2005 年,第 251—252 頁。
③ 黃懷信、張懋鎔等撰《逸周書彙校集注》,第 944 頁。

自專之,當絕。"①徐彥疏:"正以臣無自專之道也。"②《漢書·馮奉世傳》云:"議者以奉世奉使有指,《春秋》之義亡遂事,漢家之法有矯制,故不得侯。"顏師古注:"無遂事者,謂臨時制宜,前事不可必遂也。漢家之法,擅矯詔命,雖有功勞不加賞也。"③據《公羊傳》及注疏,大夫奉命出使辦事,完成使命後,不可擅自生事,接着去辦。公子遂的任務是到京師作回聘。事後他擅自作主"如晉",故經言"遂如晉"。而《漢書》中載馮奉世不得封侯的原因是其獨斷專行,有矯制之罪。故此處之"遂事"當指大臣專權而言。爲了防備此事,穆王命作史作《記》,而《記》的內容是"取遂事之要戒",即彙編歷代關於大臣專權誤國之訓戒,並且要日日對其宣講,以示警戒。此類彙整訓戒的《記》,亦當屬《書》之早期形態之一種類型,出自史官之手。

此處所言之"史官",商及周初稱爲"作冊",同後世史家不可等而視之。沈文倬先生言:

> 史官是"記録王言之官"。《史記·晉世家》記史佚之言"(王)言則史書之",到《禮記·玉藻》裏則説"動則左史書之,言則右史書之",發展爲記言、記事二官,再推進一步便成爲"言則《尚書》,事則《春秋》"了。然而必須明白指出,周初的史官(作冊),不應等同於後世的史家。文武周公時代著名的史官是史佚,其次是《左傳》襄公四年魏絳追憶的"昔日周辛甲之爲大史也",辛甲是武王大史。史官的職司是代王起草並宣讀冊(亦作策)命,《顧命》説"太史秉書由賓階隮,御王冊命",執前王命書向今王讀之。以事名官,即名"作冊"。④

就冊命文書來看,所謂的"王言"多草擬自史官。《尚書》從史官所書中來

---

①《春秋公羊傳》卷一二《僖公三十年》,《十三經古注》據永懷堂本校刊,第1651頁上。
②何休注、徐彥疏《春秋公羊傳注疏》卷第十二,阮元等校勘《十三經注疏》,南昌府學本,臺北:藝文印書館2001年影印版,第156頁上。
③《漢書》卷七九《馮奉世傳》,第3300—3301頁。
④沈文倬《略論宗周王官之學》,《菿闇文存》(上),第432—433頁。

當無問題,但屬於經過擇選的"政典"與"教典"。"政典"除了關乎治術外,亦關乎鑒戒,從這一層面來看,《書》類文獻同史官諫諍之職關係密切。

《國語·周語上》記厲王用"衛巫"以監"謗者",邵穆公言及天子聽政之傳統:"天子聽政,使公卿至於列士獻詩,瞽獻曲,史獻書,師箴,瞍賦,矇誦,百工諫,庶人傳語,近臣盡規,親戚補察,瞽、史教誨,耆、艾修之,而後王斟酌焉,是以事行而不悖。"①又《楚語上》"左史倚相儆申公子亹"條中,倚相舉衛武公年九十五歲猶箴儆於國:"自卿以下至於師長士,苟在朝者,無謂我老耄而舍我,必恭恪於朝,朝夕以交戒我;聞一二之言,必誦志而納之,以訓導我。"其結果是:"在輿有旅賁之規,位宁有官師之典,倚几有誦訓之諫,居寢有褻御之箴,臨事有瞽史之導,宴居有師工之誦。史不失書,矇不失誦,以訓御之,於是乎作《懿》戒以自儆也。"②結合前文討論,瞽矇、巫史、工祝之職,商代已有之,則王者聽政與瞽史諫戒的傳統所起甚早。

《白虎通論·諫諍》篇論"記過徹膳之義"云:

> 明王所以立諫諍者,皆爲重民而求己失也。《禮·保傅》曰:"于是立進善之旌,懸誹謗之木,建招諫之鼓。"王法立史記事者,以爲臣下之儀樣,人之所取法則也。動則當應禮,是以必有記過之史,徹膳之宰。《禮·玉藻》曰:"動則左史書之,言則右史書之。"《禮·保傅》曰:"王失度,則史書之,工誦之,三公進讀之,宰夫徹其膳。是以天子不得爲非。故史之義不書過則死,宰不徹膳亦死。"③

據此,王若行爲失格,未循法度,則"史書之,工誦之,三公進讀之,宰夫徹其膳"。史官若不如實書寫,則當死;而掌管膳食之宰夫若不收其膳食,屬失職,亦當死。《白虎通義》爲章帝時辯經之作,漢儒所論多據《大戴禮記·保

---

①《國語》卷一《周語上》,第9—10頁。
②同上書,第551頁。
③陳立撰、吳則虞點校《白虎通疏證》卷五《諫諍》,北京:中華書局1994年,第237—238頁。

傅》和《禮記·玉藻》立論,結合《國語》所載,知其所論淵源甚早。由漢儒之論可知王官之學中對諫諍之重視,而《詩》《書》之教正在此"史書工誦"的諫諍傳統當中。《中論·虛道》篇更引衛武公之例申論此王官之箴諫傳統:

> 先王之禮,左史記事,右史記言,師瞽誦《詩》,庶僚箴誨,器用載銘,筵席書戒,月考其爲,歲會其行,所以自供正也。昔衛武公年過九十,猶夙夜不怠,思聞訓道,命其群臣曰:"無謂我老耄而舍我,必朝夕交戒。"又作《抑》詩以自儆也。衛人誦其德,爲賦《淇澳》,且曰"睿聖"。凡興國之君,未有不然者也。故《易》曰:"君子以恐懼修省。"下愚反此道也,以爲己既仁矣、智矣、神矣、明矣,兼此四者,何求乎衆人?是以辜罪昭著,腥德發聞,百姓傷心,鬼神怨痛,曾不自聞,愈休如也。若有告之者,則曰:"斯事也,徒生乎子心,出乎子口。"於是刑焉、戮焉、辱焉、禍焉。不能免,則曰:"與我異德故也,未達我道故也。又安足責?"是己之非,遂初之繆,至於身危國亡,可痛矣夫。①

徐幹深明箴戒諫諍對於王業之重,故其引《楚語》所載衛武公之事,言其真睿聖之人,而痛身危國亡者不明此道。無論口耳授受,還是竹帛以傳,《書》類文獻當與此種政治需要並起。由《竹書紀年》所載,可知穆王時已有匯集前代訓戒之《記》,其作用近於後世之《書》,與其他同類篇章一樣,是後來《尚書》編整者取材之源。此種"準《書》類文獻"篇章多見記載,傳世《尚書·周書》和《逸周書》中絕多篇章即被標記在這一時期,出於教學和箴戒的需要,西周時期當已有《書》類文獻整編本,藏於故府,或授教於庠序。

另外,《書》類文獻因其編整目的不在於記錄史事,故不應當等同於史官的原始記錄。葛志毅先生認爲《尚書》所載典、謨、訓、誥、誓、命六體,大體皆周代政令文件,而貴族將周王命令刻鑄於鼎彝之上,則形成約劑。除了命書外,約劑還包括王室所頒發的各種制度、訓誥、盟誓、律令等。約劑文書皆出自史官之手,"根據青銅器銘文這種約劑文書大盛於

---

① 徐幹《中論》卷上《虛道》,池田秀三《徐幹中論校注》,京都大學文學部研究紀要(1984),23:1—62,第41—42頁。

西周中晚期來推測,《尚書》的編纂很可能始於厲、宣之世的前後"。① 然而結合前論,西周時編整的《書》類文獻同今傳《尚書》定然相差很大,不能等而視之。銅器上所鑄刻的約劑同用作國子和衆王官學習之用的《書》類篇章不宜看作同類性質的文獻。

第三節　西周銅器銘文與《書》類文獻之關係

一、《書》類文獻和銅器銘文的分類

根據《書大序》《尚書釋文》和《尚書正義》,傳統上《尚書》有六體、正攝十二體和十例之分。②《書序》所謂"六體",實據傳世篇章之自名

---

① 葛志毅《試據〈尚書〉體例論其編纂成書問題》,《學習與探索》1998年第2期。
② 《書大序》云:"典、謨、訓、誥、誓、命之文,凡百篇。"陸德明《尚書釋文》云:"典凡二十五篇,正典二,攝十三,十一篇亡。謨,凡三篇,正二攝一。訓,凡十六篇,正二篇,亡;攝十四,三篇亡。誥,凡三十八篇,正八攝三十,十八篇亡。誓,凡十篇,正八攝二,一篇亡。命,凡十八篇,正十二,三篇亡;攝六,四篇亡。"參見《尚書序》,《尚書正義》。孔穎達據《書序》六體説,補入"征、貢、歌、範",並爲十類,後《堯典》篇題疏中更明言爲"十例",其云:"但致言有本,各隨其事;撿其此體,爲例有十:一曰典,二曰謨,三曰貢,四曰歌,五曰誓,六曰誥,七曰訓,八曰命,九曰征,十曰範。"此十例,如何範圍五十八篇,孔穎達別其類云:"《堯典》、《舜典》二篇,典也;《大禹謨》、《皋陶謨》二篇,謨也;《禹貢》一篇,貢也;《五子之歌》一篇,歌也;《甘誓》、《泰誓》三篇、《湯誓》、《牧誓》、《費誓》、《秦誓》八篇,誓也;《仲虺之誥》、《湯誥》、《大誥》、《康誥》、《酒誥》、《召誥》、《洛誥》、《康王之誥》八篇,誥也;《伊訓》一篇,訓也;《說命》三篇、《微子之命》、《蔡仲之命》、《顧命》、《畢命》、《冏命》、《文侯之命》九篇,命也;《胤征》一篇,征也;《洪範》一篇,範也。此各隨事而言。《益稷》亦謨也,因其人稱言以別之。其《太甲》、《咸有一德》,伊尹訓道王,亦訓之類。《盤庚》亦誥也,故王肅云:'不言誥,何也?取其徙而立功,非但録其誥。'《高宗肜日》與《訓》序連文,亦訓辭可知也。《西伯戡黎》云'祖伊恐,奔告於受',亦誥也。《武成》云'識其政事',亦誥也。《旅獒》戒王,亦訓也。《金縢》自爲一體,祝亦誥辭也。《梓材》、《酒誥》分出,亦誥也。《多士》以王命誥,自然誥也。《無逸》戒王,亦訓也。《君奭》周公誥召公,亦誥也。《多方》、《周官》,上誥於下,亦誥也。《君陳》、《君牙》與《畢命》之類,亦命也。《吕刑》陳刑告王,亦誥也。《書》篇之名,因事而立,既無體例,隨便爲文。"參見《尚書正義》卷二《堯典》。

而來。劉起釪先生析之曰："'誥'是君對臣下的講話,'謨'是臣下對君的講話,'誓'是君主誓衆之辭,而且多是軍事行動的誓辭,'命'爲册命或君主某種命辭,'典'載重要史事經過或某項專題史實。"自名非在六體之中者,"以人名標題的,如《盤庚》、《微子》;以事標題的,如《高宗肜日》、《西伯戡黎》;以内容標題的,如《禹貢》、《洪範》、《無逸》等"。① 陳夢家先生認爲《尚書》大約可以分爲誥命、誓禱和敘事三類。② 其分類依據,實據《書》篇來源,或言早期典籍類屬之實際情況。誥命一類,陳氏撰《王若曰考》,詳析與此類性質相近之西周册命金文。誓禱類,陳氏亦分析見載於傳世文獻之近似類屬的材料。至於第三類,陳氏認爲,"多數是春秋晚期、戰國初期晉、宋人追擬之作。至於所謂虞書諸篇,則是戰國作者所撰著"。③ 則第三類之作"敘事類"實則已將《尚書》諸篇之分類同《尚書》諸篇之"辨僞"結合了起來。如此,除了略及"辨僞"的第三類外,陳氏所分的前兩類同傳統的六體十例並無明顯的齟齬處,只是更爲"籠統"了些。另外,所列入第三"敘事"類者,如《高宗肜日》《西伯戡黎》《微子》諸篇,雖多有敘事,然就其體例而言,當屬訓誥類;《洪範》當屬謨類。陳氏雖然僅就今文之二十八篇進行研究,但其結合早期文籍之實際情況來進行分類的方法,給我們頗多啓發。

我們所談的作爲典籍的《書》,其源頭當來自作爲檔案的"書"

---

①劉起釪《尚書學史》,第9頁。
②三類分别是:"一、誥命 成王時:《多士》《多方》《大誥》《康誥》《酒誥》《梓材》《君奭》《無逸》《立政》《洛誥》《召誥》;康王時:《康王之誥》;其他:《盤庚》《文侯之命》。二、誓禱 師旅之誓:《甘誓》《湯誓》、(《泰誓》)《牧誓》《費誓》《秦誓》;禳疾代禱:《金縢》。三、敘事 有關夏的:《堯典》《皋陶謨》《禹貢》;有關殷的:《高宗肜日》《西伯戡黎》《微子》《洪範》;有關周的:《吕刑》。"參見陳夢家《論尚書體例》,《尚書通論》,第312頁。
③陳夢家《論尚書體例》,《尚書通論》,第324頁。

（文書）。古代的官私文書，李零先生將其分作官文書與私文書兩類，①官私文書早期主要寫在竹簡或木牘上，②其性質與分類對以其爲基礎而形成的典籍類《書》之分類自然有着決定性的影響。他又認爲，雖然商周時期的簡牘文書尚未發現，但據《尚書》《逸周書》，以及古書提到的一些官書舊典，可將同時代之文書分作四類：典、謨（掌故類）；誥、誓、命類（政令類）；刑、法類（刑法類）；訓、箴、戒類（教訓類）。③

比較陳、李二氏的分類，我們認爲李所言之"政令類"，師旅之誓當有別於命、誥類政令，屬於祝禱類。李零先生定爲"政令類"，陳夢家先生定作"誥命"類的《書》篇，多近於册命類之政令。而誓類與早期盟誓之事關係密切，當入陳氏所列"誓禱類"。《周禮·春官·大祝》云："作六辭以通上下親疏遠近：一曰祠，二曰命，三曰誥，四曰會，五曰禱，六曰誄。"鄭司農云："祠，當爲辭，謂辭令也。命，《論語》所謂'爲命，裨諶草創之'。誥，謂《康誥》《盤庚之誥》之屬也。盤庚將遷于殷，誥其世臣、卿

---

① 兩類分別爲：（1）官文書（administrative documents）。分儀典類、占卜類、法令類、文告類、案例類、簿籍類、契約類、書信類等。（2）私文書（personal documents）。分占卜類、簿籍類、契約類、書信類、遣册類等多種。參見李零《三種不同含義的"書"》，《簡帛古書與學術源流》，第51頁。
② 按：商周卜辭是官方的占卜記錄，却是直接刻在甲骨上。西周銅器也有轉載册命文書（數量很大）和個別契約（散氏盤）的例子；文獻記載，春秋戰國時期還有把法律文書範鑄於銅器的例子（如鄭鑄刑書，晉鑄刑鼎），"凡大約劑，書於宗彝"（《周禮·秋官·司約》）；西北地區也出土過一些寫在帛上的書信。參李零《簡帛古書與學術源流》，第51頁。
③ 按：李零先生原分類作：典、謨（掌故類）；訓、誥、誓、命類（政令類）；刑、法類（刑法類）；箴、戒類（戒敕類），參李零《論燹公盨發現的意義》，《中國歷史文物》2002年第6期和《簡帛古書與學術源流》（修訂版），第69—70頁。《論燹公盨發現的意義》一文後收入《茫茫禹迹：中國的兩次大一統》一書，四類改作：掌故類（典、謨）；政令類（誓、誥、命）；刑法類（刑、法）；教訓類（訓、箴、戒）。參李零《茫茫禹迹：中國的兩次大一統》，北京：生活·讀書·新知三聯書店2016年，第150—151頁。主要是將"訓"從"政令類"提出來，歸入"教訓類"，而將原來的"戒敕類"改爲"教訓類"，此一調整更爲合理。

大夫,道其先祖之善功,故曰'以通上下親疏遠近'。會,謂王官之伯,命事於會,胥命于蒲,主爲其命也。禱,謂禱於天地社稷宗廟,主爲其辭也……誄,謂積累生時德行以錫之。"①鄭司農之説,近同於李氏之分類,認爲大祝一官職責所屬之"六辭"中的"誥"即《尚書》中之誥篇。陳夢家先生即認爲鄭司農之説頗誤,其言"告爲禱告、祈告之告,《説文》曰:'祮,告祭也','誥,告也',《大祝》注引杜子春云'誥當爲告,書亦或爲告'。六辭之誥是名詞,六祈之造是動詞,故《大祝》曰'大師,宜于社,造于祖','大會同,造於廟,宜於社',《禮記·王制》曰'天子將出,類乎上帝,宜乎社,造乎禰;諸侯將出,宜乎社,造乎禰';《曾子問》曰'諸侯適天子必告于祖,奠于廟;諸侯相見必告于禰,反必親告于祖禰'。《尚書·金縢》曰:'植璧秉圭,乃告大王、王季、文王,史乃册祝曰……'此告即祈告。卜辭之告皆告於祖先(原注:參《殷虚卜辭綜述》頁359)"。②又《詛祝》云:"掌盟、詛、類、造、攻、説、禬、禜之祝號,作盟、詛之載辭。"鄭玄注:"八者之辭,皆所以告神明也。盟詛主於要誓。大事曰盟,小事曰詛。"③此處之"造"即爲"告",爲祈告之文籍,同盟、誓、詛等爲一類,而不同於《尚書》諸誥,故就《書》類篇目而言,不宜列誥命和誓爲一類。如此,可將《書》類文獻分作五類,分別爲:掌故類(典、謨);政令類(誥、命);禱誓類;刑法類(刑、法);教訓類(訓、箴、戒)。

銅器銘文内容的分類,陳夢家先生認爲,長篇的周代青銅器銘文,足以作爲《尚書》或簡册來看待。④ 其曾將西周銅器銘文分爲四類:

---

①《周禮》卷二五《宗伯禮官之職》,《十三經古注》據相臺岳氏家塾本校刊,第494頁下。
②陳夢家《論尚書體例》,《尚書通論》,第314頁。
③《周禮》卷二六《宗伯禮官之職》,《十三經古注》據相臺岳氏家塾本校刊,第500頁上。
④陳夢家《略論西周銅器》,《西周銅器斷代》(上册),北京:中華書局2004年,第353頁。

西周金文的内容是多種多樣的，大別之可分爲：（1）作器以祭祀或紀念其祖先的，（2）記錄戰役和重大的事件的，（3）記錄王的任命、訓戒和賞賜的，（4）記錄田地的糾紛與疆界的。（4）很少，（2）雖有而不如（1）（3）之多。①

李零先生認爲第一類可簡稱爲"祭祀類"，第二類可簡稱爲"戰功類"，第三類可簡稱爲"賞賜類"，第四類可簡稱爲"訴訟類"，另外還應再加上"媵嫁類"，共有五類。②

二、宗周史官記錄、銅器銘文和《書》類文獻之關係

我們知道，金文雖然亦見於黃金、鐵和錫鉛合金等器物上，但最常見的記錄當係青銅器上的銘文。以青銅記載文字，自商至漢陸續不絕，但用於記錄史實却以周代最爲普遍。③ 西周青銅器銘文的長篇記事文，多記載當時的戰爭、盟約、條例、任命、賞賜、典禮和其他各種政治社會活動。文字結構和文法用途與今日所見周代典籍大致相似。④ 相較可知，兩類中較爲接近者，僅銅器銘文中的"賞賜類"同《書》類文獻"政令類"中的册命部分，其餘多不同。銘金的紀念性使得其本已不同於簡帛的記錄特性，而《書》類文獻又有箴鑒要求，故而從功能上看，二者皆不能絕對忠實於史官之記錄。同時，兩類文體自身亦多有不同。

據前文所論，《書》類文獻擇取自史官所守，注重其政教功能。銅器銘文則更重其紀念性，內容多與器主家族相關，雖有錄自史官所記者，但

---

① 陳夢家《西周金文中的册命》，《西周銅器斷代》（上册），第400頁。
② 李零《論燹公盨發現的意義》，《中國歷史文物》2002年第6期。
③ 錢存訓《書於竹帛：中國古代的文字記錄》，上海：上海書店出版社2006年，第30頁。
④ 錢存訓先生舉了毛公鼎的例子，其言：例如周宣王（前827—前782）時的毛公鼎銘文，其字數幾達《尚書》中的一篇，文體也與《尚書》極爲類似。這篇銘文共分五段，每段均以"王若曰"三字起首，應當是當時史官的記錄，鑄於鼎上以垂永久。錢存訓《書於竹帛：中國古代的文字記錄》，第34頁。

考慮到鑄造者的藻飾以及銘文自身的範式，不能和史官原本之記載等而視之。試以毛公鼎爲例，結合其他器銘，以之與《書》類文獻相較，分析二者的異同，並進一步討論《書》類文獻的形成。

（一）大盂鼎、毛公鼎及《周書》諸篇比析

大盂鼎（02837）爲西周早期康王時器，道光初年出自郿縣（今陝西眉縣）禮邨溝岸中，先後經邑紳郭氏、周廣盛、左宗棠、潘祖蔭等人收藏，後歸上海博物館，現藏中國國家博物館。內壁鑄銘文291字，其中合文5字。此類銘文内容一般由三部分組成：閥閱之辭、陳獻之辭和祝嘏之辭。① 就大盂鼎銘文而言，其閥閱之辭又分爲三個部分，每節以"王曰"（首段爲"王若曰"）起首，且無祝嘏之辭（銘文釋文、拓片以及器形圖詳見"附錄一3.3.1"）。銘文的組成，從"惟九月"到"若敬乃正，勿廢朕命"爲閥閱之辭，其中"惟九月，王在宗周"點明時間地點，"命盂"到"型乃嗣祖南公"爲任命戒勉之辭，從"余酒紹夾死䢂戎"到"勿廢朕命"爲王申命和賞賜部分。"盂用對王休，用作祖南公寶鼎，唯王廿又三祀"屬於陳獻之辭。

毛公鼎（02841）道光末年出土於陝西岐山縣，西周晚期宣王時器。就鼎銘而言，其閥閱之辭可分爲五個部分，每節以"王曰"（首段爲"王若曰"）起首（銘文釋文、拓片以及器形圖詳見"附錄一3.3.2"）。② 從開篇"王若曰"到"賜女茲关，用歲用征"，整個爲閥閱之辭。閥閱之辭由五個"王曰"劃分爲五部分：第一個"王若曰"部分，王從文武以德配天受命開始，講到"四方不靖"；第二個"王曰"部分，王委任毛公㾣"燮我邦我家外内"；第三個"王曰"任命㾣掌管王命出入；第四個"王曰"部分是訓誡之辭；第五個"王曰"部分則是申命與賞賜。"毛公㾣對揚天子皇休，用作

---

① 按：羅泰（Lothar von Falkenhausen）稱之爲閥閱之辭、獻辭和嘏辭。參羅泰《西周青銅銘文的性質》，《考古學研究（六）：慶祝高明先生八十壽辰暨從事考古研究五十年論文集》，北京：科學出版社2006年，第346—348頁。
② 按：毛公鼎銘文并無自指王年，郭沫若先生斷其爲宣王時器，後多從之。參郭沫若《殷周金文辭大系圖録考釋》，北京：科學出版社1958年，第136頁。

尊鼎"爲陳獻之辭。"子子孫孫永寶用"爲祝嘏之辭。

閥閱之辭,羅泰先生將其分爲"記錄式"和"自述式"兩種。"記錄式"的銘文包含了作器者及其家族所收到的官方文書的引文,記錄周王或地位較高的貴族(王命執行者)授予某一貴族某種形式的行政或軍事權利。"自述式"閥閱之辭則出自作器人之口,有時包含册命内容,但不像記錄式那樣直接引用官方文件。① 大盂鼎銘文有明確的記錄,言"惟九月,王在宗周,命盂"。其爲康王册命盂的一篇册命類銘文當無問題。然銘文當中并無關於册命儀式詳細過程的記錄,只有連續的"王曰",其中最後一部分詳述了所賜之物品。參看下文頌鼎和三年𤸫壺銘文,可知大盂鼎銘文顯然不是一篇標準的册命文書。毛公鼎銘文亦如此,且未記錄册命的時間和地點。

册命文書和命官之辭不宜等而視之。前者由作册擬定,是册命過程中的必要參與物。後者爲王或高級别的貴族在册命儀式上所講的話,由史官記録了下來,而所謂"王曰"用來區分不同史官的記録。② 然而就毛公鼎銘文而言,尚有一個問題需要解釋,五個"王曰"部分語義多有重複。王對毛公的任命之辭涉及四項内容:行政依據、委任職務、訓勉和賞賜。前三項内容在毛公鼎中并非有序叙述,比如任命内容在第二、三、四、五部分中都有呈現,勉勵的内容在第一、二、三、四部分中均有涉及,行政依據的内容在第一、二、四部分中都有出現。這一現象,張懷通先生認爲是口頭語言所致。③ 然而以大盂鼎銘文作比較,可以發現同樣屬於命官之辭,其"王曰"部分所及内容基本承繼有序,并不雜厠。可見,單純以口頭言説作爲其混雜的原因,尚未盡得其實。

上文已及,大盂鼎銘文清楚記録了册命的時間和地點,而毛公鼎銘

---

① 羅泰《西周青銅銘文的性質》,第348—349頁。依羅氏所論,"記錄式"的閥閱之辭除了官方文書類外,還有一種以詩的形式保存下來,如《詩·大雅·江漢》。
② 張懷通《"王若曰"新釋》,《歷史研究》2008年第2期。
③ 同上。

文則無。這個區別提醒我們，毛公鼎類銘文的閥閱之辭部分，實際上是整合了毛公家藏的多個命官之辭的記録而成，所以不宜注明單一的時間和地點。這一説法可以得到三年瘋壺銘文（09726）的支持（銘文釋文、拓片以及器形圖詳見"附録一3.3.3"）。壺銘的閥閱之辭中，記録了丁巳日及月餘後的己丑日，王對瘋的兩次賞賜，事件簡明，時間、地點和涉事人物都很明確，當本於瘋家藏的官方文書副本，鑄器之時合多篇爲一。

毛公鼎的閥閱之辭，屬於"記録式"，但并非一篇典型的册命文書，所記者爲康王的多次命官之辭。其中五個"王曰"（包括"王若曰"）不作停頓連書的形式，跟《尚書》中《大誥》《康誥》《酒誥》《洛誥》《多士》《多方》等訓誥體頗爲相仿。然而這一類文獻所録内容均非册命文書，而是一次或多次命官之辭或布政之辭。布政之辭和命官之辭的區別，張懷通先生論曰：

> 布政之辭與命官之辭的差異之處在於前者比後者在思想内容上要豐富得多。布政之辭是圍繞着國家大事、方針大計展開的政治論述，内容包括上至天命，下至人事；大到治國，小到修身；遠及歷史興衰，近及民衆動遷等重大問題。儘管每一篇布政之辭都有自己的主題，但某些命題，如天命、歷史觀，以及明德慎罰等思想，在各個篇章中都有程度不同的重疊。所以這些布政之辭，既可以分開來看，也可以綜合起來看。但無論從哪個角度看，具有較强的理論性是其共同特點。所以研究思想史的學者多將周初布政之辭當作中國思想史的正式開端。如此豐富的思想内容，命官之辭涵蓋不了。因爲布政之辭中有豐富的思想内容，所以它們中絶大多數都篇幅較長，領起話語的"王曰"等較多。更有甚者，《康誥》、《多士》、《多方》中分別有兩個"王若曰"。①

如此，《書》類文獻中《大誥》《酒誥》《洛誥》等，皆爲多位史官多次所録之布政之辭的合集；《康誥》《多士》《多方》則爲多位史官所記周公對同

---

①張懷通《"王若曰"新釋》，《歷史研究》2008年第2期。

一群人所發表的布政之辭。《書》類文獻多布政之辭，這同我們前面所論說的其箴鑒和教育作用直接相關。銅器銘文則更多私人所錄史官所記的命官之辭，當然亦見有如燹公盨銘文那樣的布政之辭(參表3.3.1)。

表 3.3.1:"王曰"(王若曰)存在及篇首時間地點記述統計對比表

來源		"王曰"(包括"王若曰")次數	開篇的時間地點記述
金文	大盂鼎	4	有
	毛公鼎	5	無
《尚書》	《大誥》	4	無
	《康誥》	14	有
	《酒誥》	5	無
	《洛誥》	4	無
	《多士》	7	有
	《多方》	6	有

記錄典型冊命文書的銅器銘文，亦不鮮見，如西周晚期的頌鼎(02827)銘文(銘文釋文、拓片以及器形圖詳見"附錄一3.3.4")。頌鼎的時代和毛公鼎比較接近，其閎閱之辭完整記錄了一次冊命儀式的全過程，"王曰"部分和毛公鼎"申命與賞賜"部分性質接近。可以清楚看出，大盂鼎和毛公鼎的銘文非冊命文書的實錄，而屬於命官之辭一類。

另外，頌鼎銘文與《文侯之命》，①相較之下，《文侯之命》不載時間，

---

①《文侯之命》全文如下:王若曰:"父義和！丕顯文、武，克慎明德，昭升于上，敷聞在下。惟時上帝，集厥命于文王。亦惟先正克左右昭事厥辟，越小大謀猷，罔不率從，肆先祖懷在位。嗚呼！閔予小子嗣，造天丕愆。殄資澤于下民，侵戎我國家純。即我御事，罔或耆壽俊在厥服，予則罔克。曰:'惟祖惟父，其伊恤朕躬！'嗚呼！有績予一人永綏在位。父義和！汝克紹乃顯祖，汝肇刑文、武，用會紹乃辟，追孝于前文人。汝多修，扞我于艱，若汝，予嘉。"王曰:"父義和！其歸視爾師，寧爾邦。用賚爾秬鬯一卣，彤弓一，彤矢百，盧弓一，盧矢百，馬四匹。父往哉！柔遠能邇，惠康小民，無荒寧。簡恤爾都，用成爾顯德。"

亦不載册命過程，僅列出命官之辭。頌鼎的銘文所錄則當爲記錄整個册命過程的文書。兩者之間最大的區別在於銅器銘文基本上都有陳獻之辭和祝嘏之辭，明示作器所獻之人及所求之福，而《書》類文獻則全無。

要之，就命官和訓政而言，史官記錄涉及册命文書的草擬、命官之辭的記錄、册命過程的記錄、周王公和貴族布政之辭的記錄等諸多方面。這些記錄非一位史官完成，而是多名史官合作。《書》類文獻多取自史官關於命官和布政之辭的記錄。銅器銘文則兼而有之，除了記錄史官所載外，還要鑄上陳獻和祝嘏之辭，以明器物所獻之人和所祈之福。除了這類閥閱之辭爲"記錄式"的銅器銘文外，下面討論"自述式"的銅銘。

（二）從史牆盤和癭鐘銘文看"自述式"閥閱之辭與史官記錄之間的關係

1976年，陝西扶風莊白一號西周窖藏銅器群（76FZH1）共出土青銅器103件。其中大部分是微氏家族銅器，其中有銘器物74件，銘文字數從1字到284字不等。① 器群中的西周銅器銘文，有閥閱之辭、陳獻之辭和祝嘏之辭俱全者，也存在僅有陳獻和祝嘏之辭，沒有閥閱之辭者。三部分俱全者中，其閥閱之辭，"記錄式"和"自述式"兩種形式均存在。記錄式的如三年癭壺（09726）和十三年癭壺（09724）等；自述式的如史牆盤（10175）、癭鐘（1式，00246；2式，00247－00250；3式，00251－00256）等。下面以後者爲例，略談"自述式"閥閱之辭和史官記錄之關係。

史牆盤銘文中的閥閱之辭部分，一共涉及13个人物（銘文釋文、拓片以及器形圖詳見"附錄一3.3.5"）。先述文、武、成、康、昭、穆，共7位周王的功績，再述微氏祖先跟列代周王的關係，最後是史牆的自勵之言。銘文自述特徵明顯，不可能全部來自王官記載，應當錄自微氏家族有所

---

① 陝西周原考古隊《陝西扶風莊白一號西周青銅器窖藏發掘簡報》，《文物》1978年第3期，第1—25頁。

第三章　西周的《書》類文獻與《書》學　221

依據的自述式家族文書。值得注意的是,牆銘的前半部分是用韻的,①提示我們從文、武至穆、共的頌詞可能獨立成篇,且被用於禮儀性的口誦場合。

結合瘋鐘(3式)的閥閲之辭(銘文釋文、拓片以及器形圖詳見"**附録一 3.3.6**"),又能够發現,即便是對此類自述式文書的抄録鑄刻,也並不一定忠實於所據文本(參表3.3.2)。

表3.3.2:史牆盤和瘋鐘(3式)銘文閥閲之辭對比表

史牆盤	文王	曰古文王,初歘穌于**政**,上帝降懿德大甹,匍有上下,迨受萬邦。
	武王	譽圉武王,遹征四方
瘋鐘(3式)	文王	曰古文王,初歘穌于政,上帝降懿德大甹,匍有四方,迨受萬邦。

史牆盤	武王	譽圉武王,遹征四方,達殷畯民,永不巩狄虘,懲伐夷**童**。……雩武王既戈殷
	剌(烈)且(祖)	微史烈祖廼來見武王,武王則令周公舍宇于周,卑處。
瘋鐘(3式)	武王	雩武王既戈殷
	烈祖	微史烈祖來見武王,武王則令周公舍寓以五十頌處。

史牆盤	史牆	唯辟孝友,史牆夙夜不墜,其日蔑曆,牆弗敢阻。
瘋鐘(3式)	瘋	今瘋夙夕虔敬,郵厥死事。

　　瘋所鑄鐘銘和其父牆所鑄盤銘有着明顯的因襲性,所本或同爲家族史官所記文書,其差異源自鑄銘時取捨不同。當然,這兩篇銘文的用詞是典型的西周風格,其開篇所謂的"曰古文王",可能即爲《尚書》"曰若

---

① 裘錫圭《史牆盤銘解釋》,《文物》1978年第3期,第25頁,收入《裘錫圭學術文集》第三卷,第6—17頁。

稽古帝堯"類的先導。此類起首式大概是周人敘述古事的一種尋常套路。①

前半篇韻文所涉的"文王受命"和"武王撻殷",本是西周貴族敘事的常識,這使得我們更傾向於認爲周王頌詞部分獨立成篇,屬於"公共素材",取多取少,可根據器物所能提供的鑄刻面積(書寫空間)而定。微氏家族先王頌詞部分,從史牆盤和瘨鐘共用"烈祖"敘述來看,似乎也存在類似現象。

兩篇銘文中,沒有其他來源的"創新"内容,當是自述部分。但自述部分的用辭,如"夙夜不墜""弗敢阻""夙夕虔敬""䢅厥死事"等,却完全是西周金文俗套。

要之,比較同一窖藏所見的同一家族的銘文後,我們發現自述式的銘文有着明顯的拼合傾向(至少我們所分析的兩篇長銘如此),而其所據的材料有其公共性。這種公共性與史官文書、貴族私家所藏文書檔案及口傳文化或都有關係。作爲"拼合"成果的銘文,很多時候是爲了符合一種"傳統範式",跟史官檔案(包括貴族私家檔案),已不宜等量齊觀。

(三)本質差異:銅器銘文的性質不同於史官文書與《書》篇

青銅器銘文并不以爲後世保留"史料"爲目的,而且最能引起史學研究興趣的"閥閱之辭"部分,因爲種種原因,時常會被有銘青銅器的鑄造者省略,如同一窖藏中的瘨鐘(4式,00257-00259)三器,即只有簡單的陳獻之辭和祝嘏之辭。陳獻之辭和祝嘏之辭本身,即折射出青銅銘文"明之後世"之外的宗法禮儀用途,此乃青銅銘文有別於史官文書的主要特徵。絕大多數銅器沒有銘文的事實,正説明在宗法禮儀活動中,銘文并非必不可少。這些現象使我們走近羅泰先生的結論,即西周青銅銘

---

① 裘錫圭《史牆盤銘解釋》,第25頁。

文成於獻器之禮,屬於禮儀類文獻。①

西周青銅器承繼自商代,從巫祀文化發展的視角來看其禮儀性用途當無可疑。然而《墨子·貴義》已強調金石銘刻之紀念性和傳承性:"古之聖王,欲傳其道於後世,是故書之竹帛,鏤之金石,傳遺後世子孫,欲後世子孫法之也。"②《禮記·祭統》更是道出了銘文中對祖先的祭祀更多是爲了崇孝道和教後世:

> 夫鼎有銘,銘者,自名也,自名以稱仰其先祖之美,而明著之後世者也。爲先祖者,莫不有美焉,莫不有惡焉。銘之義,稱美而不稱惡,此孝子孝孫之心也,唯賢者能之。銘者,論譔其先祖之有德善、功烈、勳勞、慶賞、聲名,列於天下,而酌之祭器,自成其名焉,以祀其先祖者也。顯揚先祖,所以崇孝也。身比焉,順也。明示後世,教也。③

《墨子》及《禮記》所載反映出古人對青銅銘文作用的認識,他們更傾向於肯定儀式背後的紀念和教育意義。《祭統》指出,儘管祖先身上難以避免美惡兼備,但青銅銘刻的目的主要是彰顯祖先的善德、功業和美名,已肇後世史料自身偏見(或言局限)説的先河。此種認識,使我們不能忽略掉西周社會禮樂文化之外理性和務實的一面。

據巫鴻先生研究,西周時期,銘文的強調對象已經從祖先轉向了信衆,儘管大多數西周青銅器仍是奉獻給死去祖先的,但是奉獻本身成爲其在世子孫們生活中重要事件的結果。這些事件,主要包括晉見和授職,構成了製作青銅禮器的原因。所製器物的主要意義,已不是在禮儀

---

① 羅泰《西周青銅銘文的性質》,《考古學研究(六)》,第 369 頁。按:羅泰先生原稱其爲"宗教禮儀文獻",我們認爲若用"宗教"這一概念,涉及問題則更爲複雜,故此處僅稱之爲"禮儀文獻"。
② 孫詒讓撰、孫啓治點校《墨子閒詁》卷一二《貴義》,第 444 頁。
③《禮記》卷第一四《祭統》,《十三經古注》據相臺岳氏家塾本校刊,第 1061 頁上。

中與神交通的器具,而更多地成爲展示生者現世榮耀和成就的物證。①這一結論,更合乎西周青銅器銘文存在的實際情況。因爲鑄造金文的目的,②廣涉軍功、姻親、家族活動、土地或其他交易的協議、家族疆域劃定,而不屬於祭祀祖先(或僅爲祭祀祖先)或禮儀性用途的青銅器亦不鮮見,如㝬鐘(00260)、麥方鼎(02706)、敔簋(03827)、九年裘衛鼎(02831)、多友鼎(02835)、曶鼎(02838)、仲禹簋(03747)、伯者父簋(03748)、史臽簋(04031)、太保簋(04140)、臣諫簋(04237)、榮簋(04241)、倗生簋(04262)、令簋(04300)、散氏盤(10176)等。

　　西周金文銘文的諸多類型,讓我們在理解其"紀念性"特點的同時,可以更多地關注其務實的一面。毛公鼎銘文的整合性,正是紀念性目的下的一種"務實"做法,將多次榮耀整合在一起呈現,既表紀念,又供人閲讀瞻仰。史牆盤和㝬鐘的銘文則整合自一個多元的"共享資料庫",其宗周諸王頌辭部分,很可能全部或部分已經是固定的格式化内容。三年㝬壺銘文和史官材料的關係最爲緊密,或即爲微族私藏的史官記錄副本的複製。㝬鐘對昭王南征的記載,倗生簋對格伯查看交易田地的記載,曶鼎關於案件糾紛的記載等,應有公私史官記載材料爲基礎。除此之外,近百篇册命類銘文,③當均有其對應的史官記録。

---

①巫鴻著,李清泉、鄭岩等譯《中國古代藝術與建築中的"紀念碑性"》,上海:世紀出版集團、上海人民出版社 2009 年,第 77 頁。巫鴻先生强調:青銅禮器從交通祖先和神靈的器具,轉化爲展示生者現世榮耀和成就的物證的結果是,變化多端的象徵性形象失去了他的活力和優勢,冗長的文獻記録被煞費苦心地鑄在一件没有多少裝飾的盤内或淺腹鼎中,作爲紀念性的作品,這樣的青銅器要求是"閲讀"而非"觀看"。
②學界關於青銅器銘文的製作目的及社會背景的研究情況,李峰先生已有綜述,詳參氏著《西周的政體:中國早期的官僚制度和國家》,吴敏娜等譯,北京:生活·讀書·新知三聯書店 2010 年,第 13—23 頁。
③李峰《西周的政體:中國早期的官僚制度和國家》,第 15 頁。

(四)小結

總前所述,《書》類文獻、銅器銘文和史官記錄之間的關係可以這樣描述:《書》類文獻、銅器銘文和史官記錄均可分爲不同的類别,並非所有類别都能一一對應。史官記錄當爲《書》類文獻和銅器銘文的取材之源,但二者因使用目的不同,所以在各自成篇過程中,皆會對史官原記録有所改編損益。

傳統上定義的五類銅器銘文,從史官記錄中來而不同於《書》類文獻者,有訴訟類和媵嫁類。祭祀類和戰功類多從家族及私人視角來鑄造史官所録。賞賜類和《書》類文獻有較多交集,其銘文"閥閱之辭"分記録式和自述式兩種,前者之中有鑄刻册命儀式過程的史官記錄者,如頌鼎等,亦有記錄册命過程中命官之辭者。

記録命官之辭者,所鑄内容或爲一次册命中多名史官所記内容,如大盂鼎銘文;亦見有將史官關於命官之辭的多次記錄最後彙總成編者,如毛公鼎銘文。

自述式閥閱之辭,如上文所舉的史牆盤銘文,當録自微氏家族有所根據的自述式家族文書。另外,通過比較我們發現,自述式的銘文有着明顯的拼合傾向,而其所據的材料似乎都出自一個"共享素材庫"。這個"共享素材庫"或與史官文書、貴族私家所藏文書檔案及口傳文化都有關係。

此外,亦見有鑄録訓政之辭的銅器,如西周中期的燮公盨銘文。這類銘文基本上可以看做一篇《書》類文獻。燮公盨銘文并不見於傳世《書》類文獻,可以見出當時可資取用的"訓政之辭"類資源範圍頗廣,宗周《書》類文獻之構成較之我們的認識要更豐富些,而今傳之《尚書》的確是後來整編選擇的結果。

與史官記錄相較,《書》類文獻多取訓政之辭,這同我們前文所探討的《書》類文獻編整之目的相合。從毛公鼎銘文對史官所記命官之辭的彙合整編處理來看,《書》類文獻中亦有整合數次訓政之辭爲一篇者,如《大誥》《酒誥》《洛誥》等。

第四章
三代王官學之嬗變及西周《書》教之核心

第一節　《書》學的"三代損益":《堯典》
"觀象授時"部分的知識傳承①

　　文獻記載中關於三代制度文化之關係的論說者,多爲孔子。《論語·爲政》中孔子言三代文化之傳承損益:"殷因於夏禮,所損益,可知也;周因於殷禮,所損益,可知也。"《衛靈公》中顏淵問孔子如何治國,孔子言"行夏之時,乘殷之輅,服周之冕,樂則韶舞",孔子主張爲政當取三代文化之精華。又《禮記·表記》載孔子言:"夏道尊命,事鬼敬神而遠之,近人而忠焉,先禄而後威,先賞而後罰,親而不尊。其民之敝,惷而愚,喬而野,朴而不文。殷人尊神,率民以事神,先鬼而後禮,先罰而後賞,尊而不親。其民之敝,蕩而不静,勝而無恥。周人尊禮尚施,事鬼敬神而遠之,近人而忠焉,其賞罰用爵列,親而不尊。其民之敝,利而巧,文而不慙,賊而蔽。"②夏之人"忠",但其民之敝在於"惷而愚,喬而野",即愚昧而又粗野無禮;殷人改其朴野而更之以尊神敬鬼,"先鬼神而後

---

①按:我們結合甲骨記録來討論《堯典》部分内容經三代而傳的特徵,所以選篇雖屬《虞書》,討論内容實關乎三代。
②《禮記》卷一七《表記》,《十三經古注》據相臺岳氏家塾本校刊,第1085頁下—1086頁上。

禮";周人則"事鬼敬神而遠之","尊禮尚施"。司馬遷認同這種講法,其在《高祖本紀》後之贊語云:"夏之政忠,忠之敝,小人以野,故殷人承之以敬。敬之敝,小人以鬼,故周人承之以文。文之敝,小人以僿,故救僿莫若以忠。三王之道若循環,終而復始。"①依照司馬遷的講法,則周道之"文",其弊在"僿",②而當以夏之"忠"治之。如是,三代文化循環往復,終而復始。

據孔子之言,則三代之別在其人"尊命"(忠)、"尊神"(敬)與"尊禮"(文)。夏之"尊命",言其順天之道,循其自然,其缺點是民生過於原始素樸。商之"尊神",則其對應文獻多爲祭卜之類就頗爲合理。周之"尊禮",但較夏"多文"。就文獻言之,夏簡而周繁。故孔子又云:"夏道未瀆辭,不求備,不大望於民,民未厭其親。殷人未瀆禮,而求備於民。周人强民,未瀆神,而賞爵刑罰窮矣。"鄭玄注:"未瀆辭者,謂時王不尚辭,民不褻爲也。"③結合前文所論,鄭注或明孔子之義,但未得其實旨。所謂"未瀆辭",或據夏代因口傳無文獻而言,而非言時王之較後來者擅長辭令與否。孔子認爲"虞夏之文不勝其質,殷周之質不勝其文"正與此意相合。④ 孔子對三代文化因循與嬗變的框架性判斷,應有所據。王國維先生討論周代禮樂制度較商之尊奉鬼神巫風之意義,其言:"文武周公所以治天下之精義大法,胥在於此。故知周之制度典禮,實皆爲道德而設。而制度典禮之專及士大夫以上者,亦未始不爲民而設也。周之

---

① 《史記》卷八《高祖本紀》,第493—494頁。
② 裴駰《集解》:徐廣曰"一作'薄'"。駰案:《史記音隱》曰"僿音西志反"。鄭玄曰:"文,尊卑之差也。薄,苟習文法,無悃誠也。"司馬貞《索隱》:鄭音先代反,鄒本作"薄",音扶各反,本一作"僿",而徐廣云一作"薄",是本互不同也。然此語本出《子思子》,見今《禮·表記》,作"薄",故鄭玄注云:"文,尊卑之差也。薄,苟習文法,不悃誠也。"裴又引《音隱》云"僿音先志反",僿、塞聲相近故也。蓋僿猶薄之義也。《史記》卷八《高祖本紀》,第494頁。
③ 《禮記》卷一七《表記》,《十三經古注》據相臺岳氏家塾本校刊,第1086頁上。
④ 同上。

制度典禮,乃道德之器械。"① 殷商變革後,道德高揚,貫通天人,《書》篇多與之相關的言與事之記載。《書》篇文本中的歷時信息層上,即可見文化遷變的痕迹,下面以《堯典》爲例,考察《書》學是如何歷三代而變化的。

《尚書·堯典》,顧頡剛先生認爲其爲戰國秦漢間的僞作,② 屈萬里

---

① 按:商周文化實因循大於變革,但就道德觀而言,則屬於其不同之處。《殷周制度論》言:"中國政治與文化之變革,莫劇於殷周之際。……殷周間之大變革,自其表言之,不過一姓一家之興亡與都邑之移轉,自其裏言之,則舊制度廢而新制度興,舊文化廢而新文化興。"參見王國維《殷周制度論》,《觀堂集林》卷一〇,第451—477頁。按:王氏言殷商制度變化劇烈,不合新舊材料所呈現之樣貌,故屢遭批判,如陳夢家在《〈殷周制度論〉的批判》中言:"此文之作,乃借他所理解的殷制來證明周公改制的優於殷制,在表面上似乎說周制是較殷制爲進步的,事實上是由鼓吹周公的'封建'制度而主張維持清代的專制制度。此文在實際上是王氏的政治信仰,它不但是本末顛倒的來看周代社會,而且具有反動的政治思想。"參見陳夢家《殷虚卜辭綜述》,第630頁。董作賓亦言:"過去大家把殷周兩代看作兩種不同的文化,這是錯誤的,我們就新舊史料看,他們之間,多見其同,少見其異。孔子說:'殷因於夏禮,所損益可知也。周因於殷禮,所損益可知也。'孔子所說,著重在'因',意思是'損益'的有限,就是同的多,異的少。試把甲骨金文比較,就可以明白這一點。"參見董作賓《中國古代文化的認識》,原刊《大陸雜誌》1951年3卷12期,收入《董作賓先生全集》乙編第三册《平廬文存》卷三,臺北:藝文印書館1977年,第349頁。按:實際上,王氏言殷周制度變革的三個主要方面雖不合於出土之材料,其關於殷周禮制變革之劇烈的講法不能成立,但此文搭起的架子實有開創意義。另外,王氏據《尚書》諸篇並結合出土材料討論周人之"道德"不同於殷商時期,則亦可見證於地下。此篇相關問題,涉及史料年代的辯證,實不宜遽斷。陳夢家先生的材料批判深受古史辨派風氣之影響,王氏則不然,從他們對《尚書》諸篇年代的判定上即可見出。所以,我們認爲關於王氏此篇的討論首先應該是一個經典年代學的問題,次之才是其他問題。

② 顧頡剛先生於1923年給胡適先生去函中分今文28篇爲3組:"第一組:(十三篇)這一組在思想上,在文字上,都可信爲真。盤庚 大誥 康誥 酒誥 梓材 召誥 洛誥 多士 多方 吕刑 文侯之命 費誓 秦誓;第二組:(十三篇)這一組,有的是文體平順,不似古文,有的是人治觀念很重,不似那時的思想。這或是後世的僞作,或者史官的追記,或者是真文經過翻譯,均説不定。不過絶是東周間的作品。甘誓 湯誓 高宗肜日 西伯戡黎 微子 牧誓 洪範 金縢 無逸 君奭 立政 顧命;第三組:(三篇)這一組決是戰國至秦漢間的僞作,(轉下頁)

先生定其成篇時間在孔子之後,孟子中晚年以前。① 陳夢家先生亦認爲出自戰國人之手。② 三氏皆留心於此篇中晚出的痕迹,此爲古史辨派,或古書辨僞者慣常的研究視角和研究方法。陳夢家先生認爲關於夏、商、周三代之書的保存與擬作,應該分屬晉、宋、魯三國所爲。周書多是

(接上頁)與那時諸子學説有相連的關係。那時擬書的很多,這三篇是其中最好的;那些陋劣的如孟子引'舜浚井'一節都失掉了。堯典　皋陶謨　禹貢。"所分第二組中,《無逸》《君奭》《立政》《顧命》劃入東周時期始成篇,并不恰當。顧頡剛先生在此信中又言:"我雖列出這個表,一時還不能公布。因爲第三組我可以從事實上辯牠們的僞,第一組與第二組我還是没有確實的把握把牠們分開。我想研究古文法,從文法上指出牠們的差異。"知顧先生當時并不能完全確定前兩組之可靠性,姑存於此,且備一説。參見顧頡剛《論今文尚書著作時代書》,《古史辨》(第一册),上海:上海古籍出版社1982年,第171—172頁。

① 屈萬里先生判定今文28篇成篇時間:(虞夏書)1.堯典:孔子之後,孟子中晚年以前;2.皋陶謨:約與《堯典》同時而稍後;3.禹貢:春秋末年;4.甘誓:戰國中晚葉;(商書)5.湯誓:戰國時,孟子之前;6.盤庚:殷末人,或西周時宋人追述古事之作;7.高宗肜日:戰國之世;8.西伯戡黎:戰國時;9.微子:戰國時人述古之作;(周書)10.牧誓:戰國時人述古之作;11.洪範:戰國初葉至中葉時;12.金縢:戰國時;13.大誥:西周初年;14.康誥:康叔封於康時武王告之之辭;15.酒誥:武庚之亂平後,康叔已封於衛,周公以成王命告之之辭;16.梓材:武王誥康叔之書;17.召誥:周公歸政成王時(有脱簡);18.洛誥:成王至洛,周公獻卜,成王命周公時;19.多士:成王七年三月甲子日;20.無逸:史官記周公戒成王之語;21.君奭:周公時史官所記;22.多方:成王三年,伐奄歸後;23.立政:成王親政之初,周公告以設官之事,而史官記之;24.顧命:成王將崩,命召公畢公率諸侯相康王時;25.費誓:魯僖公十六年十二月(前644);26.吕刑:或爲平王因吕侯之請而作之命書;27.文侯之命:周平王十一年;28.秦誓:秦穆公三十三年(前627)殽之戰敗績後誓詞。參見屈萬里《尚書集釋》,臺北:聯經出版事業公司1983年。

② 陳夢家先生推斷今文《尚書》之時代:一、西周初期的命書。周書:《康誥》(1)(2),《酒誥》《洛誥》《君奭》,《立政》(1)(2),《梓材》,《多士》(1)(2),《多方》(1)(2),《康王之誥》《召誥》《大誥》。二、西周中期以後的命、誓。周書:《吕刑》《文侯之命》《秦誓》。三、約爲西周時代的記録。周書:《金縢》《顧命》《費誓》;四、戰國時代擬作的誓。夏書:《甘誓》;商書:《湯誓》《盤庚》;周書:《牧誓》。五、戰國時代的著作。虞書:《堯典》《舜典》《皋陶謨》《益稷》;夏書:《禹貢》;商書:《高宗肜日》《西伯戡黎》《微子》;周書:《洪範》。參見陳夢家《尚書通論》,第108頁。

魯國太史所藏,而夏、商之書所謂晉、宋兩國之人所擬作,並認爲這些擬作也應有所本,因之也保存了許多史料。①

　　結合《左傳》引《書》來看,三家關於《堯典》之說皆仍可商。文公十八年(前609)《左傳》載季文子使大史克對魯宣公曰:"故《虞書》數舜之功,曰'慎徽五典,五典克從',無違教也。曰'納于百揆,百揆時序',無廢事也。曰'賓于四門,四門穆穆',無凶人也。舜有大功二十而爲天子,今行父雖未獲一吉人,去一凶矣。於舜之功,二十之一也,庶幾免於戾乎。"②里克言舜舉"十六相"、去"四凶",來訓釋《虞書·堯典》③所載之"慎徽五典,五典克從;納于百揆,百揆時叙;賓于四門,四門穆穆"。舜臣堯,舉八愷,使主后土,以揆百事,莫不時序,而無廢事。因四凶已去,故賓于四門,四門穆穆。此類附事以解經,藉經以言理的詮釋方法對後來經典注釋頗有影響。鄭玄所注五十八篇古文有《舜典》,梅本《尚書》中此部分在《舜典》之中。公元前476年已入戰國,《左傳》止於哀公二十七年(前468),是知《左傳》成書於戰國。如此據魯太史克引《堯典》可知此篇寫定至遲在文公十八年以前。④

　　結合甲骨文中相關記載,能夠發現《堯典》中實多祖述之內容,就其"觀象授時"部分而言,應該是跨越了漫長歷史,經歷過多種流傳形態(口傳、記錄、寫定、流傳改移等)。下面我們結合"觀象授時"經文及其歷代"傳解"分析其"三代損益"之過程,揣摩《尚書》相關篇章的早期形態。《堯典》觀象授時部分內容爲:

　　　　乃命羲和,欽若昊天,曆象日月星辰,敬授人時。分命羲仲,宅

---

① 但是陳先生認爲夏書當中,《甘誓》爲戰國時代之擬作,而《堯典》則爲戰國時期的著作,則似不在保留史料篇章之考慮範圍內。參見陳夢家《尚書通論》,第108頁。
② 《春秋經傳集解》卷九《文公下》,《十三經古注》據相臺岳氏家塾本校刊,第1277頁。
③ 今本《舜典》原來在伏生本之《堯典》中,故可知此處爲引《堯典》。
④ 另外,《左傳》隱公六年(前717)君子評論陳桓公時已引《商書》,則《書》篇依類整編或更早,其實或亦有《虞書》《夏書》之類。

嵎夷,曰暘谷,寅賓出日,平秩東作,日中星鳥,以殷仲春。厥民析,鳥獸孳尾。申命羲叔,宅南交,(曰明都,)平秩南訛,敬致,日永星火,以正仲夏。厥民因,鳥獸希革。分命和仲,宅西,曰昧谷,寅餞納日,平秩西成,宵中星虛,以殷仲秋。厥民夷,鳥獸毛毨。申命和叔,宅朔方,曰幽都,平在朔易,日短星昴,以正仲冬。厥民隩,鳥獸氄毛。帝曰:"咨!汝羲暨和,朞三百有六旬有六日,以閏月定四時成歲。允釐百工,庶績咸熙。"

一、"寅賓出日,平秩東作"與"寅餞納日,平秩西成"的傳統傳解

《尚書大傳·略説》言:"古者帝王躬率有司、百執事,而以正月朝迎日於東郊,以爲萬物先而尊事天也;祀上帝於南郊,所以報天德。迎日之辭曰:'維某年某月上日,明光於上下,勤施於四方,旁作穆穆,維予一人某,敬拜迎日東郊。'迎日,謂春分迎日也。《堯典》曰:'寅賓出日。'此之謂也。"①此處《大傳》所引"迎日之辭"見《大戴禮記·公冠》。《大傳》解"寅賓出日"爲迎日於郊之禮,但是關於行禮的時間,兼存"正月"與"春分(在二月)"兩説。又《唐傳·堯典》言:"中春辯秩東作,中夏辯秩南訛,中秋辯秩西成,中冬辯在朔易。"②此處則主"春分"説。

又《唐傳·堯典》傳"寅餞入日,辯秩西成"曰:"天子以秋,命三公將率,選士厲兵,以征不義,決獄訟,斷刑罰,趣收斂,以順天道,以佐秋殺。"皮錫瑞疏證曰:《春秋感精符》曰:"霜,殺伐之表。季秋霜始降,鷹

---

① 皮錫瑞撰、吳仰湘點校《尚書大傳疏證》,第329頁。此條見《禮儀通解續》二二《天神》。又《禮記·玉藻》正義引"祀上帝於南郊,即春迎日於東郊",作《書傳·略説》。又《毛詩·噫嘻》正義、《禮記·郊特牲》正義、《宋書·禮志》、《玉海》。皮錫瑞按語:《玉燭寶典》引《大傳》,"以爲"上多"所"字,"祀上帝"作"禮上帝","天德"下多"也"字,"某年月上日"作"其月上日","迎日東郊""日"下多"於"字。
② 皮錫瑞撰、吳仰湘點校《尚書大傳疏證》,第7頁。此條《周禮·馮相氏》賈公彥疏引《書傳》。《史記·五帝本紀》索隱亦引"辯秩東作"。

率擊。王者順天行誅，以成肅殺之威。"《明堂之制》曰："秋治以矩，矩之言度也。肅而不勃，剛而不匱，取而無怨，内而無害，威厲而不懾，令行而不廢。殺伐既得，仇敵乃克。矩正不失，百誅乃服。"《洪範五行傳》曰："仲秋之月，乃令農隙民畋釀，庶甿畢入於室，曰時殺將至，毋罹其災。季秋之月，除道成梁，以利農夫也。孟冬之月，命農畢積聚，繫牛馬，收澤賦。"《王居明堂禮》亦與《五行傳》略同。① 據《春秋感精符》則"寅餞入日"當在季秋，而《明堂之制》《洪範五行傳》和《王居明堂禮》則並無明確區分孟秋、仲秋、季秋。更需留意的是，對"寅餞入日，辯秩西成"的解釋，無論是《孔傳》還是皮疏所引，皆已不關涉郊祀送日，而是以秋季之政事與農事（仲秋之田獵、會飲，季秋之修治道路及架橋梁等）解之。

輯本所見記載皆明確標記出自《大傳》，但在此句的解釋上有相異的三說，顯示出《大傳》傳本經過補益。② 《大傳》所展示的三種說法皆有其傳承與流傳脈絡。

（一）迎日於郊之禮

《禮記·玉藻》載："玄端而朝日於東門之外，聽朔於南門之外。"鄭玄注："朝日，春分之時也。東門、南門，皆謂國門也。"③《正義》曰："按《書傳·略說》云：'祀上帝於南郊'，即春迎日於東郊。彼謂孟春，與此春分朝日別。"④又《郊特牲》載："郊之祭也，迎長日之至也。"鄭注云："《易說》曰：'三王之郊，一用夏正。'夏正，建寅之月也。此言'迎長日'者，建卯而晝夜分，分而日長也。"《正義》按語："《書傳》云：'迎日，謂春分迎日也。'即引'寅賓出日'，皆爲春分。知此迎長日非春分者，此云

---

① 皮錫瑞撰、吳仰湘點校《尚書大傳疏證》，第 9—10 頁。
② 亦或存在誤輯的情況。
③《禮記》卷九《玉藻》，《十三經古注本》據相臺岳氏家塾本校刊，第 989 頁。
④《禮記注疏》卷二九《玉藻》，《十三經注疏》，南昌府學本，臺北：藝文印書館 2001 年影印，第 543 頁。

'兆於南郊,就陽位',若是春分朝日,當在東郊,故知非也。"①依據孔疏,則古天子迎日之禮有二:一建寅之月,迎日於南郊;一春分,迎日於東郊。但據《大傳》所言,"正月朝迎日於東郊,以爲萬物先而尊事天也;祀上帝於南郊,所以報天德",當是正月迎日在東郊,郊天在南郊,春分亦如之,而非言迎日與郊天分屬立春與春分兩節。

鄭玄主春分朝日説,《尚書正義》引鄭玄注云:"寅賓出日"謂春分朝日,又以"寅餞納日"謂秋分夕日也。又《周禮·馮相氏》:"馮相氏掌十有二歲、十有二月、十有二辰、十日、二十有八星之位,辨其敘事,以會天位。"鄭玄注:"辨其序事,謂若仲春辨秩東作,仲夏辨秩南譌,仲秋辨秩西成,仲冬辨在朔易。"②《南齊書·禮志》載東昏侯蕭寶卷永元元年(499)何佟之議禮:

> 蓋聞聖帝明王之治天下也,莫不尊奉天地,崇敬日月,故冬至祀天於員丘,夏至祭地於方澤,春分朝日,秋分夕月,所以訓民事君之道,化下嚴上之義也。故禮云"王者必父天母地,兄日姊月"。《周禮·典瑞》云"王搢大圭,執鎮圭,藻藉五采五就以朝日"。馬融云"天子以春分朝日,秋分夕月"。《覲禮》"天子出拜日於東門之外"。盧植云"朝日以立春之日也"。鄭玄云"端當爲冕,朝日春分之時也"。《禮記·朝事議》云"天子冕而執鎮圭,尺有二寸,率諸侯朝日於東郊,所以教尊尊也"。故鄭知此端爲冕也。《禮記·保傅》云"三代之禮,天子春朝朝日,秋暮夕月,所以明有敬也"。而不明所用之定辰。馬、鄭云用二分之時,盧植云用立春之日。佟之以爲日者太陽之精,月者太陰之精。春分陽氣方永,秋分陰氣向長。天地至尊用其始,故祭以二至,日月禮次天地,(敬)〔故〕

---

① 《禮記注疏》卷二六《郊特牲》,《十三經注疏》,第497頁。
② 《周禮》卷二六《宗伯禮官之屬》,《十三經古注》據永懷堂本校刊本,第502—503頁。

朝以〔二〕分,①差有理據,則融、玄之言得其義矣。②

如此,馬融同於鄭玄,而盧植主立春説。何佟之認爲當從馬、鄭,用二分之時。《國語·周語上》"於是乎有朝日、夕月以教民事君",韋昭注:"禮,天子搢大圭、執鎮圭,繅藉五采五就,以春分朝日,秋分夕月,拜日於東門之外。然則夕月在西門之外也。"③則韋昭同於馬、鄭。

"日中星鳥,以殷仲春"孔穎達疏解孔傳云:"王肅亦以星鳥之屬爲昏中之星。其要異者,以所宅爲孟月,日中、日永仲月,星鳥、星火爲季月,以殷、以正,皆總三時之月。"王肅雖未明言郊日之禮,但依此似當亦從正月説。又《魏書·儒林傳》載孝静帝天平四年(537)李業興使梁,與梁武帝經學問對,蕭衍問:"'寅賓出日',即是正月。'日中星鳥,以殷仲春',即是二月。此出《堯典》,何得云堯時不知用何正也?"④則問對雙方的梁武帝和李業興均從正月説。

(二)立春(正月)春耕説

《尚書大傳》中另有一説將"寅賓出日"和"寅餞納日"同政事和農事聯繫起來分析。此類講法亦常見。《尚書帝命驗》載:"春夏民欲早作,故令民先日出而作,是謂'寅賓出日'。秋冬民欲早息,故令民候日入而息,是謂'寅餞納日'。春迎其來,秋送其去,無不順。"⑤此類傳解,不言或忽略迎日之祀,偏重講春耕之起。相較而言,僞孔傳和孔疏基本上屬於此系統,雖然言東方之官的導引,但更偏重解釋"東作"與"西成",即

---

① 整理本校刊記云:"(敬)〔故〕朝以〔二〕分,據殿本改。按南監本、毛本、局本作'敬朝以二分',《通典·禮典》作'朝敬故以二分'。"
② 蕭子顯撰《南齊書》卷九《禮志上》,北京:中華書局1972年,第140頁。
③ 《國語》卷一《周語上》,第37頁。
④ 魏收撰《魏書》卷八四《儒林列傳》,北京:中華書局2017年,第2013頁。此事亦見李延壽撰《北史》卷八一《儒林列傳》,北京:中華書局1974年,第2724頁。
⑤ 趙在翰輯,鍾肇鵬、蕭文郁點校《七緯(附論語讖)》,北京:中華書局2012年,第223頁。此條輯自《路史·陶唐紀》注。

言農事。孔傳:"寅,敬;賓,導;秩,序也。歲起於東而始就耕,謂之東作。東方之官敬導出日,平均次序東作之事,以務農也。"

經文孔疏:"既主東方之事,而日出於東方,令此羲仲恭敬導引將出之日,平均次序東方耕作之事,使彼下民務勤種植。"

傳文孔疏:"'寅,敬',《釋詁》文。賓者主行導引,故賓爲導也,《釋詁》以秩爲常,常即次第有序,故秩爲序也。一歲之事,在東則耕作,在南則化育,在西則成熟,在北則改易,故以方名配歲事爲文,言順天時氣以勸課人務也。春則生物,秋則成物。日之出也,物始生長,人當順其生長,致力耕耘。日之入也,物皆成熟,人當順其成熟,致力收斂。東方之官,當恭敬導引日出,平秩東作之事,使人耕耘。西方之官,當恭敬從送日入,平秩西成之事,使人收斂。日之出入,自是其常,但由日出入,故物有生成。雖氣能生物,而非人不就。勤於耕稼,是導引之;勤於收藏,是從送之。冬夏之文無此類者,南北二方非日所出入,'平秩南訛'亦是導日之事,'平在朔易'亦是送日之事。依此春、秋而共爲賓、餞,故冬、夏二時無此一句。勸課下民,皆使致力,是敬導之;平均次序,即是授人田里,各有疆場,是平均之也。耕種、收斂,使不失其次序。王者以農爲重,經主於農事,'寅賓出日'爲'平秩'設文,故並解之也。言'敬導出日'者,正謂平秩次序東作之事以務農也。"

(三)甲骨刻辭中的相關記載

甲骨文中有"賓日""出日""入日""出入日""各日"的記載,如:

乙巳卜,王賓日。(《合》32181)

辛未卜,侑于出日。辛未侑于出日兹不用。(《合》33006)

丁巳卜,侑出日。丁巳卜,侑入日。(《合》34163)

戊戌卜,内乎雀歲于出日于入日宰。(《合》06572)

卯各日,王受祐。(《合》29802)

此類卜辭,前輩學者多以祭祀日神解之。如陳夢家先生言:"卜辭習見之'王賓某某',羅、王以來皆作名詞,至郭沫若始改爲動詞,其説至塙無可易(原注:《卜通》39)。《説文》:'賓,所敬也。'此謂賓日者敬日也,《堯典》:'分命羲仲宅嵎夷曰暘谷寅賓出日。'"①後又於《殷虛卜辭綜述》中關於"日神"部分言:"所祭者是日、出日、入日、各日、出入日,入日、各日即落日。祭之法曰賓、御、又、犾、歲等,也都是祭先祖的祭法。《説文》'暨,日頗見也',於日暨犾日,即日出以後祭日。《魯語下》'是故天子大采朝日……少采夕日',大采在天明之後,約當於'暨'。《堯典》'寅賓出日''寅餞入日',與卜辭之稱'賓日'相同。《史記·封禪書》齊有八神主,'七曰日主,祀成山……以迎日出云'。"②

郭沫若先生在《殷契粹編考釋》中言:"殷人于日之出入均有祭。《殷契存佚》(四○七片)有辭云'丁巳卜,又(侑)出日。丁巳卜又入日。'(原注:原釋誤爲'廿日''六日'。)此之'出入日,歲三牛'爲事正同。唯此出入日之祭同卜于一辭,彼出入日之侑同卜于一日。足見殷人于日,蓋朝夕禮拜之。《書·堯典》'寅賓出日',又'寅餞入日'(原注:此據今文,僞古文改入爲納),分屬于春秋。禮家有'春分朝日,秋分夕月'之説,均是後起。"③丁山先生在此基礎上認爲:

> 然則,《月令》説"立春之日,天子迎春于東郊;立夏之日,天子迎夏于南郊;立秋之日,天子迎秋于西郊;立冬之日,天子迎冬于北郊",都自殷商"又出日"、"又入日"的典禮演變而來。《堯典》的"賓日"于東,"餞日"于西,真是叙述天子祭日的禮儀,決無所謂"以乘四時,節授民時"的意味。古代的統治階級,只顧自己享受,誰管人民的死活。

---

① 陳夢家《古文字中之商周祭祀》,原載《燕京學報》1936年第19期,收入《陳夢家學術論文集》,北京:中華書局2016年,第26—27頁。
② 陳夢家《殷虛卜辭綜述》,第573—574頁。
③ 郭沫若《殷契粹編考釋》,東京:求文堂1937年版,第七葉;收入郭沫若全集編輯出版委員會編《郭沫若全集·考古編》第三卷《殷契粹編》,北京:科學出版社2002年,第362—363頁。

第四章 三代王官學之嬗變及西周《書》教之核心 237

從卜辭"出日"、"入日"看《堯典》成書時代雖晚在周秦之際,裏面確網羅了不少殷商遺聞逸事,是很值得現代史家重新研討的。①

胡厚宣先生《殷代之天神崇拜》一文中第三部分討論"日神",其言:"卜辭祭日者,始見祖庚、祖甲時:丙子卜即貞王賓日叙亡尤。(明義士藏)。賓讀爲儐,《禮運》'禮者所以儐鬼神',蓋有禮敬之意。祭名也。至廩辛、康丁時期所見最多,或言賓日:乙巳卜,王賓日。弗賓日(佚八七二)。或言既日:于既日(粹四八五)。既亦祭名,當爲禜省,亦即《論語·八佾》'子貢欲去告朔之餼羊'之餼。……或言又出日……或言又入日……又亦祭名,讀爲侑。或言御各日……御祭名,讀爲禦,祀也。各及落,落日猶言入日也。或言出入日,歲三牛:出入日,歲三牛(粹一七)。至帝乙、帝辛時亦尚有之:貞今日,□叙日王其蕣□雨(菁一〇·一)。可知殷人有祭日之禮,且于日之出入朝夕祭之。《堯典》'寅賓出日''寅餞入日',《史記·封禪書》'齊有八神,七曰日主,祀成山,以迎日出'。《魯語下》'天子大采朝日,小采夕月'。大采之祭亦見卜辭,惟多用爲求雨之祭耳。"②胡先生釋"既"爲禜(餼),不同於陳夢家先生依據《説文》所釋的"日頗見"。另外,董作賓亦在綜述殷商宗教信仰時提及"(殷代)有日神,於日出日入時祭祀,如'出入日歲,三牛'"。③

以上諸家之論,奠定了商代"祭祀日神"説的基礎,後來者,如常玉芝、趙誠、艾蘭、具隆會等,皆信從此説。④ 與此同時,亦見有不同的講

---

① 丁山:《中國古代的宗教與神話考》,上海:龍門聯合書局 1961 年,第 80—81 頁。
② 胡厚宣《殷代之天神崇拜》,《甲骨學商史論叢初集》,第 301—304 頁。
③ 董作賓《中國古代文化的認識》,原刊《大陸雜誌》1951 年 3 卷 12 期,收入《董作賓先生全集》乙編第三册《平廬文存》卷三,臺北:藝文印書館 1977 年,第 339 頁。
④ 常玉芝《商代宗教祭祀》,《商代史》(第八卷),北京:中國社會科學出版社 2010 年,第 92—94 頁;趙誠《甲骨文簡明詞典——卜辭分類讀本》,北京:中華書局 1988 年,第 4 頁;艾蘭著,汪濤譯《龜之謎——商代神話、祭祀、藝術和宇宙觀研究》(增訂版),北京:商務印書館 2010 年,第 68 頁;具隆會《甲骨文與殷商時代神靈崇拜研究》,北京:中國社會科學出版社 2013 年,第 130 頁。

法，如島邦男釋"賓"爲"由外至于家室或祠室"，①而認爲"王賓"爲卜問祭祀當中有無王賓的必要：

> ⊕本義爲"由外至于家室或祠室"。⊕字與𢓊（往）、入（入）、步（步）、各（格）、彳等字用義正相符合。……⊕字，不論在字義或其他用例上都説明了它有"由外而至"之意。因此，"王⊕"是"王至祭場"之意。……如從上諸説（即諸家釋賓爲儐）：以下王賓卜辭是卜王儐大甲舉行��祀可否事。續 1.10.2 ☒☒☒☒☒☒☒☒☒☒☒☒如占卜得吉則行之，如占卜不得吉則不行之。先王的祭祀在客觀上是固定的，是按照祀序與五祀的順序進行，如認爲上辭占卜儐祀的先王，或占卜祭祀的祭名，于事實是無意義的。因此，上辭一定是卜"王曰⊕"其事。這樣解釋正確與否，由以下諸辭可證。……由上可知，王賓是神所喜愛的，文與授祐有關係。然在頻繁、規律的祭祀

---

①羅振玉釋"⊕"爲"賓"，釋"⊕"爲"嬪"（《考釋》中二一）。有關"賓"字從貝，王國維始説："爲從貝者乃後起之字，古者賓客至，必有物以贈之，其贈之事爲之賓，故其字從貝。"（《觀堂集林·與林浩卿博士論洛誥書》）諸家從羅、王兩説，釋賓。《洛誥》有"王賓殺禋"，卜辭的"王賓"與典籍相印證，故謂"王⊕"即"王賓"是妥當的。⊕又作⊕、⊕、⊕、⊕、⊕，諸字形通用。第一期卜辭"大⊕"習見，亦用⊕以外各字體（⊕用作貞人名）。第二期以後固定爲⊕、⊕兩體，故⊕是早期字形。後省屮作⊕，省万作⊕、⊕，省彳作⊕，由此可知，⊕是⊕的繁體。⊕又作⊕，如貞名⊕作⊕（《文》五九四、《簠天》四），"于⊕⊕"（《鐵》二五七·四）又作"于⊕⊕"（《前》一·三〇·七），故⊕從𠆢從歺，與⊕從𠆢從𤕻是同義。⊕即"家"字，⊕亦與家同類。"彳⊕"（《文》五八四）作"彳⊕"（《佚》一一五）、又"于⊕⊕"（《前》一·三〇·七）作"于⊕⊕"（《後》上七·一一），由此可知，⊕應該是家室或祠廟之義。⊕從屮是由外至内意，羅振玉謂："⊕之從屮，亦象人自外至。"葉玉森謂："⊕，象足跡在室外，主人跽而迎。"（《集釋》一·九）參見島邦男著，濮茅左、顧偉良譯《殷墟卜辭研究》，上海：上海古籍出版社 2006 年，第 587—589 頁。按：《觀堂集林·與林浩卿博士論洛誥書》原標作"《觀堂集林》與《林浩卿博士論洛誥書》"，誤爲二書，此處正之。

以及臨時的祭祀中,每次都由王親自參與,這是極爲繁瑣的事,因此,這就會每當祭祀時要向祖神問有無王賓的必要,而王僅在有必要的情況下舉行祭祀。王賓卜辭即卜問有關這種祭祀的王賓事。①

又言"王賓日"爲省去神名之辭②:

"王賓日"是王出御某神的日祀(㞢日、彡日、用日祀)之意,而把日看作祭祀日神只不過是附會。辭二的"又于出日"、"出入日歲三牛"的"又"、"歲"是祭名。郭沫若釋爲祭祀出日、入日。……《佚》四〇七版有與"丁巳卜又出日,丁巳卜又入日"的同日占卜辭"丁巳貞酒彡歲于伊",此辭卜"伊尹"之祭祀,"卜又出日;卜又入日"當是卜問對伊尹祭祀的時間,這樣解釋是妥當的,因此不能草率從郭說。認爲辭三的"御各日王受又"爲祭祀日之說,亦是根據郭沫若所謂的"各日殆猶出日","邘各日"猶"寅賓出日"也(《粹釋》一二七八)。有關"各日"者又有"彡兄辛歲于各日㞢"(《甲》二四八九)、"兄辛歲叀坺各于日㞢"(《甲》二五八九),"各日"用於祭祀兄辛卜辭中,可知"各日"不是祭祀出日的意思,應是"各于日"。因此,郭氏的出日、陳氏的落日說都是錯誤的。辭四的"日既"、"既日",他辭有"貞于既日二月"(《明》六六八)、"于日既"(《京》四一九四),由"于既酒"(《南明》六二九)例可知將日作爲日神是不妥當的。……由此看來,陳、胡二氏所舉的任何日神都不能成立。③

---

① 島邦男《殷墟卜辭研究》,第589—592頁。
②《卜》五三五、《南明》三三八,島邦先生認爲此二例當是省略神名。並認爲祭神名之下的"日",如《京》四〇二九版是"㞢日"之意;若根據《甲》三六五二卜辭,則《粹》二八五版中的日是"彡日"之意。
③ 島邦男《殷墟卜辭研究》,第429—430頁。

島邦男先生通過辭例彙析,指出"賓"的本義,徹底否認了卜辭中存在日神。其關於賓的解釋,趙誠、劉源等先生皆信從。① 關於商代無日神說,則得失參半。其關於"王賓日"非祭日之說可從信;但認爲商代無祀日,與"出日""入日"非祭祀太陽的講法,則不能成立。

島邦男先生否定"出日""入日"爲祭祀日出與日入,所據爲《佚》四〇七除了有"出日""入日"相關内容外,同版中還有祭祀伊尹的卜辭。宋鎮豪先生發現,此片甲骨可以與《殷契粹編》第68片拼合(圖4.1.1),即《合》34163+34274,自下而上卜辭爲:②

釋文	《合》34163+34274
[1]丁巳貞,庚申裸于兕,二小宰,宜大牢。 [2]丁巳貞,酚乍歲于伊……。 [3]丁巳卜,又出日。 [4]丁巳卜,又入日。 [5]己未貞,庚申酚裸于……宰,宜大牢,雨。 [6]……酚……。	

圖4.1.1:《合》34163+34274 拓片及釋文

可見在丁巳日,所占實爲三事,而"出日""入日"之占同裸祭之占和

---

① 劉源《商周祭祖禮研究》,北京:商務印書館2004年,第40頁。趙誠《甲骨文簡明詞典——卜辭分類讀本》,第232頁。按:趙誠先生《甲骨文簡明詞典》中既存日神說,亦從王入祭祀場參與祭祀說。
② 宋鎮豪《甲骨文"出日"、"入日"考》,文化部文物局古文獻研究室編《出土文獻研究》,北京:文物出版社1985年,第33頁。

伊尹之占並不相涉,屬於"同版異事",①而島邦氏認爲"出日""入日"爲占祭祀伊尹時間之說則難以成立。如此,則卜辭中又(侑)祭的對象則爲"出日"與"入日"無疑。系統分析刻辭中相關材料,能够發現,殷人祭"出日""入日","通常采用牛牲,或一牛二牛三牛以至多牛,有時用宰。祭儀有賊、用、又、祼、歲、酒、卯,早期多用賊祭,晚期以又(侑)祭爲多。這些祭儀常見於殷代,也用於祭祖神或自然神等其他場合,可知殷代的日神信仰,是多神信仰之一"。② 但是"出日""入日"之本義,或即單純的迎送日出、日入,如金祥恒先生即認爲:

> 出日、入日本爲日出日没之義,甲骨文"又(侑)于日出"、"又(侑)于日入","出日福","出入日歲",並無其他意義。至魯語天子大采朝日,小采夕月,所以教民事君。尚書鄭京[康]成謂春分朝日,秋分夕月。……至於迎日送日之禮,我國西北民多有此俗。《漢書·匈奴傳》"單于朝出營,拜之始生,夕拜月"。《儀禮·覲禮》"天子乘龍載大旆,象日月,升龍降龍出拜日於東門之外,反祀方明,禮日與四瀆於北門外"。其習俗之原始必甚久遠,與《尚書》之"寅餞日月"、甲骨文之"福侑出入",或有因革之關係。詳細情形,尚待研究考證。③

---

① 六組卜辭可以分爲三組:[1][5],[2][6],[3][4],前兩組屬於相間刻辭,[1][5]爲"異日同事",[2][6]殘缺,但同卜酒祭之事;[3][4]特別以細綫框起,敘詞用"干支卜"異於別組的"干支貞",自成一系。參見宋鎮豪《甲骨文"出日"、"入日"考》,文化部文物局古文獻研究室編《出土文獻研究》,第33頁。
② 宋鎮豪《甲骨文"出日"、"入日"考》,文化部文物局古文獻研究室編《出土文獻研究》,第35頁。此外,殷契刻中亦見其他祭日之辭:乙巳卜,帝(禘)日,惠丁?□□卜,帝(禘)日,惠丁?(《庫方二氏藏甲骨卜辭》985)貞,比(祇)日?(《甲骨卜辭七集》P102)丙戌卜,□貞:祼日于南,告?(《合》12742),等等。可知,殷人祭日,以之爲神當無疑問。(按:《庫方二氏藏甲骨卜辭》《甲骨卜辭七集》均爲方法斂先生所撰。)
③ 金祥恒《甲骨文出日入日說》,臺灣大學文學院古文字學研究室《中國文字》第二十六册,1967年,第七、八頁;收入《金祥恒先生全集》,臺北:藝文印書館1990年,第102—103頁。文章標點句讀一如其舊,書名號爲新加。

另外，如宋鎮豪先生所指出的那樣，甲骨文中的"出日""入日""出入日"作爲受祭格而具有專業名詞的性質，因此祭祀"出日""入日""出入日"的意義就不單單是在日出、日落時舉行，應有一個比較固定的行祭日期。數十萬片甲骨中只發現十數片這類的材料，大概一年中舉行的次數並不多。加之這些材料又跨越了武丁到文武丁時期，基本上可以看作是殷商後期的一種傳統禮俗。所以，宋先生結合後世或在春秋，或在春分、秋分禮拜日出、日入，認爲似可反推殷代的祭祀時間亦同之。① 再者，記載"出日""入日"材料的一版武丁時期卜辭（即《合》06572相關卜辭），可與同版中伐基方的卜辭合觀，進而推定"出日"的月份當在二、三月之間，如果用傳統的殷曆（殷正建丑）來衡量，剛好在春季。②

然而，問題是，後世"三正"中的"殷正建丑"，即以農曆十二月爲歲首，是否爲甲骨文所反映的殷人實用之曆法？據張培瑜、馮時等先生根據甲骨文中的天象和農事活動記錄，將殷曆歲首推定在農曆的九月至十月，③依此標準，則殷曆的二、三月之交便只能在冬至前後，④而六、七月之交則當在春分前後。

綜上所述，我們可以得出如下結論：甲骨刻辭中同日相關者不能混雜處理，當分而言之："王賓日"類非祭日之辭，當從島邦男之説爲同類卜辭的省略形式；"又（侑）日""帝（禘）日""比（祉）日""祼日"等確屬

---

① 宋鎮豪《甲骨文"出日"、"入日"考》，文化部文物局古文獻研究室編《出土文獻研究》，第37頁。
② 同上書，第38—40頁。
③ 張培瑜、孟世凱《商代曆法的月名、季節和歲首》，《先秦史研究》，昆明：雲南民族出版社1987年，第240—250頁；馮時《殷曆歲首研究》，《考古學報》1990年第1期，第19—42頁；馮時《殷代農季與殷曆曆年》，《中國農史》1993年第12卷第1期，第72—82頁。
④ 馮時《殷曆歲首研究》，《考古學報》1990年第1期，第39頁；馮時《中國天文年代學研究的新拓展——讀〈三千五百年曆日天象〉》，《考古》1993年第6期；馮時《百年來甲骨文天文曆法研究》，北京：中國社會科學出版社2011年，第30頁。

祀日神之祭；"出日""入日"等迎日相關祭禮中的日或同日神無關，並非日日祭祀，而是有固定的行祭季節（或言日期），這一系列卜辭同《堯典》等典籍中關於禮送太陽的記載相關聯。

(四)《堯典》"寅賓出日""寅餞入日"天文曆法背景追索

通過梳理結合傳世文獻與甲骨中"出日""入日"相關刻辭的研究，我們注意到幾個明顯的問題。

據文獻所載，迎送日之禮有兩大類，一爲同日中朝夕祭祀，一爲春分、秋分祭祀。前一種如《禮記·祭義》云"周人祭日以朝及闇"。① 又《國語·周語上》云"古者先王既有天下，又崇立上帝、明神而敬事之，於是乎有朝日、夕月，以教民事君"。韋昭注："禮，天子搢大圭、執鎮圭，繅藉五采五就，以春分朝日、秋分夕月，拜日於東門之外。然則，夕月在西門之外也。"②《魯語下》亦云："天子大采朝日……日中考政……少采夕月。"韋昭注："《禮》：'天子以春分朝日，示有尊也。'……冕服之下則大采，非衮織也。……夕月以秋分也。……或云：'少采，黼衣也。'昭謂：'朝日以五采，則夕月其三采也。'"③韋昭已混淆兩種形式，以春分、秋分之祭來訓誡同日朝夕之祭。大采、少采（小采）見於卜辭，據董作賓《殷曆譜》、陳夢家《殷虛卜辭綜述》之說，④大采、少采（小采）乃 7:00—

---

① 《禮記》卷一四《祭義》，《十三經古注》據相臺岳氏家塾本校刊，第 1053 頁。
② 《國語》卷一《周語上》，第 37 頁。
③ 同上書，第 205—206 頁。
④ 董作賓《殷曆譜》上編卷一第二章"時與日"一《紀時法》云武丁時期分白天爲 7 段：明（5:00—7:00），大采（7:00—9:00），大食（9:00—11:00），中日或日中（11:00—13:00），昃（13:00—15:00），小食（15:00—17:00），小采（17:00—19:00），夕（19:00—5:00）。祖甲時期分 10 段：大采、小采改名朝、暮。夕分昏（19:00—22:00）、妹（昧，22:00—2:30）、兮（曦，2:30—5:00）。周代則分 12 段：日出（5:00—7:00），食時（7:00—9:00），隅中（9:00—11:00），中日（11:00—13:00），日昃（13:00—15:00），舖時（15:00—17:00），日入（17:00—19:00），黄昏（19:00—21:00），人定（21:00—23:00），夜半（23:00—1:00），雞鳴（1:00—3:00），平旦（3:00—5:00）。參見董作賓《殷曆譜》，《董作賓先生全集·乙編》第一册，臺北：藝文印書館 1977 年，第 30—35 頁。陳夢家説參見《殷虛卜辭綜述》，第 231—232 頁。

9:00、17:00—19:00。大采即《禮記·祭義》所謂朝,少采(小采)即《禮記·祭義》所謂闇,亦即夕。後一種如前引《尚書大傳·略說》言:"迎日,謂春分迎日也。"鄭玄注《尚書》《周禮》《禮記》皆主此説。馬融、韋昭、何佟之等皆主此説。

第二個問題,主春秋説者,往往徑直將春秋説等同於春分、秋分説,而忽略掉尚有孟春之説。孟春説亦有其脈絡,如《尚書大傳·略説》云"以正月朝迎日於東郊",《尚書帝命驗》、盧植、王肅、僞孔傳、蕭衍、李業興等皆持此論。就《堯典》而言,以農耕説來解釋者基本上都從正月説。

第三個問題《堯典》所載能否同卜辭所刻簡單對應。首先,無論其行卜與祭祀的時間是否僅在春秋二節,甲骨中所載實際上僅爲一日之事。《堯典》所反映的禮制則是在不同的時間(春分、秋分)來祭禮出日、入日。其次,諸家討論"出日""入日"刻辭同《堯典》關係時,基本上皆爲簡單比附,觀其核心詞近同而已。復次,這樣的機械比較實則忽略了《堯典》"觀象授時"部分的系統性。

就"出入日"相關刻辭內容來看,殷人實際上要在(春分、秋分)一日之內早晚完成日出與日入的全部祭祀活動,參照《堯典》"觀象授時"部分,這意味着出日、入日的祭祀恐怕並不僅僅是爲着敬日之宗教目的,應當是一種測日影、定四方、判知四時的測量活動。① 只是在當時人的眼中,測量活動可能具有科學實驗與宗教情感的雙重屬性。《大戴禮記·五帝德》記載孔子言黃帝"厤離日月星辰",王聘珍解詁:

> 《史記·厤書》索隱云:"《系本》及《律厤志》,黃帝使羲和占日,常儀占月,臾區占星氣,伶倫造律呂,大橈作甲子,隸首作算數,容成綜此六術而著《調厤》也。"聘珍謂:離者,別其位次。②

---

① 常正光《殷人祭"出入日"文化對後世的影響》,《中原文物》1990年第3期,第66—71頁。
② 王聘珍撰、王文錦點校《大戴禮記解詁》卷七《五帝德》,第119頁。

又曰帝嚳"厤日月而迎送之",解詁:

> 厤讀曰歷。《爾雅》曰:"歷,相也。"相日月之出入而察之,若寅賓寅餞然,故曰迎送之。①

可知,在東周人的記憶當中,確有先王曆象日月星辰之事。又《墨子·節用中》載"古者,堯治天下,南撫交阯,北降幽都,東西至日所出入,莫不賓服,逮至其厚愛。"②則"出入日"之法至戰國尚在使用,可見其事其文之流傳自有統序。

關於測影定方,需結合"平秩東作"句來看。"平秩",《周禮·馮相氏》鄭玄注引作"辨秩";平、辨音通。③"秩"又作"䚦",如《説文·豐部》"䚦,爵之次弟也,从豐从弟。《虞書》曰:'平䚦東作。'"④是則"平秩"者,辨別秩序、次第也。"東作"與"西成"相對。"作"者起也,如《論語·先進》"舍瑟而作"句,何晏《集解》引孔安國曰"置瑟起對",劉寶楠《正義》云"作,起也"。⑤ 起與始義相近,故"作"又有始義,如《詩·魯頌·駉》"思無斁,思馬斯作"句,毛傳"作,始也"。"東作"之義,如陳壽祺言:"作,訓始也……言日月之行於是始。"⑥"平秩東作"即辨察太陽自東方開始升起時日影之次第。"西成"之成,終也。如《益稷》"《簫韶》九成"句,孔傳疏引鄭玄注"成,猶終也,每曲一終,必變更奏"。"平

---

① 王聘珍撰、王文錦點校《大戴禮記解詁》卷七《五帝德》,第 121 頁。
② 孫詒讓撰,孫啓治點校《墨子閒詁》,第 164—165 頁。
③ 按:《堯典》"平章百姓"句中的平章,或作辯章、便章。平、並紐耕部。辯、便,皆並紐元部。聲紐同,韻則"支錫耕,歌月元",韻部相鄰而可陽聲旁轉,故音通也,辯爲其本字。《後漢書·劉愷傳》謂部刺史"職在辯章百姓,宣美風俗"句李賢注引"鄭玄注云:辯,別也。章,明也。"《後漢書》卷三九《劉愷傳》,北京:中華書局 1956 年,第 1307 頁。
④ 許慎撰、徐鉉校定《説文解字》,第 97 頁下。
⑤ 劉寶楠撰、高流水點校《論語正義》,北京:中華書局 1990 年,第 475 頁。
⑥ 陳壽祺《左海文集》卷四下《答儀徵公書》,《續修四庫全書》第 1496 册,上海:上海古籍出版社 2013 年,第 177 頁。

秩西成"即辨察太陽在西方終末時日影之次第。

蔡沈《書集傳》云："此下四節言曆既成，而分職以頒布，且考驗之，恐其推步之或差也。……嵎夷，即《禹貢》'嵎夷既略'者也。曰'暘谷'者，取日出之義，羲仲所居官次之名。蓋官在國都，而測候之所則在於嵎夷，東表之地也。寅，敬也。賓，禮接之如賓客也，亦帝嚳曆日月而迎送之意。出日，方出之日，蓋以春分之旦朝方出之日，而識其初出之景也。平，均；秩，序；作，起也。東作，春月歲功方興，所當作起之事也。蓋以曆之節氣早晚均次其先後之宜，以授有司也。"①又曰："西，謂西極之地也。曰昧谷者，以日所入而名也。餞，禮送行者之名。納日，方納之日也，蓋以秋分之莫夕方納之日而識其景也。西成，秋月物成之時，所當成就之事也。"②可見，宋學越過舊傳古疏，尋本追源，已有測影之說。此說亦遭質疑，沈彤嘗爲之申辨，其《尚書小疏》"寅賓出日　寅餞納日"條云：

或云：從來考景之法，揔在日中，若初出方納之景，則太長而不可測。蔡謂春分之旦朝方出之日而識其初出之景，秋分之莫夕方納之日而識其景，乃誤會《考工》及《周髀》之文而有是說。不知彼以正四方，故須眡出入之景。此以定二分，則必于日中較其景之長短，各有當也。彤按：蔡傳固不精鑿，而此說則尤謬。本文明有出日、納日之文，不得云定二分亦在日中矣。且賓餞之定二分，其要在推測日出入之方位，以驗其所在次舍耳。于景之長短，故無與也。何必于日中測之哉？暘谷立表，正當卯位，昧谷立表，正當酉位。故必出日之景當表西，入日之景當表東，于南北皆無少欹邪。則日躔正值卯酉之中，而春秋分可定。此賓餞二句確疏也。③

---

① 蔡沈撰、王豐先點校《書集傳》，北京：中華書局2018年，第3頁。
② 同上書，第4頁。
③ 沈彤《尚書小疏》，杜松柏主編《尚書類聚初編》第七種，第二冊，臺北：新文豐出版股份有限公司1984年，第222頁上。

或以爲賓、餞二句所言在於正二分,當視日中之影來判斷,而非出入之影。沈肜認爲此說較蔡傳更謬,《堯典》此二句明言出入之時,則自當是測其時之影。只是沈肜認爲,所察看者或不在影長而在影向,結合日出之所,立表之地及其方位,"故必出日之景當表西,入日之景當表東,于南北皆無少欹邪"。然後再以日晷是否合於卯酉綫來判定二分之正日。因爲蔡沈和沈肜皆以爲此句爲曆法既成之後核驗之舉,故有是說。此句中關於測初入之影以定方定時的信息不容忽視。

古人所以辨察日影者,以之定時。《周禮·大司徒》:"以土圭之灋測土深,正日景以求地中。日南則景短,多暑。日北則景長,多寒。日東則景夕,多風。日西則景朝,多陰。"鄭玄注引鄭司農云:"測土深,謂南北東西之深也。日南,謂立表處大南,近日也。日北,謂立表處大北,遠日也。景夕,謂日昳景,乃中立表之處大東,近日也。景朝,謂日未中而景中,立表處大西,遠日也。"①又"尺有五寸",鄭玄注引鄭司農云:"土圭之長,尺有五寸,以夏至之日,立八尺之表,其影適與土圭等。"②則古人立八尺之臬表以測日影。結合前論,古人視太陽爲日神,故殷人定日有祭祀,周人有朝日夕月之禮。因日影轉瞬即逝,不易精確捕捉,故測量前需預先敬候日之出、入,此或爲《堯典》"寅賓""寅餞"之原始意義。又因測影長短之準確否,繫於所測地點之方向是否爲正位,故測影亦兼帶"辨方正位",二者密切相關,互爲因果。

"辨方正位"之法,③《周禮·冢宰》"惟王建國,辨方正位",鄭玄注云:"《考工》:'匠人建國,水地,以縣置槷,以縣視。以景爲規,識日出之

―――――
① 《周禮》卷一〇《司徒教官之職》,《十三經古注本》,第406頁。
② 同上書,第406頁。
③ 在四川大學讀碩士階段,劉長東師曾在"文史名著導讀"課堂上帶我們精讀《堯典》,此處"辨方正位"之法,多據當年課堂筆記整理,特此說明。

景與日入之景。晝參諸日中之景,夜考之極星,以正朝夕,①是'別四方'。"②賈公彥疏云:"水地以縣者,謂水平之法……既平得地,欲正其東西南北之時,先於中置一槷,恐槷下不正,先以縣正之。槷正乃視以景,景謂於槷端自日出畫之,以至日入。既得景,爲規識之,故云'爲規識日出之景與日入之景'。規之交處即東西正也,③又於兩交之間中屈之,指槷,又知南北正也。"④欲得東西方之正位,所以必在春分、秋分者,如《唐開元占經》引陸績《渾天儀説》所云"春分,日在奎十四少强。秋分,日在角五度少弱。此黄亦二道之中交也……故曰亦出卯入酉",⑤因卯、酉爲東西方之正位,故日景亦得其正位也。前引沈彤所論卯酉綫,正爲此意。

　　古人之生産、生活有賴於授時,而授時之準確否又繫於定方,故古人甚重方位,以至於有方位神之宗教信仰,且能否"辨方正位"亦被視爲古

---

①《考工記》鄭注"日中之景,最短者也。極星,謂北辰",賈疏"前經已正東西南北,恐其不審,猶更以此二者以正南北。言朝夕,即東西也。南北正,則東西亦正,故兼言東西也。……極,中也。以居天之中,故謂之北極也"。(此文亦見《周禮·冬官考工記》,因《冬官》佚,後人以《考工記》補之)

②"水地",先置盛水之器於地,以校正地面是否水平;"以縣置槷",縣即懸,謂圓錐形之懸錘也。槷即臬之異體字,謂臬表也。以綫繩掛置懸錘於臬表頂端,使臬表之頂端、下端均與綫繩懸錘密合,以校正臬表是否90°垂直於地。"以縣視",以懸錘視日出入時太陽、臬表、日影三者是否處於一條直綫上。若臬表不正,即非90°垂直,則三者不會在一條直綫上而成三角形,因此日影端點會變短而有誤差,所得日影長度就會不準確;"識日出之景與日入之景",以影長爲半徑而畫圓,圓與日出入之影的端點交會成二點,此二點連綫即正東正西的方向綫。東西綫之中點與臬表的連綫即正南正北之方向綫。此句古人句讀有誤,據此處分析正之,後引賈疏句讀亦誤。

③圓與日出入之影的端點交會成二點,二者相連即正東正西的方向綫。

④《周禮注疏》,《十三經注疏》南昌府學本,臺北:藝文印書館2001年影印版,第11頁。"於兩交之間中屈之",即求東西綫之中點。"指槷",謂東西綫中點連綫於臬表。注疏,古人句讀注疏有誤,今據常正光説正之,參見常正光《殷代授時舉隅——"四方風"考實》,《中國天文學史文集》編輯組《中國天文學史文集》第5集,北京:科學出版社1989年,第44—46頁。

⑤瞿曇達撰《唐開元占經》卷一《天地名體》,《景印文淵閣四庫全書》子部第八〇七册,臺北:臺灣商務印書館1983年,第175頁。

帝王有無德政之標準,如《大戴禮記·五帝德》言"黃帝治五氣,設五量,撫萬民,度四方",①即以其爲黃帝德政之一;又《周禮》於天、地、春、夏、秋五官之篇首皆重複"惟王建國,辨方正位,體國經野,設官分職,以爲民極"之文句,②亦以此也。

古人甚重居處之方位,於經傳實例尚多,如《大雅·公劉》言周先公公劉自邰遷豳,曰"篤公劉,既溥既長,既景迺岡,相其陰陽,觀其流泉"。"既景迺岡",毛傳"考于日景,參之高岡"。"既溥既長",鄭箋"既廣其地之東西,又長其南北,既以日景定其經界於山之脊,觀相其陰陽寒煖所宜,流泉浸潤所及,皆爲利民富國",孔疏"既以日影定其經界,乃復登彼山脊之岡,而視其陰陽寒煖所宜。又觀其流泉浸潤所及,知天氣宜其禾黍,地利足以生物,乃居處其民焉。……'考於日影'即上'既溥既長',以日影考之也。……日影定其經界者,民居田畝,或南或東,皆須正其方面,故以日影定之"。又魯閔公二年,赤狄滅衛,衛懿公死,齊桓公復其國,立衛戴公,暫居於衛邑曹,旋卒,衛文公立,魯僖公二年齊桓公爲衛建築楚丘城,楚丘之建築事則見《鄘風·定之方中》序,其云:"《定之方中》,美衛文公也。衛爲狄所滅,東徙渡河,野處漕邑。齊桓公攘夷狄而封之。文公徙居楚丘,始建城市而營宮室,得其時制,百姓說之,國家殷富焉。"鄭箋"《春秋》閔公二年,冬,狄人入衛。衛懿公及狄人戰于熒澤而敗。宋桓公迎衛之遺民渡河,立戴公以廬於漕。戴公立一年而卒。魯僖公二年,齊桓公城楚丘而封衛,於是文公立而建國焉"。詩云:"定之方中,作于楚宮。"毛傳"定,營室也。方中,昏正四方。楚宮,楚丘之宮也",鄭箋"楚宮,謂宗廟也。定星昏中而正,於是可以營制宮室,故謂之營室。定昏中而正,謂小雪時其體與東壁連,正四方"。③

---

① 王聘珍撰、王文錦點校《大戴禮記解詁》卷七《五帝德》,第 118 頁。
② 需要指出的是,《冬官》已亡,今本乃以《考工記》補入者,故無此文句。
③ 按:定星即營室,屬二十八宿之北宮玄武,《爾雅·釋天》"星名"載"營室謂之定",郭璞注:"定,正也。作宮室皆以營室中爲正。"《史記·天官書》載"營室爲清廟,曰離宮、閣道"。

"揆之以日，作于楚室。"毛傳"揆，度也。度日出日入，以知東西。南視定，北準極，以正南北。室猶宮也"。鄭箋"楚室，居室也。君子將營宮室，宗廟爲先，廄庫爲次，居室爲後"，孔疏："毛以爲，言定星之昏正四方而中，取則視之，以正其南，因準極以正其北，作爲楚丘之宮也。度之以日影，度日出之影與日入之影，以知東西，以作爲楚丘之室也。東西南北皆既正方，乃爲宮室。別言宮、室，異其文耳。……鄭以爲，文公於定星之昏正四方而中之時，謂夏之十月，以此時而作爲楚丘之宮廟。又度之以日影而營表其位，正其東西南北，而作爲楚丘之居室。室與宮俱於定星中而爲之，同度日影而正之，各於其文互舉一事耳。……引《曲禮》曰'君子將營宮室，宗廟爲先，廄庫爲次，居室爲後'，明制有先有後，別設其文也。《緜》與《斯干》皆述先作宗廟，後營居室也。"①

（五）結論

董作賓先生嘗舉五事，並引諸家説，以證"《堯典》成於秦漢説"之誤。其一爲四中星之觀測年代。盧景貴《高等天文學》據黃道附近星座二十八宿宮度，推算堯元年前 2357 年甲辰（按所據爲《皇極經世》之堯年）下距民國十五年（1926）爲 4280 餘年，以爲"彼時黃經較現時約少六〇度，故冬至日約在虛七度三十二分，春分在昴一度三四分，夏至日在星三度四一分，秋分日在氐十五度五三分，是《堯典》之記事於時於天均相合"。盧氏用歲差求堯時的日躔，堯時冬至日躔在虛七度三十二分，日落時昴星正在南天，合於"日短星昴，以正仲冬"，其餘全同。其二爲冬至夜半之天象。盧氏推定堯時冬至夜半青龍七宿在東，朱雀七宿在南，白虎七宿在西，玄武七宿在北，是二十八宿分爲四象的創始。其三是紀日法與置閏法。《堯典》"朞三百有六日有六旬"的紀日法，已有甲骨

---

① 據《定之方中》，可見毛傳、鄭箋雖有以定星確定方位與時間之別，然則度日影以定四方則同；這得注意，毛傳所言以定星、北極星定南北，與前述《考工記》"晝參諸日中之景，夜考之極星，以正朝夕"相合，可見正四方之法至少有二，除晝測日影之外，尚有夜觀定星、極星之法，古人參用之以求準確。

文中武丁時紀日法可資證明。"以閏月定四時成歲",也可以由殷代行用的"四分術"證明置閏之法來源甚古。其四是"平秩東作""厥民析"在甲骨文中有"卯于東方析"。其五爲甲骨"四方風"與《堯典》《夏小正》《山海經》《國語》的互證。其六爲"出日"、"入日"、鳥星、火星均見於殷人祭祀。① 前文已及,據歲差推測《堯典》所載鳥、火、虚、昴四中星之觀測年代,能田忠亮推算爲約公元前2000年,②新城新藏推算爲大約公元前2500年,③而竺可楨先生推算爲星昴乃距今4000多年前,鳥、火、虚乃距今3000年前,折中而推測"蓋殷末周初之現象也"。④ 結合盧氏所證,各家之説有異,然均定在距今4000年前後。從《堯典》"觀象授時"部分的系統性上來看,測影定方定時的時間當亦不晚。山西省襄汾縣新石器時代陶寺文化城址發現有4100多年前(相當於帝堯時期)的古觀象台遺址,經實測確實有觀象授時功能。⑤ 如此,作爲《堯典》觀象授時

---

① 董作賓《中國古代文化的認識》,原刊《大陸雜誌》1951年3卷12期,收入《董作賓先生全集》乙編第三册《平廬文存》卷三,第348頁。
② 能田忠亮《東洋天文學史論叢》,東京都:恒星社厚生閣1943年,第526—562頁。
③ 新城新藏《東洋天文學史研究》,東京:弘文堂書坊1932年;中譯本有沈璿譯《東亞天文學史研究》,上海:中華學藝社1933年,第265頁。
④ 竺可楨《論以歲差定〈尚書·堯典〉四仲中星之年代》,《科學》11卷12期,1927年;又載《史學與地學》2卷2期,收入《竺可楨全集》第一卷,上海:上海科技教育出版社2004年,第552—560頁。
⑤ 關於陶寺遺址觀象台的情況,詳參中國社會科學院考古研究所山西工作隊、山西省考古研究所、山西省臨汾市文物局《山西襄汾縣陶寺城址發現陶寺文化大型建築基址》,《考古》2004年第2期;中國社會科學院考古研究所山西隊、山西省考古研究所、臨汾市文物局《山西襄汾縣陶寺城址祭祀區大型建築基址2003年發掘簡報》,《考古》2004年第7期;中國社會科學院考古研究所山西工作隊、山西省考古研究所、臨汾市考古研究所、臨汾市文物局《山西襄汾縣陶寺中期城址大型建築Ⅱ FJT1基址2004—2005年發掘簡報》,《考古》2007年第4期;中國社會科學院考古研究所山西工作隊、山西省考古研究所、臨汾市文物局《山西襄汾縣陶寺城址發現陶寺文化中期大型夯土建築基址》,《考古》2008年第3期。觀象台遺址功能的探討,詳參江曉原、陳曉中、伊世同等《山西襄汾縣陶寺城址天文觀測遺址功能討論》,《考古》2006年第11期;武家璧、陳美東、劉次沅《陶寺觀象台遺址的天文功能與年代》,《中國科學》(G輯)2008年第38卷第9期。

核心部分的賓日、餞日（測影定方定時）與四方仲星（昏中星定季）所搭起來的時間框架，讓我們不能不認爲當時的"記載"通過口述或者其他輔助形式傳承了下來，這構成了"觀象授時"文本的第一個信息層。

正如蔡沈所言，"曆既成，而分職以頒布，且考驗之，恐其推步之或差也"，測影定方定時，作爲分時制曆的步驟之一，在後者既定以後，剩下的就是核準與校定的工作。據甲骨刻辭所記，則在春秋二分禮日出入的同時，常伴有不同種類的祭祀活動。另外，如果我們進行機械比較，能够發現"寅賓出日""寅餞入日"，所對應之"賓"和"餞"在卜辭中均非祭名。依照前文對"賓"的分析，結合"出日"的相關辭例，則"寅賓出日"或爲省略了祭名的刻辭，而"寅餞入日"當亦同之。春秋二分的這種祭祀活動一直延續，未曾斷絶。① 馬融、鄭玄等注經箋傳實得此脈絡，形成了《堯典》經傳的第二個信息層。

《禮記·月令》載："立春之日，天子親帥三公、九卿、諸侯、大夫以迎春於東郊。還反，賞公卿、諸侯、大夫於朝。命相布德和令，行慶施惠，下及兆民。慶賜遂行，毋有不當。乃命大史守典奉法，司天日月星辰之行，宿離不貸，毋失經紀，以初爲常。"②此爲天子迎春之禮。又《樂記》云："春作夏長，仁也；秋斂冬藏，義也。"③《墨子·三辯》程繁問於子墨子云："昔……農夫春耕夏耘，秋斂冬藏，息於聆缶之樂。"④春耕夏耘秋斂冬藏與天子迎四季之禮，前引丁山説，以爲亦當肇端自甲骨文中"迎日"之禮，實則二者區別明顯。就《墨子》載程繁追言"昔"以及《月令》所載，

---

① 按：殷代有出日、入日之祭，亦有東母、西母之祭，《山海經·大荒南經》云"羲和者，帝俊之妻，生十日"，帝俊（帝嚳）爲殷人之高祖，故此卜辭之東母蓋即羲和也。而《大荒西經》云"帝俊妻常羲，生月十有二"，則西母蓋即常羲也。是以陳夢家先生以東母、西母爲日月之女神（參見陳夢家《殷虚卜辭綜述》，第 574 頁）。出入日與東西母之二祭，或同爲後世春分朝日、秋分夕月之禮的濫觴。
② 《禮記》卷五《月令》，《十三經古注》據相臺岳氏家塾本校刊，第 933 頁。
③ 同上書，第 1016 頁。
④ 孫詒讓撰、孫啓治點校《墨子閒詁》，第 38—39 頁。

結合周人始祖后稷爲農業之始祖，則此禮周已有之當無可懷疑，其同天子籍田之禮一樣，當同爲重視耕作而設。迎春與耕作由立春始，故後世以孟春（正月），以及以農耕解《堯典》者當在此脈絡之中，而《大傳》又當爲後來者之先導。此可謂《堯典》經傳的第三個信息層。

從這三個信息層當中，我們看到了早期知識經"三代損益"的軌迹。如果僅僅爲了研究的方便，粗暴地將《堯典》定爲戰國或秦漢人的"作品"，我們就可能忽略掉對其所涵蘊之信息層（其中包括早期的"實錄"）的開掘，以及對先民辛苦傳述過程的追尋與體味。於此同時，經典的豐富程度也就大打折扣了，這將會是令人遺憾之事。

二、甲骨刻辭中"四方鳳"與《堯典》所載之"四時厥民"

《堯典》中"厥民析"，當與下文"厥民因""厥民夷""厥民隩"合觀，古人多以農事説之。如春分之"厥民析"，僞孔傳曰："言其民老壯分析。"《史記·司馬相如傳》司馬貞《索隱》引如淳曰："析，中分也。白藏天子，青在諸侯也。"①《吕氏春秋·仲春紀》高誘注引《尚書》曰'厥民析'，散布在野"，孫星衍據以言春分"使民分散耕種"。② 江聲注："氒，讀若厥，其也。析，散也。將治農事，散布在野。"③再如夏至之"厥民因"，僞孔傳曰"因，謂老弱因就在田之丁壯，以助農也"，孫星衍曰"蓋謂民相就而助成耕耨之事"。④ 又如秋分之"厥民夷"，僞孔傳曰"夷，平也。老壯在田與夏平也"，孫星衍曰"《謚法解》云：'安心好静曰夷。'時無農功也"。⑤ 又如冬至之"厥民隩"，僞孔傳曰"隩，室也。民改歲入此

---

①《史記》卷一一七《司馬相如列傳》，第3691頁。
②孫星衍撰，陳抗、盛冬鈴點校《尚書今古文注疏》，北京：中華書局2004年，第17頁。
③江聲撰，曲文、徐暢校點《尚書集注音疏》，北京大學《儒藏》編纂與研究中心編《儒藏》（精華編一七），北京：北京大學出版社2017年，第36頁。
④孫星衍撰，陳抗、盛冬鈴點校《尚書今古文注疏》，第19頁。
⑤同上書，第21頁。

室處,以辟風寒",蔡沈《書集傳》"隩,室之內也。氣寒而民聚於內也"。① 段玉裁《古文尚書撰異》認爲本當作"厥民奧":

> 今本作隩。此字本作奧。故孔云"室也"。《正義》引《爾雅》"室西南隅爲奧"。經文斷不作隩字。考《爾雅·釋宮》,《音義》雖云"奧,本或作隩",然又云"《尚書》並《說文》皆云'奧,室也'",可以證《尚書》經傳本作奧,衛包見陸氏云"於六切",謂隩音則然,奧音不爾,因改爲隩。抑知奧何嫌於耗、於六二反乎?《集韻》"一屋"云"奧,乙六切,室中",此取諸《釋文》也。馬云"煖也",此讀奧爲燠。奧自可引伸兼煖義,不俟加火旁。《洪範》說庶徵,字本作"奧",《史記》《漢書》《公羊傳》注皆爾。《堯典》經文倘作"隩",則無緣馬訓爲煖矣。今作"奧"以復其舊。②

據此,經文當本作"奧",如馬融注,爲煖義。另外,據《老子釋文》"奧,暖也",則奧亦有暖義。此處句意爲其民取暖。

實際上,古注均後起,多同農事相關,當爲受到重視農耕的周文化及其後續之影響所致。與"出日""入日"一樣,"析""因""夷""隩"四字背後亦包涵着豐富的信息層。

據甲骨文,析、因、夷、隩當爲四神之名。甲骨文有四方名與四方風名之辭,見《合》14294 和《合》14295+3814+13034+13485+《乙》5012 號(圖4.1.2),③前者爲武丁時胛骨拓片,後者爲腹甲拓片,均記載有四方

---

① 蔡沈撰、王豐先點校《書集傳》,第4頁。
② 段玉裁《古文尚書撰異》,七葉衍祥堂刊本,臺北:大化書局1986年影印版,第21頁上。
③ "四方風"祈年卜辭是學者們積半個世紀之功綴合而成。胡厚宣最初揭示的武丁時期的大龜,其實只有3條關於東方、西方和北方神名的殘辭,爲1936年殷墟第13次發掘所得,編爲《殷虛文字乙編》第4548版。1953年,胡厚宣先後完成了《戰後京津新獲甲骨集》第428版與大龜(《乙》4548)的綴合,增加了南方神名的內容。與此同時,郭若愚也意識到《殷契拾掇》二集的第6片(與《京津》428版爲一版兩拓)可以與大龜綴合,他同時又增綴《殷虛文字乙編》第5161版,(轉下頁)

第四章　三代王官學之嬗變及西周《書》教之核心　255

神名和風名,與《堯典》之厥民析、因、夷、隩相關。《山海經》中亦見有關於四方神名與風名的記載。兩者與《堯典》内容對勘如下:

《合》14294　　《合》14295+3814+13034+13485+《乙》5012

圖 4.1.2:《合》14294、《合》14295 綴合拓片

《合》14294 號乃牛骨大字,爲記事刻辭,其全文爲:

東方曰析,鳳(風)曰劦(協)。

南方曰夾(因),①鳳(風)曰𢍰(微)。

西方曰夷,鳳(風)曰彝。

(接上頁)陳夢家續綴《殷虚文字乙編》第 4794 與 4876 兩版,使大龜的綴合邁出了關鍵性的一步。1956 年,胡厚宣重新研讀四方風卜辭又有新的收穫,他將《殷虚文字乙編》第 6533 版與大龜拼兌,補足了南方及西方風名。1960 年代,張秉權補綴《殷虚文字乙編》第 4883 版及第 13 次發掘所獲的編號爲 13.0.13777,13.0.13778 和 13.0.13780 三版碎甲,後更綴以《殷虚文字乙編》第 5047 版,使大龜的内容更趨完整。其後桂瓊英撫拾《考古研究所精拓契文》(未刊)第 53 版綴成大龜,收入《甲骨文合集》第 14295 版;而臺灣學者林宏明又補綴《殷虚文字乙編》第 4882,4890 和 5012 版,遂成今貌。參見馮時《百年來甲骨文天文曆法研究》,第 273—275 頁。此龜版圖片據馮書。

①《合》14294 中"南方"的"𡉚"(夾)字,裘錫圭先生釋爲"因"。參見裘錫圭《甲骨文字考釋(續)》,《裘錫圭學術文集》第一卷,第 177—179 頁。

[北方曰]𠘧(夗),鳳(風)曰殳(役)。

綴合版大龜(《合》14295+3814+13034+13485+《乙》5012)中關於四方神及四方風部分釋文:

辛亥卜,内貞,帝于北,方曰𠘧(夗),鳳(風)曰殳(役),䄆年?一月。一二三四。

辛亥卜,内貞,帝于南,方曰𡵂(微),鳳(風)夷,䄆年?一月。一二三四

貞,帝(禘)于東,方曰析,鳳(風)曰劦(協),䄆年?一二三[四]

貞,帝于西,方曰彝,鳳(風)曰弓,䄆年。一二三四

《山海經》亦有四方名與四方風名,與《堯典》及甲骨文所載相關(參表4.1.1,表4.1.2):①

《大荒東經》曰:大荒之中,有山名曰鞠陵于天、東極、離瞀,日月所出。["有人"或"有神"]名曰折丹,東方曰折,來風曰俊,處東極以出入風。

《大荒南經》曰:有神名曰因[因]乎,南方曰因[乎],夸(來)風曰[乎]民,處南極以出入風。

《大荒西經》曰:有人名曰石夷,[西方曰夷],來風曰韋,處西北隅以司日月之長短。

《大荒東經》曰:有女和月母之國。有人名曰鵷,北方曰鵷,來[之]風曰狻,是處東極隅以止日月,使無相間出沒,司其短長。

---

① 按:分別見《大荒東經》《大荒南經》《大荒西經》。文中增補損益據郝懿行箋疏及袁珂校注補。參見郝懿行撰、沈海波點校《山海經箋疏》,上海:上海古籍出版社2019年;袁珂《山海經校注》(最終修訂本),北京:北京聯合出版公司2014年。

表 4.1.1:《尚書·堯典》、甲骨卜辭、《山海經》文句對照表

東方	《尚書·堯典》	厥民析,鳥獸孳尾。
	《合》14294	東方曰析,鳳曰叠(協)。
	《合》14295 綴	內貞,帝于東,方曰析,鳳(風)曰劦(協)。
	《大荒東經》	日月所出,名曰折丹。東方曰折,來風曰俊,處東極以出入風。
	《北山經》	錞于毋逢之山,北望雞號之山,其風如飈。①
南方	《尚書·堯典》	厥民因,鳥獸希革。
	《合》14294	南方曰夾(因),鳳(風)曰叔(微)。
	《合》14295 綴	內貞,帝于南,方曰岁(微),鳳(風)夷。
	《大荒南經》	有神名曰因[因]乎,南方曰因[乎],夸(來)風曰[乎]民,處南極以出入風。
西方	《尚書·堯典》	厥民夷,鳥獸毛毨。
	《合》14294	西方曰夷,鳳(風)曰彝。
	《合》14295 綴	貞,帝于西,方曰彝,鳳(風)曰弓。
	《大荒西經》	有人名曰石夷,[西方曰夷],來風曰韋,處西北隅以司日月之長短。
北方	《尚書·堯典》	厥民隩,鳥獸氄毛。
	《合》14294	[北方曰]九(宛),鳳(風)曰殳(役)。
	《合》14295 綴	內貞,帝于北,方曰九(宛),鳳(風)曰殳(役)。
	《大荒東經》	有女和月母之國。有人名曰鵷,北方曰鵷,來[之]風曰狻,是處東極隅以止日月,使無相間出沒,司其短長。

---

① 《說文解字》"飈"字下,引此句作"惟號之山,其風曰飈"。

表 4.1.2:《堯典》、甲骨卜辭、《山海經》四方風名對照表

		《堯典》	《合》14294	《合》14295 綴	《山海經》
東	方名	析	析	析	折
	風名	鳥獸孳尾	劦(協)	劦(協)	俊、颰
南	方名	因	夾(夾、因)	凱(微)	因
	風名	鳥獸希革	奴(微)	夷	民
西	方名	夷	束	彝	夷
	風名	鳥獸毛毨	彝	弓	韋
北	方名	隩	𠂤(宛)	𠂤(宛)	鵹
	風名	鳥獸氄毛	殳(役)	殳(役)	㺇

三者之異同,有訛傳、誤抄所致者,亦有受其他意義系統如後世之八風説等影響所致者,不足爲異。刻辭四方風的研究肇端於胡厚宣先生,其於 1941 年撰《甲骨文四方風名考證》,首次揭示甲骨文有四方名及四方風名,並將其與《堯典》《山海經》對比研究,梳理出方名與風名之演變軌迹;又認爲四風之名反映四時之氣候特徵,並聯繫典籍中的"八風"進行比較,給予後來研究者很大啓發。① 胡文刊發後,此問題引起學界廣泛關注。四方名及四方風名之義,學界迄今尚無定論,綜述諸家之説,約略可歸爲六類:

1.自然物候。楊樹達認爲四方及風名與草木盛衰相關,爲職司草木之神名。② 楊先生先論方位神名,東方曰析者,楊先生言"此殆謂草木甲坼之事也"。因爲據甲骨字形,析作𣂑,《説文》訓破木。南方之夾,《堯典》《山海經》作因。楊先生讀夾爲莢之初文,《説文》云"莢,艸實也,从艸,夾聲",故謂"蓋南爲夏方,夏爲草木著莢之時,故殷人名其神爲莢

---

① 胡厚宣《甲骨文四方風名考證》,《甲骨學商史論叢初集》,第 369—382 頁。
② 楊樹達《甲骨文中之四方風名與神名》,《積微居甲文説》,上海:上海古籍出版社 1986 年,第 77—83 頁。

也"。西方曰𢆉,楊先生以爲即段注本《説文》𣎵字,隸定作"朿,艸木垂華實也,從木马,马亦聲"。"蓋西爲秋方,故殷人名其神爲朿也"。北方夗,楊先生疑即宛,《説文》云"宛,屈草自覆也",宛,影紐元部;《堯典》之奥,影紐覺部,一聲之轉,古音可通。"蓋北爲冬方,冬時陽氣閉藏,萬物潛伏,有蘊鬱覆蔽之象,故殷人名其神曰宛。"

後定四方風名。東風曰劦,《國語·周語》"有協風至"、《鄭語》"虞幕能聽協風",兩處韋昭注均言"協,和也";協風亦即谷風,《詩·邶風·谷風》"習習谷風"句,毛傳:"習習,和舒貌。東風謂之谷風,陰陽和而谷風至。"協風、谷風,名異而義一,均東方之和風也。南風兇,胡厚宣先生讀爲微,楊樹達先生讀爲豈、凱,《邶風·凱風》云"凱風自南",《爾雅·釋天》云"南風謂之凱風"。凱風又曰巨風,《吕氏春秋·有始覽》"南風曰巨風",高誘注:"一曰凱風。"《淮南子·墜形》亦云"南方曰巨風",高誘注"一曰愷風"。俞樾《諸子平議》校《吕覽》《淮南》二"巨"字並"豈"字形壞之誤,楊樹達從之。《邶風·凱風》"凱風自南",毛傳:"南風謂之凱風,樂夏之長養。"義謂凱即愷,快樂、和樂也。西風曰彝,即泰風、大風,《爾雅·釋天》云"西風謂之泰風",《詩·大雅·桑柔》"大風有隧",毛傳:"隧,道也。"鄭箋"西風謂之大風,大風之行,有所從來,必從大空谷之中"。① 北風伇(役),楊先生言未詳。

于省吾先生補論西方夷、北方風役,②以爲夷乃殺傷意,言萬物收縮也;西風之字非韋,乃契,讀爲介,大也。北方宛,從楊樹達以及陳邦懷③之説,以爲萬物蘊藏之義。北方風役音通冽,寒風也。即伇爲以紐,喻母四等字,古讀既歸定,亦有讀來紐者,如藥、櫟屬喻四,櫟、礫、䣭、轢屬來紐;再如《論語》"八佾舞於庭",馬融訓佾爲列,乃聲訓;《楚辭·大招》

---

① "彝"爲以紐,據曾運乾之説,喻四歸定,故與"泰""大"音通。
② 于省吾《釋四方和四方𠂤的兩個問題》,《甲骨文字釋林》,第123—128頁。
③ 陳邦懷《殷代社會史料徵存》"四方風名",天津:天津人民出版社1959年。

"清馨凍飲,不歠役只",言飲輕淡馨香涼爽之酒,而不飲酷烈之酒。莊二十年《公羊傳》"大瘠者何？痢也",何休注"痢者,民疾疫也",痢與疫以聲爲訓。① 胡厚宣先生後從楊氏四方名之解。② 鄭慧生先生亦承楊説,然有異同,如東方析、東風協、南風凱之解,同楊説；南方"夾"則讀爲"因",草木高長也；西方夷,謂芟夷草木也,此近同於于先生之説,西風之韋者束也,束薪以芟也；認北方爲"氐"字,與"宛""隩"同爲草木生機伏於根柢之義,役者草木棄舊易新也。③ 曹錦炎先生讀北方名爲伏,從于説讀風名爲役,通冽,寒也。④ 諸家所論大體就自然物候立説,可歸爲一類。

2.分至節氣。常正光先生認爲八風、八方及八卦之風實質表示八節（分、至與四立),四風實質亦即四時之形象化代稱。鳳當如字讀,而不必讀爲風,四風八風即四鳳八鳳,帝使也,其義即四時八時。"東方析"即禘祭於東方之祭名曰析之意,析即昕,天將明也,爲測東西方向綫而日出前作準備。後世把春之帝附會爲太皥也是與"析"有關,太皥,《説文》曰"皓旰也",段曰"潔白光明之皃",知其名亦出於此。西方曰夷,爲測日影而芟夷平地也。於南北二方之名夾（或因、微、凱)、隩、宛、勹等,則闕疑。⑤ 馮時言八風與八節相關,爲候氣法,與常正光説略同；四風爲分至四節,説近連劭名；四方神即司分至之神,四方風則分至之候；《堯典》東方爲析,析者中分也,日中即春分,晝夜中分,故曰析；東風協爲合,交合也,陰陽交合,亦即"鳥獸孳尾"；南方因、夷、遅,均長也,夏至日長至

---

① 于先生所舉之外,《詩·大雅·生民》"禾役穟穟",毛傳"役,列也。穟穟,苗美好也",亦當爲聲訓。
② 胡厚宣《釋殷代求年於四方和四方風的祭祀》,《復旦學報》1956年第1期。
③ 鄭慧生《商代卜辭四方神名、風名與後世春夏秋冬四時之關係》,《史學月刊》1984年第6期。
④ 曹錦炎《釋甲骨文北方名》,《中華文史論叢》1982年第23期。
⑤ 常正光《殷代授時舉隅——"四方風"考實》,《中國天文學史文集》編輯組《中國天文學史文集》第5集,北京:科學出版社1989年,第51—55頁。

也,故以名其神也;南風名微、凱者,凱亦微,小、少也;南方暑熱,故鳥毛稀少也;西方名彝,夷音通,夷爲正字,平也,言秋分晝夜平分也;西風名束者,含而待盛也,鳥毛待盛以禦寒也;北方宛、隩音通,屈折短屈也,冬至日短至,故以名神,風名役,役讀爲燊,燊盛也,言鳥獸毛盛以禦寒也。羲和四子即析、因、夷、隩四神,分至四節之神,後爲四季之神。①

3. 四方帝。陳夢家《殷虛卜辭綜述》以爲東方析即少皞摯,四方名乃四方帝名。② 值得注意的是,因陳夢家先生認爲《堯典》晚出,所以認爲"《堯典》雖然保存了卜辭四方之名,而因爲它已雜入了四星之説,是較晚的;反之,《山海經》還是保存了卜辭四方神名的最樸質的遺傳。我們由此理解到卜辭中若干材料,不能僅向較正經的典籍中尋找參照,也要向像《山海經》一類書中去尋找保存原始的素料"。③

4. 四方圖騰説。鄭杰祥先生言四方神名之東方神析即少昊摯,説同陳夢家;南方長(前人多讀爲微、凱)即長離,亦即朱鳥和謹朱、丹朱;西方彝即雞,亦即玄鳥或秦人祖先孟戲;北方勹即勾即北強、伯強即禺強神,四者均四方原始部族方國之圖騰神。④

5. 地名説。嚴一萍先生認爲甲骨文中地名有析、因等四字,故解四方名爲地名。⑤

6. 八卦方位説。連劭名先生言甲骨四方名之義,與後天八卦圖之東方震、西方兑、南方離、北方坎之四方名義相關。⑥

此外,亦有不以解四方、四方風之名義爲目的,而言四方、四時與四方風三者之關係者,如李學勤先生以爲候四方之四方風,可定四時之節

---

① 馮時《殷卜辭四方風研究》,《考古學報》1994 年第 2 期。
② 陳夢家《殷虛卜辭綜述》,第 589—594 頁。
③ 同上書,第 594 頁。
④ 鄭杰祥《商代四方神名與風各(名)新證》,《中原文物》1994 年第 3 期。
⑤ 嚴一萍《卜辭四方風新義》,《大陸雜誌》15 卷 1 期,1957 年。
⑥ 連劭名《商代的四方風名與八卦》,《文物》1988 年第 11 期。

氣；候風後發展爲風角之占術，卜辭貞協風於臘月、正月，與漢魏鮮之候風術同。① 饒宗頤先生言候四方之風，以律吕可占四時。②

　　四方名、四方風名之義，諸家歧説各有理據，難以遽從。但結合前文對賓餞"出日""入日"的分析，其解釋系統之邏輯順序並不難窺知。楊樹達先生的考證，即以四季草木盛衰及氣候特點來訓釋方名與風名之義，實際上是將四方、四風名之本義理解爲反映了農人耕作的農事活動。這種後起形態，絶非刻辭所展示出的神化四方與四風。楊先生的思路，没有超越傳統的春生夏長秋收冬藏的季節與物候劃分模式。與之相較，《山海經》四方之神的職司已明確規定爲掌管日月之短長，《堯典》之四方名又被放在了"觀象授時"的整體系統當中。所以，就草木榮枯與氣候變化來分析四方、四風名義之源似失之偏頗，而常正光、馮時等以"古老紀時體系的原始模式"來解釋當更達其源頭，如馮時先生所論：

　　　　胡厚宣將卜辭四方風與傳統的八風系統的綜合考察極富創見，這意味着人們有理由將卜辭四方風與殷代的授時系統加以聯繫。事實上，卜辭的東方神名"析"與西方神名"彝"都有平分、平齊的意義，表示春分與秋分時晝夜平分；南方神名"因"（遲）與北方神名"夗"（宛）又分别意藴長短，表示夏至日長至和冬至日短至。這個解釋不僅可與《堯典》羲和四子分主春分（日中）、夏至（日永）、秋分（宵中）和冬至（日短）的記載吻合，也同時可與《山海經》四神司掌日月短長的文意相貫通。因此，卜辭的四方神實際就是分至四神，而四方風與分至四中氣相配，則應反映了四氣的物候徵象。東風協意爲交合，南風微意爲稀少，西風丯意思爲含盛，北風役意爲豐盛，分别喻指東風至則鳥獸交尾，南風至則鳥獸脱毛；西風至則鳥獸蓄

────────
①李學勤《商代的四風與四時》，《中州學刊》1985 年第 5 期。
②饒宗頤《四方風新義》，《中山大學學報（社會科學版）》1988 年第 4 期。

毛,北風至則鳥獸毛盛,藉以象徵二分二至之物候徵象,這顯然又與《堯典》四方神之後復以鳥獸之變應四時的記載若合符契。顯然,卜辭的四方神與四風神實際構成了完整的標準時體系,也就是殷代的曆制體系。①

馮時先生認爲卜辭的四方神實際就是分至四神,而四方風與分至四中氣相配,則應反映了四氣的物候徵象。如此,《堯典》中的授時記載顯然來自一個與刻辭同時,甚或更早的記時系統。但是《堯典》中以"鳥獸某某"來對應四方風名,更有可能是流傳過程中的誤讀所致。

胡厚宣《甲骨文四方風名考證》云:"甲骨文曰'鳳曰劦',《堯典》則由鳳皇引申而爲鳥獸,不知甲骨文鳳之義,乃假借爲風也。"②此説遭嚴一萍質疑,後者以爲胡先生之"此其所論,若作《堯典》者必已知有甲骨文之契刻四方風名也,胡君治契學,明知此爲不可能之事",故以胡先生之説未足信。③ 嚴一萍先生的講法邏輯未周。《堯典》作者不需要知道甲骨文,亦可知四方風,因爲甲骨所載傳世典籍亦有之,前舉《山海經》之例即是。《堯典》作者所據或許正是他書,遂致原本之方神、風神訛變爲鳥獸。另外,甲骨文、《山海經》均四方與四方風合稱之,《堯典》則只

---

① 馮時《百年來甲骨文天文曆法研究》,第280頁。按:馮時認爲:殷代析、彝爲司分至之神,析屬東方,主春分,意訓分;彝屬西方,主秋分,意訓平,均指二分之日晝夜平分。因、九(宛)爲司至之神,因屬南方,主夏至,意同訓長;九(宛)屬北方,主冬至,意訓短;分別指夏至日長至和冬至日短至。殷代東風協、南風微、西風丮、北風役爲分至四節之候,協訓交合,微訓稀少,丮訓含盛,役訓豐盛,以鳥獸之變應四時。這些內容在《堯典》中得到了充分留存。殷代四方神與四風神構成了完整的標準時體系,也就是曆制體系。四方神爲分至之神,四風神則爲四節之物候徵象。四時本爲分至四節,非四季。四節構成標準時體系,季節則源於農業周期。殷代已建立四節體系,同時並行適應農業生產的冬、春兩季,但這兩個體系尚未最終結合形成四季。參見馮時《殷卜辭四方風研究》,《考古學報》1994年第2期。
② 胡厚宣《甲骨文四方風名考證》,第373頁。
③ 嚴一萍《卜辭四方風新義》,《大陸雜誌》15卷1期,1957年。

言方名而無風名,並且其所言四季"鳥獸"之物候獨特,與《大戴禮記·夏小正》、《禮記·月令》、《吕氏春秋·孟春紀》等十二紀所載物候明顯有别,却與甲骨文、《山海經》之風名更相關,則其淵源所自,基本上可以確定。據此而言,胡先生之説是可以成立的。

然而,胡先生於劦風與孳尾、微風與希革、夷風與毛毨、役風與氄毛之關係,其訓詁則似牽强附會。① 如此,甲骨文中之風某某,以何途徑而訛變爲《堯典》之鳥獸某某?蔡哲茂先生有一個講法或能有所啓發。其以爲《堯典》"鳥獸孳尾"等四語,由誤讀協風等四風之合文字形而來。《爾雅·釋鳥》言雉,"南方曰翟,東方曰鶅,北方曰鵗,西方曰鷷",蔡哲茂以爲四方之雉名來源於四方風名之合文。② 似較胡氏之説更具啓發意義。

相較於認爲這些流傳中出現的變化爲文字誤訓或誤讀所致,我們更傾向於這些變化體現了經典寫定時代的文化特質。早期觀象授時、記時的記録,以口傳的方式傳承下來,待其寫定之時,原始意涵或已難爲人知。用以解釋農耕文化的需求超過了對其原始紀時定節義涵的追討,於是我們看到了《堯典》從寅餞出入日到四方、四方名的傳解系統的"農耕

---

① 如斯維至《殷代風之神話》云"由鳳衍變而爲鳥獸,正甚自然,而胡氏'陰陽交接'云云,則失之迂曲矣"。參見斯維至《殷代風之神話》,《中國文化研究彙刊》1948年9月第8卷。
② 蔡哲茂《甲骨文四方風名再探》,《甲骨文論文集》,臺中甲骨文學會1993年版,收入宋鎮豪、段志洪主編《甲骨文獻集成》,第32册,成都:四川大學出版社2001年,第465頁。按:四風之中,其論東風最有啓發,北風闕疑,南風、西風則比較迂曲:東風之劦風、《爾雅》"東方曰鶅"、《堯典》"孳尾",三者之訛變過程爲:劦風之甲骨文合文或寫作"[字]"(蔡先生假設者),蓋爲今"飌"字之來源,飌字見《山海經·北山經》"錞于毋逢之山,北望雞號之山,其風如飌(郭璞注:飌,急風貌也,音戾。或云,飄風也)"。"飌"之劦,甲骨文或下有口而作"叀"之形(見《合》14294),叀與甾形近;"飌"之風,甲骨文作鳳,與鳥形近,故"飌"(即蔡先生假設之甲骨合文"[字]")訛變爲"鶅";而甾與孳音通,故由叀而形訛爲甾,由甾而音訛爲孳,由孳而生"孳尾"之説。

化"。"農耕化"的過程,實爲"周化"的過程。我們由此可以窺見《堯典》"觀象授時"部分三代損益之一斑。甲骨刻辭中所載之四方與四風神名,屬於一種巫祀文化的記錄。《山海經》中所載之四方與四風神名,則屬於一種神話形態的記錄,而神話同早期口傳關係密切。武丁時代之前,刻辭中應該已經有關於四方與四風的知識,結合傳世文獻記載,占卜習慣或可早至夏后時期,如張秉權先生即認爲殷墟出土的卜用甲骨,無論在攻治與占卜的技術上,還是在文字的書契與使用上,都已經達到了極爲成熟的階段。在此以前,這一習俗的發生成長與流傳沿革,似乎還應該有着一段極長期的歷史背景:

> 這個歷史背景,根據較早的一些文獻上的記錄,只能追溯到夏后之世的龜卜爲止,例如《墨子》的《耕柱篇》説:"昔者夏后開,使蜚廉采金於山川,而陶鑄之於昆吾。是使翁難乙卜於白若之龜。"《史記·太史公自序》説:"三王不同龜,四夷各異卜,然各以決吉凶。"又《龜筴列傳》也説:"自古聖王,將建國受命,興動事業,何嘗不寶龜筴以助善。唐虞以上,不可記已。自三代之興,各據禎祥。塗山之兆從,而夏啓世;飛燕之卜順,故殷興。"①

張氏更從李濟先生之説,以骨卜爲龜卜習慣之前導,②而夏后之世,即便有龜卜,似已不能算是此一習俗之最早階段。③ 實際上,結合考古發現,早在距今9000—7500年的河南舞陽賈湖遺址中就已發現有龜甲、骨器和石器刻符。④ 可見,骨卜、龜卜之所興,當遠在夏以前。另

---

① 張秉權《甲骨文的發現與骨卜習慣的考證》,《中國上古史(殷商編)》第二册,臺北:"中央研究院"歷史語言研究所中國上古史編輯委員會1985年,第57頁。
② 按:據張秉權先生當時的統計,龍山文化或其他新石器文化時期的卜骨,以及殷商文化時期的卜骨與卜龜之出土地點,已有74處,分布在十多個省份。同上書,第60—67頁。
③ 同上書,第57頁。
④ 河南省文物考古研究所編《舞陽賈湖》,第984頁。

外,由考古所見及天文學史的研究,觀象授時的活動確實更早。例如安徽含山縣凌家灘新石器時代遺址,發掘出大汶口文化晚期墓地,出土了一件繪有奇特圖案的方形玉版,據武家璧先生考證,可能與八卦方向以及日出方位授時有關。① 以上梳理結合出土證據,如何取捨,當已清楚。

三、餘論

《論語·堯曰》載堯之言:"咨,爾舜,天之曆數在爾躬。"可見堯舜相傳的一個重要方面就是"天之曆數"。劉寶楠《正義》引《堯典》觀象授時部分,言"曆數""曆象"詞義並同。又引《洪範》,言其"五曰曆數"中的"曆數"是歲、月、日、星辰運行之法。又引《曾子·天圓》:"聖人慎守日月之數,以察星辰之行,以序四時之順逆,謂之曆。"又引《史記·曆書》言:"黃帝考定星曆,建立五行,起消息,正閏餘,於是有天地神祇物類之官。"(《曆書》)又言:"堯復遂重黎之後,立羲和之官,明時正度。年耆禪舜,申戒文祖云:'天之曆數在爾躬。'舜亦以命禹。由是觀之,王者所重也。"據《史記》之文,則"咨舜"云云,乃堯禪位語。舜不陟帝位,故當堯之世,但攝政也。王者,天之子,當法天而行,故堯以天之曆數責之於舜。② 據此可知,《堯曰》此句當為堯禪位於舜時所言,而"天之曆數",則指的是由觀象而得的日月星辰運行、四時更迭之規律,也即早期的紀

---

① 此玉版中的大圓被放射狀直綫及圭葉紋相間割分出 16 等份,玉版四隅的四個圭葉紋位於 16 等分夾角的中分綫上,指向二至的日出入方向,由此日出入方位構成的地平晝夜弧之比值,與秦簡"日夕分"冬夏二至的地平晝夜弧之比完全吻合,即冬至晝夜弧為 5/11,夏至晝夜弧為 11/5。這與秦漢日晷的冬(夏)至日出入方位也是符合的。凌家灘玉版的發現,說明我國先民早在距今 5000 多年前,就已經掌握根據日出方位確定時節這種簡便的授時方法。參見安徽省文物考古研究所《安徽含山凌家灘新石器時代墓地發掘簡報》,《文物》1989 年第 4 期;安徽省文物考古研究所編《凌家灘玉器》,北京:文物出版社 2001 年,第 125 頁;武家璧《含山玉版上的天文準綫》,《東南文化》2006 年第 2 期。
② 劉寶楠撰、高流水點校《論語正義》,第 756 頁。

時系統。

《堯典》曰:"正月上日,受終於文祖,在璿璣玉衡,以齊七政。"此句中的"璿璣玉衡",漢代以來多以渾天儀解之,孔穎達疏引馬融注:"渾天儀可旋轉,故曰璣。衡,其橫簫,所以視星宿也。以璿爲璣、以玉爲衡,蓋貴天象也。"此事《史記》言:"於是帝堯老,命舜攝行天子之政,以觀天命。舜乃在璿璣玉衡,以齊七政。"①如此,在堯舜禪讓前,堯曾命舜掌管天文觀測事宜。

《堯曰》與《堯典》記載合觀,可知堯舜等古帝王重視觀象授時之學,春秋時人依舊印象深刻。司馬遷在《天官書》的"贊語"中總結古聖先王同"天學"之關係:"自初生民以來,世主曷嘗不曆日月星辰? 及至五家、三代,紹而明之,内冠帶,外夷狄,分中國爲十二州,仰則觀象於天,俯則法類於地。天則有日月,地則有陰陽。天有五星,地有五行。天則有列宿,地則有州域。三光者,陰陽之精,氣本在地,而聖人統理之。"②依照司馬遷所論,則天學又不僅僅在於紀時,州域之別、萬類之法均與之相關。如此,古人之重"天學",在所必然,而見於經典所載與出土所見者,證其確然。

回到《堯典》"觀象授時"的經傳上來,早期天學重要但並不意味着其一定同農事相關聯。事實上古代中國的天學與農業的關係並非我們認爲的那樣密切。③ 另外,上古農事之實際同《堯典》古注所言並不相

---

①《史記》卷一《五帝本紀》,第 238 頁。
②《史記》卷二七《天官書》,第 1599 頁。
③就《堯典》的傳解系統來看,有着明顯的"天文爲農業服務的傾向",這種傾向同經文本身並不相合。近代以來,關於天文爲農業服務的認識可以導源自恩格斯的《自然辯證法》,其言"首先是天文學——遊牧民族和農業民族爲了定季節,就已經絕對需要它"。江曉原先生曾辨此説之非,認爲農業之所起遠遠早於天文學,天文學未起之前,農業已經發生、發展着;天文學產生之後,也並未使得農業因此有什麼突飛猛進。相較於天文學,農業生產更多依賴的是物候學。天文學的抽象、精密非農業生產所需要。詳參江曉原《天學外史》第二章《古代中國什麼人需要天學》,上海:上海交通大學出版社 2016 年,第 16—19 頁。

合。夏至,今爲農閑期,商周却爲農忙期,然非僞孔傳所謂"因,謂老弱因就在田之丁壯,以助農也",或孫星衍所謂"蓋謂民相就而助成耕耨之事",而爲開荒"衺田"之農忙期。冬至,今爲農閑期,蔡沈亦以爲"氣寒而民聚於内也"之農閑期,然在商周却爲開荒"衺田"之農忙期。① 天學之關繫,農耕季節之有異同,導致經典傳解的"以今例古"與"郢書燕説"。正是這種郢書燕説讓我們可以從廣義"經傳"的角度來審視《堯典》"觀象授時"部分"三代損益"的脈絡。這種對經典文本經傳層次的考析遠較遽定是非更有價值。

第二節　燹公盨及相關《書》篇所見宗周《書》教之核心

從篇章整合與"傳解(或廣義上的解讀)"的角度來看,三代及其以前的《書》學匯流成宗周《書》教之學。宗周之《書》,爲後世《書》之源頭,奠定了《書經》成立的基礎。宗周之《書》既爲王者鑒戒與國子教本之政典,那麼其所教授"治術"的核心是什麼?

一、燹公盨銘文中的天命觀念與周人之"德"及其内涵

前文夏《書》部分已論及,燹公盨爲我們提供了西周中期有大禹事迹的證據。盨銘以大禹之事迹作爲開篇之"引子",可見其在西周中期不僅流行甚廣,且已爲貴族階層之公共知識。當然,溯其源頭,當時流

---

① 甲骨文有𠂤字,張政烺先生讀爲衺,並詳解古代"衺田"之制,認爲"卜辭衺田的主要工具是㭒,用以㭒殺林莽,皆於夏至月、冬至月行之,與《周禮》柞氏、薙氏職同。……衺田是開荒,大約分三個階段,須要三年完成,即周人所謂菑、畬、新田。菑才耕,畬火種,最後作疆畎,聚埒畝,成爲新田"。詳參張政烺《卜辭"衺田"及其相關諸問題》,《考古學報》1973年第1期,收入《張政烺文集·甲骨金文與商周史研究》,北京:中華書局2012年,第131—172頁。

傳的大禹事迹所出史影自當更早。燹銘較之於一般青銅器銘文,更近《尚書》文體。①李學勤先生言:"過去研究金文的學者,常説一件長篇銘文足抵《尚書》一篇,實際兩者性質内容還是有很多差異。惟有這件燹公盨,文字風格確同《尚書》接近,其有特殊價值可想而知。"②朱鳳瀚先生亦言:"與常見的西周中期後段長篇的銘文不同的是,它並没有記錄廷禮册命、獄訟糾紛,戰事或頌揚周王及器主人自己先祖之功烈,而是一篇散文形式的專門論及倫理道德的文章,這在以往所見青銅器銘文中似乎還没有見到過。"③此器物銘文可以看做一篇"布政之辭"。就盨銘的文體風格,以及所反映的思想來看,其當屬於《書》類文獻之一篇。

盨銘(銘文釋文拓本及器形圖見"附録一 4.2.1")以大禹治水事爲典,言天爲民立法立王,導民以德。全篇可分爲四個部分。第一部分"天令(命)禹尃(敷)土"到"迺(乃)自乍(作)配,卿(嚮)民"。言天命大禹順應山勢,疏通河道,又賜禹治理四方之法,設立五官之正長,降生下民并監察其德。又確立(禹)爲地上之王,以爲己"配",使民有方嚮。第二部分"成父母,生我王,乍(作)臣。畀(厥)顯(貴)唯德,民好明德,

---

①如李零先生言:"這篇銘文,它的開頭和第一類有關,也是以歷史掌故作引子,但下面的内容則近於訓、誥、箴、戒。它主要是講道德教訓,而不是紀念某一具體事件,和銅器銘文是不一樣的。它更接近於章學誠所謂的'議論文詞',(原注:《校讎廣義》,古籍出版社,1956年,47頁)即後世古書的主體。我們應該注意的是,《尚書》雖來自古代的文書檔案,但它們變為古書,變爲後世可以閲讀的材料,其實是選取的結果(不管這種選取是不是由孔子來完成)。它之區别於自己的母體,即原始的文書檔案,主要在於,它更關心的並不是具體的制度或政令,也不是歷史細節本身,而是圍繞重大歷史事件的議論和思想,它們引出的教訓和借鑒,情況比較類似後世'事語'類的古書(如《國語》)。"李零《論燹公盨發現的意義》,《中國歷史文物》2002年第6期,第40頁。
②李學勤《論燹公盨及其重要意義》,《中國歷史文物》2002年第6期,第5頁。
③朱鳳瀚《燹公盨銘文初釋》,《中國歷史文物》2002年第6期,第28頁。

叜(羞)才(在)天下"。言天立王爲民之父母,又立臣以佐王。其(天)所看重的只是"德",臣民之好光明之德者,(天)任用其來管理天下。努力追求美德,並增益之。安逸而不忘勤勉,昌明孝敬父母(以及先祖、先妣等前人)、友於兄弟的美德。嚴肅莊重地經營美好之祭祀而不相違。第三部分從"用乎(厥)邵好"到"永叩(孚)于盥(寧)"。言(民若)努力追求美德,並增益之;安逸而不忘勤勉,昌明孝敬父母(以及先祖、先妣等前人)、友於兄弟的美德;天(將)以壽老爲賜,神(將)以福禄爲報,永遠得安寧。第四部分"燹公曰:民又唯克用兹德,亡(無)誨(悔)。"燹公説:"民能用此德,就没有悔咎。"

第一部分主要是講禹的典故,第二部分推而言之到一般規律,言天選人之標準在"德"。第三部分言民之當爲,以及如此順德會得到天、神之庇佑。第四部分爲燹公的總結,言民若能順用所言之德,將無悔咎之憂。整體而言,此篇銘文主要言"天之命"與"德之容",天之所命,涉及政治權利、統治方法、統治管理機構、被統治者以及民之福壽康寧等,而"德之容"爲"天之命"的條件。二者皆爲宗周《詩》《書》之教的核心内容。

(一)天命:天命可知,天命靡常

1.以國祚或帝位爲基礎的"天命"之具體内容

燹公盨銘文以大禹之事爲典,明確指明了"天命"的内容:令(命)禹、莽(疇)方、埶(設)征(正)、降民、監德、生我王(自乍配)、作臣(羞在天下)、天犐(釐)用老(孝),申(神)復用褦(祓)录(禄)。分而言之,天可任命天下之最高統治者,即像大禹一樣的王;可以降下如"洪範九疇"那樣的統治大法;可以任命五官之正長;可以賜降臣民;可以監察王及臣民之德;可以保民長壽、賜民福禄。整個王朝從生成到消亡的全過程,其統治的秩序,均由天之命來決定,《尚書》中所言之"天命"亦多指國祚。① 同時,亦有"天休""天若""庸釋""不畀""畀矜""顛越"等,此類詞均用來表達天對於國祚帝位之不同處理手段。如《甘誓》:"有扈氏威侮五行,怠棄三正,天用勦絕其命,今予惟恭行天之罰。"《湯誓》:"有夏多罪,天命殛之。"夏啓勦滅有扈氏之時,言其"威侮五行,怠棄三正",故天命夏勦絕之。商湯伐夏,亦言其"多罪",故"天命殛之"。《康誥》云:"我西土惟時怙,冒聞于上帝,帝休,天乃大命文王殪戎殷,誕受厥命。"言天降命於文王立祚。可見,天既因其"有罪"而令殪滅之,又可因其大美而授命之。凡此皆與國祚及帝位相關。

"天休",《尚書》凡四見,或作"帝休",凡一見。《皋陶謨》(古文《益稷》部分)"徯志以昭受上帝,天其申命用休"。《洛誥》有"公不敢不敬天之休,來相宅,其作周匹休"和"公其以予萬億年敬天之休"。《大誥》

① "天命"一詞,《尚書》凡三十一見,如《盤庚上》:"先王有服,恪謹天命,茲猶不常寧。"又或略作"命"("天"字往往見於上文中)。如《康誥》:"嗚呼!肆汝小子封。惟命不于常,汝念哉!無我殄。享明乃服命,高乃聽,用康乂民。"又或作"上帝命",凡五見,如《立政》:"亦越成湯陟,丕釐上帝之耿命。"又有於"命"字上加定語,以"命"字爲名詞者。如"大命"凡七見,《盤庚下》:"無戲怠,懋建大命!"或作"基命",凡一見,《洛誥》:"王如弗敢及天基命定命,予乃胤保,大相東土,其基作民明辟。"或作"休命",凡一見,《多方》:"天惟時求民主,乃大降顯休命于成湯,刑殄有夏。"或作"孚命",凡一見,《高宗肜日》:"天既孚命正厥德。"亦有"命"字前加動詞者。如"申命",凡一見,《皋陶謨》(古文《益稷》部分):"徯志以昭受上帝,天其申命用休。"或作"降命",凡五見,如《金縢》:"無墜天之降寶命。"或作"受命",凡十三見,如《大誥》:"敷賁,敷前人受命,茲不忘大功。予不敢閉于天降威用。"或作"終命",凡一見,《召誥》:"天既遐終大邦殷之命,茲殷多先哲王在天,越厥後王後民,茲服厥命。"或作"墜命",凡七見,如《酒誥》:"今惟殷墜厥命,我其可不大監撫于時!"或作"永命",凡四見,如《召誥》:"我非敢勤,惟恭奉幣,用供王能祈天永命。"或作"定命",凡一見,《洛誥》:"王如弗敢及天基命定命,予乃胤保,大相東土,其基作民明辟。"或作"革命",凡一見,《多士》:"惟爾知,惟殷先人有册有典,殷革夏命。"按:"天命"一詞,姜昆武先生《詩書成詞考釋》一書中有統計分析,下文分類依是書,所舉例子僅限於梅本《尚書》中的今文部分。參姜昆武《詩書成詞考釋》,濟南:齊魯書社 1989 年,第 49—75 頁。

云:"天休于寧王,興我小邦周,寧王惟卜用,克綏受兹命。"《康誥》:"我西土惟時怙,冒聞于上帝,帝休,天乃大命文王殪戎殷,誕受厥命。"此處之"天休",言天授帝位國祚之命於其所美者,實與"休命"同指一事。又《多方》:"天惟時求民主,乃大降顯休命于成湯,刑殄有夏。"所言之"休命"顯爲美好之天命,則前列諸條中之"休"亦當爲美義。故姜昆武先生認爲《多方》一例"天降休命",當爲"天休"一詞之完整含義。惟於行文中,用"休命"一詞則其側重點在"命"字,而用"天休"則側重點在標明天之所美者,"命"字則隨後點明。① 此處"天之休命"同前文所陳天命殛罰有罪之"非休命"相對。

"天若",《尚書》凡四見。《召誥》云:"相古先民有夏,天迪從子保,面稽天若,今時既墜厥命。今相有殷,天迪格保,面稽天若,今時既墜厥命。"兩用之。《酒誥》云:"兹亦惟天若元德,永不忘在王家。"《康誥》云:"弘于天若德,裕乃身,不廢在王命!"若,既有順義,又有善義,《尚書》此數例中之"天若",實言天善,意爲天善之而與之禄位,特用於有德者。② 如《召誥》兩用"面稽天若",言夏商兩代有知天道之旅保、格保,他們能夠當面咨詢天之善言,進而保天命常在。反之,夏商之後王不能遵循天之善旨,上帝便廢止大命。

"庸釋",《尚書》凡三見。《君奭》:"天不庸釋于文王受命。"孔傳:"言天不用令釋廢于文王所受命。"楊筠如《尚書覈詁》云:"庸釋,古成語,謂捨棄之意。"④《多方》云:"誥爾多方,非天庸釋有夏,非天庸釋有殷。"可見,孔傳"庸"作用解,"釋"作廢解。楊筠如先生直接釋爲"捨棄"。《尚書》之"庸釋",實爲天意厭棄,而欲盡其國祚,更其帝位之專用

---

① 姜昆武《詩書成詞考釋》,第69—70頁。
② 同上書,第70頁。
③ 按:曾運乾先生認爲"從子保"爲"旅保"二字之訛寫。詳參曾運乾《尚書正讀》卷五《召誥》,北京:中華書局2015年,第195—196頁。
④ 楊筠如《尚書覈詁》卷四《君奭》,第366頁。

之詞。①《君奭》全句爲:"天不可信,我道惟寧王德延,天不庸釋于文王受命。"周公言天不可信,只有承繼文王之德,天才不會捨棄文王所受之大命。《多方》所引爲"非天庸釋有夏,非天庸釋有殷,乃惟爾辟以爾多方大淫圖天之命,屑有辭。"意即天捨棄夏、商國祚之原因在於其王與諸侯奢侈無度,閉塞了天命之下達。則此數例中之"庸釋"多與國祚之廢棄轉移相關。

"不畀",《尚書》凡五見。《洪範》云:"帝乃震怒,不畀洪範九疇,彝倫攸斁。"《多士》云:"惟天不畀允罔固亂,弼我,我其敢求位? 惟帝不畀,惟我下民秉爲,惟天明畏。"又云:"惟天不畀不明厥德,凡四方小大邦喪,罔非有辭于罰。"《多方》云:"惟天不畀純,乃惟以爾多方之義民,不克永于多享。"畀,《說文》云:"相付與之,約在閣上也。"②《尚書》凡用"畀"字,皆專以言天賜與之意。"不畀"五見,皆言天之不與也。③《洪範》句,言帝大怒,而未賜給鯀九疇之大法。《多士》句言非小周邦敢多取大殷商之命,是天不將命賜給胡作非爲之人。又言若帝不賜給臣下天命,臣下亦不敢妄求。又言天不會將大命賜予不施德教之人。《多方》此句亦在闡明天不賜大福的原因。

"畀矜",《尚書》中兩見。《多士》云:"爾乃尚有爾土,爾乃尚寧幹止,爾克敬,天惟畀矜爾。爾不克敬,爾不啻不有爾土,予亦致天之罰于爾躬!"《多方》云:"爾乃自時洛邑,尚永力畋爾田。天惟畀矜爾,我有周惟其大介賚爾,迪簡在王庭,尚爾事,有服在大僚。"兩例中之"畀矜",謂天所憐與也。《多士》句孔傳云:"汝能敬行順事,則爲天所與,爲天所憐。"《多方》句爲周公代王告於殷人等多方,若其服從於周,永久努力耕種,上天即憐憫之。

---

① 姜昆武《詩書成詞考釋》,第71頁。
② 《說文解字》卷五上"丌部",第94頁下。
③ 姜昆武《詩書成詞考釋》,第72頁。

"顛越"見於《盤庚中》:"乃有不吉不迪,顛越不恭,暫遇姦宄,我乃劓殄滅之,無遺育,無俾易種于兹新邑。"孔傳云:"顛,隕。越,墜也。"楊筠如《尚書覈詁》云:"顛越,《史記集解》引服虔曰:'顛,殞也。越,墜也。'按越,《説文》:'踰也。'踰而訓墜,相反爲訓。亦以與'顛'連文,而意以'顛'爲主。正如'陟陟'一語,本兼相反二義,而《詩·閔予小子》云'陟降庭止',則專以'降'爲主也。又如'詛咒'一語,亦兼二義,《無逸》'否則厥口詛咒',則專以'詛'爲主也。僖九年《左傳》齊桓公曰:'恐殞越于下',義與此同。"①楊氏自語法結構分析入手以釋二字之義,甚是。② 除《左傳》之例外,此"顛越"亦見《楚辭·九章·惜誦》"行不群以巔越兮,又衆兆之所咍",王逸注:"巔,隕。越,墜。"③《管子·小匡》云:"天威不違顏咫尺,小白承天子之命,而毋下拜,恐巔蹷於下,以爲天子羞。"④《小匡》中作"巔蹷"。

前述"天命""天休""天若""庸釋""不畀""畀矜""顛越"等均爲被用來描述天(或天命)之特性,上天與下邦、下民之間關係等宗周觀念方面的詞彙,天命之存在、授予、轉移方式等,其中有直接反映。"天命",如姜昆武先生所論,爲受命於天之國祚帝位,乃改朝換代之特用成詞。後又引申用以言國家君王之禍福吉凶。⑤ 上文所陳,《尚書》中言"天命",除特指國祚或帝位者外,凡政事、征戰、災異、禍福、壽夭、刑賞,亦皆天之所定,爲天命之具體內容。同燮公盨銘文所述相仿佛,如銘文言

---

①楊筠如《尚書覈詁》,第169頁。
②"蓋漢語中含正反兩義之複合詞,偏用其中一字之義,而捨另一字之義,是爲漢語詞彙形成之一種常見特殊方式,此'顛越'一詞,亦以對舉字偏義使用,專爲顛字之意,而先秦諸典籍凡用'顛越'一詞,非指人之墜跌,而專爲指不恭而墜失天命,或墜失王命之意。"參見姜昆武《詩書成詞考釋》,第74—75頁。
③洪興祖撰、白化文等點校《楚辭補注》第四《惜誦》,北京:中華書局1983年,第123頁。
④黎翔鳳撰、梁運華整理《管子校注》卷八《小匡》,北京:中華書局2004年,第426頁。
⑤姜昆武《詩書成詞考釋》,第56頁。

"降民""作配""作臣""羞在天下",即賜民并依德選臣以管理之。正如《洛誥》載成王告周公言:"公稱丕顯德,以予小子揚文武烈,奉答天命,和恒四方民,居師。惇宗將禮,稱秩元祀,咸秩無文。"成王言周公"奉答天命",即遵循上天的命令,而"和恒四方民,居師。惇宗將禮,稱秩元祀,咸秩無文",所言實即天命之具體內容而周公遵行并達到者。其中"和恒四方民"即言周公善治四方之民。

2.天命靡常及對天命的探知與把握

"天命"的內容雖然可以具體到國祚或帝位、政事、征戰、災異、禍福、壽夭、刑賞等方面,但令人不安的是天命并不特別青睞某一方,如《大雅·文王》所言:"侯服于周,天命靡常。"周以西土之"蕞爾小邦",革殷之命。創立百年,被認爲享有天命之大商,被一個原本沒有天命,曾爲臣邦的小周取而代之。這件事引起的恐慌與焦慮是雙方的。時人最直接的感受即是"天命靡常""皇天無親"。天命至於國祚的重要性,使得周人努力去把握它,周人主要憑藉兩種方式:一是商代習用之巫文化手段;一是努力探求上天賜命的條件性,如《左傳》僖公五年引《周書》云:"皇天無親,惟德是輔",又曰:"黍稷非馨,明德惟馨",又曰:"民不易物,惟德繄物。"

對商代巫文化手段之承繼,如《大誥》言:

> 已!予惟小子,若涉淵水,予惟往求朕攸濟。敷賁,敷前人受命,茲不忘大功。予不敢閉于天降威用。寧王遺我大寶龜,紹天明,即命。……朕卜並吉……予得吉卜……王害,不違卜。

武王過世、成王尚幼,當此之時,統治者確如《大誥》所言"若涉淵水",形勢頗危險。周公沒有辦法,故求之於龜卜。周公用文王留下之大寶龜行占,卜問上天之意。"朕卜並吉",即分析卜辭之後,認爲東征之行是吉利的,可得上帝支持。"王害,不違卜",言庶邦君越庶士、御事都反對東征的意見,認爲民心尚不穩,困難又太大。周公認爲若違背占卜則王室有害。可見周初之占更多爲參考價值，時人觀念當中卜兆已非必須絕對服從之天命，而天命之所依主要在德。

又曰：

> 天休于寧王，興我小邦周，寧王惟卜用，克綏受茲命。今天其相民，矧亦惟卜用。

文王承受天命的方式是依占卜行事，今天助民，因而用事亦當遵從占卜。由此可見臣民否定占卜之結果（同意東征），周公不得不舉文王受命之例以言占卜之當從。

又曰：

> 嗚呼！肆哉！爾庶邦君越爾御事。爽邦由哲，亦惟十人，迪知上帝命。越天棐忱，爾時罔敢易法，矧今天降戾于周邦？惟大艱人誕鄰胥伐于厥室，爾亦不知天命不易？予永念曰：天惟喪殷，若穡夫，予曷敢不終朕畝？天亦惟休于前寧人，予曷其極卜，敢弗于從？率寧人有指疆土，矧今卜並吉？肆朕誕以爾東征。天命不僭，卜陳惟若茲。

周公對諸邦君及其輔佐言天命，認爲聽者當中，只有十人可知天命。然而"越天棐忱"，言天之所親不定。諸邦君日常未敢輕慢法令，今天降災難，更應順從天命。周公又強調了形勢之緊迫，管蔡叛亂是合外攻內，故周公又擔心"爾亦不知天命不易"，言你們這些知道天命之人也難以清楚天命不會改變，意在言東征當早順帝命（占卜）而行。其又言，天命所示其意在滅商，農夫之於稼穡，除惡務盡，而我們又如何能够捨棄占卜，而不順從天命、不遵循文王的意圖去捍衛疆土呢？何況卜辭顯示皆爲吉兆。因此周公對諸邦君言"肆朕誕以爾東征"，言明東征的決心。最後再次強調"天命不僭，卜陳惟若茲"，言天之命不會有差錯，所據依然是卜辭所示。

據《金縢》所載,周公"多材多藝,能事鬼神",相較而言,武王"不若旦多材多藝,不能事鬼神"。知文王諸子之中,周公與之最近,能占卜,又熟悉殷統,善巫技。《金縢》篇所記周公代王之儀式即爲替代巫術之一種。① 然而就《大誥》所示,卜兆對於周初之人(即《大誥》中的諸邦君、御事)而言,已非絕對之命令,而是在理性分析現實情況後的一種參考。故周公才要就東征之事,苦口婆心地勸說。可見商之墜亡,使當時之人認識到占卜以順天命這一做法之局限,更是深切感受到"天命靡常"。鑒於此,周人才特別強調"唯德是輔",以德作爲天命所親之條件。燹公盨銘文中有明示。

另外,隨着對德與民的重視,巫技逐步從王者之手下移,成爲卜師、龜人、占人、筮人、司巫等專門官職之技能,依然保有立政之參考地位,也一直爲官方祭祀等活動的重要參與者。雖然巫者的地位逐漸衰落,至戰國時甚至爲諸子的取笑對象,但是延續數百年的三代巫文化,已經滲透華夏文化當中,隨後歷朝歷代的多種文化現象中都依然能夠發現它的身影。

(二)明德:皇天無親,唯德是輔

燹公盨銘文中言"降民,監德",并明確言"民好明德"的具體所指:"用乎(厥)邵好,益□歔(懿)德,康亡(?)不楙(懋)。考(孝)召(友)懌明,巠(經)齊好祀,無瞶(悖)。"安樂而不忘勤勉、孝老友親和肅敬祭祀等要求,皆與當時的《書》教相關,下文詳論,此處談總的要求"明德"。

"明德"一詞,燹公盨銘文中寫作"明德"。明,《說文》云:"照也。

---

① 詳參趙培《〈金縢〉篇的文本層次及〈尚書〉研究相關問題》,《清華大學學報(哲學社會科學版)》2021年第2期。

從月從囧。凡朙之屬皆從朙。⦿，古文朙，從日。"①德，《說文》云："升也。

① 許慎《說文解字》卷七上，第 138 頁上。按：朙所從之"囧"，《說文》云："窻牖麗廔闓明，象形。凡囧之屬皆從囧。讀若獷。賈侍中說，讀與明同。"(《說文解字》卷七上，第 138 頁下) 明字甲骨文中已有兩類字形，分別爲 ⦿(《前》4·10·4) 和 ⦿(《甲》6672)，其中第二種字形或寫作 ⦿(《乙》6150) 和 ⦿(《甲》3079) 等(《甲骨文編》卷七，第 295、296 頁)。金文中的字形亦如此，分爲兩類，分別爲 ⦿(矢令方彝 09901)、⦿(屬羌鐘 00157)、⦿(秦公簋 04315)、⦿(中山王䜴鼎 02840)、⦿(䟆盜壺 09734) 等(《金文編》卷七，第 480-481 頁)。明之從囧與從日的兩類字形淵源甚早，許慎《說文》之解釋本於從囧之字形，而以從日之明爲古文。姚孝遂先生《小屯南地甲骨考釋》討論了甲骨文中的"囧"和"明"字，認爲許慎、段玉裁之說可從，而認爲王筠《說文釋例》疑"囧""目"同字，又疑"囧""明"同字，皆非。其云：卜辭 ⦿(引注：《甲》278)字正象窻牖麗廔闓明玲瓏之形，而均爲地名，無例外。卜辭"明"字通常與《說文》"明"字之古文同，從日作⦿，個別的有從囧作⦿者(《前》4.10.4)，其用法迥然有別。"米"爲祭名，從谷米致祭于神祖即謂之"米"。《後》2.23.5："王其昇南囧米叀乙亥"，謂以"囧"地之"米"致祭于先祖。《前》5.20.2："王往氏衆黍于囧"，卜辭地名可加東、南、西、北等方位字。如"南泜""東泜"，或言"在⦿東北"(《乙》3212)。"南囧"亦此之類。《甲》903："王米囧其昇于且乙；王其昇南囧米叀乙亥"，其後一辭與《後》2.23.5 同文。屈萬里先生《考釋》以"囧"爲倉廩一類之物，《甲》903 乃用作動詞，其說非是(姚孝遂、肖丁合著《小屯南地甲骨考釋》，第 47 頁)。從囧與從日之"明"商代均已出現，然用法迥異，故不當視爲異體。實際上，卜辭中惟有從囧之"朙"，乃今"明"字，如《合》21037："戊戌卜，貞，丁，目不喪明，六月。"至於卜辭中"⦿""⦿"諸形與"朙"之用法迥然有別，舊雖釋爲"明"，實當釋爲"朝"(《甲骨文字詁林》第二册，第 1154 條按語，第 1121 頁)。西周至春秋金文中"明德"之"明"，絕多爲從囧之字形。如西周早期的作冊申尊(05991)中"明"字寫作"⦿"，辭例爲："唯朙(明)保殷成周年"。西周中期後段癲鐘(2 式)甲(00247) 中寫作"⦿"，對應銘文爲："癲不敢弗帥祖考秉明德"。西周晚期梁其鐘己(00192) 寫作"⦿"，辭例爲"秉明德"。西周晚期虢叔旅鐘甲(00238)銘文中寫作"⦿"，對應銘文爲"穆穆秉元明德"。此外，春秋早期秦公簋辭例作"穆穆帥秉明德"，對應字形爲"⦿"。與之相對，西周時期亦見從日之"明"，然其皆不用在"明德"類辭例當中，說明當時二字形尚有明確分工。如西周中期牧簋(04343)中"明"寫作"⦿"，對應銘作"女(敢)母(毋)敢弗帥先王乍(作)明井(型)用"。西周晚期的𤱭盨(04469)寫作"⦿"，辭例作"敬明乃心"。上舉兩個從日之"明"的字形對應辭例分別爲"用明則之于銘"(屬羌鐘 00157，戰國早期)和"敢明易(揚)告"(䟆盜壺 09734，戰國中期)。另有戰國早期的州工師明戈(11269)，字形作"⦿"，爲人名。戰國竹書當中，已鮮見從囧之"明"，(轉下頁)

從彳德聲。"①許慎釋"德"爲升意,當有所本。排比分析"德"之古文字形,②知其涵蘊自省其心之意。結合燹公盨銘文,從國祚與帝命角度來看,

---

(接上頁)悉數從日。如郭店簡《太一生水》簡二"是以成神明",寫作"🝢";上博簡《緇衣》簡一五"敬明乃罰",明寫作"🝢"。西周中後期的師訇簋(04342)銘文,辭例結構與之相同爲"苟(敬)朙(明)乃心",當時"明"字寫作"🝢",可知戰國時期從日之"明"已基本替代了從囧之字。若前舉西周時期從日之"明"字所依之摹本可信(牧簋和詈盨所據均爲摹本),則兩類字形開始互用,大概始自西周中期。排比"明"字古文字字形可知,不能從日月麗天即所謂的"光光崇拜"的視角來解讀"明"字。"明"字之"明亮""光明"和"照明"義,當起自"窻牖麗廔閨明",許慎之説不誤。
①許慎《説文解字》卷二下,第37頁上。
②甲骨卜辭中有🝢(《甲》2304)、🝢(《粹》864)、🝢(《戩》39.7)等字形(《甲骨文編》卷二,第74頁),可隸定作"徝",所涉之辭例有:"今🝢(者?)王徝方,帝[受]我又(祐)。"(《粹》1128)"戊寅卜,亘貞:王徝方?"(《合》10104)"貞,王弓徝土方。"(《續存》上592)"庚申卜,㱿貞:今🝢(者?)王徝伐土方?"(《林》1.27.11)魯實先言"徝"可假借爲遊陟之"陟"(魯實先《卜辭姓氏通釋》之二,《幼獅學報》1959年1月第2卷第1期)。《尚書・堯典》載:"舜生三十徵庸,三十在位,五十陟方乃死。"孔傳:"方,道也。舜即位五十年,升道南方巡守,死於蒼梧之野而葬焉。"訓陟爲升。《周禮・春官・大卜》:"三曰咸陟。"鄭玄注:"陟之言得也,讀如'王德翟人'之德。"可知,傳世文獻中亦見言陟爲德者。然就其詞義來看,甲骨文中的"徝"同明德之德無涉。西周早期的曆鼎(02614)銘文中"德"字寫作"🝢",辭例爲"曆肇對元德"。此時之"徝"字,已藉甲骨字形而附以"懿德"之意。此字右半部之字形,甲骨文寫作"🝢"(《乙》4678),金文作"🝢"(恒簋蓋04199),會以目測物,使其直而不彎之意,引申作正直、伸直。故以"徝"爲"德",當與直之引申義相關。西周早期師艅鼎(02723)德寫作"🝢",對應銘文爲"艅則對陽(揚)氒(厥)德",已增"心"旁。可知西周早期已用"徝"表示懿德之德,且已出現加"心"之異體"德"。孫詒讓以"🝢""🝢""🝢"等字形爲"省",言"惪"爲省心會意(孫詒讓《名原》下《古籀撰異》第四,清光緒玉海樓刻本,第十一至十二頁)。然"德"所從之字爲"直"而非"省"明矣,故孫説不可從。"直"本象以目度物之曲直,此處正可解爲度心之曲直,當亦有孫氏所言自省其心之意。增加"心"旁,更突顯出當時"徝"字已多用於内在道德方面。另有"悳"字,《説文》云:"外得於人,内得於己也。從直從心。"西周中期的嬴霝德壺,其器銘中"德"字寫作"🝢",而蓋銘中的"德"則從彳。知用來表陟之"彳"旁,在對應"懿德"之德意時已經不再重要。所以"德"之字形序列中又多出直、心一類,如戰國中期陳侯因齊敦(04649)寫作"🝢",令狐君嗣子壺(09720)作"🝢"。從"🝢(徝)"到"🝢(德)",再到"🝢(悳)""🝢(德)"並用,反映出"德"之道德自省意涵的生成,以及與之相關的字形調整過程。

德所涉及的實際內容又有很多，其中最關緊的是"民之所欲"。故而，德之内涵又是由内及外，内外交互影響的。所以"明德"不僅可以解讀爲個人之修養，亦可解釋爲天降之光明大德。通過下文對《詩》《書》中"明德"用例的分析，我們會發現二者亦相關聯。因爲先有虔敬恭肅之人德，才能受饗光明之天德。明德似乎可以看做天德在人間之存在形式。

《詩經》中有7處見用"明德"。《大雅·皇矣》所言同燹公盨銘文有頗多相類之處。《小序》云："《皇矣》，美周也。天監代殷，莫若周。周世世脩德，莫若文王。"言明《皇矣》一詩之主旨。鄭箋云："監，視也。天視四方可以代殷王天下者，維有周爾。世世脩行道德，維有文王盛爾。"《皇矣》首節言天命之移，上帝監察下民，言"監觀四方，求民之莫"，結合燹公盨所言之"降民，監德"，則所監之德即爲四方民之"莫"者。毛傳云："莫，定也。"故"監德"實爲察有能安定一方民衆之邦。可知"莫（定）民"爲德之實際相關者之一。

第二節"帝遷明德，串夷載路。天立厥配，受命既固"，毛傳："徙就文王之德也。"言天帝因"明德"而遷天命於周。燹公盨銘文有"（天）廼自乍（作）配，卿（饗）民"，與之相同。故鄭箋所謂"天既顧文王，又爲之生賢妃，謂太姒也"，傳統經學上以"厥配"爲配偶之説不可從。此句實言天帝以文王爲自己在天下之配媲。

第三節："帝作邦作對，自大伯、王季。維此王季，因心則友，則友其兄，則篤其慶，載錫之光。受祿無喪，奄有四方。"此數句中，"作邦作對"，燹公盨銘文有"乍（作）配""乍（作）臣"。毛傳云："對，配也。"則"作對"即"作配"。鄭箋："作，爲也。"言周邦之德，自太伯、王季時已顯，天命之偏移，當時已然。天命之移與周邦之德在王季身上的表現爲"因心則友，則友其兄，則篤其慶"。毛傳曰"善兄弟曰友"，亦合於燹公盨所載"考（孝）叴（友）㦣明"之"友"。

第四節言王季："維此王季，帝度其心，貊其德音。其德克明，克明克類，克長克君。"結合前文對"德"字所從"直"字有度量曲直之意，則

"帝度其心"言曲直之標準在於天帝。貊,鄭箋:"德政應合曰貊。"故此句言帝度王季之心,因其德而命其政。明,鄭箋:"照臨四方曰明。"明德,即照臨四方之德。王季之德,其子文王承之,周德不熄,天命常在,故詩言"比于文王,其德靡悔。既受帝祉,施于孫子"。

第七節云:"帝謂文王,予懷明德,不大聲以色,不長夏以革。不識不知,順帝之則。"天帝言文王有"明德",而此句"明德"之實際所指即"不大聲以色,不長夏以革。不識不知,順帝之則"。鄭箋云:"夏,諸夏也。天之言云:'我歸人君有光明之德,而不虛廣言語以外作容貌,不長諸侯以變更王法者。其爲人不識古,不知今,順天之法而行之者。'此言天之道尚誠實,貴性自然。"故此句既爲懷"明德"之表現,又謂永續"明德"之要求。

又《大雅·蕩》,《小序》云:"召穆公傷周室大壞也。厲王無道,天下蕩蕩,無綱紀文章,故作是詩也。"周室既衰,感懷文王之戒,文王言殷商之何以失天命:"斂怨以爲德""時無背無側""以無陪無卿",蔡沈集傳:"多爲可怨之事,而反自以爲德也。前後左右公卿之臣,皆不稱其官,如無人也。"①殷商之亡,以其"不明爾德",故天命轉移,無臣、民之作。

又《魯頌·泮水》,②《小序》云:"《泮水》,頌僖公能修泮宫也。"此詩言僖公之"明德",主要在三個方面:治民、敬祖、拓疆。然其已非統一王朝因"明德"而受國祚,只是春秋貴族當有的一種美好品德(屬侯德),顯示出"明德"一詞使用範圍之擴大。

"明德",《尚書》凡十四見。《堯典》云:"克明俊德。"《康誥》云:"惟乃丕顯考文王,克明德慎罰。"《梓材》云:"先王既勤用明德。"又云:"亦既用明德。"《召誥》云:"越友民保受王威用明德。"《多士》:"自成湯至

---

① 朱熹《詩集傳》,漢文大系本《毛詩》卷第一八,第 3 頁。
② 《魯頌·泮水》:穆穆魯侯,敬明其德。敬慎威儀,維民之則。允文允武,昭假烈祖。靡有不孝,自求伊祜。明明魯侯,克明其德。既作泮宮,淮夷攸服。矯矯虎臣,在泮獻馘。淑問如皋陶,在泮獻囚。

帝乙,罔不明德恤祀。"又曰:"惟天不畀,不明厥德。"《君奭》云:"嗣前人恭明德。"又曰:"王人罔不秉德,明恤小臣。"又云"其汝克敬德,明我俊民在讓。"《多方》云:"至于帝乙,罔不明德慎罰。"《呂刑》云:"德明惟明。"又曰:"灼于四方,罔不惟德之勤。故乃明於刑之中,率乂于民棐彝。"《文侯之命》云:"丕顯文武,克慎明德,昭升于上。"由此可知,明德廣涉天人之應、邦國之祚、臣民之治,以及個人敬肅祭祀、孝老友親、勤勉無逸之品德等,另外,其亦爲天帝轉移國祚、帝位之條件。"明德"之所以能關聯如此全面,源自其本爲人王因一己之修養而得自於天之物。①

所謂"明者,日月星辰麗乎天"之説,前文已通過字形分析辨明其非。明德爲天德在人王身上之稱謂,合乎前文所論。與天德和明德相對應之關鍵所在爲"(天所降下的)民之所欲",故《皋陶謨》又言"天聰明,自我民聰明;天明畏,自我民明威"。《酒誥》言:"人無于水監,當于民監。"周人敬德,就其實際而言則主要在於保民、愛民,因爲民爲天所"作",保民、愛民即爲順天。實則周人已將天意高難問的難題轉化到了治民之人事上,然而所言之人事又不同於春秋以後之人文精神,保民、愛民依舊在明德順天的框架內。

———

① 姜昆武推敲《詩》《書》各例,認爲:明德者,天子以誠虔之修養得之於天之德。在天曰天德,在人王則曰明德。何爲天德?《皋陶謨》曰:"天敘有典,勅我五典五惇哉!天秩有禮,自我五禮有庸哉。同寅協恭,和衷哉。天命有德,五服五章哉。天討有罪,五刑五用哉。政事,懋哉懋哉。天聰明,自我民聰明。天明畏自我民明威。達于上下,敬哉有土。"《詩》《書》言天德者四,以此爲最具。所謂天敘、天秩者,天之本體,有敘有秩,此自然之情實也。天命、天討者,天之能力。命有得於天之德者,奉天討以君臨天下。言天聰明、天明威者,蓋下順乎民情之理,當亦爲天之所恃以知民生,知統治者善惡之顯象也。此中以敘秩爲本體,命討爲威能,聰明之威爲性。一物而具三采,實、德、業皆備,此古中國論天最詳盡之説,亦即爲天德之理論根據。其言又曰"天命有德,五服五章"者,謂以天子諸侯之制度,章服之榮,以予人主。此全受命於天,以統治此小民者也。則其德亦必求合於天也。然變言明德者,蓋人德不得用天字。而曰明者,日月星辰麗乎天,日月星辰之明,即天之明也。故明德是就人主言者也。參見姜昆武《詩書成詞考釋》,第181—182頁。

第四章　三代王官學之嬗變及西周《書》教之核心　283

（三）廼（乃）莽（疇）方，埶（設）征（正）

"莽"字諸家考釋分歧較大，李學勤先生讀爲"差"，裘錫圭先生讀作"疇"，朱鳳瀚先生釋作"奏"，李零先生讀作"別"。① 我們從裘説，讀爲疇。"疇方"依裘先生説②，解爲《洪範》所載之九類大法。"設征（正）"，裘先生讀爲"正長"之"正"，并舉《左傳》昭公二十九年所記蔡墨答魏獻子所言之"武官之正"，及《國語·楚語下》所記楚大夫觀射父引《周書·吕刑》言五行之官亦有處理神民關係之職責，以證其説。命重、黎者爲上帝，則"設正"亦爲天之事。③ 裘先生此説正合於前文所論，天除了"作配""作臣""作民"外，所職亦包括治理邦國之法。"五行"爲"洪範九疇"之首疇，言水、火、金、木、土之屬性，當職屬於五行之官。古人那裏，五行之官之所掌，是維持神民關係及邦國秩序的基礎。故天不僅賜下統治大法，亦降下執法之官正以用之，這大概爲"莽（疇）方，埶（設）征（正）"之所指，亦當爲宗周《書》教當中必不可少的知識。

（四）康亡不楙（懋）

《康誥》言："怨不在大，亦不在小。惠不惠，懋不懋。"孔傳云："不在大，起於小。不在小，小至於大。言怨不可爲，故當使不順者順，不勉者勉。"懋，爲勤勉之意。《唐風·蟋蟀》"無已大康，職思其居"，毛傳："康，

---

① 參李學勤《論癸公盨及其重要意義》，裘錫圭《癸公盨銘文考釋》，朱鳳瀚《癸公盨銘文初釋》，李零《論癸公盨發現的意義》，《中國歷史文物》2002年第6期。
② "疇方"，裘錫圭先生解釋云：可以將"疇方"之"疇"看作"相疇"之"疇"的使動詞，把"疇方"理解爲使方相疇而成類。"方"有"道""法""術"等義，"疇方"之"方"，應訓爲"法"。《史記·宋世家》的《索隱》引《尚書·洪範》鄭玄注，稱"洪範九疇"爲"天道大法九類"。《洪範》僞孔傳也釋"洪範"爲"大法"，釋"九疇"之"疇"爲"類"。這大法九類，就是《洪範》依次敘述的五行、五事、八政、五紀、皇極、三德、稽疑、庶徵、五福和六極（五福、六極合爲一疇），乃是"是天道和人道的統一"，亦即建立人世秩序的依據。此銘所説的"疇方"，應該就是以天賜禹洪範九疇的傳説爲背景的。裘錫圭《癸公盨銘文考釋》，《中國歷史文物》2002年第6期。
③ 裘錫圭《癸公盨銘文考釋》，《中國歷史文物》2002年第6期。

樂。"《周頌·昊天有成命》"昊天有成命,二后受之,成王不敢康",鄭箋云:"昊天,天大號也。有成命者,言周自后稷之生,而已有王命也。文王、武王受其業,施行道德,成此王功,不敢自安逸……行寬仁安静之政以定天下。"則康爲安樂自逸之意。

周自建邦以來,即重視安樂有度,不能耽於享樂,《周書》有《無逸》之篇,知其確爲"自后稷之生而已有王命也"。值得注意的是,此王命來自於昊天,實亦爲天之命。天命既言姬周受命,似又點明受命之條件,凡此皆成爲周王室之祖訓。此類王家承天之訓,自當爲宗周《書》教之重要内容。

(五)考(孝)弨(友)

早於燹公盨,西周早期的曆鼎(02614)銘文云:"曆(曆)肇對元德,孝友唯型,作寶尊彝,其用夙夕䰜享。"銘文中"孝友"已連用。"孝",西周弍鼎(02824)銘文作"",用例爲:"用穆穆夙夜尊享孝綏福,其子子孫孫永寶兹烈。"此字爲會意字,象孩童攙扶老人之形,本義爲孝順。《説文》所收篆文直接承襲了周金文字體。在西周金文和西周文獻中,孝字非常習見,多用爲孝順之義。《説文》云:"孝,善事父母者。從老省,從子,子承老也。"①則孝不僅是孝老,還在於使老者善終並葬之以禮,祭之以禮。故無子即爲不孝。《爾雅·釋詁》云:"享,孝也。"②《逸周書·謚法解》云:"協時肇享曰孝。"③《泰伯》載孔子以"致孝乎鬼神""盡力乎溝洫"稱讚大禹。此類説法,皆得"孝"之原初義,即"祭之以禮"的特點。金文用例中多言"追孝""享孝",即爲通過祭祀以"慎終懷遠"。

---

① 《説文解字》卷八上,第 171 頁上。
② 《爾雅》卷上《釋詁》,《四部叢刊》所收鐵琴銅劍樓舊藏宋十行本,第 11 頁。
③ 黄懷信、張懋鎔、田旭東撰,黄懷信修訂,李學勤審定《逸周書彙校集注》,第 651 頁。

宣王世的此鼎(02821)銘文云:"用享孝于文神,用介眉壽。"仲再父鼎(02529)云:"中(仲)再父乍(作)寶鼎,其萬年子子孫永用享孝。""享孝"是用物品祭祀以示孝心之義,其目的如此鼎銘文所記,當爲祈求長壽或子孫永福。傳世文獻亦見之,如《周易》萃卦《彖傳》:"王假有廟,致孝享也。"

前引頌鼎(02827)銘文載:"用追孝,祈介康𪏯、純祐、通禄、永命。""追孝"即追念先祖以示孝心之義,其目的亦在祈求福禄、長壽。再如幾父壺甲(09721)言:"用作朕烈考尊壺,幾父用追孝,其萬年孫孫子子永寶用。"此種追孝之義多見載於傳世文獻,如《周頌·雝》云:"假哉皇考,綏予孝子。"追孝、享孝皆爲西周時代常用詞語,其意多爲祈壽祈福,《尚書》所載"永命""永年"之類,除了指國祚外,亦指人壽。《洪範》所謂"五福",第一福即爲"壽",第五福爲"考終命"。《詩經》及青銅銘文還有很多類似祈福求壽之語,如"萬壽無疆""萬壽無期""萬有千歲,眉壽無有害""用祈眉壽無疆""萬年永光""萬年壽考黄耇""用祈屯禄永命魯休"等等。生而順之,死則葬之以禮、祭祀以追懷之,是爲孝。周初文獻已記載古公亶父從邠邑遷至岐山時,"召耆老而告之",所以宗周《書》教言"孝",當爲自喻之實,而"孝"之《書》教,不僅授之以尊老,亦授之以祭祀祈壽祈福等相關知識。

"友"字見於甲骨文,字形作"𠂇"(《甲》3063)、"𠂇"(《前》8.6.1)等,[1]卜辭中每"屮友"連言,或用如"侑"。或爲人名,無義。[2] 西周"友"字同之,如先獸鼎(02655)中字形作"𠂇",對應鼎銘爲"朝夕鄉(饗)氒(厥)多倗(朋)友"。亦見加上了羨符"口"者,如曆鼎銘文之字形,作"𠂇"。《説文》云:"同志爲友,從二又相交友也。"[3]則許慎以"友"

---

[1]《甲骨文編》卷三·一七,第123頁。
[2]《甲骨文字詁林》第二册,第1024條,第948頁。
[3]《説文解字》卷第三下,第59頁。

爲友朋之義。《小雅·常棣》云："雖有兄弟，不如友生。"《小序》云："常棣，燕兄弟也。閔管蔡之失道，故作《常棣》焉。"則周初之時，"友"字已有友朋之義。

《論語》引《書》云："孝乎惟孝友于兄弟，施于有政。"《康誥》云："大不友于弟。"《尚書》中之"友"，意爲兄弟之間相親相愛。《關雎》"琴瑟友之"之"友"，爲此一義項之引申義。此一義當與"孝友"之"友"相仿佛。《牧誓》載武王總結商亡之原因，言："昏棄厥遺王父母弟不迪，乃惟四方之多罪逋逃是崇、是長、是信、是使，是以爲大夫、卿士，俾暴虐于百姓，以姦宄于商邑。"武王認爲商王紂不用同宗之長輩、兄弟等人，反而提拔四方逃亡的罪人，使其在商邦肆意妄爲，是商亡的原因之一。正因爲有此鑒戒，周初大範圍封建諸侯：封七十一國，姬姓四十國，武王弟兄輩十五國，成王兄弟輩十國。見周初諸侯當中，多爲兄弟叔侄、同姓貴族，其餘則爲異姓親戚與元老重臣。

（六）巠（經）齊好祀，無臖（悖）

"巠"當讀爲"經"。"經齊"同於《禮記·樂記》之"經正莊誠"，即莊重嚴肅之義。"巠（經）齊好祀"，言肅敬對待祭祀之事。

1.殷商之祭祀

"巠（經）齊好祀"，應該是商人已有之傳統。商人對於上帝及帝廷諸神，對風神、云神、雨神、四方神、東母、西母、土地神和其他諸如鳥、山、川等自然神，對高祖、先公、先王、先妣諸祖先神，以及對異族神的崇拜與祭祀，幾乎每天都在進行（上帝除外）。從祭祀卜辭中，我們可以看到商人對上述諸神靈的虔誠信仰和衷心崇拜的感情，祭祀是商人最主要的活動之一。① 就目前研究而言，商代的祭祀種類當有211種之多。從陳夢家先生開始，其在《古文字中之商周祭祀》一文中，總結甲骨文中祭名39

---

①常玉芝《商代宗教祭祀》，宋鎮豪主編《商代史》卷八，北京：中國社會科學出版社2010年，第420頁。

個,分爲七類。其後徐中舒、島邦男、常玉芝、孫睿徹、趙誠、李立新等先生皆有統計。① 目前爲止,最爲詳盡的統計分類當爲李立新先生的研究,其遵從董作賓先生的新舊派理論,將他認定的 211 種祭名分爲三類,其中舊派祭名 148 種,新派祭名 24 種,舊派、新派共有祭名 35 種(表 4.2.1):②

表 4.2.1

	祭名
舊派	1.御。2.㞢。3.燎。4.告。5.䜊。6.烄。7.㞢。8.登。9.祝。10.寧。11.舞。12.向。13.万。14.棘。15.剛。16.盧。17.陟。18.降。19.凤。20.凡。21.肇。22.爲。23.祩。24.循。25.爿。26.而。27.雍。28.訾。29.米。30.尋。31.木。32.㞢。33.燕。34.此。35.束。36.興。37.索。38.曾。39.次。40.牂。41.正。42.羞。43.往。44.宂。45.作。46.帥。47.埋。48.彈。49.幎。50.舌。51.勺。52.祐。53.鑾。54.㞢。55.取。56.餗。57.帝。58.求。59.鼓。60.豐。61.庸。62.韜。63.熹。64.龘。65.通。66.狩。67.益。68.楚。69.籫。70.鼎。71.逆。72.琮。73.戚。74.燕。75.目。76.丞。77.可。78.秦。79.先。80.祠。81.眔。82.䰩。83.凿。84.殳。85.斁。86.宿。87.會。88.同。89.沉。90.宴。91.田。92.刲。93.衛。94.馘。95.盧。96.退。97.㞢。98.鱻。99.名。100.乇。101.飤。102.彗。103.㞢。104.㞢。105.再。106.爰。107.畀。108.宁。109.㞢。110.爵。111.言。112.㞢。113.困。114.多。115.壬。116.望。117.方。118.免。119.卩。120.煤。121.㞢。122.位。123.沚。124.汩。125.鹵。126.聽。127.乂。128.孙。129.酋。130.㞢。131.祉。132.㞢。133.帝。134.戒。135.巍。136.㞢。137.㞢。138.馭。139.公。140.啟。141.截。142.剗。143.秉。144.瓺。145.鬲。146.鼐。147.生。148.㞢。

---

① 島邦男《殷墟卜辭研究》,日本弘前大學出版社 1958 年(國內有濮茅左、顧偉良譯本);島邦男《殷墟卜辭綜類》,東京:汲古書院 1977 年(島邦男氏得祭名 264 個);孫睿徹《從甲骨卜辭來研究殷商的祭祀》,臺灣大學中國文學研究所 1980 年碩士論文(孫氏得祭名 61 個);趙誠《甲骨文簡明詞典——卜辭分類讀本》,北京:中華書局 1988 年(趙氏得祭名 134 個);李立新《甲骨文中所見祭名研究》,北京:中國社會科學院 2003 年博士學位論文(李氏得祭名 211 個)。

② 參見李立新《甲骨文中所見祭名研究》,北京:中國社會科學院 2003 年博士學位論文,第三、四、五章。此處所陳據常玉芝《商人宗教祭祀的種類》,《商代宗教祭祀》,宋鎮豪主編《商代史》卷八,第 425—426 頁。

續表

	祭名
新派	1.示典。2.幼。3.翌。4.祭。5.肯。6.壹。7.耤。8.彡。9.夕。10.日。11.龠。12.衣。13.栟。14.廟。15.叙。16.枫。17.柂。18.瀼。19.示。20.姬。21.殷。22.戠。23.監。24.隉。
共有	1.歲。2.肜。3.酉。4.祼。5.禮。6.俎。7.祜。8.言。9.改。10.卯。11.伐。12.祀。13.血。14.饗。15.奏。16.系。17.品。18.弘。19.圻。20.堇。21.競。22.禱。23.彝。24.用。25.延。26.𢒦。27.桒。28.又。29.勹。30.事。31.尊。32.勼。33.舟。34.浴。35.至。

通過對上述祭名在釋義、祭祀對象、主祭者、祭品、相伴祭名、祭祀時間、地點以及目的等方面逐一進行討論，其認爲："祖庚時期的祭名與第一時期武丁時期的祭名特點基本一致，而祖甲時期的祭名則突發巨變。第三期廩辛、康丁時期的祭祀特點不像董作賓認爲的那樣全與祖甲一致，大部分反而與一、四期趨同，應歸入舊派，第三期卜辭應一分爲二，前段屬新派，後段屬舊派。這樣董作賓所謂武乙、文武丁復古之說就需要訂正，真正復古的殷王可能是康丁。"①董作賓先生新舊派之分的觀點爲："一、舊派祭名。主要指祖甲以前盛行的祭名，包括盤庚、小辛、小乙、武丁、祖庚和第四期武乙、文丁七位商王時期卜辭中的祭名。二、新派祭名。主要指祖甲及其以後盛行的祭名，包括祖甲、廩辛、康丁、帝乙、帝辛五位商王時期卜辭中的祭名。三、舊派和新派共有祭名。指從舊派到新派貫穿整個商代甲骨文時代，一直行用不衰的祭名。"②結合李文對其分派的修訂意見，則由甲骨卜辭可得之商代祭祀的整體特徵如下表（表4.2.2）：

---

①李立新《甲骨文中所見祭名研究》，第213—214頁。
②董作賓《爲書道全集詳論卜辭之區分》，《大陸雜誌》第14卷第9期，1957年5月；董作賓《平廬文存》卷三，收入《董作賓先生全集·乙編》，臺北：藝文印書館1977年，第419—420頁。

表 4.2.2：甲骨卜辭所見商代祭祀分派表

商王	祭祀派別	
盤庚	舊派	
小辛		
小乙		
武丁		
祖庚		
祖甲	新派	
廩辛	新派	三期前段
康丁	舊派	三期後段
武乙	舊派	
文丁		
帝乙	新派	
帝辛		

據卜辭所載，從祖甲開始，商代統治階層變革祭統，新舊兩種祭祀系統爲後代商王提供了多樣選擇。商代對於祭祀方式的改革與復古，顯示出商人對祭祀活動的思考，他們試圖調整祭祀活動，使之更能符合時人之意願。結合上文所列之祭名分類表，我們發現新派祭統當中出現了"周祭"，即商王及王室貴族用翌（日）、祭、壹、劦、彡（日）五種祀典對自上甲以來的先公先王和自示壬之配妣康以來的先妣輪番和周而復始地進行的一種祭祀，爲商代重要的祭祀制度。這種祭祀系統的使用反映出商人的理性思考，這被宗周祭祀系統承繼和損益，某種意義上，已開東周初期人文主義之先河。①

---

① 按：許倬云先生在《論雅斯培樞軸時代的背景》一文中指出："董彥堂先生在商代祀典及卜辭書法中，發現商代的祭祀儀式有新舊兩派的更迭。卜辭中的（轉下頁）

2. 周公之"制禮作樂"與宗周之祀

《周書·金縢》言:"于後,公乃爲詩以貽王,名之曰《鴟鴞》。"皮錫瑞《今文尚書考證》按語云:"《鴟鴞》詩言'綢繆牖戶',即營造成周、作禮樂之意。"①《左傳·文公十八年》載季文子使太史克對魯宣公言:"先君周公制《周禮》,曰:'則以觀德,德以處事,事以度功,功以食民。'作《誓命》,曰:'毀則爲賊,掩賊爲藏,竊賄爲盜,盜器爲奸。主藏之名,賴奸之用,爲大凶德,有常無赦,在《九刑》不忘。'"②則周之史官嘗記周公制禮之事。周公言禮之重要,"則以觀德",即以禮則來觀人之德。德有凶有吉,合則爲吉德,不合則爲凶德。從禮到德,并進而引起一連串之影響。并言周公作《誓命》,言毀壞禮節則爲賊,并由此而引起一連串之惡果。凡此皆見出周公對自己制作之篤從。周公似確有制作禮樂之事。《尚書·洛誥》載:"周公曰:'王肇稱殷禮,祀于新邑,咸秩無文。'"孔傳云:"言王當始舉殷家祭祀,以禮典祀於新邑。"王國維先生亦言:"殷禮,祀天改元之禮,殷先王即位時舉之……及雒邑既成,成王至雒,始舉此禮。"③則營建成周之時尚依商之舊用殷禮。《尚書大傳》云:"周公攝政,一年救亂,二年克殷,三年踐奄,四年建侯衛,五年營成周,六年制禮

(接上頁)先王先公及諸種神祇,由祀譜的排列,董彥堂先生發現新派的祭祀有整齊的系統,五種祭典,周而復始。這一番新派的改革,也可看做理性化的工作。那些商代的卜史,在净化簡化祀典時,顯然重視禮儀的價值,卻對咒術及神話的顧忌置之一邊了。商代祭統,新派及舊派交替出現,我們可以推論,多一次更迭,這些主管祭祀的卜史,會對神祇及祖先的神秘性多一番疑問,也會促進他們對宇宙本質、人間秩序以及天人之際的關係,多作一番思考……因此,孔子在樞軸時代的突破,近而言之,是王綱改組,列國紛爭的大變局促使他思考。遠而言之,商代卜史對於祀典的疑問及周初的天命觀念,確是樞軸時代思想能够突破的先河。"參許倬云《論雅斯培樞軸時代的背景》,《歷史語言研究所集刊》第五十五本(第一分),臺北:"中央研究院"歷史語言研究所 1984 年,第 42 頁。

① 皮錫瑞撰,盛冬鈴、陳抗點校《今文尚書考證》卷一三,北京:中華書局 1989 年,第 298 頁。
② 《春秋經傳集解》卷九《文公下》,《十三經古注》據相臺岳氏家塾本校刊,第 1276 頁。
③ 王國維《洛誥解》,《觀堂集林》卷一,第 33 頁。

作樂,七年致政成王。"①結合《洛誥》所載,則《大傳》將周公"制禮作樂"定在六年應有所據。

周公制禮作樂之具體内容,王玉哲先生認爲大體有制定嫡長子繼承制、完善分封制度、作樂章等三種。② 金景芳先生認爲包括畿服、爵誓、田制、法制、嫡長子繼承制、樂。③ 宫長爲、徐義華兩位先生論説同於金先生,認爲周公制禮作樂可具體到畿服、爵誓、田制、法制、嫡長子繼承制、樂(主要是《大武》等)等六個方面。④ 然而這些門類,商代皆已初具規模,周公之制作實際上是僅爲對殷禮之損益。孔子所謂三代損益,即言周禮是在殷禮之基礎上發展起來的。所謂周公之制作,實際上是其對殷禮之損益完善。《孟子·離婁下》云:"周公思兼三王,以施四事,其有不合者,仰而思之,夜以繼日,幸而得之,坐以待旦。"趙岐注:"三王,三代之王也。四事,禹、湯、文、武所行事也。不合,已行有不合者。仰而思之,參諸天也。坐以待旦,言欲急施之也。"⑤據此可知周公可以憑藉之禮儀資源,囊括夏商。周公辛勞以思,吸收前代之政治文化遺産,爲周人完善了制度體系。此外,商周鼎革,因襲之餘,還要對禮樂作出新的解釋,使之更能契合於社會現實。如前所論周人言"天命"與"明德"之關係即屬此類。爲了强化宗法制度而强調"親親",將國家與宗族徹底捆綁起來亦屬此類。從"殷道尊尊"到"周道親親",就是這一政治制度的變化在生活習俗上之反映。

周公制作的重要表現在祭祀儀式的規範化、禮制化,有固定的日期和程序,且王要親自主持。如《國語·周語上》宣王即位,不籍千畝。虢

---

①皮錫瑞撰、吴仰湘點校《尚書大傳疏證》卷五,第262頁。
②王玉哲《中華遠古史》,上海:上海人民出版社2000年,第542—544頁。
③金景芳《中國奴隸社會史》,上海:上海人民出版社1993年,第122—128頁。
④宫長爲、徐義華《殷遺與殷鑒》,宋鎮豪主編《商代史》卷十一,北京:中國社會科學出版社2011年,第295—298頁。
⑤《孟子》卷八《離婁下》,《十三經古注》據永懷堂本校刊,第2111頁。

文公之諫言曰：

夫民之大事在農，上帝之粢盛於是乎出，民之蕃庶於是乎生，事之供給於是乎在，和協輯睦於是乎興，財用蕃殖於是乎始，敦厖純固於是乎成，是故稷爲天官。古者，太史順時覛土，陽癉憤盈，土氣震發，農祥晨正，日月底于天廟，土乃脉發。

先時九日，太史告稷曰："自今至于初吉，陽氣俱蒸，土膏其動。弗震弗渝，脉其滿眚，穀乃不殖。"稷以告王曰："史帥陽官以命我司事曰：'距今九日，土其俱動，王其祗袚，監農不易。'"王乃使司徒咸戒公卿、百吏、庶民，司空除壇于籍，命農大夫咸戒農用。

先時五日，瞽告有協風至，王即齋宮，百官御事，各即其齋三日。王乃淳濯饗醴，及期，鬱人薦鬯，犧人薦醴，王祼鬯，饗醴乃行，百吏、庶民畢從。及籍，后稷監之，膳夫、農正陳籍禮，太史贊王，王敬從之。王耕一墢，班三之，庶民終于千畝，其后稷省功，太史監之；司徒省民，太師監之；畢，宰夫陳饗，膳宰監之。膳夫贊王，王歆大牢，班嘗之，庶人終食。

是日也，瞽帥、音官以風土。廩于籍東南，鍾而藏之，而時布之于農。稷則徧誡百姓，紀農協功，曰："陰陽分布，震雷出滯。"土不備墾，辟在司寇。乃命其旅曰："徇，農師一之，農正再之，后稷三之，司空四之，司徒五之，太保六之，太師七之，太史八之，宗伯九之，王則大徇，耨穫亦如之。"民用莫不震動，恪恭于農，修其疆畔，日服其鎛，不解于時，財用不乏，民用和同。

是時也，王事唯農是務，無有求利於其官，以干農功，三時務農而一時講武，故征則有威，守則有財。若是，乃能媚於神而和於民矣，則享祀時至而布施優裕也。今天子欲修先王之緒而棄其大功，匱神乏祀而困民之財，將何以求福用民？①

---

①《國語》卷一《周語上》，第15—22頁。

虢文公的諫言中,春郊所涉及的各個方面都詳細提及。宣王最終沒聽從此諫,其結果是"三十九年,戰于千畝,王師敗績于姜氏之戎"。王師被姜戎大敗從一個側面強調了"巫(經)齊好祀,無(悖)"之關乎政治秩序,其重要性可以想見。《尚書》中關於祭祀重要性的記載尚多,如《牧誓》武王述商人之罪言:"昏棄厥肆祀弗答,昏棄厥遺王父母弟不迪。"即斥其不祭祀祖宗與上帝,不任用宗親。以之爲戒,周初就非常重視上帝及宗祖之祭祀,並封建同姓諸侯。如《召誥》載周公建洛邑,告成王言:"其作大邑,其自時配皇天,毖祀于上下,其自時中乂。王厥有成命治民,今休。"言建大都邑當配皇天之旨意,禱告祭祀天地之神靈。《洛誥》載洛邑建成以後,"予以秬鬯二卣,曰:明禋,拜手稽首休享。予不敢宿,則禋于文王、武王"。周公接到成王的賞賜(兩樽秬酒)和命令(禋祭),不敢隔夜,立刻祭祀了文王與武王。

二、從大盂鼎銘文和《牧誓》看周人之殷鑒思想

大盂鼎銘文云:"在雩御事,䚋酒無敢酖,有紫烝祀無敢䤈,故天翼臨子,法保先王,□有四方,我聞殷墜命,唯殷邊侯、甸雩殷正百辟,率肆于酒,故喪師已。"銘文比較了周之所以興與殷之所以亡,乃因用酒的節制與放縱之別。《酒誥》云:"文王誥教小子,有正、有事無彝酒。越庶國飲惟祀,德將無醉。"又曰:"尚克用文王教,不腆于酒,故我至于今克受殷之命",同於銘文所言。《酒誥》又載:"我聞亦惟曰:在今後嗣王酣身,厥命罔顯于民,祗保越怨,不易。誕惟厥縱,淫泆于非彝,用燕喪威儀,民罔不盡傷心。惟荒腆于酒,不惟自息乃逸。厥心疾很,不克畏死。辜在商邑,越殷國滅無罪。弗惟德馨香祀登聞于天,誕惟民怨。庶羣自酒,腥聞在上,故天降喪于殷,罔愛于殷,惟逸",同於鼎銘所言"我聞殷墜命,唯殷邊侯、甸雩殷正百辟,率肆于酒,故喪師已"。可見康王時依然遵從周初之教,亦可見商亡於酒對周人影響之深遠,故陳夢家先生言:

《酒誥》是王(武王或成王)引文王遺教告誡康叔封,此鼎(大盂鼎)銘是王(康王)重複文王武王的遺教,所以説"今我隹井(型)啚于文王正德,若文王令二三正"。《文侯之命》"肇刑文王",《詩·文王》"儀刑文王",《我將》"儀式刑文王之德"。記載上説殷紂縱酒荒淫,而周人代殷以後,一再誥教戒酒,乃是禮的一大變革。古禮、醴一字,禮之興與酒有密切的關係。在最早的時代行禮飲酒當是農業生産中酬神的儀式,到了殷代則多用于宗教祭祀,而殷末則爲個人的極度享受。周初針對這種放肆飲酒之風,所以《酒誥》中明定了嚴峻的法律:"羣飲,汝勿佚盡執拘以歸于周,予其殺。"周初以後銅酒器的減少以及此銘中關於"德"的提出,改變了殷末的風氣,興起了後世奉周公爲創制者的"禮制"。①

從大盂鼎銘文同《酒誥》之關係,可以見出"不腆于酒"實從文武開始即爲周人自戒之訓。究其所出,則爲殷亡之鑒。除此之外,還有聽信婦人之言,以及"崇四方之多罪、逋逃之人"等。《牧誓》載武王言"古人有言曰:'牝雞無晨。牝雞之晨,惟家之索。'今商王受惟婦言是用。"以古訓來言商用婦人之言,其邦將敗落。周初戒用婦人之言,其接下來的幾代王皆能守此訓,至西周末之幽王,寵愛褒姒,聽從其言,廢申后及太子,立褒姒爲后、伯服爲太子,結果亂起,被殺於驪山之下。可知周初以此爲訓誡,有其因由。

周人對於商亡之教訓,除了"不腆于酒""惟婦言是用"和不用兄弟同姓外,前文所論及的"天命靡常""唯德是輔""康亡不禁(懋)""孝友""經齊好祀"等亦屬此類。這些教訓,多通過訓誥等政治手段來宣布,故同早期《書》類文獻關係緊密,而殷鑒的内容必然居於宗周《書》教之核心位置。

---

① 陳夢家《西周銅器斷代》(上册),第103頁。

三、同姓同德:"政典"與"族典"及周王室的治統邏輯

《西伯戡黎》載文王克黎之後,祖伊恐慌,言於商王紂曰:"天子!天既訖我殷命。格人元龜,罔敢知吉。非先王不相我後人,惟王淫戲,用自絕。故天棄我:不有康食,不虞天性,不迪率典。"紂言:"我生不有命在天?"依照祖伊的認識,殷之失命,表現在一是占卜之路"斷絕",因爲天"格人元龜",將大龜的靈性給了別人,使商人難知吉凶。天之棄殷,又表現在"不有康食,不虞天性,不迪率典",即使殷人生活難安,天性難明,多不遵從典章之法。祖伊認爲天棄絕殷商之原因,在於"王淫戲用自絕",即言由於商紂荒淫常於嬉戲,自絕於先王。另外,祖伊在歸責於紂之前,先言"非先王不相我後人",即言天之棄絕殷商,非先公先王之責。實則商人認識當中,天之授祐,多有先公先王佐助。祖伊憂諫紂王,紂之言"我生不有命在天?"商紂認爲王朝命運早由天定,故有此問。

周人翦商,證明"天命靡常"。文、武、周公等周王朝初期之先公先王,提出國祚和帝命所賴以爲基之"天命"——"惟德是輔"。依前所論,宗周《書》教的核心是明德以享天命,而明德的條件是重民、敬祀、孝友、任賢、毋康樂、重視夏商滅亡之鑒(尤其是殷鑒,如"毋腆於酒""毋聽婦人之言""毋崇多罪、逋逃之人"等等)。依照燮公盨銘文,天監下民以行任授命之事。如此,周之政治統治邏輯就可以簡單描畫成如下三角關係圖(圖4.2.1):

圖4.2.1:周人統治邏輯圖示

這套"宗族配天享國祚"的理論,依托先王先公之言與事而行,可以說是累代探索,後定成於周公。細審此圖,天命授下之內容主要爲享國之祚,一人之治民修身,即一人達明德之要求,與一族一姓之受天命却又如何關聯在一起?周人言文武之受天命乃是言姬周之享天命。從治政的角度來看,《書》記先王之勸誡與治術,爲宗周政典;從宗法的角度來看,《書》記先王之事,爲姬姓"族典"(可以團結宗族)。其爲"族典"的更重要的原因是,先公先王因"明德"所獲之"天命"可以遞傳至子孫,如《大雅·文王》言文王用明德、受天命,造始周國:"亹亹文王,令聞不已。陳錫哉周,侯文王孫子。文王孫子,本支百世。凡周之士,不顯亦世。"又曰:"上天之載,無聲無臭。儀刑文王,萬邦作孚。"告誡子孫當以文王爲效法之榜樣,如此則天下皆信而順之。《大雅·大明》"小序"云:"《大明》,文王有明德,故天復命武王也。"其詩曰:"乃及王季,維德之行。大任有身,生此文王。"又曰:"維此文王,小心翼翼。昭事上帝,聿懷多福。厥德不回,以受方國。"又曰:"天監在下,有命既集。文王初載,天作之合。"又曰:"有命自天,命此文王,于周于京。纘女維莘,長子維行。篤生武王,保右命爾,燮伐大商。"從王季之德、文王之德到武王蒙二王德蔭而翦商,其間天命與王德之關係呈現得非常清楚。

與之相應,子孫德衰、德微亦不會立刻失掉"天命"(國祚、王權),如《史記·周本紀》載:"康王卒,子昭王瑕立。昭王之時,王道微缺。昭王南巡狩不返,卒於江上。其卒不赴告,諱之也。立昭王子滿,是爲穆王。穆王即位,春秋已五十矣。王道衰微,穆王閔文武之道缺,乃命伯冏申誡太僕國之政,作《冏命》。復寧。"①據此,昭穆之時,王道已經"衰微""有缺",其實際表現就是昭王的死於漢水,穆王伐犬戎而"荒服者不至"。儘管王道"衰微""有缺",但經過任賢與整改,還是可以復歸於正,周室可繼續享天命,即"復寧"。就後一個層面而言,這一理論又可以起到勸

---

① 《史記》卷四《周本紀》第四,第 172 頁。

勉子孫後王的作用。

周公鑒於夏商易代之歷史經驗，對殷周鼎革、周代商命進行了深入思考，總集先公先王之經驗，提了"皇天無親，惟德是輔"①的"明德配天"理論。這套理論最初是爲了解決"蕞爾小邦"之周代"大邑商"而立的合法性問題的，它的提出也的確成功地消解，至少是緩解了周人作爲勝利者最初的"焦慮"，因此也被普遍接受了。如西周早期大盂鼎（附錄一：3.3.1）："丕顯文王，受天有大命，在武王嗣文作邦，闢厥慝，匍有四方……今我唯即型稟于文王正德。"西周中期偏晚的詢簋（04321）銘文曰："丕顯文武受命，則乃祖奠周邦。"西周晚期毛公鼎（附錄一：3.3.2）："丕顯文武，皇天引厭厥德，配我有周，膺受大命……唯天將集厥命，亦唯先正舅辟厥辟，𦥑勤大命，肆皇天亡斁，臨保我有周，丕鞏先王配命。"又，《洛誥》載"惟周公誕保文武受命"，《大雅·江漢》載"文武受命，召公維翰"。又《中庸》載子曰："無憂者其惟文王乎！以王季爲父，以武王爲子，父作之，子述之。武王纘大王、王季、文王之緒，壹戎衣而有天下，身不失天下之顯名，尊爲天子，富有四海之内。宗廟饗之，子孫保之。武王末受命，周公成文、武之德，追王大王、王季，上祀先公以天子之禮。"②又《漢書·禮樂志》載："昔殷周之雅頌，乃上本有娀、姜原、𡙇、稷始生，玄王、公劉、古公、大伯、王季、姜女、大任、太姒之德，乃及成湯、文、武受命，武丁、成、康、宣王中興，下及輔佐阿衡、周、召、太公、申伯、召虎、仲山甫之屬，君臣男女有功德者，靡不褒揚。"③又《韋玄成傳》曰："周之所以七廟者，以后稷始封，文王、武王受命而王，是以三廟不毀，與親廟四而

---

①《左傳》僖公五年宫之奇引《周書》曰："皇天無親，惟德是輔。"又曰："黍稷非馨，明德惟馨。"又曰："民不易物，惟德繄物。"又《國語》卷一二《晉語六》"范文子論德爲福之基"條載范文子曰："吾聞之，'天道無親，唯德是授。'"《大雅·文王》《大明》《緜》等篇亦述周先王先公以累世之德以受天命之事。
②《禮記》卷一六《中庸》，《十三經古注》據相臺岳氏家塾本校刊，第1077頁。
③《漢書》卷二二《禮樂志》，第1071頁。

七。非有后稷始封,文、武受命之功者,皆當親盡而毀。"①又《論衡·宣漢》載:"周之受命者,文、武也,漢則高祖、光武也。文、武受命之降怪,不及高祖、光武初起之祐。"②又《驗符》載:"文、武受命,力亦周、邵也。"③足見這一理論接受之廣泛,影響之深遠。

《國語》卷一〇《晉語四》"重耳婚媾懷嬴"條載司空季子勸重耳迎娶懷嬴,嘗言"姓"與"德"之關係:

> 同姓爲兄弟。黃帝之子二十五人,其同姓者二人而已:唯青陽與夷鼓皆爲己姓。青陽,方雷氏之甥也。夷鼓,彤魚氏之甥也。其同生而異姓者,四母之子別爲十二姓。凡黃帝之子,二十五宗,其得姓者十四人爲十二姓。姬、酉、祁、己、滕、箴、任、荀、僖、姞、儇、依是也。唯青陽與蒼林氏同于黃帝,故皆爲姬姓。同德之難也如是。昔少典娶于有蟜氏,生黃帝、炎帝。黃帝以姬水成,炎帝以姜水成。成而異德,故黃帝爲姬,炎帝爲姜,二帝用師以相濟也,異德之故也。異姓則異德,異德則異類。異類雖近,男女相及,以生民也。同姓則同德,同德則同心,同心則同志。同志雖遠,男女不相及,畏黷敬也。黷則生怨,怨亂毓災,災毓滅姓。是故娶妻避其同姓,畏亂災也。故異德合姓,同德合義。義以導利,利以阜姓。④

司空季子認爲"姓"以"德"别,嘗令人難解其意。⑤ 今合周之統治邏輯以觀,則豁然明白。春秋士大夫已然明了德與姓之密切關係,雖或已忽略其背後之深層原因。《國語》卷一六《鄭語》載史伯爲鄭桓公論王朝興

---

① 《漢書》卷七三《韋玄成傳》,第 3118 頁。
② 黃暉校釋《論衡校釋》卷一九《宣漢》,第 822 頁。
③ 同上書,第 845 頁。
④ 《國語》卷一〇《晉語四》,第 356 頁。
⑤ 李宗侗先生以古代中國的"德"較之於梅拉西亞人超自然的"馬那"(mana)以及族"性",認爲德源自"生",即族性,與《國語》載司空季子此說同。參見李宗侗《中國古代社會新研 歷史的剖面》,北京:中華書局 2010 年,第 20 頁、第 133 頁。

第四章　三代王官學之嬗變及西周《書》教之核心　299

衰,亦言及此一問題:

> 融之興者,其在芈姓乎? 芈姓蔇越不足命也。蠻芈蠻矣,唯荆實有昭德,若周衰,其必興矣。姜、嬴、荆、芈,實與諸姬代相干也。①

史伯明言芈姓之將興,在於其有"昭德"。宗周《書》教所言之"明德",其重點在言一姓之德,而非一人之德。簡言之,一姓之德同天命國祚之間的對應就是西周的"治道"(統治之道)。宗周王學之《詩》《書》則是此"治道"之載體,就其功用而言,則當爲"明德"之器械。《尚書》展現周治之特點,王國維先生嘗言其表:"《康誥》以下九篇,周之經綸天下之道胥在焉,其書皆以民爲言。《召誥》一篇,言之尤爲反覆詳盡,曰命曰天曰民曰德,四者一以貫之。其言曰……充此言以治天下,可云至治之極軌。……古之聖人,亦豈無一姓福祚之念存於其心,然深知夫一姓之福祚於萬姓之福祚是一非二,又知一姓、萬姓之福祚與其道德是一非二,故其所以祈天永命者,乃在德與民二字。此篇乃召公之言,而史佚書之以誥天下。文武周公所以治天下之精義大法,胥在於此。故知周之制度典禮實皆爲道德而設。"②王先生據《召誥》諸篇來論證周禮之"下庶民",實則只得其表,就其裏而言,則治民關乎是否"明德",而"明德"關乎能否得國祚。王先生認爲周人以一姓福祚與萬姓福祚"是一非二",實則過於理想化了,實則"萬姓"之安樂只是姬周得天命的條件之一而已。

其又言:"周自大王以後,世載其德,自西土邦君、御事、小子,皆克用文王教,至於庶民,亦聰聽祖考之彝訓,是殷周之興亡,乃有德與無德之興亡,故克殷之後,尤兢兢以德治爲務。"③據此而言,則周人之重"德"亦有其族群和現實原因,即夏商之鑒與先王先公創業之艱難,《召誥》曰:

> 我不可不監于有夏,亦不可不監于有殷。我不敢知曰有夏服天

---

①《國語》卷一六《鄭語》,第511頁。
②王國維《殷周制度論》,《觀堂集林》,第476—477頁。
③同上書,第479頁。

> 命,惟有歷年;我不敢知曰不其延。惟不敬厥德,乃早墜厥命。我不敢知曰有殷受天命,惟有歷年;我不敢知曰不其延,惟不敬厥德,乃早墜厥命。今王嗣受厥命,我亦惟茲二國命,嗣若功。(王乃初服。)

成王嗣服之初,召公諄諄以教,勸其當以夏商長短之命爲戒。其言語之殷切,見出周之群臣對夏商滅亡的反省之深刻。正是這種反思,才孕育出了"天命—明德"同一系列關乎統治穩定的宗教政治活動相挂鈎的"治道邏輯",也就是我們這裏討論的宗周《書》教之核心。

當然,上面僅就周王室,也即周之大宗的統治邏輯而言。據銅器銘文與傳世文獻的記載,輔佐文武的諸侯國之王亦有其德,且侯國之"德"亦承先王而來。如大盂鼎銘文:"𢦏令女盂型乃嗣祖南公。"又,西周中期的番生簋蓋銘文(04326)曰:"番生不敢弗帥型皇祖考丕丕元德,用申固大命,屏王位,虔夙夜,溥求不朁德,用諫四方,柔遠能邇。"這裏番生的"不敢弗",説明諸侯之德亦可以代際相傳,而諸侯享祖德的目的是要申固大命,屏蔽周王,日夜虔敬,廣求大德,以正四方,懷柔遠近。如此則侯國之德實際上屬於一種"王輔之德",不能因之以直接受"天命"。《國語》卷四《魯語上》"曹劌諫莊公如齊觀社":

> 莊公如齊觀社。曹劌諫曰:"不可。夫禮,所以正民也。是故先王制諸侯,使五年四王、一相朝。終則講於會,以正班爵之義,帥長幼之序,訓上下之則,制財用之節,其閒無由荒怠。夫齊棄太公之法而觀民於社,君爲是舉而往觀之,非故業也,何以訓民?土發而社,助時也。收攟而蒸,納要也。今齊社而往觀旅,非先王之訓也。天子祀上帝,諸侯會之受命焉。諸侯祀先王、先公,卿大夫佐之受事焉。臣不聞諸侯相會祀也,祀又不法。君舉必書,書而不法,後嗣何觀?"公不聽,遂如齊。①

---

① 《國語》卷四《魯語上》,第153頁。

"莊公如齊觀社",韋昭注:"莊公二十三年,齊因祀社蒐軍實以示客,公往觀之也。"①曹劌力諫,言入齊觀社非"先王之訓",可知"先王之訓"亦屬爲政者必修之內容,其同《詩》《書》之教或相輔而行,內容上或有交錯。"上帝",韋昭注:"天也。""諸侯會之受命",韋昭注:"助祭受政命也。"②據此,則王室祭天之時,諸侯當參加且進行輔祭,以此來接受"政命"。所謂"政命",當如番生簋蓋銘所述之"用申固大命,屏王位,虔夙夜,溥求不暜德,用諫四方,柔遠能邇"。諸侯在各自國內祭祀先公、先王,據韋昭注,"先王,謂若宋祖帝乙、鄭祖厲王之屬也。先公,先君也"。③ 由曹劌所言之祭禮反觀宗周之德治邏輯,則周王有"明德"以配天享國祚,而諸侯之"德"只能配祖先,履其世官之所職。四十二年逨鼎(《銘圖》02501)銘文載:"則繇唯乃先祖考,夾召先王,庸(恭)謹大命,奠周邦。余弗遐忘聖人孫子,余唯閉乃先祖考,有庸(功)於周邦……汝唯克型乃先祖考,戎獵狁出捷於邢阿……"④又西周中期的師望鼎(02812)銘載:"望肇帥型皇考,虔夙夜出納王命……王用弗忘聖人之後,多蔑曆錫休。"又,西周中期的冊觶(《銘圖》40918)銘文:"冊帥型皇祖考,秉明德,祖。"又,西周中期後段的師虎簋(04316)銘文載:"虎,載先王既命乃祖考事,嫡官司左右戲緐荊,今余唯型先王命,命汝更乃祖考,嫡官司左右戲緐荊,敬夙夜勿廢朕命。"又,西周晚期的虢叔旅鐘甲(00238)銘文曰:"旅敢肇型皇考威儀,淄御于天子。"諸如此類,皆爲諸侯帥型祖考之例,他們以先祖爲典範,世其官,承其德,以輔佐王室。如此,就德之族性而言,大宗秉明德享天命,諸侯國(無論同姓還是異姓)則只具有"王輔之德",此德亦可代代相傳。當然,這種德之區分,後世

---

① 《國語》卷四《魯語上》,第153頁。
② 同上書,第154頁。
③ 同上書,第154頁。
④ 此器共有12件,2003年1月陝西眉縣馬家鎮楊家村西周銅器窖藏出土,現收藏於寶雞青銅器博物院。

子孫不一定均遵守，正如曹劌雖以"先王之訓"進諫，但魯莊公最終"弗聽"一樣。

宗周"王道（治道）"的核心可以簡化作一個"三角模型"（上圖），但是三邊中任何一邊出現斷裂，都意味着這套統治邏輯遭到破壞。換言之，這套理論在解決殷周鼎革，周成爲萬邦共主的合法性問題上厥功至偉，真正做到了以殷亡爲戒，並以此儆告子孫後王當勤政明德以承天命；與此同時，也爲後世"革命"合法性提供了理論支持。後王若不能"明德"而致使德微道衰，則天命就會眷顧新的有德之族。

事實上，平王東遷以後，尤其是春秋中後期，周王室逐漸喪失實質上的共主地位，這種統治邏輯因同現實政治不相匹配而出現"斷裂"。宗周《詩》《書》作爲這一"治道"之載體必然面臨着被重新整編和闡釋的命運，嗣後諸子"燕説"興起。宗周"治道"核心的"德"之意涵，隨着春秋人文主義的興起亦將發生變化。以孔子爲先導之諸子百家所言之德，已多爲貴族修養，而《書》學亦隨着這些關鍵概念的變化而突破舊範（舊有功能），開始履新。

第二部分 波動的"成立"

第五章
道裂與學墜:春秋王官《書》學的承與變

第一節　東周王官《書》學的傳承

　　整個西周時期,儘管出現了厲王奔彘那樣有損王權的事件,但周王室作爲天下共主的地位始終未變,這種情況一直延續到春秋前期(惠王以前)。惠王以後,王室頹勢明顯,雖可以勉力維繫表面上的共主之位,但庶孽之亂日滋,而國勢大跌。靈、景以後,則已無力獨自維繫,周王室共主地位形同虛設,徒具象徵意義了。但整體上來看,春秋時期較之戰國尚守其禮樂之制,如顧炎武論"周末風俗"言:

　　《春秋》終於敬王三十九年庚申之歲,西狩獲麟。又十四年,爲貞定王元年癸酉之歲,魯哀公出奔。二年,卒於有山氏。《左傳》以是終焉。又六十五年,威烈王二十三年戊寅之歲,初命晉大夫魏斯、趙籍、韓虔爲諸侯。又一十七年,安王十一年乙未之歲,初命齊大夫田和爲諸侯。又五十二年,顯王三十五年丁亥之歲,六國以次稱王,蘇秦爲長。自此之後,事乃可得而紀。自《左傳》之終以至此,凡一百三十三年,史文闕軼,考古者爲之茫昧。如春秋時猶尊禮重信,而七國則絕不言禮與信矣。春秋時猶宗周王,而七國則絕不信王矣。春秋時猶嚴祭祀,重聘享,而七國則無其事矣。春秋時猶論宗姓氏族,而七國則無一言及之矣。春秋時猶宴會賦詩,而七國則不聞矣。春秋時猶有赴告策書,而七國則無有矣。邦無定交,士無定主,皆變於一百三十三年之間。史之闕文,而後人可以意推者也。不待始皇之并天下,而文、武之道盡矣。①

顧氏就其大略言之,這一時期的王官及諸侯《書》學可以就《國語》《左傳》用《書》論《書》詳析之。

一、《國語》用《書》論《書》及相關問題

《國語》如實記録了春秋諸侯國國君及重臣之言論。徐旭生先生將其中所收材料看作同金文一般的零散且未經系統整理的資料,并將其列入其文獻等級中的"第一等"。② 皮錫瑞《經學歷史》論早期"經説"言:

孔子以前,未有經名,而已有**經説**,具見於《左氏内外傳》。《内

---

①顧炎武撰,黄汝成集釋,欒保群校注《日知録集釋》卷一三,杭州:浙江古籍出版社2013年,第759—760頁。
②徐旭生《我們怎樣來治傳説時代的歷史》,《中國古史的傳説時代》,北京:科學出版社1960年,第29、33頁。按:徐旭生先生所分的文獻等級爲:以見於金文、今文《尚書·虞夏書》的《甘誓》一篇,《商書》,《周書》,《周易》的卦爻辭,《詩經》,《左傳》,《國語》,及其他的先秦著作爲第一等。《山海經》雖《大荒經》以下爲東漢人所增益,但因其所述古事絶非東漢所能僞作,仍列入第一等。《尚書》中的三篇(注:指《堯典》、《舜典》與《大禹謨》),《大戴禮記》中的兩篇的綜合材料雖也屬於先秦著作,但因它們的特殊性質,只能同西漢人著作中所保存的有關材料同列第二等(《禮記》各篇有些很容易斷定它的寫定究竟在戰國時或在西漢時的,只好隨時研究和推定)。新綜合材料,《世經》爲第三等。譙周、皇甫謐、酈道元書中有關材料也備參考。使用的時候是:如果没有特別可靠的理由,不能拿應作參考的資料非議第二、三等的資料;更重要的是,如果没有特別可靠的理由,絶不能用第二、三等的資料非議第一等的資料。至於《水經注》以後各書中所載的古事,即當一筆勾消以免惑亂視聽。参《中國古史的傳説時代》,第33頁。

第五章　道裂與學墜:春秋王官《書》學的承與變　305

傳》所載元亨利貞之解,黄裳元吉之辨,夏后之九功九歌,文武之九德七德,《虞書》數舜功之四凶十六相,以及《外傳》之叔向、單穆公、閔馬父、左史倚相、觀射父、白公子張諸人,或釋《詩》,或徵禮。非但比漢儒故訓爲古,且出孔子删訂以前。①

　　皮氏所謂之《外傳》即《國語》。皮氏以其今文家立場,絶遵孔子,故言"左氏浮誇,未必所言盡信"。實際上,春秋之《書》教,既承西周王官學之餘緒,又肇諸子學之端,不易輕忽。以儒家爲例,孔子"序《書傳》"(司馬遷語),正是據此損益而成。《國語》所載君臣問對,多見引《書》以言者,可以藉以窺探春秋《書》學之一斑。皮氏强調"經説",提醒我們引《書》所及之篇名與類名等先前作爲重點討論之内容實則僅爲其表,其用《書》時之"闡釋"(早期經説),才是其裏。

　　另外,《國語》《左傳》所載,雖未明言,但其思想依據同《書》教相關涉,如"臣聞之"一類,亦當留意。《國語》中"臣聞之"一類的引述形式,所引内容或爲時人之語,如《周語下》"晉羊舌肸聘周論單靖公敬儉讓咨"條載叔向言"臣聞之曰'一姓不再興'",據下文可知爲太子晉之語。《周語下》"單襄公論晉周將得晉國"條載單襄公云:"吾聞之《大誓》,故曰'朕夢協朕卜,襲于休祥,戎商必克'。以三襲也。晉仍無道而鮮胄,其將失之矣。必早善晉子,其當之也。"這裏的"臣聞之"後面緊跟《大誓》。又,《晉語六》"范文子論德爲福之基"條載范文子之言:"君幼弱,諸臣不佞,吾何福以及此! 吾聞之:'天道無親,唯德是授。'吾庸知天之不授晉且以勸楚乎,君與二三臣其戒之!"所言之"天道無親,唯德是授",同於《左傳》僖公五年宫之奇引《周書》"皇天無親,惟德是輔"。近同於《大雅·文王》之"天命靡常"及梅本《蔡仲之命》"皇天無親,惟德

---

①皮錫瑞著、周予同注釋《經學開闢時代》,《經學歷史》,北京:中華書局 2008 年,第 30 頁。

是輔"。據後幾例,則"臣聞之"所言或亦有屬於《書》類文獻之可能;而其思想多近同於早期官學之《書》教者。

討論早期逸《書》者,必然涉及引《書》用《書》問題。這裏先簡述逸《書》研究史。典籍引《書》,或明徵、或暗引、或檃括其辭。後兩種情况,原典未明言所據,其中亦多見且引單辭或隻句者,殊難斷定必出之於《書》類篇章。又,傳世先秦兩漢文獻之真僞及後世所輯當時文獻,諸家之判定標準及後世接受程度有異,故諸家所輯先秦《書》類逸篇之篇數和内容互有參差。五經之中,《尚書》類文獻在流傳過程中散逸最爲嚴重。董理逸《書》,東晉諸儒肇其端,《隋書・經籍志》"書類"載:《尚書亡篇序》一卷,梁五經博士劉叔嗣注;《尚書逸篇》二卷。① 王柏《書疑》,將《論語・堯曰》中"堯曰咨爾舜"至"天禄永終"二十四字,及《孟子・滕文公上》"勞之來之"至"又從而振德之"二十二字,合而爲一,以補《尚書・堯典》。② 王應麟《困學紀聞》及《漢書藝文志考證》亦常據《尚書》逸文以證成己説。③

有清一代,已多見系統搜集逸《書》者。朱鶴齡、④朱彝尊、⑤江聲、⑥

---

① 《隋書》卷三二《經籍志》,第913頁。按:《隋志》所及之"亡篇",實爲漢今古文所傳篇目以爲之《書》類文獻,跟前文所定之《書序》百篇外之逸篇不同。
② 王柏《書疑》卷一《堯典》,《續修四庫全書》影印《通志堂經解》本,第384頁。朱彝尊《經義考》從之。
③ 王應麟《困學紀聞》卷二"書"類,《漢書藝文志考證》"書"類部分。
④ 朱鶴齡《尚書埤傳》後附録《古文尚書逸篇》,共三十目,又輯《尚書》逸語十餘節,條陳於全書之後。
⑤ 朱彝尊《經義考》卷二六〇,列《書》逸一卷,分逸篇、逸句,具四十六目。"逸篇"爲《書序》百篇中亡逸之四十五篇的有關内容;"逸句"爲不知篇名的逸句,計七十四則。
⑥ 江聲《尚書集注音疏》,前十卷解《書序》百篇之目,如有逸文,即繫屬篇之下,計有逸文者得24篇,另有《尚書逸文》第一二卷,專輯《書序》百篇内及篇名不詳之逸文82則,明知非百篇内者不録。又輯漢代《太誓》三篇,並收《史記》中《湯誥》全文。

王鳴盛、①莊述祖、②孫星衍、③王謨、④段玉裁、⑤王紹蘭、⑥阮元、⑦龔自珍、⑧王朝璩、⑨馬國翰、⑩陳喬樅、⑪徐時棟、⑫汪宗沂、⑬王仁俊、⑭孫國仁、⑮王先謙、⑯簡朝亮等，⑰皆沉潛此業，鈎沉彙纂。然而清儒所據先秦

---

①王鳴盛《尚書後案》單輯漢《太誓》爲一篇。
②莊述祖《尚書古今文考證》七卷中輯漢《太誓》逸句爲一篇。
③孫星衍據江聲所輯逸文補訂而成《尚書逸文》二卷，收《古文尚書馬鄭注》（《岱南閣叢書》本）後。上卷爲篇名見於《書序》百篇之逸文，漢《太誓》亦爲一篇；下卷則爲無篇名之逸文。孫氏又撰《尚書今古文注疏》三十卷，末卷解《書序》百篇，將篇名可考之逸文分繫於該篇下。
④王謨《漢魏遺書鈔》輯張霸《百兩篇》一卷。
⑤段玉裁《古文尚書撰異》，解《書序》多引據其本篇逸文，考之其下。
⑥王紹蘭《周人經說》，含《尚書說》二卷，先秦典籍引《尚書》文存佚兼收。又撰《漆書古文尚書逸文考》一卷，含《中文尚書齊論語問王知道補亡》一卷。
⑦阮元《詩書古訓》十卷，後三卷爲《尚書》，其中卷八、卷九爲《今文尚書》二十八篇的先秦至漢相關訓解，牽引其逸文逸句；卷十爲僞古文各篇名中之先秦至漢逸文，輯存《大禹謨》等十八篇，張其目於上，綴其逸文於下，不知所屬之異文則陳於後。之後，黃朝桂有《詩書古訓補遺》一卷。
⑧龔自珍輯戰國《泰誓》本一篇。
⑨王朝璩《王氏遺書》，有《十三經逸文》不分卷。
⑩馬國翰《玉函山房輯佚書》632種，其"經編"352種，《尚書》類12種。其中《今文尚書》一卷，其餘爲漢至隋之傳注。
⑪陳喬樅《今文尚書經說考》，前考今文廿九篇，其有逸文，即輯附於篇末。所輯《太誓》逸文放入正經之中。
⑫徐時棟《尚書逸湯誓考》所輯《湯誓》（實即《湯說》）250字爲最。
⑬汪宗沂《尚書合訂》，有《今文存真》一卷，《今古文輯逸》一卷。
⑭王仁俊《經籍佚文》，有《尚書逸文》一卷，稿本存上海圖書館。
⑮孫國仁輯《逸書徵》三卷，存其《砭愚堂叢書》稿中。
⑯王先謙《尚書孔傳參正》，卷三三至卷三六，疏解《書序》，隨篇輯錄逸文。所輯較江聲、孫星衍有所減少，亦見有增個別逸句（如《湯征》增數句），其《太誓》亦輯逸文爲一篇。
⑰簡朝亮《尚書集注述疏》，卷三〇至卷三二爲逸文。卷三〇爲知其篇名之逸文57則，屬《書序》百篇中的22篇。此一部分，有誤輯者，如當爲《無逸》者誤爲《高宗之訓》。卷三一爲不知篇目而知其時代之逸文35則。卷三二爲不知篇名亦不知屬何代者29則。並附僞古文逸文三則。

兩漢典籍數量有限，諸家所聚，以阮元最爲代表，却也只採用了先秦文獻13種，如《管子》《莊子》《韓非子》等重要文獻，均未及收入。顧頡剛先生據阮書編《早期〈尚書〉殘存篇目表》（稿），包括漢代所引，其先秦則只採用文獻14種。① 民國以來，仿清儒既定體例，輯錄《尚書》逸文者，有張西堂、屈萬里、陳夢家三位先生。② 稍後，在前人勾稽的基礎之上，多見後出轉精之作。最爲代表者，有松本雅明、許錟輝、蔣善國、劉起釪、程元敏、饒龍隼、馬士遠，③近年又見據電腦檢索編成《先秦兩漢典籍引〈尚書〉資料彙編》者，④窮盡性、準確性及所據資料之豐富程度更進一步。

我們這裏不擬再作繁複統計，僅就陳夢家、許錟輝和饒龍隼三位先生的統計結果來分析，參校諸家之説，申説其間未足之處，作爲下文立論的基礎。另外，我們重點分析其引《書》用《書》背後所折射出的《書》教思想。《國語》引《書》，許書言：

> 總計《國語》引《書》二十九條中，⑤凡引《書》十一篇，其篇名爲《堯典》、《禹貢》、《説命》、《湯誓》、《盤庚》、《大誓》、《康誥》、《無逸》、《酒誥》、《吕刑》、《秦誓》。其在伏生二十九篇者，計《堯典》、《禹貢》、《盤庚》、《康誥》、《無逸》、《酒誥》、《吕刑》、《秦誓》等八篇。其在鄭注《書序》云亡之四十二篇者，計《説命》一篇。其在《書序》百篇之外者，計《湯誓》一篇。别有《泰誓》一篇，不在鄭注亡、逸

---

①劉起釪《尚書學史》，第14頁。
②張西堂《尚書引論》和屈萬里《尚書集釋》兩書中皆附有"尚書逸文"。陳夢家先生《尚書通論》"先秦引書篇"部分，僅取先秦文獻九種析之。
③按：依其著作成書先後排序。典籍引《書》之統計，陳陳相因，各據標準，究其實質，差別無多。
④陳雄根、何志華編著《先秦兩漢典籍引〈尚書〉資料彙編》，香港：香港中文大學出版社2003年。
⑤許書統計，《國語》引《書》凡30條，其中引《大誓故》1條，非《大誓》本文，所以爲29條。陳夢家亦言"所述《太誓故》似是《太誓》的詁訓"。參見陳夢家《尚書通論》，第14頁。

第五章　道裂與學墜:春秋王官《書》學的承與變　309

篇中,其篇蓋亡於戰國之世。①

如果再補充上"臣聞之",以及同孔子相關的數條,則《國語》中同《書》教相關者有 38 條(附録二:5.1.1)。細讀相關條目,可知春秋《書》學在明德、重民、敬祀等事務的分析上承繼宗周《書》學框架且更爲細化、具體。下面試舉數例,一看春秋《書》教之承西周而細化,二看春秋《書》教之"傳解(經説)"形態。

例如《國語》卷一《周語上》"内史過論晉惠公必無後"條:

襄王使邵公過及内史過賜晉惠公命,吕甥、郤芮相晉侯不敬,晉侯執玉卑,拜不稽首。

内史過歸,以告王曰:"晉不亡,其君必無後。且吕、郤將不免。"

王曰:"何故?"

對曰:"《夏書》有之曰:'衆非元后,何戴?后非衆,無與守邦。'在《湯誓》曰:'余一人有罪,無以萬夫;萬夫有罪,在余一人。'在《盤庚》曰:'國之臧,則惟女衆。國之不臧,則惟余一人,是有逸罰。'如是則長衆使民,不可不慎也。民之所急在大事,先王知大事之必以衆濟也,是故祓除其心,以和惠民。考中度衷以蒞之,昭明物則以訓之,制義庶孚以行之。祓除其心,精也;考中度衷,忠也;昭明物則,禮也;制義庶孚,信也。然則長衆使民之道,非精不和,非忠不立,非禮不順,非信不行。今晉侯即位而背外内之賂,虐其處者,棄其信也;不敬王命,棄其禮也;施其所惡,棄其忠也;以惡實心,棄其精也。四者皆棄,則遠不至而近不和矣,將何以守國?"②

據後文"襄王三年而立晉侯"韋昭注:"襄王三年,魯僖公之十年也。

---

① 許錟輝《先秦典籍引〈尚書〉考》,潘美月、杜潔祥主編《古典文獻研究輯刊》九編,第 214 頁。
② 《國語》卷一《周語上》,第 35—36 頁。

賜瑞命在十一年也。"①可知内史過講論當在魯僖公十一年（前649）。先就徵引情況來看，此段中内史過連引了三條《書》類文獻材料，可得出以下幾點信息：

　　1.《湯誓》《盤庚》稱篇名，而《夏書》稱類名；

　　2.所引《夏書》内容，梅本《尚書》輯録入《大禹謨》中；

　　3.所引《湯誓》内容，梅本輯入《湯誥》中；梅本《湯誓》無此句；《墨子·兼愛下》所引近同，作《湯説》；《論語·堯曰》《吕氏春秋·順民》《尸子·綽子》《荀子·大略篇》《論衡·惑虚篇》均引此文，爲禱雨之辭。另外，《墨子·尚賢中》引《湯誓》，亦不見於梅本。

　　4.所引《盤庚》句見於梅本《商書·盤庚上》，字句近同。

　　《夏書》所引内容，梅本《尚書》輯存入《大禹謨》中，但因此句僅見引於此處，故其究竟屬於《夏書》何篇，實難斷定。《墨子》之引《商書》，既有稱篇名者，如《尚賢中》引《湯誓》，亦見有統稱《商書》者，如《明鬼下》引《商書》（梅本《伊訓》）之内容。内史過所引並不完全同於梅本《大禹謨》，梅本"罔"，《國語》引文作"無"。

　　《湯誓》的情況比較複雜，就梅本所收《湯誓》《湯誥》兩篇，及傳世先秦兩漢典籍所引之《湯誓》《湯説》來看，《湯誓》當不止一篇。陳夢家先生以《墨子》引《書》以征苗之誓與伐扈之誓同稱《禹誓》，認爲《湯誓》亦當非專名。② 就先秦兩漢典籍徵引情況來看，早期之《湯誓》，至少有三篇，而"誓"體亦非僅限定在軍事誓詞一類，亦有立誓、發誓之意涵。當然，如前章和下表所列《墨子》《吕氏春秋》等所徵引（表5.1.1），知其爲一篇祈禱告帝之文，所以梅本輯録入《湯誥》，應有早期根據。此外，《墨子·尚賢中》所引之另外一篇《湯誓》，則並未被儒家系統和後世官方系統所收存，只見存於《墨子》中。

---

①《國語》卷一《周語上》，第40頁。
②陳夢家《尚書講義》，《尚書通論》，第187—188頁。

表 5.1.1:《湯誓》《湯誥》《湯説》見存情況表

見引典籍	篇名	引文內容
《國語·周語上》	《湯誓》	余一人有罪,無以萬夫;萬夫有罪,在余一人。
梅本《尚書》	《湯誥》	其爾萬方有罪,在予一人;予一人有罪,無以爾萬方。
《論語·堯曰》		予小子履,敢用玄牡,敢昭告于皇皇后帝:有罪不敢赦。帝臣不蔽,簡在帝心。朕躬有罪,無以萬方;萬方有罪,罪在朕躬。
《墨子·兼愛下》	《湯説》	惟予小子履,敢用玄牡,告于上天后曰:"今天大旱,即當朕身履,未知得罪于上下,有善不敢蔽,有罪不敢赦,簡在帝心。萬方有罪,即當朕身。朕身有罪,無及萬方。"
《墨子·兼愛中》	引傳	萬方有罪,維予一人。
《吕氏春秋·順民》		余一人有罪,無及萬夫。萬夫有罪,在余一人。無以一人之不敏,使上帝鬼神傷民之命。
《尸子·綽子》		湯曰:"朕身有罪,無及萬方;萬方有罪,朕身受之。"
《漢書·于定國傳》	引經	萬方有罪,罪在朕躬。
《墨子·尚賢中》	《湯誓》	聿求元聖,與之戮力同心,以治天下。
《左傳·成公十三年》		(戮)[勠]力同心。
《國語·齊語》"桓公帥諸侯而朝天子"		與諸侯戮力同心。
《孟子·梁惠王上》	《湯誓》	時日曷喪,予及女皆亡。
梅本《尚書》	《湯誓》	王曰:"格爾衆庶,悉聽朕言,非台小子,敢行稱亂!有夏多罪,天命殛之。今爾有衆,汝曰:'我后不恤我衆,舍我穡事而割正夏?'予惟聞汝衆言,夏氏有罪,予畏上帝,不敢不正。今汝其曰:'夏罪其如台?'夏王率遏衆力,率割夏邑。有衆率怠弗協,曰:'時日曷喪?予及汝皆亡。'夏德若兹,今朕必往。"
《史記·殷本紀》	《湯誓》	湯曰:"格女衆庶,來,女悉聽朕言。匪台小子敢行舉亂,有夏多罪,予維聞女衆言,夏氏有罪。予畏上帝,不敢不正。今夏多罪,天命殛之。今女有衆,女曰'我君不恤我衆,舍我嗇事而割政'。女其曰'有罪,其奈何'?夏王率止衆力,率奪夏國。有衆率怠不和,曰'是日何時喪?予與女皆亡'!夏德若兹,今朕必往。"

内史過所引《盤庚》見梅本《盤庚上》，但更加書面語化，如"則"字的使用。另外，梅本"邦"，《國語》引文作"國"，而所引《夏書》作"邦"；梅本"汝"，《國語》引文作"女"；梅本"佚"，《國語》引文作"逸"。

從"如是則長衆使民"到"非信不行"爲"經說"之內容。內史過當熟知《書》學，爲了講明"長衆使民"當持謹守慎，連引了三篇《書》的內容，可以說是將這些語句"重義"視之。先王之行事，當急百姓之所急，以祭祀除去民心之邪念，以慈愛之心去和惠民衆；對待民衆要將心比心，守忠恕之道；顯明政策法令，教育民衆，使其有所從；行政立事當先獲得民衆信任然後再推行之。如此，首先做到精、忠、禮、信，有此四者才能達到和、立、順、行。反觀晉惠公，其不能守此四者，"背外內之賂，虐其處者，不敬王命，施其所惡，以惡實心"，故內史過認爲其非但不能保全國家，并將絕後。內史過所述《書》教"長衆使民"之義承接宗周《書》教之"重民"，並將其進一步鋪陳細化。"重民"對周王而言，關乎天命，對於晉公而言，則關乎"臣德"，臣德不修，其諸侯國地位難保。值得留意的是，"重民"在宗周三角統治邏輯當中，並不完全等同於後來儒家的"民本"思想。

又，《國語》卷三《周語下》"太子晉諫靈王壅穀水"條：

> 靈王二十二年，穀、洛鬭，將毀王宮。王欲壅之，太子晉諫曰："不可……昔共工棄此道也，虞于湛樂，淫失其身，欲壅防百川，墮高堙庳，以害天下。皇天弗福，庶民弗助，禍亂並興，共工用滅。其在有虞，有崇伯鯀，播其淫心，稱遂共工之過，堯用殛之于羽山。其後伯禹念前之非度，釐改制量，象物天地，比類百則，儀之于民，而度之于羣生，共之從孫四嶽佐之，高高下下，疏川導滯，鍾水豐物，封崇九山，決汨九川，陂鄣九澤，豐殖九藪，汨越九原，宅居九隩，合通四海。故天無伏陰，地無散陽，水無沈氣，火無災燀，神無間行，民無淫心，時無逆數，物無害生。帥象禹之功，度之于軌儀，莫非嘉績，克厭

帝心……人有言曰:'無過亂人之門。'又曰:'佐饔者嘗焉,佐鬬者傷焉。'又曰:'禍不好,不能爲禍。'《詩》曰:'四牡騤騤,旟旐有翩,亂生不夷,靡國不泯。'又曰:'民之貪亂,寧爲荼毒。'夫見亂而不惕,所殘必多,其飾彌章。民有怨亂,猶不可遏,而況神乎?……天所崇之子孫,或在畎畝,由欲亂民也。畎畝之人,或在社稷,由欲靖民也。無有異焉!《詩》云:'殷鑒不遠,在夏后之世。'將焉用飾宮?其以徼亂也。度之天神,則非祥也。比之地物,則非義也。類之民則,則非仁也。方之時動,則非順也。咨之前訓,則非正也。觀之《詩》《書》,與民之憲言,則皆亡王之爲也。上下議之,無所比度,王其圖之!夫事大不從象,小不從文。上非天刑,下非地德,中非民則,方非時動而作之者,必不節矣。作又不節,害之道也。"

王卒壅之。及景王多寵人,亂於是乎始生。景王崩,王室大亂。及定王,王室遂卑。①

靈王二十二年(前550),穀水與洛水争流,將淹毀王宮。靈王準備堵塞穀水,使其北出。太子晉諫言中以共工、鯀、禹治水之故事,并引"民之憲言"和《大雅·桑柔》《大雅·蕩》等論説以壅防川,實屬"蔑棄五則",將會招致天怒人怨。共工、鯀、禹治水之事,《堯典》(包括梅本《舜典》)亦有記載,可資互參。太子晉論説中以民則、前訓、《詩》《書》和民之憲言并舉,知修訓之事在《書》彙編以後一直存在。太子晉鋪排《詩》《書》等以諫,所舉先聖王群臣治水舊事,當據《書》篇言。太子晉遍考天神、地物、民則、時動、前訓、《詩》《書》與民之憲言,認爲靈王壅堵之舉,勞而無功,不合法度又會招致災禍。

再如,《國語》卷三《周語下》"晉羊舌肸聘周論單靖公敬儉讓咨"條:

晉羊舌肸聘于周,發幣於大夫及單靖公。靖公享之,儉而敬;賓

---

① 《國語》卷三《周語下》,第101—113頁。

禮贈餞，視其上而從之；燕無私，送不過郊；語説《昊天有成命》。單之老送叔向，叔向告之曰："異哉！吾聞之曰：'一姓不再興。'今周其興乎！其有單子也。昔史佚有言曰：'動莫若敬，居莫若儉，德莫若讓，事莫若咨。'單子之貺我，禮也，皆有焉。夫宮室不崇，器無彤鏤，儉也；身聳除潔，外内齊給，敬也；宴好享賜，不踰其上，讓也；賓之禮事，放上而動，咨也。如是，而加之以無私，重之以不殺，能避怨矣。居儉動敬，德讓事咨，而能避怨，以爲卿佐，其有不興乎！……若能類善物，以混厚民人者，必有章譽蕃育之祚，則單子必當之矣。單若有闕，必兹君之子孫實續之，不出於他矣。"①

叔向當春秋中期晉國大夫，歷悼、平、昭三公，其主張"奉之以舊法，考之以先王"，②故言説多引先王言論。此處之"史佚之言"或近同於《書》類文獻，然僅見於叔向所引。另外，叔向所言"吾聞之曰"之"一姓不再興"，當爲太子晉之語。《逸周書·太子晉》篇載師曠言太子晉"王子，汝將爲天下宗乎！"太子晉曰："太師，何汝戲我乎？自太皞以下至于堯舜禹，未有一姓而再有天下者。"③師曠與太子晉對話當晉平公七年（前551），則叔向聘周又在其後矣。叔向詳引"史佚之言"，並詳論"敬""儉""讓""咨"之具體所指，關涉禮、祀、公室器物、宴飲以及咨事等方面。

又如，《國語》卷一七《楚語上》"白公子張諷靈王宜納諫"，是《書》教之儆誡功能在春秋時候的延續：

> 靈王虐，白公子張驟諫。王患之，謂史老曰："吾欲已子張之諫，若何？"對曰："用之寔難，已之易矣。若諫，君則曰：'余左執鬼

---

①《國語》卷三《周語下》，第114—118頁。
②《春秋經傳集解》卷第二一《昭公二》，《十三經古注》據相臺岳氏家塾本校刊，第1435頁下。
③黄懷信、張懋鎔、田旭東撰《逸周書彙校集注》（修訂本），第1029—1030頁。

中,右執殤宮,凡百箴諫,吾盡聞之矣,寧聞他言?'"

白公又諫,王如史老之言。對曰:"昔殷武丁能聳其德,至於神明,以入於河,自河徂亳,於是乎三年,默以思道。卿士患之,曰:'王言以出令也,若不言,是無所稟令也。'武丁於是作書,曰:'以余正四方,余恐德之不類,茲故不言。'如是而又使以象夢旁求四方之賢,得傅說以來,升以爲公,而使朝夕規諫,曰:'若金,用女作礪。若津水,用女作舟。若天旱,用女作霖雨。啓乃心,沃朕心。若藥不瞑眩,厥疾不瘳。若跣不視地,厥足用傷。'若武丁之神明也,其聖之睿廣也,其智之不疚也,猶自謂未乂,故三年默以思道。既得道,猶不敢專制,使以象旁求聖人。既得以爲輔,又恐其荒失遺忘,故使朝夕規誨箴諫,曰:'必交修余,無余棄也。'今君或者未及武丁,而惡規諫者,不亦難乎!①

白公子張勸楚靈王納諫,舉武丁求傅說之事爲例。篇中内容清華簡本《兑命》有見。《説命》是《尚書》篇目。《書序》云:"高宗夢得説,使百工營求諸野,得諸傅巖,作《説命》三篇。"②合於竹簡本。《説命》不在伏生所傳今文《尚書》之内,《尚書正義》所引鄭玄所記孔壁古文《尚書》逸出之十六種二十四篇,亦無《説命》。東晉梅賾所獻孔傳本《尚書》有《説命》三篇。《禮記·文王世子》《學記》所引《説命》,以及《緇衣》另引的一條佚文,不見於簡本,可見《説命》篇流傳系統并不單一,另有其他傳本。

又,《國語》卷三《周語下》"單襄公論晉周將得晉國"載:

(單襄公曰):"成公之歸也,吾聞晉之筮之也,遇乾之否,曰:'配而不終,君三出焉。'一既往矣,後之不知,其次必此。且吾聞成公之生也,其母夢神規其臀以墨,曰:'使有晉國,三而畀驩之孫。'

---

①《國語》卷一七《楚語上》,第553—554頁。
②《書序》,程元敏《書序通考》,第5頁。

故名之曰'黑臀',於今再矣。襄公曰驩,此其孫也。而令德孝恭,非此其誰?且其夢曰:'必驩之孫,實有晉國。'其卦曰:'必三取君於周。'其德又可以君國,三襲焉。吾聞之《大誓》,故曰:'朕夢協朕卜,襲于休祥,戎商必克。'以三襲也。晉仍無道而鮮胄,其將失之矣。必早善晉子,其當之也。"

頃公許諾。及厲公之亂,召周子而立之,是爲悼公。①

單襄公病中語其子單頃公,言公子周將得晉國。其言晉成公歸國繼位時,晉國曾筮卜之,卜言將有三位國君從周歸晉,其一爲成公,第三位尚不能知,而第二位一定是公子周。除了卜筮之證外,襄公亦談到成公母親之夢,夢中神於成公臀上畫一黑痣,并言其將爲晉國之君。其夢又預言,晉君之位三傳而至於驩之曾孫。驩爲晉襄公之名,其曾孫正是公子周。除了占筮和夢驗外,公子周之德亦匹君主之位,正合於《大誓》中武王之所言"朕夢與卦相符,又同吉祥之兆相合,討伐殷商必定得勝"。此句梅本《尚書》輯入《泰誓中》,作"朕夢協朕卜,襲于休祥,戎商必克"。與《周語》所引同。

結合《周書》全篇,單襄公在闡釋晉悼公必然入主晉國時,先談其"文德":

其行也文,能文則得天地。天地所胙,小而後國。夫敬,文之恭也;忠,文之實也;信,文之孚也;仁,文之愛也;義,文之制也;智,文之輿也;勇,文之帥也;教,文之施也;孝,文之本也;惠,文之慈也;讓,文之材也。象天能敬,帥意能忠,思身能信,愛人能仁,利制能義;事建能智,帥義能勇,施辯能教,昭神能孝,慈和能惠,推敵能讓。此十一者,夫子皆有焉。……文王質文,故天胙之以天下。夫子被之矣,其昭穆又近,可以得國。……夫正,德之道也;端,德之信也;

---

①《國語》卷三《周語下》,第99—101頁。

成,德之終也;慎,德之守也。守終純固,道正事信,明令德矣。慎成端正,德之相也。爲晉休戚,不背本也。被文相德,非國何取!①

單襄公認爲公子周"被文相德",所以必然入主,其解釋"文",用了敬、忠、信、仁、義、智、勇、教、孝、惠、讓,並對應象天、帥意、思身、愛人、利制、事建、率義、施辯、昭神、慈和、推敵;其解釋"德",用了正、端、成、慎。可以説,"文德"被細化成了諸多面向。其後不久,儒家所謂的仁、義、智、勇、忠、信、孝等核心詞彙均已出現。當然,這裏單襄公説的還是諸侯國君之文德。他特別引了文王的例子,言"文王質文,故天胙之以天下",文王得天下是因爲其天生"文德"。又説"夫子被之矣,其昭穆又近,可以得國",結合前章所論,則諸侯之德只能得國。要之,單襄公所論顯示出春秋《書》學之承前啓後的過渡特徵。另外,其承前還不止於此,單襄公在分析了公子周的"文德"後又言:

> 成公之歸也,吾聞晉之筮之也,遇乾之否,曰:"配而不終,君三出焉。"一既往矣,後之不知,其次必此。且吾聞成公之生也,其母夢神規其臀以墨,曰:"使有晉國,三而畀驩之孫。"故名之曰"黑臀",于今再矣。襄公曰驩,此其孫也。②

如前所析,晉成公自周入主晉國,據説是晉國卜筮的結果,當時卜筮所得爲從乾卦變爲否卦,卦辭言將有三位晉君是從外面回來的。另外,成公的母親夢見神在成公臀上打黑記,説讓他主掌晉國,傳三代後給驩的子孫。卜筮與夢神在成公身上均應驗了,而公子周亦正應其説,所以單襄公認爲其必入主。據此,單襄公引《大誓》來證夢、占相合之可靠性,實際上是三代巫卜文化的延續。可知《書》教當中,留存有不少更早時期的舊王官學知識。當然,這些巫卜知識在當時仍屬於《書》教之核

---

①《國語》卷三《周語下》,第96—98頁。
②同上書,第99頁。

心内容之一。

又，《國語》卷一八《楚語下》"觀射父論絕地天通"載：

昭王問於觀射父，曰："《周書》所謂重、黎寔使天地不通者，何也？若無然，民將能登天乎？"對曰："非此之謂也。古者民神不雜。……於是乎有天地神民類物之官，是謂五官，各司其序，不相亂也。民是以能有忠信，神是以能有明德，民神異業，敬而不瀆，故神降之嘉生，民以物享，禍災不至，求用不匱。及少皞之衰也，九黎亂德，民神雜糅，不可方物。夫人作享，家爲巫史，無有要質。民匱於祀，而不知其福。烝享無度，民神同位。民瀆齊盟，無有嚴威。神狎民則，不蠲其爲。嘉生不降，無物以享。禍災薦臻，莫盡其氣。顓頊受之，乃命南正重司天以屬神，命火正黎司地以屬民，使復舊常，無相侵瀆，是謂**絕地天通**。其後，三苗復九黎之德，堯復育重、黎之後，不忘舊者，使復典之。以至於夏、商，故重、黎氏世敘天地，而別其分主者也。其在周，程伯休父其後也，當宣王時，失其官守，而爲司馬氏。寵神其祖，以取威於民，曰：'**重寔上天，黎寔下地**。'遭世之亂，而莫之能禦也。不然，夫天地成而不變，何比之有？"①

楚昭王所問之《周書》，即梅本《周書·吕刑》，其文作：

若古有訓，蚩尤惟始作亂，延及于平民，罔不寇賊鴟義，姦宄奪攘矯虔。苗民弗用靈，制以刑，惟作五虐之刑，曰法。殺戮無辜，爰始淫爲劓、刵、椓、黥。越茲麗刑，并制罔差有辭。民興胥漸，泯泯棼棼，罔中于信，以覆詛盟。虐威庶戮，方告無辜于上，上帝監民，罔有馨香，德刑發聞惟腥。皇帝哀矜庶戮之不辜，報虐以威，遏絕苗民，無世在下。乃命重、黎，絕地天通，罔有降格。

昭王所問與觀射父所解均爲"乃命重、黎絕地天通，罔有降格"句。

---

①《國語》卷一八《楚語下》，第559—564頁。

孔傳:"重即羲,黎即和。堯命羲、和世掌天地四時之官,使人、神不擾,各得其序,是謂絕地天通。言天神無有降地,地民不至於天,明不相干。"此處孔傳所言"堯命羲、和世掌天地四時之官",爲《堯典》的内容;"使人、神不擾,是謂絕地天通",則取自《楚語》中觀射父之"經說"。此"經說"爲《吕刑》訓解之最早最成系統者,在孔傳被證偽之後,其價值更是不言而喻。

關於《吕刑》中所録之古《訓》,傳統訓解說法多有分歧,而《國語》載録之"經說"在後世傳解《吕刑》中起到了重要作用。以經中之"蚩尤"爲例,孔傳"九黎之君號曰蚩尤";《史記·五帝本紀》云:"神農氏世衰,諸侯相侵伐,暴虐百姓,而神農氏弗能征。……而蚩尤最爲暴,莫能伐。……蚩尤作亂,不用帝命。於是黃帝乃徵師諸侯,與蚩尤戰於涿鹿之野,遂禽殺蚩尤,而諸侯咸尊軒轅爲天子,代神農氏,是爲黃帝。"①如司馬遷所述,則蚩尤爲黃帝末之諸侯國君;觀射父則言"及少皞之衰也,九黎亂德",則九黎在少皞之末,非蚩尤也。孔疏引鄭玄言:"學蚩尤爲此者,九黎之君在少昊之代也。"依鄭說,則蚩尤在炎帝之末,九黎當少昊之末,九黎學蚩尤,九黎非蚩尤也。鄭玄能夠調和眾說,《楚語》所載厥功至偉。另外,孔穎達在疏解《吕刑》經傳時幾乎全録了觀射父"經說"之内容。

二、《左傳》用《書》論《書》及相關問題

《左傳》之撰者及其是否爲《春秋》經之傳,從司馬遷言其爲左丘明注《春秋》而編著開始,歷經了一個繁複的討論過程。撰者爲左丘明之說,唐人啖助已非之,朱彝尊《經義考》詳舉啖助以來諸人論說,②左丘明非《左傳》撰者已爲可信之論。至於《左傳》和《春秋》之關係,晉人王接

---

① 《史記》卷一《五帝本紀》,第 4 頁。
② 朱彝尊撰,林慶彰、蔣秋華等主編《經義考新校》,第 3091—3098 頁。

言"《左氏》辭義贍富,自是一家書,不主爲經發"。① 今文經派即特別強調《左傳》與《春秋》經之區别,劉逢禄撰《左氏春秋考證》,認爲《左傳》不傳《春秋》,並認爲《左傳》經過劉歆僞造,其間"君子曰""書曰"皆劉歆所增。② 此説爲康有爲所發揮,進而認爲《左傳》全爲向、歆父子僞造,其後古史辨派諸家亦多據劉説立論,則疑《左傳》不爲傳解《春秋》而作成一時之風氣。然而,不論《左傳》是否爲傳解《春秋》而作,康有爲所謂向、歆父子造僞之説,都走得過遠。馬伯樂先生嘗引用文本證據來反對造僞之説。③ 其通過文獻學研究認爲,《左傳》既非左丘明之作,亦非劉歆所造僞,定其撰成年代在公元前 468 年到前 300 年之間。④ 洪業先生認爲《左氏經》與《左傳經》不同,而前者直接出自《春秋古經》十二篇,是劉歆將其與《左氏》聯繫起來。至於後者,其同《古經》并不相同,因爲在劉歆之前,它已流傳,並且缺乏内在統一性,是由附益、修改、轉録其他《春秋》注及《國語》等别的文獻而成的。後一本子之原本雖早已失傳,但其内容却部分保存於今本《左傳》中。⑤ 同樣從《左傳》文本出發,結合相關文獻記載,馬伯樂先生認爲《左氏》原本由兩部不同的著作組成:一部爲小型的《春秋》文字訓詁,主要與禮儀和倫理問題相關,類似於《公羊》《穀梁》,但學派有别;另一部爲純粹的一個長篇編年史,但與《春秋》甚至與魯國没有關係,而很有可能與晉國相關,故而與《國語》聯繫緊密。關於這兩部書的時間,馬氏認爲其或當公元前 5 世紀早期或前 4 世紀晚期,它們隨後很快合併而構成通行的《左傳》,而歷史編年部分則

---

① 朱彝尊撰,林慶彰、蔣秋華等主編《經義考新校》,第 3088 頁。
② 劉逢禄、顧頡剛點校《左氏春秋考證》卷上,"辨僞叢刊"之一,北京:樸社出版社 1933 年,第 4、11 頁。
③ 馬伯樂《〈左傳〉的成書與年代》,《漢籍與佛典論叢》(Ⅰ)(1931—1932),第 137—215 頁。
④ 高本漢著、陸侃如譯《〈左傳〉真僞考》,"近代海外漢學名著叢刊"《左傳真僞考及其他》,太原:山西人民出版社 2015 年影印,第 36—95 頁。
⑤ 洪業《春秋經傳引得序》,《洪業論學集》,北京:中華書局 1981 年,第 223—289 頁。

被分割開來以適應《春秋》條目。① 要之,洪業和馬伯樂兩位先生都認識到了《左傳》和《春秋》,以及《左氏》和《左傳》文本之間的複雜關係,避免了先前簡單粗淺之判斷。《左傳》古本之存在,或如馬伯樂先生所言《春秋》訓詁本和晉國編年史之存在,使我們可以判斷,今傳《左傳》之内容自有其淵源。如此,則《左傳》所載春秋人物之言語事迹當可信而從之,此實爲討論其引《書》、論《書》問題之前提。

顧棟高嘗撰《春秋左傳引詩書易三經表》,搜羅《左傳》引《尚書》共22條。② 日人小島祐馬嘗撰《左傳引經考證》,其中第三部分爲"《左傳》引《尚書》考",梳理引文47條,認爲:"《左傳》引《尚書》之文句、逸《書》之文,比現存之書爲多。在逸《書》中,特引夏書之文爲多。在現書中,特引《周書·康誥》爲多,此最惹注意者也。又其所引之《書》,多云'虞書曰'、'夏書曰'、'商書曰'、'周書曰',單言'書曰',或特舉篇名者極少。且後世以《鴻範》爲《周書》中之一篇,而《左傳》所引,却謂之爲《商書》,此亦特當注意者。"③陳夢家先生亦整理出《左傳》引《書》47條,通過分析得出10條結論:

> (一)引《書》者國籍,晉(十五)魯(七)最多,其次鄭、衛(四)鄭(三),其次周、齊(各二),其次虞、蔡(各一)。凡此諸國除齊外都屬周所封的同姓。吴、楚之臣引《書》者各一見,其人一本晉人,一仕于晉。(二)所引《夏書》除一條見于今《皋陶謨》外,其它十三條都是逸文。(三)所引《商書》無逸文,均見于今本的《盤庚》和《洪範》(《洪範》今本屬《周書》)。(四)所引《周書》除二條爲逸文外,其它七條均見今本的《康誥》。

---

① 馬伯樂《〈左傳〉的成書與年代》,《漢籍與佛典論叢》(Ⅰ)(1931—1932),第137—215頁。
② 顧棟高《春秋左傳引詩書易三經表》,《春秋大事表》第三册,第2561—2564頁。
③ 小島祐馬《左傳引經考證》,收入江俠庵編譯《先秦經籍考》,第267—274頁。

由(二)到(四)可以推測《左傳》時代的《尚書》如下：今本《夏書》各篇除《皋陶謨》外大約在當時都不一定存在，《商書》有《盤庚》《洪範》等，《周書》除《康誥》外有《太誓》等。

(五)魯太史克引《堯典》稱爲"虞書"僅一見。(六)《左傳》引《尚書》而同于今文者，只是大略同，不盡完全皆同，此可證漢伏生本已非戰國本。(七)引《周書》篇名者有《太誓》與《康誥》，與《孟子》同。(八)《左傳》分夏、商、周書，故較晚于《孟子》。篇名與分書都是對于《尚書》編纂的進步。(九)《左傳》也有與《孟子》相類的書序，定公四年曰"周公相王室以尹天下，於周爲睦，分魯公以……命以《伯禽》；……分康叔以……命以《康誥》；……分唐叔以……命以《唐誥》；……而命之以蔡，其命書云……"(十)君子曰所引亦多逸《書》。凡此逸《書》可以名之爲"戰國本《尚書》"。①

與之相類，饒龍隼先生亦詳析引《書》群體之稱引地(國別)，認爲："列國稱引《書》次數之多少……反映了各個諸侯國對周朝的尊重程度及其在文化乃至政治上的地位。周朝爲《書》之淵源所在，稱引《書》的次數固當居多。晉國爲周朝東遷後的立國根本，春秋時期政治地位很高。魯國爲周公旦封地，雖然春秋時期未成霸業，但自周初以來，禮樂獨盛，直至春秋末期其文化上的優勢仍在。"②引《書》多見姬姓之國亦合於

---

① 陳夢家《先秦引書篇》，《尚書通論》，第 11 頁。許錟輝統計《左傳》引《書》68 條，"凡引《書》十四篇，其篇名爲：《堯典》《皋陶謨》《禹貢》《盤庚》《仲虺之誥》《大誓》《洪範》《康誥》《蔡仲之命》《文侯之命》《吕刑》《湯刑》《伯禽》《唐誥》。其在伏生二十九篇者，計《堯典》《皋陶謨》《禹貢》《盤庚》《洪範》《康誥》《文侯之命》《吕刑》等八篇。其在鄭注《書序》云亡之四十二篇者，計《蔡仲之命》《仲虺之誥》二篇。其在百篇之外者，計《湯刑》《伯禽》《唐誥》三篇。別有《大誓》一篇，不在鄭注亡、逸篇中，其篇蓋亡於戰國之世"。許錟輝《先秦典籍引〈尚書〉考》，潘美月、杜潔祥主編《古典文獻研究輯刊》九編，第四冊，第 126 頁。
② 饒龍隼《〈書〉考原》，《揚州大學中國文化研究所集刊》(第一輯)，南京：江蘇古籍出版社 1998 年，第 62 頁。

我們對《書》兼族典性質的推測。我們在通過引《書》來分析文本情況時應當留意，用《書》、論《書》者不可能全面徵引一本書的所有篇章，而我們亦不可能從一本書中找到關於另外一本書的全部信息。如此，則《商書》部分多引《盤庚》與《洪範》，《周書》多引《康誥》也就容易解釋了。而陳先生"今本《夏書》各篇除《皋陶謨》外大約在當時都不一定存在"的推斷，則言之太過。另外，陳先生認爲《左傳》之引《書》雖大類梅本中之今文，但却不盡完全相同。這一認識非常正確，因爲梅本自身即不能絕對等同於伏生所傳之今文，與早期官本之《書》有異就更易理解。

《左傳》用《書》、論《書》的很多論題是對西周《書》教的延續，①屬於春秋《書》學接續王官傳統的一面。和《國語》部分一樣，我們僅例舉分析。如昭公二十六年《左傳》載：

（王子朝使告于諸侯曰：）昔武王克殷，成王靖四方，**康王息民，並建母弟，以蕃屏周，亦曰："吾無專享文武之功，且爲後人之迷敗傾覆而溺入于難，則振救之。"**至于夷王，王愆于厥身，諸侯莫不並走其望，以祈王身。至于厲王，王心戾虐，萬民弗忍，居王于彘。諸侯釋位，以間王政。宣王有志，而後效官。至于幽王，天不弔周，王昏不若，用愆厥位。攜王奸命，諸侯替之，而建王嗣，用遷郟鄏，則是兄弟之能用力於王室也。至于惠王，天不靖周，生頹禍心，施于叔帶。惠、襄辟難，越去王都，則有晉、鄭咸黜不端，以綏定王家。則是兄弟之能率**先王之命**也。在定王六年，秦人降妖，曰："周其有頽王，亦克能脩其職，諸侯服享，二世共職。王室其有間王位，諸侯不圖，而受其亂災。"至于靈王，生而有頿。王甚神聖，無惡於諸侯。

---

① 從"引《書》"角度去考慮問題者，關注的往往是《尚書》文本在《左傳》文本中的存留情況，以及引文同梅本之間的異同及其背後的原因。從《書》類文獻的早期存在形態來看，這樣的研究思路容易使我們忽略掉太多信息。而"用《書》、論《書》"的分析研究，則啓發我們思考其背後的王官《書》教。如此，我們就不能只注意單一引文，而是將其放回到貴族用《書》的整個邏輯框架中去思考。

靈王、景王克終其世。

今王室亂，單旗、劉狄，剝亂天下，壹行不若，謂"先王何常之有，唯余心所命，其誰敢請之"？帥群不弔之人，以行亂于王室。侵欲無厭，規求無度，貫瀆鬼神，慢棄刑法，倍奸齊盟，傲很威儀，矯誣先王。晉爲不道，是攝是贊，思肆其罔極。玆不穀震盪播越，竄在荆蠻，未有攸底。若我一二兄弟甥舅獎順天法，無助狡猾，以從先王之命，毋速天罰，赦圖不穀，則所願也。敢盡布其腹心及先王之經，而諸侯實深圖之。

昔先王之命曰："王后無適，則擇立長。年鈞以德，德鈞以卜。"王不立愛，公卿無私，古之制也。穆后及大子壽早夭即世，單、劉贊私立少，以間先王。亦唯伯仲叔季圖之！

閔馬父聞子朝之辭，曰："文辭以行禮也。子朝干景之命，遠晉之大，以專其志，無禮甚矣，文辭何爲？"①

王子朝論政的方式，同史牆盤銘文中鋪排先王德行相類，可知不是隨意而發，當有其淵源。其所述也已是當世貴族階層所共知，雖未明言《書》，而實當在《書》教之範疇當中。王子朝告諸侯，多次言及"先王之命"（或"先王之經"）。前言兄弟能率之先王之命，當爲康王所言"吾無專享文武之功，且爲後人之迷敗傾覆而溺入于難，則振救之"。或引自《康王之誥》的内容，不見於梅本《康王之誥》。另有"先王之命"，言"王后無適，則擇立長。年鈞以德，德鈞以卜"，亦當出自《周書》逸篇之内容。

但是王子朝的長篇告語在閔馬父那裏，却是"無禮甚矣"，並言倘若無禮，"文辭何爲？"《漢書‧禮樂志》開篇言"六經之道同歸，而禮、樂之

---

① 《春秋經傳集解》卷二五《昭公六》，《十三經古注》據相臺岳氏家塾本校刊，第1495—1496頁。

用爲急"。① 結合閔馬父之論王子朝,可知在《詩》《書》、禮、樂之學當中,亦有其次序輕重。

又,莊公八年《左傳》載:

> 八年,春,治兵于廟,禮也。夏,師及齊師圍郕。郕降于齊師。仲慶父請伐齊師。公曰:"不可。我實不德,齊師何罪?罪我之由。《夏書》曰:'皋陶邁種德,德乃降。'姑務脩德以待時乎!"秋,師還。君子是以善魯莊公。②

魯莊公言之《夏書》,楊伯峻先生言:"此爲逸《書》文。逸《書》者,在漢立《尚書》博士所傳二十八篇之外者也。當時或尚未亡,其後始亡。《僞古文尚書》以此兩句入《大禹謨》篇。邁借爲勱,勉也。此兩句原意已不可考,莊公引此,其意若謂,皋陶勉力種樹德行,德行具備,他人自來降服。"③這條可以看出貴族《書》教對此句之解讀,不同於梅本所輯編後之意。另外,雖不知其實際所指,但關乎"德"教却當無疑。

又,僖公五年《左傳》載:

> (虞)公曰:"吾享祀豐絜,神必據我。"
>
> (宮之奇)對曰:"臣聞之,鬼神非人實親,惟德是依。故《周書》曰:'皇天無親,惟德是輔。'又曰:'黍稷非馨,明德惟馨。'又曰:'民不易物,惟德繄物。'如是,則非德,民不和,神不享矣。神所馮依,將在德矣。若晉取虞,而明德以薦馨香,神其吐之乎?"④

宮之奇所引之《周書》均爲逸《書》,梅本分別輯入《蔡仲之命》《君陳》和《旅獒》篇。其中,"民不易物,惟德繄物",梅本《旅獒》作"人不易

---

① 《漢書》卷二二《禮樂志第二》,第1027頁。
② 《春秋經傳集解》卷三《莊公》,《十三經古注》據相臺岳氏家塾本校刊,第1195頁。
③ 楊伯峻《春秋左傳注》,第173—174頁。
④ 《春秋經傳集解》卷五《僖公上》,《十三經古注》據相臺岳氏家塾本校刊,第1217頁。

物,惟德其物"。宫之奇此處强調德者,上同於神,下達於民,正是宗周《書》教之核心内容之一,而宫之奇所引或出《周書》之一篇,而梅本割裂入三篇。

又,僖公二十七年《左傳》載:

> 趙衰曰:"郤縠可。臣亟聞其言矣,説禮、樂而敦《詩》《書》。《詩》《書》,義之府也。禮、樂,德之則也。德、義,利之本也。《夏書》曰:'賦納以言,明試以功,車服以庸。'君其試之!"①

此事亦見載於《國語》卷一〇《晉語四》"文公任賢與趙衰舉賢"條,趙衰所言略有差異:

> 文公問元帥於趙衰。對曰:"郤縠可,行年五十矣,守學彌惇。夫先王之法志,德義之府也。夫德義,生民之本也。能惇篤者,不忘百姓也。請使郤縠!"公從之。②

《左傳》和《國語》之間用語相異,而所言内容頗可對應。《晉語》所言"守學彌惇",可對應《左傳》之"説禮、樂而敦《詩》《書》"。"先王之法志,德義之府也"可對應"《詩》《書》,義之府也;禮、樂,德之則也"。所不同者,《左傳》所記,趙衰徑引《夏書》請文公試用郤縠;《晉語》則言從《詩》《書》之教中習得之"德義",爲生民之本,誠心以學者,心懷百姓,故可用。則《晉語》中趙衰所據亦爲宗周《詩》《書》之教對民與德關係的基本認識。要之,春秋中期之晉國,《詩》《書》之教(先王之法志)依然有着宗周遺風,頗受重視。

趙衰所引《夏書》"賦納以言,明試以功,車服以庸"句,梅本《舜典》言"敷奏以言,明試以功,車服以庸",《益稷》作"敷納以言,明庶以

---

①《春秋經傳集解》卷七《僖公下》,《十三經古注》據相臺岳氏家塾本校刊,第1243頁。
②《國語》卷一〇《晉語四》,第382頁。

功,車服以庸"。故《說文解字·言部》"試"字條下引"明試以功",稱《虞書》。①《春秋繁露·度制》引《書》作"舉服有庸,誰敢弗讓,敢不敬應"。②《史記·五帝本紀》作"徧告以言,明試以功,車服以庸"。③《漢書·宣帝紀》作"以傅奏其言,考試功能"。④《漢書·成帝紀》作"傅納以言,明試以功"。⑤《漢書·王莽傳》作"敷奏以言,明試以功"。⑥《潛夫論·考績》引《書》作:"賦納以言,明試以功,車服以庸,誰能不讓?誰能不敬應?"⑦《白虎通·巡狩》引《尚書》作"明試以功,車服以庸"。⑧

又,成公二年《左傳》載:

> 楚之討陳夏氏也,莊王欲納夏姬。申公巫臣曰:"不可。君召諸侯,以討罪也。今納夏姬,貪其色也。貪色爲淫。淫爲大罰。《周書》曰:'明德慎罰,文王所以造周也。'明德,務崇之之謂也。慎罰,務去之之謂也。若興諸侯,以取大罰,非慎之也。君其圖之!"王乃止。⑨

申公巫臣勸楚莊王毋納夏姬,引《周書》"明德慎罰",言貪色而淫爲大罰,當去。莊王從之。此節引梅本《周書·康誥》:"惟乃丕顯考文王克明德慎罰,不敢侮鰥寡,庸庸祇祇,威威顯民,用肇造我區夏。"其中

---

① 《說文解字》第三上,第47頁上。
② 蘇輿撰、鍾哲點校《春秋繁露義證》卷八《度制》,北京:中華書局1992年,第231—232頁。
③ 《史記》卷一《五帝本紀》,第29頁。
④ 《漢書》卷八《宣帝紀》,第247頁。
⑤ 同上書,第317頁。
⑥ 同上書,第4131頁。
⑦ 王符著、汪繼培箋、彭鐸校正《潛夫論箋校正》卷二《考績》,第95頁。
⑧ 陳立撰、吳則虞點校《白虎通疏證》卷六《巡狩》,北京:中華書局1994年,第289頁。
⑨ 《春秋經傳集解》卷一二《成公上》,《十三經古注》據相臺岳氏家塾本校刊,第1305頁。

"造周",即"造區夏"。

《成公二年》又載:

> 是行也,晉辟楚,畏其衆也。君子曰:"衆之不可已也。大夫爲政,猶以衆克,況明君而善用其衆乎?《大誓》所謂'商兆民離,周十人同'者,衆也。"①

君子言楚子重以卿士之身份帥楚軍,而晉避之。感慨明德之主善用其衆,其力量可知。《大誓》所謂"商兆民離,周十人同"者,此之謂也。然據《昭公二十四年傳》,召簡公、南宮嚚以甘桓公見王子朝,劉子和萇弘關於此事的對話,萇弘引《大誓》"紂有億兆夷人,亦有離德,余有亂臣十人,同心同德",②認爲此周所以興之原因。《成公二年》所引《大誓》,或即此篇之節文。梅本《泰誓上》有"受有億兆夷人,離心離德;予有亂臣十人,同心同德"。

又,成公十六年《左傳》載:

> 晉入楚軍,三日穀。范文子立於戎馬之前,曰:"君幼,諸臣不佞,何以及此?君其戒之!《周書》曰:'惟命不于常。'有德之謂。"③

鄢之戰,范匄立於戎馬之前講演之事,亦見載於《國語》卷六《晉語六》"范文子論德爲福之基"條:

> 既退荆師於鄢,將穀,范文子立於戎馬之前,曰:"君幼弱,諸臣不佞,吾何福以及此!吾聞之,'天道無親,唯德是授'。吾庸知天之不授晉且以勸楚乎,君與二三臣其戒之!夫德,福之基也,無德而

---

① 《春秋經傳集解》卷一二《成公上》,《十三經古注》據相臺岳氏家塾本校刊,第1306頁。
② 同上書,第1487頁。
③ 同上書,第1327頁。

第五章　道裂與學墜:春秋王官《書》學的承與變　329

福隆,猶無基而厚墉也,其壞也無日矣。"①

《晉語》范文子所言之"吾聞之,'天道無親,唯德是授'",成公十六年《左傳》作"《周書》曰:'惟命不于常'"。僖公五年《左傳》宮之奇引《周書》云"皇天無親,惟德是輔"。襄公二十三年《左傳》君子引《書》言慶氏之肆,作"惟命不于常"。可見,《晉語》之記更近僖公五年《左傳》,而成公十六年《左傳》之記則近於襄公二十三年《左傳》。其中差異,或爲流傳方式不同所致。"惟命不于常"見梅本《康誥》,作"肆汝小子封。惟命不于常,汝念哉!"

襄公三十一年《左傳》又載:

> 衛侯在楚,北宮文子見令尹圍之威儀,言於衛侯曰:"令尹似君矣,將有他志。……"公曰:"善哉,何謂威儀?"對曰:"有威而可畏謂之威,有儀而可象,謂之儀。君有君之威儀,其臣畏而愛之,則而象之,故能有其國家,令聞長世。臣有臣之威儀,其下畏而愛之,故能守其官職,保族宜家。順是以下皆如是,是以上下能相固也。《衛詩》曰'威儀棣棣,不可選也',言君臣、上下,父子、兄弟、內外、大小皆有威儀也。《周詩》曰'朋友攸攝,攝以威儀',言朋友之道,必相教訓以威儀也。《周書》數文王之德,曰'大國畏其力,小國懷其德',言畏而愛之也。《詩》云'不識不知,順帝之則',言則而象之也。紂囚文王七年,諸侯皆從之囚,紂於是乎懼而歸之,可謂愛之。文王伐崇,再駕而降爲臣,蠻夷帥服,可謂畏之。文王之功,天下誦而歌舞之,可謂則之。文王之行,至今爲法,可謂象之。有威儀也。故君子在位可畏,施舍可愛,進退可度,周旋可則,容止可觀,作事可法,德行可象,聲氣可樂,動作有文,言語有章,以臨其下,謂之有威

---

① 《國語》卷一二《晉語六》,第 421—422 頁。

儀也。"①

北宫文子爲衛侯言令尹圍之威儀,進而論"何爲威儀",其以文王爲例言君之威儀,要能使"其臣畏而愛之,則而象之"。其中"畏而愛之",結合《周書》所記以證之,曰:"大國畏其力,小國懷其德。"此句梅本《尚書》輯採入《武成》篇,作"我文考文王克成厥勳,誕膺天命,以撫方夏。大邦畏其力,小邦懷其德"。此段就"經解"形態來看,是典型的《詩》《書》並用,而其所言之文王之德與"威儀"則承西周王學而言。

關於"天生民",文公十三年《左傳》載:

邾文公卜遷于繹。史曰:"利於民而不利於君。"邾子曰:"**苟利於民,孤之利也。天生民而樹之君**,以利之也。民既利矣,孤必與焉。"左右曰:"命可長也,君何弗爲?"邾子曰:"**命在養民**。死之短長,時也。民苟利矣,遷也,吉莫如之!"遂遷于繹。五月,邾文公卒。君子曰:"知命。"②

魯文公十三年,邾文公欲遷都至繹,史官卜後,言"利於民而不利於君"。邾文公認爲"天生民而樹之君","命在養民"。《墨子·尚同中》引先王之書《相年》之道:"夫建國設都,乃作后王君公,否用泰也;卿大夫師長,否用佚也,維辯使治天均。"所言皆宗周《書》教之内容。前文所示,燮公盨銘文:"廼(乃)自乍(作)配,卿(嚮)民;成父母,生我王,乍(作)臣。髟(厥)顓(貴)唯德,民好明德,聂(羞)才(在)天下。"《孟子·梁惠王下》曰:"《書》曰:'天降下民,作之君,作之師,惟曰其助上帝寵之。四方有罪無罪,惟我在,天下曷敢有越厥志。"清華簡《厚父》篇亦有:"厚父拜(拜手)頴(稽首),曰:'者魯,天子!古天降下民,埶(設)

---

①《春秋經傳集解》卷一九《襄公六》,《十三經古注》據相臺岳氏家塾本校刊,第1414頁。
②同上書,第1269頁。

第五章　道裂與學墜:春秋王官《書》學的承與變　331

萬邦,复(作)之君,复(作)之帀(師)。'"皆可爲證。另外,邾文公所謂之"命在養民",實將宗周《書》教所言之"養民"爲"明德"的條件之一,而"明德"又與"天命"(國祚)相關的治術邏輯狹隘化了。據燹公盨銘文,(天)所看重的只是"德",臣民之好光明之德者,(天)任用其來管理天下,即受命以治天下,言得"天命"。邾文公似已解釋"命"爲人之壽,故言"死之短長,時也"。可知,宗周之天命理論,到春秋時期已開始有脫離同天命關聯的傾向,被放入了一些人文色彩。

又,襄公三十一年《左傳》載:

> 公作楚宫。穆叔曰:"《大誓》云:'民之所欲,天必從之。'君欲楚也夫,故作其宫。若不復適楚,必死是宫也。"六月辛巳,公薨于楚宫。①

穆叔所引《大誓》,杜預注:"今《尚書·大誓》亦無此文,故諸儒疑之。"楊伯峻先生注:

> 杜預所見《大誓》,乃西漢後得之《大誓》,馬融《尚書傳序》云:"其文似若淺露。"且云:"吾見《書傳》多矣,所引《大誓》而不在《大誓》者甚衆。"諸儒疑之者,馬融其一也。王肅亦云:"《大誓》近得,非其本經。"此又其一也。西漢後得之《大誓》已亡,東晉梅賾又獻古文《尚書》,其内有《泰誓》三篇,悉採《記》《傳》所引《大誓》,則更不足信矣。②

如此,西漢後得之《大誓》,杜預、馬融、王肅所見,皆無此句。《國語》卷二《周語中》"單襄公論郤至佻天之功",單襄公引《太誓》作"民之所欲,天必從之"。③《國語》卷一六《鄭語》"史伯爲桓公論興衰"中,史

---

① 《春秋經傳集解》卷一九《襄公》,《十三經古注》據相臺岳氏家塾本校刊,第1411頁。
② 楊伯峻《春秋左傳注》,第1185頁。
③ 《國語》卷二《周語中》,第85頁。

伯論"周之必弊",引《泰誓》,作"民之所欲,天必從之"。① 昭公元年《左傳》載虢之會後,子羽(行人揮)言於子皮:"齊、衛、陳大夫,其不免乎!國子代人憂,子招樂憂,齊子雖憂弗害。夫弗及而憂,與可憂而樂,與憂而弗害,皆取憂之道也,憂必及之。《大誓》曰:'民之所欲,天必從之。'三大夫兆憂,能無至乎?言以知物,其是之謂矣。"②齊、衛、陳三國大夫爲公子圍設國君之儀仗,陳列侍衛,子羽認爲這些做法皆爲"取憂之道",如《太誓》之所言,則憂必至。梅本《尚書》輯採入《泰誓上》,作"天矜于民,民之所欲,天必從之"。

三、春秋時期王官《書》學之承繼

上文我們討論春秋王官《書》學同西周《書》教之關係,偏重對《國語》和《左傳》用《書》論《書》背後思想觀念的分析。一方面,春秋《書》學的分析不能僅僅局限在容易限定過窄的引《書》分析上,而應該廣泛系統地關注當時貴族之言談行迹;另一方面,如前文所及,學界關於引《書》的各種統計分析已相對充分,無須多論。通過上文分析,我們發現,和政治形勢的發展相一致,春秋前中期的《書》學尚有頗多面向合於宗周《書》學。

《國語·鄭語》載史伯爲鄭桓公論興衰,爲目前可見最早引《書》之例,時間在周幽王八年(前774),尚未進入春秋時期。就《國語》《左傳》引《書》來看,最晚之引《書》見於《國語·晉語》智伯國諫智襄子時引《夏書》《周書》,已經進入戰國時期。可以說,《書》之稱引貫穿整個春秋時期。饒龍隼先生全面統計了典籍所載春秋時期的引《書》情況,③得出

---

① 《國語》卷一六《鄭語》,第515頁。
② 《春秋經傳集解》卷二〇《昭公》,《十三經古注》據相臺岳氏家塾本校刊,第1416頁。
③ 按:以《國語》《左傳》爲主,另外補充了《戰國策·秦策一》荀息引《周書》以及《孟子·梁惠王下》所載齊嬰引《夏諺》的兩則材料,共計92條。饒龍隼《〈書〉考原》,《揚州大學中國文化研究所集刊》第一輯,第58—61頁。

如下結論：

（一）《書》流行在公元前八至前五世紀，貫穿整個春秋時期，而在公元前七世紀、前六世紀最爲流行，至公元前五世紀開始寥落並引起歧誤。可知流行在公元前七世紀、前六世紀的《書》是一個長時期被認同並且無歧義的文本。（二）《書》分布在周朝和列國，均源自周天子所賜，而形成晉、魯兩個傳播《書》的重鎮。可知《書》是一個被廣爲接受並源正流清的文本。（三）《書》由史官掌管，爲社會政治核心層的人物所用，並且最爲周王重視，代表了周王的政治意志。這就保證了《書》思想觀念之純正，而不會被異端邪説篡改。可知《書》是一個不曾被篡改的文本。（四）《書》普遍地用於議政和勵志修身，維繫世道人心，被信重不疑。可知《書》是一個信用度極高的文本。基於這四點認識，我們確信，春秋以前《書》已是一個寫定本。①

饒先生的四點認識是通過分析統計數據得出的，其對春秋及其以前《書》學形態的基本認識同我們相近。但單純的就引《書》來看，非但樣本單一，而且關注不到更爲具體一些的層面。另外，對於"經解"也只是考察其從信還是從疑，未以其具體内容爲討論對象。實則這些"經説"干係不小。據前所引，皮錫瑞在論説中所提到的叔向、單穆公、閔馬父、左史倚相、觀射父、白公子張，加之史伯、内史過，以及周王等人之説經，實爲後世"經解"之祖。前析觀射父爲昭王説"絶地天通"事，較後世經解更爲詳細。諸如此類，對討論早期"經説"形態及其對後世經學之影響等問題均有價值。當然，通過對《國語》《左傳》引《書》用《書》記載的細讀，我們能夠發現，當時的典籍主要發揮治統載體之功能。

單純考慮引《書》容易忽略之信息，試舉一例，《國語》卷二《周語中》

---

① 饒龍隼《〈書〉考原》，《揚州大學中國文化研究所集刊》第一輯，第63—64頁。

"襄王拒晉文公請隧"載：

> 晉文公既定襄王于郟，王勞之以地，辭，請隧焉。王不許，曰："昔我先王之有天下也，規方千里以爲甸服，以供上帝山川百神之祀，以備百姓兆民之用，以待不庭不虞之患。其餘以均分公侯伯子男，使各有寧宇，以順及天地，無逢其災害，先王豈有賴焉。內官不過九御，外官不過九品，足以供給神祇而已，豈敢猒縱其耳目心腹以亂百度？亦唯是死生之服物采章，以臨長百姓而輕重布之，王何異之有？今天降禍災於周室，余一人僅亦守府，又不佞以勤叔父，而班先王之大物以賞私德，其叔父實應且憎，以非余一人，余一人豈敢有愛？先民有言曰：'改玉改行。'叔父若能光裕大德，更姓改物，以創制天下，自顯庸也，而縮取備物以鎮撫百姓，余一人其流辟旅於裔土，何辭之有與？若由是姬姓也，尚將列爲公侯，以復先王之職，大物其未可改也。叔父其懋昭明德，物將自至，余何敢以私勞變前之大章，以忝天下，其若先王與百姓何？何政令之爲也？若不然，叔父有地而隧焉，余安能知之？"文公遂不敢請，受地而還。①

晉文公請隧在平定王子帶之亂後，當爲晉文公二年（前635）。子帶之亂發生之時，齊桓爲霸主。公元前653年周惠王去世，太子鄭以子帶貴寵，秘不發喪，暗通齊桓。魯僖公八年（前652），齊桓公召集宋、衛、許、魯、曹、陳等會盟於洮，宣布太子鄭繼位，即周襄王，然後才爲惠王發喪。次年齊桓會盟葵丘，襄王派宰孔賜胙肉，以示榮寵。襄王如此謹小慎微，其繼位如此曲折，反面映照出子帶在周王室影響頗大。就在襄王繼位兩年後（前649），子帶召事成周附近的揚、拒、泉、皋、伊、雒之戎攻伐京師，入王城，毀東門。這是子帶的第一次叛亂，後秦、晉討戎救周，子帶奔齊。僖公二十三年（前636），子帶又聯合狄人大敗周軍，俘虜周公

---

① 《國語》卷二《周語中》，第54頁。

忌父、原伯、毛伯、富辰等王室人員。襄王逃跑,居於鄭國的氾,派使者到魯國、晉國、秦國求救,《左傳》載:"冬,王使來告難,曰:'不穀不德,得罪于母弟之寵子帶,鄙在鄭地氾,敢告叔父。'臧文仲對曰:'天子蒙塵于外,敢不問官守?'王使簡師父告於晉,使左鄢父告於秦。"①周王告使的三個諸侯國當中,晉文公最爲積極,僖公二十五年(前635)率勤王之師兵分兩路,右師圍子帶所居之溫邑,殺子帶於隰城;左師迎接周襄王返歸王城。晉文公平子帶之亂當爲請隧之背景。隧,韋昭注引賈侍中云:"隧,王之葬禮,開地通路曰隧。"韋昭云:"隧,六隧也。《周禮》:天子遠郊之地有六鄉,則六軍之士也;外有六隧,掌供王之貢賦。惟天子有隧,諸侯則無也。"②如此則"六隧"爲天子專屬,依禮諸侯不當有。

據引文,晉文公勤王有大功,他不要"賜土"而請隧,結果是"(襄)王不許"。王拒絕晉文公請隧的陳詞實可彰明當時之形勢與古學(包括《書》教)之所守。

從"昔我先王"到"王何異之有",言先王創制之無私,王室之所以"臨長百姓而輕重布之","唯是死生之服物采章"。采章,韋昭注:"采色之文章也,死之服,謂六隧之民引王柩輅也。"輕重布之,韋昭注:"貴賤各有等也。"③言此葬死之禮爲王室別諸侯守尊卑之大者,干係甚重。

從"今天降禍災於周室"到"余一人豈敢有愛"。"災禍"意指周室衰微,亦或具指子帶之亂。府,韋昭注:"先王之府藏。"④襄王言自己當王室衰微之時而承業受命,但却不才,需要求助於諸侯來護衛王室。儘管如此,亦不能"班先王之大物以賞私德"。班,韋注"分也"。大物,韋注

---

① 《春秋經傳集解》卷六《僖公中》,《十三經古注》據相臺岳氏家塾本校刊,第1238—1239頁。
② 《國語》卷二《周語中》,第55頁。
③ 同上書,第56頁。
④ 同上書,第56頁。

"謂隧也"。① 意謂私心可賞,但"大物"不能就私心而用之。

從"先民有言曰"到"何辭之有與"。先民之言"改玉改行",爲《周語》僅見,未見他書徵引,梅本《尚書》無此句。其出襄王之口,當爲早期王官學之内容。這裏襄王引"先民之言",直接對晉文公言其可以"光裕大德,更姓改物,以創制天下,自顯庸也,而縮取備物以鎮撫百姓"。"改玉改行",韋昭注:"玉,佩玉,所以節行步也。君臣尊卑,遲速有節,言服其服則行其禮,以言晉侯尚在臣位,不宜有隧也。"改物,韋注:"改正朔、易服色也。"自顯庸也,韋注:"庸,用也。謂爲天子造創制度,自顯用於天下。"縮,韋注"引也"。② 襄王以極低之姿態,建議晉文公可以改姓、創制,把自己流放到邊遠之地,那樣就可以用六隧之葬制。就如同言,文公若要隧之禮,除非滅周另立。

又曰:"若由是姬姓也,尚將列爲公侯,以復先王之職,大物其未可改也。"這句話信息量不小。由是姬姓也,韋昭注:"謂文公未更姓而王也。"後句韋昭注:"言文公若尚在公侯之位,將成霸業以興王室,復先王之職,則六隧未可改也。"③ 襄王一是提醒文公同爲姬姓,另外更以先王之業爲勸,提醒他請隧用隧實屬僭越。

後襄王又復言"叔父其懋昭明德,物將自至",意指文公修"明德"而自然能得天命,不用請而隧自至,不要來難爲我(周王)。又言:"余何敢以私勞變前之大章,以忝天下,其若先王與百姓何?何政令之爲也?"我若允許諸侯用隧,則又有何面目奉先王、臨天下。

接着,襄王更是無奈地説:"若不然,叔父有地而隧焉,余安能知之?"言文公若一定要用,私下用隧制即可,襄王就當作不知道。韋昭注:"所不敢禁也。"④ 可謂無奈之極。最後,晉文公不敢再請,接受了賞

---

①《國語》卷二《周語中》,第56頁。
②同上。
③同上。
④同上書,第57頁。

賜之地(即陽樊、温、原等)。

晉文公請隧未成,周王室最終維護了臉面,但其共主地位實已岌岌可危。由此可見,公元前7世紀下半葉,因政治形式之變化,王官《書》學已經遭遇危機,其所承載的宗周"治道"已經出現了斷裂的迹象。諸如此類信息,當不是僅就引《書》分析所能見出的。

第二節　道裂:王官《書》學的新變

一、明德迭更與昊天不惠:治道之裂

宗周治道以"明德"對應天命,先公、先王及文、武累大德以受天命,周王室之子孫承之;諸侯國之先公、先王以大德輔佐文、武及時王,享受陪祀天帝之禮,如曹劌所言"天子祀上帝,諸侯會之受命焉"。如此,西周統治邏輯中王德與侯德兩分,王秉文、武之德,對應天命;諸侯秉先祖之德,拱衛王室,共享天命。在此基礎上設定"明德"之諸多條件(如重民、敬祀、孝友等)來規約王與諸侯之行爲。這套統治邏輯通過《詩》《書》等載體在王官系統中傳授,爲貴族階層所熟知,並自覺維護。但是,這套統治邏輯是以周王爲天下共主爲前提的,一旦周王難以維繫其共主地位,這一邏輯鏈條必然斷裂。

西周末年,"王室多故",鄭桓公向史伯詢問"逃死"之法,於是有了《鄭語》的記載。當時有識之士似均已明了"王室將卑",究其緣由,史伯引《書》(《泰誓》)"民之所欲,天必縱之",言天順民願而"奪其(周王)明","殆於必弊者也"。周室凋敝之表現,史伯言:

> 夫虢石父讒諂巧從之人也,而立以爲卿士,與剸同也;棄聘后而立內妾,好窮固也;侏儒戚施,實御在側,近頑童也;周法不昭,而婦言是行,用讒慝也;不建立卿士,而妖試幸措,行暗昧也。是物也,不可以久。……申、繒、西戎方彊,王室方騷,將以縱欲,不亦難乎?王

欲殺太子以成伯服,必求之申,申人弗畀,必伐之。若伐申,而繒與西戎會以伐周,周不守矣!繒與西戎方將德申,申、呂方彊,其隩愛太子亦必可知也,王師若在,其救之亦必然矣。王心怒矣,虢公從矣,凡周存亡,不三稔矣!君若欲避其難,其速規所矣,時至而求用,恐無及也!①

周幽王時任用虢石父,寵幸褒姒,史伯認爲這是天奪周明之表現。據史伯之言"夫成天地之大功者,其子孫未嘗不章,虞、夏、商、周是也"。② 據此,則其所言天奪周明,不僅僅是指遮蔽幽王之明,而是指奪姬周之天命。史伯,韋昭注:"周太史。"③《周禮》載:"大史掌建邦之六典,以逆邦國之治。掌灋以逆官府之治。掌則以逆都鄙之治。"④史伯掌典、灋、則,其所論在當時知識階層當有代表性。據史伯所言,一姓之得天命與一姓之失天命,均不是一朝一夕之事,有功必興而時有早晚,所以其歷數可能代周而興者:"祝融亦能昭顯天地之光明,以生柔嘉材者也……融之興者,其在芈姓乎?……蠻芈蠻矣,唯荆實有昭德,若周衰,其必興矣。……姜,伯夷之後也。嬴,伯翳之後也。伯夷能禮於神以佐堯者也,伯翳能議百物以佐舜者也。其後皆不失祀而未有興者,周衰其將至矣。"⑤據此,最熟悉西周天命明德理論的一群人,早在西周之末就意識到周之治道將要斷裂,而姬周必失天命,只是代周者爲何姓,當時尚不能確定。《周語》載王子朝言:"自我先王厲、宣、幽、平而貪天禍,至于今未弭。"⑥《左傳》昭公二十六年(前516)載王子朝告諸侯之言:"至于

---

①《國語》卷一六《鄭語》,第518—519頁。
②同上書,第511頁。
③同上書,第508頁。
④《周禮》卷二六《宗伯禮官之職》,《十三經古注》據永懷堂本校刊,第501頁。
⑤《國語》卷一六《鄭語》,第511—512頁。
⑥同上書,第110頁。

幽王,天不弔周,王昏不若,用愆厥位。"①

　　結合前文,宗周治道邏輯本身就潛藏着自我顛覆的危險,而王子朝及史官群體的認識也證實了這一兩面性特徵。依此,對周人而言,王道斷裂自幽王時已經開始,而天命轉移的過程却是緩慢的。

　　回到《鄭語》,幽王因寵幸褒姒,而欲廢長立幼,導致太子逃到其母舅之國申。申、吕、繒、西戎皆支持太子宜臼,與立伯服爲太子的王室矛盾日熾。史伯預感大戰在即,勸鄭桓公早做準備以避難。《古本竹書紀年輯證》載：

　　　《紀年》曰:"幽王八年,立褒姒之子曰伯服,爲太子。"(《太平御覽》卷一四七皇親部)

　　　《紀年》曰:"幽王立褒姒之子伯盤,以爲太子。"(《太平御覽》卷八五皇王部)

　　　《汲冢書紀年》曰:"平王奔西戎,而立伯盤以爲大子。"(《左傳·昭公二十六年》正義)②

據此,則宜臼入申與伯服立太子均在幽王八年。又載：

　　　《汲冢書紀年》曰:"(伯盤)與幽王具死于戲。先是,申侯、魯侯及許文公立平王于申,以本大子,故稱天王。幽王既死,而虢公翰又立王子余臣于攜。周二王並立。"(《左傳·昭公二十六年》正義)

　　　《汲冢紀年》曰:"幽王既死,申侯、魯侯、許文公立平王于申。虢公翰立王子余,二王並立。"(《通鑒外紀》卷三)③

---

①《春秋經傳集解》卷二五《昭公六》,《十三經古注》據相臺岳氏家塾本校刊,第1495頁。
②方詩銘、王修齡校注《古本竹書紀年輯證》,上海:上海古籍出版社2005年,第62頁。
③同上書,第63—64頁。

王子朝告諸侯時亦言："攜王奸命，諸侯替之，而建王嗣，用遷郟鄏。"①如此《竹書紀年》所載"二王並立"之事當屬史實。

從幽王開始，寵奸信佞既已肇"喪厥天命"之端。幽王死後，二王並立的奇觀出現，則更是對這套明德以享天命的治道邏輯報以現實的痛擊。對周人來說，"天"似乎糊塗了，搞不清楚應該降命於哪個王了。此番場景正好契合衛武公諷刺厲王所用的那句"天方艱難，曰喪厥德"（《大雅·抑》）。再如《詩序》以爲家父刺幽王的《小雅·節南山》："不弔昊天，不宜空我師。……昊天不傭，降此鞠訩。昊天不惠，降此大戾。……不弔昊天，亂靡有定。……昊天不平，我王不寧。"又大夫刺幽王的《小雅·雨無正》："浩浩昊天，不駿其德。降喪飢饉，斬伐四國。……如何昊天，辟言不信。……胡不相畏，不畏于天。"諸如此類《詩》篇中，已不再能看到對天之敬畏，多的是懷疑和斥責。在宗周治道邏輯中處於關鍵一環的"天命"既已不可信從，那麼治道之裂更是必然。

平王東遷以後，王室頹勢日益明顯。從此開始了295年的春秋時期。春秋時期之政治演進，顧棟高總結爲"三大變"，其云：

> 《春秋》二百四十二年，時勢凡三大變。隱、桓、莊、閔之世，伯事未興，諸侯無統，會盟不信，征伐屢興，戎、狄、荊楚交熾，賴齊桓出而後定，此世道之一變也。僖、文、宣、成之世，齊伯熄而宋不競，荊楚復熾，賴晉文出而復定，襄、靈、成、景嗣其成業，與楚迭勝迭負，此世道之又一變也。襄、昭、定、哀之世，晉悼再伯，幾軼桓、文，然實開大夫執政之漸，嗣後晉六卿、齊陳氏、魯三家、宋華向、衛孫甯交政，中國政出大夫，而春秋遂夷爲戰國矣。孔子謂自諸侯出，自大夫出，陪臣執國命，實一部《春秋》之發凡起例。逐年有發端，逐代有結

---

① 《春秋經傳集解》卷二五《昭公六》，《十三經古注》據相臺岳氏家塾本校刊，第1495頁。

案,有起伏,有對照,非可執定一事以求其褒貶也。①

顧棟高分《春秋》所記歷史爲三個階段,以魯公紀年爲準,則隱、桓、莊、閔爲一段,僖、文、宣、成爲一段,襄、昭、定、哀爲一段。顧氏之分,多以變亂始,以五霸出而定之終,最後引孔子語,點明王權及諸侯權力下移之情況。五霸更迭與王室共主地位一步步旁落的歷史脈絡非常清楚。前據晉文公請隧之例,事雖未成,而其僭越之心實昭然。又,春秋中期的晉公盆(10342)銘文載:"敢帥型先王,秉德秩秩,協燮萬邦。"晉公之德已關涉"協燮萬邦"之事,其僭越可知也。政治形勢既已如此,治道邏輯的穩定結構必然遭到破壞,而載道的《詩》《書》之學亦必然要轉換其形態。

二、禮樂崩壞與"變風""變雅""變《書》"

《史記·儒林列傳》司馬遷贊語:"余讀功令,至於廣厲學官之路,未嘗不廢書而歎也。曰:嗟乎!夫周室衰而《關雎》作,幽厲微而禮樂壞,諸侯恣行,政由彊國。故孔子閔王路廢而邪道興,於是論次《詩》《書》,修起禮樂。"②司馬遷認爲《詩》所以興,在於周室衰,而歌者藉以諷刺時王。到了厲王和幽王的時候,宗周更是禮樂崩壞,王官之教下移至"彊國",官職所守已大不如前。孔子生當春秋末,感慨王道廢而政由諸侯出,故其"論次《詩》《書》,修起禮樂"。太史公所謂之"周室衰",可結合《十二諸侯年表序》來看:

> 及至厲王,以惡聞其過,公卿懼誅而禍作,厲王遂奔于彘,亂自京師始,而共和行政焉。是後或力政,彊乘弱,興師不請天子。然挾王室之義,以討伐爲會盟主,政由五伯,諸侯恣行,淫侈不軌,賊臣篡

---

①顧棟高《春秋大事表·讀春秋偶筆》,第32—33頁。
②《史記》卷一二〇《儒林列傳》,第3785頁。

子滋起矣。①

司馬遷以五霸競起之春秋格局可推源自厲王亂國之後的"共和行政"。共和行政對《詩》《書》之教的直接衝擊，在於宗周《詩》《書》之學所宣揚的"天命在周"，以及周之子孫承文、武之功業，受佑於天帝之思想開始變化，周王成爲人們諷諭之對象。《詩經·小雅·六月》小序云：

  《鹿鳴》廢則和樂缺矣，《四牡》廢則君臣缺矣，《皇皇者華》廢則忠信缺矣，《常棣》廢則兄弟缺矣……《彤弓》廢則諸夏衰矣，《菁菁者莪》廢則無禮儀矣，《小雅》盡廢則四夷交侵，中國微矣。

依照《詩小序》所言，至《菁菁者莪》而《小雅》盡，意指宗周禮樂由此始壞。"共和執政"爲春秋諸侯力政之濫觴，表面上共伯和理政維持了14年的宗周統治，實際上已爲諸侯干政提供了"典範"。宗周禮樂《詩》《書》之教爲其禮樂文化之核心。從厲王開始，對此種文化的破壞是多方面的。以《書》教爲例，前論西周銅器銘文與《書》類文獻之關係，以燮公盨銘文切入，詳繹宗周《書》教相關之內容。周人有殷亡之鑒，故其《詩》《書》之教多言天命，認爲天命與國祚、帝位相關聯，然而"天命（雖）可知，（但）天命靡常"。因其"靡常"，故周人又探查到天命降臨之條件，即"唯德是輔"。在此基礎上，他們教導子弟當知"明德"。"明德"對應的內容，上文已詳舉，包括知天道運轉之大法、安定時節、勤於政事、孝友之道、恭嚴祭祀而不墜、不腆于酒、毋迷從婦人之言、倚重兄弟同姓等。"明德"爲宗周統治之核心，其所涉內容直接關係到帝命國祚、宗法祭祀等，爲邦國政治架構之認識基礎，故荀子言"《書》者，政事之紀也"。邦國之君循之以知往鑒、明治道，王官藉以授受子弟以造明道理邦之新士。前文亦論及，周公承繼殷禮，損益補充，使其適應宗周現實，即所謂的"制禮作樂"。故此，宗周王官之學中，形成了順先王禮樂與《詩》《書》

---

① 《史記》卷一四《十二諸侯年表》，第647頁。

以造士的格局。《王制》明言"春秋教之以禮樂,秋冬教之以《詩》《書》"。《小雅》盡,禮樂壞,反映在厲王身上即其不修"明德",《詩小序》言《民勞》《板》《蕩》《抑》《桑柔》諸大雅篇,爲召穆公、凡伯、衛武公、芮伯等諷厲王之詩,如《板》首二章言:"上帝板板,下民卒瘴。出話不然,爲猶不遠。靡聖管管,不實於亶。猶之未遠,是用大諫。天之方難,無然憲憲。天之方蹶,無然泄泄。辭之輯矣,民之洽矣。辭之懌矣,民之莫矣。"毛傳云:"板板,反也。上帝,以稱王者也。瘴,病也。話,善言也。猶,道也。"鄭箋云:"猶,謀也。王爲政反先王與天之道,天下之民盡病。其出善言而不行之也,此爲謀不能遠圖,不知禍之將至。"毛傳認爲此處言"上帝",實則在稱厲王,首句言其背離天道,不知民之疾苦;次言其無聖人之法度,言行相違;再言其謀不能圖遠,故諫之。第二章更爲嚴重,鄭箋言:"天,斥王也。王方欲艱難天下之民,又方變更先王之道。臣乎,女無憲憲然,無沓沓然,爲之制法度,達其意以成其惡。"厲王變更先王之道,不知天以民監德受命。《國語·周語上》所記有邵公諫厲王弭謗事:

  厲王虐,國人謗王。邵公告曰:"民不堪命矣!"王怒,得衛巫,使監謗者,以告,則殺之。國人莫敢言,道路以目。王喜,告邵公曰:"吾能弭謗矣,乃不敢言。"邵公曰:"是障之也。防民之口,甚於防川。川壅而潰,傷人必多,民亦如之。是故爲川者決之使導,爲民者宣之使言。故天子聽政,使公卿至於列士獻詩,瞽獻曲,史獻書,師箴,瞍賦,矇誦,百工諫,庶人傳語,近臣盡規,親戚補察,瞽、史教誨,耆、艾修之,而後王斟酌焉,是以事行而不悖。民之有口,猶土之有山川也,財用於是乎出;猶其有原隰衍沃也,衣食於是乎生。口之宣言也,善敗於是乎興,行善而備敗,其所以阜財用、衣食者也。夫民慮之於心而宣之於口,成而行之,胡可壅也?若壅其口,其與能幾何?"王不聽,於是國莫敢出言,三年,乃流王於彘。①

---

① 《國語》卷一《周語上》,第9—11頁。

邵公諫厲王之事，顯示出厲王失民之甚，以致到了相互對立的地步。另外，《牧誓》中武王鑒於殷亡，已反面告誡子孫毋迷從婦人之言。《詩經·大雅·瞻卬》小序言其"凡伯刺幽王大壞也"，其第三章載："懿厥哲婦，為梟為鴟。婦有長舌，維厲之階。亂匪降自天，生自婦人。匪教匪誨，時維婦寺。"鄭箋："懿，有所痛傷之聲也。厥，其也。其，幽王也。梟鴟，惡聲之鳥，喻褒姒之言無善。長舌，喻多言語。是王降大厲之階。階，所由上下也。今王之有此亂政，非從天而下，但從婦人出耳。又非有人教王為亂，語王為惡者，是維近愛婦人，用其言故也。"據此可知，在時人看來，幽王亦背離祖訓，重蹈殷亡之覆轍。

幽厲衰，宗周禮樂始壞，周王不再如文、武、成、康一樣被讚揚，周之受佑於天而得國祚之說不再被提起。《詩》之所誦，開始從對周王的諫勸發展到諷刺。與之相反，顯明諸侯及貴族的詩句逐漸增多，如"文武吉甫，萬邦為憲"（《六月》）、"方叔元老，克壯其猶"（《采芑》）、"申伯之功，召伯是營"（《崧高》）、"吉甫作誦，其詩孔碩。其風肆好，以贈申伯"（《崧高》）、"仲山甫之德，柔嘉維則"（《烝民》）、"四牡奕奕，孔脩且張。韓侯入覲，以其介圭，入覲于王"（《韓奕》）、"原隰既平，泉流既清。召伯有成，王心則寧"（《黍苗》）、"赫赫南仲，玁狁于襄"（《出車》）等，多見讚揚吉甫、方叔、申伯、召伯、仲山甫、韓侯、南仲等的內容。可以看出，宗周禮樂文化從厲王開始已明顯發生變化，而此種變化在《詩》《書》之教上亦有明顯反映。

細檢《六月》及其後之《小雅》詩篇，《小序》云：

《六月》，宣王北伐也。……《節南山》，家父刺幽王也。《正月》，大夫刺幽王也。《十月之交》，大夫刺幽王也。《雨無正》，大夫刺幽王也。雨自上下者也，衆多如雨，而非所以為政也。《小旻》，大夫刺幽王也。《小宛》，大夫刺幽王也。《小弁》，刺幽王也。大子之傅作焉。《巧言》，刺幽王也。大夫傷於讒，故作是詩也。……《何草不黃》，下國刺幽王也。四夷交侵，中國背叛，用兵不息，視民如禽獸,君子憂之,故作是詩也。

此外,《大雅·民勞》及其後之十二篇,《小序》云:

《民勞》,召穆公刺厲王也。《板》,凡伯刺厲王也。《蕩》,召穆公傷周室大壞也。厲王無道,天下蕩蕩,無綱紀文章,故作是詩也。《抑》,衛武公刺厲王,亦以自警也。《桑柔》,芮伯刺厲王也。《雲漢》,仍叔美宣王也。宣王承厲王之烈,內有撥亂之志,遇災而懼,側身修行,欲銷去之。天下喜於王化復行,百姓見憂,故作是詩也。《崧高》,尹吉甫美宣王也。天下復平,能建國親諸侯,褒賞申伯焉。《烝民》,尹吉甫美宣王也。任賢使能,周室中興焉。《韓奕》,尹吉甫美宣王也。能錫命諸侯。《江漢》,尹吉甫美宣王也。能興衰撥亂,命召公平淮夷。《常武》,召穆公美宣王也。有常德以立武事,因以爲戒然。《瞻卬》,凡伯刺幽王大壞也。《召旻》,凡伯刺幽王大壞也。旻,閔也,閔天下無如召公之臣也。

凡此七十一篇雅詩,即鄭玄《小大雅譜》云:"《大雅·民勞》、《小雅·六月》之後,皆謂之變雅。"①孔穎達疏:"《民勞》《六月》之後,其詩皆王道衰乃作,非制禮所用,故謂之變雅也。""變雅"之說起自《詩大序》:"至於王道衰,禮義廢,政教失,國異政,家殊俗,而變風變雅作矣。"前及七十一首詩當中,多有美宣王者,如《吉日》《庭燎》《雲漢》《崧高》《烝民》《韓奕》《江漢》《常武》等;亦有僅記宣王事迹者,如《六月》《采芑》《車攻》等。然而所美宣王者,多讚其治亂安國與復古等,主要是厲王之後對周室統治之支撐,對其頌揚較之文武成康之烈,相差已遠。孔穎達所謂"皆王道衰乃作,非制禮所用",甚諦。

據《詩大序》,風詩亦有"變風"。鄭玄《邶鄘衛譜》云:"七世至頃侯,當周夷王時,衛國政衰,變風始作。故作者各有所傷,從其國本而異

---

① 鄭玄《毛詩譜》,"日本漢文大系"毛傳、鄭箋、朱熹集傳合刊本,第13—14頁。

之,爲邶鄘衛之詩焉。"《王城譜》云:"至於夷、厲,政教尤衰。十一世幽王嬖褒姒,生伯服,廢申后,太子宜咎奔申。申侯與犬戎攻宗周,殺幽王於戲。晉文侯、鄭武公迎宜咎于申而立之,是爲平王。以亂,故徙居東都王城。於是王室之尊,與諸侯無異,其詩不能復雅,故貶之謂王國之變風。"《鄭譜》云:"(鄭)武公與晉文侯定平王於東都王城,卒取史伯所云十邑之地,右洛左濟,前華後河,食溱洧焉。武公又作卿士,國人宜之,鄭之變風又作。"《齊譜》云:"丁公嗣位於王官。後五世,哀公政衰,荒淫怠慢,紀侯譖之於周,懿王使烹焉。齊之變風始作。"《魏譜》云:"當周平、桓之世,魏之變風始作。"《唐譜》云:"當周公、召公共和之時,成侯曾孫僖侯,甚嗇愛物,儉不中禮,國人閔之,唐之變風始作。"《秦譜》云:"至曾孫秦仲,宣王又命作大夫,始有車馬禮樂侍御之好,國人美之,秦之變風始作。"《陳譜》云:"五世至幽公,當厲王時,政衰,大夫淫荒,所爲無度,國人傷而刺之,陳之變風作矣。"《檜譜》云:"周夷王、厲王之時,檜公不務政事,而好絜衣服,大夫去之,於是檜之變風始作。"《曹譜》云:"十一世,當周惠王時,政衰,昭公好奢而任小人,曹之變風始作。"①

鄭玄以爲"變風"起自政事之衰,諸邦情況各異,如齊風之變,起自周懿王之時,而曹風之變,又晚至周惠王時發生。以《蜉蝣》爲例,《小序》云:"刺奢也。昭公國而迫,無法以自守,好奢而任小人,將無所依焉。"據此則《毛詩》所取之《曹風》,已全屬變風矣。故陸德明《邶風·柏舟》解題云:"從此訖《豳·七月》,十三國並變風也。"②馬瑞辰云:"蓋變化下之名爲刺上之什,變乎風之正體,是謂變風。"③

結合鄭玄諸人之説,我們可將宗周《詩》學官本之變化分爲兩個階段,從文武康昭,一直到穆、共王,《詩》教之本當多爲同宗周禮樂文化關

---

①上引俱見鄭玄《毛詩譜》,"日本漢文大系"毛傳、鄭箋、朱熹集傳合刊本,第5—12頁。
②陸德明撰、黃焯彙校《經典釋文彙校》,北京:中華書局2006年,第129頁上。
③馬瑞辰撰、陳金生點校《毛詩傳箋通釋》卷一《風雅正變説》,北京:中華書局1989年,第10頁。

係密切之"正風""正雅",《頌》詩亦如此。懿王以後,尤其從厲王開始,禮樂漸壞,而《詩》教遂變。

厲、幽之後的《詩》教文本,從今傳《毛詩》的《風》《雅》《頌》諸篇來看,以"變風""變雅"爲多,如孔穎達所言"皆王道衰乃作,非制禮所用"。《詩》教文本由純雅而漸混入"變雅"之作,當時所用之教本規模自然不同於今傳《毛詩》,但門類當已相去不遠。《毛詩》之藍本亦當出自其中之一。

依《小序》所述,曹之"變風"《下泉》爲"曹人疾共公侵刻其下民,不得其所,憂而思明王賢伯"而作,曹共公當周襄王、魯僖公之時,則《毛詩》所據藍本之編定上限當春秋中期,曹共公(前652—前618)執政或之後。當時諸國官學之《詩》教用本或已有後世規模,而後不久孔子於此基礎上"論次之",用作私學之教本。要之,《詩》教之篇,就其形態演進而言,鄭玄《詩譜序》所言之大概階段基本無差,錄此以供參考:

> 後王稍更陵遲,懿王始受譖,亨齊哀公,夷身失禮之後,《邶》不**尊賢**。自是而下,厲也、幽也,政教尤衰,周室大壞。《十月之交》、《民勞》、《板》、《蕩》,勃爾俱作。衆國紛然,刺怨相尋。五霸之末,上無天子,下無方伯,善者誰賞,惡者誰罰,紀綱絶矣。**故孔子錄懿王、夷王時詩,訖于陳靈公淫亂之事,謂之變風變雅**。以爲勤民恤功,昭事上帝,則受頌聲,弘福如彼。若違而弗用,則被劫殺,大禍如此。吉凶之所由,憂娛之萌漸,昭昭在斯,足作後王之鑒,於是止矣。①

---

① 鄭玄《毛詩譜序》,"日本漢文大系"本《毛詩》,第1—2頁。鄭玄言"詩之所興"與"《詩》之正經":詩之興也,諒不於上皇之世。大庭軒轅逮於高辛,其時有亡,載籍亦蔑云焉。《虞書》曰:"詩言志,歌永言,聲依永,律和聲。"然則詩之道放於此乎? 有夏承之,篇章泯棄,靡有子遺。邇及商王,不風不雅。何者? 論功頌德,所以將順其美;刺過譏失,所以匡救其惡。各於其黨,則爲法者彰顯,爲戒者著明。周自后稷播種百穀,黎民阻飢,茲時乃粒,自傳於此名也。陶唐之末,中葉公劉,亦世修其業,以明民共財。至於大王、王季,克堪顧天。文武之德,光熙前緒,以集大命於厥身,遂爲天下父母,使民有政有居。其時《詩》,《風》有《周南》《召南》,《雅》有《鹿鳴》《文王》之屬。及成王,周公致大平,制禮作樂,而有《頌》聲興焉,盛之至也。本之由此《風》《雅》而來,故皆録之,謂之《詩》之正經。

348 《書經》之成立

　　此處特述"變風""變雅"之説，以明古之官學據時立教，故教本篇目甚或篇章之内容隨時而動。另外，正變之説，不宜平面觀之，其背後反映出早期王朝教本的歷時變化，《毛詩》藍本正是早期教本演進過程中的形態之一。

　　據前章所論，《書》之代《訓》在共和之後，最晚至宣幽之際，其主體來自《訓典》，彙編文、武、成、康與周公相關篇章而成。彙編的目的，一是團結宗族，二是譏諷厲王、勸誡後王。據此，則《書》之出現同《詩》之《風》《雅》之變基本同時，功能亦近同。就《書序》百篇本來看，存世八十一目，除了《費誓》與《秦誓》外，全無穆王之後諸周王相關之《書》。《逸周書》諸篇更是如此。可以看出《書》之褒貶。二者相較，《詩》之變是言其創作之義，而《書》之變則在其篇目選擇與傳解上。

　　就"經解"來看《書》之變。如宣公十五年《左傳》載：

　　　　晉侯賞桓子狄臣千室，亦賞士伯以瓜衍之縣，曰："吾獲狄土，子之功也。微子，吾喪伯氏矣。"羊舌職説是賞也，曰："《周書》所謂'庸庸祗祗'者，謂此物也夫。士伯庸中行伯，君信之，亦庸士伯，此之謂明德矣。文王所以造周，不是過也。故《詩》曰'陳錫哉周'，能施也。率是道也，其何不濟？"①

杜預注："《周書》，《康誥》。庸，用也。祗，敬也。言文王能用可用，敬可敬。"②據羊舌職的分析，其與杜説同，解"庸"作"敬"，故言"士伯庸中行伯""君庸士伯"，并言"此之謂明德矣"。所謂之"明德"，當即前文所析善待從德得佑之人，這裏即指晉景公對桓子及士伯之賞賜。其義較宗周所謂"明德"不同。羊舌職將晉景公的賞賜行爲作比於"文王所以造周"，反映出春秋《書》學之僭越。再如文公五年《左傳》載：

―――――
①《春秋經傳集解》卷一一《宣公下》，《十三經古注》據相臺岳氏家塾本校刊，第1297頁。
②同上。

第五章　道裂與學墜:春秋王官《書》學的承與變

晉陽處父聘于衛,反,過甯,甯嬴從之。及溫而還。其妻問之,嬴曰:"以剛。《商書》曰:'沈漸剛克,高明柔克。'夫子壹之,其不没乎!天爲剛德,猶不干時,況在人乎?且華而不實,怨之所聚也。犯而聚怨,不可以定身。余懼不獲其利而離其難,是以去之。"①

甯嬴語其妻何以始從陽處父而後返,用《商書》"沈漸剛克,高明柔克"爲説。此句在梅本《周書·洪範》中作"沈潛剛克,高明柔克"。"沈漸"作"沈潛",《史記·宋世家》作"沈漸",同於《左傳》。《漢書·谷永傳》"豈意將軍忘湛漸之義",亦作"漸"。②據楊伯峻先生注,此句古有兩解:一以沈潛、高明指人,《宋世家集解》引馬融云:"沈,陰也。潛,伏也。陰伏之謀,謂賊臣亂子非一朝一夕之漸,君親無將,將而誅。高明君子,亦以德懷也。"則以沈潛爲所謂亂臣賊子,高明爲所謂君子;於所謂亂臣賊子,當以剛克之;於所謂君子,當以柔克之。一以沈潛、高明指本性,杜注云:"沈潛猶滯溺也,高明猶亢爽也,言各當以剛柔勝己本性,乃能成全也。"詳繹《傳》文之義,杜注近之。③《洪範》正義引鄭玄注:"三德,人各有一德,爲人臣也。"從《書》爲治典之性質上來看,馬融、鄭玄的講法似更近古。至於楊伯峻先生有所傾向的杜預之説,從甯嬴的用《書》上可找到對應,即以沈漸言人之性格。由觀政而至觀人,顯示出人

---

① 《春秋經傳集解》卷八《文公上》,《十三經古注》據相臺岳氏家塾本校刊,第 1260 頁。
② 除此條外,《左傳》還有兩處引《洪範》,分別爲《成公六年》和《襄公三年》,皆曰《商書》,是古以《洪範》爲《商書》。另外,《説文解字》引《洪範》内容多曰引自《商書》,如《歹部》"殬"字條下引《商書》"彝倫攸殬"(即《洪範》"彝倫攸斁");《女部》"㛤"字條下引《商書》"無有作㛤"(即《洪範》"無有作惡");《卜部》"悔"字條下引《商書》"曰貞曰悔"(即《洪範》"曰貞曰悔")。可知,直到後漢,古文家之《尚書》當中,《洪範》依然屬於《商書》。而劉向《列女傳·辯通傳·楚野辯女》有"無侮鰥寡,而畏高明"句,當出《洪範》"無虐煢獨而畏高明",曰出自《周書》。則劉向所見之《洪範》已列《周書》。又《書序》言"武王勝殷,殺受,立武庚,以箕子歸,作《洪範》",似已列《洪範》入《周書》。如此,則《洪範》之歸屬從先秦開始,已可見出兩種意見。
③ 楊伯峻《春秋左傳注》,第 541 頁。

文與人本之自覺,而後諸子討論性命或同這種經解傾向相關聯。

第三節　天子失官:"道術將爲天下裂"

昭公十七年《左傳》載孔子問學郯子後,曰:"吾聞之,天子失官,學在四夷,猶信。"杜預注:"失官,官不修其職也。傳言聖人無常師。"①杜注從兩個方面來講,一講官不復修職,一講孔子無常師。兩者並言恰爲一個時代學術生態之縮影。一般認識上,對"失官"理解過於簡單化了。前引觀射父爲昭王解釋"絶地天通",亦言及官守之失的問題:"及少昊之衰也……顓頊受之,乃命南正重司天以屬神,命火正黎司地以屬民,使復舊常,無相侵瀆,是謂絶地天通。……其在周,程伯休父其後也,當宣王時,失其官守,而爲司馬氏。"韋昭注:"程,國。伯,爵。休父,名也。失官守,謂失天地之官,而以諸侯爲大司馬。《詩》曰'王謂尹氏,命程伯休父'是也。"②失官,謂失其官守之義,即杜預所謂的不復修職。"失官"的原因有多種,非亂世棄官之專指。但是隨後"司馬氏"的官守的確是因爲世亂而"去周適晉",司馬遷述其祖職,言:"惠襄之間,司馬氏去周適晉。晉中軍隨會奔秦,而司馬氏入少梁。自司馬氏去周適晉,分散,或在衛,或在趙,或在秦。"③集解引張晏曰:"周惠王、襄王有子穨、叔帶之難,故司馬氏奔晉。"由太史公所載,則司馬氏之職守源流清楚,遭逢亂世,天子官守先棄王室,流波於諸侯國之間,是謂"失官"之一種表現。郯子的情況應該近同,只是出走更遠,但這一類官守只是下移而非隱遁逃世。

《論語·憲問》載:"子曰:賢者辟世,其次辟地,其次辟色,其次辟

---

① 《春秋經傳集解》卷二三《昭公四》,《十三經古注》據相臺岳氏家塾本校刊,第1469頁。
② 《國語》卷一八《楚語下》,第562—564頁。
③ 《史記》卷一三〇《太史公自序》,第3989—3990頁。

言。子曰：作者七人矣。"其次辟地，馬融注："去亂國，適治邦。"作者七人，包咸注："作，爲也。爲之者凡七人，謂長沮、桀溺、丈人、石門、荷蕢、儀封人、楚狂接輿。"①孔子言，政局動蕩，危及自身時，賢者會遠離世事而隱居起來；如果依舊難以避免危險，則移居他處；如果還是危險，則不與面惡之人來往；依舊危險的話，就謹慎言語。或以爲此處所言之七人即《微子》中之逸民七人：②

> 逸民：伯夷、叔齊、虞仲、夷逸、朱張、柳下惠、少連。子曰："不降其志，不辱其身，伯夷、叔齊與！"謂："柳下惠、少連，降志辱身矣。言中倫，行中慮，其斯而已矣。"謂："虞仲、夷逸，隱居放言。身中清，廢中權。我則異於是，無可無不可。"③

包咸注："此七人皆逸民之賢者。"又言："放，置也。不復言世務。"馬融曰："清，純潔也。遭世亂自廢棄以免患於權也。"遭逢亂世，七賢人皆隱去，而孔子言"無可無不可"，他既不否定七賢之做法，又有自己的選擇。這裏隱逸又代表着"失官"的另外一途。《史記》言老子"周守藏室之史也"，"居周久之，見周之衰，迺遂去"，④亦屬此類。

我們所言之學墜，即王官下移，實際上同治道之破一樣，是宗周道裂的外在表現形式之一。政道難以維繫的後果中，最值得注意者尚不是簡單的"世亂"，而是新的"士"之階層的出現。士人階層主要由沒落貴族與上升之庶族所構成，他們面對"天下無道"的現實必然自覺承擔起確立"新道統"的使命。⑤由於各種原因，士人階層初步擺脫了"宗族"的

---

①《論語》卷一四《憲問》，《十三經古注》據永懷堂本校刊，第2011頁。
②宮崎市定撰、王新新等譯《宮崎市定讀〈論語〉》，桂林：廣西師範大學出版社2019年，第367頁。
③《論語》卷一八《微子》，《十三經古注》據永懷堂本校刊，第2028—2029頁。
④《史記》卷六三《老子韓非列傳》，第2603—2605頁。
⑤關於士人階層的討論非常豐富，茲不綴述，詳參余英時《士與中國文化》（上海人民出版社2013年）前兩章及其引注。

束縛,而他們需要做的是確立一套更爲廣泛的"道""德"系統,以及超越族姓的"天人"關係與"政道"關係。當然,當時的"道"還是圍繞治理(治國、平天下)展開。然而,這些新的"制作"的知識資源却依舊是下移的王官之學。

前論"東周秦漢口傳文化"部分,點明春秋以降,王官下移,侯國之教育實則日隆。此一時期,爲勵精圖治,諸國競士,選官亦擇私學所出。所引《春秋列國的教育》中論述已詳,兹不贅語。①

對於王官之學,古人的認識非常理想化,如《莊子·天下篇》載:

> 曰:"神何由降?明何由出?""聖有所生,王有所成,皆原於一。"……古之人其備乎!配神明,醇天地,育萬物,和天下,澤及百姓,明於本數,係於末度,六通四辟,小大精粗,其運無乎不在。其明而在數度者,舊法世傳之史尚多有之。其在於《詩》《書》《禮》《樂》者,鄒魯之士搢紳先生多能明之。《詩》以道志,《書》以道事,《禮》以道行,《樂》以道和,《易》以道陰陽,《春秋》以道名分。**其數散於天下而設於中國者,百家之學時或稱而道之。**天下大亂,賢聖不明,道德不一,天下多得一察焉以自好。譬如耳目鼻口,皆有所明,不能相通。猶百家衆技也,皆有所長,時有所用。雖然,不該不徧,一曲之士也。判天地之美,析萬物之理,察古人之全,寡能備於天地之美,稱神明之容。是故内聖外王之道,闇而不明,鬱而不發,天下之人各爲其所欲焉以自爲方。悲夫!百家往而不反,必不合矣。**後世之學者,不幸不見天地之純,古人之大體,道術將爲天下裂。**②

莊子稱,古之學者見天地之純之美、神明之容,古學體大無方,而今

---

① 依照前引《禮記·王制》所載,"春秋教以禮、樂,冬夏教以《詩》《書》。王大子,王子,群后之大子,卿、大夫、元士之適子,國之俊選,皆造焉",則"士"接受過《詩》《書》等知識。
② 郭慶藩撰、王孝魚點校《莊子集釋》,第1065—1069頁。

之百家則"不該不徧，一曲之士也"，僅能窺其一端，內聖外王之道因之而裂。屬於王官學之餘者，莊子特別強調了《詩》《書》《禮》《樂》《易》《春秋》。可知在莊子那裏，《春秋》已經被整合進更早的王官學系統當中了。至於百家學術之前途，莊子認爲"百家往而不反，必不合矣"，定然回不去王官舊貌了。

王官之學的首要特徵是"以吏爲師"，同後來秦政相仿佛。其不同者，三代官職爲世職，而知識學問亦爲世守，古學之主要特徵仍是以宗法氏族爲知識階層。章學誠言："以吏爲師，三代之舊法也。秦人之悖於古者，禁《詩》《書》而僅以法律爲師耳。三代盛時，天下之學，無不以吏爲師。《周官》三百六十，天人之學備矣。其守官舉職，而不墜天工者，皆天下之師資也。東周以還，君師政教不合於一，於是人之學術，不盡出於官司之典守。秦人以吏爲師，始復古制。而人乃狃於所習，轉以秦人爲非耳。秦之悖於古者多矣，猶有合於古者，以吏爲師也。"①

杜預言孔子無常師，後世多以好學解之，結合春秋時期"學墜"之實際，則孟子言孔子"集大成"正是由此"無常師"而來。《論語·子張》載衛公孫朝問於子貢曰："仲尼焉學？"子貢曰："文武之道，未墜於地，在人。賢者識其大者，不賢者識其小者，莫不有文武之道焉。夫子焉不學？而亦何常師之有？"公孫朝的問題當時應該多有人提出，王失其官，那就是孔子所習的王官之學從何而來。子貢言文武之道並沒有完全消失，尚有人知之。賢人尚能觀其大略，不賢之人也能察其末節，不管怎麼樣，這些人都還知道些文武之道。孔子無處不學，且沒有固定的老師，所以能夠學到。如此，則孔子的"集大成"的確是拼接出來的知識體系。從孔子開始，儒者廣博地學習吸納王官學的殘餘，尤重六藝之文：

> 古之儒者，博學虖六藝之文。六學者，王教之典籍，先聖所以明天道，正人倫，致至治之成法也。周道既衰，壞於幽厲，禮樂征伐自

---

① 章學誠撰、葉瑛校注《文史通義校注》，第232頁。

諸侯出，陵夷二百餘年而孔子興，以聖德遭季世，知言之不用而道不行，乃歎曰："鳳鳥不至，河不出圖，吾已矣夫！""文王既没，文不在兹乎？"於是應聘諸侯，以答禮行誼。西入周，南至楚，畏匡戹陳，奸七十餘君。適齊聞《韶》，三月不知肉味；自衛反魯，然後樂正，《雅》《頌》各得其所。究觀古今之篇籍，乃稱曰："大哉，堯之爲君也！唯天爲大，唯堯則之。巍巍乎其有成功也，焕乎其有文章也！"又云："周監於二代，郁郁乎文哉！吾從周。"於是敘《書》則斷《堯典》，稱樂則法《韶舞》，論《詩》則首《周南》。綴周之禮，因魯《春秋》，舉十二公行事，繩之以文武之道，成一王法，至獲麟而止。蓋晚而好《易》，讀之韋編三絶，而爲之傳。皆因近聖之事，旦立先王之教，故曰："述而不作，信而好古；""下學而上達，知我者其天乎！"①

班固詳述儒家之所自及孔子一生之重要行事與言論，言其博學王教之典籍、明天道，但生逢亂世而不見用，故退而"究觀古今之篇籍"，慨歎堯之偉大以及周文化之"鑒於二代"，在這樣的標準下整理《詩》《書》，又以文武之道褒貶魯《春秋》十二公之事迹，成一王之法。晚年好《易》，爲之作《傳》。至於爲何孔子説自己"述而不作，信而好古"，班固的解釋是孔子融先王之道於近聖之事中。就班固所論，孔子對《書》的整理亦是如此，無論是講述還是整理，他均已融古學於其中了。作爲宗周政典之《書》，經過孔子的整理與講述，而摇身一變，成爲儒家之經典了，先王之教與近聖之事融爲一體。當然，《春秋》之制作自不同於《詩》《書》，前者非王官舊學，"制作"似更加直接，後者則因歷史負擔"較重"而相對"隱微"。這大概是孔子對待王官學的態度，及其"制作"的途徑。

儒家以外，言及王官之學者還有數家，如《墨子·尚賢下》載："然昔吾所以貴堯舜禹湯文武之道者，何故以哉？以其唯毋臨衆發政而治民，使天下之爲善者可而勸也，爲暴者可而沮也。然則此尚賢者也，與堯舜

---

① 《漢書》卷八八《儒林傳》，第3589—3590頁。

禹湯文武之道同矣。"又曰:"能擇人而敬爲刑,堯舜禹湯文武之道可及也。"①且《墨子》多引《詩》《書》。又,《管子·戒》言:"内不考孝悌,外不正忠信,澤其四經而誦學者,是亡其身也。"房玄齡注:"四經,謂《詩》《書》《禮》《樂》。"②此外,《管子》之書,漢人亦以之爲"制作",《淮南子·要略》載:

  齊桓公之時,天子卑弱,諸侯力征,南夷北狄,交伐中國,中國之不絕如綫。齊國之地,東負海而北障河,地狹田少,而民多智巧。桓公憂中國之患,苦夷狄之亂,欲以存亡繼絕,崇天子之位,廣文、武之業,故《管子》之書生焉。③

由此可見,王官下移之後,典籍作爲載道之器在百家諸子争鳴中發揮着重要作用,《子罕》載孔子畏於匡時曰:"文王既没,文不在兹乎! 天之將喪斯文也,後死者不得與於斯文也。"可見孔子對於自身繼承下移的宗周王官之學的自信。孔子過匡過蒲在魯定公十四年(前496),當時他已經56歲了。

---

① 孫詒讓撰、孫啓治點校《墨子閒詁》,第66、70頁。
② 黎翔鳳撰、梁運華整理《管子校注》卷十《戒》,第510頁。
③ 劉文典撰,馮逸、喬華點校《淮南鴻烈集解》卷二一《要略》,北京:中華書局2013年,第863頁。

第六章
舊典與新經:"《書》亡而後《春秋》作"

第一節　經定:孔子之於《書》學

一、"《周官》之法廢而《書》亡"

"天子失官"對《書》學而言,主要有兩方面影響,一是王官散在諸侯國,甚或四夷之地,官散而學分;一是簡策隨王官散落而播遷流布,殘損在所難免。前一方面上文已討論,就後一方面而言,如屈萬里先生言:"平王東遷,王室文物,蓋有'文武道盡'之歎。此於今存之故書中,雖未有詳細之記載,然以爾時簡策之繁重,運輸工具之笨拙,及倉皇播遷之情勢度之,殆可斷言。"①實則,魯昭公二十六年(前516),王子朝奉周之典籍奔楚,即爲一例,只是《左傳》中未記錄下更多細節。後七雄競强,簡册更遭凌亂。程廷祚曰:"余竊揣之,蓋自孔孟既没,戰國大亂,夏、商之《書》以年歷久遠,《周書》以簡册繁重,其時盡已缺而不全。儒者惴懼,乃取其最關治道者,典、謨、貢、範與周人誓、誥之文,凡二十八篇,以備四代之典籍而藏於家。"②

---

① 屈萬里《尚書釋義·敘論》,臺北:中國文化大學出版部1989年,第3頁。
② 程廷祚《青溪文集》卷五《伏生尚書原委考》,《清代詩文集彙編》編纂委員會編《清代詩文集彙編》第269册,上海:上海古籍出版社2010年影印道光丁酉年東山草堂本,第74頁。

第六章　舊典與新經："《書》亡而後《春秋》作"

僅就載體毀亂而言，東遷以後，諸國《詩》《書》已有重整之必要。東周亂局，孔子重整之《詩》《書》，或亦難保全。

孔子之整《書》，除了典籍散亂，文武道衰、官不修職兩方面因素外，亦有救亂扶正，藉舊典以涵容其志之意。當然結合其處境來看，文獻之修，教育之興，常同孔子政治上的失意及其對現實的失望相關聯。《史記·孔子世家》載：

> 桓子嬖臣曰仲梁懷，與陽虎有隙。陽虎欲逐懷，公山不狃止之。其秋，懷益驕，陽虎執懷。桓子怒，陽虎因囚桓子，與盟而醳之。陽虎由此益輕季氏。季氏亦僭於公室，陪臣執國政，是以魯自大夫以下皆僭離於正道。故孔子不仕，退而脩《詩》《書》《禮》《樂》，弟子彌衆，至自遠方，莫不受業焉。①

孔子這次退而修《詩》《書》《禮》《樂》，時間在魯定公六年（前504），當時陽虎以陪臣執國命，季氏失權。魯國政事僭亂日熾，正道埋沒，所以孔子退而修《詩》《書》。此後再一次修整典籍，就到了制作《春秋》的哀公十二年（前483），即"孔子之去魯凡十四歲而反乎魯"之後。《孔子世家》又言：

> 孔子之時，周室微而禮樂廢，《詩》《書》缺。追迹三代之禮，序《書傳》，上紀唐虞之際，下至秦繆，編次其事。曰："夏禮吾能言之，杞不足徵也。殷禮吾能言之，宋不足徵也。足，則吾能徵之矣。"觀殷夏所損益，曰："後雖百世可知也，以一文一質。周監二代，郁郁乎文哉。吾從周。"故《書傳》、《禮記》自孔氏。②

司馬遷所言孔子序《書傳》，或言即《書》與《傳》。《書》者，就上節所析，當爲春秋時期魯國可見之《書》。《傳》則爲孔子之前的故訓傳解，

---

①《史記》卷四七《孔子世家》，第 2319 頁。
②同上書，第 2344 頁。

如昭公十四年《左傳》叔向解《夏書》"昏、墨、賊、殺"之類。據司馬遷所論，孔子序《書傳》的目的在於"追迹三代"之"文"，"恢復"宗周之"禮"，《詩》《書》是其"復古"的津梁。對《書》的處理是"上紀唐虞之際，下至秦繆，編次其事"。由此，孔子編次之《書》不同於宗周之《書》，當無疑問。而孔子"因近聖之事，以立先王之教"的最直接表現，還是制作《春秋》。《春秋》對孔子之重要，漢人有清楚的認識，《太史公自序》引壺遂之言："孔子之時，上無明君，下不得任用，故作《春秋》，垂空文以斷禮義，當一王之法。"①《儒林列傳》亦言：

> 太史公曰：余讀功令，至於廣厲學官之路，未嘗不廢書而歎也。曰：嗟乎！夫周室衰而《關雎》作，幽厲微而禮樂壞，諸侯恣行，政由彊國。故孔子閔王路廢而邪道興，於是論次《詩》《書》，修起禮樂。適齊聞《韶》，三月不知肉味。自衛返魯，然後樂正，《雅》《頌》各得其所。世以混濁莫能用，是以仲尼干七十餘君無所遇，曰"苟有用我者，期月而已矣"。西狩獲麟，曰"吾道窮矣"。故因史記作《春秋》，以當王法，以辭微而指博，後世學者多錄焉。②

就孔子修正與制作的次序來看，《春秋》爲其最後所作。"吾道窮矣"雖是由"西狩獲麟"而發的感慨，其背後則透露出一個失望累積的過程。如果我們將這一過程同經典相照應，就能夠發現《詩》《書》和《春秋》對孔子而言，意義上大有差別。孟子敏鋭地注意到了這一點，故言"王者之迹息而《詩》亡，《詩》亡然後《春秋》作"。章學誠完善其説，提出"《周官》之法廢而《書》亡，《書》亡而後《春秋》作"：

> 孟子曰："王者之迹息而《詩》亡；《詩》亡然後《春秋》作。"蓋言王化之不行也，推原《春秋》之用也。不知《周官》之法廢而《書》亡，

---

① 《史記》卷一三〇《太史公自序》，第 4005 頁。
② 同上書，第 3785 頁。

第六章　舊典與新經："《書》亡而後《春秋》作"

《書》亡而後《春秋》作。則言王章之不立也，可識《春秋》之體也。何謂《周官》之法廢而《書》亡哉？蓋官禮制密，而後記注有成法；記注有成法，而後撰述可以無定名。以謂纖悉委備，有司具有成書，而吾特舉其重且大者，筆而著之，以示帝王經世之大略；而典、謨、訓、誥、貢、範、官、刑之屬，詳略去取，惟意所命，不必著爲一定之例焉，斯《尚書》之所以經世也。至官禮廢，而記注不足備其全；《春秋》比事以屬辭，而左氏不能不取百司之掌故，與夫百國之寶書，以備其事之始末，其勢有然也。馬、鄭以下，演左氏而益暢其支焉。所謂記注無成法，而撰述不能不有定名也。故曰：王者迹息而《詩》亡，見《春秋》之用；《周官》法廢而《書》亡，見《春秋》之體也。①

章學誠以"王化"言《詩》，以"王章"言《書》，認爲二者皆關乎經世之用。三代之《書》何以治國理政？章學誠認爲三代官禮制密，"以謂纖悉委備，有司具有成書，而吾特舉其重且大者，筆而著之，以示帝王經世之大略；而典、謨、訓、誥、貢、範、官、刑之屬，詳略去取，惟意所命，不必著爲一定之例"。換言之，當時之《書》中所收相對隨意，只是選取其事"重且大"者，編入以示帝王經世大略，並不考慮其體例。不像後世需要"屬辭比事"，②是因爲官備而各種記載齊全，檢尋易得。依照章氏所論，《書》雖爲宗周舊典，但取捨僅存其經世之大略，雖經孔子編整，但其義理則没有《春秋》純粹。依照事備與例純兩個標準，天子失官以後，《書》没有了龐大的官載系統輔助，其"事備"的優勢無存，《春秋》雖然事不能備其全，但義例精純，真正繼承了王官《書》學之"體"，故言"《周官》法

---

① 章學誠撰、葉瑛校注《文史通義校注》，第31頁。
② "屬辭比事"，葉瑛校注：《禮記·經解》："屬辭比事，《春秋》教也。"章太炎先生云："屬辭比事，謂一事而涉數國者，各國皆記其一耑（端），至《春秋傳》乃排比整齊，猶司馬《通鑒》比輯諸史紀傳表志之事，同爲一篇，此爲屬辭比事。自非良史，則耑（端）緒紛然，收尾橫決，故春秋之失亂矣。"（《檢論·春秋故言》自注）章學誠撰、葉瑛校注《文史通義校注》，第35頁。

廢而《書》亡,見《春秋》之體也"。

章學誠又有"《書》亡而入於《春秋》"之説:

> 六藝並立,《樂》亡而入於《詩》《禮》,《書》亡而入於《春秋》,皆天時人事,不知其然而然也。《春秋》之事,則齊桓、晉文,而宰孔之命齊侯,王子虎之命晉侯,皆訓誥之文也,而左氏附傳以翼經;夫子不與《文侯之命》同著於篇,則《書》入《春秋》之明證也。馬遷紹法《春秋》,而删潤典謨,以入紀傳;班固承遷有作,而《禹貢》取冠《地理》,《洪範》特志《五行》,而《書》與《春秋》不得不合爲一矣。①

章學誠對於"天子失官"前後學術形態之觀察特異而獨到。其所言宰孔命齊侯之事,即魯僖公九年(前651),葵丘之盟上,周襄王賜命齊桓公;王子虎命晉侯則是僖公二十八年,城濮之戰後,晉文公獻楚國戰俘給周襄王,後踐土之盟上,王命尹氏、王子虎、内史叔興父用策書任命晉文公爲諸侯領袖之事。這兩篇册命,在章學誠看來,同收入《書》中的《文侯之命》一樣,屬訓誥之文,却只有《春秋》經傳系統中的《左傳》收錄。據此,章學誠言"夫子不與《文侯之命》同著於篇,則《書》入《春秋》之明證也"。依照章氏文意,則其認爲《詩》《書》與《春秋》當合而觀之,因爲《春秋》既得《詩》《書》古學之用("王化"),又得其體("王章")。

章學誠認爲三代以前因其官備,所以"注記有成法,而撰述無定名","《書》取足以達微隱通形名而已","因事命篇,本無成法","夫子敘而述之,取其疏通知遠,足以垂教矣"。② 孔子之於《書》,如何"取其疏通知遠"以垂教? 宋楊忱《管子序》言:

> 春秋尊王不尊霸,與中國不與夷狄,始乎平王避夷難也。是王室遷而微也,見于《周書·文侯之命》。微王也,是王者失賞也。

---

① 章學誠撰、葉瑛校注《文史通義校注》,第32頁。
② 同上書,第30頁。

《費誓》善其備夷,是諸侯之正也。《秦誓》專征伐,是諸侯之失禮也。《書》、《春秋》合體而異世也。《書》以《文侯之命》終其治也。《春秋》以平王東遷始其微也。①

依照楊忱所論,《文侯之命》《費誓》《秦誓》之編入《尚書》,皆有深意:《文侯之命》,微王也,是王者失賞也;《費誓》,善其備夷,是諸侯之正也;《秦誓》,專征伐,是諸侯之失禮也。如此融褒貶於選篇,所以楊忱認爲"《書》《春秋》合體而異世也"。章學誠之論正可與楊氏關於《尚書》三篇之説遥相呼應,而孔子序《書》之途、定經之法可由此窺其大略。

二、作爲諸子之一的孔子:定經與子學精神的注入

司馬遷《孔子世家》"太史公曰"中言:"自天子王侯,中國言六藝者折中於夫子,可謂至聖矣!"②諸子百家當中,儒家學説最接近宗周的王官學,其繼承了宗周的《詩》《書》古學並試圖復歸當時的禮樂文化。這一特徵決定了儒學自身的内在張力,這種張力表現在兩個方面:一是孔子折中諸學以"還原"宗周舊學。宗周舊學隨着天子失官,其原貌已不可盡知。前引"天子失官,學在四夷,猶信",正義曰:"仲尼學樂於萇弘,

---

① 楊忱《管子序》,黎翔鳳撰、梁運華整理《管子校注》,第 1 頁。按:此篇接着討論齊桓與晉文稱霸之異:"自東遷六十五年,《春秋》無晉,以其亡護亂也。及其滅中國之國,而後見其行事,譏失賞也。周之微也,幸不夷其宗稷,齊桓之功也。其中國無與加其盛也,其夷狄無與抗其力也。見于《衛詩》,美其存中國也。《春秋》無與辭,何異也? 存一國之風,無其人,則衛夷矣。全王道之正,與之霸,是諸侯可以專征伐也。夫晉之爲霸也,異齊遠矣。桓正,文譎。夫桓之爲正,抑夷狄,存中國。文之爲譎,陵中國,微王室。晉之風也,無美其美,無功其功,外無他焉,雖國人不與也。然而桓之正,非王道之正也,以文譎而桓正也。桓之功,非王道之功也,以攘狄而存周也。無桓周滅,有周桓賊。桓公卒衰,楚人滅周。"齊桓之正而無事入於《書》的原因正是這句"桓之正,非王道之正也,以文譎而桓正也。桓之功,非王道之功也,以攘狄而存周也。無桓周滅,有周桓賊"。由此亦可見出揀選同褒貶之關係。
② 《史記》卷四七《孔子世家》,第 1947 頁。

問官於郯子,是聖人無常師。"①孔子問職官於郯子,即是其例。又《漢書‧藝文志》所錄"仲尼有言曰:禮失而求諸野",則孔子實際上並非宗周學術的最理想傳人,他"好學"且"無常師",主張"三人行則必有我師",將所學折中在對經典的"再詮釋"中,試圖"復位"宗周文化。二是宗周舊學折中於孔子。儒門尊經,因爲孔子雖然"述而不作",但他通過講學奠定了(也是"限定")經典的解釋,所以司馬遷言後世儒生學習經典又需要以孔子爲歸宿。

"六經"得以被尊崇,直接原因是孔子之聖人身份在儒家内部的權威地位。據《論語‧子張》載,叔孫武叔在朝廷上對大夫們講子貢賢於孔子,子服景伯告訴了子貢,子貢云:"譬之宫牆,賜之牆也及肩,窺見室家之好。夫子之牆數仞,不得其門而入,不見宗廟之美、百官之富。"同篇又載叔孫武叔誹謗孔子,子貢曰:"仲尼不可毁也。他人之賢者,丘陵也,猶可踰也;仲尼,日月也,無得而踰焉。人雖欲自絶,其何傷於日月乎?多見其不知量也。"同篇又載陳子禽之問,子貢曰:"夫子之不可及也,猶天之不可階而升也。夫子之得邦家者,所謂立之斯立,道之斯行,綏之斯來,動之斯和。其生也榮,其死也哀。如之何其可及也?"子貢將孔子比作萬仞之高牆、高懸之日月,難以攀登之青天,可謂尊崇之至。再如,《禮記‧中庸》載:"仲尼祖述堯、舜,憲章文、武。上律天時,下襲水土。辟如天地之無不持載,無不覆幬,辟如四時之錯行,如日月之代明。萬物並育而不相害,道並行而不相悖,小德川流,大德敦化,此天地之所以爲大也。"②《中庸》此處又將孔子之德比作天、四季、日月。要之,在這些書寫當中,孔子祖述堯、舜,憲章文、武,以成其學;上順天地變化,下依水土沿襲所宜;其德牟於天地,合乎日月。

---

①《春秋左傳注疏》,阮元校刻《十三經注疏》,臺北:藝文印書館 2001 年影印南昌府學本,第 838 頁上。
②《禮記》卷一六《中庸》,《十三經古注》據相臺岳氏家塾本校刊,第 1081 頁。

第六章 舊典與新經:"《書》亡而後《春秋》作"

另外,孔子之先爲宋人,微子啓之後也,屬殷遺民。就此而言,孔子"吾從周"的選擇實則有意突破"族姓"傳統之束縛,折中三代,擇善而用之,所以才有"行夏之時,乘殷之輅,服周之冕"之教;而其"有教無類"的思想則又突破了階級的束縛,故蕭公權先生言:"其蕩平階級之教化,或以解放遺民爲動機。過此則難於想象矣。"① 由此,孔子對士人階層的吸引力及其個人的人格魅力尚不單純在於恢復王官舊學,而是自孔子以後六藝漸布於民間,官學得傳於私室。後世稽古者,多取以爲準則。劉師培討論"尊崇《六經》之原因":

> 《六經》本先王之舊典,特孔子另有編訂之本耳。周末諸子,雖治《六經》,然咸無定本。致後世之儒,只見孔子編訂之《六經》;而周室《六經》之舊本,咸失其傳。班固作《藝文志》,以《六經》爲"六藝",列於諸子之前,誠以《六經》爲古籍,非儒家所得私。然又列《論語》《孝經》於六藝之末,由是孔門自著之書,始與《六經》並崇。蓋因尊孔子而並崇《六經》,(原注:因孔子編訂之故。)非因尊《六經》而始崇孔子也。且後世尊崇《六經》,亦自有故。蓋後世治經學,咸隨世俗好尚爲轉移。西漢侈言災異,則說經者亦著災異之書。東漢崇尚讖緯,則說經者亦雜讖緯之說。(原注:著災異之書如董仲舒著《繁露》,劉向著《洪範五行傳》,以及眭、孟、京房、李尋是也。雜緯書之說者,如何休以西狩獲麟爲漢室受命之符,及鄭玄、宋均等注緯書,皆是也。)推之魏晉清談,則著經者雜引玄言。(原注:如王弼、韓康伯注《周易》,何晏解《論語》是也。)宋明尚道學,則注經者空言義理。(原注:如程子注《易》,朱子注《易》、注《學》《庸》《論》《孟》,楊時注《中庸》是也。)蓋治經之儒,各隨一代之好尚,故歷代之君民咸便之,而《六經》之書遂炳若日星,爲一國人民所共習矣。夫三代以前,書闕有間,惟《六經》之書確爲三代之古籍,典章風俗

---

① 蕭公權《中國政治思想史》,臺北:聯經出版事業公司1982年,第59頁。

即此可窺。即《論》《孟》各書,亦可窺儒家學術之大略,則尊崇經學亦固其宜。惟後儒誤以《六經》爲孔子之私書,不知《六經》爲先王之舊籍,並不知孔門自著之書實與《六經》有别,此則疏於考古之弊也。①

劉申叔強調孔門自著之書與《六經》有别,又論《六經》之被尊崇,實因孔子之編修。另外,他點出了傳統經學的一個重要特點,即"蓋後世治經學,咸隨世俗好尚爲轉移"。又説:"蓋治經之儒,各隨一代之好尚,故歷代之君民咸便之,而《六經》之書遂炳若日星,爲一國人民所共習矣。"所謂的"一代之好尚"其實只是歷代經學實踐之表象,究其背後之動力因素,則是子學之"發揮"特性。從孔子"折中六藝"開始,中國傳統的王官之典就被注入了"子學精神"。所謂的"子學精神",可以説是一種立足經典的"自性生長",其常常以"傳解"的形式重塑經典。"六經"如同土壤一般,每一代人則如同種子一樣,所以經學代有其異。當然,土壤本身也有其限定性,就經學而言,經典自身也限制着傳解的邊界。劉師培言"《六經》之書遂炳若日星",其義近同。

這種子學屬性的注入,加之孔子的典範作用,王官之學的載體,也即我們一直討論的《詩》《書》類典籍,開始走向"成立"。這個"成立"過程一直伴隨着其王官屬性與諸子屬性的内部博弈。

三、作爲"素王"的孔子:經典中的王官與諸子兩重性

孔子這樣一位以三代文化託命自居者,編訂《詩》《書》,制作《春秋》,這些事情,在古人眼中,都是古代帝王才能做、才有資格做的事情。也就是説,孔子不僅使經其整編的經典中内蘊了王官與諸子的張力,其自身的身份認定也存在同樣的問題。這次依然是孟子,一位與孔子相望於時空的知己,道出了孔子的"心聲":

---

① 劉師培著、陳居淵注《經學教科書》,上海:上海古籍出版社2006年,第28—29頁。

第六章 舊典與新經:"《書》亡而後《春秋》作"

堯、舜既没,聖人之道衰。暴君代作,壞宫室以爲汙池,民無所安息;棄田以爲園囿,使民不得衣食。邪説暴行又作,園囿、汙池、沛澤多而禽獸至。及紂之身,天下又大亂。周公相武王,誅紂伐奄,三年討其君,驅飛廉於海隅而戮之。滅國者五十,驅虎、豹、犀、象而遠之。天下大悦。《書》曰:"丕顯哉,文王謨!丕承哉,武王烈!佑啓我後人,咸以正無缺。"世衰道微,邪説暴行有作,臣弑其君者有之,子弑其父者有之。孔子懼,作《春秋》。《春秋》,天子之事也。是故孔子曰:"知我者其惟《春秋》乎!罪我者其惟《春秋》乎!"……昔者禹抑洪水而天下平,周公兼夷狄驅猛獸而百姓寧,孔子成《春秋》而亂臣賊子懼。

《詩》云:"戎狄是膺,荆舒是懲,則莫我敢承。"無父無君,是周公所膺也。我亦欲正人心,息邪説,距詖行,放淫辭,以承三聖者。豈好辯哉?予不得已也。能言距楊墨者,聖人之徒也。①

孟子這段話涵藴的信息是豐富的,首先,孔子被放在堯、舜、禹、武王、周公等先代"聖王"的序列當中。其次,孟子强調《春秋》爲天子之事。復次,又以禹、周公和孔子爲三聖,而自己"以承三聖",爲"聖人之徒也",所以要"正人心,息邪説,距詖行,放淫辭"。這裏我們不僅看到了一個行天子事的孔子,還看到了"希聖"的孟子。孔子既行天子之事,

---

① 按:公都子問孟子爲何好辯,這段話是孟子的回答。孟子歷述歷代聖王,孔子也在其中,當整體觀之。《孟子·滕文公下》:孟子曰:予豈好辯哉?予不得已也。天下之生久矣,一治一亂。當堯之時,水逆行,氾濫於中國。蛇龍居之,民無所定。下者爲巢,上者爲營窟。《書》曰:"洚水警余。"洚水者,洪水也。使禹治之,禹掘地而注之海,驅蛇龍而放之菹。水由地中行,江、淮、河、漢是也。險阻既遠,鳥獸之害人者消,然後人得平土而居之。……聖王不作,諸侯放恣,處士橫議,楊朱、墨翟之言盈天下。天下之言,不歸楊,則歸墨。楊氏爲我,是無君也;墨氏兼愛,是無父也。無父無君,是禽獸也。公明儀曰:"庖有肥肉,廄有肥馬,民有飢色,野有餓莩,此率獸而食人也。"楊墨之道不息,孔子之道不著,是邪説誣民,充塞仁義也。仁義充塞,則率獸食人,人將相食。吾爲此懼,閑先聖之道,距楊墨,放淫辭,邪説者不得作。作於其心,害於其事;作於其事,害於其政。聖人復起,不易吾言矣。

修訂制作，而後儒又以孔子爲典範，那麼後來者也就有了突破舊有框架重塑經學的"合法性"。當然，就經典的子學面向而言，孔子之"述"，實則也劃定了傳解的邊界。

《莊子·齊物論》載："六合之外，聖人存而不論；六合之内，聖人論而不議。《春秋》經世先王之志，聖人議而不辯。"①前引《天下篇》言"《春秋》以道名分"。又，《公羊傳》"十有四年春，西狩獲麟"，傳曰："備矣！君子曷爲爲《春秋》？撥亂世，反諸正，莫近諸《春秋》。"何休注："據以定作五經。"又曰："得麟之后，天下血書魯端門曰：'趨作法，孔聖没，周姬亡，彗東出，秦政起，胡破術，書記散，孔不絶。'子夏明日往視之，血書飛爲赤鳥，化爲白書，署曰《演孔圖》，中有作圖制法之狀。孔子仰推天命，俯察時變，却觀未來，豫解無窮，知漢當繼大亂之后，故作撥亂之法以授之。"又，"制《春秋》之義以俟後聖"，何休注："待聖漢之王以爲法。"②

結合《孟子》《莊子》和《公羊》的講法，孔子作《春秋》的直接目的是行王事以"撥亂反正"，其方式是蘊褒貶於史書以"道名分"。具體案例，如《史記》所載："乃因史記作《春秋》，上至隱公，下訖哀公十四年，十二公。據魯，親周，故殷，運之三代。約其文辭而指博。故吳楚之君自稱王，而《春秋》貶之曰'子'；踐土之會實召周天子，而《春秋》諱之曰'天王狩於河陽'：推此類以繩當世。貶損之義，後有王者舉而開之。《春秋》之義行，則天下亂臣賊子懼焉。"③至於何休用緯書所載"端門血書"之事來講孔子"待聖王以爲法"，即爲漢立法，則應該是就《春秋》之用發揮而出的。④

————————

①郭慶藩撰、王孝魚點校《莊子集釋》卷一下《齊物論》，第90頁。
②《春秋公羊傳》卷二八《哀公》，《十三經古注》據永懷堂本校刊，第1760—1761頁。
③《史記》卷四七《孔子世家》，第2352頁。
④按：孔子爲漢立法説是《公羊》學說的基礎，其"三科九旨"説即與此關聯密切，如皮錫瑞言："《史記》以《春秋》別出於後，而解説獨詳，蓋推重孔子作《春秋》之功比删訂諸經爲尤大，與孟子稱孔子作《春秋》比禹抑洪水、周公兼夷狄相似。其説《春秋》大義，亦與《孟子》、《公羊》相合，知有據魯、親周、故殷之義，則知《公羊》家'三科九旨'之説未可非矣。"詳參皮錫瑞《經學開闢時代》，《經學歷史》，第45頁。

第六章　舊典與新經："《書》亡而後《春秋》作"

孔子既藉《春秋》以立法,此法又不見用於當世,嗣後暴秦重法黜儒,如此可真正踐行孔子所立之法者,只能是漢代了。漢儒反推之,故言孔子爲漢立法。

孔子立法説以及將孔子整合進古代聖王系統的講法習見,如《太史公自序》引壺遂曰:"孔子之時,上無明君,下不得任用,故作《春秋》,垂空文以斷禮儀,當一王之法。"又言《孔子世家》之作:"周室既衰,諸侯恣行。仲尼悼禮廢樂崩,追修經術,以達王道,匡亂世反之於正,見其文辭,爲天下制儀法,垂六藝之統紀於後世。"①《法言·學行》載:"學之爲王者事,其已久矣。堯、舜、禹、湯、文、武汲汲,仲尼皇皇,其已久矣。"②此類文獻還有不少,不一一例舉,糾合其論,孔子儼然已是一個未得其位的"素王"了。③

《淮南子·主術》言:"孔子之通,智過於萇弘,勇服於孟賁,足躡郊菟,力招城關,能亦多矣。然而勇力不聞,伎巧不知,專行教道,以成素王,事亦鮮矣。"④《説苑·貴德》言:"是以孔子歷七十二君,冀道之一行,而得施其德,使民生於全育,烝庶安土,萬物熙熙,各樂其終。卒不遇,故睹麟而泣,哀道不行,德澤不洽,於是退作《春秋》,明素王之道,以示後人,恩施其惠,未嘗輒忘,是以百王尊之,志士法焉,誦其文章,傳今不絶,德及之也。"⑤《釋名·釋典藝》云:"八索,索,素也。著素王之法,若孔子者,聖而不王,制此法者有八也。"⑥《中論·貴驗》云:"殷紂爲天

---

①《史記》卷一三〇《太史公自序》,第 4005、4017 頁。
②汪榮寳撰、陳仲夫點校《法言義疏》,北京:中華書局 1987 年,第 22 頁。
③按:我們此處僅討論"素王"説顯示出的現實張力與經典内部張力問題,關於孔子是否作《春秋》以及"素王"屬性的真實性問題,非討論的重點,此處不枝蔓。
④劉文典集解,馮逸、喬華點校《淮南鴻烈集解》卷九《主術篇》,第 375 頁。
⑤劉向撰、向宗魯校證《説苑校證》卷五《貴德》,北京:中華書局 1987 年,第 95—96 頁。
⑥劉熙撰,畢沅疏證,王先謙補,祝敏徹、孫玉文點校《釋名疏證補》卷六《釋典藝》,北京:中華書局 2008 年,第 210 頁。

子而稱獨夫,仲尼爲匹夫而稱素王,盡此類也。"①這些是直接稱孔子爲"素王"的相關記載。漢人"素王"之説,當由孔子行"天子事"的作爲逆推而出,這一講法容易讓人忽略孔子的子學面向。因爲孔子以一子之力而行帝王之事的特異性,所以又導引出後來儒家關於"德"與"位"關係的討論。

"德"與"位"的問題應該説至少有兩個源頭。一是前文討論過的"德"與"受命"的關聯,如史伯爲鄭桓公論興衰時所論;一是孔子以一子而行天子制作之事所必然引起的。

前一個源頭的"德"與"位"的問題,西周時代已有共識,前文已論及。就《論語》中孔子談論天命的幾處記錄可推定,或許孔子正是在宗周的"德"與"位(受命)"理論的基礎上制作《春秋》的。如此,作爲宗周王學載體的《詩》《書》實際上爲孔子制作《春秋》提供了準則與邏輯基礎。此論或不虛,《論語·里仁》載子曰:"不患無位,患所以立。"《子路》載子路問今之從政者,子曰:"噫!斗筲之人,何足算?"《中庸》載孔子論舜之德與位:

> 子曰:"舜其大孝也與!德爲聖人,尊爲天子,富有四海之内。宗廟饗之,子孫保之。故大德必得其位,必得其禄,必得其名,必得其壽。故天之生物,必因其材而篤焉。故栽者培之,傾者覆之,《詩》曰:'嘉樂君子,憲憲令德。宜民宜人,受禄於天。保佑命之,自天申之!'故大德者必受命。"②

孔子以舜爲例論説有大德之人必定秉受天命。因爲討論的爲五帝之舜,所以其關於"受命"理論的討論已接近宗周之初的"天命""明德"邏輯框架。只是孔子有意無意間忽略了"明德""受命"與"族姓"的關

---

① 徐幹《中論·貴驗第五》,池田秀三《徐幹中論校注》,京都大學文學部研究紀要(1984),23:1—62,第 48 頁。
② 《禮記》卷一六《中庸》,《十三經古注》據相臺岳氏家塾本校刊,第 1077 頁。

第六章 舊典與新經:"《書》亡而後《春秋》作"

聯,將"德"解釋爲個人品行與修養。《孔子家語·本姓解》載齊太史子與到魯國見到孔子後同南宫敬叔的對話,同樣談及此問題:

> 齊太史子與適魯,見孔子。孔子與之言道,子與悦,曰:"吾鄙人也,聞子之名,不覩子之形久矣。而求知之寶貴也,乃今而後知泰山之爲高,淵海之爲大。惜乎夫子之不逢明王,道德不加于民,而將垂寶以貽後世。"遂退而謂南宫敬叔曰:"今孔子先聖之嗣,自弗父何以來,世有德讓,天所祚也。成湯以武德王天下,其配在文。殷宗以下,未始有也。孔子生於衰周,先王典籍錯亂無紀,而乃論百家之遺記,考正其義,祖述堯舜,憲章文武,删《詩》述《書》,定禮理樂,制作《春秋》,讚明《易》道,垂訓後嗣,以爲法式,其文德著矣。然凡所教誨,束脩已上三千餘人,或者天將欲與素王之乎? 夫何其盛也。"敬叔曰:"殆如吾子之言,夫物莫能兩大。吾聞聖人之後,而非繼世之統,其必有興者焉。今夫子之道至矣,乃將施之無窮,雖欲辭天之祚,故未得耳。"子貢聞之,以二子之言告孔子。子曰:"豈若是哉?亂而治之,滯而起之,自吾志,天何與焉?"①

太史子與言孔子文德顯著,天將賜其爲素王。南宫敬叔言聖人之後,即便不是繼承王位之系統,亦必有興盛之人,孔子有至道,故難以推辭掉天之祚胤。子貢將二人之議論告訴了孔子,孔子不以爲然,認爲己之行事爲自身志向之所在,與天無關。此處,太史子與以及南宫敬叔,以宗周"德""位"之邏輯來分析孔子,南宫敬叔更是以孔子爲聖人之後將得天祚。故孔子强調此乃個人意志、個人品行德行所致,非關天命也。由此可見,宗周同族姓關係緊密之德,在孔子這裏已轉化爲個人之德行。

---

① 高尚舉、張濱鄭、張燕校注《孔子家語校注》卷第九《本姓解》,北京:中華書局2021年,第530—532頁。

四、以述定經:孔子的《書》教與《書》學

《論語·述而》載:"子曰:'述而不作,信而好古,竊比於我老彭。'"馮友蘭先生認爲:"孔子'述而不作',《春秋》當亦不能例外。不過孔子能將《春秋》中及其他古史官之種種書法歸納爲正名二字,此實將《春秋》加以理論化也。孔子對中國文化之貢獻,即在於開始將原有的制度,加以理論化,予以理論的根據。"①馮先生就六經整體而論,言其學問自成系統。就單獨的某種典籍而言,"述而不作"則意味着一種傳解對文本的"限定"。孔子對分散的王官傳解,整合并系統化,形成對單經的完整解釋,其本身就將一個使用和詮釋可以多元化的王國政典,限定成爲一部學派"經典",是所謂"六藝折中於夫子"。後來儒生解經,多在此框架内發揮,雖各執一端,實質上則無根本之差異。依此來看,孔子實肇啓中國經典"以傳養經,經傳一體"之端。

如前所論,孔子並非王官學的理想傳人,其能集其大成,源於好學,無常師,道之所存,師之所存,所以能彙總王官之説,成一家之"述"。孔子的《書》學與《書》教思想,可以從《論語》引《書》論《書》中尋找踪迹,又可通過《詩》《書》與《論語》中相關概念義涵之遷變探索其對王官舊學的改移。

研究孔子《書》教,根本在於《論語》。馬一浮先生《書教》云:"今觀《論語》記孔子論政之言,以德爲主,則於本迹之説可以無疑也。堯、舜、禹、湯、文、武、周公、孔子之心,一也。有以得其用心,則施於有政,迹雖不同,不害其本一也。後世言政事者,每規規於制度文爲之末,舍本而言迹,非孔子《書》教之旨矣。《論語》'爲政以德'一章,是《書》教要義。德是政之本,政是德之迹。'大哉,堯之爲君!惟天爲大,惟堯則之。''無爲而治者其舜也歟?'此皆略迹而言本。"②馬一浮先生認爲《論語》

---

① 馮友蘭《中國哲學史》(上),北京:生活·讀書·新知三聯書店2009年,第79頁。
② 馬一浮《復性書院講録》卷二《書教》,吴光主編《馬一浮全集》,杭州:浙江古籍出版社2012年,第138—139頁。

第六章　舊典與新經："《書》亡而後《春秋》作"

中論政之義皆本於《書》教。亦見標準從嚴，僅就引《書》而言，則《論語》中明確引《書》的僅有三次。① 或以《書》教之名義取其相關涉者，則可多至十餘條。② 無論標準與切入角度如何，《論語》中的《書》教問題，前人研究已比較充分。這裏只例舉幾條能夠說明孔子《書》教對王官《書》學改造者，餘不贅述。

《論語·爲政》載：或謂孔子曰："子奚不爲政？"子曰："《書》云：'孝乎惟孝，友于兄弟，施於有政。'是亦爲政，奚其爲爲政？"

此條爲逸《書》文字，先秦典籍僅見於《論語》。《東觀漢記·肅宗孝章皇帝本紀》引《書》："孝乎惟孝，友于兄弟。"③《白虎通·五經》言："故孔子曰：《書》曰'孝乎惟孝，友於兄弟，施於有政，是亦爲政'也。"④梅本《尚書》輯採入《君陳》篇，作"惟孝，友于兄弟，克施有政"。高明先生認爲此處言"齊家"即所以"治國"，"欲治其國者，先齊其家"的道理。⑤ 程元敏先生亦言："夫《尚書》，政書也，善於兄弟，能理一家之政，推之及於國政亦能治，引《書》證成，甚洽。"⑥依前文所論，燹公盨之銘文已明言"考(孝)叴(友)忹明"，"孝友"爲"明德"之主要條件之一。逸《書》此篇所記，當同銘文相類，實言"孝友""明德""天命"三者之間關係，孔子則化用來講修齊治平之道。

又，《論語·憲問》載：子張曰："《書》云：'高宗諒陰，三年不言。'何謂

---

① 陳夢家《尚書通論》，第3—4頁；饒龍隼《〈書〉考原》，第70頁。饒氏計入《季氏》篇引"周任有言"一條。
② 高明統計爲12條，許錟輝統計爲10條，劉起釪統計有7條。參見高明《論語中之書教》，收入中華民國孔孟學會主編《尚書研究論集》，臺北：黎明文化事業公司1980年，第41—49頁；許錟輝《先秦典籍引〈尚書〉考》，第177頁；劉起釪《尚書學史》(訂補修訂本)，第47頁。
③ 劉珍等撰、吳樹平校注《東觀漢記校注》卷二《肅宗孝章皇帝》，北京：中華書局2008年，第78頁。
④ 陳立撰、吳則虞點校《白虎通疏證》卷九《五經》，北京：中華書局1994年，第445頁。
⑤ 高明《論語中之書教》，《尚書研究論集》，第42頁。
⑥ 程元敏《先秦經學史》，臺北：臺灣商務印書館2013年，第47頁。

也?"子曰:"何必高宗,古之人皆然。君薨,百官總己以聽於冢宰三年。"

此段的引文出處有不同看法。一般認子張所引之《書》,當爲《周書·無逸》,原文作"其在高宗,時舊勞于外,爰暨小人。作其即位,乃或亮陰,三年不言。其惟不言,言乃雍,不敢荒寧。嘉靖殷邦,至于小大,無時或怨。肆高宗之享國五十年有九年"。《尚書大傳》以子張所引爲《説命》中的内容,高明先生認爲伏生或錯記。然《國語》卷一七《楚語上》白公子張諷靈王納諫言:

> 白公又諫,王如史老之言。對曰:"昔殷武丁能聳其德,至於神明,以入於河,自河徂亳,於是乎三年,默以思道。卿士患之,曰:'王言以出令也,若不言,是無所稟令也。'武丁於是作書,曰:'以余正四方,余恐德之不類,兹故不言。'如是而又使以象夢旁求四方之賢,得傅説以來,升以爲公,而使朝夕規諫,曰:'若金,用女作礪。若津水,用女作舟。若天旱,用女作霖雨。啓乃心,沃朕心。若藥不瞑眩,厥疾不瘳。若跣不視地,厥足用傷。'若武丁之神明也,其聖之睿廣也,其智之不疚也,猶自謂未乂,故三年默以思道。既得道,猶不敢專制,使以象旁求聖人。既得以爲輔,又恐其荒失遺忘,故使朝夕規誨箴諫,曰:'必交修余,無余棄也。'今君或者未及武丁,而惡規諫者,不亦難乎!"①

核以清華簡之《傅説之命》,白公子張所引之《書》篇當即《説命》篇,而其所見《説命》之前一部分正言"昔殷武丁能聳其德……于是乎三年,默以思道"。則《説命》第一部分確有言"高宗諒陰,三年不言"之事,伏生所見當即此篇。然而無論是引《説命》,還是《無逸》,其原意皆爲言殷高宗即位前三年慎於言也。孔子則託古改制,②以己意引申《書》篇原

---

① 《國語》卷一七《楚語上》,第554頁。
② 康有爲據此有論:"若皆然,則高宗何獨稱而子張何必疑問?蓋孔子改制,故子張而問之。"參見康有爲《孔子改制考》卷一〇《孔子改制託古考》,北京:中華書局2012年,第272頁。按:據此可知康氏所論亦有偶得之處。孔子託古以行志之迹於《書》教之中頗可尋見。

義,爲三年之喪確立其經學依據。

上舉兩例,皆可見孔子之重孝,而孝老友親之觀念,在《書》類文獻之中并不少見,如《尚書·康誥》載:

> 王曰:"封,元惡大憝,矧惟不孝、不友?子弗祗服厥父事,大傷厥考心。于父不能字厥子,乃疾厥子。于弟弗念天顯,乃弗克恭厥兄。兄亦不念鞠子哀,大不友于弟。惟弔兹,不于我政人得罪?天惟與我民彝,大泯亂,曰:乃其速由文王作罰,刑兹無赦。"

又《酒誥》載:

> 妹土嗣爾股肱,純其藝黍稷,奔走事厥考厥長。肇牽車牛遠服賈,用孝養厥父母。厥父母慶,自洗腆致用酒。

又《文侯之命》載:

> 父義和!汝克昭乃顯祖,汝肇刑文、武,用會紹乃辟,**追孝于前文人**,汝多修,扞我于艱,若汝予嘉。

以上三則皆爲《書》篇當中言孝老友親之道的例子,其中"追孝",前文在分析燹公盨銘文時已及,不贅論。

《論語·微子》載:"微子去之,箕子爲之奴,比干諫而死。孔子曰:'殷有三仁焉。'"此處孔子根據《書》之記載,評論殷商之賢人,但其用"仁"爲標準,實則"以今例古"藉以傳道了。

除了引《書》以外,《論語》中很多概念的義涵較《詩》《書》之變遷,更能反映出孔子《書》學之新貌。例如"仁""君子"等宗周《詩》《書》已有之辭,在《論語》中被賦予了新的意蘊內涵。據屈萬里先生研究,殷商、西周鑄成之器物無"仁"字;書本文獻,《詩》有二"仁"字(《鄭風·叔于田》《齊風·盧令》)、《書》有一"仁"字,三"仁"字意義狹窄(並是慈愛義)。至孔子,擴充仁義之內涵,定作凡人行爲之最高準則,創發

"仁"學。① 至於"君子"一詞,《詩》《書》中亦見之。如《酒誥》載:"庶士有正,越庶伯君子,其爾典聽朕教。"《召誥》載:"予小臣,敢以王之讎民百君子,越友民,保受王威命明德。"《無逸》載:"君子所其無逸。"《秦誓》載:"俾君子易辭,我皇多有之。"《詩經》中則更常見,如"君子好逑""樂只君子""豈弟君子""視爾友君子""君子之車""君子有穀",等等。可以說"君子"在周代是一個尋常詞彙。但是,《詩》《書》中的"君子"多指向社會地位,而同人之品行關涉無多;即或間指品行,實則兼及地位而言。但就《論語》來看,則亦可見純指品性者,如《衛靈公》言"君子固窮,小人窮斯濫矣"。當然,《論語》中的"君子"依然有專指地位者,如《憲問》載:"君子而不仁者有矣夫,未有小人而仁者也。"又如《陽貨》載:"君子有勇而無義則為亂,小人有勇而無義則為盜。"亦有社會地位與品性兼而言之者,如《公冶長》載:"子謂子產有君子之道四焉。其行己也恭,其事上也敬,其養民也惠,其使民也義。"《論語》中"君子"三類義涵之來源,蕭公權先生言:

> 據吾人之推想,孔子所言君子之第一義完全因襲《詩》《書》,其第二義殆出自創,其第三義則襲舊文而略變其旨。舊義傾向於就位以修德,孔子則側重修德以取位。故南宮适問於孔子曰:"羿善射,奡盪舟,俱不得死然。禹稷躬耕而有天下。"孔子深喜其得以德取位之意而以"君子""尚德"許之也。②

從"君子"之古今關聯上,可以見出孔子變換古學的蹤跡。而孔子之所以用"君子""德"之舊名,而不自創新詞,的確有"託古改制"之意。

孔子正是用這種方式重新確立了《詩》《書》之學的功能,《詩》《書》之學所追求的"道",開始超越經世(也即王章與教化)功能而成了一種

---

① 屈萬里《仁字涵義之史的觀察》,原載《民主評論》1954 年 12 月第 5 卷 23 期,收入《書傭論學集》,臺北:聯經出版事業公司 1984 年,第 255—267 頁。
② 蕭公權《中國政治思想史》,第 68—69 頁。

"士人之道"。這種道較傳統的政道多了更多理想色彩。《論語·里仁》載子曰:"朝聞道,夕死可矣。"可見儒家之"道"的價值高過生命。《述而》載子曰:"志於道,據於德,依於仁,游於藝。"據此,則道爲孔子的理想,他同時主張修德行仁。可以說,孔子爲儒學灌注了一種理想主義,而其表現之一就是"以道自任",如《里仁》子曰:"士志於道,而恥惡衣惡食者,未足與議也。"《公冶長》載子曰:"道不行,乘桴浮于海。"《泰伯》載曾子曰:"士不可以不弘毅,任重而道遠。仁以爲己任,不亦重乎?死而後已,不亦遠乎?"可以說孔子爲儒家尋找到的道是一種超越之道。

當然,《論語》中的"道"不是純然的新詞,它依然會被用來描述舊貴族之道。如《學而》載子曰:"父在,觀其志;父没,觀其行;三年無改於父之道,可謂孝矣。"此句中的"道"爲孝之道。當然孝道同樣也被儒家吸收進自身的仁義系統當中,以孝悌爲仁之本。如《學而》載有子曰:"君子務本,本立而道生。孝弟也者,其爲仁之本與!"同"德"與"君子"一樣,"道"這一概念的新舊層次上亦反映出孔子學問的藉舊立新特徵。

孔子既諳熟宗周《詩》《書》之學,且對其進行移花接木式的革新,然其學又如何推而廣之呢?孔子將官學散於私室,六藝布於民間,於是百家之言起。孔門弟子之衆,如前引太史子與所言"凡所教誨,束脩已上,三千餘人"。孔子之興私學,錢穆先生言:

> 自孔子以前,學在貴族,古者謂之王官之學。孔子始以王官之學傳播於社會,於是而有百家之言。家言與學官相對稱。家言者,一家之私言,以近世語述之,當稱爲平民學。劉歆謂王官之學散而爲百家,此蓋謂古代學術,乃由貴族學轉而爲平民學,换言之,古代學術,乃有貴族階級下降而散播於平民社會。而孔子則掌握其轉變之樞機。故論百家必先及於儒,而儒學則始創於孔子;孔子乃家學之開山,亦即古代王官之學之傳播人也。①

---

① 錢穆《經學與史學》,《民主評論》1954 年第 3 卷 20 期。

孔子三千弟子當中,賢者約七十人,其中出身貧賤者,似占大多數,如顏回、曾子、閔子騫、仲弓等。孔子之倡導私學,以及廣收弟子,除了託古行志的政治文化理想外,同其殷遺民身份當亦有關係。

孔子"以述定經",又廣收生徒,遂使篇章既定的情況下,關於《書》的傳解系統也逐漸穩定。再加上孔子在其後學中的個人聲望,《書》隨之確立了其學派經典的地位。這一點在孔門後學的用《書》論《書》記載中亦可見出。

第二節 學分:"儒分爲八"及其《書》學

一、孔子後學之《書》學

《孔子世家》載:"孔子以詩書禮樂教,弟子蓋三千焉,身通六藝者七十有二人。如顏濁鄒之徒,頗受業者甚衆。"①司馬遷所謂之三千弟子,今可考知名姓者,蓋百餘人,籍多魯、齊、衛,然亦有秦、晉之士,如壤駟赤、鄡單等,亦見有江南來者,如言偃爲吳人。這些弟子當中,習《書》論《書》而記載尚存者,有漆雕啓、顏回、端木賜、卜商、顓孫師、宓不齊、曾參等七位。後學當中,可尋其習《書》論《書》之迹者,有孔伋(子思)、樂正子春、孟子、荀況等。孔門弟子習《書》論《書》問題,程元敏先生已有詳細論述,②此處不贅。我們僅以《尚書大傳》見存顏回、子夏習《書》及《孟子》《荀子》引《書》論《書》爲例,申説戰國孔門《書》學的"經傳"形態以及作爲孔門教本的定本之《書》。

(一)《尚書大傳》所載顏回、子夏之習《書》論《書》

《尚書大傳·略説》輯存有兩處關於孔子與子夏論《書》的記載,後一條内容相對豐富,且涉及顏淵:

---

①《史記》卷四七《孔子世家》,第2347頁。
②程元敏《孔子之弟子及孔門弟子之尚書學》,《尚書學史》,第360—371頁。

第六章 舊典與新經:"《書》亡而後《春秋》作" 377

子夏讀《書》畢,見夫子。孔子問焉:"子何爲於《書》?"對曰:"《書》之論事也,昭昭若日月之明,離離若參辰之錯行,上有堯、舜之道,下有三王之義。商所受於夫子者,志之弗敢忘也,雖退而窮居河、濟之間,深山之中,壞室編蓬,爲户於中,彈琴詠先王之道,則可發憤慷慨矣。"

子夏讀《書》畢,孔子問曰:"吾子何爲於《書》?"子夏曰:"《書》之論事,昭昭若日月焉,所受於夫子者,弗敢忘。退而窮居河、濟之間,深山之中,壞室蓬户,彈琴瑟以歌先王之風,有人亦樂之,無人亦樂之,上見堯、舜之道,下見三王之義,可以忘死生矣。"孔子愀然變容曰:"嘻!子殆可與言《書》矣!雖然,見其表,未見其裏;闚其門,未入其中。"顔回曰:"何謂也?"孔子曰:"丘常悉心盡志以入其中,則前有高岸,後有大溪,填填正立而已。六誓可以觀義,五誥可以觀仁,《甫刑》可以觀誡,《洪範》可以觀度,《禹貢》可以觀事,《皋陶謨》可以觀治,《堯典》可以觀美。"①

子夏讀《書》畢,孔子問其所得,子夏的回答是"堯、舜之道""三王之義",又"彈琴瑟以歌先王之風"。孔子評價其但見其表,未入其裏。結合孔子所言之"七觀",則孔子認爲,《書》中的先王之道,也即就其經文所能讀出的"舊王官學"的信息,只是表,而由其表進入由義、仁、誡、度、事、治、美七者構成的儒學經解當中,才算是得其門而入。可見孔子非常清楚如何安放舊學與張揚"新學"。儒家的《書》解系統應該就是在這種新舊拉鋸過程中形成的。

如伏生所言,則孔子時《書》之規模,至少包括《甘誓》《湯誓》《太誓》《牧誓》《費誓》《秦誓》《大誥》《康誥》、《酒誥》(《梓材》包含其中)、

---

① 皮錫瑞撰、吳仰湘點校《尚書大傳輯證》卷七,第341—342頁。輯自《藝文類聚》六四《居處部》四,又五五《雜文部》一,又《草部》下。《文選·蘇子卿古詩》注、《左太沖招隱詩》注、《非有先生論》注節引。《御覽·百卉》四。

《召誥》《洛誥》《吕刑》《洪範》《禹貢》《皋陶謨》《堯典》等十六篇。通過前文我們對《國語》和《左傳》用《書》論《書》之分析，可知其中之《太誓》和《湯誓》當有異於梅本。

夫子指導子夏和顔回學《書》，言六誓之觀義，五誥之觀仁，《甫刑》之觀誡，《洪範》之觀度，《禹貢》之觀事，《皋陶謨》之觀治，《堯典》之觀美，所謂之義、仁、誡、度、事、治、美，當可視爲孔子解《書》之原則。孔子在教授弟子之時，常由此角度進入，如"《堯典》可以觀美"，《論語·泰伯》載子曰："大哉，堯之爲君也！巍巍乎！唯天爲大，唯堯則之。蕩蕩乎！民無能名焉。巍巍乎！其有成功也；焕乎，其有文章！""大哉""巍巍乎""蕩蕩乎""焕乎"，孔子感慨堯之大美，正是依《堯典》之"觀美"原則而發。

又，《尚書大傳》載子夏論刑之事：

> 子夏曰："昔者三王愨然欲錯刑遂罰，平心而應之，和然後行之，然且曰：'吾意者以不平慮之乎？吾意者以不平和之乎？'如此者三，然後行之。此之謂慎罰。"①

《左傳·昭公六年》載鄭鑄刑鼎，叔向詒子産書，言："夏有亂政，而作《禹刑》；商有亂政，而作《湯刑》；周有亂政，而作《九刑》：三辟之興，皆叔世也。"子夏所謂三王當即此。應亂政而作三刑。其行刑，則秉持公正之心，和順其民，方謂之"慎罰"。"明德慎罰"，《周書》篇常言之，如《康誥》言："惟乃丕顯考文王，克明德慎罰。"《多方》載："以至于帝乙，罔不明德慎罰，亦克用勸。"當爲子夏之所據，而子夏所言，亦當爲孔門《書》教就"慎罰"之發揮。

又，《尚書大傳·甫刑》載孔子、子張論刑：

---

① 皮錫瑞撰、吳仰湘點校《尚書大傳疏證》卷七，第353頁。輯自《太平御覽》卷六三五《刑法部》一。

第六章 舊典與新經:"《書》亡而後《春秋》作" 379

子張曰:"堯舜之王,一人不刑而天下治。何則?教誠而愛深也。今一夫而被此五刑。"子龍子曰:"未可謂能爲《書》。"孔子曰:"不然。五刑有此教。"①

"五刑"本爲《書》篇多見之辭,如《堯典》(《舜典》部分)言:"象以典刑,流宥五刑,鞭作官刑,扑作教刑,金作贖刑。"又曰:"汝作士,五刑有服,五服三就。五流有宅,五宅三居。惟明克允!"《皋陶謨》言:"天討有罪,五刑五用哉!"《吕刑》載:"罔擇吉人,觀于五刑之中,惟時庶威奪貨,斷制五刑,以亂無辜。"又載:"五辭簡孚,正于五刑。五刑不簡,正于五罰。"又言:"五刑之疑有赦,五罰之疑有赦,其審克之!"又曰:"五刑之屬三千。"

《書》篇之中雖常載"五刑",然其刑爲德教之輔。如《吕刑》言:"士制百姓于刑之中,以教祗德。"又載:"故乃明于刑之中,率乂民于棐彝。"更言:"惟敬五刑,以成三德。"其義顯明。《論語·爲政》言子曰:"道之以政,齊之以刑,民免而無恥;道之以德,齊之以禮,有恥且格。"《禮記·緇衣》論之更詳:

> 子曰:"夫民,教之以德,齊之以禮,則民有格心;教之以政,齊之以刑,則民有遯心。故君民者,子以愛之,則民親之;信以結之,則民不倍;恭以蒞之,則民有孫心。《甫刑》曰:'苗民罪用命,制以刑,惟作五虐之刑,曰法。'是以民有惡德,而遂絶其世也。"②

子張言堯舜不用刑之輔而天下治,可見其深愛其民,教之以純德;而當今之世,一夫而被此五刑,則以輔助之手段爲主要方式來治國管民了,可見行政之惡。如此則子張之論實合乎孔子所教之《書》旨。子龍子諷刺子張不能稱得上懂《書》之人,故孔子告之"五刑有此教"。

---

① 皮錫瑞撰、吳仰湘點校《尚書大傳疏證》卷六,第 291 頁。輯自《太平御覽》卷六三五《刑法部》一。又《御覽》八〇《皇王部》五引首二句。
② 《禮記》卷一七《緇衣》,《十三經古注》據相臺岳氏家塾本校刊,第 1088 頁下。

(二) 孟子之用《書》論《書》

《孟子》之引《書》用《書》情況可約略得之（見附録二：6.2.1）：明言篇目者有《堯典》《湯誓》《太誓》《康誥》《伊訓》《武成》《太甲》；就其言《書》而未稱篇名者補充，可得《洛誥》《説命》；其他皆爲佚《書》篇之文字，梅本輯採入《大禹謨》《君牙》《仲虺之誥》，其文句爲真，但歸篇之可信度存疑；另有跟《書序》内容相關者，如《太甲》《牧誓》；更有據其引文内容可推斷其篇目者，如《萬章上》大量篇幅討論舜之事，當出自《舜典》，亦有言疏江導川類文字，或當概引自《禹貢》；①亦有引《夏諺》《志》曰者，不知所從，非必爲《書》類文獻。

孟子受業於子思門人，其言"出乎其類，拔乎其萃，自生民以來，未有盛於孔子也"（《公孫丑上》），故言："君子之澤五世而斬，小人之澤五世而斬。予未得爲孔子徒也，予私淑諸人也。"（《離婁下》）《史記·孟子荀卿列傳》載：

> 孟軻，騶人也。受業子思之門人。道既通，游事齊宣王，宣王不能用。適梁，梁惠王不果所言，則見以爲迂遠而闊於事情。當是之時，秦用商君，富國彊兵；楚、魏用吴起，戰勝弱敵；齊威王、宣王用孫子、田忌之徒，而諸侯東面朝齊。天下方務於合從連衡，以攻伐爲賢，而孟軻乃述唐、虞、三代之德，是以所如者不合。**退而與萬章之徒序《詩》《書》，述仲尼之意，作《孟子》七篇**。其後有騶子之屬。②

王鳴盛《蛾術編》言"孟子之學長於《詩》《書》"，曰：

> 《萬章篇》論堯、舜三代事，并他篇中論伊尹、周公，末章論堯、舜至文王，皆貫通《尚書》大旨立言。其言注江注海，不合《禹貢》，

---

① 按：今佚其篇，梅本《舜典》自《堯典》析出。《孟子·萬章上》引《堯典》在梅本《舜典》部分即可説明此點。
② 《史記》卷七四《孟子荀卿列傳》，第 2847—2848 頁。

蓋約略言之。①

《滕文公上》言"孟子道性善,言必稱堯舜"。孟子的《書》學,整體上呈現出一種新舊雜糅的樣態。如其言堯舜:

> 萬章曰:"堯以天下與舜,有諸?"孟子曰:"否。天子不能以天下與人。""然則舜有天下也,孰與之?"曰:"天與之。""天與之者,諄諄然命之乎?"曰:"否。天不言,以行與事示之而已矣。"曰:"以行與事示之者如之何?"曰:"天子能薦人於天,不能使天與之天下;諸侯能薦人於天子,不能使天子與之諸侯;大夫能薦人於諸侯,不能使諸侯與之大夫。昔者堯薦舜於天而天受之,暴之於民而民受之,故曰:天不言,以行與事示之而已矣。"曰:"敢問薦之於天而天受之,暴之於民而民受之,如何?"曰:"使之主祭而百神享之,是天受之;使之主事而事治,百姓安之,是民受之也。天與之,人與之,故曰:天子不能以天下與人。舜相堯二十有八載,非人之所能爲也,天也。堯崩,三年之喪畢,舜避堯之子於南河之南。天下諸侯朝覲者,不之堯之子而之舜;訟獄者,不之堯之子而之舜;謳歌者,不謳歌堯之子而謳歌舜,故曰天也。夫然後之中國,踐天子位焉。而居堯之宫,逼堯之子,是篡也,非天與也。《太誓》曰'天視自我民視,天聽自我民聽',此之謂也。"

孟子用《書》,以"天不言,以行與事示之而已矣",言天命視人事而定,觀百神是否享其祭祀與百姓是否認可其治政。這些理解基本上同宗周舊學邏輯一致,所不同者,在於抛棄了"宗姓"的羈絆。宗周《書》教所言之核心在"明德",而享祀不忒以及民生常興爲"明德"之標準,並且宗周之"明德"多與族姓相關。孔子革之,使其僅與個人之品性德行相關,并以此爲天命所授之標準。相較而言,孟子更近宗周《書》教之原初框

---

① 王鳴盛《蛾術編》卷八《説録八》,上海:上海書店出版社2012年,第128頁。

架,《梁惠王下》引《書》作"天降下民,作之君,作之師,惟曰其助上帝,寵之四方。有罪無罪,惟在我,天下曷敢有越厥志",正是孟子言君權天授之直接經典依據。孟子將天命所授之標準簡化爲享祀與安民,即其所理解的孔門之"仁政"。故孟子常引湯伐不祀之葛,實則"不祀"爲不仁。湯以仁義之師伐不仁,故"東面而征西夷怨,南面而征北狄怨"。

因此,孟子嘗疑《武成》之篇,武王以仁義之師伐不仁之紂,在孟子看來,不可能"血之流杵",故孟子於《武成》,"取二三策而已矣"。就安民而言,孟子主張老有所養,鰥寡孤獨有所食,孝老而友親;君主行仁政,薄稅斂,養民以時。《大學》所謂之修齊治平,孟子承而守之,《盡心下》言:"君子之守,脩其身而天下平。"由此可見,孟子用《書》雖然保留了宗周舊學的框架,但依然是用"新學"(仁政主張)來範圍舊學。當新舊矛盾之時,必然棄其舊而從其新,此點由疑經即可見出。

要之,孟子之《書》學,也是一種"古學注我"的形態。孟子所主張之政治經濟制度,雖表面上仍"率由舊章""遵先王之法",而實際上已將"先王之法"理想化、理論化。① 就《書》教而言,孟子基本上在孔子既定之框架內發揮,繼續藉助《書》之文本以行己志。

(三)《荀子》之用《書》論《書》

《勸學篇》言:"禮之敬文也,樂之中和也,《詩》《書》之博也,《春秋》之微也,在天地之間者畢矣。"見出荀子對六藝之重視。楊倞稱《荀子》"所以羽翼六經,增光孔氏",則荀子之學可謂先秦孔門之殿軍。《荀子》用《書》論《書》之情況,約略可得 18 處(見附錄二:6.2.2):明言篇目者有《康誥》《泰誓》《中蘬之言》《道經》、《傳》(《呂刑》);就其言《書》而未稱篇名者補充,可得《堯典》《洪範》《呂刑》;其他皆爲佚《書》篇之文字,梅本輯採入《伊訓》《胤征》《仲虺之誥》,其文句爲真,但歸篇之可信度存疑;另有據其引文内容可推斷其篇目者,如《成相》言禹抑洪水事,當隸

---

① 馮友蘭《孟子之理想的政治及經濟制度》,《中國哲學史》,第 130—131 頁。

括自《禹貢》,《大略》記湯禱旱之言,或近於《墨子》所引之《湯説》。

《荀子》七引《康誥》,足見此篇對其影響之深。《康誥》乃武王封康叔於康時誥之之辭,言爲人君之義。荀子重此篇,蓋其意在爲當時之人君立法。其書中有《君道》一篇,則更見其志。

表 6.2.1:《荀子》引《康誥》情況統計

《荀子》篇章	稱引來源	稱引内容	篇目存佚	對應梅本《尚書》
《富國篇》	《康誥》	《康誥》曰:"弘覆乎天若,德裕乃身。"	存	《康誥》
	《書》	《書》曰:"乃大明服,惟民其力懋和,而有疾。"	存	《康誥》
《君道篇》	《書》	《書》曰:"惟文王敬忌,一人以擇。"	存	《康誥》
《致士篇》	《書》	《書》曰:"義刑義殺,勿庸以即,女惟曰'未有順事'。"	存	《康誥》
《正論篇》	《書》	故上易知則下親上矣,上難知則下畏上矣。下親上則上安,下畏上則上危。故主道莫惡乎難知,莫危乎使下畏己。傳曰:"惡之者衆則危。"《書》曰:"克明明德。"《詩》曰:"明明在下。"故先王明之,豈特玄之耳哉!	存	楊倞注以爲《多方》之文。久保愛增注曰"荀子引《康誥》也,本注非,且今書無一明字"。
《君子篇》	《書》	《書》曰:"凡人自得罪。"	存	《康誥》
《宥坐篇》	《書》	《書》曰:"義刑義殺,勿庸以即,予維曰未有順事。"	存	《康誥》

《富國篇》引《康誥》"弘覆乎天若,德裕乃身",以解"知節用裕民,則必有仁義聖良之名,有富厚丘山之積"。又引"乃大明服,惟民其力懋和",當下應三德,其爲"和調""忠信均辨"和"正其在我"。《君道篇》引《康誥》曰:"惟文王敬忌,一人以擇。"孔傳言:"汝行寬民之政曰:我惟有

及於古。則我一人以此悦懌汝德。"而荀子引之以言"明主急得人,而闇主急得其執,君人者勞於索之,而休於使之",兩説互異。《致士篇》引《書》曰:"義刑義殺,勿庸以即,女惟曰'未有順事'。"言先教也。《宥坐篇》引《康誥》同之。《正論篇》引"克明明德",爲言明"主道利明不利幽,利宣不利周"之義。《君子篇》引《康誥》"凡人自得罪",藉以言"刑罰綦省而威行如流"則"世曉然皆知夫爲姦則雖隱竄逃亡之由不足以免也,故莫不服罪而請"。亦竊《康誥》之辭而附以己意。

此七條之引《康誥》,涉及仁德以治民、得人以治國、義刑義殺、刑當罪則威、利宣不周等。由《康誥》而至"仁義聖良""忠信",可見荀子亦承繼孔門《書》學用經之法,調和新舊。其取《書》之義,以導君王治國理政之方。爲君之道,當有仁德、宣明其政、選賢任能,當知教然後刑,其用刑則當威則威,賞罰有度,荀子之君道思想由此可得其大略。

除此之外,《荀子》引《書》,亦見其"禮分思想"。如《王制篇》引《吕刑》"維齊非齊",其論曰:"先王惡其亂也,故制禮義以分之,使有貧富貴賤之等,足以相兼臨者,是養天下之本也。"又言刑法隨世改易,如《正論篇》引《書》曰:"刑罰世輕世重。"即其所言"刑稱罪則治,不稱罪則亂。故治則刑重,亂則刑輕,犯治之罪固重,犯亂之罪固輕也"。

(四)孟、荀用《書》之異

孟、荀皆宗法孔子,承孔子以張揚仁學。仁德、仁政、仁義之師,皆以"仁者無敵"説之。然細審其論,實大有別。湯武桀紂之事,荀子之論與孟子不同:

> 唯孟子謂天命湯武伐罪,而天命自民意,荀子不言天(荀以天爲自然,無意志)。荀子論致勝之道,由"百將一心,三軍同力",故仁者無敵,謂總戰力强大,暴君所不能敵;孟子論仁義之師,弔民伐罪,師至而無人與爭敵,孟荀稍異。孟子主張養民,施行德治,使天下親附;天下親附,孰與之敵?荀子主張以禮規範,以壹其民,使民

親附,民親附則兵彊無敵,故《議兵篇》有曰"善附民者是乃善用兵者也"。①

荀子認爲孔子"仁知且不蔽,故學亂術,足以爲先王者也。一家得周道,舉而用之,不蔽於成積也。故德與周公齊,名與三王並,此不蔽之福也"。② 在荀子看來,孔子之道周且粹。孟子亦尊孔子,然荀子嘗攻之,《非十二子》言:

> 略法先王而不知其統,猶然而材劇志大,聞見雜博。案往舊造説,謂之五行,甚僻違而無類,幽隱而無説,閉約而無解。案飾其辭而祗敬之曰:此真先君子之言也。子思唱之,孟軻和之,世俗之溝猶瞀儒,嚾嚾然不知其所非也,遂受而傳之,以爲仲尼、子游爲兹厚於後世,是則子思、孟軻之罪也。③

荀子批評思孟學派"略法先王而不知其統",言其五行學説"僻違而無類,幽隱而無説,閉約而無解"。足見其學之判然有別。又,孟、荀用《書》,《荀子》引《吕刑》,主張法治,《孟子》則不見引。據前所論,孔門論刑,子張已開其先河,可知荀子主張自有其源。至於"天命"之説,則孟子或更近孔子。要之,孔子之道至密至周,孟、荀雖皆未能盡識,各得其一端而已。荀之攻孟,如馮友蘭先生言,蓋二人之氣質、學説,本不同也。戰國時儒家中有孟荀二派之争,亦猶宋明時代新儒家中有程朱、陸王二學派之争也。④ 孟、荀所同者,則爲夫子"託古行志"之用經之法,以及孔學當中的核心觀念。

結合引《書》用《書》的情況來看,《荀子》《禮記》等皆信從不疑,而

---

① 程元敏《尚書學史》,第388—389頁。
② 王先謙撰,沈嘯寰、王星賢點校《荀子集解》卷一五《解蔽篇》,北京:中華書局1988年,第393—394頁。
③ 同上書,第94—95頁。
④ 馮友蘭《中國哲學史》,第318頁。

《孟子》雖有兩處疑經，但反映出的是新舊學的衝突，如此，孔門之《書》已經有一定本的存在。孔門《書》學之授受，也即孔門《書》教，有其一貫性，説明孔子"以述定經"，後學推而廣之，其傳解業已成系統。也就是説，在孔子及其後學那裏，《書》由宗周之政典，一變而成儒門之教典，這可以算是《書》的成立了。但是，就儒家系統的用《書》不同於其他學派的情況來看，則當時的《書》只能算是儒家内部的經典，或言一部子學經典。

二、學分與希聖

《莊子·天下篇》用"道術將爲天下裂"來形容學術從王官到諸子之轉變，我們稱之爲"學墜"。實則"學墜"即是一次大的"學分"。王官失職守，官散而學分。只是當時分的非子學經典之《書》。《韓非子·顯學》言："自孔子之死也，有子張之儒，有子思之儒，有顔氏之儒，有孟氏之儒，有漆雕氏之儒，有仲良氏之儒，有孫氏之儒，有樂正氏之儒。"①儒分爲八，雖皆以孔子爲宗，但其學漸支離。《漢書·藝文志》言："昔仲尼没而微言絶，七十子喪而大義乖。故《春秋》分爲五，《詩》分爲四，《易》有數家之傳。戰國從衡，真僞分争，諸子之言紛然殽亂。"②《史記·禮書》載禮儀之學的零落過程：

> 周衰，禮廢樂壞，大小相踰，管仲之家，兼備三歸。循法守正者見侮於世，奢溢僭差者謂之顯榮。自子夏，門人之高弟也，猶云"出

---

① 王先慎《韓非子集解》卷第一九《顯學》，北京：中華書局1998年，第456頁。
② 《漢書》卷三〇《藝文志》，第1701頁。按前引《風俗通義序》亦言："昔仲尼没而微言闋，七十子喪而大義乖。重遭戰國，約從連横，好惡殊心，真僞紛争。故《春秋》分爲五；《詩》分爲四；《易》有數家之傳；並以諸子百家之言，紛然殽亂，莫知所從。漢興，儒者競復比誼會意，爲之章句，家有五六，皆析文便辭，彌以馳遠。綴文之士，雜襲龍鱗，訓註説難，轉相陵高，積如丘山，可謂繁富者矣。而至於俗間行語，衆所共傳，積非習貫，莫能原察。"

第六章　舊典與新經:"《書》亡而後《春秋》作"　387

見紛華盛麗而説,入聞夫子之道而樂,二者心戰,未能自決",而況中庸以下,漸漬於失教,被服於成俗乎?孔子曰"必也正名",於衛所居不合。仲尼没後,受業之徒沈湮而不舉,或適齊、楚,或入河海,豈不痛哉!①

依照《禮書》所言,則學分還有另外兩個原因,即學生的資質以及現實的干擾。子夏算是孔門才優而品第高者,尚不能從容於所學與現實之間,"二者心戰,未能自決",何況資質中下者。所以孔子死後"受業之徒沈湮而不舉"。如此,既有同聞而異述,又有見歧而分道,外加氣質之别、世事之擾,孔門之學"一分爲八",正所謂"源正而流别者,歷久而失真也"。②

學雖分但仍統於儒,除了所出同源外,另外一個共同特徵就是"希聖"。"希聖"表現爲兩個方面,一是以聖人爲典範,行其所行,爲其所爲;一是所著之書仿擬聖人之書(《論語》《春秋》等)的格局。

儒家的"希聖"傳統肇端自孔子。如孔子曰:"周監於二代,郁郁乎文哉,吾從周。"(《論語·八佾》)言孔子所創之儒學,前承宗周,以文武周公爲楷模。西周文化本是薈萃三代而成,故孔子又倡言以堯舜禹湯等聖王爲典範。孔子以後,先秦儒學以孟子和荀子爲代表。《孟子·公孫丑上》言:"乃所願則學孔子也。"③《荀子·儒效篇》載秦昭王問荀子,儒者於國何益,荀子言:"儒者法先王,隆禮義,謹乎臣子而致貴其上者也。"④孟子與荀子之儒學主張相異,但由孟子"學孔子"與荀子"法先王",可知二者皆以"希聖"爲聞道之正途。

第二個方面,本書"緒論"部分已言及。《孟子題辭》載:"孔子自衛反魯,然後樂正,《雅》《頌》各得其所,乃删《詩》定《書》,繫《周易》,作

---

①《史記》卷二三《禮書》第一,第1373頁。
②章學誠撰、葉瑛校注《文史通義校注》,第238頁。
③焦循撰、沈文倬點校《孟子正義》,北京:中華書局1987年,第216頁。
④梁啓雄《荀子簡釋》,北京:中華書局1983年,第80頁。

《春秋》。孟子退自齊、梁,述堯、舜之道而著作焉,此大賢擬聖而作者。"又言:"七十子之疇,會集夫子所言,以爲《論語》。《論語》者,五經之錧鎋,六藝之喉衿也。《孟子》之書,則而象之。"①可知在趙岐看來,《孟子》爲希孔子之作,其書則擬《論語》而成。汪中《荀卿子通論》言:"《史記》載孟子受業於子思之門人,於荀卿則未詳焉。今考其書,始於《勸學》,終於《堯問》,篇次實仿《論語》。"②則《荀子》仿《論語》以序次其書。另外,前文已論及的司馬遷希孔子而作《史記》,亦屬此類。

儒家的"希聖"傳統被很好地傳承了下去,後世儒者對孔子的模仿,使得儒家子學的面向得以存留。孔子的制作行爲,既確立了經典的地位,同時又爲後來的經典及其解釋系統挑戰舊經説提供了權威示範。從這個意義上看,聖人以及對聖道的追尋同純粹的經典之學,二者之間也存在着天然的張力。

第三節 孔門經典教本之《書》的成立

一、從儒、墨用《書》之別觀百家言對王官學之去取

錢穆先生由秦焚書之令以推秦及之前書籍大體可以分爲三類,一曰史官書,除秦記以外全燒;二曰《詩》《書》、百家語,非博士官所職全燒;三曰秦及秦廷博士官書,猶存。據此推先秦學官,則至少有二:一曰史官,一曰博士官。史官自商、周以來已有之,此乃貴族封建宗法時代王官之舊傳,博士官則自戰國始有,蓋相應於平民社會自由學術之興起。諸子百家既盛,乃始有博士之創建。博士官與史官分立,即古者"王官學"與後世"百家言"對峙的一個象徵:

> 博士官與史官分立,即古者"王官學"與後世"百家言"對峙一

---

① 趙岐《孟子題辭》,焦循撰、沈文倬點校《孟子正義》,第13—14頁。
② 汪中《荀卿子通論》,李金松校箋《述學校箋》,第453頁。

象徵也。《漢書·藝文志》以"六藝"與諸子分類,"六藝"即古學,其先掌於史官,諸子則今學,所謂"家人言"是也。戰國博士立官源本儒術,然《漢志》儒家固儼然爲九流百家之冠冕,列諸子不列"六藝",則明屬家言(即新興之平民學),非官學(即傳統之王官學)矣。《詩》《書》爲"六藝"統宗,雖於古屬之王官,然自王官之學流而爲百家,《詩》《書》亦已傳播於民間,故儒、墨皆道《詩》《書》,於是《詩》《書》遂不爲王官所專有,然百家之言亦不以《詩》《書》爲限。此即在儒術而已然矣。①

錢穆先生準確把握住了孔子興起民間私教以來,東周學術之一大變化。前文已析,官學的私學化過程中,孔子實藉助故學之杯,澆一己之塊壘,其託古以行志,欲藉助文化整理和廣興教育來實現自我之理想。孔子可謂用"六藝"授一般人之第一人。故而可言,由孔子開始,"六藝"之學漸生公私之別,而據儒、墨諸家之引書,公私生別後,六藝文本遂亦有了公私之別。東周六藝文本之内容,百家依各自之需求,"擇善"而取之,滋生出多種新形態。以《書》爲例,宗周之《書》雖已彙編,但或無絕對固定之篇組,貴族子弟學習之篇目,既有基本之篇,亦有隨時更新之篇。百家,尤其是儒、墨,按需擇取以證成己説,遂漸有一派之《書》。儒門之學,因其傳承穩定有序,未曾間斷,故宗周學典到儒門經典的轉化在儒家出現最具可能性。

儒、墨之學在戰國時之影響力,《韓非子·顯學》有言:

> 世之顯學,儒、墨也。儒之所至,孔丘也。墨之所至,墨翟也。自孔子之死也,有子張之儒,有子思之儒,有顔氏之儒,有孟氏之儒,有漆雕氏之儒,有仲良氏之儒,有孫氏之儒,有樂正氏之儒。自墨子之死也,有相里氏之墨,有相夫氏之墨,有鄧陵氏之墨。故孔、墨之

---

① 錢穆《兩漢博士家法考》,《兩漢經學今古文平議》,北京:九州出版社2011年,第155—156頁。

後,儒分爲八,墨離爲三,取舍相反不同,而皆自謂真孔、墨;孔、墨不可復生,將誰使定世之學乎?孔子、墨子俱道堯、舜,而取舍不同,皆自謂真堯、舜;堯、舜不復生,將誰使定儒、墨之誠乎?殷、周七百餘歲,虞、夏二千餘歲,而不能定儒、墨之真,今乃欲審堯、舜之道於三千歲之前,意者其不可必乎!無參驗而必之者,愚也;弗能必而據之者,誣也。故明據先王,必定堯、舜者,非愚則誣也。愚誣之學,雜反之行,明主弗受也。①

由韓非之所言,知儒、墨爲當時之顯學,引證論說喜歡據先王、定堯舜,即以先王之說來證成己說。韓非以爲儒、墨學分以後,均趨叢雜,不可信從。現比較儒、墨引《書》用《書》之異同,來考察從王官之學到百家之言的過程中,《書》之變化及其所折射出的選取立場及學派思想。

(一)《墨子》用《書》論《書》分析

墨子反貴族因及貴族所依之周制。故其學說多主張周制之反面,蓋對周制之反動。因儒家以法周相號召,故墨子自以其學說爲法夏以抵制之。《淮南子·要略》云:"墨子學儒者之業,受孔子之術,以爲其禮煩擾而不說,厚葬靡財而貧民,服傷生而害事,故背周道而用夏政。"②《墨子》七十一篇,亡十八篇,今見五十三篇。據汪中《墨子序》所言,明陸穩刻本視它本爲完。③

《墨子》引《書》用《書》的情況可約略得之(見附錄二 6.3):明言篇目者有《禹之總德》《湯誓》《湯說》《太誓》《泰誓》《大誓》《三代不國》《執命》《仲虺之告》《去發》《子亦》《禽艾》《湯之官刑》《武觀》《大夏》、戰於甘之《禹誓》、伐有苗之《禹誓》、《馴天明不解》《術令》《相年》《吕刑》《豎年》《距年》;有言《夏書》《殷書》《周書》《傳》而未稱篇名者,共6

---

① 王先慎《韓非子集解》卷第一九《顯學》,第 456—457 頁。
② 劉文典集解,馮逸、喬華點校《淮南鴻烈集釋》卷二一《要略》,第 709 頁。
③ 汪中《墨子序》,李金松校箋《述學校箋》,第 213 頁。

第六章 舊典與新經:"《書》亡而後《春秋》作" 391

處,皆爲佚《書》文字;又有言"先王之憲""先王之誓""先王之言"一類者,亦6條,皆爲佚《書》文字;又有言堯舜禹文武事者數則,當得自《書》學,但所言不同於儒門相關記載,亦不同於梅本《尚書》所記;亦或有據其引文内容可推斷其篇目者,如《兼愛中》言禹導山濬川事,當出自《禹貢》;亦有引《周詩》,而其内容同於《周書・洪範》者。

(二)儒、墨之《書》比較分析

皮錫瑞《經學歷史》言:

> 《墨子》之引《書傳》,每異孔門;吕氏之著《春秋》,本殊周制。其時九流競勝,諸子争鳴;雖有古籍留遺,並非尼山手訂。引《書》間出百篇之外,引《詩》或在三千之中,但可臚爲異聞,不當執證經義。萬章之問井廩,難補《舜典》逸文;鄭君之注南風,不取《尸子》雜説。誣伊尹以嬰戮,據周公之出奔,疑皆處士横議之詞,流俗傳聞之誤。雖《魏史》出安釐之世,蒙恬見未焚之書,而義異常經,説難憑信。此其授受,本别參商;惜乎辭闢,未經鄒孟。宜有别裁之識,乃無泥古之譏。①

皮氏以今文經學家之立場,尊孔重經,故其雖發現"其時九流競勝,諸子争鳴""有古籍留遺",但因其"非尼山手訂",故認爲"引《書》間出百篇之外","但可臚爲異聞,不當執證經義"。皮氏所守,爲經學之家法,自無可厚非,然度以當時實際,則引《書》實可證儒門經之形成。儒墨并時而顯,互相攻訐本屬百家間之常事,不當拘泥於儒術獨尊後之形勢,如汪中言:

> 後之君子,日習孟子之説,而未覩墨子之本書,衆口交攻,抑又甚焉,世莫不以其誣孔子爲墨子辜。雖然,自今日言之,孔子之尊,固生民以來所未有矣。自墨者言之,則孔子,魯之大夫也;而墨子,

---

① 皮錫瑞《經學流傳時代》,《經學歷史》,第62頁。

宋之大夫也,其位相垺,其年又相近,其操術不同,而立言務以求勝,雖欲平情覈實,其可得乎?是故墨子之誣孔子,猶孟子之誣墨子也,歸於不相爲謀而已矣。①

汪中以儒、墨各有立場,相互攻詰之辭不可盡信,所論甚洽。儒、墨用《書》論《書》之問題,當如皮氏所論,放在"九流競勝,諸子爭鳴"之背景中來探討。如《淮南子·要略》所言,則墨自儒出,則儒、墨論學,皆以宗周王官之學爲基礎。然而墨反於儒,法先王夏禹之道;儒則"從周",順文武周公之教。因其所守不同,致其所取生異。又因孔子居魯修《詩》《書》,墨子在宋理故籍,兩人所據之《詩》《書》面貌,本已有宋、魯之別,如此用《書》之異則有其必然。

儒、墨用《書》論《書》之同異比較,就前文考察,儒家類補充《禮記》明言用《書》者,《君奭》、《尹吉》(《咸有一德》)、《君陳》《君牙》四篇,約略可得下表(表6.3.1):

表6.3.1:儒、墨用《書》論《書》情況統計比較表

儒學之用《書》論《書》	《墨子》之用《書》論《書》	百篇《書序》本《書經》篇名	對應梅本《尚書》
《堯典(帝典)》		《堯典》	《堯典》《舜典》
《舜典》		《舜典》	
《禹貢》	《禹貢》	《貢》	《禹貢》
	《禹之總德》		
	《大夏》		
	戰于甘之《禹誓》	《甘誓》	《甘誓》
	伐有苗之《禹誓》		
	《武觀》		
《湯誓》			《湯誓》

① 汪中《墨子序》,李金松校箋《述學校箋》,第230頁。

第六章 舊典與新經:"《書》亡而後《春秋》作" 393

續表

儒學之用《書》論《書》	《墨子》之用《書》論《書》	百篇《書序》本《書經》篇名	對應梅本《尚書》
	《湯誓》		
《中虺之言》	《仲虺之告》	《仲虺之誥》	《仲虺之誥》
湯禱旱之言	《湯說》		《湯誥》
《伊訓》	先王之書《湯之官刑》	《伊訓》	《伊訓》（篇名一致）
《尹吉》		《咸有一德》	《咸有一德》
《太甲》		《太甲》三篇	《太甲》三篇
《說命》		《說命》三篇	《說命》三篇
《太(泰)誓》	《太(泰)誓》	《泰誓》三篇	《泰誓》三篇
	《去發》		
《牧誓》		《牧誓》	《牧誓》
《武成》		《武成》	《武成》
《洪範》	《周詩》	《洪範》	《洪範》
《康誥》		武王封康叔之《康誥》	武王封康叔之《康誥》
	召公之《執令》		
《洛誥》		《洛誥》	《洛誥》
《君奭》		《君奭》	《君奭》
《多方》		《多方》	《多方》
《立政》		《立政》	《立政》
《君陳》		《君陳》	《君陳》
《君牙》		《君牙》	《君牙》
《呂刑》	《呂刑》	《呂刑》	《呂刑》
《秦誓》		《秦誓》	《秦誓》
	先王之書《子亦》		
	《三代不國》		

續表

儒學之用《書》論《書》	《墨子》之用《書》論《書》	百篇《書序》本《書經》篇名	對應梅本《尚書》
	《禽艾》		
	《馴天明不解》		
	《術令》		
	《相年》		
	《堅年》		
	《距年》		

由於學派和所據之《書》區域有別（原本規模不同），儒、墨兩家用《書》論《書》差異頗大。由上表可知，《墨子》用《書》，除了《執令》與《吕刑》外，鮮有提及《周書》者，且所引《執令》内容又爲佚《書》之文句；孔門多引之《康誥》，《墨子》所存篇章無及。《墨子》用《書》論《書》，多及《夏書》，且其所引《書》篇之名，不同於孔門，如引戰於甘之《禹誓》和禹伐三苗之《禹誓》，儒家引《書》前者名爲《甘誓》，後者無及。此外，結合前文分析，《墨子》用《書》，多言"先王之書""先王之言""先王之憲""先王之誓""先王之刑"等，近於《國語》。再者，同百篇《書序》本《書》篇相比，《墨子》引書在其外者甚多；相反，儒家之引《書》則全在百篇《書》之内。還有，即便是儒、墨皆引之篇，亦不相同，如《湯誓》和《太（泰）誓》等。

1.儒、墨用《湯誓》文本比較

表6.3.2：先秦典籍引《湯誓》情況分類彙總表

見引典籍	篇名	引文内容
《國語·周語上》	《湯誓》	余一人有罪，無以萬夫；萬夫有罪，在余一人。
梅本《尚書》	《湯誥》	其爾萬方有罪，在予一人；予一人有罪，無以爾萬方。
《論語·堯曰》		予小子履，敢用玄牡，敢昭告于皇皇后帝：有罪不敢赦。帝臣不蔽，簡在帝心。朕躬有罪，無以萬方；萬方有罪，罪在朕躬。

第六章 舊典與新經:"《書》亡而後《春秋》作" 395

續表

見引典籍	篇名	引文内容
《墨子·兼愛下》	《湯説》	惟予小子履,敢用玄牡,告於上天后曰:"今天大旱,即當朕身履,未知得罪于上下。有善不敢蔽,有罪不敢赦,簡在帝心。萬方有罪,即當朕身,朕身有罪,無及萬方。"
《墨子·兼愛中》	引《傳》	萬方有罪,維予一人。
《吕氏春秋·順民》		余一人有罪,無及萬夫。萬夫有罪,在余一人。無以一人之不敏,使上帝鬼神傷民之命。
《尸子·綽子》		湯曰:"朕身有罪,無及萬方;萬方有罪,朕身受之。"
《漢書·于定國傳》	引經	萬方有罪,罪在朕躬。
《墨子·尚賢中》	《湯誓》	聿求元聖,與之戮力同心,以治天下。
《左傳·成公十三年》		勠力同心。
《國語·齊語》"桓公帥諸侯而朝天子"		與諸侯戮力同心。
《孟子·梁惠王上》	《湯誓》	時日害喪?予及女皆亡。
梅本《湯誓》		王曰:"**格爾衆庶,悉聽朕言**,非台小子,敢行稱亂!**有夏多罪**,天命殛之。今爾有衆,汝曰:'我后不恤我衆,舍我穡事而割正夏。'予惟聞汝衆言,夏氏有罪,予畏上帝,不敢不正。今汝其曰:'夏罪其如台。'夏王率遏衆力,率割夏邑。有衆率怠弗協,曰:'時日曷喪?予及汝皆亡。'夏德若兹,今朕必往。"
《史記·殷本紀》	《湯誓》	湯曰:"格女衆庶,來,女悉聽朕言。匪台小子敢行舉亂,有夏多罪,**予維聞女衆言,夏氏有罪。予畏上帝,不敢不正**。今夏多罪,天命殛之。今女有衆,女曰'我君不恤我衆,舍我嗇事而割政'。女其曰'有罪,其奈何'?夏王率止衆力,率奪夏國。有衆率怠不和,曰'是日何時喪?予與女皆亡'!夏德若兹,今朕必往。"

由上表(表6.3.2)比較可見,《湯誓》的情況比較複雜,就梅本所收《湯誓》《湯誥》兩篇,及傳世先秦兩漢典籍所引之《湯誓》《湯説》來看,《湯誓》當不止一篇。陳夢家先生以《墨子》引《書》以征苗之誓與伐扈之

誓同稱《禹誓》,認爲《湯誓》亦當非專名。就先秦兩漢典籍徵引情況來看,早期之《湯誓》至少有三篇,而"誓"體亦非僅限定在軍事誓詞一類,當亦有立誓、發誓之意涵。當然,如前章和下表(表6.3.3)所列《墨子》《吕氏春秋》等所徵引,知其爲一篇祈禱告帝之文。梅本輯録入《湯誥》,當有早期根據。此外,《墨子·尚賢中》所引之另外一篇《湯誓》,則並未被儒家系統和後世官方系統所收存,最終佚亡了。

2.儒、墨用《太(泰)誓》文本比較

表6.3.3:先秦典籍引《太(泰)誓》情況分類彙總表

		第一類
成公二年	君子	《大誓》所謂"商兆民離,周十人同"者,衆也。
昭公二十四年	萇弘	《大誓》曰:"紂有億兆夷人,亦有離德;余有亂臣十人,同心同德。"
		第二類
襄公三十一年	穆叔	《大誓》云:"民之所欲,天必從之。"
昭公元年	子羽	《大誓》曰:"民之所欲,天必從之。"
鄭語	史伯	《泰誓》曰:"民之所欲,天必從之。"
周語中	單襄公	在太誓曰:"民之所欲,天必從之。"
		第三類
周語下	單襄公	吾聞之《大誓》,故曰:"朕夢協朕卜,襲于休祥,戎商必克。"
		第四類
孟子·滕文公下	孟子	《太誓》曰:"我武惟揚,侵于之疆,則取于殘,殺伐用張,于湯有光。"
		第五類
孟子·萬章上	孟子	《太誓》曰:"天視自我民視,天聽自我民聽。"
		第六類
荀子·議兵篇	荀子	《泰誓》曰:"獨夫紂。"

續表

第七類		
墨子·尚同下	墨子	於先王之書也《大誓》之言然,曰:"小人見姦巧乃聞,不言也,發罪鈞。"
第八類		
墨子·兼愛下	墨子	《泰誓》曰:"文王若日若月乍照,光於四方,於西土。"
第九類		
墨子·天志中	墨子	《大誓》之道之,曰:"紂越厥夷居,不肎事上帝,棄厥先神祇不祀,乃曰吾有命,毋僇僇務。天亦縱棄紂而不葆。"

《太(泰)誓》篇已亡佚,先秦所引之文字不能直接關聯在一起,從其分可細劃爲九類,九類出自一篇還是多篇,今不易論定。然從其所引內容,可以看出第一類、第二類、第五類和第九類,更近一篇,而儒、墨從宗周《太誓》篇中之所取,在原有"天命"與"明德"系統當中,《孟子》取其"明德"以論仁政以治民,《墨子》從其"天命"之論出發,以發揮自己關於"天志"之説。另有八百諸侯會孟津、白魚入舟之《泰誓》,《尚書大傳》析之,董仲舒引之,馬融見之。就其流傳來看,戰國時似已出現;就其內容來看,更近書傳,或非經文。兹不詳論。

儒、墨兩派,對同篇《書》之擷取之差異,加上所存篇目之大異,再以二者較之以《書序》百篇,可以斷定儒、墨兩門承宗周之《書》而皆有取捨重整。墨家情況今可得者,多在《墨子》一書,故其《書》之編整軌迹已難尋覓;儒門之《書》,因有百篇《書序》本爲標準,則頗可見其漸成定規并已成一派之經典。儒家之《書經》更是後世所傳《尚書》之源頭。

二、孔門《書》成立之推測

(一)孔子手訂之《書》篇分析

屈萬里先生嘗就伏生所傳本以説孔子《書》教本之主要材料,出於魯太師氏所管理之檔案,其云:

(孔子《書》教本)之主要資料,蓋出於魯太史氏所保管之檔案。就伏生所傳《尚書》二十九篇驗之(《顧命》及《康王之誥》,以二篇計),自《堯典》迄於《金縢》,除《禹貢》及《盤庚》外,其餘十篇之著成時代,殆皆在孔子以後(説詳各篇解題),此姑不論。自《大誥》以下十七篇,實皆王朝及侯國之重要公文。且關涉周公及魯國之事者,達十篇以上。此由十七篇資料之性質觀之,知其當出於魯國。昭公二年《左傳》云:"晉侯使韓宣子來聘……觀書於太史氏,見易象與魯春秋。曰:'周禮盡在魯矣。吾乃今知周公之德與周公之所以王也。'"是周室東遷而後,魯國所存與王朝有關之文獻獨豐。此就十七篇資料之來源觀之,自以取於魯太史所藏者爲便。然則,伏生所傳二十九篇之主要部分(《大誥》以下十七篇),蓋經孔子手也。①

驗之以《國語》引《書》。諸國,尤其是周室、三晉之人引《書》多爲伏《書》之篇,則屈氏之説確有道理。然屈氏以《堯典》《皋陶謨》《甘誓》《湯誓》《高宗肜日》《西伯戡黎》《微子》《牧誓》《洪範》《金縢》十篇,皆在孔子之後,則實難從之。前文已通過《左傳》《國語》之引《書》推定宗周已存在之《書》篇有:《堯典》(梅本分出《舜典》)、《皋陶謨》《盤庚上》《盤庚中》《洪範》《逸周書·常訓》《逸周書·大匡》《康誥》《呂刑》《兑命》《牧誓》《無逸》等12篇。另外,亦有稱"仲虺之言""先君周公制《周禮》""先君周公作《誓命》""平王命我先君文侯曰""周文王之法"、《九刑》、"武王數紂之罪以告諸侯"、《伯禽》《唐誥》、蔡仲命書、《周制》《周之秩官》《西方之書》等,亦屬宗周貴族見用之《書》類文獻。當然,考慮到稱引作《書》(包括《夏書》《商書》《周書》者)而不能判定其對應篇章者,實際上則更多。如此一來,則除了《高宗肜日》《西伯戡黎》《微子》《金縢》四篇未見徵引外,其餘篇目皆孔子之前已有之。另外,據前文所

---

①屈萬里《尚書集釋》,臺北:聯經出版事業公司1983年,第8頁。

論,《高宗肜日》和《金縢》均見出土材料證實,而《西伯戡黎》《微子》兩篇之內容,亦當近於當時實際,雖或有流傳改移之處,然其整體斷不會晚至戰國始出。那麼,結合屈氏所論,經孔子序次以定之的篇章至少包括:

1.見於《書序》百篇《書》者:《堯典》(梅本分出《舜典》)、《皋陶謨》《禹貢》《甘誓》《湯誓》《盤庚》《高宗肜日》《洪範》《西伯戡黎》《微子》《牧誓》《金縢》《大誥》《康誥》《酒誥》《梓材》《召誥》《洛誥》《多士》《無逸》《君奭》《多方》《立政》《顧命》《康王之誥》《費誓》《呂刑》《文侯之命》《秦誓》。補以《孟子》《荀子》《禮記》所論及之《中虺之言》《伊訓》《太甲》《說命》《太誓》《武成》《君陳》《君牙》。

2.未在《書序》百篇《書》者:《逸周書·常訓》《逸周書·大匡》、"先君周公制《周禮》""先君周公作《誓命》""平王命我先君文侯曰""周文王之法"、《九刑》、"武王數紂之罪以告諸侯"、《伯禽》《唐誥》、蔡仲命書、《周制》《周之秩官》《西方之書》、"先王之憲""先王之刑""先王之言"等。

另外,因爲《書序》百篇本《書》,不見存於世者已頗多,且梅本古文篇章多爲輯採而成,并不能全面反映篇章原貌,所以《論語》之論《書》已見逸文,其他典籍中明稱用《書》(或言《夏書》《商書》《周書》)者,亦多有據今傳文字難尋其踪者,或爲宗周舊典,孔子所未見,更有可能其文字亦在《書序》百篇本《書》之中,而今已失其同篇章關聯之依據。需要留意的是,通過用《書》論《書》所得者,僅爲當時實存《書》篇之最小值。

要之,今傳之《書》篇,當確經孔子及其弟子之手,漢人所言非全然建構。百篇《書序》本《書》作爲現今可參考之標準,先秦儒家之論《書》皆未逾出。儒門論《書》,當有整編之本。今可知孔子手訂有《書》,其規模當不出百篇《書序》之本,然而如前所述,今傳篇章歷時而改移,已難依據而睹夫子手訂篇章之原初形態。但是結合前文所定經典確立之標準,孔門之《書》當已成一門之經典,可謂之《書經》。

(二)儒家之《書經》

經典之確立及其特徵主要涉及以下幾個方面:權威性、典範性、現實指導性、排他性;經典篇章所反映出之選擇視性、"經傳一體,以傳存經",即以傳立經。

《書經》之權威性、典範性和現實指導性,在宗周古學《詩》《書》之教中當已如此,無須多論。所不同者,儒門《書經》的權威性,不僅在於其言其事關乎先王,更因其經孔子選擇并"述定"過。孔子後學徵引以論學,即爲顯證。

儒家《書經》之排他性,從前文儒、墨兩家用《書》之情況即可得見。如《莊子·天道》載:"故《書》曰:'有形有名。'"①不見於儒家百篇之《書》。又《盜跖》言:"故《書》曰:'孰惡孰美?成者爲首,不成者爲尾。'"②亦不見於儒家之《書經》。《韓非子·説林上》引《周書》言"將欲敗之,必姑輔之,將欲取之,必姑予之",③所引内容見於《老子》而言出自《周書》。《説林下》引《周書》"下言而上用者惑也",④諸如此類,皆不在儒門之《書經》當中。如此,則道、法之《書》不同儒門可知。

所謂"經傳一體,以傳存經",實言儒門《書》學已有一解釋之系統。前文已在《論語》、孔門弟子、《孟子》和《荀子》用《書》論《書》當中論及。儒門論政,取其仁義;論刑,取先教而後殺,刑世輕世重;言禮,主三年之喪等,即爲例證。孔子賦新義於"君子""德"之宗周概念當中,創"仁"之學,主行仁政,兼主刑爲德輔,亦皆屬此類。另外,伏生《尚書大傳》所記"七觀"説,託名孔子,或非孔子親授,但傳自孔門當無問題。再者,若依馬一浮先生所言,《論語》中論政之説皆當從《書》教中出,則儒門《書經》

---

①郭慶藩撰、王孝漁點校《莊子集釋》卷五中《天道》,第473頁。
②同上書,第1003頁。
③王先慎集解《韓非子集解》卷七《説林上》,第173頁。
④同上書,第186頁。

已有系統"經説"當無可再疑。據前引《漢書·儒林傳敍》論《書》自《堯典》始之言,①可知儒門之《書》已可謂之經。私學隆興,已變宗周《詩》《書》爲一派之教典矣。孔子以高德而行褒貶,立《詩》《書》以明仁義之則,可謂極高明矣。孔門之儒欲"下學而上達",順天命以立道,然荀子卒後不十數年而秦并六國,私學及其流裔遂一併被牢籠進官學之中。

---

① 《漢書》卷八八《儒林傳敍》,第 3589—3590 頁。

第七章
經殘與學立:新王官學中的《尚書》

第一節 秦之焚《書》及王官學與諸子學之争

秦火以後,《書》得存者,唯伏生壁藏之二十九篇。伏生原爲秦博士,陳夢家先生已疑其傳《尚書》爲秦代官本。① 而儒門私學實已被禁於挾書之令:

> 丞相臣斯昧死言:"古者天下散亂,莫之能一,是以諸侯並作,語皆道古以害今,飾虚言以亂實,人善其所私學,以非上之所建立。今皇帝并有天下,别黑白而定一尊。私學而相與非法教,人聞令下,則各以其學議之,入則心非,出則巷議,夸主以爲名,異取以爲高,率羣下以造謗。如此弗禁,則主勢降乎上,黨與成乎下。禁之便。臣請史官非秦記皆燒之。非博士官所職,天下敢有藏《詩》、《書》、百家語者,悉詣守、尉雜燒之。有敢偶語《詩》《書》者弃市,以古非今者族。吏見知不舉者與同罪。令下三十日不燒,黥爲城旦。所不去者,醫藥卜筮種樹之書。若欲有學法令,以吏爲師。"制曰:"可"。②

此段文字,即爲始皇"焚書"之記載,轉録於此,除其涉及入秦後

---
① 陳夢家《堯典爲秦官本尚書考》,《尚書通論》,第132—142頁。
② 《史記》卷六《秦始皇本紀》,第325—326頁。

《書》學之轉變外,李斯所言焚書的三個原因亦需强調。一,李斯對戰國形勢的分析。秦統一以前"天下散亂,莫之能一",與之相應的是"諸侯並爭,厚招游學";二,李斯談士人之學。士人或諸國貴族,"皆善其私學",虚言"古道"以非新朝;三,私學議法教,則"主勢降"而"黨與成乎下"。焚書的原因,李斯雖以秦一統天下的政治局面爲背景來談,究其實質,則是要禁絶"私學"。禁絶的主要對象自然是儒、墨,尤其是儒家。始皇三十五年(前212),坑犯禁之方士和儒生四百六十餘人,長子扶蘇諫言:

> 天下初定,遠方黔首未集,諸生皆誦法孔子,今上皆重法繩之,臣恐天下不安。唯上察之。①

扶蘇所言"諸生皆誦法孔子",側面道出了大一統背景下始皇帝禁儒門私學的原因。"臣恐天下不安",則更見出秦統一之初儒學的興盛。結合李斯所言,博士官可以藏《詩》《書》,民間所藏《詩》《書》則須禁絶,以此來廢絶私學。而"以吏爲師",則意在彰顯官學。

錢穆先生亦據李斯爲禁書所擬之法,言秦之焚書并不以焚書爲首要,而實在禁百家以古非今:

> 此則秦廷禁令,並不以焚書爲首要。令下三十日不燒,僅得黥罪。而最要者爲以古非今,其罪至於滅族。次則偶語《詩》《書》,罪亦棄市。良以此案由於諸儒之師古而議上,偶語《詩》《書》,雖未及議政,然彼既情篤古籍,即不免有以古非今之嫌。故偶語《詩》《書》,明令棄市,而談論涉及百家,則並不列禁令焉。故秦廷此次焚書,其首要者爲六國之史記,以其多譏刺及秦,且多涉及政治也。其次爲《詩》《書》,即古代官書之流傳民間者,以其每爲師古議政者所憑藉也。再次乃及百家語,似是牽連及之,並不重視。而禁令中

---

① 《史記》卷六《秦始皇本紀》,第329頁。

焚書一事，亦僅居第三最次之列。第一禁議論當代政治，第二禁研究古代文籍，第三始禁家藏書本。其所謂"詣守、尉雜燒"，是未嚴切搜檢也。民間之私藏，以情事推之，不僅難免，實宜多有。自此以下，至陳涉起兵，不過五年，故謂秦廷焚書，而民間書籍絕少留存，決非事實。惟《詩》《書》古文，流傳本狹，而秦廷禁令，特所注重，則其遏絕，當較晚出百家語爲甚。故自西漢以來，均謂秦焚書不及諸子，又謂秦焚書而《詩》《書》古文遂絕，蓋非無據而言也。①

錢穆先生以"以古非今""議政"爲秦焚書之根本原因，而《詩》《書》遭遇禁絕則在於其"每爲師古議政者所憑藉也"。對於現象之描述，非常恰當。然其并未突出官私之別，以及官學對私學之肆的壓制。官私之分立，自夫子興學以來逐漸形成，其間經歷了官學私傳、私學隆興和官私合流等階段，戰國博士官之確立，正是官方爲了吸收民間私學之人才而設立。宗周一統之局面，歷經東周之分裂，再到嬴秦之統一，學問之路徑從純粹官學到官私并行再到官學一統，其發展軌迹頗爲清楚。

秦既一統，依法家行治，但并未摒棄儒術。伏生爲秦博士即爲明證。始皇二十八年（前219）行郡縣，"與魯諸儒生議刻石頌秦德，議封禪望祭山川之事"。② 三十四年（前213），"置酒咸陽宮，博士七十人前爲壽"。③ 則秦所用者有儒生博士，若更以秦刻石觀之，則其防民正俗之說，亦當出於儒者之口。《史記·樂書》載："秦二世尤以爲娛。丞相李斯進諫曰：'放弃《詩》《書》，極意聲色，祖伊所以懼也；輕積細過，恣心長夜，紂所以亡也。'趙高曰：'五帝、三王樂各殊名，示不相襲。上自朝廷，下至人民，得以接歡喜，合殷勤，非此和說不通，解澤不流，亦各一世之化，度時之樂，何必華山之騄耳而後行遠乎？'二世然之。"④由李斯諫二世之言，更

---

①錢穆《兩漢博士家法考》，《兩漢經學今古文平議》，第157頁。
②《史記》卷六《秦始皇本紀》，第311頁。
③同上書，第325頁。
④同上書，第1399頁。

可知秦之焚書禁學,實爲牢籠《詩》《書》之學於秦廷而已。秦所復者爲宗周官學之常態,而《詩》《書》之格局經官私并立時期之重整再纂,已非宗周舊貌,故秦所聚攏者,實爲以儒家文本爲主體之戰國《詩》《書》之學。

秦廷既承東周,有博士之設,變私爲官;又禁絕民間《詩》《書》之典、《詩》《書》之論,遂使《詩》《書》又歸於官學系統。然秦崇法吏之制,又二世即亡,終不能融合儒法,學術終異於宗周官學之傳統。① 漢廷立國,鑒秦之過,詆秦之統,欲繼宗周之命,冀以儒學之宗周達到王朝天命之承周,《書》篇才又樹起殘篇故訓,而成兩漢王官之《尚書》學。

秦出於禁絕"私學"的目的,牢籠諸子學,孔門《書》學遂以子學經典而入"新官學"當中,只是秦二世而亡,又並不重視古學,"新官學"中《書》並未樹立起權威。到了漢代,立於學官,尤其是武帝以後,表彰儒術,榮寵備至,然而典籍却已經秦而殘。

第二節　錯位的"成立":西漢儒學的經、子層次

一、子學、經學與儒學

關於諸子起源的講法,最早是劉歆的"諸子出於王官論"。② 其觀點在《七略》中提出,被班固錄存於《漢書·藝文志》當中。劉歆的看法是,

---

① 秦之學術架構同於三代,但就其所布内容言之,實大不同。詳參章學誠撰、葉瑛校注《文史通義校注》,第232頁。
② 按:子學,泛言之,即諸子百家之學。子學興起和流行的時代,正是士人階層興起和壯大的時代,同時也是"諸侯力政"的時代;相對於宗周王官之學(作爲西周以後幾乎所有學問的源頭)而言,子學的服務對象更爲多元,學説更爲多樣,學派紛呈。先秦文獻中提到諸子者頗多,如《孟子·盡心下》《莊子·天下》《荀子·非十二子》《荀子·解蔽》《韓非子·顯學》。漢代的《淮南子·要略》中亦有論及。關於諸家特點較爲系統的分析,當從司馬談(卒於前110年)《論六家要旨》開始,但包括司馬談在内的早期論説均未講明諸子百家緣何而起。

周朝(前1046—前256)前期,吏與師不分,當時只有"官學",沒有"私學"。禮樂崩壞,周王朝失去權力時,官吏們散落民間,以私人身份招收學生、傳授知識,由官而師。就在教師與官吏分化的過程中,興起了諸子百家。① 當然,劉歆提出這樣的判斷是有以王官標準"剪裁諸子"的政治用意的。② 儘管如此,正如馮友蘭先生所言:"劉歆理論的某些細節雖然可能有錯誤,但他從政治和社會環境去探求各家的由來,無疑是一種正確的觀點。"③依前所論,"師""吏"之分,知識出現了分流,新興師者群體各從所擅,但均不能完全講授宗周王學的全貌。此外,師者群體的出現,又不單單是知識的分流,這一知識傳授群體擺脫了官學的"束縛",開始了在獨一領域內對所學知識的創造性承繼與發展,他們不拘於舊有的知識和傳統,於是"百家爭鳴"的時代到來了。

依照劉歆的講法,則儒家當在諸子之內。當時並非所有人都這麼認爲。與他同時代的揚雄看法就不同,《法言·君子》載,或問:"子小諸子,孟子非諸子乎?"揚雄對曰:"諸子者,以其知異於孔子也。孟子異乎?不異。"④揚雄認爲諸子之所以稱爲諸子,是因爲其學說不同於孔子,而孟子學說與孔子相同,所以不能列在諸子當中。

劉歆認爲諸子皆王官之流裔,所以在漢代構建王官之學的過程中就應該合理地安放子學:一方面儘可能地囊括各種儒學流派,另一方面在儒學獨尊的前提下合理安放諸子學。但是劉歆並沒有提到如何處理下移王官學中"浸染"的民間文化,而這種民間性的東西才是子學之所以稱爲子學的核心所在。揚雄的起點和歸宿都是孔子,他希望全面承繼聖學,只要

---

① 詳參馮友蘭《中國哲學簡史》"諸子的由來",北京:生活·讀書·新知三聯書店2009年,第34—41頁。
② 關於這一問題的討論參見鄧駿捷《"諸子出於王官説"與漢家學術話語》,《中國社會科學》2017年第9期。
③ 馮友蘭《中國哲學簡史》,第38頁。
④ 汪榮寶撰、陳仲夫點校《法言義疏》,第498頁。

不同於孔子,不管是官學還是私學,都是"子學"。有趣的是,正是這種理想主義式的虔篤,反而使揚雄最大程度上繼承了儒學中的子學屬性。

結合前文對孔子的分析,諸家之學各有特點,但作爲整體,相對於宗周王官之學而言,他們又具有很強的"發揮"與"折中"精神。新興諸派學説中,充斥着不可調和的矛盾,如儒家和墨家對禮樂文化的態度、儒家和道家對出仕的態度,法家與儒家在治國理念上的差異,等等。這些矛盾和衝突,實際上顯示出了新興文化的活力。從這個角度來看,孔子的《春秋》學最能體現儒家的子學屬性。

"經"的本義,前人論説已繁,不再贅述。傳統今古文經學家都認爲"經學"從西周開始,兩家的差異在於今文派學者認爲經學雖爲宗周舊學,但賦義於事自孔子始,而古文派學者則認爲經學所據之典皆出自周公之手,孔子只是傳授此學之先師。① 今古文經學家皆以經典之學,或者傳授和解釋儒家經典的學問,來理解"經學",這樣處理固然無差,但若考慮到學説的受衆及其同政治之間的關係,則春秋到漢初的"經學"實際上只是儒門一家之學,實爲"子學"一支。先秦時的其他學派亦有所習典籍,亦可稱經,如《墨子》一書有《經》上下篇等。② 並且,墨家到漢初仍然存在。③ 結合前面關於子學的分析,則"經學"身份也經歷了從

---

① 按:相關論説可參章學誠《文史通義校注》、皮錫瑞《經學歷史》(周予同注釋,北京:中華書局 2008 年)、徐復觀《中國經學史的基礎》(北京:九州出版社 2014 年)、程元敏《先秦經學史》(臺北:臺灣商務印書館 2013 年)等。
② 按葉國良《經學通論》首章"經與經學"部分有專節論説以"經"字稱其學派重要典籍非儒家所獨有,詳參葉國良、夏長樸、李隆獻《經學通論》(修訂本),上海:上海書店出版社 2016 年,第 4—5 頁。
③ 如《史記·平津侯主父列傳》"太史公曰"言:"公孫弘行義雖脩,然亦遇時。漢興八十餘年矣,上方鄉文學,招俊乂,以廣儒墨,弘爲舉首。主父偃當路,諸公皆譽之,及名敗身誅,士爭言其惡。悲夫!"(《史記》卷一一二,第 3587 頁)又《鹽鐵論·晁錯篇》卷二載:"日者,淮南衡山修文學,招四方遊士。山東儒、墨咸聚於江淮之間,講議集論,著書數十篇。"(王利器校注《鹽鐵論校注》,北京:中華書局 1992 年,第 113 頁)

子學到官學的變化，爲便於清楚界定三個概念，我們所言的"經學"指的是官學化的儒學。

儒學爲百家中儒家之學，儒家起自孔子。① 儒家的特徵，司馬談《論六家要旨》言：

> 夫儒者以六藝爲法。六藝經傳以千萬數，累世不能通其學，當年不能究其禮，故曰"博而寡要，勞而少功"。若夫列君臣父子之禮，序夫婦長幼之別，雖百家弗能易也。②

司馬談以其道家立場，認爲儒學宗法六藝，其學説冗繁駁雜，難以得其要領；但儒學中關於君臣父子夫婦長幼之間的差別的序列理論，也即等級秩序理論，則是非常重要的。《漢書·藝文志》云：

> 儒家者流，蓋出於司徒之官，助人君順陰陽明教化者也。游文於六經之中，留意於仁義之際，祖述堯舜，憲章文武，宗師仲尼，以重其言，於道最爲高。③

儒家以孔子爲師，以聖王爲榜樣，他們篤守仁義，潛心六經。劉歆站在漢代官學和儒學的立場上，認爲儒家"於道最爲高"。從漢人的講法中，我們大體上可以對儒家的特徵作簡單概括："以六藝爲法""游文於六經之中"，則儒者首先要"尊經""用經"；"六藝經傳以千萬記，累世不能通其學，當年不能究其禮"，所以欲成爲合格的儒者，首先要"重

---

① 按：關於"儒""儒家"的論説充棟汗牛，非本文的重點，不一一列舉，詳細考辨參見章太炎《原儒》，《國故論衡》，上海：上海古籍出版社 2003 年，第 104—107 頁；胡適《説儒》，原載《國立中央研究院歷史語言研究所集刊》第四本第三分（1934 年），收入《胡適全集》第 4 卷，合肥：安徽教育出版社 2003 年，第 1—89 頁；熊十力《原儒》，上海：上海書店出版社 2009 年；馮友蘭《原儒墨補》，《清華學報》1935 年第 2 期；徐中舒《甲骨文中所見的儒》，《四川大學學報（哲學社會科學版）》1975 年第 4 期。
② 《史記》卷一三〇《太史公自序》，第 3995 頁。
③ 《漢書》卷三〇《藝文志》，第 1728 頁。

學""好學";①"列君臣父子之禮,序夫婦長幼之別"則顯示出儒學的"崇禮"特徵;"留意於仁義之際",顯示出儒學的"尚仁"特徵;"祖述堯舜,憲章文武,宗師仲尼"則顯示出儒學的"希聖"傳統。如此,則"用經""好學""崇禮""尚仁""希聖"等,是儒學的重要特點。

另外,儒者從一開始還有"當仁不讓、舍我其誰"的精神,故而他們的"希聖",不僅要承繼聖人之學,更要行聖人之所爲。孔子作《春秋》,司馬遷便依其精神撰作《史記》,其言:

> 先人有言:"自周公卒五百歲而有孔子。孔子卒後至於今五百歲,有能紹明世,正《易傳》,繼《春秋》,本《詩》《書》《禮》《樂》之際?"意在斯乎! 意在斯乎! 小子何敢讓焉!②

司馬遷撰作《史記》是以孔子作《春秋》爲榜樣的。

當然,儒學成爲官方意識形態之後,其子學屬性逐漸被壓制,作爲經學的儒學與子學在官私立場上開始對立。如《漢書》載成帝時東平思王劉宇來朝,上疏求諸子與《太史公書》,大將軍王鳳曰:"諸子書或反經術,非聖人,或明鬼神,信物怪;《太史公書》有戰國從橫權譎之謀,漢興之初謀臣奇策,天官災異,地形阸塞:皆不宜在諸侯王。不可予。"③可以見出當時對諸子書和《史記》的警惕,諸子和經學分判甚明。據此,我們就容易理解揚雄雖然繼承了儒學子學屬性的精神内核,但在《法言·吾子》中言"委大聖而好乎諸子者,惡睹其識道也",④拒斥諸子的原由了。

---

① 按:陳來認爲"好學"絶不是孔子思想中一個普通的概念,而是一個具有核心意義的、基礎性的概念,並詳細梳理了孔子的"學論"思想,參見陳來《孔子·孟子·荀子》,北京:生活·讀書·新知三聯書店2017年,第5—14頁。至於"重學",更進一步就是對知識的重視,可以説儒家有尊重知識的傳統。
② 《史記》卷一三〇《太史公自序》,第4002頁。
③ 《漢書》卷八〇《宣元六王傳》,第3324—3325頁。
④ 汪榮寶撰、陳仲夫點校《法言義疏》,第67頁。

二、西漢儒學的層次性

要講明《書經》在漢代的成立，首先要討論清楚西漢儒學的層次性。西漢儒學從官、私的角度可以分爲三個層次的問題：第一，官方博士經學的形成以及其全國壟斷地位的出現。這一層次又包括博士設立、博士師法的形成、博士員的擴招、太學與郡學的興辦、明經射策的助力等，凡此可歸爲政策層面；齊學和魯學的爭勝以及各自在博士經學形成上的貢獻，凡此可歸爲區域學術層面；郎官系統與博士經學，屬於職官對學術的影響層面。第二，王國之學的興衰及其同中央官學之間的關係。第三，民間私學。民間私學同區域性的齊學、王國之學及所相關聯的晉學皆有關係。① 其中又涉及儒學官學地位的獲得過程（如儒道之爭等問題）。另外，官私、地域、王國與中央、郎官與博士的區分，又都可以看作是學術的分派，展示出學術風尚上的差別。就學術分派而言，近代以來今古文經派的劃分影響深遠，其後在此基礎上又見頗多變化形態，如將漢代儒學分爲言災異與尚禮儀兩派者；②將漢代學術分爲訓詁之學與章句之學兩類的；③亦有分爲傳記之學與章句之學者；④亦有訓詁之學、傳記之學與章句之學三分，且認爲反映了漢代儒學發展的三個階段者；⑤還有與此相關的，從政治史的角度將漢代學術文化分爲"時新派"（modernist）和"改造派"（reformist）兩類者。⑥ 另外，漢代官方學術的重建、其立經原則的形成以及儒學自身的演進都極大地受到了經籍殘缺與師法不繼

---

① 按：關於晉學及其同齊魯與河間之學的關係可參閱蒙文通的論述，參見蒙文通《經學導言》，《經學抉原》，上海：上海人民出版社 2006 年，第 28—31 頁。
② 王青《揚雄評傳》，南京：南京大學出版社 2011 年，第 27 頁。
③ 錢穆《兩漢經學今古文平議》，第 202—207 頁。
④ 王葆玹《西漢經學源流》，臺北：東大圖書公司 1994 年，第 20—25 頁。
⑤ 王青《揚雄評傳》，第 32 頁。
⑥ 崔瑞德、魯惟一編，楊品泉、張書生等譯《劍橋中國秦漢史》，北京：中國社會科學出版社 1992 年，第 99 頁。

兩方面問題的制約,討論儒學層次性之前也必須弄明白漢初經籍和師法傳續的問題。

漢代經學,尤其是西漢經學層次的豐富性大抵如此。下面,我們在梳理其脈絡的過程中,對前人已討論充分的關鍵問題會簡單提及、標注出處,不再繁複論證,而將重點放在申說不同看法和推闡新見解上。

(一)西漢經籍與師法:"與其過而廢之也,寧過而立之"的立學原則

漢初典籍的存留情況,要從秦的焚書說起。秦焚書並不起自始皇帝。《韓非子·五蠹》有言:"故明主之國,無書簡之文,以法爲教;無先王之語,以吏爲師。"①《韓非子·和氏》載:"商君教秦孝公以連什伍,設告坐之過,燔《詩》《書》而明法令,塞私門之請而遂公家之勞,禁遊宦之民而顯耕戰之士。"②可見秦孝公時,商鞅就已通過"燔《詩》《書》而明法令"。③ 據此,秦焚《詩》《書》的直接原因是"明法令",若結合"塞私門之請"和"禁遊宦之民"來看,則商鞅剖判官私已非常清楚,而焚《詩》《書》就是爲了禁止私議,並非直接針對經術。或者說,秦官學對百家學術力在"收編"掌控,而非絕滅。這點從秦博士官中多納儒生,及李斯所主張的"非博士官所職,天下敢有藏《詩》、《書》、百家語者,悉詣守、尉雜燒之"的"焚書"政策中可得證實。王充論曰:"言燒燔《詩》《書》,坑殺儒士,實也;言其欲滅《詩》《書》,故坑殺其人,非其誠,又增之也。"④焚燒《詩》《書》以禁私學爲實,但言其意在滅學則過之,王充所論甚允。如此

---

① 韓非著、陳奇猷校注《韓非子新校注》,上海:上海古籍出版社2000年,第1112頁。
② 同上書,第275頁。
③ 洪頤煊《讀書叢錄》卷一七"秦焚書"條按語:始皇焚書,僅焚民間所藏,而博士官所職之《詩》、《書》、百家語,固無恙也,故漢興皆得列於學官。《韓非子·五蠹》:"明主之國,無書簡之文,無先王之語,以吏爲師。"《和氏》:"商君教秦孝公燔《詩》、《書》而明法令。"秦焚書非始皇創制,亦其國法如此。參見洪頤煊著,胡正武、徐三見點校《洪頤煊集》(四),上海:上海古籍出版社2018年,第1820頁。
④ 王充撰、黃暉校釋《論衡校釋》,第354頁。

則雖然民間六藝經典遭焚禁而殘缺甚或滅絕，但王官系統當有穩定流傳。①

然而《史記》《漢書》等兩漢典籍中又多見將"六藝缺""書散亡"的原因歸於始皇焚書，如其所載："及至秦之季世，焚《詩》《書》，阬術士，六藝從此缺焉。"②"周道廢，秦撥去古文，焚滅《詩》《書》，故明堂石室金匱玉版圖籍散亂。"③"陵夷至於暴秦，燔經書，殺儒士，設挾書之法，行是古之罪，道術由是遂滅。"④"周監於二代，禮文尤具……及其衰也，諸侯踰越法度，惡禮制之害己，去其篇籍。遭秦滅學，遂以亂亡。"⑤凡此種種，皆認爲《詩》《書》和諸子書等遭秦火而絕滅。如此就產生了兩個問題：既然如前所論，秦並未滅學，那麼六藝和百家典籍爲何而缺？漢儒又爲何普遍將其歸罪於始皇帝的焚書？另外，《漢書·禮樂志》言"諸侯踰越法度，惡禮制之害己，去其篇籍"，則毀書既不始於始皇帝，又不限於秦之一域。

秦禁絕民間私學的手段是禁絕私藏典籍和禁止私下授受，所以伏生要壁藏《尚書》。⑥《禮》典經秦而獨有《士禮》。⑦據《史記》和《漢書》的

---

① 這種穩定流傳的過程也包括秦的重新編纂，參見柯馬丁著、劉倩譯《秦始皇石刻：早期中國的文本與儀式》，上海：上海古籍出版社2015年，第167—179頁。
② 《史記》卷一二一《儒林列傳》，第3786頁。按：《漢書·儒林傳》所載近同："及至秦始皇兼天下，燔《詩》《書》，殺術士，六學從此缺矣。"《漢書》卷八八《儒林傳》，第3592頁。
③ 《史記》卷一三〇《太史公自序》，第4026頁。
④ 《漢書》卷三六《楚元王傳》，第1968頁。
⑤ 《漢書》卷二二《禮樂志》，第1029頁。又賈誼《新書·過秦下》言"焚文書而酷刑法"；《史記·淮南衡山列傳》《漢書·蒯伍江息夫傳》《漢紀·孝武皇帝紀三》皆錄伍被之言："昔秦絕聖人之道，殺術士，燔《詩》《書》，棄禮義"；《後漢書·祭祀志》言："秦相李斯燔《詩》《書》，樂崩禮壞。"
⑥ 《史記》卷一二一《儒林列傳》，第3795頁。
⑦ 《史記·儒林列傳》又言："禮固自孔子時而其經不具，及至秦焚書，書散亡益多，於今獨有《士禮》，高堂生能言之。"同上書，第3797頁。

第七章　經殘與學立:新王官學中的《尚書》

記載,漢王朝所承接的秦的文化資源,尤其是文獻典籍,除醫藥、卜筮、種樹及星官之書外,①非亂即缺,正所謂"明堂石室金匱玉版圖籍散亂"。究其原因,民間之書遭李斯禁絕,而官藏之典亦遭焚燒。《史記·項羽本紀》載,進入咸陽之後,"居數日,項羽引兵西屠咸陽,殺秦降王子嬰,燒秦宮室,火三月不滅"。②項羽燒秦宮當漢王元年(前206)。那麼,爲何西漢儒生不指責項羽而歸罪於始皇帝?另外,秦之焚書自孝公始,重公法而禁私學實爲祖制,始皇、李斯皆非始作俑者,爲何衆惡歸於始皇帝?究其原因,實則是秦的西土祖制和東方六國文化之間的衝突,始皇用李斯之議將秦的文化政策推廣到全境,遂遭到巨大的抵制。③《史記·封禪書》和《漢書·郊祀志》皆載:"始皇封禪之後十二歲,秦亡。諸儒生疾秦焚《詩》《書》,誅僇文學,百姓怨其法,天下畔之,皆讇曰:'始皇上泰山,爲暴風雨所擊,不得封禪。'"④從封禪之事上儒生的造謠來看,衆惡歸於始皇就容易理解了。

要之,始皇焚書極大影響了六藝和諸子書在民間的存留,項羽焚燒咸陽秦宮又致使官方圖籍毀滅或散亡。所以漢在立國之初即不得不開展整理典籍的工作,《史記·太史公自序》言:"於是漢興,蕭何次律令,韓信申軍法,張蒼爲章程,叔孫通定禮儀,則文學彬彬稍進,《詩》《書》往往間出矣。"⑤又《漢書·藝文志》言:

---

①《後漢書·天文志上》載:"秦燔《詩》《書》,以愚百姓,六經典籍,殘爲灰炭,星官之書,全而不毀。"北京:中華書局1973年,第3214頁。
②《史記》卷七《項羽本紀》,第402頁。
③按:區域文化的差異導致秦的速亡問題,陳蘇鎮先生認爲:"秦失敗的主要原因在於:它完成了對六國軍事征服和政治統一後,未能成功實現對六國舊地特別是楚、齊、趙地的文化統一。秦朝統一文化的手段是向全國推廣秦法。由於當時文化上的戰國局面依然存在,秦法與東方各地固有的傳統習俗發生了衝突,其中尤以秦、楚之間的衝突最爲嚴重。"參見陳蘇鎮《〈春秋〉與"漢道":兩漢政治與政治文化研究》,北京:中華書局2011年,第8頁。
④《史記》卷二八《封禪書》,第1649頁。《漢書·郊祀志》所載近同。
⑤同上書,第4026頁。

漢興,改秦之敗,大收篇籍,廣開獻書之路。迄孝武世,書缺簡脫,禮壞樂崩,聖上喟然而稱曰:"朕甚閔焉!"於是建藏書之策,置寫書之官,下及諸子傳說,皆充秘府。至成帝時,以書頗散亡,使謁者陳農求遺書於天下。詔光禄大夫劉向校經傳諸子詩賦,步兵校尉任宏校兵書,太史令尹咸校數術,侍醫李柱國校方技。①

漢代典籍或缺或亂,故而漢初、武帝和成帝時官方皆組織力量進行了典籍整理工作。惠帝四年(前191)廢除挾書之令;高后元年(前187),除妖言令。② 可見經籍上的困頓使得漢代官方不得不向有生命力的民間"求助",廣開獻書之路。當然這也意味着漢代必須改變同私論、家言"鬥爭"的方式。於是才有了漢武帝用董仲舒之論興太學以"養士"。

除了典籍缺散外,漢王朝的文化建設還面臨另一個同等重要的問題,那就是師法斷絕。如劉歆《移讓太常博士書》所言:

漢興,去聖帝明王遐遠,仲尼之道又絕,法度無所因襲。時獨有一叔孫通略定禮儀,天下唯有《易》卜,未有它書。至孝惠之世,乃除挾書之律,然公卿大臣絳、灌之屬咸介胄武夫,莫以爲意。至孝文皇帝,始使掌故朝錯從伏生受《尚書》。《尚書》初出于屋壁,朽折散絕,今其書見在,時師傳讀而已。《詩》始萌牙。天下衆書往往頗出,皆諸子傳說,猶廣立於學官,爲置博士。在漢朝之儒,唯賈生而已。至孝武皇帝,然後鄒、魯、梁、趙頗有《詩》、《禮》、《春秋》先師,皆起於建元之間。當此之時,一人不能獨盡其經,或爲《雅》,或爲《頌》,相合而成。《泰誓》後得,博士集而讀之。故詔書稱曰:"禮壞

---

①《漢書》卷三〇《藝文志》,第1701頁。
②《漢書·高后紀》元年春正月,詔曰:"前日孝惠皇帝言欲除三族罪、妖言令,議未決而崩,今除之。"《漢書》卷三《高后紀》,第96頁。

樂崩,書缺簡脱,朕甚閔焉。"時漢興已七八十年,離於全經,固已遠矣。①

此處略述漢初到武帝時,經學授受的師學情況。晁錯從伏生所習《尚書》,僅"師傳讀而已",文帝時官方之大儒可稱者僅賈誼而已,直到武帝建元時,《詩》《禮》《春秋》方備師法。但就《詩》而言,仍然是無人可以傳授全經,諸儒各治其部分,或研習《雅》,或研習《頌》。《尚書》的《泰誓》篇因爲後得,更無師法,所以需要一群博士集中研習。這大概就是漢朝立國七八十年來經學(包括典籍和師説)的情況。宣帝時,依照劉歆《移讓太常博士書》所載,在原來《尚書》《春秋》《易》博士官的基礎上又新增了穀梁《春秋》、梁丘《易》、大小夏侯《尚書》博士。② 新立博士同舊有博士師法或異,但並立之。這一特點反映了漢代立經的原則,也即"與其過而廢之也,寧過而立之"。而劉歆引傳曰:"文武之道未墜於地,在人;賢者志其大者,不賢者志其小者。"這裏的"傳"即《論語》,此句出《子張》。劉歆由孔子之無常師來點明西漢的經學精神,即"博立衆學以原道"。因爲受典籍流傳的限制,漢代經學又有圍繞典籍展開的特點。師法的失傳與復起,難免"雜取",漢代的尊儒從一開始就是雜取多門,實爲雜儒之學。當然,師法的不傳同師法的口授和記載師法類典籍不傳有直接關係。經籍缺散,先王不可見,又去聖久遠,使得漢代官方的經學出現了明顯的經籍傾向,外在表現就是"尊經"。需要指出,漢代官學的"雜取"同早期儒學的"博采"不同,這種"雜取"是一種迫於現實條件的混合雜糅,其歸宿在於多樣並存,而不是子學的"折中於一"。

(二)博士經學與儒學的官學化

西漢儒學的官化至少經歷了四個階段:漢初到武帝中期、武宣時期、

---

①《漢書》卷三六《楚元王傳》,第1968—1969頁。
②同上書,第1971頁。

元成到新莽、新莽時期。就儒學而言,從漢初到武帝中期可以稱爲子學時期,武宣爲過渡時期,①元成以後爲官學時期。就其對應政策而言,主要表現在博士的設立與發展,太學、郡學的設立與推廣,博士員隊伍的擴充,察舉制中明經射策對儒學的推廣,郎官制度中的經學傳承等。

漢代博士制度,包括博士官的設置與演變,博士官的組織、職掌、選用,博士弟子的選用、考評和出路問題,前人研究已詳,②我們只論博士學風的變化。漢初承秦制,博士官制度也是一樣,諸子各立博士,置弟子員。從高祖到武帝中期,儒生博士中一直存在"雜學"者:

《武帝紀》:"建元元年,丞相綰奏:'所舉賢良,或治申、商、韓非、蘇秦、張儀之言,亂國政,請皆罷。'奏可。"頤煊案:《陳平傳》"治黄帝、老子之術",《田叔傳》"學黄老術於樂鉅公",《張敞傳》"孝文時以治刑名事太子",《鼂錯傳》"學申、商刑名於軹張恢生所,與雒陽宋孟及劉帶同師",《田蚡傳》"學盤盂諸書",《韓安國傳》"受韓

① 按:我們將武帝和宣帝時期列爲過渡時期,是考慮到"罷黜百家,獨尊儒術"的政策初定,太學、郡學初興,其影響尚未能遍及全國,而就其經學授受而言,初立的博士尚多諸子習性,非"純儒"。
② 按:關於博士制度的分析研究從漢代以後的史書中即有探討,"三通""會要"類書則記載更詳。清代繆荃孫、王鳴盛、臧琳、杭世駿、王大鈞等均有相關研究。另外,畢沅、蔣湘南、汪之昌、趙春沂、洪震煊、胡繡、邵保初等在討論漢代經學家法時亦有涉及。此外,專論博士制度的有胡秉虔《漢西京博士考》、張金吾《兩漢五經博士考》和王國維《漢魏博士考》,王氏論作後出,可謂集大成者。王國維之後,有謝之勃《秦及漢初博士考》(《國學專刊》1935年第2期)、施之勉《秦博士掌通古今説》(《責善月刊》1942年2卷22期)、胡適《王國維〈漢魏博士考〉修訂》(1943年3月26日完成,《胡適全集》第20卷,合肥:安徽教育出版社2003年,第199—206頁)、齊覺生《秦博士與廷議》(《大陸雜誌》1957年15卷12期)、侯紹文《兩漢博士之選試》(《民主評論》1961年12卷10期)、周予同等《博士制度與秦漢政治》(《新建設》1963年1期),等等專論,張漢東《論秦漢博士制度》(安作璋、熊鐵基著《秦漢官職史稿》"附録",濟南:齊魯書社1984年,第409—491頁)在對前述論著評述總結的基礎上就博士制度相關問題進行了更爲系統的多層次論證,亦屬集大成之作。稍後楊鴻年在《漢魏制度叢考》(武漢:武漢大學出版社1985年)中列有專節討論博士與博士弟子,對相關問題有所補充。

第七章 經殘與學立:新王官學中的《尚書》

子雜説鄒田生所",《主父偃傳》"學長短縱橫術",《張湯傳》"王朝,齊人,以術至右內史,邊通學短長",此皆漢初雜學。《儒林傳序》:"孝文本好刑名之言,孝景不任儒,竇太后又好黃老術,及竇太后崩後,武安君田蚡爲丞相,黜黃老、刑名百家之言,延文學儒者以百數,而公孫弘以治《春秋》爲丞相封侯,天下學士靡然鄉風。"而雜學始廢。①

又如叔孫通、公孫臣非專經之士,且頗多法家言行而爲博士,可謂顯例。陸賈和賈誼,《漢書·藝文志》"諸子略"雖將二人列入儒家類,但陸賈頗多縱橫氣,賈誼之文又多老莊之意,②且兼有陰陽家言者。③ 賈誼的博采老莊入儒,同漢初以黃老緣飾霸道,即崇尚黃老以緩解實際上承秦而來的法家治術有關係。官方既無明確的文化宗尚,那麼學術上的博采折中屬自然現象。從叔孫通、陸賈和賈誼身上,我們可以看到漢初的儒學不斷調整自身,其目的是爭勝百家(主要是道家)而見用於朝廷。以《易》學爲例,漢初《易》學中即有以道家黃老之學解《周易》一派,他們將《易》學同黃老之學結合起來,講陰陽變易學説,如《淮南子·人間》中解釋《乾卦》九三爻:"終日乾乾,以陽動也;夕惕若厲,以陰息也。因日以動,因夜以息,惟有道者能行之。"④繼承這種解《周易》風氣的,是嚴君平,他所著《道德經指歸》,引《周易》經傳文意,解釋《道德經》。揚雄爲

---

① 洪頤煊《讀書叢錄》卷一九,胡正武、徐三見點校《洪頤煊集》(四),第1872—1873頁。
② 如《鵩鳥賦》"禍兮福所倚,福兮禍所伏""天不可與慮兮,道不可與謀""天地爲爐兮,造化爲工;陰陽爲炭兮,萬物爲銅""至人遺物兮,獨與道俱"等等。又《史記》載:"廷尉乃言賈生年少,頗通諸子百家之書。文帝召以爲博士。"《史記》卷八四《屈原賈生列傳》,第3020—3021頁。
③ 賈誼説文帝"易服色,法制度",草儀法時"色尚黃,數用五"。(《史記》,裴駰集解,第3021頁)《漢書·藝文志》陰陽家有《五曹官制》五篇,自注云:"漢制,似賈誼所條。"(《漢書》,第1734頁)
④ 劉文典撰,馮逸、喬華點校《淮南子鴻烈集解》,第620頁。

其弟子,其所撰《太玄》即《周易》和老氏結合的產物。①

武帝前期,在儒學的全面官學化過程中發揮了極大作用的主要有三人:董仲舒、公孫弘和文翁,是他們三人將博士制度系統化,爲元成時候儒學的真正獨尊奠定了基礎。簡言之,董仲舒建議興太學以"養士";公孫弘奏定學制,規定太學生免除賦役②、考核標準和仕選要求等;文翁興起郡學,開武帝時"天下軍國皆立學校官"之先河。如此則凡儒生之肆經者,莫不受經於博士。至於博士弟子員,武帝時置五十人,昭帝時增滿百人,宣帝末增倍之,元帝更爲設員千人,成帝末增弟子員三千人,到了桓帝時已諸生三萬餘人,二百多年增至了六百餘倍。研經治學成了"利祿之路","士病不明經術;經術苟明,其取青紫如俛拾地芥耳",③儒學終於官學化了。

學統於官,經學成爲官方"養士"的手段,變成利祿之途。博士師徒授受,已不僅僅是知識的傳授,而成爲進身之徑。學術與政治融混在一起,博士的授經實際上亦在"授官",如此師法不但可以用來劃分學派,而且可以區分官僚派系,所以學問越發固守。"師法"之立,如錢穆先生所言,當在昭、宣之後。④ 昭、宣以後的"師法"之學,其政治意義大於經

---

① 朱伯崑《漢代的象數之學》,《易學哲學史》(第一册),北京:華夏出版社1995年,第115頁。
② 《漢書·儒林傳》載:"(公孫弘奏)爲博士官置弟子五十人,復其身。"又載:"元帝好儒,能通一經者皆復,數年以用度不足,更爲設員千人。"復,顏師古注"蠲其徭賦也"。(《漢書》卷八八《儒林傳》,第3594、3596頁)
③ 《漢書》卷七五《眭兩夏侯京翼李傳》,第3159頁。又《後漢書·桓榮傳》載桓榮由博士遷任太子少傅,專門彙集弟子,陳其車馬印綬,曰:"今日所蒙,稽古之力也,可不勉哉!"(《後漢書》卷三七《桓榮丁鴻列傳》,第1251頁)
④ "自漢武以來,博士員數尚頗盛,雖無往者七十之數,然並不分經各立,限《五經》立五博士,或總《五經》諸家各立一博士也。又武帝元朔五年,公孫弘請爲博士官,置弟子員五十人,謂:'一歲皆輒課,能通一藝以上,補文學掌故缺。'然則博士弟子亦不限通一藝矣。故知漢初以來,雖承秦人焚書之後,能通一經之士已不多遘,然初未有專經之限。惟自博士官既置弟子,則博士教授亦自漸趨分經專門之途,此則斷可知爾。今考博士經學,分經分家而言'師法',其事實起於昭、宣之後。"參見錢穆《兩漢博士家法考》,《兩漢經學今古文平議》,第177—178頁。

學意義。太學生作爲習學研經的主體,其學問愈發拘守"師法",經典的解讀與"使用"愈發被規定了。官化儒學對規範性的要求使得儒學喪失了自新能力。儒學的生命力正在於孔子的作《春秋》,在於董仲舒的博采齊學,在於其作爲子學的博采與折中能力,在於"好學",但是制度化的儒學要求標準統一,並且標準内部還要有一定的靈活性,便於分等。當時諸家師説初成且邊界清楚,因之而"章句"之學大興。章句之學的特點不是訓詁,不是義理,而是"師法",在師説的範圍内學生可以肆意"緣飾"。這是一種變態的"尊經","説五字之文,至於二三萬言,後進彌以馳逐,故幼童而守一藝,白首而後能言;安其所習,毁所不見,終以自蔽"。①

另外,對博士員的免徭役政策("復其身"),致使研經隊伍中有很多混入者,②其中多有學力不濟,或無心治經者,如此則章句之學不僅泛濫,而且不純。經學之衰,在所難免。太學之外,讀經之風亦熾,漢代察舉制度中專門有"明經"科就是爲没能進入太學者開通的入宦門徑。通經可以入宦,故而民間重經之風熾。如《漢書·韋賢傳》載鄒魯一代諺語"遺子黄金滿籯,不如一經"。③ 也就是説,民間私學的"官學化",將私學本來該有的"發揮"精神蕩滌乾净。私學只是成了官學的延伸(或

---

①《漢書》卷三〇《藝文志》,第1723頁。
②按:太學和地方郡學又常常成了避難之所,如《三國志·魏書·王肅傳》注引《魏略》:"從初平之元,至建安之末,天下分崩,人懷苟且,綱紀既衰,儒道尤甚。至黄初元年之後,新主乃復,始掃除太學之灰炭,補舊石碑之缺壞,備博士之員録,依漢甲乙以考課。申告州郡,有欲學者,皆遣詣太學。太學始開,有弟子數百人。至太和、青龍中,中外多事,人懷避就。雖性非解學,多求詣太學,太學諸生有千數,而諸博士率皆麄疎,無以教弟子。弟子本亦避役,竟無能習學。冬來春去,歲歲如是。"《三國志》卷一三《鍾繇華歆王朗傳》,北京:中華書局1959年,第420—421頁。
③《漢書》卷七三《韋賢傳》,第3107頁。

"預科")而已。① 可以説,武帝時,因政策初施,師法尚未完全固定,儒學依然保持着子學的活力,董仲舒本身即爲顯例,司馬相如、司馬遷皆顯示出儒者的創新性。昭、宣以後,師法既成,經生依託師法,開始圍經造説,逐漸失掉了作爲子學的自新能力。

(三) 郎官經學

與博士"師法"樣板化的過程幾乎同步,宣帝開始訓練郎官,通過與外廷博士辯論的方法争立博士。郎官出身的授經者多淹通且不拘"師法",可以看做武帝以後官方經學中的分支,徐興無先生稱之爲"郎官經學"。② 提出這一概念,説明徐先生注意到太學系統以外一直存在另外一個經學研習群體。但是以"郎官經學"稱之,未必合理。首先,就其來源和職掌來看,郎官的類型非常多樣,③其中雖然包括經學講授、勸學和校理圖書者,但更有引車、看門、問病起居、奉旨出差甚至牧羊者;其次,郎官系統中的經學研習者,之所以能"兼收並蓄、轉益多師",是因爲郎

---

① 按:《後漢書·儒林列傳》論曰:"自光武中年以後……若乃經生所處,不遠萬里之路,精廬暫建,贏糧動有千百,其者名高義開門受徒者,編牒不下萬人,皆專相傳祖,莫或訛雜。至有分争王庭,樹朋私里,繁其章條,穿求崖穴,以合一家之説。"李賢注:"經生謂博士也。就之者不以萬里爲遠而至也。"(《後漢書》卷七九下《儒林列傳》,第2588—2589頁)可見其私授之盛,但限於利禄,這些所謂的私學只能算是官學的"預科"而已。

② 關於"郎官經學"的特徵及其對東漢經學的影響,詳參徐興無《劉向評傳(附劉歆評傳)》,南京:南京大學出版社2005年,第94—102頁。按:"郎官經學"概念的提出是從制度史的視角來離析武帝後官方經學的層次性,儘管就其本身而言,很難成立,但對西漢經學研究而言,可以説是一個建設性的概念。

③ 按:關於秦漢到魏晉郎官的情況,詳參嚴耕望《秦漢郎吏制度考》,原載"中央"研究院《史語所集刊》第二十三本(傅斯年先生紀念論文集),1951年12月,收入《嚴耕望史學論文集》,上海:上海古籍出版社2009年,第21—84頁;李孔懷《漢代郎官述論》,中國秦漢史研究會編《秦漢史論叢》第二輯,西安:陝西人民出版社1983年,第158—172頁;楊鴻年《漢魏郎官》,《中國古代史論叢》第七輯,福州:福建人民出版社1983年,第202—226頁;王克奇《論秦漢郎官制度》,安作璋、熊鐵基《秦漢官職史稿》(上册)"附録",濟南:齊魯書社1984年,第343—408頁。

中(博士員射策甲等)是郎官中地位最低者,也就是説既爲郎官,其已經不需要通過研習經書來進入官場,相對於利益攸關的博士與太學生,他們的治經更爲自由,也更爲"純粹"。他們近同於漢初的諸子儒生,但是已没有漢初儒生所采之博,折中之廣了;再次,所謂的"郎官經學"只是異於博士經學,在同後者對比的時候才有意義,就其系統内部而言,並無統一的經學特徵。揚雄和劉歆皆出身郎官,且都是郎官中地位較高的給事黄門郎,①他們能够輕鬆擺脱博士經學的束縛,走出不同於博士經學的道路,同這種身份自然有關係。

(四)王國之學

高祖郡縣、分封並行,大封同姓貴族和開國功臣,所以漢初政治可以看作是對東周的"復歸"。諸侯王中,多見崇尚儒學者,其中以楚元王劉交和河間獻王劉德最爲代表。《漢書·楚元王傳》載其"好書,多材藝。少時嘗與魯穆生、白生、申公俱受詩於浮丘伯。伯者,孫卿門人也。及秦焚書,各别去"。漢高祖封其爲楚王,"元王好《詩》,諸子皆讀《詩》,申公始爲《詩》傳,號魯《詩》。元王亦次之《詩》傳,號曰元王《詩》,世或有之"。② 可見劉交與申公同爲浮丘伯的弟子,均傳荀子《詩》學,後皆開宗立派,分别爲"魯《詩》"和"元王《詩》"。關於"元王《詩》"的特徵,"元王亦次之《詩》傳",顔師古注曰:"凡言傳者,謂爲之解説,若今《詩毛氏傳》也。"③依顔氏之説,則元王《詩》學近同《毛詩》,近似於古文學風,則劉歆倡立古文,同祖傳《詩》學或亦有關係。

《漢書·景十三王傳》載:"河間獻王德以孝景前二年立,修學好古,實事求是。從民得善書,必爲好寫與之,留其真,加金帛賜以招之。繇是四方道術之人不遠千里,或有先祖舊書,多奉以奏獻王者,故得書多,與

---

① 按:關於黄門郎尊於普通郎的考證,參見楊鴻年《漢魏制度叢考》,武漢:武漢大學出版社2005年,第72—73頁。
② 《漢書》卷三六《楚元王傳》,第1921—1922頁。
③ 同上書,第1922頁。

漢朝等。是時，淮南王安亦好書，所招致率多浮辯。獻王所得書皆古文先秦舊書，《周官》《尚書》《禮》《禮記》《孟子》《老子》之屬，皆經傳說記，七十子之徒所論。其學舉六藝，立毛氏《詩》、左氏《春秋》博士。修禮樂，被服儒術，造次必於儒者。山東諸儒多從而游。"①河間獻王劉德修學好古，四方求典，所得皆古文先秦舊書，且皆爲經傳說記，多爲七十子後學所論。另外，"其學舉六藝，立毛氏《詩》、左氏《春秋》博士"，則早於西漢王室而先以王國立儒學博士。所立爲古文之學。劉德在古文經的保藏和經傳的完善方面，貢獻頗多，戴震嘗撰《河間獻王傳經考》，刻石於河間府獻王祠左壁，其文曰：

> 漢初，六藝散而復集，文帝時，《詩》始萌芽，獨有《魯詩》。景帝時，有《齊詩》、《韓詩》，而毛公爲《詩故訓傳》三十卷。鄭康成《六藝論》云："獻王好之曰《毛詩》。"……昔儒論治《春秋》可無《公羊》、《穀梁》，不可無《左氏》。當景帝、武帝之間，六藝初出，群言未定，獻王乃立毛氏《詩》、左氏《春秋》博士，識固卓卓。②

劉德以侯王身份，涵納古學，重拾先秦儒學經傳，於古文經學之再興，貢獻良多。由其立博士，可知古文經傳世有所傳，且頗有系統。武帝時，獻王入朝相見，"獻雅樂，對三雍宮及詔策所問三十餘事。其對推道術而言，得事之中，文約指明"。據此可見河間獻王劉德的學問修爲。不過，獻王在武帝問對後返回河間，不再講學，很快就去世了。蒙文通先生認爲，河間之學未得立的原因正在於武帝對"卓爾不群"的獻王的忌刻，才一併排斥其所獻經籍與古學。古文學的內容，本來是熔合許多不相同的成分而冶爲一爐的，其中有些是古史，有些是孔壁的佚經，有些是散落民間的經傳，獻王把它們一齊集合到河間來，後因武帝忌刻獻王，他

---

① 《漢書》卷五三《景十三王傳》，第 2410 頁。
② 戴震《戴震集》卷一《河間獻王傳經考》，上海：上海古籍出版社 2009 年，第 3 頁。

第七章　經殘與學立：新王官學中的《尚書》　423

們同遭排斥，一同失敗，於是結合起來自成一派，和博士對抗。① 當然這種結合同齊學和魯學因利禄而聯合是一樣的。

（五）齊學與魯學

《漢書》中明確有"齊學"與"魯學"之説，《儒林傳》載宣帝即位，聽説其祖父戾太子劉據好《穀梁春秋》，遂問於韋賢、夏侯勝和史高。三人言"穀梁子本魯學，公羊氏乃齊學也，宜興《穀梁》"。② 後宣帝親自主持石渠閣議經會議，增立《穀梁》等學博士，漢代經學開始了從齊學到魯學的轉向。③ 齊學與魯學的差異究竟是什麽？解决這個問題，還是要從儒學分派論起。

孟子言："孔子之謂集大成。集大成也者，金聲而玉振之也。"④孔子之後，再無能集其大成者，儒學派别，韓非言"分爲八"。孔門之學，本有四科之分，且孔學内涵豐富，揚雄《法言・君子》篇言："聖人固多變。子游、子夏得其書矣，未得其所以書也；宰我、子貢得其言矣，未得其所以言也；顔淵、閔子騫得其行矣，未得其所以行也。"⑤可見聖人之學變化豐富，就連那些最優秀的弟子也只瞭解其中的一個方面。又加上"自孔子卒後，七十子之徒散游諸侯，大者爲師傅卿相，小者友教士大夫，或隱而不見。故子路居衛，子張居陳，澹臺子羽居楚，子夏居西河，子貢終於齊"。⑥ 如此在儒學内部必然出現區域性差異。結合前論，作爲子學的儒家之學至少有用經、重學、崇禮、尚仁、希聖等五個面向，孔子之後，後學四散，他們博采各地之學，雖各不相讓（如荀子對思孟學派的態度），

---

① 蒙文通《經學導言》，《經學抉原》，第18—19頁。
② 《漢書》卷八八《儒林傳》，第3618頁。
③ 吴雁南、秦學頎、李禹階主編《中國經學史》，北京：人民出版社2010年，第85—88頁。
④ 焦循撰、沈文倬點校《孟子正義》，第672頁。
⑤ 汪榮寶撰、陳仲夫點校《法言義疏》，第509頁。
⑥ 《史記》卷一二一《儒林列傳》，第3786頁。

但終歸能折中於儒(禮學與仁義)。廖平言:"今古經本不同,人知者多。至于官學皆今學,民間皆古學,則知者鮮矣。知今學爲齊魯派,十四博士同源共貫,不自相異;古學爲燕趙派,群經共爲一家,與今學爲敵,而不自相異;則知者更鮮矣。"①又言:"魯、齊、古三學分途,以鄉土而異。鄒與魯近,孟子云:'去聖人居,若此其近',蓋以魯學自負也。荀子趙人,而游學于齊,爲齊學。"②廖氏的齊魯、燕趙、今古之別是否能夠成立,尚可討論,③但其將齊魯之學放在官學一統,並已論及孟、荀與齊學、魯學之關係,實爲創見。後來王葆玹、孫家洲等關於齊學、魯學與孟、荀關係的論辯,其實就是在這一思路下的申説。④

要之,廖平今古文派的劃分或難以成立,但其關於魯學與齊學的認識確屬漢代經學的一大特點,正如唐晏所言:"兩漢經學首宜辨者,爲魯與齊之分。魯學爲孔門正傳,齊學則雜如衍、奭之餘緒,是以餘閏而參正統也。"⑤如唐晏所論,則魯學謹守古學,更爲純正,而齊學多取他學(鄒衍、鄒奭陰陽家之學),其學博雜。今古齊魯之學,蒙文通詳論其原本,其言魯學、齊學之别:"魯學是謹守師傳的,齊學是雜取異義的,齊學自然不及魯學醇正了。"⑥又曰:"齊學之黨爲雜取異義,魯學之黨爲篤守師

---

①廖平《今古學考》卷上,李耀仙主編《廖平選集》,成都:巴蜀書社1998年,第69頁。
②同上。
③按:關於此問題的考辨詳參李學勤《〈今古學考〉與〈五經異義〉》,初刊張岱年主編《國學今論》,瀋陽:遼寧教育出版社1991年,第125—135頁;後收入《當代學者自選文庫·李學勤卷》,合肥:安徽教育出版社1999年,第647—657頁。
④王葆玹認爲"魯學系統始於荀子""齊學系統始於孟子",詳參王葆玹《今古文經學新論》,北京:中國社會科學出版社1997年;孫家洲不同意其講法,認爲從開放與創新精神所體現的學風來看,荀子近於齊而遠於魯,不宜輕言孟子"博雜",而推論孟子爲漢初齊學之源,孟子對齊學的批判顯示出其明顯的宗魯抑齊情結,他應該是魯學的代表人物,詳參孫家洲《試論孟子、荀子與漢代魯學和齊學的關係——兼與王葆玹先生商榷》,《煙臺師範學院學報(哲學社會科學版)》2004年第4期。
⑤唐晏《兩漢三國學案》"凡例",北京:中華書局1986年。
⑥蒙文通《經學導言》,《經學抉原》,第25頁。

傳,以石渠議後十二博士言之,則《魯詩》、大小夏侯之《尚書》、后氏《禮》、梁丘氏《易》、穀梁《春秋》,此魯學之黨也。齊、韓《詩》、歐陽《尚書》、施氏、孟氏《易》、公羊《春秋》,此齊學之黨也。"①又曰:"就漢世言之,魯學謹篤,齊學恢弘,風尚各殊者,正因魯固儒學之正宗,齊乃諸子之所萃聚也。"②蒙先生所謂的"醇正"與"正宗"只是拘泥於經學家的認識,將孔門之學同宗周官學看作一樣,以此爲標準來判斷醇正與否。若考慮到儒學的子學屬性,則齊學似更接近於孔學的用經、好學、博采精神。

聯繫上文,則廖平所謂之古文經學同魯學治經方法比較接近,故安作璋言:"魯學與齊學同屬於今文經學,但在學風上,魯學和古文經學有某些相似之處,古文經學重名物訓詁,魯學亦然。"③

第三節　立而未成:儒學獨尊和漢代《尚書》中的王官、諸子張力

一、"經殘""學分"與漢代"新王官學"《書經》之確立

如前所及,漢儒有一個講法,言孔子爲"素王",並言其"爲漢制法"。孔子所制之法藉五經以傳,所以漢代崇儒之後要重立博士,後來發展到五經皆立博士且一經常立多學。遺憾的是,如《尚書》一類的典籍,經秦、楚而殘損。以殘經立學,總有非其完璧的遺憾,因此今古文爭,劉歆言今文諸家"抱殘守缺"。聖道治法既因經殘而缺,漢王官學就只能通過雜取博采來"勤力完善",所以劉歆說漢的立經原則爲"與其過而廢之也,寧過而立之"。當然,官方立學原則的博采也是基於"學分"之現

---

①蒙文通《經學抉原》,第85頁。
②同上書,第85頁。
③安作璋、張漢東《山東通志(秦漢卷)》,北京:人民出版社2009年,第207頁。

實的。

　　秦劫以後，唯濟南伏生傳《尚書》。伏生傳晁錯、張生，張生傳千乘歐陽生，歐陽生授兒寬，寬授歐陽生之子，世傳其業至於曾孫歐陽高，是謂《尚書》歐陽之學。又有夏侯都尉受業於張生，以授族子始昌，始昌傳族子勝，是謂《尚書》大夏侯之學。勝授從子建，又別爲小夏侯之學。西漢之世，三家咸立於學官。這一系列，就是西漢今文學，所傳之《書》，僅爲二十八篇，或以爲即《尚書》中之齊學。①

　　孔安國本從伏生受《書》，復得孔壁所藏古文十六篇，以授膠東庸生，五傳而至桑欽，而劉歆亦崇信其書。及東漢時，賈逵、孔僖世傳古文之學。尹咸、周防、周磬、楊倫、張楷、孫期亦習古文，是爲古文《尚書》，乃《尚書》中之魯學也。特古文十六篇絶無師説，故傳其學者咸無注釋，非晉梅賾所稱之孔氏古文也。又有扶風杜林得西州漆書古文，亦非僞書，以授衛弘、徐巡，而馬融亦傳其學。鄭玄受《書》於張恭祖，傳古文《尚書》，既又游馬融之門，兼通杜林漆書。馬融、鄭注皆以漆書解今文二十八篇。②

　　兩漢《尚書》學授受大略大抵如此，派所系者，其學有異。如《漢書》載大小夏侯之互詆，"勝非之曰：'建所謂章句小儒，破碎大道。'建亦非勝爲學疏略，難以應敵"。③ 另外，漢中央用今文經學，但王國如劉德在河間用古學，古學多傳自七十子後學。所以説，解決"經殘"問題，當時還有古學一途。就《尚書》而言，經文體量顯然是古多於今，但終前漢而古學不見用。這又提醒我們，漢家立學除了順應漢儒孔子爲漢制作的學

---

①劉師培撰、陳居淵注《經學教科書》，第35頁。
②按：此漢代《書經》傳授之大略，用劉師培之勾連，所據爲《漢書·儒林傳》《藝文志》、《後漢書·儒林傳》及各列傳、《經典釋文》、閻若璩《古文尚書疏證》、王鳴盛《尚書後案》、江聲《尚書今古文集注音疏》及《漢學師承記》。詳參劉師培撰、陳居淵注《經學教科書》，第35—36頁。
③《漢書》卷七五《眭兩夏侯京翼李傳》，第3159頁。

理外,亦有範圍"諸子學"之目的。如前引《武帝紀》:"建元元年,丞相綰奏:'所舉賢良,或治申、商、韓非、蘇秦、張儀之言,亂國政,請皆罷。'奏可。"又如《漢書·元帝紀》載:

> 孝元皇帝,宣帝太子也。母曰共哀許皇后,宣帝微時生民間。年二歲,宣帝即位。八歲,立爲太子。壯大,柔仁好儒。見宣帝所用多文法吏,以刑名繩下,大臣楊惲、蓋寬饒等坐刺譏辭語爲罪而誅,嘗侍燕從容言:"**陛下持刑太深,宜用儒生。**"宣帝作色曰:"漢家自有制度,本以霸王道雜之,奈何純任德教,用周政乎!且俗儒不達時宜,好是古非今,使人眩於名實,不知所守,何足委任!"乃歎曰:"亂我家者,太子也!"繇是疏太子而愛淮陽王,曰:"淮陽王明察好法,宜爲吾子。"①

西漢前中期,黜申、韓而又用申、韓,究其原因在於其學亂不亂國政、利不利於治理。對申、韓如此,對於儒術也一樣。

如前所論,通過武帝前期董仲舒、公孫弘和文翁等的奠基,儒學到元成時期完成了實質性的"官學化"。昭宣之後,"師法"確立,但多用以區分官僚派系,政治意義大於經學意義。統一標準後的儒學,經典自身及其已規定好的"師法"成爲標準,規定了路徑的同時也規定了終點。如前所及,這是一種變態的"尊經","安其所習,毀所不見,終以自蔽"。至此,《尚書》之學在新官學體系中被確立起來了。

新官學體系當中《書經》的確立,就其名而言,在武帝表彰儒術、罷黜百家之後。《漢書·董仲舒傳》載:"自武帝初立,魏其、武安侯爲相而隆儒矣。及仲舒對冊,推明孔氏,抑黜百家。立學校之官,州郡舉茂材孝廉,皆自仲舒發之。"②元光元年(前134),武帝詔舉賢良文學對策,董仲舒獻"天人三策",主張罷黜百家,以儒術作爲選拔人才的標準,網羅天

---

①《漢書》卷九《元帝紀》,第277頁。
②同上書,第2525頁。

下諸生。"董仲舒之主張行,而子學時代終;董仲舒之學説立,而經學時代始。"①具體來看,董仲舒對策之前的建元五年(前136),武帝置五經博士。② 次年,即建元六年(前135),竇太后去世,武帝黜黄老刑名之言。對策後十年,即元朔四年(前125)六月,武帝又爲五經博士置弟子職。③ 武帝建元五年所置的《尚書》博士,當爲歐陽生。至宣帝甘露三年(前51)又立大小夏侯《尚書》,④今文三家至此齊備。要之,至孝武皇帝時,儒學由諸子之學變身爲一家獨尊之官學,《尚書》學也隨之進入了經學時代。⑤ 但就其實而言,要到了元成時期才真正得以確立。所謂的"確立"就典籍記載而言,表現爲稱《尚書》爲《尚書經》和《書經》。如《漢書·云敞傳》:"云敞……師事同縣吴章,章治《尚書經》爲博士。"⑥《漢書·律曆志》"成湯。《書經·湯誓》湯伐夏桀",又載"武王。《書經·牧誓》武王伐商紂"。⑦

二、"立而未成":兩漢諸子之"希聖"

洪頤煊用"雜學"來描述漢初學術生態,發掘出了漢代對諸子精神的繼承。無論是在東周,還是在漢代,諸子都是"學分"的原因。"學分"

---

①馮友蘭《中國哲學史》(上),第32頁。
②按:漢初博士之設,文帝立《詩經》博士、景帝立《春秋》博士,至武帝時立五經博士。
③《漢書》卷六《武帝紀》,第172頁。按:據王國維《漢魏博士考》,博士之職,置於六國之末,而秦因之。漢初承秦制,亦置博士,當時之博士不盡經術之士,諸子、詩賦、術數、方伎皆立博士。至文帝始立一經博士,爲經置博士限以五經則自武帝建元五年始。六國之博士已有弟子,而漢興仍之。參見王國維《漢魏博士考》,《觀堂集林》,第174—219頁。
④《漢書》卷八《宣帝紀》,第272頁。
⑤按:武帝後儒家一統的局面及詳細論述,可參康有爲《漢武帝後儒教一統考》,見《孔子改制考》第二一,第449—495頁。
⑥《漢書》卷六七《楊胡朱梅云傳》,第2927頁。
⑦同上書,第1013頁、1015頁。

換個角度來看,是學術創新的一種外在形式。但是諸子思想紛紛擾擾,對統一的漢王朝來說,必須取其一端而黜置異說,所以才有了我們前一部分討論的儒學的官學化以及王官學《書經》之確立。但是爲何又説"立而未成"呢？因爲漢代新諸子"希聖"創經,"襲舊六爲七"的聲音一直存在。當然,他們並非站在王官學的對立面,而是試圖走一條王官學之外的別種路徑。

"創經"從歷時的角度看有兩層意思:一層是指經學的創立,或言創立經籍(或群經);另一層是指在原來經典體系的基礎上再創新經。如前所述,就儒家經典的生成而言,傳統今古文經學的差異在於,今文派學者認爲賦義於事自孔子始,而古文派學者則認爲孔子只是傳授此學之先師。這裏今古文兩派正是在對"創經"第一層意思的解釋上出現了分歧。如前所論,若考慮到學説的受衆及當時情況,則春秋到漢初的"經學"實際上只是儒門一家之學。另外,今文經派的學者特別強調孔子的刪編與制作在經典成立中的決定性作用,而孔子實際上爲先秦諸子百家中的一位,也就是説孔子的制作實際上展示了一種聖人(或言諸子)創經的範式,而這種範式是可以效法的,這就是後世儒生"創經"的學理基礎。從這個意義上看,"創經"就是"希聖"。

要之,從經典化的角度來看,創經的第一層意思關涉儒家經典的生成及其權威化、典範化的過程,這個過程又至少包括兩個階段,即儒家內部的經典地位的確立與作爲漢朝王官學經典地位的確立。兩漢今古文學者對經典確立過程的解釋,在賦予其權威性與典範性的同時,也埋下了"捍衛"這種權威性與典範性的風險。

創經的第二層意思承接第一層而來。我們説《書經》立而未成,是因爲即便是在漢武帝"罷黜百家,獨尊儒術"之後,依然能夠聽到很多不同的創經的聲音,看到很多修補甚至力求突破經典系統的實踐。司馬相如逝世前撰《封禪文》,奏請武帝重作一部新的《春秋》,繼舊六經成爲七經,其文曰:"皇皇哉斯事！天下之壯觀,王者之丕業,不可貶也。願陛下全之。而後因雜薦紳先生之略術，使獲燿日月之末光絶炎，以展采錯事，猶兼正列其義，校飭厥文，作《春秋》一藝，將襲舊六爲七，攄之無窮，俾萬世得激清流，揚微波，蜚英聲，騰茂實。"① 司馬相如至死都不忘奏請武帝封禪，在其《封禪書》中借助大司馬的口吻言封禪是天下至偉之景觀，帝王至盛之功業，希望武帝完成這一事業。在完成封禪之後綜合縉紳先生們的論析，使天子之大業能夠光耀於身後，還要正確地闡釋封禪大義，校核整理其文字，撰作新的《春秋》，與舊的六經並列而爲七。如果說武帝時儒學獨尊徒具其名，而未有其實，那麼王充在《論衡‧宣漢》中的聲音則更有説服力：

> 俗好褒遠稱古，講瑞上世爲美，論治則古王爲賢，睹奇於今，終不信然。使堯、舜更生，恐無聖名。獵者獲禽，觀者樂獵，不見漁者，之心不顧也。是故觀於齊不虞魯，遊於楚不懽宋。唐、虞、夏、殷，同載在二尺四寸，儒者推讀，朝夕講習，不見漢書，謂漢劣不若。亦觀獵不見漁，游齊、楚不願宋、魯也。使漢有弘文之人，經傳漢事，則《尚書》、《春秋》也。儒者宗之，學者習之，將襲舊六爲七，今上、上王至高祖，皆爲聖帝矣。觀杜撫、班固等所上《漢頌》，頌功德符瑞，汪濊深廣，滂沛無量，踰唐、虞，入皇域。②

王充認爲，唐堯、虞舜、夏代、殷代的事情，經籍上皆有所載，但經書上並無漢代之事，所以很多人會覺得漢代不如以上諸朝，若是漢人中有擅長文章之士，將漢代的歷史寫成經傳，那就可以像《春秋》《尚書》一樣受到重視。儒者尊崇並研習這些經傳，將會使其接續原來的六經而成爲七經，如此則從漢章帝上推至高祖都會是聖王了。

由此可知，即便在武帝用董仲舒策，罷黜百家、獨尊儒術之後，儒家

---

① 《史記》卷一一七《司馬相如列傳》，第 3716 頁。《漢書‧司馬相如傳下》所録同之（第 2605 頁）。
② 王充撰、黄暉校釋《論衡校釋》，第 821—822 頁。

經典的大門也是關而未閉,以司馬相如和王充爲代表的兩漢部分儒生並不執著於原有經典系統,他們都認爲既有經典系統反映的是周統,而漢朝應當繼周統而立漢統,反映在經典系統上就是要在六經的基礎上再結合漢代的實際更創新經,襲舊六而爲七。王充的論説提醒我們,即便是在劉向、歆父子等校理群經以後,漢人的經典意識依然是開放的。

前文反復強調秦漢以來經籍殘損,所以"希聖"者又有"補經"的實踐。補經是因爲經典在流傳過程中出現了"殘缺",或遺篇或缺句,所以後來者欲"恢復"聖人經典的"原貌",取一己胸懷擬聖人志意,從這一角度而言,補經也是創經。

後世補經的撰作可以分爲兩大類,一類尊重既有的經典系統和經典架構;一類則根據個人理解在補經的同時對經典架構進行調整。屬於第一類者,《詩》類有夏侯湛的《周詩》、潘岳的《補亡詩》、束皙的《補亡詩》、鄭剛中的《補南陔詩》、鄭僖的《補白華詩》、朱載堉的《補笙詩》等。《尚書》類有張霸據百篇《書序》補成的百兩篇、白居易的《補湯征》、蘇伯衡的《周書補亡》等。《禮》類有皮日休的《補周禮九夏歌》《補大戴禮祭法》、①王韶之《擬肆夏詩》等。《樂》類有陽成修的《樂經》、李玄楚的《樂經》、房庶的《補亡樂經》、余載的《中和樂經》、湛若水的《補樂經》等。屬於第二類者,《易》類有宇文材的《筆卦》,《書》類有陳黯的《禹誥》、陳士元的《廣禹貢楚絕書》、蔡沈的《洪範内外篇》等,《詩》類有沈朗的《新添毛詩》、邱光庭的《補新宫詩》《補茅鴟詩》等。

這兩類之外,尚有補群經者,如柳開的《補亡篇》。柳開自號"補亡先生",其《補亡先生傳》言:

先生始盡心於《詩》《書》,以精其奥。每當卷,嘆曰:"嗚呼!吾

---

① 按:皮日休的《補周禮九夏歌》亦可看作是補《詩》。皮日休《補周禮九夏系文》引鄭康成言:"《九夏》者,皆詩篇名也,頌之類也。"參見皮日休《皮子文藪》卷三,上海:上海古籍出版社 1981 年,第 28 頁。

以是識先師之大者也,不幸其有亡逸者哉,吾不得見也! 未知聖人之言,復加何如耳?"尤於餘經,博極其妙,遂各取其亡篇以補之。凡傳有義者即據而作之,無之者復己出辭義焉,故號曰補亡先生也。

又載:

> 或問之曰:"子之《補亡篇》,於古不足當其逸,於今不足益其存,毋乃妄爲乎?"先生對曰:"然縱不能有益于存,庶勝乎無心于此者也。"既而辭義有俱亡,不知其可者,慮人之惑,先生即皆先立論,以定其是非,用質其旨要。先生常謂人曰:"夫六經者,夫子所著之文章也,與今之人無異耳。蓋其後之典教,不能及之,故大於世矣。吾獨視之,與汝異耳。"①

柳開補亡篇,首先是爲了盡聖人之義旨,其自號"補亡先生",據引文所示,其補亡篇當自《詩》《書》起。柳開認爲後人所補之篇雖不能同經典原篇相當,但補亡之心,補亡之行,則是探索聖人旨要之必要嘗試。他又指出,經典本身就是聖人所撰之文章,只是後來者不能及之,所以成爲經典。言外之意,若後之補亡可當聖人文章,則亦可爲經典。

可見無論是兩漢還是其後,諸子學的精神一直存續。結合本書前幾章的分析,諸子面向本是儒之根本面向,官學可以整編儒學,但無法從根本上消滅這一基因。除了創經、補經以外,後世還有擬經、續經、廣經等實踐,②可以說王官與諸子面向的內在矛盾是經學發展與自新的核心動力。

三、"新王官學"《書經》傳解中的"諸子因素"

未立學官之前的《尚書》學實自七十子後學而來。伏生爲故秦博

---

① 柳開撰、李可風點校《柳開集》,北京:中華書局 2015 年,第 18—19 頁。
② 相關討論,請參趙培《波動的權威 遊移的道統——經典化視域下儒家創經、擬經、廣經、續經與補經現象》,《學術月刊》2021 年第 2 期。

士,傳《尚書》之學,可知秦之官學中或亦有董理《詩》《書》博士。度以秦初儒學之盛,則秦之《詩》《書》博士之職亦當多自儒門出。另外,儒學入秦後多合於官學,所以伏生所傳之《尚書》文本確實有秦人編輯的痕迹。① 但伏生所傳《尚書》之篇目,皆在《書序》百篇之中,則官學之本或當近同於儒門,其淵源所自已然清楚。② 如此,則今文《尚書》學由東周儒家而來。景帝時孔壁古文出,孔安國得其書,以考二十九篇,得多十六篇。③ 古文之學出自孔壁,自然原是儒家之學。劉德《尚書》,據前文引《漢書》所言,得自七十子後學。

不獨經之來源,就經解來看,亦多子學習性。伏生《大傳》多言災異,如傳《洪範》:"治宮室,飾臺榭,內淫亂,犯親戚,侮父兄,則稼穡不成。好攻戰,輕百姓,飾城郭,侵邊境,則金不從革。"④已雜取陰陽五行之說以解經。又,歐陽與大小夏侯《尚書》,如解"金木水火土"言:"肝,木也;心,火也;脾,土也;肺,金也;腎,水也。"⑤"金曰從革",《尚書馬氏傳》注作"金之性從火而更可銷鑠"。⑥ 再如,《酒誥》"成王若曰",《尚書歐陽章句》曰:"王年長骨節成立。"⑦《尚書馬氏傳》注云:"言成王者,未聞也。俗儒以為成王骨節始成,故曰成王。或曰以成王少成二聖之功,生號曰成王,殁因為諡。衛賈以為戒成康叔以慎酒,成就人之道也,故曰

---

① 陳夢家《尚書通論》,第132—142頁。
② 按:朱廷獻《伏生今文孔壁古文為百篇之選本考》已持此論,收入氏撰《尚書研究》(上編·通考),臺北:臺灣商務印書館1987年,第50—52頁。
③ 《漢書》卷三〇《藝文志》,第1706頁。按:《漢志》原文言"武帝末",當為"景帝末",此問題論證頗多,茲不繁論。
④ 皮錫瑞撰、吳仰湘點校《尚書大傳疏證》,第197—200頁。
⑤ 馬國翰輯《玉函山房輯佚書》經編《尚書》類,《尚書歐陽章句》一卷,上海:上海古籍出版社1990年影印,第四頁。輯自《禮記·月令》正義。按以下所引皆為馬氏所輯。
⑥ 《尚書馬氏傳》卷三,第三頁上。輯自《史記·宋微子世家》集解、《續漢書·五行傳》劉昭注。
⑦ 《尚書歐陽章句》一卷,第四頁下。見《尚書正義》引三家說。

成。此三者,吾無取焉。吾以爲後録書者加之,未敢專從。故曰未聞也。"①又如解"欽若昊天",《尚書歐陽章句》言:"春曰昊天,夏曰蒼天,秋曰旻天,冬曰上天,總爲皇天。"②《尚書馬氏傳》注《多士》"旻天大降喪于殷",作"秋曰旻天,秋氣殺也"。③再如《尚書大夏侯章句》解"咎徵"和"臣之有作威作福,害于而家,凶于而國",言:"天右與王者,故災異數見,以譴告之,欲其改更,若不畏懼,有以塞除而輕忽簡誣,則凶罰加焉。其至可必。"④《尚書小夏侯章句》釋"天聰明":"蓋言紫宫極樞,通位帝紀。太微四門,廣開大道。五經五緯,尊術顯士。翼張舒布,燭臨四海。少微處士,爲比爲輔。故帝廷,女宫在後。聖人承天,賢賢易色,取法於此。天官、上相、上將,皆顓面正朝,憂責甚重,要在得人。得人之效,成敗之機,不可不勉也。"⑤諸如此類,西漢官學之《尚書》,其雜取諸家之特點,舉目可見,無須多論。

再來看儒學官學化過程中盡力最大者董仲舒的學術特點。董仲舒言天人關係、災異性命、古今之變,其學以公羊《春秋》爲骨幹,融合陰陽、黃老與法家思想,宣揚天人感應,成爲漢家統治之政治思想依據。如《史記·儒林列傳》言其"以《春秋》災異之變推陰陽所以錯行,故求雨閉諸陽,縱諸陰,其止雨反是。行之一國,未嘗不得所欲。中廢爲中大夫,居舍,著《災異之記》"。⑥《春秋》災異學爲其學之核心。較之先秦儒學,董仲舒之所謂"儒術",雖託名孔子,多有雜取。其《書》學亦然,如董

---

①《尚書馬氏傳》卷三,第八頁下。輯自《經典釋文》所引。
②《尚書歐陽章句》一卷,第一頁下。輯自《周禮·春官·大宗伯》賈公彥疏、《詩·王風·黍離》正義引上四句。
③《尚書馬氏傳》卷三,第十一頁下。輯自《經典釋文》。馬輯本原有"《方言》:'降喪,故稱旻天也。'"當屬《釋文》引《方言》,非馬融注内容,爲誤輯。
④《尚書大夏侯章句》一卷,第六頁上。《漢書·孔光傳》引師説。
⑤《尚書小夏侯章句》一卷,第二頁下。輯自《漢書·李尋傳》。馬氏按語:尋治《尚書》,師張山拊,傳小夏侯氏之學。
⑥《史記》卷一二一《儒林列傳》,第3798頁。

仲舒解《吕刑》"一人有慶,兆民賴之"句:

> 傳曰:唯天子受命於天,天下受命於天子,一國則受命於君。君命順,則民有順命;君命逆,則民有逆命。故曰:"一人有慶,兆民賴之。"此之謂也。①

"一人有慶,兆民賴之"爲《吕刑》之言,梅本作"一人有慶,兆民賴之,其寧惟永"。《吕刑》此句,先秦兩漢典籍常見徵引,可藉以察明董仲舒傳用之更化。襄公十三年《左傳》載:

> 荀罃、士魴卒。晉侯蒐于綿上以治兵。……君子曰:"讓,禮之主也。范宣子讓,其下皆讓。欒饜爲汰,弗敢違也。晉國以平,數世賴之。刑善也夫!一人刑善,百姓休和,可不務乎!《書》曰:'**一人有慶,兆民賴之,其寧惟永。**'其是之謂乎!周之興也,其《詩》曰:'儀刑文王,萬邦作孚。'言刑善也。及其衰也,其《詩》曰'大夫不均,我從事獨賢',言不讓也。世之治也,君子尚能而讓其下,小人農力以事其上,是以上下有禮,而讒慝黜遠,由不爭也,謂之懿德。及其亂也,君子稱其功以加小人,小人伐其技以馮君子,是以上下無禮,亂虐並生,由爭善也,謂之昏德。國家之敝,恒必由之。"②

荀罃、士魴死後,晉侯檢閲軍隊,以士匄將中軍,辭以荀偃。使韓起將上軍,辭以趙武。又使欒饜,欒饜認爲己不如韓起,而韓起之建議可從。君子有感於晉師將領之相讓,而言"讓,禮之主也"。君子讚美范宣子等人之行爲,引《書》以證:"一人有慶,兆民賴之,其寧惟永。"結合文意,一人者,士匄也;"兆民"者,晉之衆將、晉國之民及其他諸侯國也。此處君子所言,并引《大雅·文王》"儀刑文王,萬邦作孚",言周之所興;

---

① 蘇輿撰、鍾哲點校《春秋繁露義證》卷一二《爲人者天》,北京:中華書局1992年,第319頁。
② 《春秋經傳集解》卷十五《襄公二》,《十三經古注》據相臺岳氏家塾本校刊,第1355頁。

引《小雅·北山》"大夫不均,我從事獨賢",明周之所衰。實則皆言君子行德,萬民以從,邦國則寧。結合前文對宗周"天命"觀之分析,此處所言之"其寧惟永"的前提是一人行德,萬民從之,天察萬民而繼續授之以"天命","兆民"實為天授命與否之考察對象,而非捆綁於"一人"。當然,《襄公十三年》所言已為周室衰、列侯競起之後事,故隱去對"天命"一環不言。

又,《孝經》載:

> 子曰:"愛親者,不敢惡於人;敬親者,不敢慢於人。愛敬盡於事親,而德教加於百姓,刑于四海。蓋天子之孝也。《甫刑》云:'一人有慶,兆民賴之。'"①

《孝經》言天子之孝,引《甫刑》此句為說,正是儒家所言以孝德化下之義。

又,《荀子》載:

> 故刑當罪則威,不當罪則侮;爵當賢則貴,不當賢則賤。古者刑不過罪,爵不踰德,故殺其父而臣其子,殺其兄而臣其弟。刑罰不怒罪,爵賞不踰德,分然各以其誠通。是以為善者勸,為不善者沮,刑罰綦省而威行如流,政令致明而化易如神。《傳》曰:"一人有慶,兆民賴之。"此之謂也。②

荀子引此句而稱"《傳》曰",用以言刑罰應得當,荀子引書嘗曲解其義,此亦屬一例。

《禮記·緇衣》載:

> 子曰:"禹立三年,百姓以仁遂焉,豈必盡仁?《詩》云:'赫赫師尹,民具爾瞻。'《甫刑》曰:'一人有慶,兆民賴之。'《大雅》曰:'成

---

① 胡平生譯注《孝經譯注·天子第二》,北京:中華書局 2009 年,第 4 頁。
② 王先謙集解《荀子集解》卷一七《君子篇》,第 451 頁。

王之孚,下土之式。'"①

孫希旦集解:"遂,成也。以仁遂,言民之仁無不成也。然此非民之皆能仁也,由禹好仁,故民皆化於仁爾。"②《禮記》所用《甫刑》此句,同於《孝經》,則儒門之解《書》當如此。人君有仁孝之德,萬民隨而化之。儒門既言德之化民,又不將此與"天命"關聯,其因前文已析。

反觀董仲舒之言,則純以階權釋天命,其"唯天子受命於天,天下受命於天子"之論,從宗周之制作"天命靡常,惟德是輔"理論以來,未有言"天下受命於天子,一國則受命於君"者,此乃董子爲大一統之漢王朝所獨創。其又言"君命順,則民有順命;君命逆,則民有逆命",實則宗周以來天觀民以授命之制衡理論被打破了,君權空前加強,"民"不再是天衡量其授命與否的標準。董子之解《書》,對儒門乃至宗周以來官私之學解《書》之顛覆,由此可見一斑。

前漢重師法,後漢重家法。師法所指,前文已詳。何謂家法?皮錫瑞言:

> 先有師法,而後能成一家之言。師法者,溯其源;家法者,衍其流也。師法、家法所以分者:如《易》有施、孟、梁丘之學,是師法;施家有張、彭之學,孟有翟、孟、白之學,梁丘有士孫、鄧、衡之學,是家法。……然師法別出家法,而家法又各分顓家;如榦既分枝,枝又分枝,枝葉繁滋,浸失其本;又如子既生孫,孫又生孫,雲礽曠遠,漸忘其祖。是末師而非往古,用後説而舍先傳;微言大義之乖,即自源遠末分始矣。③

皮錫瑞定兩漢爲經學極盛時代,但對這種家法恣生、經有數家、家有數説之情形亦不免感慨:

---

① 孫希旦撰,沈嘯寰、王星賢點校《禮記集解》,第1323頁。
② 同上。
③ 皮錫瑞著、周予同注釋《經學歷史》,第136—137頁。

> 凡事有見爲極盛，實則盛極而衰象見者，如後漢師法之下復分家法，今文之外別立古文，似乎廣學甄微，大有裨於經義；實則矜奇炫博，大爲經義之蠹。師説下復分家法，此范蔚宗所謂"經有數家，家有數説。……學徒勞而少功，後生疑而莫正也。"今文外別立古文，此范升所謂"各有所執，乖戾分爭，從之則失道，不從則失人也。"……故愚以爲明、章極盛之時，不加武、宣昌明之代也。①

師法固而家法滋，東漢古文再立，則官學雖守師法、家法而亦日益駁雜，一直到鄭玄出，承賈、馬之業，得以網羅衆家，删裁繁蕪，"孔書遂明"。范曄《鄭玄傳》之論曰：

> 自秦焚六經，聖文埃滅。漢興，諸儒頗修藝文；及東京，學者亦各名家。而守文之徒，滯固所稟，異端紛紜，互相詭激，遂令經有數家，家有數説，章句多者或乃百餘萬言，學徒勞而少功，後生疑而莫正。鄭玄括囊大典，網羅衆家，删裁繁誣，刊改漏失，自是學者略知所歸。王父豫章君每考先儒經訓，而長於玄，常以爲仲尼之門不能過也。及傳授生徒，並專以鄭氏家法云。②

實際上，"師法""家法"雖然滋盛，但其均畫地而論，儒學官學化之後，經傳標準既明，經學便呈現出一種"尊經"傾向，或言"文本化"傾向，即詮釋的邊界大大縮小。經學資政的傳統暫時退居次要位置，經典和傳解的大門第一次出現了關閉的可能。賈逵、馬融到鄭玄，他們所做的工作，實際上是對這一傾向下累積成果的整理。某種意義上講，若不是東漢末年政治局面的混亂以及隨之而來的大紛擾，從經學內在之理路上看，或許儒學真的在漢末，在鄭玄那裏就完成了經典化過程。當然，《書經》也會隨群經一樣真正成立。但是現實不可假定，政治與學術並未同軌。在鄭

①皮錫瑞著、周予同注釋《經學歷史》，第138—139頁。
②《後漢書》卷三五《張曹鄭列傳》，第1212—1213頁。其後又有贊語，曰："富平之緒，承家載世。伯仁先歸，鳌我國祭。玄定義乖，襃修禮缺。孔書遂明，漢章中輟。"

第七章 經殘與學立：新王官學中的《尚書》

玄折中諸家、統一傳解的同時，國家局面却從大一統走向了分裂。不久永嘉之亂，"則衆家《書》及《古文》盡亡"。兩漢數代人之努力，一時間似乎回到原點。

當然，鄭玄生當漢末，其經學的折中諸學傾向就更加明顯了，其注《尚書中候》，不拒緯書，且多取緯以解經。陳品卿先生嘗撰《尚書鄭氏學》一書，細繹鄭玄注《尚書》之方方面面。其"《尚書》鄭玄注釋例"第一節"引書例"部分有"據《書緯》以釋之""據《易緯》以釋之""據《禮緯》以釋之""據《春秋緯》以釋之""據《孝經緯》以釋之""據《易緯》以釋之"；第四節"經文緯書互用例"；第八節"以天文五行釋之例"部分有"以陰陽五行釋之"；第九節"以卜筮圖書災異釋之例"部分有"以卜筮釋之""以《圖書》釋之""以災異釋之""以休咎釋之""以妖祥釋之"等。① 又鄭注《洪範》"一，五行：一曰水，二曰火，三曰木，四曰金，五曰土"句，孫星衍《注疏》載："鄭注見《史記集解》。云：'此數本諸陰陽所生之次'者，陰陽謂天地。《易·繫辭》云：'天一，地二，天三，地四，天五，地六，天七，地八，天九，地十。'《月令疏》引鄭注云：'天一生水于北，地二生火于南，天三生水于東，地四生金于西，天五生土于中。陽无耦，陰无配，未得相成。地六成水于北，與天一并；天七成火于南，與地二并；地八成木于東，與天三并；天九成金于西，與地四并；地十成土于中，與天五并也。'故其次如此。"② 可見折中陰陽家與儒家以注解《尚書》，兩漢諸儒的做法大同小異。

---

① 陳品卿《尚書鄭氏學》，美國普林斯頓大學藏手抄本 1981 年，第 1—25 頁。此書爲作者在台灣師範大學文化研究所的博士論文，指導老師爲高明、熊公哲和林尹，有臺北嘉新水泥公司文化基金會 1977 年本，未得見。
② 孫星衍撰，陳抗、盛冬鈴點校《尚書今古文注疏》卷一二，第 296 頁。

第八章
波動的"成立":經典與道統

第一節 《書經》:波動的"成立"

考古學之外,我們對於傳統社會(圖像、電子記錄時代之前)的系統了解,基本上是依靠口傳和文字記錄,前者不穩定,故以後者爲主。文字記錄的主體是文獻,文獻中最重者爲典籍,尤其是與傳統社會發生過劇烈互動的"經典"。文字的形成是革命性的,經典的形成也是一樣,它們都是塑造傳統的利器。文字系統的出現對於人類記憶方式的革命,已太久遠而難具體言説。然而,經典的誕生,與之相應的傳統之形成、變化、延續,以及傳統對於經典之回塑,却是可以去描寫、重現的。同時,經典與傳統中國互動背後的動力系統亦可藉此揭櫫。

經典成立問題部分屬於觀念史的研究範疇,部分屬於傳統經學的研究範疇,所以討論經典成立問題,必須儘量貼近古人的觀念邏輯,必須努力進入到傳統經學話語體系當中去。這是研究問題自身所決定的。

據傳世《尚書》諸篇之自指時間,它們從三代而來,是當時王官學的重要組成部分。西周末年,王室微而禮樂廢,王官下移,《詩》《書》之學散在民間。春秋晚期居住在魯國的孔子,感慨世亂道息,試圖通過整理王官舊典,廣開學路,通過文化與教育手段來重整天下秩序。他的主要手段是整編與"制作",整編是條理王官舊典,制作則是賦義於魯十二公之事迹。所謂的"賦義"是指他折中三代文化,取其政道思想之精華,然後刪述制作,即司馬遷所謂的"據魯,親周,故殷,運之三代"。孔子制作的特點是"約其文辭而指博"。經過孔子的整理、制作與孔門授受,王官舊典均被賦予新義,各得其所。之後,戰國縱橫,真僞紛爭,仲尼没而微言絶,七十子喪而大義乖,儒分爲八,墨别爲三,諸子蜂起,百家争鳴。再後來,宗周既滅,秦并六國,牢籠諸子,以吏爲師。"至漢興,剗挾書令,則儒者肆然講授,經典浸興"。至此,五經由諸子學而復歸王官學。

三代以前一直到西周,是《書》學的奠基期,鋪就了《書經》的底層色調。《書》類文獻屬於王官之學的組成部分。從《堯典》的"觀象授時"部分,我們依然能够窺探到來自4000多年前及其以前的信息。天學在古代中國起源之早,系統化程度之高,是疑古學派的人所難以想象的。①《堯典》中的很多知識,如"出日""入日"、四方神與四方風等,其三代損益的軌迹是可以簡單勾勒的。冠名《商書》的很多傳世篇章,其文本中所涵藴的知識同我們見之於出土材料的商文化特徵可以互證,時移勢遷,很多内容不是後世模擬者憑空揣摩出的。西周的《書》就更不必説了,其間晚出痕迹多由流傳所致,而非晚出。就其功能而言,西周時期,厲王以後,晚至宣幽之際,當有一次《訓典》與《書》的名實之轉,我們認爲《書》的彙編當在這段時間。早期《訓典》屬於《書》類文獻,可知《書》類文獻的彙編或當更早。

東周是《書》學子學屬性的注入時期,《書》所具有的王官學與諸子

---

① 古史辨派學者喜歡尋找文本當中最晚的信息,我們則傾向於探尋文本當中最早的信息。事實上,正如同最晚的信息不能證明其篇章就晚一樣,最早的信息也不能證明其成篇就早,因爲期間還有一個漫長而複雜的流傳過程。所以,與執著於討論篇章形成時間不同,我們更傾向於討論文本信息跨越時空的傳遞及由此所形成的信息層。這些信息層的沉澱同文本形態的不斷變化直接相關,很多時候並非後者簡單的資料來源。當我們意識到"甯可疑而過,不可信而過"(胡適語)的"鐵血考證"是有其邊界和邏輯局限的時候,我們才能展示出對經典文本應有的温度和尊重。用温度和尊重替代現代所謂"科學考證"的傲慢,我想這才是科學的。

學雙重個性正是在這個時期形成的。孔子及孔門弟子的整編與授受,將作爲宗周政典的《書》,轉化成儒門經典。《書》的經文與傳解在這個過程中逐漸"系統化"和"儒學化(子學化)"。孔門託之以"從周",用"仁義""君子"以改宗周"明德"之義涵。一姓一族之德,與一姓一族之"受命",被個人化、純粹道德化,"明德"與"天命"之關聯性亦被極力弱化。或許這並不是孔門儒生有意爲之,東周以降,諸侯力政的局面下,"德"不配"位"本是社會現實,無須造作爲說,順其自然即可。儒、墨既顯於諸子,挾先王以爭後王,彙編典章,聚徒以授,遂成一派之經典,人文亦大興。

秦滅六國後,禁絶家言,牢籠諸子,儒家《書》學和其他諸子學遂被新的王官學吸納。但是秦二世而亡,漢鑒秦過,在文化政策上改弦易轍,於是再次進入"新王官學"系統的儒家《書》學受到了前所未有的禮遇。遺憾的是,經歷過了"道裂""學墜""學分""經殘""改經"的《尚書》,其內蘊的諸多面向、各個層次均已有殘缺,無論是先王之政典還是聖人之治道,皆非完璧。《書經》的成立之路是漫長而艱辛的:王官學屬性,因天子史官而損,又因諸子編訂而"隱";子學聖道屬性,因"儒分爲八"而損;新王官學屬性本就立足於經殘與師缺的基礎上,雖然漢代官方傾力搜納、廣立學官,但終究根基不穩。然而作爲宗周舊學的《書》,對於大一統王朝的象徵意義非同一般。於是兩漢官方搜逸典、立博士、開太學、設郡學,導以利禄,以殘經立學,遂完成了官方《書經》地位的確立。與此同時,兩漢時,諸子遺風依舊存在,承其餘續者主張"希聖""創經","襲舊六而爲七"。更有因經殘而主張"補經"以全道者。總之,《書》中所內蘊的王官學與諸子學的張力第一次展露無遺。我們說漢代《書經》"立而未成",正是基於此而言。大一統王朝希望經典傳解標準化,並能夠有利於王朝統治。諸子後學,尤其是孔子的追隨者,則以追尋聖道爲己任,反對經學的利禄化、平庸化、繁瑣化。兩種力量在經典文本內外互動博弈,推動着傳統經學的發展。

作爲來自古老王官學的經典,《書》隨着群經一樣波動着自己的"成立"。當然,《書經》的成立也有着自身的特殊性。經歷了"道裂""學墜""學分""經殘""改經",在漢以後又經歷了永嘉喪典與東晉的"僞經""僞傳",命途實在是多舛。就《尚書》之流傳,孫星衍有"七厄"之説:"一厄於秦火,則百篇爲二十九;再厄於建武,而亡《武成》;三厄於永嘉,則衆家《書》及《古文》盡亡;四厄於梅賾,則以僞亂真而鄭學微;五厄於孔穎達,則以是爲非,而馬、鄭之注亡於宋;六厄於唐開元時,詔衛包改古文從今文,則並《僞孔傳》中所存二十九篇本文失其真;七厄於宋開寶中,李鄂删定《釋文》,則並陸德明《音義》俱非其舊矣。"①經此"七厄",今傳《尚書》可以説是"不古不今,非伏非孔"。② 而反觀"七厄",我們發現孔穎達主持《尚書正義》編定及其推廣,蔡沈《書集傳》的撰成及其立學,亦可以看作《書經》之"成立",前者將僞孔經傳官學化,後者則别立宋學之《書經》。儘管如此"波動",但是當我們提到《書經》的時候,没有人對它的"成立"表示懷疑,儘管也没有人能説清楚自己心目中《書經》的"成立"究竟指的是哪次"成立"。

第二節　經學之於後儒的遺産:希聖與尊經

結合前文討論,我們認爲儒學至少有兩副面孔:就其經學一面而言,作爲獨尊之學,確實存在尊經傾向,重視這一面向者反對擬續甚至增廣

---

① 顧炎武撰、黄汝成集釋、欒保群點校《日知録集釋》卷二,第 123 頁。原點校本誤將"古文"和"今文"加書名號,今正之。按:段玉裁亦有關於《尚書》流傳過程的"七厄"之説:"《尚書》之離厄最甚。秦之火,一也;漢博士之抑古文,二也;馬、鄭不注古文逸篇,三也;魏晉之有僞古文,四也;唐《正義》不用馬、鄭,用僞孔,五也;天寶改字,六也;宋開寶之改《釋文》,七也。"與孫説稍異,詳參段玉裁《古文尚書撰異序》,臺北:大化書局 1986 年影印七葉衍祥堂刊本,第 3 頁上。
② 閻若璩撰、黄懷信、吕翊欣點校《古文尚書疏證》,上海:上海古籍出版社 2010 年,第 90—93 頁。

經典，認爲此舉是僭越聖人，褻瀆原經。就其子學屬性而言，從孔子開始就樹立了一種好學且無常師，折中六藝，創制經典的儒家聖人形象，孟子希孔子，處亂世而辟邪説，僅就此而言，後世之儒所可繼承的儒學遺産是非常豐富的。然而孔孟作爲聖人的示範作用，使後來的希聖者既能找到創經、補經的學理依據，又能尋得折中他學重振自身的邏輯支撑，並且因爲後繼"希聖者"重視的面向不同，使得儒學呈現出多種時態。當然因爲政治環境的變化，其間既有歷時的差異，又有共時的不同。故而，在儒學史上我們看到了董仲舒的"折中陰陽"，揚雄的"雜取黄老"、擬經與重學，王通的擬續經典，韓愈的辟佛老與重構道統，柳開的"肩愈"（宗尚韓愈）與補經，石介的以韓愈比肩於聖人，程朱的暗取釋氏以成新儒之學，等等。因爲側重不同，即便是"希聖"一方的儒者對經典創、補問題的認識也有差異，這種差異最直接地反映在後世對韓愈、揚雄、王通、柳開等人的評價上。

一、希聖擬經與道統構建

道統建構同儒學的子學屬性直接相關，甚至可以説是儒學子學屬性外顯的必然結果。這種子學屬性最直接的體現是道統提出者往往會依照"希聖"的標準將自己放在聖道統序之中。儒學的子學屬性的彰顯，使得對聖道原貌的追尋逐漸超越了對經典原有架構的遵從，加上漢代重建的儒學經典系統原本就存在缺陷，所以理學家們逐漸開啓了以"四書"統領"五經"的新儒學轉向。當然，我們應該注意到，新儒學自身體系的完備使得在部分理學家尤其是朱子後學看來，揚雄、王通、柳開等擬補經典者在道統中的位置也是需要重新審視的。儘管如此，我們想要強調的是，就其經學實踐的邏輯基礎而言，理學家和創補經典者其實處在儒學發展的同一脈絡當中。

揚雄、王通和柳開諸人皆自命爲聖人之繼承者。《法言·吾子》談揚雄希孔且自比於聖人："山徑之蹊，不可勝由矣；向牆之户，不可勝入矣。曰：'惡由入？'曰：'孔氏。孔氏者，户也。'曰：'子户乎？'曰：'户哉！户哉！吾獨有不户者矣？'"①山間斷路，面牆之門，比喻求學遭遇困境、阻礙，揚雄認爲此時當以孔子爲門户，而别人問他是不是門户，揚雄曰是。《楚元王傳》贊語："仲尼稱'材難不其然與！'自孔子後，綴文之士衆矣，唯孟軻、孫況、董仲舒、司馬遷、劉向、揚雄。此數公者，皆博物洽聞，通達古今，其言有補於世。傳曰'聖人不出，其間必有命世者焉'，豈近是乎？"②班固將揚雄同孟軻、孫況、董仲舒、司馬遷、劉向放在一起，認爲自孔子以來，能夠"博物洽聞，通達古今"者，此六人當列其中。又《司馬遷傳》贊語："又其是非頗繆於聖人，論大道則先黄老而後六經，序遊俠則退處士而進姦雄，述貨殖則崇勢利而羞賤貧，此其所蔽也。然自劉向、揚雄博極群書，皆稱遷有良史之材，服其善序事理，辨而不華，質而不俚，其文直，其事核，不虚美，不隱惡，故謂之實録。"③班固此處述及劉向和揚雄對司馬遷的讚譽，可知前讚語非即興之論。黄侃言："揚雄以希聖之資，遭五百之會，所爲《法言》，繼迹孟、荀，次於經傳。徒以義訓奇觚，文辭簡奥，學者失其句讀，迷其旨趣。"④揚雄非但爲聖人之徒，又恰逢五百載聖人出之時間，較之司馬遷，他更有接續聖人學統的自我期許。所以桓譚認爲揚雄可入聖道，是像孔子一樣的天下聖人，其《新論》載："王公子問：'揚子雲何人也？'答曰：'才智開通，能入聖道，卓絶於衆，漢興以來未有此人也。'"⑤又載："張子侯曰：'揚子雲，西道孔子也，乃貧如此。'吾應曰：'子雲亦東道孔子也。昔仲尼豈獨是魯孔子，亦齊楚聖人也。'"⑥

---

①汪榮寶撰、陳仲夫點校《法言義疏》，第68頁。
②《漢書》卷三六《楚元王傳》，第1972頁。
③同上書，第2737—2738頁。
④黄侃《法言義疏後序》，汪榮寶撰、陳仲夫點校《法言義疏》，第1頁。
⑤桓譚撰、朱謙之校輯《新輯本桓譚新論》，北京：中華書局2009年，第41頁。
⑥同上書，第62頁。

再來看王通。《中説·王道篇》載文中子曰:"天下無賞罰三百載矣,《元經》可得不興乎?"意指《元經》之擬《春秋》其用亦如《春秋》,欲爲天下立法。王通又説:"昔者明王在上,賞罰其有差乎?《元經》褒貶,所以代賞罰者也,其以天下無主而賞罰不明乎?"①非但《元經》,王通《續六經》皆如此,繼行聖人之事,所以其弟子薛收云:"今乃知天下之治,聖人斯在上矣;天下之亂,聖人斯在下矣。聖人達而賞罰行,聖人窮而褒貶作,皇極所以復建而斯文不喪也。不其深乎?"王通之擬續經典,正如聖人之立賞罰,行褒貶,可謂新聖,所以王通的另外一位弟子董生聽了薛收的話,感慨道:"仲尼没而文在兹乎?"②《中説·天地篇》載王通之言:"千載而下,有申周公之事者,吾不得而見也;千載而下,有紹宣尼之業者,吾不得而讓也。"③王通以繼聖自命處尚多,不一一述及。就其評論而言,其弟王績《遊北山賦》言:"山似尼丘,泉擬洙泗。"自注曰:"吾兄通,字仲淹,生於隋末,守道不仕。大業中隱於此溪,續孔子六經近百餘卷,門人弟子相趨成市,故溪今號王孔子之溪也。"④陳叔達《答王績書》言:"恐後之筆削陷於繁碎,宏綱正典暗而不宣,乃興《元經》,以定真統。"⑤王勃《續書序》載:"我先君文中子,實秉睿懿,生於隋末,睹後作之違方,憂異端之害正,乃喟然曰:'宣尼既没,文不在兹乎!'遂約大義,删舊章,續《書》爲三百六十篇,考僞亂而修《元經》,正《禮》《樂》以旌後王之失,述《易贊》以申先師之旨,經始漢、魏,迄於有晉,擇其典物宜於教者,續《書》爲百二十篇,而廣大悉備。"⑥皮日休亦認爲王通上接孟、荀,下啓韓愈,其言:"夫孟子、荀卿翼傳孔道,以至於文中子。……文中

---

① 王通撰、張沛校注《中説校注》,北京:中華書局 2013 年,第 12 頁。
② 同上書,第 13 頁。
③ 同上書,第 58 頁。
④ 王績《遊北山賦》,周紹良主編《全唐文新編》第三册,長春:吉林文史出版社 2000 年,第 1468 頁。
⑤ 陳叔達《答王績書》,周紹良主編《全唐文新編》第三册,第 1487 頁。
⑥ 王勃《續書序》,蔣清翊注《王子安集注》,上海:上海古籍出版社 1995 年,第 279 頁。

之道,曠百祀而得室授者,惟昌黎文公耳。"①皮氏嘗撰《文中子碑》言:"敻乎千世,而可繼孟氏者,復何人哉?文中子王氏,諱通。"②陸龜蒙亦言:"龜蒙讀揚雄所爲書,知《太玄》準《周易》,《法言》準《論語》。晚得文中子先生《中説》,又知其書與《法言》相類。……文中子生於隨代,知聖人之道不行,歸河汾間,修先生之業,九年而功就,謂之王氏《六經》。"③諸如此類,後世對於王通的評論還有很多,不一一列出。④ 綜合諸家之論,可知有唐一代,王通被認爲是孟子、荀子、揚雄一流的人物,對於韓愈有先導作用,這種認識到了宋初依然。

柳開指導臧丙讀書時論及當"常得而觀之"之書,其言:

> 嗚呼!聖人之道,傳之以有時矣。三代已前,我得而知之;三代已後,我得而言之,在乎堯、舜、禹、湯、文、武、周公也。……昔先師夫子,大聖人也,過於堯、舜、文、武、周公輩。……厥後浸微,楊、墨交亂,聖人之道復將墜矣。……故孟軻氏出而佐之,辭而闢之,聖人之道復存焉。……孟軻氏没,聖人之道火於秦,黃老於漢。天知其是也,再生揚雄氏以正之,聖人之道復明焉。……揚雄氏没,佛于魏、隋之間訛亂紛紛,用相爲教。上扇其風,以流於下;下承其化,以毒於上;上下相蔽,民若夷狄。聖人之道隕然告逝,無能持之者。天憤其烈,正不勝邪,重生王通氏以明之,而不耀於天下也。出百餘年,俾韓愈氏驟登其區,廣開以辭,聖人之道復大於唐焉。……夫數子之書,皆明先師夫子之道者也。豈徒虛言哉?自韓愈氏没,無人焉。今我之所以成章者,亦將紹復先師夫子之道也。未知天使我之

---

① 皮日休《請韓文公配饗太學書》,《皮子文藪》,第88頁。
② 同上書,第35頁。
③ 陸龜蒙《笠澤叢書》卷二《送豆盧處士謁宗丞相序》,何錫光校注《陸龜蒙全集校注》,南京:鳳凰出版社2015年,第1133—1134頁。
④ 按:詳細情況可參尹協理、魏明《王通論》"附錄一 北宋以前史籍中關於王通的記載",北京:中國社會科學出版社1984年,第276—292頁。

出耶？是我竊其器以居耶？若竊其器以居，則我何德而及於是者哉？吾子之言，良謂我得聖人之道也。則往之數子者，皆可及之耳。求將及之，則我忍從今之述作者乎？今之述作者，不足觀乎聖人之道也。故我之書，吾子亦常得而觀之耳。①

柳開所論列者實則其心中的道統脈絡：堯、舜、禹、湯、文、武、周公、孔子、孟子、揚雄、王通、韓愈加上他自己。其後的《答臧丙第三書》中，他又重申了孟子、揚雄、王通之書"佐於六經""得聖人之道"，且更表達了"竊自比於三子""聖人之道在我"的自我期許。②《上主司李學士書》列舉遭小人詆毀的古賢聖人，分別爲周公、孔子、孟軻、揚雄。③《上符興州書》中更是表達了"師孔子而友孟軻，齊揚雄而肩韓愈"的志願。④ 較柳開稍晚的孫復，其《通道堂記》言："吾之所爲道者，堯、舜、禹、湯、文、武、周公、孔子之道也；孟軻、荀卿、楊雄、王通、韓愈之道也。"⑤可見宋初諸儒對儒家道統脈絡是有一定共識的，在這種共識的基礎上他們着力突出韓愈的地位，如柳開號"肩愈"，其《昌黎集後序》中認爲"先生（韓愈）于時作文章，諷頌規戒，答論問說，純然一歸于夫子之旨而言之，過于孟子與揚子雲遠矣"。⑥ 柳開認爲韓愈文章純然歸於孔子，超邁孟子與揚雄，石介更是將韓愈的著作比肩經典，其《尊韓》篇中言："若孟軻氏、揚雄氏、王通氏、韓愈氏，祖述孔子而師專之，其智足以爲賢。……不知更幾千萬年而復有吏部。孔子之《易》、《春秋》，自聖人來未有也；吏部《原道》、《原仁》、《原毀》、《行難》、《對禹問》、《佛骨表》、《諍臣論》，自諸子

---

① 柳開撰、李可風點校《柳開集》，第 72—74 頁。
② 同上書，第 78—79 頁。
③ 同上書，第 97 頁。
④ 同上書，第 85 頁。
⑤ 孫復《通道堂記》，《孫明復先生小集》，清鈔徐坊校跋本，舒大剛主編、四川大學古籍整理研究所編《宋集珍本叢刊》（第三册），北京：綫裝書局 2004 年，第 169 頁。
⑥ 柳開撰、李可風點校《柳開集》，第 156 頁。

以來未有也。"①石介認爲韓愈所作可以比肩《易》《春秋》。石介的講法顯示出在唐宋諸儒的道統追尋中,已經開始由"希聖"走向了"創聖",即復立新聖,韓愈是他們的選擇之一。

相較於揚雄和王通,韓愈身上已經展現出了新的面向。揚雄和王通的"希聖",基本上是"走老路",像孔子那樣通過擬經、創經來"繼聖道""治亂世""明賞罰",其"發揮"基本上還在基於原有的五經架構。但從韓愈開始,儒學開始了心性轉向。另外,從上面列舉的道統序列中我們可以發現孟子地位最爲穩定,子學面向的凸顯也開啓了《孟子》"以子入經"的歷程。《孟子》升格的運動,②實際上同唐宋以來儒學借助其子學面向的自新歷程相一致,直到南宋淳熙年間,朱熹以《論語》《孟子》和《禮記》中的《大學》《中庸》並列,"四書"之名確立。從此,儒學開啓了以"四書"統領"五經"的時代,結合前文的分析,可知這是儒學子學屬性暫時戰勝其經學屬性的結果。

二、道統與學統之張力:從創經、補經到疑經、改經

揚雄、王通、韓愈、柳開等皆自命爲道統的承繼者,韓愈言"使其道由愈而粗傳,雖滅死萬萬無恨",③可見其維護道統意願之強烈。就其接受而言,結合前文討論,韓愈算是四位當中最成功者。但是到了二程和朱熹那裏,韓愈也被排拒在道統之外。程頤以程顥直接接續孟子,《明道先生墓表》言:

> 周公没,聖人之道不行;孟軻死,聖人之學不傳。道不行,百世無善治;學不傳,千載無真儒。……先生生千四百年之後,得不傳之

---

① 石介撰、陳植鍔點校《徂徠石先生文集》,北京:中華書局 1984 年,第 79 頁。
② 按:《孟子》升格運動的具體情況,詳參周予同《群經概論》,鄧秉元編《中國經學史論著選編》,上海:復旦大學出版社 2015 年,第 243 頁。
③ 韓愈《與孟尚書書》,馬其昶校注、馬茂元整理《韓昌黎文集校注》,上海:上海古籍出版社 1986 年,第 215 頁。

學於遺經,志將以斯道覺斯民。天不慭遺,哲人早世。鄉人士大夫相與議曰,道之不明也久矣。先生出,倡聖學以示人,辨異端,闢邪說,開歷古之沉迷,聖人之道得先生而後明,爲功大矣。①

朱熹則是在二程之前添上周敦頤,其《江州重建濂溪先生書堂記》言:

> 蓋自周衰孟軻氏没,而此道之傳不屬。更秦及漢,歷晉、隋、唐,以至於我有宋。……而先生(周敦頤)出焉,不由師傳,默契道體,建《圖》屬《書》,根極領要。當時見而知之有程氏者,遂擴大而推明之,使夫天理之微、人倫之著、事物之衆、鬼神之幽,莫不洞然畢貫於一,而周公、孔子、孟氏之傳,焕然復明於當世。②

《中庸章句序》言:

> 然而尚幸此書之不泯,故程夫子兄弟者出,得有所考,以續夫千載不傳之緒;得有所據,以斥二家似是之非。③

此處的二家指佛老。據此則韓愈被朱熹排除在道統之外了。《宋史》載黄榦之言:"道之正統待人而後傳,自周以來,任傳道之責者不過數人,而能使斯道章章較著者,一二人而止耳。由孔子而後,曾子、子思繼其微,至孟子而始著。由孟子而後,周、程、張子繼其絶,至熹而始著。"④

除了程朱的道統説外,陸九淵認爲自己承孟子而繼道統,其《與路彦彬》載:"竊不自揆,區區之學,自謂孟子之後至是而始一明也。"⑤無論

---

① 程頤《明道先生墓表》,《河南程氏文集》,王孝魚點校《二程集》,北京:中華書局 2006 年,第 640 頁。
② 朱熹《晦庵先生朱文公文集》卷七八《江州重建濂溪先生書堂記》,《朱子全書》(第五册),上海:上海古籍出版社 2000 年,第 3740 頁。
③ 朱熹《中庸章句序》,《四書章句集注》,北京:中華書局 1983 年,第 15 頁。
④《宋史》卷四二九《朱熹傳》,北京:中華書局 1977 年,第 12769—12770 頁。
⑤ 陸九淵撰、鍾哲點校《陸九淵集》卷一〇,北京:中華書局 1980 年,第 134 頁。

第八章　波動的"成立"：經典與道統　451

是程朱,還是陸九淵,其所提出的道統説都將漢唐經學的傳承一概抹殺了,或言他們覺得漢唐"學統"無益於"道統",千餘年來未能得聖道之真。對漢唐"學統"的否定式破壞意味着需要建構新的學統,以"四書"爲綱目的新儒學知識統緒便隨之確立,這裏我們看到了一種儒學的子學屬性對經學屬性的反作用。朱子依照其道統説,收集周、張、二程等人的相關資料編纂而成《伊洛淵源録》,依照四庫館臣所言,此書出後"《宋史》道學、儒林諸傳多據此爲之。蓋宋人談道學宗派,自此書始;而宋人分道學門派,亦自此書始"。①　又萬斯同《儒林宗派》提要言:"《伊洛淵源録》出,《宋史》遂以道學、儒林分爲兩傳。非惟文章之士、記誦之才不得列之於儒,即自漢以來傳先聖之遺經者,亦幾幾乎不得列於儒",②可見其貌似成統,實則造成了道統與學統的分裂,理學道統表現出極强的排他性,其間非但没有漢代經師的位置,荀卿、董仲舒、揚雄、王通、韓愈等人,也全都出局了。

　　瞭解儒學中子學因素發展的極致狀態,即朱熹的理學道統後,我們再來回顧其演進過程。從創經、補經的"希聖"行爲,到疑經,最後到改經,這個過程中聖人和經典之間的張力一直存在,希聖和尊經既對立而又統一的存在狀態一直是儒學演進的決定性力量。

　　前文一直强調儒學的官學與子學的雙重屬性,因爲此特點決定了我們是否能够真正進入中國經學的演進歷史當中。當然,我們不能忽略掉儒學作爲經學的一面,正如我們不能忽略掉很多反對創補經典的聲音一樣。揚雄之時,即有這樣的聲音:"諸儒或譏以爲雄非聖人而作經,猶《春秋》吳楚之君僭號稱王,蓋誅絶之罪也。"③僭越和侮聖是反對者的主要論點。但是我們要清楚認識到,經學成爲官學,成爲利禄之學後,作爲考核或考試的標準,其可發揮空間非常有限,自身活力與自新能力均大

①永瑢等撰《四庫全書總目》卷五七,中華書局1965年影印浙刻殿本,第519頁。
②同上書,第528頁。
③《漢書》卷八七《揚雄傳》,第3585頁。

爲減弱,長此以往,經典與聖人、聖道的距離越來越遠,最終有官而無學。縱觀整個經學史,儒學的子學一面上揚之時,往往是其調整自新之時,一變而通,顯示出巨大的能量。討論典籍經典化問題,不能忽略了儒學的這種雙重屬性。正是這種特徵,使得儒家典籍經典化顯示出別具一格的獨特性。透過經典化問題來重新認識經學史,重新定位經學史上的節點式人物,才能真正穿過歷史的迷霧,洞悉傳統文化的核心價值。

剖開傳統,會在切面看到依照時代順序排列的不同文化層,每一層中我們都能看到經典的踪迹。劉師培説:"蓋治經之儒,隨一代之好尚,故歷代之君民咸便之,而六經之書炳若日星,爲一國人民所共習",[1]我們覺得,更恰當的講法是"六經"之書敦若沃壤,歷代之人們若種子,兩相結合,各成其是。即便是在經學時代結束之後,這些土壤依舊在發揮着作用。

---

[1] 劉師培,《經學教科書》,第28頁。

附錄一

本書部分章節涉及銅器器形圖、銘文拓本及隸定釋文

3.3.1 大盂鼎(02837)①

惟九月,王在宗周,命盂。

王若曰:盂!丕顯文王,受天有大命,在武王嗣文作邦,闢厥慝,匍有四方,畯正厥民,在雩御事,叡酒無敢酖,有祡烝祀無敢醻,故天翼臨子,法保先王,□有四方,我聞殷墜命,唯殷邊侯、甸雩殷正百辟,率肆于酒,故喪師巳,女妹辰有大服,余唯即朕小學,女勿剋余乃辟一人,今我唯即

---

① 銅器銘文釋讀與隸定標準參照中國社會科學院考古研究所編《殷周金文集成釋文》,香港:香港中文大學出版社2001年版。編號"3.3.1"指的是文章第三章第三節插圖和釋文一,下依次類推。

型稟于文王正德,若文王令二三正,今余唯令汝盂紹榮,敬雍德經,敏朝夕入諫,享奔走,畏天威。

王曰:𥁕令女盂型乃嗣祖南公。

王曰:余迺紹夾死嗣戎,敏諫罰訟,夙夕紹我一人烝四方,雩我其遹省先王受民受疆土,賜女鬯一卣,冂衣、市、舄、車、馬,賜乃祖南公旂,用狩,賜女邦嗣四伯,人鬲自御至于庶人六百又五十又九夫,賜夷嗣王臣十又三伯,人鬲千又五十夫,逨寽自厥土。

王曰:盂,若敬乃正,勿廢朕命。

盂用對王休,用作祖南公寶鼎,唯王廿又三祀。

3.3.2 毛公鼎(02841)

王若曰:父㾓,丕顯文武,皇天引厭厥德,配我有周,膺受大命,率懷不廷方,亡不閈于文武耿光,唯天將集厥命,亦唯先正㽙燮厥辟,勞勤大命,肆皇天亡斁,臨保我有周,丕鞏先王配命,旻天疾威,司余小子弗伋,邦將曷吉,䚛䚛四方,大縱不静,烏乎,遲余小子圂湛于艱,永鞏先王。

王曰:父㾓,余唯肇經先王命,命女辥我邦我家外內,惷于小大政,屏朕位,虩許上下若否雩四方,死毋動。余一人在位,引唯乃智,余非庸又昏,女毋敢荒寧,虔夙夕惠我一人,雍我邦小大猷,毋折緘,告余先王若德,用仰昭皇天,申恪大命,康能四國,欲我弗作先王憂。

王曰:父㾓,雩之庶出入事于外,敷命敷政,藝小大楚賦,無唯正昏,引其唯王智,廼唯是喪我國,歷自今,出入敷命于外,厥非先告父㾓,父㾓舍命毋有敢惷敷命于外。

王曰:父㾓,今余唯申先王命,命女極一方,宏我邦、我家,女顀于政,勿壅逮庶人氒,毋敢龏橐,龏橐廼侮鰥寡,善效乃友正,毋敢湎于酒,女毋敢墜在乃服,恪夙夕,敬念王威不惕,女毋弗帥用先王作明型,欲女弗以乃辟陷于艱。

王曰:父㾓,巳曰,及茲卿事寮、大史寮于父即尹,命女飄嗣公族,雩參有嗣、小子、師氏、虎臣、雩朕褻事,以乃族扞敵王身。取徵卅鋝,賜女秬鬯一卣,祼圭瓚寶,朱市、蔥衡、玉環、玉瑹、金車、賁緙較、朱䩙靳、虎韔、熏裏、右軛、畫轉、畫輻、金甬、錯衡、金踵、金豙、約、緽、金簟第、魚箙、馬四匹、鋚勒、金𪧙、金膺、朱旂二鈴,賜女茲关,用歲用征。

毛公㾓對揚天子皇休,用作尊鼎。子子孫孫永寶用。

3.3.3 三年瘋壺(09726)

唯三年九月丁巳,王在鄭饗醴,呼虢叔召瘋,賜羔俎。
己丑,王在句陵饗逆酒,呼師壽召瘋,賜彘俎。
拜稽首。敢對揚天子休,用作皇祖文考尊壺。
瘋其萬年永寶。

3.3.4 頌鼎(02827)

附錄一：本書部分章節涉及銅器器形圖、銘文拓本及隸定釋文　457

唯三年五月既死霸甲戌，王在周康卲宮。

旦，王格大室，即位。

宰引佑頌入門，立中廷。尹氏受王命書，王呼史虢生冊命頌。

王曰：頌，令女官嗣成周貯廿家，監嗣新造，貯用宮御。賜女玄衣黹純、赤市、朱衡、鑾旂、鎜勒，用事。

頌拜稽首。受命冊，佩以出，返入覲璋。

頌敢對揚天子丕顯魯休，用作朕皇考龏叔、皇母龏姒寶尊鼎。

用追孝，祈介康龢、純祐、通祿、永命。頌其萬年眉壽，畯臣天子，霝終，子子孫孫寶用。

3.3.5 史牆盤(10175)

曰古文王,初𢻰龢于政,上帝降懿德大屏,匍有上下,迨受萬邦。䪼圉武王,遹征四方,達殷畯民,永不巩狄虘,懲伐夷童。憲聖成王,左右毃豰剛鯀,用肇徹周邦。淵哲康王,遂尹億疆。宖魯昭王,廣能楚荆,惟奐南行。祇覭穆王,型帥宇誨,申寧天子。天子圉䌛文武長烈,天子眉無介,擽祈上下,亟獄趄慕,昊炤亡昊,上帝司稷尢保,受天子綰令,厚福、豐年,方蠻亡不䫈見。青幽高祖在微霝處,雩武王既戈殷,微史烈祖迺來見武王,武王則令周公舍宇于周,卑處。甬惠乙祖,逨匹厥辟,遠猷腹心,子𤔲粦朙(明)。亞祖祖辛,蘄毓子孫,縣髮多釐,齎角熾光,義其禋祀。害屖文考乙公,繠趣得純無諌,農穡越寏。唯辟孝友,史牆夙夜不墜,其日蔑曆,牆弗敢沮。對揚天子丕顯休令,用作寶尊彝。烈祖文考弋寶受牆爾鬗福,裹髮祿、黃耈、彌生,龕事厥辟,其萬年永寶用。

3.3.6 癲鐘(3式)(00251-00252)

曰古文王,初鞏龢于政,上帝降懿德大甹,匍有四方,迨受萬邦。雩武王既戈殷,微史烈祖來見武王,武王則令周公舍寓以五十頌處。今癲夙夕虔敬,卹厥死事。肇作龢林鐘用(之後銘文在第三鐘,不錄。)

4.2.1 豳公盨①

天令(命)禹尃(敷)土,隓(墮)山,濬(濬)川;廼(乃)𤔲(疇)方,埶(設)征(正),降民,監德;廼(乃)自乍(作)配,卿(饗)民;成父母,生我

---

①釋文以裘錫圭《豳公盨銘文考釋》一文的考釋爲基礎,並根據文末補記意見有所調整。不同的是,將"心"字從下讀,在"無悖"處斷句;"天䆿(釐)用老(孝)"一起。參見裘錫圭《豳公盨銘文考釋》,《中國歷史文物》2002年第6期;收入《裘錫圭學術文集》第三卷《金文及其他古文字卷》,上海:復旦大學出版社2012年,第146—166頁。

王,乍(作)臣。氒(厥)顯(顯)唯德,民好明德,叜(羞)才(在)天下。用氒(厥)邵好,益口歖(懿)德,康亡(?)不枊(戀)。考(孝)召(友)慛明,巠(經)齊好祀,無曩(悖)。心好德,婣(婚)遘(媾)亦唯翩(協)。天桙(釐)用老(孝),申(神)復用秨(祓)录(禄),永卩(孚)于盗(寧)。夔公曰:民又唯克用茲德,亡(無)誨(悔)。

4.2.2 曆鼎(02614)

曆(曆)肇對元德,孝友唯型,作寶尊彝,其用夙夕䚋享。

附録二
本書涉及典籍引《書》問題相關統計表

5.1.1《國語》用《書》論《書》情況統計表(一)

時間	《國語》	對話雙方	用《書》者	稱引來源	篇目存佚	梅本《尚書》
魯僖公十一年（前649）	卷一《周語上》内史過論晉惠公必無後	周襄王内史過	内史過	《夏書》	佚夏書	《大禹謨》
				《湯誓》	或存《墨子·兼愛》引《湯說》	《湯誥》
				《盤庚》	存	《盤庚上》
周襄王十三年（前639）	卷二《周語中》富辰諫襄王以狄伐鄭及以狄女爲后	周襄王富辰	富辰	《書》	佚書	《君陳》
晉文公二年（前635）	卷二《周語中》襄王拒晉文公請隧	周襄王晉文公	周襄王	先民有言	佚書	
襄王十七年（前635）	卷二《周語中》陽人不服晉侯	晉文公倉葛	倉葛	臣聞之	佚書	
定王六年（前601）	卷二《周語中》單襄公論陳必亡	周定王單襄公	單襄公	先王之教	佚書	
				《夏令》	佚書	
				《時儆》	佚書	
				《周志》	佚書	

續表

時間	《國語》	對話雙方	用《書》者	稱引來源	篇目存佚	梅本《尚書》
				《周之秩官》	佚書	
				先王之令	佚書	《湯誥》
周簡王十一年（前575）	卷二《周語中》單襄公論郤至佻天之功	王叔簡公 單襄公	單襄公	《書》	佚書	《五子之歌》
				《太誓》	佚周書	《泰誓上》
周簡王十二年（前574）	卷三《周語下》單襄公論晉周將得晉國	單襄公 單頃公	單襄公	《大誓》	佚周書	《泰誓中》
靈王二十二年（前550）	卷三《周語下》太子晉諫靈王壅穀水	周靈王 太子晉	太子晉	前訓		太子晉述鯀禹治水見載梅本《堯典》《舜典》
				民則		
				《詩》《書》		
前551年以後	卷三《周語下》晉羊舌肸聘周論單靖公敬儉讓咨	單靖公 叔向	叔向	民之憲言	佚周書	
				史佚有言		
周景王二十一年（前524）	卷三《周語下》單穆公諫景王鑄大錢	周景王 單穆公	單穆公	《夏書》	佚夏書	《五子之歌》
周景王二十三年（前522）	卷三《周語下》景王問鐘律於伶州鳩	周景王 伶州鳩	伶州鳩	言及"牧野之戰"		《牧誓》
魯莊公二十三年（前671）	卷四《魯語上》曹劌諫莊公如齊觀社	魯莊公 曹劌	曹劌	先王之訓		

464 《書經》之成立

續表

時間	《國語》	對話雙方	用《書》者	稱引來源	篇目存佚	梅本《尚書》
齊孝公九年（前634）	卷四《魯語上》展禽使乙喜以膏沫犒師	齊孝公乙喜	乙喜	成王命我先君周公及齊先君太公（先王之命）	佚周書（或《伯禽之命》和另賜齊太公之命書皆有此句）	
魯僖公三十一年（前629）	卷四《魯語上》臧文仲請賞重館人	晉文公臧文仲	臧文仲	臣聞之		
魯宣公年間（前608—前591）	卷四《魯語上》里革斷宣公罟而棄之	里革魯宣公	里革	古之訓		
魯成公十六年（前575）	卷四《魯語上》子叔聲伯辭邑	鮑國子叔聲伯	子叔聲伯	吾聞之		
魯定公五年（前505）陽虎囚公父文伯之前	卷五《魯語下》公父文伯之母論勞逸	公父文伯及母	公父文伯母	古訓		
				先王之訓		
魯哀公元年（前494）	卷五《魯語下》孔丘論大骨	吳子孔子	仲尼	禹殺防風氏，及汪芒氏、長狄、僬僥氏相關事情		
魯哀公二年（前493）	卷五《魯語下》孔丘論楛矢	陳惠公仲尼	仲尼	肅慎來賀，至少有武王時和成王時兩次	同百篇本《賄肅慎之命》有關	
魯哀公八年（前487）	卷五《魯語下》閔馬父笑子服景伯	閔馬父子服景伯	閔馬父	正考父校書事		

續表

時間	《國語》	對話雙方	用《書》者	稱引來源	篇目存佚	梅本《尚書》
晉獻公五年(前672)	卷七《晉語一》史蘇論獻公伐驪戎勝而不吉	里克史蘇郭偃	史蘇	妹喜、伊尹比而亡夏	伊尹比商亦見清華簡《尹至》	
				妲己、膠鬲比而亡殷	紂之事《牧誓》有斥	《牧誓》
			郭偃	褒姒、虢石甫比而周亡		
				商之衰也,其銘有之曰		
魯僖公四年(前656)	卷八《晉語二》驪姬譖殺太子申生	人謂公子申生	公子申生	臣聞之		
鄭惠公元年(前650)	卷九《晉語三》惠公斬慶鄭	司馬說慶鄭	司馬說	《韓之誓》		
齊孝公四年(前639)	卷十《晉語四》齊姜勸重耳勿懷安	公子重耳齊姜	齊姜	《西方之書》		
				《瞽史之紀》		
晉惠公十三年(前638)	卷十《晉語四》鄭文公不禮重耳	鄭文公叔詹	叔詹	臣聞之		
				平王賜鄭武公、晉文侯盟質	《文侯之命》佚辭	梅本《文侯之命》無
				前訓		
晉惠公十四年(前637)	卷十《晉語四》重耳婚媾懷嬴	司空季子公子重耳	司空季子	論姓與德		
晉文公元年(前636)	卷十《晉語四》寺人勃鞮求見文公	勃鞮晉文公	勃鞮	論及伊尹放太甲之事	《書序》言"太甲"	梅本《太甲序》
晉文公二年(前635)	卷十《晉語四》文公出陽人	晉文公倉葛	倉葛	言陽人有夏、商之嗣典		

466 《書經》之成立

續表

時間	《國語》	對話雙方	用《書》者	稱引來源	篇目存佚	梅本《尚書》
魯成公十六年（前575）	卷十二《晉語六》范文子論德爲福之基	范文子晉軍	范文子	吾聞之	佚周書	
魯昭公七年（前535）	卷十四《晉語八》鄭子產來聘	韓宣子子產	子產	僑聞之		《堯典》《舜典》
	卷十五《晉語九》士茁謂土木勝懼其不安人	士茁智襄子	士茁	《志》有之曰		
周貞定王十六年（前453）	卷十五《晉語九》智伯國諫智襄子	智伯國智襄子	智伯國	《夏書》	佚夏書	《五子之歌》
				《周書》	存	《康誥》
周幽王八年（前774）	卷十六《鄭語》史伯爲桓公論興衰	鄭桓公史伯	史伯	《泰誓》	佚周書	《泰誓上》
				《訓語》有之曰		
				臣聞之		
	十七《楚語上》申叔時論傅太子之道	士亹申叔時	申叔時	《春秋》		
				《世》		
				《詩》		
				禮		
				樂		
				《令》		
				《語》		
				《故志》		
				《訓典》		

續表

時間	《國語》	對話雙方	用《書》者	稱引來源	篇目存佚	梅本《尚書》
	卷十七《楚語上》左史倚相儆申公子亹	左史倚相申公子亹	左史倚相	《懿戒》		
				《周書》		《無逸》近之
	卷十七《楚語上》白公子張諷靈王宜納諫	楚靈王白公子張	白公子張	武丁于是作書	清華簡《兑命》有此內容	《說命上》近之
	卷十八《楚語下》觀射父論絕地天通	楚昭王觀射父	楚昭王觀射父	《周書》	存	《呂刑》
	卷十八《楚語下》王孫圉論國之寶	趙簡子吳王王孫圉	王孫圉	言左史倚相,能道訓典		

5.1.1《國語》用《書》論《書》情況統計表(二)

存佚	篇目	周語			魯語		晉語						鄭語	楚語	
		上	中	下	上	下	一	二	三	四	六	八	九		上	下
見用存世篇目	堯典			太子晉								子產				
	盤庚上		内史過													
	牧誓			伶州鳩		史蘇										

續表

存佚	篇目	周語			魯語		晉語							鄭語	楚語	
		上	中	下	上	下	一	二	三	四	六	八	九		上	下
見用存世篇目	無逸														左史倚相	
	康誥												智伯國			
	呂刑															楚昭王
	兌命															白公子張
佚書	夏書	內史過		單穆公										智伯國		
	太誓		單襄公													
	大誓			單襄公												
	泰誓													史伯		
	史佚有言			叔向												

續表

存佚	篇目	周語			魯語		晉語							鄭語	楚語	
		上	中	下	上	下	一	二	三	四	六	八	九		上	下
	書		富辰／單襄公													
	夏令		單襄公													
	時儆		單襄公													
	周志		單襄公													
	周之秩官		單襄公													
	先王之令		單襄公													
	先民有言		周襄王													
	先王之教		單襄公													
	先王之命				乙喜											

續表

存佚	篇目	周語			魯語		晉語							鄭語	楚語	
		上	中	下	上	下	一	二	三	四	六	八	九		上	下
	先王之訓				曹劌	公父文伯母										
	古之訓				里革	公父文伯母										
	前訓			太子晉						叔詹						
	民則			太子晉												
	民之憲言			太子晉												
	吾聞之		倉葛		臧文仲/子叔聲伯			公子申生		叔詹	范文子			史伯		
	西方之書									齊姜						
	瞽史之紀									齊姜						

附錄二：本書涉及典籍引《書》問題相關統計表

續表

存佚	篇目	周語			魯語		晉語							鄭語	楚語	
		上	中	下	上	下	一	二	三	四	六	八	九		上	下
	志之有之曰												士茁			
	訓語													史伯		
	令														申叔時	
	語														申叔時	
	故志														申叔時	
	訓典														申叔時	王孫圉
	懿戒														左史倚相	
	商之衰銘						郭偃									
	韓之誓								司馬説							
	盟質								鄭詹							

5.1.2《左傳》用《書》論《書》情況統計表（一）

時間	對話雙方	用《書》者	稱引來源	篇目存佚	梅本《尚書》
隱公六年（前717）	鄭伯陳侯	君子曰	《商書》	存	《盤庚上》
			周任有言曰	佚商書	
莊公八年（前686）	魯莊公仲慶父	魯莊公	《夏書》	佚夏書	
莊公十四年（前680）	楚文王蔡哀侯	君子曰	《商書》	存	《盤庚上》
僖公五年（前655）	虞公宮之奇	宮之奇	《周書》	佚周書	《蔡仲之命》
			又曰	佚周書	《君陳》
			又曰	佚周書	《旅獒》
僖公十五年（前645）	秦穆公子桑	子桑	史佚有言	佚周書	
僖公二十一年（前639）	成風魯僖公	成風		存	《舜典》
僖公二十三年（前637）	卜偃	卜偃	《周書》	存	《康誥》
僖公二十四年（前636）	鄭伯子臧	君子	《夏書》	佚夏書	《大禹謨》
僖公二十七年（前633）	趙衰晉文公	趙衰	《詩》《書》		
			《夏書》	存	《舜典》《益稷》
僖公二十八年（前632）	周襄王晉文公		命書	佚周書	
僖公三十三年（前627）	晉文公臼季	臼季	《康誥》	佚周書	
文公二年（前625）	先軫狼瞫	狼瞫	《周志》	存《逸周書·大匡篇》第三十七	

附錄二：本書涉及典籍引《書》問題相關統計表

續表

時間	對話雙方	用《書》者	稱引來源	篇目存佚	梅本《尚書》
文公五年（前622）	陽處父 甯嬴	甯嬴	《商書》	存	《周書·洪範》
文公六年（前621）	臾駢 賈季	臾駢	《前志》	佚書	
文公七年（前620）	郤缺 趙宣子	郤缺	《夏書》	佚夏書	《大禹謨》
文公十三年（前614）	邾文公 邾國卜史	邾文公	《書》教重思想		
文公十五年（前612）	惠伯 襄仲	惠伯	史佚有言	佚周書	
文公十八年（前609）	里克 季文子	里克	先君周公制《周禮》	佚周書	
			先君周公作《誓命》	佚周書	
			《虞書》	存	《舜典》
宣公六年（前603）	荀林父 晉成公	荀林父	《周書》	存	《康誥》
宣公十二年（前597）	隨武子 荀林父	隨武子	仲虺有言	佚商書	《仲虺之誥》
	楚少宰 隨季	隨季	平王命我先君文侯曰	佚周書	
	石制 公子魚臣	君子	史佚	佚周書	
宣公十五年（前594）	晉景公 羊舌職	羊舌職	《周書》	存	《康誥》
成公二年（前589）	楚莊王 申公巫臣	申公巫臣	《周書》	存	《康誥》
	晉避楚事	君子	《大誓》	佚周書	《泰誓中》意近
成公四年（前587）	魯成公 季文子	季文子	《史佚之志》	佚周書	

續表

時間	對話雙方	用《書》者	稱引來源	篇目存佚	梅本《尚書》
成公六年（前585）	欒武子	或謂	《商書》	存	《周書·洪範》
成公八年（前583）	晉景公韓厥	韓厥	《周書》	存	《康誥》
成公十五年（前576）	子臧諸侯	子臧	《前志》	佚書	
成公十六年（前575）	范匄晉軍	范匄	《周書》	存	《康誥》
	單襄公王叔簡公	單襄公	《夏書》	佚夏書	《五子之歌》
襄公三年（前570）	晉侯祁奚	君子	《商書》	存	《周書·洪範》
襄公四年（前569）	匠慶季孫	君子	《志》	佚書	
	魏絳晉侯	魏絳	《夏訓》	佚夏書	《五子之歌》
			《虞人之箴》	存	
襄公五年（前568）	楚共王令尹子辛	君子	《夏書》	佚夏書	《大禹謨》
襄公十一年（前562）	晉悼公魏絳	魏絳	《書》	佚書	《周官》
襄公十三年（前560）	晉悼公晉諸將	君子	《書》	存	《呂刑》
襄公十四年（前559）	晉悼公師曠	師曠	《夏書》	佚夏書	《胤征》
	晉悼公中行獻子	中行獻子	史佚之言	佚周書	
			仲虺有言	佚商書	《仲虺之誥》
襄公十五年（前558）	楚官各得其所	君子	"能官人"		《皋陶謨》

附錄二：本書涉及典籍引《書》問題相關統計表

續表

時間	對話雙方	用《書》者	稱引來源	篇目存佚	梅本《尚書》
襄公二十一年（前552）	季武子臧武仲	臧武仲	《夏書》	佚夏書	《大禹謨》
	祁奚士匄	祁奚	《書》	佚書	《胤征》
襄公二十三年（前550）	二慶之死	君子	《書》	存	《康誥》
	齊莊公臧武仲	仲尼	《夏書》	佚夏書	《大禹謨》
襄公二十五年（前548）	陳及鄭平	仲尼	《志》		
	衛獻公甯喜	大叔文子	《書》	《逸周書·常訓篇》近似説法	《蔡仲之命》
襄公二十六年（前547）	令尹子木聲子	聲子	《夏書》	佚夏書	《大禹謨》
襄公三十年（前543）	子大叔子產	子產	《鄭書》		
	大夫聚謀	子皮	《仲虺之志》	佚商書	《仲虺之誥》
襄公三十一年（前542）	公作楚宮	穆叔	《大誓》	佚周書	《泰誓上》
	北宮文子衛侯	北宮文子	《周書》	佚周書	《武成》
昭公元年（前541）	子羽子皮	子羽	《大誓》	佚周書	《泰誓上》
	叔向子產	子產	故《志》曰		
	公子鍼公子比	公子鍼	史佚有言	佚周書	
昭公三年（前539）	叔孫豹季武子	叔孫豹	《志》曰		
			又曰		
昭公五年（前537）	昭子豎牛	仲尼	周任有言	佚商書	

476 《書經》之成立

續表

時間	對話雙方	用《書》者	稱引來源	篇目存佚	梅本《尚書》
昭公六年（前 536）	叔向子產	叔向	《禹刑》	佚夏書	
			《湯刑》	佚商書	
			《九刑》	佚周書	
	晉平公叔向	叔向	《書》	佚書	《説命上》
昭公七年（前 535）	楚靈王芊尹無宇	芊尹無宇	周文王之法	佚周書	
			楚文王作《僕區》之法		
			武王數紂之罪以告諸侯	佚書	《武成》
	韓宣子子產	子產	堯殛鯀于羽山	或出《堯典》	《舜典》
昭公八年（前 534）	子旗陳桓子	子旗	《周書》	存	《康誥》
昭公十年（前 532）	子皮子羽	子皮	《書》	佚書	《太甲中》
昭公十四年（前 528）	韓宣子叔向	叔向	《夏書》	佚夏書	
昭公十七年（前 525）	昭子平子	大史	《夏書》	佚夏書	《胤征》
昭公二十年（前 522）	苑何忌齊景公	苑何忌	《康誥》	佚周書	不同於《康誥》
昭公二十四年（前 518）	劉子萇弘	萇弘	《大誓》	佚周書	《泰誓》
昭公二十六年（前 516）	王子朝使諸侯	王子朝	先王之命	《康王之誥》佚文	《康王之誥》
			先王之命	佚周書	
昭公二十八年（前 514）	叔游祁盈	叔游	《鄭書》	佚書	

續表

時間	對話雙方	用《書》者	稱引來源	篇目存佚	梅本《尚書》
定公四年（前506）	祝佗 萇弘	祝佗	命以《伯禽》	佚周書	
			命以《康誥》	存	《康誥》
			命以《唐誥》	佚周書	
			蔡仲命書	佚周書	
			載書（踐土之盟）	佚書	
哀公六年（前489）	楚昭王 卜史	孔子	《夏書》	佚夏書	《五子之歌》
			又曰	佚夏書	《大禹謨》
哀公十一年（前484）	伍子胥 夫差	伍子胥	《盤庚之誥》	存	《盤庚中》
哀公十八年（前477）	楚惠王 司馬子國	君子	《夏書》	佚夏書	《大禹謨》
			《志》	佚書	

5.1.2《左傳》用《書》論《書》情況統計表（二）

存佚	篇目	隱11	桓18	莊32	閔2	僖33	文18	宣18	成18	襄31	昭32	定15	哀27
存虞夏書	堯典					21/27	18				7		
	皋陶謨					27				15			
存商書	盤庚上	6		14									
	盤庚中												11
	洪範						5	6	3				
存周書	逸周書·常訓									25			

續表

存佚	篇目	隱11	桓18	莊32	閔2	僖33	文18	宣18	成18	襄31	昭32	定15	哀27
存周書	逸周書·大匡							2					
	康誥					23		6/15	2/8/16	23	8	4	
	呂刑									13			
佚夏書	夏書			8		24/27	7		16	5/14/21/23/26	14/17		6/6/18
	夏訓									4			
	禹刑										6		
佚商書	周任有言曰	6								5			
	仲虺有言							12		14			
	仲虺之志									30			
	湯刑										6		
佚周書	周書					5/5/5				31			
	史佚有言					15	15	12		14	1		
	史佚之志							4					
	命書					28							
	康誥					33				20			

續表

存佚	篇目	隱11	桓18	莊32	閔2	僖33	文18	宣18	成18	襄31	昭32	定15	哀27
佚周書	先君周公制《周禮》						18						
	先君周公作《誓命》						18						
	平王命我先君文侯曰							12					
	九刑										6		
	周文王之法										7		
	武王數紂之罪以告諸侯										7		
	先王之命										26(1)		
	伯禽										4		
	唐誥										4		
	蔡仲命書										4		
	大誓								2	31	1/24		

續表

存佚	篇目	隱11	桓18	莊32	閔2	僖33	文18	宣18	成18	襄31	昭32	定15	哀27
其他	書									21/11	6/10		
	鄭書									30	28		
	詩書并稱					27							
	前志						6	15					
	志									4/25	1/3/3		18
	虞人之箴									4			
	楚文王作《僕區》之法										7		
	載書（踐土之盟）										4		
	先王之命										26(2)		

6.2.1《孟子》用《書》論《書》情況統計表①

《孟子》	稱引來源	稱引內容	篇目存佚	對應梅本《尚書》
《梁惠王上》	《湯誓》	時日害喪？予及女皆亡。	存	《湯誓》
《梁惠王下》	《書》	天降下民，作之君，作之師，惟曰其助上帝寵之。四方有罪無罪，惟我在，天下曷敢有越厥志？	佚	《泰誓上》清華簡《厚父》
	（晏子引）《夏諺》	吾王不遊，吾何以休？吾王不豫，吾何以助？一遊一豫，爲諸侯度。		

---

①《孟子》引文據《十三經古注》校刊永懷堂本，北京：中華書局2014年。

續表

《孟子》	稱引來源	稱引內容	篇目存佚	對應梅本《尚書》
《梁惠王下》	《書》	《書》曰："湯一征,自葛始。"天下信之,東面而征西夷怨,南面而征北狄怨,曰"奚爲後我"？民望之,若大旱之望雲霓也。歸市者不止,耕者不變,誅其君而弔其民,若時雨降,民大悦。《書》曰："徯我后,后來其蘇。"	佚	《仲虺之誥》
《公孫丑上》	《太甲》	天作孽,猶可違；自作孽,不可活。	佚	《太甲中》
《離婁上》	《太甲》	天作孽,猶可違；自作孽,不可活。	佚	《太甲中》
《滕文公上》	《書》	若藥不瞑眩,厥疾不瘳。	清華簡《傅説之命》	《説命上》
	《志》	喪祭從先祖。		
	叙堯、舜、禹、后稷事	當堯之時,天下猶未平,洪水橫流,氾濫於天下,草木暢茂,禽獸繁殖,五穀不登,禽獸偪人,獸蹄鳥跡之道交於中國。	佚	
	放勳曰	堯獨憂之,舉舜而敷治焉。舜使益掌火,益烈山澤而焚之,禽獸逃匿。**禹疏九河,瀹濟、漯而注諸海；決汝、漢,排淮、泗而注之江,然後中國可得而食也。當是時也,禹八年於外,三過其門而不入**,雖欲耕,得乎？后稷教民稼穡,樹藝五穀,五穀熟而民人育。人之有道也,飽食煖衣,逸居而無教,則近於禽獸。聖人有憂之,使契爲司徒,教以人倫：父子有親,君臣有義,夫婦有别,長幼有序,朋友有信。**放勳曰(日)勞之來之,匡之直之,輔之翼之,使自得之,又從而振德之**。聖人之憂民如此,而暇耕乎？	佚	
		夷子曰："儒者之道,'古之人**若保赤子**',此言何謂也？之則以爲愛無差等,施由親始。"	存	《康誥》

續表

《孟子》	稱引來源	稱引內容	篇目存佚	對應梅本《尚書》
《滕文公下》	《志》	陳代曰："不見諸侯,宜若小然。今一見之,大則以王,小則以霸。且《志》曰'枉尺而直尋',宜若可爲也。"		
	《書》	孟子曰："湯居亳,與葛爲鄰。葛伯放而不祀,湯使人問之曰:'何爲不祀?'曰:'無以供犧牲也。'湯使遺之牛羊,	佚	《仲虺之誥》
	《書》	葛伯食之,又不以祀。湯又使人問之曰:'何爲不祀?'曰:'無以供粢盛也。'	佚	《武成》
	《泰誓》	湯使亳衆往爲之耕,老弱饋食。葛伯率其民,要其有酒食黍稻者奪之,不授者殺之。有童子以黍肉餉,殺而奪之。《書》曰'葛伯仇餉',此之謂也。爲其殺是童子而征之,四海之內皆曰:非富天下也,爲匹夫匹婦復讎也。**湯始征,自葛載**,十一征而無敵於天下,東面而征西夷怨,南面而征北狄怨,曰'**奚爲後我**'?民之望之,若大旱之望雨也。歸市者弗止,芸者不變,誅其君,弔其民,如時雨降,民大悦。《書》曰:'**徯我后,后來其無罰!**''**有攸不惟臣,東征綏厥士女,匪厥玄黃,紹我周王見休,惟臣附于大邑周**。'其君子實玄黃于匪以迎其君子,其小人簞食壺漿以迎其小人。救民於水火之中,取其殘而已矣。《太誓》曰:'**我武惟揚,侵于之疆,則取于殘,殺伐用張,于湯有光**。'不行王政云爾。苟行王政,四海之內,皆舉首而望之,欲以爲君,齊楚雖大,何畏焉?"	佚	《泰誓中》
	《書》	當堯之時,水逆行,氾濫於中國,蛇龍居之,民無所定。下者爲巢,上者爲營窟。	佚	《大禹謨》
	《書》	《書》曰:"洚水警余。"洚水者,洪水也。使禹治之,禹掘地而注之海,驅蛇龍而放之菹,水由地中行,江、淮、河、漢是也。險阻既遠,鳥獸之害人者消,然後人得平土而居之。堯、舜既没,聖人之道衰,暴君代作,壞宮室以爲汙池,民無	佚	《君牙》

續表

《孟子》	稱引來源	稱引內容	篇目存佚	對應梅本《尚書》
		所安息;棄田以爲園囿,使民不得衣食;邪説暴行又作,園囿汙池沛澤多而禽獸至。及紂之身,天下又大亂。周公相武王,誅紂伐奄,三年討其君,驅飛廉於海隅而戮之,滅國者五十,驅虎、豹、犀、象而遠之,天下大悦。《書》曰:"丕顯哉,文王謨!丕承哉,武王烈!佑啓我後人,咸以正無缺。"		
《萬章上》	萬章、共明高同孟子討論《舜典》(今佚)之內容	萬章問曰:"舜往于田,號泣于旻天,何爲其號泣也?"	佚《舜典》	
		帝使其子九男二女,百官牛羊倉廩備,以事舜於畎畝之中。天下之士多就之者,帝將胥天下而遷之焉……五十而慕者,予於大舜見之矣。		
		萬章問曰:"《詩》云:'娶妻如之何,必告父母。'信斯言也,宜莫如舜。舜之不告而娶,何也?"		
		萬章曰:"父母使舜完廩,捐階,瞽瞍焚廩;使浚井,出,從而揜之。象曰:'謨蓋都君咸我績。牛羊父母,倉廩父母,干戈朕,琴朕,弤朕,二嫂使治朕棲。'象往入舜宫,舜在床琴。象曰:'鬱陶思君爾。'忸怩。舜曰:'惟兹臣庶,汝其于予治。'不識舜不知象之將殺己與?"		
		萬章問曰:"象日以殺舜爲事,立爲天子則放之,何也?"……曰:"象不得有爲於其國,天子使吏治其國,而納其貢税焉,故謂之放。豈得暴彼民哉!雖然,欲常常而見之,故源源而來,不及貢,以政接于有庳,此之謂也。"		

續表

《孟子》	稱引來源	稱引內容	篇目存佚	對應梅本《尚書》
《萬章上》		孟子曰："封之也。或曰放焉。"萬章曰："舜流共工于幽州，放驩兜于崇山，殺三苗于三危，殛鯀于羽山，四罪而天下咸服，誅不仁也。象至不仁，封之有庳。有庳之人奚罪焉？仁人固如是乎？在他人則誅之，在弟則封之。"		
		咸丘蒙問曰："語云：'盛德之士，君不得而臣，父不得而子。舜南面而立，堯帥諸侯北面而朝之，瞽瞍亦北面而朝之，舜見瞽瞍，其容有蹙。孔子曰：於斯時也，天下殆哉，岌岌乎！'不識此語誠然乎哉？"		
	《堯典》	《堯典》曰："二十有八載，放勳乃徂落，百姓如喪考妣，三年，四海遏密八音。"	存	《舜典》
	《書》	孝子之至，莫大乎尊親；尊親之至，莫大乎以天下養。為天子父，尊之至也。以天下養，養之至也。《詩》曰："永言孝思，孝思惟則。"此之謂也。《書》曰："祇載見瞽瞍，夔夔齊栗，瞽瞍亦允若。"是為父不得而子也。	佚，當屬上列《舜典》之內容	
	《太誓》	《太誓》曰："天視自我民視，天聽自我民聽。"	佚	《泰誓中》
	舜、禹與禹、益相禪之事	萬章問曰："人有言，至於禹而德衰，不傳於賢而傳於子，有諸？"孟子曰："否。不然也……昔者舜薦禹於天，十有七年。舜崩，三年之喪畢，禹避舜之子於陽城，天下之民從之，若堯崩之後不從堯之子而從舜也。禹薦益於天，七年。禹崩，三年之喪畢，益避禹之子於箕山之陰。朝覲訟獄者不之益而之啟，曰：'吾君之子也。'謳歌者不謳歌益而謳歌啟，曰：'吾君之子也。'丹朱之不肖，舜之子亦不肖。舜之相堯、禹之相舜也，歷年多，施澤於民久。啟賢，能敬承繼		
	伊尹放太甲之事		《書序》載"太甲既立，不明，伊尹放諸桐。三年，復歸	

續表

《孟子》	稱引來源	稱引內容	篇目存佚	對應梅本《尚書》
《萬章上》		禹之道。益之相禹也，歷年少，施澤於民未久。舜、禹、益相去久遠，其子之賢不肖，皆天也，非人之所能爲也。莫之爲而爲者，天也。莫之致而至者，命也。匹夫而有天下者，德必若舜禹，而又有天子薦之者。故仲尼不有天下。繼世以有天下。天之所廢，必若桀紂者也，故益、伊尹、周公不有天下。**伊尹相湯以王於天下。湯崩，大丁未立，外丙二年，仲壬四年，太甲顛覆湯之典刑，伊尹放之於桐。三年，太甲悔過，自怨自艾，於桐處仁遷義，三年以聽伊尹之訓己也**，復歸于亳。周公之不有天下，猶益之於夏，伊尹之於殷也。孔子曰：'唐虞禪，夏后、殷、周繼，其義一也。'"	於亳，思庸。伊尹作《太甲》三篇"。	
	《伊訓》	伊尹耕於有莘之野，而樂堯舜之道焉。非其義也，非其道也，禄之以天下，弗顧也。繫馬千駟，弗視也。非其義也，非其道也，一介不以與人，一介不以取諸人。湯使人以幣聘之，囂囂然曰："**我何以湯之聘幣爲哉！我豈若處畎畝之中，由是以樂堯舜之道哉！**"湯三使往聘之。既而幡然改曰："**與我處畎畝之中，由是以樂堯舜之道，吾豈若使是君爲堯舜之君哉，吾豈若使是民爲堯舜之民哉，吾豈若於吾身親見之哉！天之生此民也，使先知覺後知，使先覺覺後覺也。予，天民之先覺者也。予將以斯道覺斯民也。非予覺之而誰也？**"思天下之民匹夫匹婦有不被堯舜之澤者，若己推而内之溝中。其自任以天下之重如此，**故就湯而説之，以伐夏救民**。吾未聞枉己而正人者也，況辱己以正天下者乎？聖人之行不同也，或遠或近，或去或不去，歸潔其身而已矣。吾聞其以堯舜之道要湯，未聞以割烹也。**《伊訓》曰："天誅造攻自牧宮，朕載自亳。"**	佚	《伊訓》

續表

《孟子》	稱引來源	稱引內容	篇目存佚	對應梅本《尚書》
《萬章下》		孟子曰："伯夷，目不視惡色，耳不聽惡聲，非其君不事，非其民不使，治則進，亂則退。橫政之所出，橫民之所止，不忍居也。思與鄉人處，如以朝衣朝冠坐於塗炭也。當紂之時，居北海之濱，以待天下之清也。故聞伯夷之風者，頑夫廉，懦夫有立志。"	佚	
	伊尹曰	伊尹曰："何事非君，何使非民，治亦進，亂亦進。曰：天之生斯民也，使先知覺後知，使先覺覺後覺。予，天民之先覺者也。予將以此道覺此民也。"思天下之民匹夫匹婦有不與被堯舜之澤者，如己推而内之溝中。其自任以天下之重也。	佚，此處當用《伊訓》内容	
	《康誥》	萬章曰："今有禦人於國門之外者，其交也以道，其餽也以禮，斯可受禦與？"曰："不可。《康誥》曰：'殺越人于貨，閔不畏死，凡民罔不譈。'是不待教而誅者也。殷受夏，周受殷，所不辭也。於今為烈，如之何其受之？"	存	《康誥》
《告子下》	《書》	問曰："夫子之任見季子，之齊不見儲子，為其為相與？"曰："非也。《書》曰：'享多儀，儀不及物曰不享，惟不役志于享。'為其不成享也。"	存	《洛誥》
《盡心上》		公孫丑曰："伊尹曰：'予不狎于不順，放太甲于桐，民大悦。太甲賢，又反之，民大悦。'賢者之為人臣也，其君不賢，則固可放與？"孟子曰："有伊尹之志則可；無伊尹之志則篡也。"	同於《書序》	
《盡心下》	《書》、《武成》	孟子曰："盡信《書》則不如無《書》，吾於《武成》，取二三策而已矣。仁人無敵於天下，以至仁伐至不仁，而何其血之流杵也？"	《武成》佚	

續表

《孟子》	稱引來源	稱引內容	篇目存佚	對應梅本《尚書》
			佚	《仲虺之誥》
《盡心下》		南面而征北夷怨,東面而征西夷怨。曰:"奚爲後我?"武王之伐殷也,革車三百兩,虎賁三千人。王曰:"無畏,寧爾也,非敵百姓也。"	《書序》載:"武王之伐殷也,革車三百兩,虎賁三千人,與受戰于牧野,作《牧誓》"	《泰誓中》作"罔或無畏,寧執非敵。百姓懍懍,若崩厥角。"

6.2.2《荀子》用《書》論《書》情況統計表①

《荀子》篇章	稱引來源	稱引內容	篇目存佚	對應梅本《尚書》
《勸學》	《書》	故《書》者,政事之紀也;《詩》者,中聲之所止也;《禮》者,法之大分,類之綱紀也。故學至乎禮而止矣。夫是之謂道德之極。禮之敬文也,樂之中和也,《詩》《書》之博也,《春秋》之微也,在天地之間者畢矣。		
《修身》	《書》	君子之求利也略,其遠害也早,其避辱也懼,其行道理也勇。君子貧窮而志廣,富貴而體恭,安燕而血氣不惰,勞勤而容貌不枯,怒不過奪,喜不過予。君子貧窮而志廣,隆仁也;富貴而體恭,殺埶也;安燕而血氣不惰,柬理也;勞勤而容貌不枯,好交也。怒不過奪,喜不過	存	《洪範》

————
①《荀子》引文據王先謙撰,沈嘯寰、王星賢點校《荀子集解》,北京:中華書局1988年。

續表

《荀子》篇章	稱引來源	稱引內容	篇目存佚	對應梅本《尚書》
		予,是法勝私也。《書》曰:"無有作好,遵王之道;無有作惡,遵王之路。"此言君子之能以公義勝私欲也。		
《榮辱》	《書》	況夫先王之道,仁義之統,《詩》《書》《禮》《樂》之分乎!		
《儒效》		武王之誅紂也,行之日以兵忌,東面而迎太歲,至汜而汎,至懷而壞,至共頭而山隧。霍叔懼曰:"出三日而五災至,無乃不可乎?"周公曰:"刳比干而囚箕子,飛廉、惡來知政,夫又惡有不可焉?"遂選馬而進,朝食於戚,暮宿於百泉,厭旦於牧之野,鼓之而紂卒易鄉,遂乘殷人而誅紂。	佚	
		聖人也者,道之管也。天下之道管是矣,百王之道一是矣,故《詩》、《書》、《禮》、《樂》之歸是矣。《詩》言是,其志也;《書》言是,其事也;《禮》言是,其行也;《樂》言是,其和也;《春秋》言是,其微也。		
《王制》	《書》	分均則不偏,埶齊則不壹,眾齊則不使。有天有地而上下有差,明王始立,而處國有制。夫兩貴之不能相事,兩賤之不能相使,是天數也。埶位齊,而欲惡同,物不能澹則必爭,爭則必亂,亂則窮矣。先王惡其亂也,故制禮義以分之,使有貧富貴賤之等,足以相兼臨者,是養天下之本也。《書》曰:"維齊非齊。"此之謂也。	存	《呂刑》
		故周公南征而北國怨,曰:"何獨不來也?"東征而西國怨,曰:"何獨後我也?"孰能有與是鬭者與?安以其國為是者王。	佚	《仲虺之誥》近之

續表

《荀子》篇章	稱引來源	稱引內容	篇目存佚	對應梅本《尚書》
《富國》	《康誥》	足國之道,節用裕民而善臧其餘。節用以禮,裕民以政。彼裕民,故多餘。裕民則民富,民富則田肥以易,田肥以易則出實百倍。上以法取焉,而下以禮節用之,餘若丘山,不時焚燒,無所臧之,夫君子奚患乎無餘?故知節用裕民,則必有仁義聖賢良之名,而且有富厚丘山之積矣。此無他故焉,生於節用裕民也。不知節用裕民則民貧,民貧則田瘠以穢,田瘠以穢則出實不半,上雖好取侵奪,猶將寡獲也,而或以無禮節用之,則必有貪利糾譑之名,而且有空虛窮乏之實矣。此無他故焉,不知節用裕民也。《康誥》曰:"弘覆乎天,若德裕乃身。"此之謂也。	存	《康誥》
	《書》	故古人爲之不然,使民夏不宛暍,冬不凍寒,急不傷力,緩不後時,事成功立,上下俱富,而百姓皆愛其上,人歸之如流水,親之歡如父母,爲之出死斷亡而愉者,無它故焉,忠信、調和、均辨之至也。故國君長民者欲趨時遂功,則和調累解,速乎急疾;忠信均辨,説乎賞慶矣;必先脩正其在我者,然後徐責其在人者,威乎刑罰。三德者誠乎上,則下應之如景響,雖欲無明達,得乎哉!《書》曰:"乃大明服,惟民其力懋和,而有疾。"此之謂也。	存	《康誥》
《君道》	《書》	有亂君,無亂國;有治人,無治法。羿之法非亡也,而羿不世中;禹之法猶存,而夏不世王。故法不能獨立,類不能自行,得其人則存,失其人則亡。法者,治之端也;君子者,法之原也。故有君子則法雖省,足以徧矣;無君子則法雖具,失先後之施,不能應事之變,足以亂矣。不知法之義而正法之數者,雖博,臨事必亂。故明主急得其人,而闇主急得其	存	《康誥》

續表

《荀子》篇章	稱引來源	稱引內容	篇目存佚	對應梅本《尚書》
		埶。急得其人,則身佚而國治,功大而名美,上可以王,下可以霸;不急得其人而急得其埶,則身勞而國亂,功廢而名辱,社稷必危。故君人者勞於索之,而休於使之。《書》曰:"惟文王敬忌,一人以擇。"此之謂也。		
	《書》	至道大形,隆禮至法則國有常,尚賢使能則民知方,纂論公察則民不疑,賞克罰偷則民不怠,兼聽齊明則天下歸之。然後明分職,序事業,材技官能,莫不治理,則公道達而私門塞矣,公義明而私事息矣。如是,則德厚者進而佞說者止,貪利者退而廉節者起。《書》曰:"先時者殺無赦,不逮時者殺無赦。"	佚	《胤征》
《臣道》	《書》	恭敬而遜,聽從而敏,不敢有以私決擇也,不敢有以私取與也,以順上為志,是事聖君之義也。忠信而不諛,諫爭而不諂,撟然剛折,端志而無傾側之心,是案曰是,非案曰非,是事中君之義也。調而不流,柔而不屈,寬容而不亂,曉然以至道而無不調和也,而能化易,時關內之,是事暴君之義也。若馭樸馬,若養赤子,若食餒人,故因其懼也,而改其過;因其憂也,而辨其故;因其喜也,而入其道;因其怒也,而除其怨:曲得所謂焉。《書》曰:"從命而不拂,微諫而不倦,為上則明,為下則遜。"此之謂也。	佚	《伊訓》
《致士》	《書》	臨事接民而以義,變應寬裕而多容,恭敬以先之,政之始也;然後中和察斷以輔之,政之隆也;然後進退誅賞之,政之終也。故一年與之始,三年與之終。用其終為始,則政令不行而上下怨疾,亂所以自作也。《書》曰:"義刑義殺,勿庸以即,女惟曰'未有順事'。"言先教也。	存	《康誥》

續表

《荀子》篇章	稱引來源	稱引內容	篇目存佚	對應梅本《尚書》
《議兵》	《泰誓》	湯、武之誅桀、紂也,拱把指麾而強暴之國莫不趨使,誅桀、紂若誅獨夫。故《泰誓》曰"獨夫紂",此之謂也。	佚	《泰誓下》
《天論》	《書》	萬物為道一偏,一物為萬物一偏,愚者為一物一偏,而自以為知道,無知也。慎子有見於後,無見於先;老子有見於詘,無見於信;墨子有見於齊,無見於畸;宋子有見於少,無見於多。有後而無先,則群眾無門;有詘而無信,則貴賤不分;有齊而無畸,則政令不施;有少而無多,則群眾不化。《書》曰:"無有作好,遵王之道;無有作惡,遵王之路。"此之謂也。	存	《洪範》
《正論》	《書》	故上易知則下親上矣,上難知則下畏上矣。下親上則上安,下畏上則上危。故主道莫惡乎難知,莫危乎使下畏己。傳曰:"惡之者眾則危。"《書》曰:"克明明德。"《詩》曰:"明明在下。"故先王明之,豈特玄之耳哉!	存	楊倞注以為《多方》之文。久保愛增注曰:"荀子引《康誥》也,本注非,且今書無一明字。"
《正論》	《書》	刑稱罪則治,不稱罪則亂。故治則刑重,亂則刑輕,犯治之罪固重,犯亂之罪固輕也。《書》曰:"刑罰世輕世重。"此之謂也。	存	《呂刑》
《解蔽》	《道經》	壹於道則正,以贊稽物則察,以正志行察論,則萬物官矣。昔者舜之治天下也,不以事詔而萬物成。處一危之,其榮滿側;養一之微,榮矣而未知。故《道經》曰:"人心之危,道心之微。"危微之幾,惟明君子而後能知之。	佚	《大禹謨》

續表

《荀子》篇章	稱引來源	稱引內容	篇目存佚	對應梅本《尚書》
《君子》	《傳》	故刑當罪則威，不當罪則侮；爵當賢則貴，不當賢則賤。古者刑不過罪，爵不踰德，故殺其父而臣其子，殺其兄而臣其弟。刑罰不怒罪，爵賞不踰德，分然各以其誠通。是以爲善者勸，爲不善者沮，刑罰綦省而威行如流，政令致明而化易如神。《傳》曰："一人有慶，兆民賴之。"此之謂也。	存，郭店簡、上博簡《緇衣》篇引《書》及之	《吕刑》
	《書》	由其道，則人得其所好焉；不由其道，則必遇其所惡焉：是故刑罰綦省而威行如流。世曉然皆知夫爲姦則雖隱竄逃亡之由不足以免也，故莫不服罪而請。《書》曰："凡人自得罪。"此之謂也。	存	《康誥》
《成相》		堯授能，舜遇時，尚賢推德天下治。雖有聖賢，適不遇世孰知之？堯不德，舜不辭，妻以二女任以事。大人哉舜！南面而立萬物備。舜授禹，以天下，尚得推賢不失序。外不避仇，内不阿親賢者予。禹勞心力，堯有德，干戈不用三苗服。舉舜甽畝，任之天下身休息。得后稷，五穀殖，夔爲樂正鳥獸服。契爲司徒，民知孝弟尊有德。禹有功，抑下鴻，辟除民害逐共工。北決九河，通十二渚，疏三江。禹傅土，平天下，躬親爲民行勞苦。得益、皋陶、横革、直成、爲輔。契玄王，生昭明，居于砥石遷于商，十有四世，乃有天乙是成湯。天乙湯，論舉當，身讓卞隨舉牟光。道古賢聖基必張。	所言與《堯典》《舜典》和《禹貢》相關	
《大略》	舜曰	舜曰："維予從欲而治。"故禮之生，爲賢人以下至庶民也，非爲成聖也，然而亦所以成聖也。不學不成：堯學於君疇，舜學於務成昭，禹學於西王國。	佚	《大禹謨》

續表

《荀子》篇章	稱引來源	稱引內容	篇目存佚	對應梅本《尚書》
	湯旱而禱曰	湯旱而禱曰："政不節與？使民疾與？何以不雨至斯極也！宮室榮與？婦謁盛與？何以不雨至斯之極也！苞苴行與？讒夫興與？何以不雨至斯極也！"	佚	
《宥坐》	《書》	**《書》曰："義刑義殺，勿庸以即，予維曰未有順事。"**言先教也。	存	《康誥》
《堯問》	《中蘬之言》	申公巫臣進問曰："王朝而有憂色，何也？"莊王曰："不穀謀事而當，群臣莫能逮，是以憂也。其在《中蘬之言》也，曰：'諸侯自爲得師者王，得友者霸，得疑者存，自爲謀而莫己若者亡。'今以不穀之不肖而群臣莫吾逮，吾國幾於亡乎！是以憂也。"	佚	《仲虺之誥》

6.3《墨子》用《書》論《書》情況統計表①

《墨子》篇章	稱引來源	稱引內容	篇目存佚	對應梅本《尚書》
《七患》	《夏書》	故雖上世之聖王，豈能使五穀常收，而旱水不至哉？然而無凍餓之民者，何也？其力時急，而自養儉也。故《夏書》曰："禹七年水"，《殷書》曰："湯五年旱"，此其離凶餓甚矣，然而民不凍餓者，何也？其生財密，其用之節。	佚	
	《殷書》		佚	
	《周書》	故《周書》曰："國無三年之食者，國非其國也；家無三年之食者，子非其子也。"此之謂國備。	佚	

---

①《墨子》引文據孫詒讓撰，孫啓治點校《墨子閒詁》，北京：中華書局2001年。

494 《書經》之成立

續表

《墨子》篇章	稱引來源	稱引內容	篇目存佚	對應梅本《尚書》
《尚賢上》		故古者堯舉舜於服澤之陽，授之政，天下平；禹舉益於陰方之中，授之政，九州成；湯舉伊尹於庖廚之中，授之政，其謀得；文王舉閎夭泰顛於罝罔之中，授之政，西土服。		
	先王言曰	故先王言曰："貪於政者不能分人以事，厚於貨者不能分人以祿。"	佚	
	先王之書《距年》	今王公大人中實將欲治其國家，欲脩保而勿失，胡不察尚賢爲政之本也？且以尚賢爲政之本者，亦豈獨子墨子之言哉！此聖王之道，先王之書《距年》之言也。	佚	
	《傳》曰	求聖君哲人，以裨輔而身	佚	《伊訓》
	《湯誓》	聿求元聖，與之戮力同心，以治天下。	佚	《湯誥》
《尚賢中》		古者舜耕歷山，陶河瀕，漁雷澤，堯得之服澤之陽，舉以爲天子，與接天下之政，治天下之民。伊摯，有莘氏女之私臣，親爲庖人，湯得之，舉以爲己相，與接天下之政，治天下之民。傅說被褐帶索，庸築乎傅巖，武丁得之，舉以爲三公，與接天下之政，治天下之民。		
		若昔者伯鯀，帝之元子，廢帝之德庸，既乃刑之于羽之郊，乃熱照無有及也，帝亦不愛。		
	先王之書《呂刑》道之曰	先王之書《呂刑》道之曰：皇帝清問下民，有辭有苗。曰："群后之肆在下，明明不常，鰥寡不蓋，德威維威，德明維明。"乃名三后，恤功於民。伯夷降典，哲民維刑。禹平水土，主名山川。稷隆播種，農殖嘉穀。三后成功，維假於民。	存	《呂刑》
	先王之言	故先王之言曰："此道也，大用之天下則不窕，小用之則不困，脩用之則萬民被其利，終身無已。"		

續表

《墨子》篇章	稱引來源	稱引內容	篇目存佚	對應梅本《尚書》
《尚賢下》		是故昔者舜耕於歷山，陶於河瀕，漁於雷澤，灰於常陽。堯得之服澤之陽，立爲天子，使接天下之政，而治天下之民。昔伊尹爲莘氏女師僕，使爲庖人，湯得而舉之，立爲三公，使接天下之政，治天下之民。昔者傅說居北海之洲，圜土之上，衣褐帶索，庸築於傅巖之城，武丁得而舉之，立爲三公，使之接天下之政，而治天下之民。		
	先王之書《呂刑》之書	於先王之書《呂刑》之書然，王曰："於！來！有國有土，告女訟刑，在今而安百姓，女何擇言人？何敬不刑？何度不及？"能擇人而敬爲刑，堯、舜、禹、湯、文、武之道可及也。	存	《呂刑》
	先王之書《竪年》	於先王之書《竪年》之言然，曰："晞夫聖武知人，以屏輔而身。"此言先王之治天下也，必選擇賢者以爲其群屬輔佐。		《逸周書·皇門》云："乃方求論擇元聖武夫，羞于王所。"
		是故昔者堯有舜，舜有禹，禹有皋陶，湯有小臣，武王有閎夭、泰顛、南宮括、散宜生，而天下和，庶民阜。是以近者安之，遠者歸之。		
《尚同中》	五刑《呂刑》	子墨子曰："方今之時之以正長，則本與古者異矣，譬之若有苗之以五刑然。昔者聖王制爲五刑，以治天下，逮至有苗之制五刑，以亂天下。則此豈刑不善哉？用刑則不善也。是以先王之書《呂刑》之道曰：'苗民否用練，折則刑，唯作五殺之刑，曰法。'"	存	《呂刑》
	先王之書《術令》	先王之書《術令》之道曰："唯口出好興戎。"	佚	《大禹謨》

續表

《墨子》篇章	稱引來源	稱引內容	篇目存佚	對應梅本《尚書》
	先王之書《相年》	是以先王之書《相年》之道曰："夫建國設都,乃作后王君公,否用泰也,輕大夫師長,否用佚也,維辯使治天均。"	佚	
	先王之言	是以舉天下之人皆恐懼振動惕慄,不敢爲淫暴,曰:"天子之視聽也神。"先王之言曰:"非神也,夫唯能使人之耳目助己視聽,使人之吻助己言談,使人之心助己思慮,使人之股肱助己動作。"	佚	
《尚同下》	先王之書也《大誓》之言	聖王皆以尚同爲政,故天下治。何以知其然也?於先王之書也《大誓》之言然,曰:"小人見姦巧乃聞,不言也,發罪鈞。"此言見淫辟不以告者,其罪亦猶淫辟者也。	佚	今《泰誓上》有"予弗順天,厥罪惟鈞"。
《兼愛中》	禹之事	古者禹治天下,西爲西河、漁竇,以泄渠孫皇之水;北爲防原泒,注后之邸、嘑池之竇,洒爲底柱,鑿爲龍門,以利燕、代、胡、貉與西河之民;東方漏之陸,防孟諸之澤,灑爲九澮,以楗東土之水,以利冀州之民;南爲江、漢、淮、汝,東流之,注五湖之處,以利荆、楚、干、越與南夷之民。	存	《禹貢》
	文王之事	昔者文王之治西土,若日若月,乍光于四方,于西土,不爲大國侮小國,不爲眾庶侮鰥寡,不爲暴勢奪穡人黍、稷、狗、彘。天屑臨文王慈,是以老而無子者,有所得終其壽;連獨無兄弟者,有所雜於生人之間;少失其父母者,有所放依而長。	佚	《泰誓下》
				《武成》
	武王之事《傳》曰	昔者武王將事泰山隧,《傳》曰:"泰山,有道曾孫周王有事,大事既獲,仁人尚作,以祗商夏蠻夷醜貉。雖有周親,不若仁人,萬方有罪,維予一人。"	佚	《泰誓中》

續表

《墨子》篇章	稱引來源	稱引內容	篇目存佚	對應梅本《尚書》
《兼愛下》	《泰誓》	《泰誓》曰："文王若日若月乍照,光於四方,於西土。"即此言文王之兼愛天下之博大也,譬之日月兼照天下之無有私也,即此文王兼也。	佚	《泰誓下》
	《禹誓》	且不唯《泰誓》爲然,雖《禹誓》即亦猶是也。禹曰："濟濟有衆,咸聽朕言,非惟小子敢行稱亂,蠢茲有苗,用天之罰,若予既率爾群對諸群以征有苗。"禹之征有苗也,非以求以重富貴、干福禄、樂耳目也,以求興天下之利,除天下之害,即此禹兼也。	佚	
	《湯説》	且不唯《禹誓》爲然,雖《湯説》即亦猶是也。湯曰:"惟予小子履,敢用玄牡,告於上天后曰:今天大旱,即當朕身履,未知得罪于上下。有善不敢蔽,有罪不敢赦,簡在帝心。萬方有罪,即當朕身,朕身有罪,無及萬方。"即此言湯貴爲天子,富有天下,然且不憚以身爲犧牲,以祠説于上帝鬼神,即此湯兼也。	佚	《湯誥》
	《周詩》	且不惟《誓命》與《湯説》爲然,《周詩》即亦猶是也。《周詩》曰:"王道蕩蕩,不偏不黨,王道平平,不黨不偏。其直若矢,其易若厎,君子之所履,小人之所視",若吾言非語道之謂也?古者文武爲正,均分賞賢罰暴,勿有親戚弟兄之所阿,即此文武兼也。	存	《周書·洪範》
《非攻中》	古者有語	古者有語曰:"君子不鏡於水,而鏡於人。鏡於水見面之容,鏡於人則知吉與凶。"今以攻戰爲利,則蓋嘗鑒之於智伯之事乎?此其爲不吉而凶,既可得而知矣。	或爲古諺佚語	《酒誥》有語類之;《太公金匱·陰謀》有"武王鏡銘"近之

續表

《墨子》篇章	稱引來源	稱引內容	篇目存佚	對應梅本《尚書》
《非攻下》	禹征三苗	昔者三苗大亂，天命殛之，日妖宵出，雨血三朝，龍生於廟，犬哭乎市，夏冰，地坼及泉，五穀變化，民乃大振。高陽乃命玄宮，禹親把天之瑞令，以征有苗。四電誘祇，有神人面鳥身，若瑾以侍，搤矢有苗之祥，苗師大亂，後乃遂幾。禹既已克有三苗，焉磨爲山川，別物上下，卿制大極，而神民不違，天下乃靜，則此禹之所以征有苗也。	佚	
	湯伐桀	遝至乎夏王桀，天有酷命，日月不時，寒暑雜至，五穀焦死，鬼呼國，鶴鳴十夕餘。天乃命湯於鑣宮，**用受夏之大命："夏德大亂，予既卒其命於天矣，往而誅之，必使汝堪之。"** 湯焉敢奉率其眾，是以鄉有夏之境，帝乃使陰暴毀有夏之城。少少，有神來告曰："夏德大亂，往攻之，予必使汝大堪之。予既受命於天，天命融隆火，于夏之城閒西北之隅。"湯奉桀眾以克有，屬諸侯於薄，薦章天命，通于四方，而天下諸侯莫敢不賓服，則此湯之所以誅桀也。		
	武王伐紂	遝至乎商王紂，天不序其德，祀用失時，兼夜中，十日雨土于薄，九鼎遷止，婦妖宵出，有鬼宵吟，有女爲男，天雨肉，棘生乎國道，王兄自縱也。赤鳥銜珪，降周之岐社，曰："天命周文王伐殷有國。"泰顛來賓，河出綠圖，地出乘黃。**武王踐功，夢見三神，曰："予既沈漬殷紂于酒德矣，往攻之，予必使汝大堪之。"** 武王乃攻狂夫，反商之周，天賜武王黃鳥之旗。王既已克殷，成帝之來，分主諸神，祀紂先王，通維四夷，而天下莫不賓，焉襲湯之緒，此即武王之所以誅紂也。		

續表

《墨子》篇章	稱引來源	稱引內容	篇目存佚	對應梅本《尚書》
《節用中》		古者堯治天下，南撫交阯，北降幽都，東西至日所出入，莫不賓服，逮至其厚愛。黍稷不二，羹胾不重，飯於土塯，啜於土形，斗以酌。俛仰周旋威儀之禮，聖王弗爲。		
《節葬下》		昔者堯北教乎八狄，道死，葬蛩山之陰。衣衾三領，榖木之棺，葛以緘之，既犯而後哭，滿垵無封。已葬，而牛馬乘之。		
		舜西教乎七戎，道死，葬南已之市。衣衾三領，榖木之棺，葛以緘之。已葬，而市人乘之。		
		禹東教乎九夷，道死，葬會稽之山。衣衾三領，桐棺三寸，葛以緘之，絞之不合，通之不埳，土地之深，下毋及泉，上毋通臭。既葬，收餘壤其上，壟若參耕之畝，則止矣。		
	《馴天明不解》	不止此而已矣，又以先王之書《馴天明不解》之道也知之。曰："明哲維天，臨君下土。"則此語天之貴且知於天子。	佚	《小雅·小明》有"明明上天，照臨下土"
《天志中》	《大誓》	將以識夫憎人賊人，反天之意，得天之罰者也。《大誓》之道之，曰："紂越厥夷居，不肎事上帝，棄厥先神祇不祀，乃曰吾有命，毋僇其務。天亦縱棄紂而不葆。"察天以縱棄紂而不葆者，反天之意也。	佚	《泰誓上》
《天志下》	《大夏》	非獨子墨子以天之志爲法也，於先王之書《大夏》之道之然："帝謂文王，予懷明德，毋大聲以色，毋長夏以革，不識不知，順帝之則。"此語文王之以天志爲法也，而順帝之則也。	佚	

續表

《墨子》篇章	稱引來源	稱引內容	篇目存佚	對應梅本《尚書》
《明鬼下》	《商書》	且《周書》獨鬼,而《商書》不鬼,則未足以爲法也。然則姑嘗上觀乎《商書》,曰:"嗚呼!古者有夏,方未有禍之時,百獸貞蟲,允及飛鳥,莫不比方。矧佳人面,胡敢異心?山川鬼神,亦莫敢不寧。若能共允,佳天下之合,下土之葆。"察山川鬼神之所以莫敢不寧者,以佐謀禹也。此吾所以知《商書》之鬼也。	佚	
	《禹誓》	且《商書》獨鬼,而《夏書》不鬼,則未足以爲法也。然則姑嘗上觀乎《夏書》《禹誓》曰:"大戰于甘,王乃命左右六人,下聽誓于中軍,曰:'有扈氏威侮五行,怠棄三正,天用勦絕其命。'有曰:'日中,今予與有扈氏争一日之命,且爾卿大夫庶人,予非爾田野葆士之欲也,予共行天之罰也。左不共于左,右不共于右,若不共命;御非爾馬之政,若不共命'。是以賞于祖而僇于社。"賞于祖者何也?言分命之均也。僇于社者何也?言聽獄之事也。故古聖王必以鬼神爲賞賢而罰暴,是故賞必於祖而僇必於社。此吾所以知《夏書》之鬼也。	存	《甘誓》
	湯伐桀	昔者夏王桀貴爲天子,富有天下,上詬天侮鬼,下殃傲天下之萬民,祥上帝伐元山帝行,故於此乎天乃使湯至明罰焉。湯以車九兩,鳥陳鴈行,湯乘大贊,犯遂夏衆,人之塙遂,王乎禽推哆、大戲。		
	武王伐紂	昔者殷王紂貴爲天子,富有天下,上詬天侮鬼,下殃傲天下之萬民,播棄黎老,賊誅孩子,楚毒無罪,刲剔孕婦。庶舊鰥寡,號咷無告也。故於此乎天乃使武		

續表

《墨子》篇章	稱引來源	稱引內容	篇目存佚	對應梅本《尚書》
		王至明罰焉。武王以擇車百兩,虎賁之卒四百人,先庶國節窺戎,與殷人戰乎牧之野。王乎禽費中、惡來,衆畔百走。武王逐奔入宮,萬年梓株,折紂而繫之赤環,載之白旗,以爲天下諸侯僇。		
	《禽艾》	且《禽艾》之道之曰:"得璣無小,滅宗無大。"則此言鬼神之所賞,無小必賞之;鬼神之所罰,無大必罰之。	佚	《伊訓》
《非樂上》	《湯之官刑》	曰先王之書《湯之官刑》有之,曰:"其恒舞于宮,是謂巫風。其刑,君子出絲二衛,小人否,似二伯黃徑。"乃言曰:"嗚乎!舞佯佯,黃言孔章,上帝弗常,九有以亡,上帝不順,降之百殃,其家必懷喪。"察九有之所以亡者,徒從飾樂也。	佚	《伊訓》
	《武觀》	於《武觀》曰:"啓乃淫溢康樂,野于飲食,將將銘,莧磬以力,湛濁于酒,渝食于野,萬舞翼翼,章聞于大,天用弗式。"故上者天鬼弗戒,下者萬民弗利。	佚	
《非命上》	先王之憲	先王之書所以出國家,布施百姓者,憲也。先王之憲亦嘗有曰"福不可請,而禍不可諱,敬無益,暴無傷"者乎?	佚	
	先王之刑	所以聽獄制罪者,刑也。先王之刑亦嘗有曰"福不可請,禍不可諱,敬無益,暴無傷"者乎?	佚	
	先王之誓	所以整設師旅,進退師徒者,誓也。先王之誓亦嘗有曰:"福不可請,禍不可諱,敬無益,暴無傷"者乎?	佚	
		古者湯封於亳,絕長繼短,方地百里,與其百姓兼相愛、交相利,移則分,率其百姓以上尊天事鬼,是以天鬼富之,諸侯與之,百姓親之,賢士歸之,未歿其世,而王天下,政諸侯。		

續表

《墨子》篇章	稱引來源	稱引內容	篇目存佚	對應梅本《尚書》
《非命上》		昔者文王封於岐周，絕長繼短，方地百里，與其百姓兼相愛、交相利，則，是以近者安其政，遠者歸其德。聞文王者，皆起而趨之。罷不肖、股肱不利者，處而願之，曰："奈何乎使文王之地及我吾，則吾利豈不亦猶文王之民也哉。"		
	《仲虺之告》	昔上世之窮民，貪於飲食，惰於從事，是以衣食之財不足，而飢寒凍餒之憂至，不知曰"我罷不肖，從事不疾"，必曰"我命固且貧"。昔上世暴王不忍其耳目之淫，心涂之辟，不順其親戚，遂以亡失國家，傾覆社稷，不知曰"我罷不肖，爲政不善"，必曰"吾命固失之"。於《仲虺之告》曰："我聞于夏人，矯天命，布命于下，帝伐之惡，龔喪厥師。"此言湯之所以非桀之執有命也。於《太誓》曰："紂夷處，不肯事上帝鬼神，禍厥先神禔不祀，乃曰'吾民有命，無廖排漏'，天亦縱棄之而弗葆。"此言武王所以非紂執有命也。	佚	《仲虺之誥》
	《太誓》		佚	《泰誓上》
《非命中》	《仲虺之告》	聖王之患此也，故書之竹帛，琢之金石，於先王之書《仲虺之告》曰："我聞有夏人矯天命，布命于下，帝式是惡，用闕師。"此語夏王桀之執有命也，湯與仲虺共非之。	佚	《仲虺之誥》
	《太誓》	先王之書《太誓》之言然，曰："紂夷之居，而不肯事上帝，棄闕其先神而不祀也，曰：'我民有命，毋僇其務。'天不亦棄縱而不葆。"此言紂之執有命也，武王以《太誓》非之。	佚	《泰誓上》
	《三代》《不國》	有於《三代》《不國》有之，曰："女毋崇天之有命也。"命（今）《三》、《不國》亦言命之無也。	佚	

附錄二：本書涉及典籍引《書》問題相關統計表　503

續表

《墨子》篇章	稱引來源	稱引內容	篇目存佚	對應梅本《尚書》
	召公之《執令》	於召公之《執令》於然，且："敬哉！無天命，惟予二人，而無造言，不自降天之哉得之。"	佚	
	商、夏之《詩》《書》	在於商、夏之《詩》《書》曰："命者，暴王作之。"且今天下之士君子，將欲辯是非利害之故，當天有命者，不可不疾非也。	佚	
《非命下》	《禹之總德》	曰何書焉存？《禹之總德》有之，曰："允不著，惟天民不而葆。既防凶心，天加之咎，不慎厥德，天命焉葆？"		
	《仲虺之告》	《仲虺之告》曰："我聞有夏人矯天命，于下，帝式是增，用爽厥師。"彼用無爲有，故謂矯，若有而謂有，夫豈爲矯哉！昔者，桀執有命而行，湯爲《仲虺之告》以非之。	佚	《仲虺之誥》
	《去發》	《太誓》之言也，於《去發》曰："惡乎君子！天有顯德，其行甚章，爲鑑不遠，在彼殷王。謂人有命，謂敬不可行，謂祭無益，謂暴無傷。上帝不常，九有以亡，上帝不順，祝降其喪。惟我有周，受之大帝。"昔紂執有命而行，武王爲《太誓》《去發》以非之。	佚	《泰誓中》《泰誓下》
《公孟》	《子亦》	古聖王皆以鬼神爲神明，而爲禍福，執有祥不祥，是以政治而國安也。自桀紂以下，皆以鬼神爲不神明，不能爲禍福，執無祥不祥，是以政亂而國危也。故先王之書《子亦》有之曰："亓傲也，出於子，不祥。"此言爲不善之有罰，爲善之有賞。		

參考文獻①

傳統典籍(經傳古籍及整理類)

伏生撰《尚書大傳》,皮錫瑞撰,吳仰湘點校《尚書大傳疏證》,北京:中華書局2022年版。

《尚書歐陽章句》《尚書大夏侯章句》《尚書小夏侯章句》《尚書馬氏傳》,馬國翰輯《玉函山房輯佚書》經編《尚書》類,上海:上海古籍出版社1990年版。

孔安國傳,孔穎達正義《尚書正義》,國家圖書館藏宋兩浙東路茶鹽司刻本(4523號),卷七、八、十九、二十配日本影抄本,北京:國家圖書館出版社2017年影印版。

孔安國傳,蔡沈集傳《尚書》,日本漢文大系本,臺北:新文豐1978年影印版。

蔡沈撰,王豐先點校《書集傳》,北京:中華書局2018年版。

王柏《書疑》,《續修四庫全書》影印通志堂經解本,上海:上海古籍出版社1994年版。

朱鶴齡《尚書埤傳》,《景印文淵閣四庫全書》,第66冊,臺北商務印書館1986年版。

閻若璩撰,黃懷信、呂翊欣點校《古文尚書疏證》,上海:上海古籍出版社2010年版。

沈彤《尚書小疏》,杜松柏主編《尚書類聚初編》第七種,第二冊,臺北:新文豐出版股份有限公司1984年版。

段玉裁《古文尚書撰異》,七葉衍祥堂刊本,臺北:大化書局1986年影印版。

孫星衍撰,陳抗、盛冬鈴點校《尚書今古文注疏》,北京:中華書局2004年版。

皮錫瑞撰,盛冬鈴、陳抗點校《今文尚書考證》,北京:中華書局1989年版。

---

①限於篇幅,參考文獻只列出在正文與注釋中言及者。"傳統典籍"部分依類相從,各類中基本上依照時代先後排序;其他類依照音序排列。

楊筠如著,黃懷信標校《尚書覈詁》,西安:陝西人民出版社 2005 年版。

曾運乾《尚書正讀》,北京:中華書局 2015 年版。

屈萬里《尚書釋義》,臺北:中國文化大學出版部 1989 年版。

顧頡剛、劉起釪《尚書校釋譯論》,北京:中華書局 2005 年版。

黃懷信、張懋鎔、田旭東撰,黃懷信修訂,李學勤審定《逸周書彙校集注》,北京:中華書局 2007 年版。

毛亨傳,鄭玄箋《詩經》,《十三經古注》據相臺岳氏家塾本校刊,北京:中華書局 2014 年版。

毛亨傳,鄭玄箋,孔穎達疏,陸德明釋文《附釋音毛詩注疏》,日本足利學校遺跡圖書館藏宋建安劉叔剛刻本,足利學校遺跡圖書館後援會影印,汲古書院 1974 年版。

毛亨傳,鄭玄箋,朱熹集傳《毛詩》,日本漢文大系本,臺北:新文豐 1978 年影印版。

朱熹《詩集傳》,上海:上海古籍出版社 1958 年版。

段玉裁《毛詩詁訓傳小箋》,《段玉裁遺書》,經韻樓叢書本,臺北:大化書局 1986 年影印版。

馬瑞辰撰,陳金生點校《風雅正變說》,《毛詩傳箋通釋》,北京:中華書局 1989 年版。

王先謙撰,吳格點校《詩三家義集疏》,中華書局 1987 年版。

鄭玄注《周禮》,《十三經古注》據永懷堂本校刊,北京:中華書局 2014 年版。

鄭玄注,賈公彥疏《周禮注疏》,阮元等校勘《十三經注疏》,嘉慶二十年南昌府學本,臺北:藝文印書館 2001 年影印版。

孫詒讓撰,王文錦、陳玉霞點校《周禮正義》,北京:中華書局 1987 年版。

鄭玄注,賈公彥疏《儀禮注疏》,嘉慶二十年南昌府學本,臺北:藝文印書館 2001 年影印版。

鄭玄注《禮記》,《十三經古注》據相臺岳氏家塾本校刊,北京:中華書局 2014 年版。

鄭玄注,孔穎達疏《禮記注疏》,嘉慶二十年南昌府學本,臺北:藝文印書館 2001 年影印版。

孫希旦撰,沈嘯寰、王星賢點校《禮記集解》,北京:中華書局 1989 年版。

王聘珍撰,王文錦點校《大戴禮記解詁》,北京:中華書局 1983 年版。

鄭玄注《周易》,《十三經古注》據相臺岳氏家塾本校刊,北京:中華書局2014年版。

何休注《春秋公羊傳》,《十三經古注》據永懷堂本校刊,北京:中華書局2014年版。
杜預注《春秋經傳集解》,《十三經古注》據相臺岳氏家塾本校刊,北京:中華書局 2014年版。
杜預注,孔穎達疏《春秋左傳注疏》,嘉慶二十年南昌府學本,臺北:藝文印書館2001 年影印版。
楊伯峻《春秋左傳注》,北京:中華書局1990年版。

何晏注《論語》,《十三經古注》據永懷堂本校刊,北京:中華書局2014年版。
朱熹集注《論語集注》,北京:中華書局1983年整理本。
劉寶楠撰,高流水點校《論語正義》,北京:中華書局1990年版。

李隆基注《孝經》,《十三經古注》據永懷堂本校刊,北京:中華書局2014年版。
胡平生譯注《孝經譯注》,北京:中華書局2009年版。

趙岐注《孟子》,《十三經古注》據永懷堂本校刊,北京:中華書局2014年版。
焦循撰,沈文倬點校《孟子正義》,北京:中華書局1987年版。

朱熹集注《四書章句集注》,北京:中華書局1983年版。

趙在翰輯,鍾肇鵬、蕭文郁點校《七緯(附論語讖)》,北京:中華書局2012年版。

郭璞注《爾雅》,《四部叢刊》影印鐵琴銅劍樓舊藏宋十行本,北京:中華書局 2016年。
許慎撰,徐鉉校定《說文解字》,同治十二年番禺陳昌治刻本,北京:中華書局2013 年影印版。
許慎撰,段玉裁注《說文解字注》,經韻樓本,上海:上海古籍出版社1981年影印版。
劉熙撰,畢沅疏證,王先謙補,祝敏徹、孫玉文點校《釋名疏證補》,北京:中華書局

2008 年版。

陸德明撰,黃焯彙校《經典釋文彙校》,北京:中華書局 2006 年版。

錢繹撰集《方言箋疏》,上海圖書館藏紅蝠山房本,上海:上海古籍出版社 1984 年影印版。

司馬遷撰,裴駰集解,司馬貞索隱,張守節正義《史記》,點校本二十四史修訂本,北京:中華書局 2014 年版。

班固撰,顏師古注《漢書》,北京:中華書局 1962 年版。

范曄撰,李賢注《後漢書》,北京:中華書局 1973 年版。

陳壽撰《三國志》,北京:中華書局 1959 年版。

魏徵等撰《隋書》,北京:中華書局 1973 年版。

歐陽修、宋祁撰《新唐書》,北京:中華書局 1975 年版。

蕭子顯撰《南齊書》,中華書局 1972 年版。

魏收撰《魏書》,北京:中華書局 2017 年版。

李延壽撰《北史》,北京:中華書局 1974 年版。

脱脱等撰《宋史》,北京:中華書局 1977 年版。

袁珂校注《山海經校注》(最終修訂本),北京:北京聯合出版公司 2014 年版。

郝懿行撰,沈海波點校《山海經箋疏》,上海:上海古籍出版社 2019 年版。

王國維《今本竹書紀年疏證》,收入方詩銘、王修齡《古本竹書紀年輯證》,上海:上海古籍出版社 2005 年版。

方詩銘、王修齡校注《古本竹書紀年輯證》,上海:上海古籍出版社 2005 年版。

上海師範大學古籍整理研究所點校《國語》,上海:上海古籍出版社 1998 年版。

徐元誥撰,王樹民、沈長雲點校《國語集釋》,北京:中華書局 2002 年版。

劉向集錄《戰國策》,上海:上海古籍出版社 1998 年版。

秦嘉謨輯,宋衷注《世本》,商務印書館 1957 年排印本,北京:中華書局 2008 年影印版。

徐宗元輯《帝王世紀輯存》,北京:中華書局 1964 年版。

樓宇烈《老子道德經注校釋》，北京：中華書局2008年版。
孫詒讓撰，孫啓治點校《墨子閒詁》，北京：中華書局2001年版。
黎翔鳳撰，梁運華整理《管子校注》，北京：中華書局2004年版。
王先謙撰，沈嘯寰點校《莊子集解》，北京：中華書局2012年版。
郭慶藩撰，王孝魚點校《莊子集釋》，北京：中華書局2004年版。
王先謙撰，沈嘯寰、王星賢點校《荀子集解》，北京：中華書局1988年版。
梁啓雄著《荀子簡釋》，北京：中華書局1983年版。
王先慎集解《韓非子集解》，北京：中華書局1998年版。
陳奇猷校注《韓非子新校注》，上海：上海古籍出版社2000年版。
許維遹撰，梁運華整理《吕氏春秋集釋》，北京：中華書局2009年版。
劉文典撰，馮逸、喬華點校《淮南鴻烈集解》，北京：中華書局2013年版。
蘇輿撰，鍾哲點校《春秋繁露義證》，北京：中華書局1992年版。
王利器校注《鹽鐵論校注》，北京：中華書局1992年版。
汪榮寶撰，陳仲夫點校《法言義疏》，北京：中華書局1987年版。
向宗魯校證《説苑校證》，北京：中華書局1987年版。
桓譚撰，朱謙之校輯《新輯本桓譚新論》，北京：中華書局2009年版。
王充撰，黄暉校釋《論衡校釋》，北京：中華書局1990年版。
汪繼培箋，彭鐸校正《潛夫論箋校正》，北京：中華書局1985年版。
應劭撰，王利器校注《風俗通義校注》，北京：中華書局2010年版。
陳立撰，吴則虞點校《白虎通疏證》，北京：中華書局1994年版。
高尚舉、張濱鄭、張燕校注《孔子家語校注》，北京：中華書局2021年版。
王通撰，張沛校注《中説校注》，北京：中華書局2013年版。
王勃《續書序》，蔣清翊注《王子安集注》，上海：上海古籍出版社1995年版。
韓愈撰，馬其昶校注，馬茂元整理《韓昌黎文集校注》，上海：上海古籍出版社1986年版。
陸龜蒙撰，何錫光校注《陸龜蒙全集校注》，南京：鳳凰出版社2015年版。
皮日休《皮子文藪》，上海：上海古籍出版社1981年版。
柳開撰，李可風點校《柳開集》，北京：中華書局2015年版。
孫復撰《孫明復先生小集》，清鈔徐坊校跋本，舒大剛主編、四川大學古籍整理研究所編《宋集珍本叢刊》(第三册),北京:綫裝書局2004年版。

石介撰,陳植鍔點校《徂徠石先生文集》,北京:中華書局1984年版。

程顥、程頤撰,王孝魚點校《二程集》,北京:中華書局2006年版。

朱熹《晦庵先生朱文公文集》,《朱子全書》(第五册),上海:上海古籍出版社2000年版。

陸九淵撰,鍾哲點校《陸九淵集》,北京:中華書局1980年版。

洪興祖撰,白化文等點校《楚辭補注》,北京:中華書局1983年版。

劉勰撰,范文瀾注《文心雕龍注》,北京:人民文學出版社1958年版。

周紹良主編《全唐文新編》,長春:吉林文史出版社2000年版。

鳩摩羅什譯《妙法蓮華經》,《大正新修大藏經》,第九册。

傳統論著

陳壽祺《左海文集》,《續修四庫全書》第1496册,上海:上海古籍出版社2013年版。

陳鱣《經籍跋文》,《宋元版書目題跋輯刊》第三册,北京:北京圖書館出版社2003年影印版。

程廷祚《青溪文集》卷五《伏生尚書原委考》,《清代詩文集彙編》編纂委員會編《清代詩文集彙編》第269册,道光丁酉年東山草堂本,上海:上海古籍出版社2010年影印版。

戴震《戴震集》,上海:上海古籍出版社2009年版。

段玉裁撰,鍾敬華點校《經韻樓集》,上海:上海古籍出版社2008年版。

顧炎武撰,黃汝成集釋,欒保群校注《日知錄集釋》,杭州:浙江古籍出版社2013年版。

顧祖禹撰,賀次君、施和金點校《讀史方輿紀要》,北京:中華書局2005年版。

洪頤煊《讀書叢錄》,洪頤煊著,胡正武、徐三見點校《洪頤煊集》(四),上海:上海古籍出版社2018年版。

金鶚《求古錄禮説》,清道光庚戌年(1850)刻本。

梁啓超著,夏曉紅、陸胤校《中國近三百年學術史》(新校本),北京:商務印書館2011

年版。

廖平《今古學考》,李耀仙主編《廖平選集》,成都:巴蜀書社1998年版。

劉逢禄撰,顧頡剛點校《左氏春秋考證》,"辨偽叢刊"之一,北京:樸社出版社1933年版。

劉知幾撰,浦起龍通釋,王煦華整理《史通通釋》,上海:上海古籍出版社2009年版。

皮錫瑞著,周予同注釋《經學歷史》,北京:中華書局2008年版。

祁承爜撰,鄭誠整理,吳格審定《澹生堂藏書目》,上海:上海古籍出版社2015年版。

錢大昕撰,吕友仁校點《潛研堂文集》,上海:上海古籍出版社1989年版。

阮元《揅經室集》,"國學基本叢書",北京:商務印書館1937年版。

唐晏《兩漢三國學案》,北京:中華書局1986年版。

汪中著,李金松校箋《述學校箋》,北京:中華書局2014年版。

王國維《古史新證》,北京:清華大學出版社1994年版。

王國維《觀堂集林》,北京:中華書局1959年版。

王國維講述,吳其昌、劉盼遂記《觀堂授書記》,臺北:藝文印書館1975年版。

王懋竑《白田草堂存稿》,阮元編《清經解》卷二四三,第二册,上海:上海書店1988年影印版。

王鳴盛《蛾術編》,上海:上海書店出版社2012年版。

王念孫《讀書雜志》,道光十二年刻本,南京:江蘇古籍出版社2000年影印版。

王應麟撰,翁元圻等注,欒保群、田松青等點校《困學紀聞》,上海:上海古籍出版社2008年版。

王應麟撰,武秀成、趙庶洋校證《玉海藝文校證》,南京:鳳凰出版社2013年版。

葉德輝《書林清話》,上海:上海古籍出版社2008年版。

永瑢等撰《四庫全書總目》,浙刻殿本,北京:中華書局1965年影印版。

于鬯《香草校書》,北京:中華書局1984年版。

俞樾《群經平議》,光緒二十五年春在堂全書本,《續修四庫全書》影印,上海:上海古籍出版社1994年版。

章太炎《國故論衡》,上海:上海古籍出版社2003年版。

章太炎《太史公古文尚書說》,《章氏叢書》北平刊本1933年。

章太炎講,諸祖耿整理《尚書故言》,《太炎先生尚書說》,北京:中華書局2013年版。

章學誠撰,葉瑛校注《文史通義》,北京:中華書局 1985 年版。

鄭樵撰,王樹民點校《通志二十略》,北京:中華書局 1995 年版。

朱彝尊撰,林慶彰、蔣秋華等主編《經義考新校》,上海:上海古籍出版社 2010 年版。

現代研究

安作璋、張漢東《山東通志》(秦漢卷),北京:人民出版社 2009 年版。

蔡根祥《〈後漢書〉引〈尚書〉考辨》,潘美月、杜潔祥主編《古典文獻研究輯刊》第四編,第十三冊,臺北:花木蘭文化出版社 2006 年版。

晁福林《春秋戰國的社會變遷》,北京:商務印書館 2011 年版。

陳來《孔子·孟子·荀子》,北京:生活·讀書·新知三聯書店 2017 年版。

陳夢家《尚書通論》,北京:中華書局 2005 年版。

陳槃《春秋列國的教育》,《舊學舊史說叢》(上),上海:上海古籍出版社 2010 年版。

陳品卿《尚書鄭氏學》,美國普林斯頓大學藏手抄本 1981 年。

陳蘇鎮《〈春秋〉與"漢道":兩漢政治與政治文化研究》,北京:中華書局 2011 年版。

陳雄根、何志華編著《先秦兩漢典籍引〈尚書〉資料彙編》,香港:香港中文大學出版社 2003 年版。

程蘇東《從六藝到十三經:以經目演變爲中心》,北京:北京大學出版社 2018 年版。

程元敏《尚書學史》,上海:華東師範大學出版社 2013 年版。

程元敏《書序通考》,臺北:學生書局 1999 年版。

程元敏《先秦經學史》,臺北:商務印書館 2013 年版。

鄧駿捷《"諸子出於王官說"與漢家學術話語》,《中國社會科學》2017 年第 9 期。

丁山《中國古代的宗教與神話考》,上海:龍門聯合書局 1961 年版。

方書林《漢以前的〈尚書〉》,《國立中山大學語言歷史學研究所周刊》1929 年六集 69 期。

馮友蘭《原儒墨補》,《清華學報》1935 年第 2 期。

馮友蘭《中國哲學簡史》,北京:生活·讀書·新知三聯書店 2009 年版。

馮友蘭《中國哲學史》,北京:生活·讀書·新知三聯書店 2009 年版。

傅修延《先秦敘事研究:關於中國敘事傳統的形成》,北京:東方出版社 1999 年版。

高明《孔子的書教》,《高明文集》(上冊),臺北:黎明文化事業公司 1978 年版。

高明《論語中之書教》,《孔孟月刊》1965 年第 1 期。

葛志毅《試據〈尚書〉體例論其編纂成書問題》,《學習與探索》1998 年第 2 期。

宮長爲、徐義華《殷遺與殷鑒》,宋鎮豪主編《商代史》卷十一,北京:中國社會科學出版社 2011 年版。

古國順《史記述尚書研究》,臺北:文史哲出版社 1985 年版。

古國順《史記述尚書研究序例》,《文史哲雜誌》1985 年第 1 期。

古國順《史記迻録尚書原文例》,《孔孟月刊》1985 年第 7 期。

顧頡剛《講授〈尚書〉學計劃書》,《顧頡剛先生遺稿三篇》,《中文自學指導》1998 年第 2 期。

顧頡剛《論今文尚書著作時代書》,《古史辨》(第一册),上海:上海古籍出版社 1982 年版。

郭沫若《〈詩〉〈書〉時代的社會變革與其思想上之反映》,《中國古代社會研究》,收入《郭沫若全集·歷史編》(第一卷),北京:人民出版社 1982 年版。

過常寶《制禮作樂與西周文獻的生成》,北京:中國社會科學出版社 2015 年版。

洪安全《司馬遷之尚書學》,《"國立"政治大學學報》1976 年第 33 期。

洪業《春秋經傳引得序》,《洪業論學集》,北京:中華書局 1981 年版。

侯紹文《兩漢博士之選試》,《民主評論》1961 年 12 卷 10 期。

胡適《説儒》,原載《國立中央研究院歷史語言研究所集刊》第四本第三分(1934 年),收入《胡適全集》第 4 卷,合肥:安徽教育出版社 2003 年版。

胡適《王國維〈漢魏博士考〉修訂》,文章 1943 年 3 月 26 日完成,《胡適全集》第 20 卷,合肥:安徽教育出版社 2003 年版。

胡適《校勘學方法論》,《胡適文集》,北京:北京大學出版社 2005 年版。

胡適《中國古代哲學史》,臺北:遠流出版社 1986 年版。

黄俊傑《東亞儒學史的新視野》,上海:華東師範大學出版社 2008 年版。

江曉原《天學外史》,上海:上海交通大學出版社 2016 年版。

姜昆武《詩書成詞考釋》,濟南:齊魯書社 1989 年版。

蔣伯潛、蔣祖怡《經與經學》,北京:九州出版社 2011 年版。

蔣善國《尚書綜述》,上海:上海古籍出版社 1988 年版。

金春峰《先秦思想史論》,北京:東方出版社 2015 年版。

金德建《論司馬遷所見尚書中分殷之器物》,《人文雜誌》1986年第5期。

金德建《史記所引各篇尚書考》,《司馬遷所見書考》,上海:上海人民出版社1963年版。

金德建《司馬遷堯典述作》,《社會科學戰線》1986年第3期。

金景芳《中國奴隸社會史》,上海:上海人民出版社1993年版。

康有爲《孔子改制考》,1920年萬木草堂重刻本,北京:中華書局2012年標點排印版。

李峰著,吳敏娜等譯《西周的政體:中國早期的官僚制度和國家》,北京:生活·讀書·新知三聯書店2010年版。

李孔懷《漢代郎官述論》,中國秦漢史研究會編《秦漢史論叢》(第二輯),西安:陝西人民出版社1983年版。

李零《禹迹考——〈禹貢〉講授提綱》,《中國文化》總39期,2014年春季號;收入《茫茫禹迹——中國的兩次大一統》,北京:生活·讀書·新知三聯書店2016年版。

李學勤《〈今古學考〉與〈五經異義〉》,初刊張岱年主編《國學今論》,瀋陽:遼寧教育出版社1991年版;收入《當代學者自選文庫李學勤卷》,合肥:安徽教育出版社1999年版。

李振興《尚書與孔子》,《第一屆先秦學術國際研討會論文集》,高雄:高雄師範大學國文系編印本1992年版。

李政華《漢人知見尚書篇目考》,《孔孟學報》1975年第29期。

李周龍《司馬遷古文尚書義釋例》,《孔孟月刊》1971年第9期。

李宗侗《中國古代社會新研 歷史的剖面》,北京:中華書局2010年版。

林慶彰、蔣秋華主編,張穩蘋編輯《經典的形成、流傳與詮釋》,臺北:學生書局2007年版。

劉起釪《古史續辨》,北京:中國社會科學出版社1991年版。

劉起釪《洪範成書年代考》,《中國社會科學》1980年第3期。

劉起釪《尚書學史》(訂補修訂本),北京:中華書局2017年版。

劉師培撰,陳居淵注《經學教科書》,上海:上海古籍出版社2006年版。

劉述先主編《當代儒學論集:傳統與創新》,臺北:"中央研究院"文哲研究所1995年版。

劉玉才《古典文獻學的定義、知識結構與價值體現》,《文獻》2010年第3期。
呂思勉《僞古文尚書有本於荀子者》,《呂思勉讀史札記》,上海：上海古籍出版社1983年版。
馬一浮《書教》,吳光主編《馬一浮全集》,杭州：浙江古籍出版社2012年版。
馬宗霍、馬巨《經學通論》,北京：中華書局2011年版。
馬宗霍《説文解字引經考》,臺北：學生書局1971年版。
蒙文通《經學抉原》,上海：上海人民出版社2006年版。
歐慶亨《三國志引尚書考述》,《"國立"編譯館刊》卷十七,1988年第2期。
齊覺生《秦博士與廷議》,《大陸雜誌》1957年15卷12期。
錢存訓《書於竹帛：中國古代的文字記錄》,上海：上海書店出版社2006年版。
錢穆《經學與史學》,《民主評論》1954年第3卷20期。
錢穆《兩漢經學今古文平議》,北京：九州出版社2011年版。
屈萬里《仁字涵義之史的觀察》,原載《民主評論》1954年12月第5卷23期;收入《書傭論學集》,臺北：聯經出版事業公司1984年版。
屈萬里《尚書異文彙錄》,《屈萬里全集》,臺北：聯經出版事業公司1985年版。
饒龍隼《〈書〉考原》,王小盾編《揚州大學中國文化研究所集刊》(第一輯),江蘇古籍出版社1998年版。
沈文倬《略論宗周王官之學》,《菿闇文存》(上),北京：商務印書館2006年版。
施之勉《秦博士掌通古今説》,《責善月刊》1942年2卷22期。
王葆玹《今古文經學新論》,北京：中國社會科學出版社1997年版。
王葆玹《西漢經學源流》,臺北：東大圖書公司1994年版。
王鍔《〈禮記〉成書考》,北京：中華書局2007年版。
王貴民《先秦文化史》,上海：上海人民出版社2013年版。
王青《揚雄評傳》,南京：南京大學出版社2011年版。
王樹民《瞽史》,《中國史學史綱要》附錄,北京：中華書局1997年版。
王玉哲《中華遠古史》,上海：上海人民出版社2000年版。
王重民《中國目錄學史論叢》,北京：中華書局1984年版。
巫鴻著,李清泉、鄭岩等譯《中國古代藝術與建築中的"紀念碑性"》,上海：世紀出版集團、上海人民出版社2009年版。

吳貫因《今文尚書古文尚書以外尚有尚書》,《正風半月刊》1935 年一卷十六期。

吳清淋《荀子與書經》,《孔孟月刊》1975 年第 9 期。

吳雁南、秦學頎、李禹階主編《中國經學史》,北京:人民出版社 2010 年版。

蕭公權《中國政治思想史》,臺北:聯經出版事業公司 1982 年版。

謝之勃《秦及漢初博士考》,《國學專刊》1935 年第 2 期。

辛樹幟《禹貢新解》,北京:農業出版社 1964 年版。

熊十力《原儒》,上海:上海書店出版社 2009 年版。

徐復觀《中國經學史的基礎》,北京:九州出版社 2014 年版。

徐復觀《中國人性論史·先秦篇》,臺北:商務印書館 1969 年版。

徐建委《文獻考古——關於〈左傳〉〈史記〉關係的研究》,北京:商務印書館 2021 年版。

徐興無《劉向評傳(附劉歆評傳)》,南京:南京大學出版社 2005 年版。

徐旭生《中國古史的傳說時代》,北京:科學出版社 1960 年版。

許華峰《〈孔叢子〉引〈尚書〉相關材料的分析》,《先秦兩漢學術》(第一期),臺北:輔仁大學中文系印編 2004 年版。

許錟輝《先秦典籍引〈尚書〉考》,潘美月、杜潔祥主編《古典文獻研究輯刊》第九編,臺北:花木蘭文化出版社 2009 年版。

許兆昌《論先秦時期瞽矇的社會功能及歷史地位》,《史學集刊》1996 年第 2 期。

許倬云《論雅斯培樞軸時代的背景》,《歷史語言研究所集刊》第五十五本(第一分),臺北:"中央研究院"歷史語言研究所 1984 年版。

嚴耕望《秦漢郎吏制度考》,原載《歷史語言研究所集刊》第二十三本(傅斯年先生紀念論文集),1951 年 12 月;收入《嚴耕望史學論文集》,上海:上海古籍出版社 2009 年版。

楊鴻年《漢魏郎官》,《中國古代史論叢》(第七輯),福州:福建人民出版社 1983 年版。

楊鴻年《漢魏制度叢考》,武漢:武漢大學出版社 1985 年版。

葉程義編著《〈文選〉李善注引〈尚書〉考》,臺北:正中書局 1975 年版。

葉國良、夏長樸、李隆獻《經學通論》(修訂本),上海:上海書店出版社 2016 年版。

尹協理、魏明《王通論》,北京:中國社會科學出版社 1984 年版。

余嘉錫《古書通例》,北京:中華書局 2007 年版。

余英時《士與中國文化》，上海：上海人民出版社2013年版。

張光直著，劉静、烏魯木加甫譯《藝術、神話與祭祀》，北京：北京出版集團公司2017年版。

張海惠主編《北美中國學：研究概況與文獻資源》，北京：中華書局2010年版。

張漢東《論秦漢博士制度》，安作璋、熊鐵基《秦漢官職史稿》"附録"，濟南：齊魯書社1984年版。

張懷通《"王若曰"新釋》，《歷史研究》2008年第2期。

張懷通《〈逸周書〉新研》，北京：中華書局2013年版。

張鈞才《史記引尚書文考例》，《金陵學報》1936年第2期。

張培瑜、孟世凱《商代曆法的月名、季節和歲首》，《先秦史研究》，昆明：雲南民族出版社1987年版。

趙培《〈金縢〉篇的文本層次及〈尚書〉研究相關問題》，《清華大學學報（哲學社會科學版）》2021年第2期。

趙培《波動的權威 遊移的道統——經典化視域下儒家創經、擬經、廣經、續經與補經現象》，《學術月刊》2021年第2期。

趙培《關於西方〈尚書〉學研究新動向的思考——由〈中國政治哲學之源：尚書編纂及其思想研究〉談起》，《銅仁學院學報》2020年第1期。

趙培《毛傳鄭箋所本之〈詩經〉面貌管窺——以〈曹風·鳲鳩〉爲例》，《中山大學學報（社會科學版）》2018年第2期。

趙培《儒家經典之確立及其特徵論析》，《周易研究》2017年第4期。

周少豪《〈漢書〉引〈尚書〉研究》，臺北：花木蘭文化出版社2007年版。

周予同《群經概論》，鄧秉元編《中國經學史論著選編》，上海：復旦大學出版社2015年版。

周予同等《博士制度與秦漢政治》，《新建設》1963年1期。

朱伯崑《易學哲學史》，北京：華夏出版社1995年版。

朱鳳瀚《商周家族形態研究》，北京：商務印書館2022年版。

朱廷獻《尚書研究》，臺北：商務印書館1987年版。

朱廷獻《尚書異文集證》，臺北：中華書局1970年版。

朱廷獻《先秦古籍引尚書二十八篇經文考》，《孔孟月刊》1983年第4期。

竺可楨《論以歲差定〈尚書·堯典〉四仲中星之年代》,《科學》11 卷 12 期,1926 年;又載《史學與地學》2 卷 2 期;收入《竺可楨全集》(第一卷),上海科技教育出版社 2004 年版。

卓秀巖《史記殷本紀尚書義考徵》,《慶祝無錫施之勉先生九秩晉五誕辰論文集》,臺北:文史哲出版社 1986 年版。

卓秀巖《史記周本紀尚書義考徵》,《成功大學學報(人文編)》1986 年第 21 卷。

出土類(包括出土文獻、考古報告及相關研究)

艾蘭《論〈書〉與〈尚書〉的起源》,《出土文獻與古文字研究》(第六輯),上海:上海古籍出版社 2015 年版。

安徽省文物考古研究所《安徽含山凌家灘新石器時代墓地發掘簡報》,《文物》1989 年第 4 期。

安徽省文物考古研究所編《凌家灘玉器》,北京:文物出版社 2001 年版。

半坡博物館、陝西省考古研究所、臨潼縣博物館《姜寨》,北京:文物出版社 1988 年版。

蔡哲茂《甲骨文四方風名再探》,《甲骨文論文集》,臺中:甲骨文學會 1993 年版;收入宋鎮豪、段志洪主編《甲骨文獻集成》,第 32 冊,成都:四川大學出版社 2001 年版。

曹錦炎《釋甲骨文北方名》,《中華文史論叢》1982 年 23 期。

常森《由新見儒典看〈莊子〉"丘治六經"之説》,《武漢大學第三屆中國古代文學研究新材料與新視野高端論壇論文集》,2021 年印刷。

常玉芝《商代宗教祭祀》,宋鎮豪主編《商代史》卷八,北京:中國社會科學出版社 2010 年版。

常正光《殷代授時舉隅——"四方風"考實》,《中國天文學史文集》編輯組《中國天文學史文集》第 5 集,北京:科學出版社 1989 年版。

常正光《殷人祭"出入日"文化對後世的影響》,《中原文物》1990 年第 3 期。

陳邦懷《甲骨文零拾(附考釋)》,天津:天津人民出版社 1959 年版。

陳邦懷《殷代社會史料徵存》,天津:天津人民出版社 1959 年版。

陳慧《保君德訓向"中"求——讀清華簡〈保訓〉》,陳致主編《簡帛·經典·古史》,

上海:上海古籍出版社 2013 年版。

陳夢家《射與郊》,《清華學報》1941 年第 13 卷第 1 期;收入《陳夢家學術論文集》,北京:中華書局 2016 年版。

陳夢家《巫的職事》,《商代的神話與巫術》,原載《燕京學報》1936 年第 20 期;收入《陳夢家學術論文集》,北京:中華書局 2016 年版。

陳夢家《西周青銅器斷代》,北京:中華書局 2004 年版。

陳夢家《殷虚卜辭綜述》,北京:中華書局 1988 年版。

陳鐵凡《敦煌本尚書述略》,《大陸雜誌》1961 年第 22 卷第 8 期。

陳鐵凡《敦煌本尚書校證》,臺北:商務印書館 1965 年版。

程浩《清華簡〈厚父〉"周書"説》,清華大學出土文獻研究與保護中心編,李學勤主編《出土文獻》(第五輯),上海:中西書局 2014 年版。

程浩《有爲言之:先秦書類文獻的源與流》,北京:中華書局 2021 年版。

程鵬萬《簡牘帛書格式研究》,吉林大學 2006 年博士學位論文。

程平山《竹書紀年與出土文獻研究之一:竹書紀年考》,北京:中華書局 2013 年版。

程燕《詩經異文輯考》,合肥:安徽大學出版社 2010 年版。

程元敏《〈郭店、上博楚簡〉〈緇衣〉引書考》,《先秦兩漢學術》(第十一期),臺北:輔仁大學中文系印編 2009 年版。

單育辰《楚地戰國簡帛與傳世文獻對讀之研究》,北京:中華書局 2014 年版。

董作賓《爲書道全集詳論卜辭之區分》,《大陸雜誌》第 14 卷第 9 期,1957 年 5 月;收入《董作賓先生全集·乙編》第三册《平廬文存》,臺北:藝文印書館 1977 年版。

董作賓《殷曆譜》,《董作賓先生全集·乙編》,臺北:藝文印書館 1977 年版。

董作賓《中國古代文化的認識》,《大陸雜誌》1951 年 3 卷 12 期;收入《董作賓先生全集·乙編》第三册《平廬文存》,臺北:藝文印書館 1977 年版。

段小强編著《馬家窑文化》,北京:文物出版社 2011 年版。

方濬益《綴遺齋彝器款識考釋》,臺北:臺聯國風 1976 年影印本。

方稚松《殷墟甲骨文五種記事刻辭研究》,北京:綫裝書局 2009 年版。

方稚松《殷墟甲骨文五種外記事刻辭研究》,上海:上海古籍出版社 2021 年版。

馮勝君《郭店簡與上博簡比較研究》,北京:綫裝書局 2007 年版。

馮勝君《論郭店簡〈唐虞之道〉、〈忠信之道〉、〈語叢〉一~三以及上博〈緇衣〉爲具有齊系文字特點的抄本》,北京大學博士後研究工作報告,2004 年。
馮勝君《清華簡〈尚書〉類文獻箋釋》,上海:上海古籍出版社 2022 年版。
馮勝君《試論清華簡〈保訓〉篇書法風格與三體石經的關係》,《清華簡研究》第一輯,上海:中西書局 2012 年版。
馮時《百年來甲骨文天文曆法研究》,北京:中國社會科學出版社 2011 年版。
馮時《清華〈金縢〉書文本性質考述》,《清華簡研究》第一輯,上海:中西書局 2012 年版。
馮時《殷卜辭四方風研究》,《考古學報》1994 年第 2 期。
馮時《殷代農季與殷曆曆年》,《中國農史》1993 年第 12 卷第 1 期。
馮時《殷曆歲首研究》,《考古學報》1990 年第 1 期。
馮時《中國天文年代學研究的新拓展——讀〈三千五百年曆日天象〉》,《考古》1993 年第 6 期。
阜陽漢簡整理組《阜陽漢簡〈蒼頡篇〉》,《文物》1983 年第 2 期。
阜陽漢簡整理組《阜陽漢簡〈詩經〉》,《文物》1984 年第 1 期。
傅斯年、李濟、董作賓、梁思永、吳金鼎等《城子崖(山東歷城縣龍山鎮之黑陶文化遺址)》,臺北:"中央研究院"歷史語言研究所 1992 年版。
甘肅省博物館、中國科學院考古研究所編《武威漢簡》,北京:中華書局 2005 年版。
顧頡剛、顧廷龍輯《尚書文字合編》,上海:上海古籍出版社 1996 年版。
顧頡剛《尚書文字合編》"出版預告",《古史辨》(第五册)"附錄",上海:上海古籍出版社 1982 年版。
郭沫若《卜辭通纂》,北京:科學出版社 1982 年版。
郭沫若《兩周金文辭大系》,北京:科學出版社 2002 年版。
郭沫若《殷契粹編考釋》,東京:求文堂 1937 年版;收入郭沫若全集編輯出版委員會編《郭沫若全集·考古編》第三卷《殷契粹編》,北京:科學出版社 2002 年版。
郭沫若《殷周金文辭大系圖錄考釋》,北京:科學出版社 1958 年版。
郭永秉《論清華簡〈厚父〉應爲〈夏書〉之一篇》,《出土文獻》(第七輯),上海:中西書局 2015 年版。
國家文物局古文獻研究室、河北省博物館、河北省文物研究所、定縣漢墓竹簡整理組《〈儒家者言〉釋文》,《文物》1981 年第 8 期。

韓巍《〈老子〉主要版本全文對照表》，北京大學出土文獻研究所編《北京大學藏西漢竹書（貳）》，上海：上海古籍出版社2012年版。

韓自強《阜陽漢簡〈周易〉研究》，上海：上海古籍出版社2004年版。

河北省文物研究所定州漢墓竹簡整理小組《定州漢墓竹簡〈論語〉》，北京：文物出版社1977年版。

河南省文物考古研究所編著《舞陽賈湖》，北京：科學出版社1999年版。

胡厚宣《甲骨文所見商族鳥圖騰的新證據》，《文物》1977年第2期。

胡厚宣《甲骨文所見商族鳥圖騰的遺迹》，中國社會科學院歷史研究所編《歷史論叢》（第一輯），北京：中華書局1964年版。

胡厚宣《甲骨學商史論叢初集》，成都：齊魯大學國學研究所1944年版。

胡厚宣《釋殷代求年於四方和四方風的祭祀》，《復旦學報》1956年1期。

胡厚宣《殷卜辭中的上帝和王帝（上）》，《歷史研究》1959年第9期。

胡平生、韓自強編著《阜陽漢簡詩經研究》，上海：上海古籍出版社1988年版。

胡平生《阜陽漢簡〈周易〉概述》，李學勤、謝桂華主編《簡帛研究》（第三輯），南寧：廣西教育出版社1998年版。

湖南省文物考古研究所、慈利縣文物保護管理研究所《湖南慈利縣石板村戰國墓》，《考古學報》1995年第2期。

黃懷信《由清華簡看〈書〉——兼説關於古史資料的可信性問題》，謝維揚、趙争主編《出土文獻與古書成書問題研究》，上海：中西書局2015年版。

賈貴榮輯《歷代石經研究資料輯刊》（1—8），北京：北京圖書館出版社2005年版。

賈連翔《戰國竹書形制及相關問題研究——以清華大學藏戰國竹簡爲中心》，上海：中西書局2015年版。

江曉原、陳曉中、伊世同等《山西襄汾縣陶寺城址天文觀測遺址功能討論》，《考古》2006年第11期。

金祥恒《甲骨文出日入日説》，臺灣大學文學院古文字學研究室《中國文字——董作賓先生逝世四週年紀念專刊》第二十六册，1967年版；收入《金祥恒先生全集》，臺北：藝文印書館1990年版。

荆門市博物館《郭店楚墓竹簡》，北京：文物出版社1998年版。

來國龍《通假字、新語文學和出土戰國秦漢簡帛的研究》，賈晉華、陳偉、王小林、來國龍編《新語文學與早期中國研究》，上海：上海人民出版社2018年版。

李春桃《傳抄古文綜合研究》，上海：上海古籍出版社2021年版。

李立新《甲骨文中所見祭名研究》，北京：中國社會科學院2003年博士學位論文。

李零《郭店楚簡校讀記》（增訂本），北京：中國人民大學出版社2007年版。

李零《簡帛古書與學術源流》（修訂本），北京：生活・讀書・新知三聯書店2008年版。

李零《論燹公盨發現的意義》，《中國歷史文物》2002年第6期。

李零《西伯戡黎的再認識——讀清華楚簡〈耆夜〉篇》，陳致主編《簡帛・經典・古史》，上海：上海古籍出版社2013年版。

李慶《內野皎亭本〈尚書〉和有關的幾個問題》，劉玉才、潘建國主編《日本古鈔本與五山版漢籍研究論叢》，北京：北京大學出版社2015年版。

李孝定《再論史前陶文和中國文字起源問題》，《歷史語言研究所集刊》第50期第三分冊，"中央研究院"歷史語言研究所1979年版。

李學勤《論賓組胛骨的幾種記事刻辭》，《英藏甲骨集・下編》"附論"，北京：中華書局1985年版。

李學勤《論燹公盨及其重要意義》，《中國歷史文物》2002年第6期。

李學勤《論新出大汶口文化陶器符號》，《文物》1987年第12期。

李學勤《清華簡〈厚父〉與〈孟子〉引〈書〉》，《深圳大學學報（人文社會科學版）》2015年第3期。

李學勤《清華簡與〈尚書〉、〈逸周書〉的研究》，《史學史研究》2011年第2期。

李學勤《商代的四風與四時》，《中州學刊》1985年第5期。

李學勤《小臣墻骨牘的幾點思考》，《甲骨學100年：回顧與展望》，北京：中國社會科學出版社2009年版；收入《三代文明研究》，北京：商務印書館2011年版。

連劭名《商代的四方風名與八卦》，《文物》1988年11期。

良渚博物院編著，張炳火主編《良渚文化刻畫符號》，上海：上海人民出版社2015年版。

廖名春《〈尚書〉始稱新證》，《文獻》1996年第4期。

廖名春《清華簡與〈尚書〉研究》，《文史哲》2010年第6期。

林宏明《小屯南地甲骨研究》，臺北：臺灣政治大學2002年博士學位論文。

林素清《利用出土戰國楚竹書資料檢討〈尚書〉異文及相關問題》,《龍宇純先生七秩晉五壽慶論文集》,臺北:學生書局 2002 年版。

劉國忠《從清華簡〈金縢〉看傳世本〈金縢〉的文本問題》,《清華大學學報》2011 年第 4 期;收入清華大學出土文獻研究與保護中心、北京大學出土文獻研究所、荆州文物保護中心編《古代簡牘保護與整理研究》,上海:中西書局 2012 年版。

劉嬌《言公與剿說——從出土簡帛古籍看西漢以前古籍中相同或類似内容重複出現現象》,北京:綫裝書局 2012 年版。

劉心源《奇觚室吉金文述》,石印本 1902 年版。

劉緒《夏商周考古》,太原:山西出版集團、山西人民出版社 2021 年版。

劉源《商周祭祖禮研究》,北京:商務印書館 2004 年版。

魯實先《卜辭姓氏通釋》之二,《幼獅學報》1959 年 1 月第 2 卷第 1 期。

羅振玉、王國維編著《流沙墜簡》,北京:中華書局 1993 年版。

馬承源《上海博物館藏戰國楚竹書(一)》,上海:上海古籍出版社 2001 年版。

馬衡《漢石經集存》,上海:上海書店出版社 2014 年版。

清華大學出土文獻研究與保護中心《清華大學藏戰國竹簡(壹)》,上海:中西書局 2010 年版。

清華大學出土文獻研究與保護中心編《清華大學藏戰國竹簡(玖)》,上海:中西書局 2019 年版。

清華大學出土文獻研究與保護中心編《清華大學藏戰國竹簡(伍)》,上海:中西書局 2015 年版。

丘光明《中國歷代度量衡考》,北京:科學出版社 1992 年版。

邱德修《魏石經古文釋形考述》,臺北:學海出版社 1978 年版。

裘錫圭《出土文獻與古典學重建》,清華大學出土文獻研究與保護中心編《出土文獻》第四輯,上海:中西書局 2013 年版。

裘錫圭《漢字形成問題的初步探索》,《中國語文》1978 年 3 期,又載《古代文史研究新探》,後收入《裘錫圭學術文集》第四卷,上海:復旦大學出版社 2012 年版。

裘錫圭《史牆盤銘解釋》,《文物》1978 年第 3 期;收入《裘錫圭學術文集》第三卷,上海:復旦大學出版社 2012 年版。

裘錫圭《談談清末學者利用金文校勘〈尚書〉的一個重要發現》,《裘錫圭學術文集》

第四卷,上海:復旦大學出版社2012年版。

裘錫圭主編,湖南省博物館、復旦大學出土文獻與古文字研究中心編纂《長沙馬王堆漢墓簡帛集成》,北京:中華書局2014年版。

饒宗頤《符號·初文與字母——漢字樹》,上海:上海書店出版社2000年版。

饒宗頤《四方風新義》,《中山大學學報(社會科學版)》1988年第4期。

阮元《積古齋鐘鼎彝器款識》,《皇清經解》本,濟南:齊魯書社2016年影印本。

山西省文物工作委員會編《侯馬盟書》,北京:文物出版社1976年版。

陝西周原考古隊《陝西扶風莊白一號西周青銅器窖藏發掘簡報》,《文物》1978年第3期。

邵望平《禹貢九州的考古學研究》,《九州學刊》1987年9月總第五期。

沈建華《試說清華〈繫年〉楚簡與〈春秋左傳〉成書》,陳致主編《簡帛·經典·古史》,上海:上海古籍出版社2013年版。

施謝捷《吳越文字彙編》,南京:江蘇教育出版社1998年版。

斯維至《殷代風之神話》,《中國文化研究彙刊》1948年9月第8卷。

宋鎮豪《甲骨文"出日"、"入日"考》,文化部文物局古文獻研究室編《出土文獻研究》,北京:文物出版社1985年版。

宋鎮豪《商代社會生活與禮俗》,宋鎮豪主編《商代史》卷七,北京:中國社會科學出版社2010年版。

蘇瑩輝《論孔壁的古文經與說文所謂古文以及魏石經中的古文一體》,屈萬里院士紀念論文集編輯委員會編《屈萬里院士紀念論文集》,臺北:學生書局1985年版。

孫剛纂《齊文字編》,福州:福建人民出版社2010年版。

孫海波《魏三字石經集錄》,臺北:藝文印書館1975年版。

孫睿徹《從甲骨卜辭來研究殷商的祭祀》,臺灣大學中國文學研究所1980年碩士論文。

孫詒讓《古籀撰異》,清光緒玉海樓刻本。

孫詒讓撰,雪克點校《尚書駢枝》,濟南:齊魯書社1988年版。

湯志彪編《三晉文字編》,北京:作家出版社2013年版。

唐蘭《卜辭時代的文學與卜辭文學》,《清華學報》第11卷第3期,1936年7月;收入《唐蘭全集二·論文集上編二(1935—1948)》,上海:上海古籍出版社2015年版。

唐蘭《西周青銅器銘文分代史徵》，北京：中華書局 1986 年版。

滕壬生《楚系簡帛文字編》（增訂本），武漢：湖北教育出版社 2008 年版。

王國維《魏石經考》，《觀堂集林》，北京：中華書局 1959 年版。

王輝、楊宗兵等編《秦文字編》，北京：中華書局 2015 年版。

王小航《增訂三體石經時代辯誤》，《水東全集》，臺北：藝文印書館 1964 年版。

王玉哲《陝西周原所出甲骨文的來源試探》，《社會科學戰線》1982 年第 1 期。

王重民《敦煌古籍敘錄》，北京：中華書局 2010 年版。

王子今《丹江通道與早期楚文化——清華簡〈楚居〉札記》，陳致主編《簡帛·經典·古史》，上海：上海古籍出版社 2013 年版。

吳大澂《說文古籀補》，光緒九年初刻本，北京：中國書店 1990 年影印。

吳福熙《敦煌殘卷古文尚書校注》，蘭州：甘肅人民出版社 1992 年版。

吳鎮烽編《商周青銅器銘文暨圖像集成》，上海：上海古籍出版社 2012 年版。

武家璧、陳美東、劉次沅《陶寺觀象台遺址的天文功能與年代》，《中國科學》（G 輯）2008 年第 38 卷第 9 期。

武家璧《含山玉版上的天文準綫》，《東南文化》2006 年第 2 期。

蕭良瓊《"上、下"考辨》，吉林大學古文字研究室編《于省吾教授百年誕辰紀念文集》（吉林大學古籍研究所叢刊之十一），長春：吉林大學出版社 1996 年版。

徐剛《古文源流考》，北京：北京大學出版社 2008 年版。

徐中舒《甲骨文中所見的儒》，《四川大學學報（哲學社會科學版）》1975 年第 4 期。

許東方主編《石經叢刊初編》（1-6），臺北：信誼書局 1976 年版。

嚴一萍《卜辭四方風新義》，《大陸雜志》15 卷 1 期，1957 年。

楊樹達《積微居讀書記》，上海：上海古籍出版社 2007 年版。

楊樹達《積微居金文說》，上海：上海古籍出版社 2007 年版。

楊樹達《甲骨文中之四方風名與神名》，《積微居甲文說》，上海：上海古籍出版社 1986 年版。

姚孝遂、肖丁《小屯南地甲骨考釋》，北京：中華書局 1985 年版。

姚孝遂主編，肖丁副主編《殷墟甲骨刻辭類纂》（吉林大學古籍研究所叢刊之六），北京：中華書局 1989 年版。

于省吾《甲骨文字釋林》，北京：商務印書館 2010 年版。

于省吾《雙劍誃尚書新證》，北京：中華書局2005年版。

于省吾《雙劍誃殷契駢枝續編》，北京：中華書局2009年版。

于省吾主編《甲骨文字詁林》，北京：中華書局1996年版。

虞萬里《由清華簡〈尹誥〉論〈古文尚書·咸有一德〉之性質》，原載《史林》2012年第2期，《清華簡研究》第一輯，上海：中西書局2012年版。

岳洪彬《殷墟青銅容器分期研究》，《考古學集刊》（第十五集），北京：文物出版社2004年版。

臧克和《尚書文字校詁》，上海：上海教育出版社1999年版。

章太炎《新出三體石經考》，《章太炎全集》（第七册），上海：上海人民出版社1999年版。

張秉權《甲骨文的發現與骨卜習慣的考證》，《中國上古史（殷商編）》（第二册），臺北："中央研究院"歷史語言研究所中國上古史編輯委員會1985年版。

張春龍《慈利楚簡概述》，艾蘭、邢文編《新出簡帛研究》，北京：文物出版社2004年版。

張富海《漢人所謂古文之研究》，北京：綫裝書局2007年版。

張富海《説"矣"》，《古文字研究》第二十六輯，北京：中華書局2006年版。

張振林《試論銅器銘文形式上的時代標記》，《古文字研究》（第五輯），北京：中華書局1981年。

張政烺《卜辭"裒田"及其相關諸問題》，《考古學報》1973年第1期；收入《張政烺文集·甲骨金文與商周史研究》，北京：中華書局2012年版。

趙誠《甲骨文簡明詞典——卜辭分類讀本》，北京：中華書局1988年版。

趙培《簡帛〈老子〉編述與傳布問題宏微觀——兼談對於出土文獻文本研究的幾點認識》，謝維揚、趙争主編《新出土文獻與古書成書問題研究》，上海：中西書局2015年版。

趙培《先秦兩漢典籍異文及其和共時與歷時文本之間關係析論——以〈老子〉文本的層次性爲例》，張顯成、胡波主編《簡帛語言文字研究》（第九輯），成都：巴蜀書社2017年版。

趙平安《〈厚父〉的性質及其藴含的夏代歷史文化》，《文物》2014年第12期。

趙平安《談談戰國文字中值得注意的一些現象——以清華簡〈厚父〉爲例》，復旦大學出土文獻與古文字研究中心編《出土文獻與古文字研究》(第六輯)，上海：上海古籍出版社2015年版。

鄭慧生《商代卜辭四方神名、風名與後世春夏秋冬四時之關係》，《史學月刊》1984年6期。

鄭傑祥《商代四方神名和風各新證》，《中原文物》1994年第3期。

鄭振香、陳志達《殷墟青銅器的分期與年代》，《殷墟青銅器》，北京：文物出版社1985年版。

中國科學院考古研究所編《甲骨文編》，北京：中華書局1965年版。

中國社會科學院考古研究所編著《中國考古學·夏商卷》，北京：中國社會科學出版社2003年版。

中國社會科學院考古研究所山西隊、山西省考古研究所、臨汾市文物局《山西襄汾縣陶寺城址祭祀區大型建築基址2003年發掘簡報》，《考古》2004年第7期。

中國社會科學院考古研究所山西工作隊、山西省考古研究所、臨汾市考古研究所、臨汾市文物局《山西襄汾縣陶寺中期城址大型建築ⅡFJT1基址2004—2005年發掘簡報》，《考古》2007年第4期。

中國社會科學院考古研究所山西工作隊、山西省考古研究所、臨汾市文物局《山西襄汾縣陶寺城址發現陶寺文化中期大型夯土建築基址》，《考古》2008年第3期。

中國社會科學院考古研究所山西工作隊、山西省考古研究所、山西省臨汾市文物局《山西襄汾縣陶寺城址發現陶寺文化大型建築基址》，《考古》2004年第2期。

周波《戰國時代各系文字間的用字差異現象研究》，北京：綫裝書局2012年版。

朱鳳瀚《讀清華簡〈金縢〉兼論相關問題》，陳致主編《簡帛·經典·古史》，上海：上海古籍出版社2013年版。

朱鳳瀚《㝬公盨銘文初釋》，《中國歷史文物》2002年第6期。

朱鳳瀚《商周時期的天神崇拜》，《中國社會科學》1993年第4期。

朱廷獻《地下資料與周書研究》，《書目季刊》十七卷，1984年第4期。

國際研究

中文類

艾蘭著，汪濤譯《龜之謎——商代神話、祭祀、藝術和宇宙觀研究》(增訂版)，北京：

商務印書館 2010 年版。

崔瑞德、魯唯一編,楊品泉、張書生等譯《劍橋中國秦漢史》,北京:中國社會科學出版社 1992 年版。

島邦男著,濮茅左、顧偉良譯《殷墟卜辭研究》,上海:上海古籍出版社 2006 年版。

高本漢著,陸侃如譯《〈左傳〉真僞考》,"近代海外漢學名著叢刊"《左傳真僞考及其他》,太原:山西人民出版社 2015 年影印版。

宮崎市定撰,王新新等譯《宮崎市定讀〈論語〉》,桂林:廣西師範大學出版社 2019 年版。

G. 托馬斯·坦瑟勒著,蘇杰譯《分析書志學綱要》,杭州:浙江大學出版社 2014 年版。

簡·范西納(Jan Vansina)著,鄭曉霞、楊敬、王恪彦、李慧、張依華譯,張忠祥、鄭曉霞校譯《作爲歷史的口頭傳說》,上海:上海三聯書店 2020 年版。

具隆會《甲骨文與殷商時代神靈崇拜研究》,北京:中國社會科學出版社 2013 年版。

柯馬丁《詩經的形成》,傅剛主編《中國古典文獻的閱讀與理解——中美學者"黌門對話"集》,北京:北京大學出版社 2017 年版。

柯馬丁著,劉倩譯《秦始皇石刻:早期中國的文本與儀式》,上海:上海古籍出版社 2015 年版。

雷敦蘇編《馬王堆黃帝四經》,臺北:利氏學院 1997 年版。

雷敦蘇校《郭店〈老子〉甲、乙、丙組校箋》,譯文收入艾蘭、魏克彬編,邢文譯《郭店老子:東西方學者的對話》,北京:學苑出版社 2002 年版。

魯道夫·普法伊費爾著,劉軍譯,張强校《古典學術史:自肇端諸源至希臘化時代末》(上、下),北京:北京大學出版社 2015 年版。

魯道夫·普法伊費爾著,王弨譯《洛倫佐·瓦剌》,《古典學術史 1300—1850 年》,北京:北京大學出版社 2015 年版。

魯惟一主編,李學勤等譯《中國古代典籍導讀》,瀋陽:遼寧教育出版社 1997 年版。

羅泰(Lothar von Falkenhausen)《西周青銅銘文的性質》,《考古學研究》(六)(慶祝高明先生八十壽辰暨從事考古研究五十年論文集),北京:科學出版社 2006 年版。

馬伯樂《〈左傳〉的成書與年代》,《漢籍與佛典論叢》(Ⅰ)(1931—1932)。

內藤虎次郎《禹貢製作時代考》,江俠庵編譯《先秦經籍考》(上),上海:商務印書館

1931年版。

蘇杰編譯《西方校勘學論著選》,上海:上海人民出版社2009年版。

藤川雄一郎撰,志鵬譯《從韓非子中所見之書經》,《西北論衡》第19—23期,1935年5月—1936年1月。

瓦格納著,楊立華譯《王弼〈老子注〉研究》,南京:江蘇人民出版社2008年版。

維拉莫威茲著,陳恒譯《古典學的歷史》,北京:生活·讀書·新知三聯書店2008年版。

夏含夷《西觀漢記:西方漢學出土文獻研究概要》,上海:上海古籍出版社2018年版。

夏含夷《先秦時代"書"之傳授——以清華簡〈祭公之顧命〉爲例》,《興與象:中國古代文化史論集》,上海:上海古籍出版社2012年版。

夏含夷著,黄聖松、楊濟襄、周博群等譯,范麗梅、黄冠雲修訂《孔子之前:中國經典誕生的研究》,臺北:萬卷樓圖書股份有限公司2013年版。

夏含夷著,周博群等譯《重寫中國古代文獻》,上海:上海古籍出版社2012年版。

小島祐馬《左傳引經考證》,收入江俠庵編譯《先秦經籍考》(上),上海:商務印書館1931年版。

新城新藏著,沈璿譯《東亞天文學史研究》,上海:中華學藝社1933年版。

揚·阿斯曼著,金壽福、黄曉晨譯《文化記憶:早期高級文化中的文字、回憶和政治身份》,北京:北京大學出版社2015版。

日文類

池田末利《中國古代宗教史研究》,東京:東海大學出版會1981年版。

池田秀三《徐幹中論校注》,京都大學文學部研究紀要(1984),23:1-62。

島邦男《殷墟卜辭研究》,弘前:日本弘前大學出版社1958年版。

島邦男《殷墟卜辭綜類》,東京:汲古書院1977年版。

加地伸行《儒教とは何か》,東京:中央公社論1990年版。

鎌田正《左傳の成立と其の展開》,東京都:大修館書店1963年版。

内野熊一郎《漢初經學の研究》,東京:清水書店1948年版。

能田忠亮《東洋天文學史論叢》,東京都:恒星社厚生閣1943年版。

平岡武夫《経書の伝統》,東京都:岩波書店1945年版。

平岡武夫《經書の成立》,京都:日本邪神印刷有限會社1943年版。

斯波六郎《文選李善注引尚書攷證》,廣島:斯波六郎以謄寫代印刷本1942年。

松本雅明《春秋戰國における尚書の展開——歷史意識の發展を中心に》,東京都:風間書房1966年版。

松本雅明《尚書洪範篇の成立》,《世界史研究》1960年第26期。

松本雅明《詩經諸篇の成立に關する研究》,東京都:開明書院1980年版。

松本雅明《原始尚書の成立》,松本雅明著作集編集委員會《松本雅明著作集(7)》,東京都:弘生書林1988年版。

小林信明《古文尚書乃研究》,東京都:大修館書店1959年版。

新城新藏《東洋天文學史研究》,東京:弘文堂書坊1932年版。

野村茂夫《洪範の成立》,《東洋學論集森三樹三博士頌壽記念》,東京1979年版。

野村茂夫《先秦における尚書の流傳についての若干の考察》,《日本中國學會報》1965年第17期。

英文類

Benjamin A. Elman, Martin Kern Editor, *Statecraft and Classical Learning*: *The Rituals of Zhou in East Asian History*, Boston: BRILL, 2009.

Boltz, "The Composite Nature of Early Chinese Texts", Martin Kern (ed.) *Text and Ritual in Early China*, Seattle: University of Washington Press, 2005.

Carine Defoort and Nicolas Standaert, *The Mozi as an Evolving Text*: *Different Voices in Early China Thought*, Boston: BRILL, 2013.

Dirk Meyer, *Documentation and Argument in Early China*: *The Shangshu* 尚書(*Venerated Documents*) *and The Shu Tradition*, Berlin/Boston: Walter de Gruyter GmbH, 2021.

Edward L. Shaughnessy, *Before Confucius*: *Studies in the Creation of the Chinese Classics*, New York: State University of New York Press, 1997.

Edward L. Shaughnessy, *Rewriting Early Chinese Texts*, New York: State University of New York Press, 2006.

Jan Assmann, *Cultural Memory and Early Civilization*: *Writing*, *Remembrance*, *and Political Imagination*, New York: Cambridge University, 2011.

Mark Lewis, *Writing and Authority in Early China*, Albany: State University of New York

Press, 1999.

Martin Kern, Dirk Meyer, *Origins of Chinese Political Philology: Studies in the Composition and Thought of the Shangshu (Classic of Documents)*, Boston: BRILL, 2017.

Martin Kern, "Methodological Reflections on the Analysis of Textual Variants and the Modes of Manuscript Production in Early China", *Journal of East Asian Archaeology*, 4. 1—4(2002).

Martin Kern, *Text and Ritual in Early China*, University of Washington Press, 2008.

Martin Kern, *The Stele Inscriptions of Ch'in Shih-huang: Text and Ritual in Early Chinese Imperial Representation*, American Oriental Society, 2000.

Matthias L. Richter, *The Embodied Text: Establishing Textual Identity in Early Chinese Manuscripts*, Boston: BRILL, 2013.

Maurice Halbwachs, *On Collective Memory*, ed. and trans. Lewis A. Coser, Chicago: University of Chicago Press, 1992.

Max Weber, *The Religion of China: Confucianism and Taoism*, New York: The Free Press, 1951.

Michael Loewe, *Early Chinese Texts: a Bibliographical Guide*, Institute of East Asian Studies, 1993.

Michael Nylan, *The Shifting Center: The Original "Great plan" and Later Readings*, Sankt Augustin: Nettetal Steyler Verlag, 1992.

William G Boltz, *The Origin and Early Development of the Chinese Writing System*, New Haven: American Oriental Society, 2003.

William G Boltz, "Reading Early Chinese Manuscripts", *Journal of Chinese Studies*, 2007, 47.

Yuri Pines, Paul R. Goldin, Martin Kern, *Ideology of Power and Power of Ideology in Early China*, Boston: BRILL, 2015.

後　記

　　回溯過往,我一直非常清楚,自己走上學術研究的道路,源自一種嚴肅的對人生意義的追尋。愛因斯坦在《我的世界觀》中言:"倘若不是全神貫注於客觀世界,那個在藝術和科學研究領域永遠達不到的對象,在我看來生活便是空虛的。人們努力追求的庸俗目標——財産、虛名、奢侈——我總覺得是可鄙的。"正因爲如此,我個人從來不憚於去回答關於"意義"的提問,尤其是那些關於人文學科研究意義的,帶有一些挑釁意味的,略具壓迫感的提問。當然,這樣的問題實際上也不需要我們來回答,一百多年前王國維先生在《國學叢刊序》中言:"學之義不明於天下久矣。今之言學者,有新舊之争,有中西之争,有有用之學與無用之學之争。余正告天下曰:學無新舊也,無中西也,無有用無用也。凡立此名者,均不學之徒。即學焉而未嘗知學者也。"又説:"惟一國之民,性質有所毗,境遇有所限,故或長於此學而短於彼學;承學之子,資力有偏頗,歲月有涯涘,故不能不主此學而從彼學,且於一學之中,又擇其一部而從事焉。此不獨治一學當如是,自學問之性質言之,亦固宜然。然爲一學,無不有待於一切他學,亦無不有造於一切他學。故是丹而非素,主入而奴出,昔之學者或有之,今日之真知學、真爲學者,可信其無是也。"學術是人類對自身內外各種現象的探析,是人類主動積累知識的重要途徑;分科則是迫於人類自身內外條件的局限,面對豐富複雜的現象與知識世界,我們僅能執守一端。各執一端却又相互嘲諷、互相貶抑,自以爲得其全,就更是局限中之局限了。然而,實際情況是,自困於"局限中之局限"者非但不自知,反而常持自驕與自傲之態。其中緣由正在於他們的評判標準是非學術的。如果一個研究者陷於對財產、虛名、奢侈的追求當中,那麼他的研究便只是一個途徑,泅水也好,裸奔也罷,只要能到彼岸便是"勝利"。爲了些蝸角蠅頭,匍匐乞食,閹割自我,媚上欺下,形狀令人不齒;鼓吹謊言,標榜齷齪,張揚下賤,言色讓人憎厭。古人講"知行合一",行既如此,遑論其知?可以說,此類人對於學術本身有百害而無一益。與之相反,那些源自對知識自身之熱愛和受到"好奇心"與"探求慾"驅使的學者,他們的研究是純净的、積極的、有益的,儘管會有各種局限,但其方向是無可懷疑的。我個人尊重這樣的學者,正是他們讓我見識了學術應該有的樣子,也正是他們塑造了我對學術研究的基本認識。

于省吾先生有一自撰聯,曰:"解義漢唐已晦後,考文周孔未生前。"讀來甚喜,考文與解義並重,是問學之正途。治學旨趣,有前範可追迹,實我輩幸事!于先生又有誡弟子之語,言治學當"積風雨晦明之勤,節飲食男女之慾"。治學秉專守勤,博約相間,方能有所根基。觀于先生之書,常服膺其論證宏雅而有統序,創說通達而又不失其據,可爲後學之典範。

我的學術興趣及所遵從的治學規矩,正如王、于兩位先生之所立。博觀中西而約取之,目標頗高,雖不能至,心嚮往之。謹守"傳統"而不拘泥於"考文"與"解義",勤以自律,戒驕戒躁,常懷治學爲己之思,則長路雖漫漫,亦可静心而求索。

論文完稿,畢業臨近,我却没有興奮與喜悦之感。本不願就此結束,因爲直到現在,我依舊在思索利用這幾日時間作進一步的完善,使其更接近最初設定的目標。就論題而言,相關問題難度較大,涉及較廣,完全梳理清楚尚需時日;就論文目前的樣態而言,很多地方只是浮光掠影,未達其間,疏漏與虚妄之處尚多;故私心未愜。然而,人生總會有遺憾,正如這未名春光,尚未足興,時已立夏。很多時候,我們只能銘記留下的遺憾,帶着未盡的思考,繼續前行。

遥記離蜀北上時,在四川大學文科樓劉長東師的辦公室告別,劉師叮囑道:"静下心來,好好讀十年書。"倏忽之間,五年已過。收束過往,雖無甚成就,但讀書不輟,也算是不負恩師囑託。劉師是那種乾净的學者,厚重謙和,"望之儼然,即之也温,聽其言也厲"。正是在川大讀書期間,我形成了對知識和學術的虔敬,粗略懂得了夫子"君子三畏"之義。非常幸運有劉師這般的領路人,讓我少走了很多彎路,於兹致謝!

2012 年入燕園以來,跟隨劉玉才師問學已五年。劉師爲人淡泊厚重,處事謙和大度;教誨學生,總是飽含温情,時常告誡我們爲學以正,立身當謹。小子不才,有幸忝列劉門。五年來,劉師在學術上開混啓蒙,導以津逮;生活上言傳身教,惠以純雅。遥記 2014 年,我論文選題初定,劉師從台灣開會歸來,帶給了我周鳳五先生主編的《先秦文本及思想之形成、發展與轉化》,因爲此書同我的論題相關,可資參考。劉師去歲(2016 年)曾到日本訪學一年,歸來後又推薦了加賀榮治先生所撰《中國古典定立史》(東京都:汲古書院 2016 年版),並將自己尚未讀完的新購書拿給我閲讀。鑒於我性格比較粗綫條,劉師在畢業答辯的最後,以"認真作事,仔細讀書"相賜教;入職工作後,老師又以"處事宜用複雜腦,待人當以單純心"相點撥。先生對學生之關心處尚多,不及一一細數,謹於此致以深深的謝意,感謝劉師一直以來的教誨與提攜!

2015 年秋季學期,我曾在普林斯頓大學東亞系跟隨柯馬丁教授訪學,有幸參加了馬丁教授組織的《詩經》研討課。馬丁教授關於早期文本的很多意見,以及參與課程的同學們(陳遠馨、顧一心,Sooji Han,米修遠,Luke Waring,柏宇洲等)的討論,給我很多啓發,謹表謝意!馬丁教授經常往來中美兩國,他在北京停留期間,我曾多次當面問學,收益良多。另外,馬丁教授得知我的博士學位論文爲《書》類文獻研究後,即下賜 *Origins of Chinese Political Philology*:*Studies in the Composition and*

Thought of the Shangshu (*Classic of Documents*) (Martin Kern, Dirk Meyer, Boston: BRILL, 2017)一書，其中盛意，難以言表，於茲致謝！論文寫作過程中，普林斯頓東亞系的柏宇洲幫忙複印資料，Jessica Zu 老師提供研究綫索；訪學過程中，中國科學院大學羅興波老師、鄭州大學馬偉華老師和中國人民大學的項旋老師多有照顧，同他們一起度過了一段值得回憶的時光，於茲一併致謝！

　　2015年2月3日，我冒昧將2014年底寫就的《"貳""弌"同形及其影響考論》一文通過郵箱呈請吉林大學吴振武先生指教。一周後(2月10日)收到先生回復："大作已拜讀，大體上同意尊見，有問題的地方都已塗紅了，可以看明白的。文字表達上還不夠清通，這個慢慢再努力吧。希望修改後可以發表。吴振武。"吴先生的肯定與鼓勵讓我信心倍增，使我堅定了自己通過"字用"進行早期典籍文本分析的方法與方向，爲我後面博士論文的順利開展打了一劑强心針。特記回信於此。感激之情，無以言表，再次致謝！

　　時光易散，總不待人整理好思緒，便要收束過往，奔向明天。自覺尚未消化北大之所學，就又要離開。細細想來，我們這些畢業生所能留下的，除了這本尚待修改的論文外，大概還有兩樣東西：一是五年燕園生活的痕跡；一是寫在這裏的感謝話語。感謝北大校園賜予我五年的回憶，感謝北大圖書館所提供的雅静的讀書環境。除此之外，我要感謝參加博士論文開題、預答辯和答辯的常森老師、傅剛老師、何晉老師、辛德勇老師、趙超老師、馬銀琴老師、陳鴻森老師、孫玉文老師、胡敕瑞老師、王錦民老師、徐建委老師、廖可斌老師、漆永祥老師，感謝他們所提出的寶貴意見。我還要感謝所選課程的授課老師們：顧永新老師、項夢冰老師、李零老師、張渭毅老師、徐剛老師、朱鳳瀚老師、劉浦江老師、程蘇東老師、孫華老師、董珊老師、楊哲峰老師、趙化成老師、徐天進老師、王中江老師、楊立華老師、章啓群老師、蔣非非老師，等等，是他們開闊了我的學術視野，豐富了我的知識結構。另外，我要感謝我的室友(李林芳)、同門

(蘇揚劍、張學謙、杜雪、唐恬田、王勇、劉競成、李卿蔚)和諸多學友(趙團員、潘靜如、胡士穎、張海、趙永磊、任荷、趙博、朱雯、都軼倫、林瑩、王文穎、朴貞玉、李芸鑫、姚雲、樊長遠、杜萌、李科、熊長雲、胡根法、朱鋭泉、游富凱、侯金滿、桂梟、羅靜、尉雯琪、高薇、謝能宗、吳燕武、管健鴻、楊蒙生、楊博、周楊、劉子信、鍾志輝、王學强、薛晉蓉、徐超、兑文强、胡靜靜、遲帥、等等),和他們一起成長進步是件樂事。

最後,我要感謝汭嶼在論文撰寫期間的悉心照顧,願言配德,攜手相將,相信生活會越來越好,而我們也會越來越相愛。感謝父母和岳父母對我們一如既往的支持!

趙　培

2017 年 5 月於暢春園宿舍

附記:

以上爲博士論文後記,原樣保留以存念。《"貳""弍"同形及其影響考論》一文進一步修改後刊發在了《中國語文》2019 年第 3 期上,再次感謝吳振武先生。博士論文的出版,要感謝恩師劉玉才先生的推動,北京大學出版社馬辛民先生的支持以及武芳老師的辛苦對接和費心審讀。此書原定 2020 年出版,因我個人原因遷延至今,給出版社、尤其是武芳老師的工作帶來了很大不便,謹致歉意。

2017 年 7 月我入職中國社會科學院文學研究所。文學所安靜的科研環境,使我少了頗多外界的干擾。在一個充斥着"速度污染"與"創新焦慮"的學術大環境中,能够把握住自己的"學術節奏",靜心修改書稿,實屬幸事。入所後,在工作上,得到劉躍進、張伯江、安德明、王秀臣、范智紅、張心亮等領導的很多指導與關心,謹致謝意! 在學習和生活上得到過很多老師(如劉寧、何蘭芳、許繼起、吳子林、陳君、劉京臣、王達敏、范子燁、施愛東、劉方喜、鄭永曉、夏薇、何吉賢、程凱、薩支山、張重崗、李超、郜同麟、林甸甸、費冬梅、陳瑤、趙玉平、鄭煥嶺等)的幫助和支持,於茲致謝!生活中最令人難忘的總是一些細節,懷念和王秀臣、范智紅、何蘭芳、鄒明華、石雷、烏日、程玉梅、高硯平、段美喬、任紅、汪堯翀、鄭煥嶺等老師們一起喝茶聊天的閒淡時間。

2022 年 8 月於京西北菊園